VICTORIA FORNER

HISTOIRE PROSCRITE
Le rôle des agents juifs dans l'histoire contemporaine

III

LA
SECONDE GUERRE MONDIALE
ET L'APRÈS-GUERRE

OMNIAVERITAS®

VICTORIA FORNER

HISTOIRE PROSCRITE
*Le rôle des agents juifs
dans l'histoire contemporaine*
III
LA SECONDE GUERRE MONDIALE ET L'APRÈS-GUERRE

Illustration de couverture :
"Porte de Brandebourg" à Berlin.

HISTORIA PROSCRITA III
La actuación de agentes judíos en la Hª Contemporánea
La segunda guerra mundial y la posguerra
Première publication par Omnia Veritas en 2017

Traduit de l'espagnol et publié par
OMNIA VERITAS LTD

OMNIA VERITAS.
www.omnia-veritas.com

CHAPITRE X

SUR LA SECONDE GUERRE MONDIALE

PREMIÈRE PARTIE
UNE GUERRE IMPOSÉE À
L'ALLEMAGNE ET AU MONDE

Il ne s'agit pas de raconter pas à pas les événements de la Seconde Guerre mondiale, mais plutôt d'exposer des faits marquants, souvent déformés ou falsifiés par l'historiographie officielle, pour nous aider à comprendre pourquoi elle a eu lieu, qui l'a imposée et comment ils ont agi pendant le conflit. On a déjà vu au chapitre huit que James Forrestal, victime d'une campagne qui mit fin à ses jours le 21 mai 1949, dénonçait les puissances de l'ombre qui voulaient la guerre. Dans *The Forrestal Diaries*, le premier secrétaire américain à la Défense révèle que Neville Chamberlain a avoué à Joe Kennedy, ambassadeur à Londres, que la juiverie mondiale et Roosevelt, sa marionnette, avaient forcé la Grande-Bretagne à entrer en guerre contre l'Allemagne. Une guerre qui avait été publiquement réclamée par le rabbin Stephen Wise qui, dès mai 1933, avait déclaré : "Je suis pour une guerre sainte contre Hitler. Je veux la guerre !" Les pages qui suivent montrent comment le sionisme international a déplacé ses pions et utilisé les souffrances de son propre peuple pour atteindre ses objectifs.

En 1938, les préparatifs de la guerre étaient en cours et de nombreux agents travaillaient furtivement dans les différents pays à son déclenchement. Parmi eux, pour n'en citer que quelques-uns, Lord Halifax, Lord Vansittart, Duff Cooper, Leo Amery, Paul Reynaud, Georges Mandel, William Bullitt et d'autres dont nous aurons l'occasion de parler plus tard. Quant aux organismes et lobbies pro-guerre contrôlés par les puissances de l'ombre, les plus importants étaient bien sûr le sionisme, principal intéressé, la franc-maçonnerie internationale, instrument habituel, et le "Brain Trust" juif du président Roosevelt. Au fond, ce sont les mêmes chiens avec des colliers différents. Le Labour Party anglais, le Parti communiste français et la plupart des socialistes français servaient également des intérêts cachés. Nous avons vu comment Negrin, Alvarez del Vayo et compagnie, bien liés au communisme et à la franc-maçonnerie, ont basé toute leur stratégie de résistance en Espagne sur la conviction que la guerre en Europe n'était qu'une question de temps. Ainsi, différentes forces ont œuvré pour la guerre au sein des pays européens et ont formé un parti belliciste transnational qui servait des intérêts étrangers à ceux de leurs nations.

Le miracle économique du national-socialisme

Avant d'examiner les événements qui ont déclenché la plus grande catastrophe jamais subie par l'humanité, il convient de noter le remarquable redressement de l'Allemagne après l'arrivée au pouvoir des nazis, car cela aidera à comprendre pourquoi le nationalisme allemand est devenu le pire ennemi des banquiers internationaux et du libéralisme économique. Alors qu'entre 1934 et 1938, le dictateur rouge a liquidé les agents juifs de la révolution d'octobre et consolidé son pouvoir par des purges, Hitler, le dictateur allemand, conçu et financé pour affronter Staline et provoquer un exode des Juifs européens vers la Palestine, a également consolidé sa position en mettant en œuvre une série de mesures économiques, sociales et politiques qui ont transformé le pays en l'espace de quatre ans.

En 1933, l'économie allemande était toujours en état d'effondrement et la population avait enduré trois décennies de faim, de misère et de conflits sociaux, orchestrés encore et encore, comme nous l'avons vu, par l'Internationale communiste, qui voyait en l'Allemagne la clé de la révolution mondiale. Les réparations de guerre ont ruiné la population et la nation est en faillite. Près de sept millions d'Allemands sont au chômage à cause de la Grande Dépression. Avec l'arrivée des nazis, tout change comme par enchantement et l'Allemagne, pays privé de colonies, devient en quatre ans l'économie la plus forte d'Europe. Il n'est donc pas étonnant qu'Hitler, l'homme qui a incarné ce miracle, ait été extraordinairement admiré par les Allemands. La manière dont un revirement aussi impressionnant a été réalisé mérite d'être brièvement résumée.

Tout d'abord, l'abolition de l'esclavage à intérêts était l'un des points centraux du programme du NSDAP. L'idéologue économique du parti, Gottfried Feder, avait envisagé la nationalisation de la Reichsbank et des grandes banques qui prêtaient à intérêt. Lorsque les nazis arrivent au pouvoir le 30 janvier 1933, Feder est nommé secrétaire d'État à l'économie et s'attelle à la mise en œuvre de la politique économique officielle du national-socialisme. Hjalmar Schacht, nommé président de la Reichsbank en mars 1933, non seulement contrecarre toute initiative de nationalisation, mais réussit à démettre Gottfried Feder de ses fonctions et à le placer à la tête du ministère de l'Économie, poste qu'il occupe jusqu'au 19 janvier 1939. Son opposition à l'octroi d'une série de prêts demandés par l'État lui vaut d'être démis de ses fonctions. Le 15 juin 1939, une loi est votée qui subordonne la Reichsbank "sans condition à la souveraineté de l'État". Cela étant dit, examinons brièvement quelques-unes des réalisations de ce que l'on appelle le "miracle économique".

Le travail est la base sur laquelle le national-socialisme construit la nation. Un vaste programme de travaux publics a été lancé : réparation de bâtiments publics et privés, construction de ponts, de canaux, de digues, de routes, d'installations portuaires, etc. L'une des réalisations qui est devenue célèbre dans le monde entier est la fameuse "Autobahn", le premier système autoroutier au monde. Des millions de chômeurs ont ainsi été mis au travail. La grande question qui se pose est de savoir comment les nazis ont payé les travailleurs sans crédit international et avec un pays en faillite. Ils ont remplacé l'étalon-or par l'étalon-travail, basé sur la productivité du travailleur allemand. Le coût de tous les projets a été fixé à un milliard d'unités d'une nouvelle monnaie nationale appelée certificats de travail du Trésor, qui étaient en fait un milliard de lettres de change non inflationnistes émises par le gouvernement pour payer les travailleurs. Ces certificats de trésorerie étaient utilisés par les travailleurs, qui les dépensaient en biens et services, créant ainsi des emplois pour un plus grand nombre de personnes. Les certificats ont circulé comme de l'argent et sont devenus une monnaie de facto. Ils étaient renouvelables indéfiniment et étaient émis comme des obligations, pour lesquelles le gouvernement payait des intérêts aux détenteurs.

L'économiste Henry C. K. Liu qualifie cette forme de financement de "crédit souverain", faisant sans doute allusion au fait qu'elle évitait d'emprunter de l'argent à des prêteurs usuriers internationaux et donc de s'endetter de quelque manière que ce soit. Alors qu'aux États-Unis et en Europe, des millions de personnes étaient encore au chômage et bénéficiaient de l'aide sociale, en Allemagne, le problème du chômage a été résolu en deux ans grâce à cette monnaie stable et non inflationniste. L'idée du "crédit souverain" n'était pas nouvelle : au chapitre V, nous avons vu que lorsque les Rothschild et d'autres banquiers internationaux ont proposé des prêts à 24% et 36% d'intérêt, Lincoln a ordonné l'émission de billets du Trésor, les "greenbacks", une monnaie sans intérêt qui avait un usage légal aux États-Unis. Il appelle ensuite à la destruction du gouvernement qui a mis en œuvre cette "politique financière diabolique". Lincoln a été assassiné par le franc-maçon juif John Wilkes Booth.

Le commerce extérieur est également rétabli grâce au système du troc. Le boycott économique international décrété par les organisations juives du monde entier comprenait la restriction des crédits à l'Allemagne ; mais l'échange direct de marchandises permettait d'éviter d'avoir à payer le financement des banques internationales. En octobre 1938, Walter Funk, ministre de l'Économie, se rend dans les Balkans, en Turquie et en Bulgarie. Devant une commission mixte germano-yougoslave chargée de préparer un accord commercial, Funk déclare : "Nous pouvons absorber en Allemagne tout ce que produit la Yougoslavie. Nous pouvons envoyer à la Yougoslavie tout ce dont elle a besoin. Les prix que nous pouvons vous offrir ne peuvent être offerts par aucun autre pays. Comme nous sommes voisins, les frais de transport sont minimes. Comme nous fonctionnons selon un système de troc, nous n'avons pas besoin de payer le financement des banques étrangères. Nous n'avons pas besoin de prêts. Nous n'avons besoin de personne. L'Allemagne a offert ses produits à la Yougoslavie, à la Bulgarie et à la Turquie, pays qui ont ainsi couvert les deux tiers de leurs besoins. Dans le même temps, elle reçoit les exportations de ces États. Une zone s'étend ainsi de la frontière allemande à la mer Noire. Tout cela au détriment du principal client et fournisseur de ces nations, la Grande-Bretagne, qui ne peut rivaliser, car elle est soumise aux crédits et aux assurances des banques de la City.

Mais le troc ne fonctionne pas qu'en Europe : le Brésil, l'Argentine et le Mexique l'ont également mis en pratique. Le 19 janvier 1939, le journal américain *Daily Journal World* rapporte que le Mexique a vendu pour 17 millions de dollars de pétrole à l'Allemagne par le biais du système de troc. Le journal déclare : "Le système de troc nazi est l'une des merveilles de notre époque. L'Allemagne échange ses produits contre ceux d'autres pays sans aucun échange d'argent. C'est aussi simple que l'arrangement par lequel un écolier échange avec un autre un rasoir dont la lame est cassée contre un scarabée vivant dans une bouteille". Il est clair que ce type d'opération dans les transactions internationales allait à l'encontre des intérêts du système capitaliste dominant, basé sur la spéculation et l'usure. La lutte entre le capital productif et le capital spéculatif avait déjà été gagnée par les banquiers internationaux, qui ne pouvaient en aucun cas permettre un recul qui serait un sérieux revers pour leurs intérêts.

Un autre aspect important du miracle allemand est la protection des agriculteurs, qui devient l'une des priorités du gouvernement. Une population agricole saine et robuste était une condition sine qua non pour la nation, car les nazis attachaient une grande importance à la famille paysanne traditionnelle. De nombreux agriculteurs faisaient partie des chômeurs, ayant été ruinés au cours des années précédentes par la chute des prix des produits agricoles, les taux d'intérêt excessifs et les saisies opérées par des spéculateurs sans scrupules, souvent juifs. Le gouvernement national-socialiste crée l'Agence nationale de l'alimentation (Reichnährstand), un établissement public regroupant tous les acteurs de la production, de la transformation et de la distribution des denrées alimentaires : meuniers, boulangers, conserveurs, intermédiaires, commerçants locaux.... Son rôle est de réguler le marché alimentaire. Cette agence nationale garantissait aux agriculteurs un marché pour leurs produits à un prix suffisant pour couvrir les coûts de production et préparer la nouvelle récolte, mais en même temps modéré, afin que les acheteurs puissent bénéficier de prix raisonnables. Cela a créé un marché stable qui a assuré un approvisionnement alimentaire fiable pour toutes les parties. Les fluctuations irrégulières des prix, souvent dictées par les spéculateurs boursiers, ont ainsi été éliminées. Ces mesures ont sauvé la paysannerie allemande de la chute catastrophique des prix mondiaux et empêché les faillites d'agriculteurs : en 1932, on en comptait plus de sept mille, mais en 1933, les faillites avaient été ramenées à 1600. En 1932, l'Allemagne avait importé pour 4,5 milliards de marks de denrées alimentaires, alors qu'en 1935, elle n'en a importé que pour 0,9 milliard. Comme nous le savons, dans le paradis soviétique pour lequel les ouvriers et les paysans du monde entier se battaient, en 1933, des millions de paysans mouraient de faim de manière planifiée : l'"Holodomor".

La protection des travailleurs par le national-socialisme est également remarquable. L'une des premières mesures du gouvernement d'Hitler a été d'embellir les usines allemandes, qui ont été dotées de parcs ou d'espaces paysagers, de piscines et d'autres équipements destinés à humaniser l'environnement des travailleurs. Le programme "Kraft durch Freude", KdF, qui se traduit par "La force par la joie", repose sur l'idée que les travailleurs ne doivent pas seulement recevoir un salaire, mais que leur travail doit être reconnu par la mise à leur disposition de certains plaisirs de la vie. Le KdF offre aux travailleurs et à leurs familles un accès à la culture, au sport et aux arts. Le programme comporte onze sections. L'une d'entre elles, "Vacances, voyages et tourisme", proposait des voyages en Allemagne et à l'étranger. En trois ans, onze millions de travailleurs sont partis en voyage de loisirs par terre ou par mer. Au départ, six grands navires étaient disponibles dans cette section, qui a effectué plus de 100 voyages à travers l'Atlantique au cours de la seule année 1935. En 1936, deux cent mille travailleurs ont embarqué sur ces navires touristiques. En 1935, l'architecte Clemens Klotz conçoit la station thermale de Prora sur l'île de Rügen, une installation monumentale pour le plaisir des travailleurs allemands. Surplombant la Baltique, la station thermale disposait d'une vaste plage de sable blanc et fin et de 350 hectares de bois et de prairies. Ce projet a reçu le grand prix d'architecture de l'Exposition internationale de 1937.

La question du logement mérite d'être saluée. Afin d'aider les jeunes couples mariés, des maisons soignées et solides avec jardin ont été construites, qui pouvaient être achetées sans intérêt avec de petites mensualités. Afin d'encourager les naissances, un quart de l'hypothèque est remboursé à chaque naissance. Ainsi, au quatrième enfant, un couple obtenait sa maison gratuitement. Cette formule n'a évidemment rien à voir avec le fait de passer vingt ou trente ans à payer des intérêts à une banque pour obtenir un logement décent. Quant aux vieux appartements et maisons des banlieues ou des quartiers les plus délabrés, les nazis ont procédé à des rénovations et à des modernisations afin de donner de la dignité aux bidonvilles et aux maisons.

Le national-socialisme met en place une sécurité sociale universelle et gratuite. Les hôpitaux allemands, dotés d'équipements médicaux de pointe, fournissent des soins de qualité aux patients, qui ont le droit de choisir leur médecin et leur hôpital. Les patients peuvent rester à l'hôpital jusqu'à un an et ont droit à une allocation financière. Si l'hospitalisation se poursuit après cette période, l'allocation est perdue, mais les patients sont autorisés à rester à la clinique indéfiniment. Quant à l'éducation, elle est gratuite pour tous les candidats éligibles, quelle que soit leur origine familiale ou leur situation. Telles sont quelques-unes des réalisations sociales qui, en quelques années, ont mis fin au cauchemar du peuple allemand martyrisé.

Les étapes de la politique étrangère d'Hitler : la Sarre et les relations avec la Pologne

Le "Diktat" de Versailles étant la cause de tous les maux, les nazis sont déterminés à en inverser les conséquences pour les Allemands et l'ont déclaré dans leur programme. Les revendications territoriales à l'ouest sont réglées en 1934. La situation est beaucoup plus difficile à l'Est. Des millions d'Allemands ont été laissés contre leur gré à l'intérieur des frontières de la nouvelle Pologne. En outre, la Tchécoslovaquie a été créée, un nouveau pays dans lequel, outre les Tchèques et les Slovaques, il y a des populations d'origine allemande, polonaise, hongroise et roumaine qui ne se sentent pas liées à un État qui n'a jamais existé auparavant.

Parmi les personnes concernées par le traité de Versailles figurent les Sarrois, habitants de la Sarre, une partie de l'Allemagne remise à la Société des Nations pour quinze ans. À l'issue de cette période, un référendum devait être organisé pour déterminer si les habitants souhaitaient devenir un département français ou réintégrer l'Allemagne. Presque personne ne parlait français en Sarre avant la guerre, mais Clemenceau avait présenté une liste selon laquelle 150 000 Français vivaient dans cette région. En novembre 1934, deux mois avant la consultation, l'Allemagne remet à l'ambassadeur François Poncet une note diplomatique proposant une solution à l'amiable. L'offre consiste en un traité économique qui permettrait à l'industrie française de continuer à bénéficier des ressources de la région comme elle l'a fait de 1919 à 1934. Le gouvernement français refuse bêtement cette opportunité et envoie quatre divisions à la frontière sous le prétexte de prévenir d'éventuelles mutineries, ce qui provoque une protestation formelle d'Hitler.

Finalement, une force de la Société des Nations obtient le plébiscite, qui a lieu le 13 janvier 1935. Malgré quinze années de propagande française, seuls 0,4% des électeurs se prononcent en faveur de l'union avec la France. 90,8% de la population exprime le désir de rejoindre l'Allemagne. 8,8% des électeurs, pour la plupart juifs ou communistes, appellent au maintien du statu quo. Le 1er mai 1935, la Société des Nations remet l'administration de la Sarre aux autorités allemandes et Hitler déclare devant le Reichstag : "L'Allemagne renonce solennellement à toute revendication sur l'Alsace et la Lorraine ; après la réintégration de la Sarre, la frontière franco-allemande peut être considérée comme définitivement tracée". En d'autres termes, l'Allemagne veut la paix avec la France et n'a plus d'aspirations territoriales : les revendications à l'ouest sont terminées. Un jour après cette déclaration, la France et l'Union soviétique signent un traité d'assistance mutuelle. Le 7 janvier 1936, Hitler fait savoir au gouvernement français, par l'intermédiaire de son ambassadeur, que le Reich "considérerait la ratification du pacte franco-soviétique par le Parlement français comme un geste hostile à l'égard de l'Allemagne et incompatible avec les obligations du pacte de Locarno, dont la France aurait violé le texte et l'esprit". Le Parlement français ratifie le pacte le 27 février 1936. En réponse à cette ratification, Hitler ordonne la remilitarisation de la Rhénanie le 7 mars 1936.

La question de la Sarre est réglée par référendum, mais l'un des litiges de l'Allemagne à l'Est, Dantzig, va devenir le "casus belli". Il est donc nécessaire de se concentrer sur les relations germano-polonaises pour se faire une idée précise de ce qui s'est passé. Un livre absolument indispensable est *Der erzwungene Krieg. Die Ursachen und Urheber des 2. Weltkriegs* (*La guerre forcée. Les causes et les auteurs de la Seconde Guerre mondiale*), publié en allemand en 1961 par l'historien révisionniste américain David L. Hoggan. Hoggan, dont l'Institute for Historical Review a publié une édition anglaise en 1989. Ce livre, dont la traduction en anglais serait d'un grand intérêt, est l'une de nos principales sources. C'est de lui que provient le rappel historique suivant, nécessaire à une meilleure compréhension des faits. L'ouvrage du Dr Hoggan a pour sources essentielles les documents diplomatiques des pays occidentaux, ce qui nous permet de prendre connaissance de textes et d'attitudes qui apportent un éclairage nouveau auquel l'historiographie officielle est aveugle. Nous nous référerons à plusieurs reprises à l'ouvrage du professeur Hoggan tout au long de ces pages.

Avec l'unification de l'Allemagne en 1871, les territoires polonais de la Prusse ont été intégrés au nouveau Reich allemand. La Russie et l'Autriche-Hongrie sont les deux autres empires qui exercent une influence sur la Pologne, bien que la majeure partie du territoire soit sous contrôle russe, et un nationalisme polonais pro-allemand émerge. Wladyslaw Studnicki est le principal théoricien de ce courant. À l'inverse, il existe également un nationalisme pro-russe, dont l'idéologue le plus en vue est Roman Dmowski, qui, avant la révolution bolchevique, avait attaqué les Allemands et les Juifs à la Douma. Tout en déplorant le rôle des Juifs dans la Russie communiste, Dmowski prône l'expansion de la Pologne vers l'ouest aux dépens de l'Allemagne et avec la coopération de la Russie. Hoggan reproduit les propos de Dmowski qui, en 1931, déclare : "La question juive est la grande question de la civilisation dans le monde". Ce nationaliste polonais, comme Hitler, est favorable à l'expulsion totale des Juifs de son pays, car il considère que leur assimilation est impossible. Le nationalisme polonais pro-Habsbourg, dont le représentant est Michal Bobrzynski, est moins important. Le véritable nationaliste polonais est Josef Pilsudski, qui croit en la Pologne en tant que grande puissance. Pilsudski ne partageait pas les vues des trois précédents et rejetait leurs approches.

Cependant, sa formation était marxiste et, pendant un certain temps, il a adhéré au socialisme révolutionnaire, jusqu'à ce qu'il se rende compte que ses implications entraient en conflit avec son nationalisme.

En août 1914, la Russie a fait de vagues promesses aux Polonais afin de s'assurer de leur soutien dans la guerre. Mais c'est l'Allemagne qui proclame la restauration de l'indépendance polonaise le 5 novembre 1916. Le général Hans von Beseler, gouverneur de la Pologne occupée par l'Allemagne, après avoir annoncé l'accord, ordonne à une fanfare de l'armée allemande de jouer l'hymne *"La Pologne n'est pas encore perdue"*, qui trouve son origine dans les guerres napoléoniennes. Le 6 décembre 1916, un Conseil d'État polonais est créé. Les pays alliés de l'Entente réagissent contre la politique allemande à l'égard de la Pologne et osent, à l'été 1917, offrir toute la Pologne à l'Autriche-Hongrie, à laquelle ils proposent une paix séparée si elle rompt son alliance avec l'Allemagne. Pilsudski, qui dirige le département militaire du nouveau Conseil d'État polonais, appelle à la formation immédiate d'une armée polonaise. Le slogan de ses partisans était : "Jamais un État sans armée, jamais une armée sans Pilsudski". L'Allemagne et l'Autriche-Hongrie ne pouvant accéder à ces demandes, Pilsudski démissionne le 2 juillet 1917. Arrêté, il est transféré à Magdebourg, où il s'installe confortablement.

Avec la défaite finale de l'Allemagne, Pilsudski devient persona non grata à Versailles. Le Comité national polonais est dominé par Roman Dmowski. La question juive est immédiatement posée aux négociateurs polonais, qui doivent faire face aux exigences des groupes juifs américains, qui infestent la délégation américaine. Ils souhaitent la création d'un État juif indépendant au sein de la Pologne. Le président Wilson, sous l'emprise des conspirateurs juifs qui l'ont mis au pouvoir, exprime sa sympathie pour ces demandes et fait valoir auprès de ses collègues anglais, français et italiens que "les Juifs sont considérés avec peu d'hospitalité en Pologne". En fin de compte, le traité accorde aux Polonais la majeure partie de la Prusse occidentale, dont la population majoritairement allemande se voit refuser un référendum, ainsi que la région de Haute-Silésie, riche sur le plan industriel, bien que les Polonais perdent le plébiscite qui y est organisé par la suite. Un protectorat de la Société des Nations est créé pour la ville allemande de Dantzig, qui devient un port franc pour la Pologne, grâce à ce que l'on appelle le Corridor. En ce qui concerne les frontières dans l'est de la Pologne, les Alliés reportent les décisions, permettant à Pilsudski, favorable à l'expansion vers l'est, de poursuivre son propre plan.

Dans le contexte de la guerre civile russe, les bolcheviks, engagés dans leur lutte contre les Blancs en Ukraine, ne peuvent empêcher Pilsudski, que Dénikine appelle en vain à l'aide, de préparer ses forces à affronter l'Armée rouge en 1919, qu'il bat à la bataille de Varsovie le 16 août 1920. Les Lituaniens, quant à eux, ont vu les Polonais occuper Vilna pendant la guerre, mais ils ont réagi en s'emparant de la ville allemande de Memel, en

Prusse orientale, qui avait été placée sous la protection de la Société des Nations. Memel a finalement été rattachée à la Lituanie entre 1923 et 1939. La guerre russo-polonaise confère un prestige extraordinaire à Pilsudski, qui devient le chef incontesté de l'armée et de la nation. À partir de 1926, cependant, le leadership de Dmowski est remis en question et il devient une alternative. Le programme de Dmowski prévoit une intensification du nationalisme, une amélioration des relations avec la Russie, un programme d'assimilation des différentes minorités qui se sont intégrées à la Pologne et un plan d'expulsion des Juifs. En septembre 1930, Pilsudski réagit en purgeant sévèrement les partisans de Dmowski, qui sont internés dans des camps de concentration. Une coalition formée autour de lui remporte les élections de novembre 1930 au Parlement polonais (Sejm). En 1935, Josef Pilsudski meurt à l'âge de 68 ans.

Entre 1919 et 1933, il n'y a eu aucune possibilité d'entente entre la Pologne et la République de Weimar, dont les dirigeants ont toujours jugé la situation inacceptable. Les traités de Locarno (16 octobre 1925) garantissent les frontières de l'Allemagne avec la France et la Belgique et permettent une certaine amélioration des relations avec ces pays, mais les Polonais n'obtiennent aucune garantie quant à leurs frontières avec l'Allemagne. En 1932, la Pologne, afin de s'assurer que Staline n'aiderait pas la République de Weimar en cas de conflit, a signé un pacte de non-agression avec l'Union soviétique. Cependant, peu avant la mort de Pilsudski et avec les nazis au pouvoir, qui ont toujours considéré Pilsudski comme un homme d'État, Berlin et Varsovie ont signé le 26 janvier 1934 un nouveau pacte de non-agression d'une durée de dix ans, qui n'impliquait toutefois aucune reconnaissance par l'Allemagne du statu quo de 1919. Le négociateur polonais, Józef Beck, nommé ministre des Affaires étrangères en 1932, poste qu'il occupera jusqu'en 1939, sera l'un des principaux responsables de la politique erratique qui conduira son pays au désastre. Avec l'Union soviétique à l'est et l'Allemagne à l'ouest, la position du nouvel État polonais est assez compliquée. L'historien polonais Olgierd Gorka a averti, lors d'une conférence donnée le 18 septembre 1935, qu'une politique anti-allemande et anti-russe équivalait à un suicide. Avec une métaphore très imagée, Gorka assimile alors la Pologne à un canari désireux de dévorer deux chats. C'est précisément l'absurdité de la politique étrangère polonaise.

En février 1936, Józef Beck commence à réfléchir à la position de la France en cas de guerre avec Hitler. Il suit en quelque sorte les enseignements de Pilsudski, qui a envisagé à plusieurs reprises la possibilité de déclencher une guerre préventive contre l'Allemagne. Beck pense qu'une victoire sur les nazis pourrait conférer à son pays un prestige et de grands avantages. Dans la soirée du 7 mars 1936, quelques heures après l'annonce par Hitler de la remilitarisation de la Rhénanie, le ministre polonais convoque l'ambassadeur de France, Léon Noël, et lui avoue sans détour son attitude belliciste en annonçant que la Pologne attaquera l'Allemagne par l'est si la France est prête à l'envahir par l'ouest. David L. Hoggan écrit qu'en réponse au refus du ministre français des Affaires étrangères, Pierre-Étienne Flandin, de déclencher une nouvelle guerre en Europe, Beck le qualifie avec mépris de faible et de "personnage le plus triste". Hoggan ajoute que le ministre polonais des Affaires étrangères s'est précipité à Londres pour tenter d'influencer les attitudes britanniques, mais ni le roi Édouard VIII, qu'il a rencontré, ni les conservateurs ne l'ont pris au sérieux à l'époque. Contrairement à ces manœuvres délirantes de Józef Beck, Hitler cherche à promouvoir la collaboration entre les deux pays. En février 1937, Göring se rend en Pologne et présente un plan visant à renforcer la collaboration germano-polonaise. Il rencontre le maréchal Smigly-Rydz, à qui il demande certaines autorisations en échange de concessions de la part de l'Allemagne. Il l'assure, par exemple, que Berlin n'exigera pas la restitution du corridor. La rencontre n'aboutit cependant pas à des résultats immédiats.

Dantzig

Fondée au XIVe siècle à l'ouest de l'embouchure de la Vistule, Dantzig a été habitée dès le début par des citoyens allemands. Lorsque la décision fut prise de la détacher de l'Allemagne, la ville était la capitale de la Prusse occidentale. Personne ne pensait à l'époque que les Polonais la réclameraient à la Conférence de paix. Le président Wilson, tout en sachant que les habitants de la ville demandaient aux autorités de la République de Weimar de rejeter la séparation de Dantzig de l'Allemagne, a poussé à cette séparation. Le traité de Versailles confère à Dantzig le statut de ville libre et un haut-commissaire de la Société des Nations devient la première instance de recours en cas de conflit avec la Pologne. Les relations extérieures de Dantzig sont déléguées à la Pologne et la ville libre est placée sous le contrôle des douanes polonaises. Les Polonais peuvent utiliser sans restriction les canaux, les ports, les voies ferrées et les routes à des fins commerciales. Les communications téléphoniques, télégraphiques et postales entre la Pologne et le port de Dantzig restent également entre leurs mains. Les habitants de la ville perdent dans un premier temps leur nationalité allemande, mais il est stipulé que les adultes peuvent la récupérer au bout de deux ans. La double nationalité danoise et allemande est interdite. La propriété de toutes les installations administratives allemandes et prussiennes sur le territoire de Dantzig est transférée à la Société des Nations. La constitution de Dantzig, qui remplace la constitution de Weimar, est promulguée le 14 juin 1922. À cette date, le territoire de la ville libre, devenue protectorat de la Société des Nations, comptait 365 000 habitants, dont seulement 3% de Polonais. La Société des Nations administre donc Dantzig, comme elle l'avait fait pour Memel jusqu'à ce que la Lituanie soit autorisée à l'annexer. L'annexion est également le but ultime des autorités polonaises.

Penser qu'un règlement durable entre l'Allemagne et la Pologne serait possible sans résoudre la question de Dantzig est une illusion, car la situation de la population allemande dans la ville est une source de friction permanente. Pilsudski était favorable à l'annexion définitive de la ville et, après sa mort, les autorités polonaises suivirent cette ligne de pensée. La Pologne revendique également le territoire de Teschen, qui fait désormais partie de la Tchécoslovaquie. Hitler envisage le soutien de l'Allemagne à cette revendication afin d'obtenir une contrepartie à Dantzig. Cependant, au lieu de prendre des mesures pour assouplir son attitude à l'égard de la ville, les Polonais deviennent de plus en plus intransigeants. En 1936, par exemple, ils habillent leurs douaniers en uniforme militaire afin d'habituer les citoyens à l'occupation. Le gouvernement de Dantzig proteste, mais comme d'habitude, les protestations sont rejetées.

D'autre part, les groupes de pression polonais entretiennent un climat d'agitation permanente, soutenu par des campagnes de presse. Ainsi, une atmosphère dangereuse persiste entre la Ville libre et la Pologne, qui ne s'améliore pas malgré les efforts de Berlin. Jósef Beck contribue à entretenir la tension en nommant le colonel Marjan Chodaki haut-commissaire polonais à Dantzig. Chodaki, ami personnel de Beck et représentant diplomatique à Prague, est convoqué à Varsovie en décembre 1936 et reçoit des instructions directes du ministre des Affaires étrangères pour durcir la position polonaise, mais sans risquer de provoquer un conflit tant qu'il n'aura pas le soutien de la France et de la Grande-Bretagne. Chodaki adopte une attitude provocatrice et belliqueuse, comme nous le verrons plus loin.

En revanche, une autre nomination a contribué à susciter des attentes à Dantzig. Le haut-commissaire de la Société des Nations, le Britannique Sean Lester, avait plus d'une fois irrité les citoyens allemands de la ville, qui avaient réclamé son remplacement. Lester est remplacé par Carl Jacob Burckhardt, éminent historien suisse, spécialiste du cardinal de Richelieu et de la tradition diplomatique européenne. Le 18 février 1937, Burckhardt est nommé au Conseil de sécurité de la Société des Nations. Une deuxième nomination pour l'Allemagne est celle de Neville Henderson en tant qu'ambassadeur extraordinaire et plénipotentiaire à Berlin. Henderson, bras droit de Chamberlain, est un fervent partisan de l'apaisement avec l'Allemagne. Contrairement aux conspirateurs qui suivaient la ligne fixée par Lord Milner, l'agent de la confédération Morgan-Rothschild-Rhodes, franc-maçon au 33e degré et Grand Warden de la Grande Loge Unie d'Angleterre qui avait financé la révolution en Russie et fondé la Table Ronde, il existait parmi les conservateurs une école de pensée qui considérait l'Allemagne nazie comme un tampon contre le communisme. À l'origine de l'apaisement, il y a la crainte d'une propagation du communisme en Europe par le biais d'une guerre qui ne profiterait qu'à l'Union soviétique, une crainte confirmée par les événements lorsqu'en 1945, la moitié de l'Europe était sous l'emprise du totalitarisme communiste. Le 10 mai 1937, peu avant son départ pour la capitale allemande, Henderson soumet un mémorandum au Foreign Office dans lequel il déclare ce qui suit :

"La question de l'Europe de l'Est n'est ni définitivement réglée ni vitale pour les intérêts britanniques, bien sûr, les Allemands sont plus civilisés que les Slaves et, en fin de compte, s'ils peuvent être manipulés, ils sont aussi potentiellement moins dangereux pour les intérêts britanniques - on pourrait même dire qu'il n'est pas juste d'essayer d'empêcher l'Allemagne de réaliser son unité ou de préparer la guerre contre les Slaves, à condition que l'Empire britannique soit assuré que ces préparatifs ne sont pas simultanément dirigés contre lui."

Coïncidence ou non, à la même date du 10 mai 1937, *le Daily Telegraph* annonçait que Joseph Göbbels avait exprimé l'intention de l'Allemagne d'annexer Dantzig dans un avenir proche. Les prétendues déclarations de Göbbels étaient fausses, mais la nouvelle a contribué à susciter l'inquiétude et la nervosité.

En septembre 1937, Józef Beck charge son ambassadeur à Berlin, Józef Lipski, de proposer à l'Allemagne une déclaration germano-polonaise sur Dantzig. L'objectif était que les Allemands reconnaissent par écrit le statut de ville libre de Dantzig. Konstantin von Neurath, ministre allemand des Affaires étrangères à partir de 1932, plus intransigeant qu'Hitler sur la Pologne, ordonne à l'ambassadeur allemand à Varsovie, Hans-Adolf von Moltke, de répéter à Beck "que l'Allemagne ne reconnaîtrait pas les traités de paix de 1919". Von Neurath rejette la proposition de Beck sans même consulter le Führer, car il suppose qu'il n'y a pas d'autre réponse possible.

Le 18 septembre, Carl Jacob Burdhardt, le Haut Commissaire, dit à Hitler qu'il s'attend à ce que le rôle de la Société des Nations soit temporaire et qu'il est persuadé que le sort final de Dantzig résultera d'un accord direct entre l'Allemagne et la Pologne. Hoggan précise que Hitler a écouté le point de vue de Burckhardt sans proposer de plan ou de solution et ajoute : "Burckhardt a supposé que Hitler n'osait pas soulever la question de Dantzig parce qu'il craignait que cela n'affecte les questions du Corridor, de la Tchécoslovaquie et de l'Autriche". Lipski, qui connaissait le désir d'Hitler de parvenir à un accord, tenta d'assouplir la position du ministre allemand des Affaires étrangères et s'entretint avec lui à plusieurs reprises. Le 18 octobre 1937, Von Neurath lui dit directement : "Il faudra bien qu'un jour la Pologne et nous parvenions à un accord sur la question de Dantzig, sinon cela entraverait durablement les relations germano-polonaises". Von Neurath ajoute que le rétablissement des liens de Dantzig avec le Reich peut se faire en tenant compte des intérêts économiques polonais.

Le problème de l'accès par voie terrestre à la Prusse orientale, dont la liaison a été rompue, est lié à Dantzig. En 1935, alors que l'Allemagne est engagée dans le projet d'autoroute, Hans-Adolf von Moltke rencontre Beck à Varsovie et l'informe que l'Allemagne est intéressée par la construction d'une autoroute à travers le corridor polonais pour relier la Prusse-Orientale au Reich. Beck lui répond qu'il va se pencher sur la question, ce qui est le prétexte d'une dérobade prolongée. Après plus de deux ans d'attente d'une réponse, Moltke conclut à l'attitude négative du gouvernement polonais. Le plan, qui prévoyait l'utilisation de fer polonais pour les travaux, aurait amélioré les perspectives d'un accord global pour tous les intérêts mutuels. Von Moltke, qui ne veut pas abandonner l'idée, propose au ministère des Affaires étrangères, en octobre 1937, de lancer le projet depuis la Poméranie et la Prusse orientale jusqu'aux frontières du corridor, sans attendre l'autorisation de procéder à la liaison.

Dantzig devient l'un des centres de l'attention internationale. Le 19 novembre 1937, Edward Frederick Lindley Wood, Lord Halifax, qui allait être le principal artisan de la guerre, rendit visite à Hitler et aux dirigeants nazis à Berchtesgaden au nom de Chamberlain. Selon David L. Hoggan, qui s'appuie sur le procès-verbal de la réunion, conservé dans les archives du ministère allemand des Affaires étrangères, Lord Halifax demande à Hitler s'il a des projets pour Dantzig, ce à quoi le Führer répond de manière évasive, ce qui est compréhensible. Cependant, écrit Hoggan, "Halifax n'a pas caché qu'il s'attendait à une action allemande pour reprendre Dantzig". En outre, Lord Halifax déclara à Berchtesgaden que la Grande-Bretagne reconnaissait que les traités de Paris de 1919 comportaient des erreurs qu'il convenait de rectifier.

Bien que les intentions cachées de Halifax ne soient pas exclues : certains chercheurs pensent que la politique d'apaisement était un appât pour tromper Hitler, la déclaration de Berchtesgaden impliquerait qu'en 1937, Lord Halifax a soutenu les revendications allemandes et a encouragé les nazis à prendre l'initiative à Dantzig. Quoi qu'il en soit, ses véritables intentions seront révélées plus tard. Le 21 février 1938, Chamberlain le nomme secrétaire d'État au Foreign Office en remplacement d'Anthony Eden, faisant de lui le bras droit du Premier ministre. Charles Wood, héritier de Lord Halifax, avait épousé le 25 avril 1936 Ruth Alice Hannah Mary Primrose, petite-fille de Lord Rothschild, de sorte que Lord Halifax, ainsi apparenté à la dynastie bancaire juive, devint conseiller de la banque et avocat de la famille. L'historien Joaquín Bochaca considère dans *Les crimes des "bons"* que son alliance avec les Rothschild explique les manœuvres insidieuses de ce personnage qui, après avoir proposé des offres d'apaisement à Hitler, a basculé dans le clan belliciste. Ses actions seront étudiées en détail par la suite, et le lecteur pourra juger de sa responsabilité dans le déclenchement de la guerre.

La Tchécoslovaquie ou l'État impossible

Trois éminents francs-maçons russophiles et germanophobes, Masaryk, Benes et Stefanik, sont à l'origine de la Tchécoslovaquie, cocktail explosif de peuples d'origines diverses et historiquement antagonistes ayant fait partie de l'empire austro-hongrois. Un autre franc-maçon, le ministre français des Affaires étrangères, Stephen Pichon, soutient les prétentions de ses frères et fait allusion aux "aspirations du peuple tchécoslovaque à l'indépendance dans ses frontières historiques", ce qui est un non-sens colossal, puisque la Tchécoslovaquie, sans parler de ses frontières historiques, n'avait jamais été mentionnée avant 1919. En 1921, le nouvel État comptait 6 727 038 Tchèques, 3 122 390 Allemands, 2 010 295 Slovaques, 745 935 Hongrois, 459 346 Ruthènes, 75 656 Polonais, 180 332 Juifs et 238 727 résidents étrangers. Ce puzzle de minorités éparpillées dans un patchwork de territoires revendiqués par les pays voisins constituait la Tchécoslovaquie. Étant donné que les Allemands constituaient le deuxième groupe ethnique du nouvel État, le pays aurait pu s'appeler la République tchécoslovaque.

Après la signature du pacte germano-polonais en 1934, une campagne de presse a commencé en Pologne qui, bien avant l'Allemagne, a appelé à la dissolution de la Tchécoslovaquie. Les dirigeants des deux pays s'accordent sur ce point. Le principal conflit entre Tchèques et Polonais porte sur la riche région industrielle de Teschen, qui était aux mains de la communauté polonaise lorsque l'Autriche-Hongrie a conclu l'armistice avec les Alliés. Avec le soutien de la France, Tomá¨ Masaryk, le président tchèque pro-russe, avait réussi à faire entrer le territoire dans les frontières de la nouvelle Tchécoslovaquie. Le 26 janvier 1919, les Tchèques attaquent par surprise les Polonais vivant dans la région de Teschen pour tenter de régler la question par la force. Après la fin de l'offensive militaire, les Alliés occidentaux interviennent le 1er février, imposent un cessez-le-feu et renvoient les parties à la solution adoptée lors de la Conférence de la paix. Un plébiscite est proposé, mais les Tchèques, qui soutiennent l'URSS dans la guerre que les Polonais mènent contre les Soviétiques en 1920, l'annulent grâce au soutien de la France. Finalement, le 28 juillet 1920, la région est attribuée à la Tchécoslovaquie lors de la conférence de Spa. Dès lors, les Polonais ont fait de la récupération de Teschen, par la ruse, l'un de leurs principaux objectifs.

Faisant allusion au puzzle national de la Tchécoslovaquie, Mussolini avait un jour qualifié le nouvel État de tchèque-allemand-polonais-magyar-roumain-roumain-slovaque. En 1937, lorsque le ministre suédois des affaires étrangères Rickard Sandler a demandé à Józef Beck pourquoi un accord entre Varsovie et Prague ne pouvait être conclu, Beck a répondu que, pour lui, la Tchécoslovaquie était une création artificielle qui violait la liberté de nations telles que la Slovaquie et la Hongrie. Beck souligne que les Tchèques sont une minorité dans leur propre État et qu'aucune des autres nationalités qui composent la Tchécoslovaquie ne veut être gouvernée par les Tchèques. Le ministre suédois a admis à son collègue que les Tchèques n'avaient manifestement pas la capacité de développer de bonnes relations avec leurs voisins, puisque le pays avait été créé à partir de fragments territoriaux provenant de tous ces pays.

Hitler avait plus de raisons que quiconque de maintenir une attitude très sérieuse et pressante à l'égard des Tchèques. Même avant la guerre mondiale, les Allemands de Bohême avaient dû accepter que les Habsbourg accordent des privilèges aux Tchèques de Bohême afin d'atténuer leur nationalisme et de les apaiser au sein de la monarchie. Après la création de la Tchécoslovaquie, les Allemands ont dû se résigner à être intégrés dans un État auquel ils ne s'identifiaient pas du tout. En Bohême, les Allemands représentent un tiers de la population, mais les Tchèques ne voient pas l'intérêt de leur accorder une quelconque autonomie, bien au contraire. En Slovaquie, en revanche, les Allemands sont plus nombreux que les Tchèques. Sur le plan linguistique, les Allemands des Sudètes se répartissent en quatre groupes dialectaux : les Bavarois, les Francs, les Saxons et les Silésiens. Cela s'explique par le fait que le nom des Sudètes provient d'une chaîne de montagnes qui s'étend des Carpates aux rives de l'Elbe.

Lors des élections de 1935 en Tchécoslovaquie, le SdP (Parti allemand des Sudètes), identifié aux politiques du national-socialisme, remporte la majorité des voix de la population allemande et devient le premier parti du pays. Sur les 800 000 chômeurs que compte la Tchécoslovaquie, un demi-million sont des Allemands des Sudètes, et ils attendent naturellement tout d'un parti qui revendique les politiques qui mettent fin au chômage en Allemagne. Lors des élections de mars 1938, le SdP dirigé par Konrad Heinlein devient le plus grand groupe parlementaire, avec 55 députés et 37 sénateurs. Le parti agraire à majorité slovaque, qui, comme le parti sudète, revendique l'autonomie interne des différentes nationalités, obtient 43 députés et 33 sénateurs, ce qui en fait la deuxième force parlementaire. Son président est le Slovaque Milan Hodza.

Le fait que la Pologne et l'Allemagne aient des revendications territoriales en Tchécoslovaquie pourrait constituer un point de convergence en cas de crise internationale autour de la Tchécoslovaquie, car il existe de nombreux liens dans le tableau complexe qui s'est dessiné au lendemain de la calamiteuse conférence de paix. Le problème autrichien du début de l'année 1938 est irrémédiablement lié à la question des Sudètes. Le "tampon tchèque" est la métaphore utilisée par David L. Hoggan pour évoquer l'importance du problème autrichien. Hoggan pour désigner l'importance du statut de l'Autriche pour la Tchécoslovaquie. Au cours de l'hiver 1937-1938, écrit Hoggan, il est devenu évident que "l'existence de 3 500 000 malheureux Allemands des Sudètes ne pouvait être ignorée ni par les Tchèques, ni par Hitler, ni par le monde si les Allemands d'Autriche devaient s'unir à l'Allemagne". Conscient de la situation et de l'hostilité de tous ses voisins, le ministre tchèque des Affaires étrangères, Kamil Krofta, prépare en février 1938 un mémorandum expliquant pourquoi son pays est prêt à prendre des mesures préventives pour empêcher l'union de l'Autriche et de l'Allemagne.

L'Anschluss

En 1938, une série de succès en matière de politique étrangère a permis à Hitler de libérer dix millions d'Allemands qui s'étaient vu refuser le droit à l'autodétermination en 1919. Alan John Percival Taylor, historien anglais et auteur de *The Origins of the Second World War*, est d'accord avec Hoggan pour dire que la politique de révision territoriale pacifique adoptée par Hitler en 1938 était possible et que si elle n'a pas réussi, c'est à cause du radicalisme de ses opposants. Le premier de ces succès est l'Anschluss (union, rattachement) avec l'Autriche. Les détracteurs de cette union oublient que dès le 4 mars 1919, l'Assemblée constituante autrichienne s'était prononcée à une très large majorité en faveur de l'Anschluss et que le troisième article de la Constitution reconnaissait que "l'Autriche était un État allemand".

Kurt Schuschnigg est le chancelier-dictateur de l'Autriche depuis le 29 juin 1934. Sa dictature nationaliste empêche toute action en faveur de l'union avec l'Allemagne. Ce n'est pas pour rien qu'il déclare le 29 novembre 1936 : "Le front national a trois ennemis : le communisme, le défaitisme et le national-socialisme. Par conséquent, les nazis autrichiens doivent être considérés comme les ennemis jurés du gouvernement et du peuple". Au début de l'année 1938, la situation est extrêmement tendue et la guerre civile se profile à l'horizon. En février 1938, Franz von Papen, ambassadeur d'Allemagne à Vienne, organise une rencontre entre Hitler et Schuschnigg à Berchtesgaden. Sur instruction du Führer, Papen informe le chancelier autrichien que des militaires allemands assisteront à la rencontre. Le 12 février 1938, Schuschnigg se présente donc, accompagné du ministre des Affaires étrangères Guido Schmidt et d'officiers autrichiens.

Au cours de l'entretien, Schuschnigg s'engage à cesser de harceler les nationaux-socialistes autrichiens et à former un gouvernement pro-allemand, dont le nazi Arthur Seyss-Inquart serait le ministre de l'Intérieur. Il accepte également que Hitler diffuse un message radio aux Autrichiens en échange de la possibilité de s'adresser lui-même aux Allemands. Dès son retour en Autriche, Schuschnigg regrette son pacte avec Hitler et commence à chercher des moyens de le rompre. Finalement, le 9 mars, il annonce à Innsbruck que dans quatre jours, c'est-à-dire le 13 mars, il organisera un plébiscite pour savoir si le peuple veut l'indépendance de l'Autriche ou l'Anschluss. Les irrégularités du référendum, hormis les quelques jours qui se sont écoulés entre la convocation et la tenue du référendum, ont été flagrantes : l'anonymat des électeurs n'a pas été respecté ; les bulletins de vote en faveur de l'union avec l'Allemagne n'ont pas été fournis par le gouvernement, mais par les citoyens eux-mêmes et pouvaient être invalidés s'ils ne répondaient pas à des exigences strictes ; seuls les membres du Front patriotique de Schuschnigg seraient présents dans les bureaux de vote ; le dépouillement, l'annulation et la validation des votes n'offraient aucune garantie d'impartialité ; la presse gouvernementale, pour mieux contraindre la population, avertissait qu'un vote en faveur de l'Anschluss serait considéré comme une trahison.

Mussolini, qui avait jusqu'alors soutenu Schuschnigg, avertit le chancelier autrichien des risques du projet. Hitler se tourne vers la Société des Nations et lui demande de surveiller le référendum. Après vingt ans d'intervention dans les affaires du monde, la Société des Nations répond qu'elle ne peut s'immiscer dans les affaires intérieures de l'Autriche. Le 11 mars à 10 heures, Seyss-Inquart informe Schuschnigg qu'il doit immédiatement renoncer au plébiscite frauduleux et convoquer un plébiscite légal avec un scrutin secret et une liste électorale mise à jour dans un délai de trois à quatre semaines. Le dirigeant national-socialiste avertit sévèrement le chancelier que l'armée allemande occupera l'Autriche s'il n'accède pas à sa demande. En l'absence de réponse, un nouvel ultimatum est lancé : Schuschnigg doit céder la chancellerie à Seyss-Inquart. La crise est à son comble. Le principal danger pour l'Allemagne est l'intervention de l'Italie, seule grande puissance européenne limitrophe de l'Autriche. Les diplomates britanniques à Vienne soutiennent Schuschnigg et Lord Halifax, nommé ministre des Affaires étrangères le 21 février, fait tout son possible pour lancer l'Italie contre l'Allemagne. Le 10 mars, à Londres, Lord Halifax avait prévenu Joachim von Ribbentrop, nouveau ministre allemand des Affaires étrangères depuis le 4 février, des "conséquences possibles" d'un recours à la force par Hitler en Europe centrale. Mais l'événement décisif se produit le 11 mars à 10h25 : alors qu'il attend la réponse de Schuschnigg à la demande de l'Allemagne, Mussolini contacte Hitler et lui annonce qu'il accepte l'Anschluss.

Convaincu qu'après le soutien de l'Italie, il n'y aura pas d'intervention étrangère, Hitler donne l'ordre. Le 12 mars à six heures du matin, les troupes allemandes commandées par le général Fedor von Bock franchissent la frontière. Le peuple autrichien est ému et accueille les soldats avec des fleurs. Ceux qui s'opposent à l'union restent sans arguments face à l'enthousiasme et à la joie du peuple. Hitler entre dans sa patrie sous les acclamations de la foule. Ce triomphe n'aurait jamais été possible sans le renoncement de Mussolini à son ancienne sphère d'influence. Le Führer le reconnaît et, le 13 mars 1938, envoie d'Autriche un télégramme au Duce avec ces mots : "Mussolini, je n'oublierai jamais ce que tu m'as donné ! De son côté, Halifax, qui trois jours plus tôt avait tenté d'intimider Ribbentrop, devant l'évidence que la France restait figée dans une crise interne et que l'Italie avait renoncé à toute action, opta pour une attitude amicale, accueillie avec jubilation par les dirigeants nazis, qui ne cessèrent de clamer leur volonté d'entente avec la Grande-Bretagne. Le double jeu de Halifax commence déjà à se manifester, mais les dirigeants nazis préfèrent ne pas le voir. Ribbentrop dit alors à Göring : "Chamberlain envisage sérieusement une entente". Ce dernier lui répond : "Je suis convaincu que Halifax est aussi un homme raisonnable."

Par le biais d'un référendum simultané organisé le 10 avril 1938, les Autrichiens et les Allemands ont été consultés par Hitler pour savoir s'ils souhaitaient ou non l'Anschluss. L'Allemagne a informé la Société des Nations, la France, la Grande-Bretagne et l'Italie de ces plébiscites et a invité des observateurs à contrôler la légitimité démocratique du processus, mais l'offre n'a pas été acceptée. Cependant, les principales agences internationales ont envoyé leurs correspondants pour rendre compte des événements. Le résultat final en Autriche est de 4 443 208 voix en faveur de l'union avec l'Allemagne et 11 807 voix contre. En d'autres termes, 99,73% de la population a voté en faveur du rattachement des deux nations. Le taux de participation a été de 99,71%. En Allemagne, les résultats ont été très similaires : 99,55% des citoyens se sont rendus aux urnes et 99,02% d'entre eux se sont prononcés en faveur de l'union de leur pays avec l'Autriche. En termes de taux de participation et de consensus politique, ces chiffres montrent que l'Anschluss de l'Allemagne et de l'Autriche est un événement sans équivalent dans l'histoire.

Les conséquences de l'Anschluss sur la politique européenne étaient prévisibles et n'ont pas tardé à se manifester. Curieusement, le 10 avril 1938, Edouard Daladier devient Premier ministre de la France. La chute de Léon Blum et du Front populaire se produit malgré les efforts de Winston Churchill et d'Henry Morgenthau, qui s'opposent à la politique d'apaisement de Chamberlain. Tous deux souhaitent s'appuyer sur la France pour infléchir la politique de Londres, ce qui s'avère plus difficile avec Daladier, le nouveau Premier ministre étant favorable à l'apaisement avec l'Allemagne. Le nouveau ministre des Affaires étrangères, Georges Bonnet, qui avait été ambassadeur aux États-Unis jusqu'en 1937, était l'un des principaux défenseurs de la tendance modérée et était donc favorable à la recherche de la paix par le biais d'une politique permanente d'apaisement avec Hitler. Bonnet, qui avait le soutien de nombreux ministres et était encouragé par d'importants groupes économiques français, exerçait une grande influence sur Daladier.

Bonnet quitte la France vers la fin de la guerre et s'installe à Genève. Le fait que de nombreux hommes politiques de premier plan aient été arrêtés et emprisonnés dans son pays sans raison apparente a incité Bonnet à ne pas retourner en France, où les communistes ont procédé à une purge sévère qui a entraîné la liquidation de 100 000 citoyens français. Une commission parlementaire a été créée en France en 1946 pour enquêter sur les causes et les événements de la Seconde Guerre mondiale. Bonnet n'est pas rentré avant d'avoir reçu l'assurance qu'il ne serait pas arrêté. L'ancien ministre des affaires étrangères témoigne en 1951 devant la commission et doit se défendre contre les accusations de fanatisme à l'égard des Allemands. Avant de témoigner devant la commission parlementaire, Bonnet rédige un mémoire dans lequel il fait de nombreuses remarques intéressantes. Il y exprime notamment sa conviction qu'un règlement anglo-allemand durable est possible si les Britanniques sont sincères et le souhaitent vraiment. Un point de vue partagé par Hugh Wilson, ambassadeur des Etats-Unis à Berlin, qui, en février 1938, envoya à Washington un rapport rédigé par un expert de l'ambassade, qui concluait : "Une entente anglo-allemande est le premier objectif de la diplomatie d'Hitler en 1938, comme elle l'était en 1934, ou en 1924, lorsqu'il a écrit *Mein Kampf*".

Après l'Anschluss, bien sûr, l'agitation et la liesse éclatent dans les Sudètes, qui se retrouvent sur le devant de la scène politique. Les Tchèques envoient Jan Masaryk à Londres, qui rentre à Prague le 16 mars 1938. David L. Hoggan écrit que dans son rapport, Masaryk affirme "que les Britanniques avaient tendance à considérer une guerre anglo-allemande comme inévitable, mais qu'il était évident qu'ils n'envisageaient pas un tel conflit en 1938". Le 31 mars, la légation allemande à Prague informe Berlin que Konrad Heinlein, chef du Parti allemand des Sudètes (SdP), demande que la propagande visant à encourager les Sudètes soit réduite car ils sont déjà suffisamment excités. En collaboration avec Ribbentrop et Ernst Eisenlohr, ministre allemand pour la Tchécoslovaquie, Heinlein participe à la rédaction du fameux décret de Karlsbad, qui énonce les revendications d'autonomie des Sudètes.

Dans un discours prononcé par Heinlein le 24 avril, les exigences du document sont rendues publiques. Le ministre tchèque des Affaires étrangères, Kamille Krofta, envoie à nouveau Jan Masaryk à Londres pour demander une aide militaire afin d'affronter les Allemands. Le 3 mai 1938, Masaryk signale à nouveau par écrit que Lord Halifax n'a pas garanti l'intervention britannique. Cependant, le 21 mai, le ministre des Affaires étrangères envoie des instructions à Sir Neville Henderson, l'ambassadeur britannique à Berlin, pour qu'il laisse entendre aux Allemands que les Britanniques "pourraient" se battre si les Allemands entraient en Tchécoslovaquie. Henderson est chargé d'ajouter qu'il existe une possibilité d'intervention française et que "le gouvernement de Sa Majesté ne peut garantir qu'il ne sera pas contraint par les circonstances à s'impliquer également". Quelques jours plus tard, Henderson annonce que l'armée britannique a inspecté la frontière germano-tchèque et n'a détecté aucune concentration de troupes allemandes.

Les sionistes et la conférence d'Evian

En pleine tourmente européenne autour de l'union de l'Autriche et de l'Allemagne et suite au succès électoral du Parti des Sudètes (SdP) en Tchécoslovaquie, la Conférence d'Evian (France) se tient du 6 au 15 juillet 1938. Son initiateur est le président Roosevelt, soucieux que les Juifs émigrant de leur patrie puissent transférer leurs biens dans les pays d'accueil. L'idée était d'étendre à d'autres pays l'accord de Haavara, signé le 6 août

1933 entre les nazis et les sionistes. Des délégués de 31 pays ont participé à la conférence. L'Allemagne a envoyé un observateur qui a confirmé que l'Allemagne voulait encourager l'émigration des Juifs allemands et qu'elle était disposée à transférer leurs biens évalués globalement. L'Allemagne offre 3 milliards de marks, qui peuvent être donnés à la Croix-Rouge ou à la Société des Nations, qui répartira la somme entre les pays intéressés à les recevoir.

On a vu plus haut que si les Juifs talmudistes du monde entier avaient déclaré la guerre à l'Allemagne en 1933, les sionistes, eux, collaboraient étroitement avec les nazis. Il est donc compréhensible que l'Organisation sioniste mondiale ait refusé de participer à la conférence, car elle n'était pas du tout préoccupée par les éventuelles souffrances des Juifs européens, bien au contraire : pour elle, le danger était qu'ils soient confortablement installés en Europe ou aux États-Unis et n'émigrent pas en Palestine. Douglas Reed cite dans *The Controversy of Zion* quelques phrases de Stephen Wise, qui montrent que le rabbin nageait entre deux eaux. En 1949, Wise reconnaît qu'avant la guerre, ils craignaient "que leurs frères juifs d'Allemagne ne soient enclins à accepter un accord de paix qui atténuerait ou améliorerait leurs maux..., que les nazis ne décident d'éviter certaines des conséquences néfastes de leur régime par des mesures palliatives qui pourraient désarmer le tollé mondial". En d'autres termes, au lieu d'accueillir favorablement des politiques qui épargneraient les afflictions à leurs coreligionnaires, les dirigeants talmudistes et sionistes souhaitaient que la persécution se poursuive. En 1934, dans le cadre de la Conférence juive mondiale, le rabbin Wise aurait déclaré : "Mourir aux mains des nazis est cruel ; survivre par leur grâce serait dix fois pire. Nous survivrons au nazisme à moins que nous ne commettions le péché inexplicable de pactiser avec lui pour sauver quelques victimes juives". En 1936, Wise insiste sur les mêmes idées : "Sans arrière-pensée, nous avons rejeté avec mépris toute proposition qui garantirait la sécurité de quelques Juifs en échange de la honte de tous les Juifs".

En réalité, ce que Wise, Baruch, Brandeis, Untermayer et compagnie rejetaient, c'était le contraire, c'est-à-dire la sécurité de la majorité des Juifs en échange de l'abandon des intérêts de quelques-uns. Dans *L'histoire cachée du sionisme*, l'auteur juif antisioniste Ralph Schönman dénonce le rabbin Wise qui, en tant que dirigeant du Congrès juif américain, a écrit une lettre en 1938 pour s'opposer à toute modification des lois américaines sur l'immigration susceptible de faciliter l'établissement d'un refuge pour les Juifs : "Il peut être intéressant pour vous de savoir", dit le texte cité par Schönman, "qu'il y a quelques semaines, des représentants des principales organisations juives se sont réunis à une conférence..... Il a été décidé qu'aucune organisation juive ne serait autorisée à s'installer aux États-Unis. Il a été décidé qu'aucune organisation juive ne soutiendrait, à l'heure actuelle, une loi qui modifierait les lois sur l'immigration de quelque manière que ce soit.

Début 1938, au mépris de toutes les campagnes décrivant l'Allemagne comme un enfer pour les Juifs en raison des lois de Nuremberg, des médecins et des dentistes d'origine juive participent à un programme d'assurance maladie obligatoire (Ortskranken-kassen), qui leur garantit un bon nombre de patients. Hugh Wilson, l'ambassadeur américain à Berlin, informe le secrétaire d'État Cordell Hull qu'en 1938, dix pour cent des avocats en Allemagne sont juifs, alors que seulement un pour cent de la population est juive. Roosevelt, soucieux de défendre les intérêts juifs, s'oppose à une loi allemande du 30 mars 1938 qui prive l'Eglise juive du droit de percevoir les impôts payés par les citoyens, prérogative qu'elle partageait jusqu'alors avec les Eglises protestante et catholique. Dans la pratique, la situation créée par la nouvelle loi allemande était similaire à celle de la Grande-Bretagne, où les impôts allaient à l'Eglise anglicane et les synagogues juives ne recevaient rien. Le 10 mai 1938, l'ambassadeur Wilson avertit que les protestations et les accusations incessantes du département d'État à l'encontre de l'Allemagne ne servent à rien.

Objectivement, il est incompréhensible que le président d'un pays chrétien s'oppose à ce qu'une nation souveraine prive le judaïsme d'impôts. Roosevelt, si exigeant sur le respect des droits des juifs en Allemagne, n'avait eu aucun problème en 1933 pour reconnaître l'URSS, un pays où les communistes athées avaient massacré les chrétiens russes et dynamité les églises et les cathédrales. Au moment où Roosevelt s'inquiète des revenus des synagogues allemandes, les persécutions religieuses en Espagne durent depuis des années : près de 8000 prêtres catholiques ont été assassinés et des milliers d'édifices religieux ont été brûlés ou détruits sans que Roosevelt n'exprime la moindre condamnation.

Alors qu'un flot d'accusations publiques continue de s'abattre sur l'Allemagne, pas un mot n'est prononcé sur l'hostilité de la Pologne à l'égard de ses Juifs, un pays qui, en décembre 1937, avait demandé à Yvon Delbos, le ministre français des Affaires étrangères, "s'il accepterait que tous les Juifs polonais émigrent à Madagascar". Le 14 mars 1938, Summer Welles, sous-secrétaire d'État américain, se plaint en privé à l'ambassadeur polonais aux États-Unis, Jerzy Potocki, du traitement réservé aux Juifs en Pologne. Potocki sait que la politique antijuive de son pays est plus sévère que celle de l'Allemagne, mais il répond sans hésiter que "la question juive en Pologne est un vrai problème". En avril 1938, le colonel Beck, ministre des Affaires étrangères, décide de retirer la citoyenneté polonaise et de ne pas renouveler les passeports de tous les Juifs polonais vivant à l'étranger. Beaucoup d'entre eux se trouvent en Allemagne et les autorités allemandes annoncent rapidement qu'elles ne toléreront pas que des Juifs sans passeport valide séjournent en Allemagne. En réalité, tant que leurs papiers polonais n'avaient pas expiré, ces Juifs étaient protégés des lois raciales d'Hitler et pouvaient donc légalement quitter l'Allemagne pour se rendre dans un autre pays que la Pologne. Suite à la décision du colonel Beck, un flot de Juifs polonais est entré en France depuis l'Allemagne avant l'expiration de leurs passeports.

La conférence d'Evian fut en effet un spectacle bouleversant, car non seulement elle démontra une fois de plus que la seule préoccupation des sionistes était de réaliser leur Etat en Palestine, mais elle démontra également l'hypocrisie de pays comme la Grande-Bretagne, qui cherchait à faire payer 1000 livres sterling en liquide pour chaque juif expulsé d'Allemagne. Les 3 milliards de marks offerts par l'Allemagne pour accueillir les Juifs équivalaient à l'époque à environ mille dollars par tête, ce qui était une somme considérable. Si l'Allemagne avait accepté le montant exigé par les Britanniques, le montant total aurait été de 17 milliards de marks. En l'absence de l'Organisation sioniste mondiale, les sionistes sont représentés à la conférence par l'Organisation sioniste révisionniste, qui exige comme seule solution possible l'admission de 200 000 Juifs en Palestine, ce qui est inacceptable pour le gouvernement conservateur de Chamberlain qui, depuis la grande révolte arabe de 1936, subit une pression continue de la part des Palestiniens pour protester contre l'immigration juive illégale. Après neuf jours de discussions infructueuses, il s'avère qu'à l'exception de la République dominicaine, aucun pays n'est disposé à étendre ses quotas d'immigration pour les réfugiés juifs, ce qui, outre le fait de plaire aux sionistes, permet à Chaim Weizmann, futur premier président d'Israël, de faire une déclaration douloureuse dans laquelle il dépeint une fois de plus les Juifs comme de pauvres victimes et d'éternelles victimes : "Le monde semble être divisé en deux parties", déclare-t-il au journaliste du *Guardian*. L'une où les Juifs ne peuvent pas vivre et l'autre où ils ne peuvent pas entrer".

Avant la fin de l'année, le 7 décembre 1938, David Ben Gourion, premier ministre de l'Etat sioniste en 1948, s'adresse avec beaucoup plus de clarté et moins d'hypocrisie aux dirigeants sionistes du Mapai (Parti travailliste). Tout le fanatisme du mouvement sioniste se reflète dans cette phrase : "Si je savais qu'il était possible de sauver tous les enfants d'Allemagne en les amenant en Angleterre et seulement la moitié d'entre eux en les transportant en Israël, je choisirais la deuxième solution". Ces mots ne laissent aucune place au doute : un an avant le début de la guerre, le sionisme était prêt à sacrifier une partie de son propre peuple pour atteindre l'objectif d'un État juif raciste en Palestine.

Comme on le verra tout au long de ces pages, le promoteur de la Conférence d'Evian, Franklin D. Roosevelt, Grand Maître Honoraire de l'Ordre International de Molay, a été le catalyseur de la guerre voulue par le sionisme. Avec Lord Halifax, lui aussi franc-maçon, il a été les deux moteurs essentiels utilisés par le pouvoir occulte pour déclencher le désastre. Le 3 janvier 1936, Roosevelt avait déjà accusé le Japon, l'Allemagne et l'Italie de militarisme dans un discours au Congrès. Le 25 novembre de la même année, le Japon répond en signant le Pacte anti-Komintern avec l'Allemagne. Le 5 octobre 1937, le président américain prononce le célèbre "Quarantine Speech", dans lequel il menace les trois pays de représailles économiques. L'objectif est de mettre les trois pays en quarantaine et de "préserver la communauté humaine de la contagion". Selon Roosevelt, l'Allemagne, le Japon et l'Italie "détruisent tout l'ordre international et toute équité envers les 88% de citoyens du monde qui aiment la paix, la sécurité et la liberté". L'Italie, incluse sans raison apparente parmi les "États puants", adhère le 6 novembre 1937 au pacte anti-Komintern, qui donne naissance à l'"Axe" Berlin, Rome, Tokyo. Ainsi, sous couvert de cette supériorité morale, Roosevelt a réuni à Evian les pays supposés favorables à la justice et à la paix dans le monde.

La route vers Munich

Dès la fin de la conférence d'Evian, où, comme nous l'avons vu, les sionistes se sont battus à tout prix pour que le droit d'asile puisse être offert aux Juifs, les Sudètes, en Tchécoslovaquie, sont à nouveau au centre de l'attention internationale. Le 20 juillet 1938, Lord Halifax informe le gouvernement français qu'une mission dirigée par Lord Runciman se rendra en Tchécoslovaquie. L'annonce est rendue officielle le 26 juillet. Après la victoire électorale des Sudètes aux élections de mars, Edvard Benes s'est montré totalement intransigeant face aux demandes d'autonomie interne de Konrad Heinlein, et la situation s'est rapidement détériorée. Face aux menaces de Benes d'arrêter le leader sudète, les troubles persistants se transforment en une véritable émeute. C'est dans ce contexte que le gouvernement britannique impose, "nolens volens", l'envoi d'une mission d'enquête et, finalement, d'arbitrage, qui n'est pas du tout du goût de Benes.

Le 3 août, Walter Runciman arrive à Prague, mais la mauvaise volonté du président de la République le contraint à interrompre son travail et à quitter le pays le 10 septembre. À cette date, les Allemands des Sudètes sont déjà passés d'une demande d'autonomie à une demande d'incorporation au Reich. Le 21 septembre, Lord Runciman remet son rapport de mission à Downing Street. Dans *Les causes cachées de la 2éme Guerre Mondiale*, un numéro spécial de *Lectures Françaises* édité par Henry Coston, Jacques Bordiot reproduit dans un long article quelques passages du rapport, dans lequel Runciman considère que les plaintes des Sudètes sont justifiées et dénonce l'attitude absurde du gouvernement tchèque qui n'a pris aucune mesure :

> "Il est devenu absolument clair pour moi que ces districts frontaliers entre la Tchécoslovaquie et l'Allemagne, où la population sudète est largement majoritaire, doivent immédiatement obtenir le droit à l'autonomie. Si une concession est inévitable, et je crois que celle-ci l'est, elle doit être faite

rapidement et sans délai. Il y a un danger réel, et même un danger de guerre civile, dans la continuation d'un état d'incertitude. Par conséquent, il y a des raisons très fortes pour une politique d'action immédiate et énergique. Tout plébiscite ou référendum serait, à mon avis, une simple formalité en ce qui concerne les régions dominées par les Allemands. Une grande majorité de leurs habitants souhaitent fusionner avec l'Allemagne. Les retards inévitables qu'entraînerait un plébiscite ne feraient qu'exciter les sentiments populaires, avec des conséquences très dangereuses.

Je considère donc que ces districts frontaliers devraient être transférés immédiatement de la Tchécoslovaquie à l'Allemagne et, en outre, que des mesures pour un transfert pacifique, y compris des règlements pour la protection de la population pendant la période de transfert, devraient être prises immédiatement par accord entre les deux gouvernements...".

Lorsque Lord Runciman a présenté ce rapport, la crise était déjà à son apogée. Le 12 septembre, Hitler, en réponse à un discours de défi prononcé par Benes deux jours plus tôt, dénonce à Nuremberg la politique du gouvernement tchèque et promet aux Sudètes qu'il est prêt à prendre les armes pour les aider. Quant à la France qui, en raison de son engagement aux côtés de la Tchécoslovaquie, pourrait être tentée d'intervenir, Hitler rappelle qu'au nom de l'amitié franco-allemande, il a renoncé à l'Alsace et à la Lorraine, y compris à l'ancienne ville allemande de Strasbourg, afin qu'il n'y ait pas de contentieux entre les deux pays. Quelques heures après le discours du Führer, tous les territoires des Sudètes se révoltent contre le gouvernement de Prague. Le 13, on apprend que de violents affrontements entre Tchèques et Allemands ont eu lieu dans la nuit, faisant 25 morts et une centaine de blessés. Le 14 septembre, le premier ministre britannique demande une entrevue avec Hitler, qui le reçoit le lendemain à Berchtesgaden. Chamberlain propose alors d'organiser un plébiscite. Cette position est soutenue par Mussolini le 17 septembre dans un discours où il déclare : "Face au problème qui agite l'Europe en ce moment, la solution tient en un seul mot : un plébiscite pour toutes les nationalités qui le demandent, pour les nationalités qui ont été contraintes d'entrer dans ce qui devait être la Grande Tchécoslovaquie".

Ni la Hongrie ni la Pologne ne peuvent manquer l'occasion de faire connaître leurs revendications territoriales en Tchécoslovaquie. Dès qu'elles entendent parler de la rencontre entre Chamberlain et Hitler à Berchtesgaden, elles pressentent une possible complicité britannique dans une future partition du pays et s'adressent toutes deux aux Britanniques le 16 septembre pour leur demander de soutenir leurs aspirations. L'ambassadeur britannique à Varsovie, Sir Howard Kennard, informe Londres que le gouvernement polonais prépare une note appelant à l'autodétermination de la minorité polonaise Teschen en Tchécoslovaquie. Il est clair que l'acceptation d'un plébiscite dans la région des Sudètes en entraînera d'autres : Benes craint surtout que les Slovaques et les Ruthènes n'en profitent pour faire sécession, ce qui signifierait l'effondrement final de l'État artificiel.

Le Congrès juif mondial, dès qu'il eut connaissance de la rencontre entre Hitler et Chamberlain à Berchtesgaden le 15, s'empressa d'envoyer au Premier ministre britannique une résolution votée le 18, qui fut publiée le 19 septembre 1938 dans le London *Jewish Chronicle.* Son texte est le suivant :

"Il est de notre devoir de partager avec vous l'inquiétude croissante de millions de Juifs face aux tentatives de l'Allemagne d'acquérir de nouveaux territoires habités par des Juifs. Les Juifs du monde entier n'ont pas oublié les traitements inhumains infligés aux Juifs de la Sarre et de l'Autriche. Le Conseil exécutif du Congrès juif mondial vous prie donc de n'accepter aucun accord qui ne garantisse pas pleinement les droits des Juifs.

Le même jour, le 18 septembre, le chef du gouvernement français, Édouard Daladier, et Georges Bonnet, son ministre des Affaires étrangères, se rendent ensemble à Londres et concluent l'accord suivant avec les Britanniques :

"Tous les districts des Sudètes ayant une majorité allemande de plus de 50% de la population seront restitués au Reich sans consultation populaire. Une commission internationale dans laquelle siégera un représentant de l'État tchécoslovaque vérifiera toutes les frontières et sera responsable de l'évacuation et du transfert des populations. Le gouvernement britannique accepterait, comme la France, de donner sa garantie pour les nouvelles frontières tchécoslovaques."

Le 18 septembre également, Julius Lukasiewicz, ambassadeur de Pologne à Paris, avait remis à Bonnet une note "exigeant catégoriquement que si un plébiscite était organisé pour la minorité allemande en Tchécoslovaquie, un plébiscite pour la minorité polonaise soit convenu en même temps". Une fois l'accord franco-britannique connu, l'ambassadeur polonais demande directement la restitution du district de Teschen à la Pologne le 20. Le même jour, la Hongrie informe la France qu'elle soutient l'action de la Pologne et formule les mêmes demandes pour la Ruthénie. Dans ces conditions, le 21 septembre, Prague donne son assentiment à l'accord franco-britannique ; mais le 23, à 22h30, sur les conseils de Georges Mandel, ministre français des Colonies, de son vrai nom Jeroboam Rothschild et fils naturel d'un Rothschild, Benes décrète la mobilisation générale en Tchécoslovaquie.[1]

---

[1] Le vrai nom de Georges Mandel serait Jeroboam Rothschild, bien que certaines sources donnent le nom de Louis George Rothschild. Mandel sera nommé ministre de l'Intérieur par Paul Reynaud, qui remplace Daladier au poste de Premier ministre le 21 mars 1940.

Le jeudi 22, Chamberlain se rend à Godesberg pour présenter le plan franco-britannique aux Allemands. L'idée d'une commission internationale, telle qu'elle a été proposée à Londres par les Français et les Britanniques, ne plaît pas à Hitler, car il pense qu'elle aidera les Tchèques à fixer les nouvelles frontières. Hitler propose l'occupation immédiate du territoire des Sudètes et n'accepte un plébiscite que dans les districts où il y a un doute sur le sentiment de la population. Dans son article "De l'Affaire des Sudètes aux Accords de Munich", publié dans le numéro spécial des *Lectures Françaises* mentionné ci-dessus, Jacques Bordiot écrit que Chamberlain protesta vivement et se retira dans son hôtel, où il passa toute la journée du 23 et refusa de rencontrer à nouveau Hitler. Le 24, après une discussion passionnée, Hitler remet au Premier ministre britannique un Mémorandum accompagné d'une lettre précisant les régions à abandonner par les Tchèques dans les quarante-huit heures et celles à soumettre à un plébiscite.

Alors qu'ils sont en réunion, un télégramme parvient à Godesberg annonçant que le gouvernement tchèque a décrété la mobilisation générale. Bien qu'ils feignent tous deux l'étonnement, la nouvelle ne les surprend pas, puisque Chamberlain est au courant et a donné son accord la veille, tandis qu'Hitler l'est également par ses services d'espionnage et sait que le Conseil des ministres français a décidé d'appeler un million de réservistes. Dans *Les responsables de la Seconde Guerre Mondiale*, Paul Rassinier retranscrit les paroles du Führer à Chamberlain : "Malgré cette provocation inouïe, je maintiens ma proposition de n'entreprendre aucune action contre la Tchécoslovaquie pendant les négociations, ou du moins, Monsieur Chamberlain, pendant le temps où vous serez sur le territoire allemand". Chamberlain s'engage à remettre le Mémorandum à Benes et Hitler reporte la date limite d'évacuation au 1er octobre.

Pendant ce temps, la déloyauté de Lord Halifax à l'égard de son premier ministre commence à se manifester. Andrew Roberts, auteur de *The Holy Fox. A Life of Lord Halifax,* une biographie qui ressemble à un panégyrique, car la bassesse y devient vertu et la duplicité devient sagacité, écrit que pendant que Chamberlain cherchait un accord, Halifax, qui était resté à Londres, recevait une avalanche de "lettres, appels et visites de vieux amis dont il respectait les opinions, tels que George Lloyd, Leo Amery, Oliver Stanley". Ces noms sont suffisamment significatifs : Lloyd George avait déjà été utilisé par le sionisme pendant la Première Guerre mondiale ; Leo Amery était le juif sioniste secret qui avait rédigé la déclaration Balfour ; Oliver Stanley allait être nommé secrétaire à la Guerre en janvier 1940. Tous

---

Tous deux travaillent fébrilement à l'éclatement de la guerre. Lorsque Winston Churchill, représentant du clan belliciste à Londres, apprend le plan franco-britannique, il se précipite à Paris pour rencontrer Mandel et Reynaud afin d'élaborer un plan alternatif. Bien que n'étant pas officiellement considéré comme lié aux banquiers, Georges Mandel, surnommé "le Juif impitoyable" par ses détracteurs, travaillait pour eux et était dans leur orbite, vivant dans le luxe et l'ostentation non dissimulée.

lui demandent de ne plus faire de concessions à l'Allemagne. En d'autres termes, Halifax est devenu l'homme politique sur lequel les bellicistes fondent leurs espoirs.

Après avoir reçu le mémorandum d'Hitler, le Premier ministre Chamberlain retourne à Londres le 24 septembre. Lors de la réunion du Cabinet du 25, Chamberlain constate que son ministre des Affaires étrangères non seulement ne le soutient pas, mais qu'il est ouvertement favorable à la guerre comme moyen de renverser Hitler. Du jour au lendemain, Halifax change d'avis. Chamberlain lui envoya une note au crayon qui équivalait presque à une menace de démission. Elle est reproduite ci-dessous d'après l'ouvrage de Roberts :

"Votre changement complet de point de vue depuis que je vous ai vu hier soir est un choc terrible pour moi, mais bien sûr vous devez vous faire votre propre opinion.
Reste à savoir ce que diront les Français.
S'ils disent "ils vont entrer", je ne pense pas que je puisse accepter la responsabilité de la décision.
Mais je ne veux pas anticiper ce qui n'est pas encore apparu. N. C.
(Neville Chamberlain)"

Halifax répond à ces mots par une autre note de réponse dans laquelle il écrit : "Je me sens comme une brute - mais je suis resté debout toute la nuit, à me tourmenter, et je n'ai pas pu arriver à une autre conclusion à ce moment-là sur la question de la coercition sur la Tchécoslovaquie. E. (Edward). Chamberlain répondit sur une autre note décevante, non sans une certaine amertume : "Il est rare que l'on parvienne à des conclusions la nuit avec le recul nécessaire. N. C."

L'allusion à la position de la France dans la note de Chamberlain était pertinente car, pendant les délibérations du gouvernement, Halifax avait déclaré que si la France décidait de soutenir le gouvernement Bene", la Grande-Bretagne devait le faire. Halifax maintint cette position en dépit du fait que, seulement un jour ou deux auparavant, il avait reçu un télégramme de son ambassadeur à Paris, Eric Phipps, dans lequel Phipps exhortait le ministre des Affaires étrangères à ne pas soutenir le "petit mais bruyant et corrompu parti de la guerre" en France. Dans ce même télégramme, également cité par Andrew Roberts, l'ambassadeur déclarait : "Le meilleur de la France est contre la guerre à presque n'importe quel prix".

Le 26 septembre, Chamberlain informe Hitler, par une lettre personnelle remise en main propre à Berlin par Sir Horace Wilson, que le gouvernement tchèque rejette le mémorandum. Chamberlain l'invite à accepter de poursuivre les négociations sans recourir à la force et déclare : "Au cas où la France serait entraînée dans les hostilités avec l'Allemagne en exécution des obligations découlant des décrets, le Royaume-Uni se sentirait obligé de lui venir en aide.

Simultanément, les Polonais jouent les cartes de leur propre jeu. Le 21 septembre, la Pologne annonce qu'elle prendra des mesures pour assurer le bien-être des Polonais en Tchécoslovaquie. Bonnet, le ministre français des Affaires étrangères, soupçonne alors Beck d'avoir passé un accord avec Hitler et souhaite clarifier la situation. Le 24 septembre, l'ambassadeur de France en Pologne, Léon Noël, est reçu à Varsovie par le maréchal Edward Smigly-Rydz qui, sur les instructions de Beck, l'assure que la Pologne n'a pas d'accord avec l'Allemagne sur la Tchécoslovaquie, confirme que ses aspirations se limitent à la région de Teschen et annonce que ses troupes entreront à Teschen si les Tchèques n'acceptent pas les prétentions polonaises. Bonnet fait rapidement pression sur le président Benes pour qu'il fasse des concessions aux Polonais.

David L. Hoggan rapporte une lettre de Benes à Beck, remise à Varsovie le 26 septembre 1938, dans laquelle il "accepte en principe" de céder Teschen à la Pologne si les Polonais soutiennent la Tchécoslovaquie dans une guerre contre l'Allemagne. Selon Hoggan, le ministre polonais des Affaires étrangères déclare avec indignation que "l'accord de principe" de Benes ne vaut pas le papier sur lequel il est écrit ; cependant, comme la Pologne agit en contact avec les Français, il décide de faire un effort pour parvenir à un accord avec les Tchèques selon les lignes proposées par Bonnet. Beck informe Benes que s'ils rendent Teschen à la Pologne sans délai, ils pourront compter sur l'aide polonaise contre l'Allemagne, à condition que la France maintienne ses obligations à l'égard des Tchèques. Le président Benes, qui n'est pas sincère dans son offre à la Pologne, avance l'excuse peu convaincante que le réseau ferroviaire du territoire de Teschen est au cœur de ses plans opérationnels contre l'Allemagne, et insiste sur le fait que Teschen ne peut pas être cédé tant que l'Allemagne n'a pas été vaincue dans la guerre. Beck rompt immédiatement les négociations.

Le chapitre huit a déjà présenté William C. Bullit, l'ambassadeur américain à Paris, dont le grand-père maternel était le juif Jonathan Horowitz. Nous verrons plus loin que Bullit, ami proche de Roosevelt, avec qui il conversait quotidiennement, était l'instrument de ceux qui, dans les coulisses, poussaient à la guerre. Il est intéressant de noter un entretien qu'il a eu le 25 septembre 1938 avec l'ambassadeur de Pologne à Paris. Lukasiewicz lui dit que le gouvernement polonais a changé d'avis sur la crise et que la guerre aura lieu. L'ambassadeur polonais révèle à Bullit que si l'Allemagne agit contre les Tchèques, la Pologne, en plus de Teschen, envahira la Slovaquie. La conversation avec Bullit montre à quel point les dirigeants polonais se sont trompés dans leur analyse et leur prévision des événements. Lukasiewicz présente le conflit comme une guerre de religion entre le fascisme et le bolchevisme et désigne Benes comme un agent de Moscou. Il note que le premier objectif est d'établir un front commun avec la Hongrie, pays ami. Hoggan écrit : "Le diplomate polonais pensait qu'une attaque russe contre la Pologne suivrait cette initiative, mais il assurait que la Pologne n'avait pas peur. Il prédit que dans les trois mois, la Russie sera vaincue par l'Allemagne et la Pologne et insiste sur le fait que l'Union soviétique est un enfer de factions en guerre. Bullit accuse la Pologne de trahir la France, mais Lukasiewicz le nie. Il déclare que la Pologne ne fera pas la guerre à la France, mais que si la France, la Grande-Bretagne et les Etats-Unis soutiennent les Tchèques, les puissances occidentales seront les instruments du bolchevisme". Il faut savoir que les dirigeants polonais et allemands détestaient tous deux le système communiste et ce qu'il signifiait. Si la Grande-Bretagne n'avait pas torpillé les tentatives allemandes d'établir avec les Polonais un front commun contre les bolcheviks, une solution impliquant la paix entre les deux nations et une opposition commune à l'Union soviétique aurait été trouvée, comme l'envisageait Lukasiewicz.

Les efforts de Bonnet pour parvenir à un accord entre Tchèques et Polonais échouent. Benes, qui le 21 septembre s'est montré résigné à céder des territoires à l'Allemagne, ne veut pas céder Teschen aux Polonais. Le 28 septembre, les prévisions les plus pessimistes sont sur le point de se réaliser. A 11h30, Chamberlain contacte Mussolini et lui demande d'essayer de faire quelque chose. Alors que François-Poncet, ambassadeur de France à Berlin, fait une nouvelle tentative et s'entretient avec Hitler, le chancelier allemand interrompt la conversation avec le diplomate français pour recevoir une communication urgente de l'ambassadeur d'Italie, Attolico, qui lui demande, au nom du Duce, de reporter de 24 heures la mobilisation générale. À 15h15, Neville Henderson, l'ambassadeur britannique, téléphone à Londres pour annoncer que Hitler souhaite inviter Chamberlain, Daladier et Mussolini à Munich le lendemain pour discuter d'une solution pacifique au problème tchèque. Le Premier ministre britannique reçoit la nouvelle à la Chambre des communes, où il a prononcé un discours très chargé sur le danger imminent de guerre. En annonçant l'invitation d'Hitler et sa décision de l'accepter, il reçoit l'une des plus fortes ovations de l'histoire du Parlement britannique. Le monde entier a accueilli la nouvelle avec un sentiment de soulagement et d'espoir. Personne, à l'exception des habitués, ne veut la guerre. Les Munichois, enthousiasmés par le désir de paix, accueillent avec euphorie les dirigeants européens lorsqu'ils arrivent pour négocier le 29 septembre.

Les quatre protagonistes de la réunion de Munich ont cherché à éviter la guerre et sont parvenus à une paix temporaire. La conférence a commencé à 13 heures et s'est terminée à 1h30. Les représentants tchèques à Munich ont été informés du déroulement de la conférence, mais n'ont pas été autorisés à prendre part aux délibérations. Les représentants tchèques à Munich ont été informés de l'évolution des discussions, mais n'ont pas été autorisés à prendre part aux délibérations. Ni les Polonais ni les Hongrois n'étaient présents en Bavière. Le rôle modérateur de Mussolini est déterminant et un accord est finalement conclu sur la base d'un projet présenté par les délégués italiens. Sur certains points, les conditions exigées par Hitler à Godesberg sont améliorées. La date fixée pour l'occupation des territoires allemands des Sudètes est le 10 octobre. Dans certains districts (où les Allemands devaient être majoritaires), un plébiscite devait être organisé. La nouvelle frontière est déterminée par une commission internationale composée d'un représentant tchèque et d'un représentant allemand. La France et la Grande-Bretagne s'engagent à garantir les nouvelles frontières contre toute agression non provoquée. Les mêmes puissances garantissent à la Tchécoslovaquie le règlement du problème des minorités polonaise et hongroise. L'accord stipule que si une solution n'est pas trouvée pour ces régions dans un délai de trois mois, une nouvelle réunion des chefs de gouvernement sera organisée.

Dès le lendemain, 30 septembre, un certain nombre de conséquences politiques s'ensuivent. Chamberlain propose une rencontre privée avec Hitler. Elle a lieu dans l'appartement du chancelier dans la Prinzregentenstrasse. Seul Paul Schmidt, l'interprète d'Hitler, est présent aux côtés des deux dirigeants, qui discutent de la situation générale en Europe. Dans son livre *Temoin sur la scène diplomatique*, Schmidt rapporte des extraits de cet entretien, dont certains sont commentés par David L. Hoggan. Chamberlain a déclaré qu'il espérait qu'il n'y aurait pas de frappes aériennes sur les femmes et les enfants si les Tchèques résistaient. Hoggan ne peut s'empêcher de commenter l'inquiétude de Chamberlain : "C'était ironique si l'on considère que Chamberlain savait que l'armée de l'air britannique, contrairement à la stratégie allemande de soutien aérien tactique aux forces terrestres, fondait sa stratégie dans une guerre future sur des attaques aériennes concentrées sur des centres civils." Hitler assure qu'il est totalement opposé à de telles attaques et que l'Allemagne ne les utilisera jamais, sauf en cas de représailles. À la fin de la conversation, Chamberlain demande à Hitler s'il veut bien signer une déclaration d'amitié anglo-allemande, qui lui est présentée en anglais. Voici le texte de l'accord :

"Nous, le Führer et Chancelier allemand et le Premier ministre britannique, avons tenu une réunion supplémentaire aujourd'hui et sommes convenus de reconnaître que la question des relations anglo-allemandes est de la plus haute importance pour les deux pays et pour l'Europe.
Nous considérons l'accord signé hier soir et l'accord naval anglo-allemand comme un symbole de la volonté de nos deux peuples de ne plus jamais se faire la guerre.
Nous sommes déterminés à ce que la méthode de consultation soit la méthode adoptée pour traiter les questions qui peuvent concerner nos deux peuples, et nous sommes déterminés à poursuivre nos efforts pour résoudre les causes possibles de différends et contribuer ainsi à assurer la paix en Europe".

Cet accord important, accepté sans réserve par Hitler, aurait dû devenir le pilier du maintien de la paix en Europe et de la défense du continent contre le communisme.

Une autre conséquence du pacte de Munich, qui survient également le 30, est l'ultimatum de la Pologne à la Tchécoslovaquie. Dans la soirée, Józef Beck convoque l'ambassadeur allemand à Varsovie, Hans-Adolf von Moltke, pour lui dire qu'il vient d'envoyer un ultimatum aux Tchèques. Il souhaite savoir si l'Allemagne conservera une attitude bienveillante en cas de guerre tchéco-polonaise. Il ajoute qu'il souhaite obtenir le soutien de l'Allemagne au cas où l'Union soviétique attaquerait la Pologne. Beck exige que Prague rende la ville de Teschen et son district avant le dimanche 2 octobre à midi. Il demande également que le reste du territoire revendiqué par la Pologne soit rendu dans les dix jours. Beck prévient que si la note d'accord tchèque n'est pas reçue le 1er octobre à midi, "la Pologne ne sera pas responsable des conséquences". Les Tchèques, dont le président Bene" devait démissionner le 5 octobre pour s'exiler à Londres, n'ont pas tardé à capituler avant l'échéance. Le nouveau président de la République, Emil Hácha, se contente de déclarer que les puissances signataires de Munich n'interviendront pas malgré la brutalité de l'approche et que les Polonais ne chercheront pas sa couverture. Seule la France envoie une démarche à Varsovie pour protester contre l'ultimatum polonais. L'Allemagne, pour sa part, offre à la Pologne la protection qu'elle souhaite en cas d'attaque soviétique. La non-viabilité de la Tchécoslovaquie devient de plus en plus évidente et il est clair pour tous qu'elle ne survivra que si les Slovaques ne décident pas de se séparer des Tchèques.

Le 30 septembre, Daladier et Bonnet atterrissent à l'aéroport du Bourget, où ils sont accueillis par une foule enthousiaste. La foule, spontanément parée et en phase avec la majorité des peuples européens qui refusent une nouvelle guerre, descend dans les rues le long de la route vers Paris et manifeste sa joie et sa gratitude envers les hommes politiques qui ont préservé la paix pour la France. Dans *ses Mémoires*, Winston Churchill décrit ceux qui applaudissent Chamberlain et Daladier comme des "foules vociférantes". Peut-être aurait-il préféré une réaction comme celle de l'URSS, où Chamberlain fut brûlé en effigie sur la Place Rouge, un rituel en présence officielle du commissaire aux affaires étrangères, le juif Maksim Litvinov (Meyer Hennokh Moisevitch Wallack), malgré lequel il n'y eut aucune note de protestation. Il n'est pas difficile d'imaginer le tollé international qui aurait suivi si Ribbentrop avait publiquement soutenu l'incinération de l'effigie du président Roosevelt en Allemagne.

Quelques jours plus tard, le 5 octobre, la Chambre des députés française ratifie les accords de Munich par 535 voix contre 75 (73 communistes). Le tandem Mandel-Reynaud et son équipe ainsi que Léon Blum et ses partisans, bien que mécontents, jugent politiquement inopportun d'affronter l'opinion publique. Parmi ceux qui font le jeu des communistes et rejettent les accords de Munich, on trouve deux peintres célèbres, le juif Marc Chagall et Pablo Picasso. Ce dernier, qui se déclarait pacifiste et communiste, était déjà depuis trente ans entre les mains de marchands juifs tels que Daniel-Henry Kahnweiler et les frères Rosenberg.[2] Les deux artistes rendent leurs décorations à l'État français en signe de protestation. Ce n'est pas sans un regrettable sarcasme que Picasso, dont le Guernika passe pour un plaidoyer contre la guerre, a protesté contre la paix en Europe en raison de sa servitude politique.

La Chambre des Communes était également en session le 5 octobre 1938. Paul Rassinier écrit dans *Les responsables de la Seconde Guerre Mondiale* qu'au cours du débat, Chamberlain "commit une bévue qui devait avoir des répercussions sur le comportement ultérieur d'Hitler". Qu'il s'agisse d'une bévue ou d'une concession forcée pour amadouer les opposants à sa politique, il n'en reste pas moins que le Premier ministre lie les accords de Munich à un programme d'armement massif pour les trois armées. Il insiste sur l'investissement pour l'armée de l'air, qui doit construire 3000 avions avant la fin de l'année et 8000 autres au cours de l'année 1939. Le programme est accepté à l'unanimité, mais alors que Chamberlain s'apprête à expliquer sa position à Munich, Churchill prend la parole pour dénigrer sa politique et les accords, qu'il qualifie de "désastre de première grandeur". Churchill souligne ouvertement les aspirations des puissances internationales qui veulent la guerre et évoque la nécessité de mettre fin au pouvoir nazi par le biais d'une alliance entre la France, la Grande-Bretagne, l'Union soviétique et les États-Unis. Le fait que Churchill et Roosevelt aient voulu s'allier, pour liquider l'Allemagne, à une dictature communiste féroce qui avait fait mourir de faim (Holodomor) sept millions d'Ukrainiens et qui, depuis 1917, avait causé la mort de vingt millions de personnes, ne peut s'expliquer que par les raisons que nous avons exposées tout au long de ce livre. Le discours de Churchill est applaudi par les 137 députés travaillistes et par les principaux partisans de la guerre, dont Sir

---

[2] Picasso a été découvert en 1905 par les Stein, une riche famille juive. Leo et Gertrude Stein étaient chargés de trouver des œuvres d'art et Michael Stein était le financier. En 1907, Daniel-Henry Kahnweiler, membre d'une famille de financiers juifs, fait la connaissance des cubistes et du groupe des "Fauves". En 1909, Picasso se fiance avec Kahnweiler, à qui il vend toute sa production. Un second contrat, plus formel, est signé pour trois ans le 18 décembre 1912. Deux autres frères juifs, Léonce Rosenberg et Paul Rosenberg, apparaissent pendant la guerre et prennent la place de Kahnweiler. Léonce Rosenberg entreprend en 1916 le lancement international de Picasso. "Ensemble, nous serons invincibles, lui dit-il, tu seras le créateur et je serai l'action. Paul Rosenberg succède à son frère en 1919. Par l'intermédiaire des Rosenberg, Picasso entre dans le cercle fermé des grands marchands d'art, généralement membres de puissantes familles juives liées à la banque, et ses œuvres entrent dans les musées et les collections américaines. Dans les années 1920, l'accord avec les Rosenberg n'est que verbal et Picasso travaille également avec d'autres représentants juifs tels que Wildenstein, Loeb et à nouveau Kahnweiler.

Vansittart, Hore Belisha, Anthony Eden et d'autres. Les accords de Munich sont adoptés par 369 voix contre 150, dont celle du Premier Lord de l'Amirauté, Alfred Duff Cooper, un membre du gouvernement qui a démissionné. En démissionnant, il a fait le choix suivant : "La guerre avec l'honneur ou la paix avec le déshonneur". Une fois de plus, c'est le contraire qui est vrai, surtout si l'on considère que soixante millions d'êtres humains allaient être les victimes d'une guerre aussi honorable.

Ce qui s'est passé à la Chambre des communes a mis Hitler sur ses gardes. Après la déclaration d'amitié signée quelques jours plus tôt, on pouvait s'attendre à plus de retenue de la part des dirigeants britanniques. Le 9 octobre, il prononce un discours à Sarrebruck dans lequel il déclare : "Les chefs de gouvernement qui sont en face de nous prétendent qu'ils veulent la paix, et nous devons les croire. Mais ils gouvernent des pays dont la structure permet à tout moment de remplacer ceux qui la veulent par ceux qui ne la veulent pas. Il suffirait qu'un Duff Cooper, un Eden ou un Churchill prenne la place de Chamberlain pour que la seconde guerre mondiale éclate aussitôt, car telle est leur intention. Ils ne le cachent pas : ils le proclament ouvertement". La presse allemande dénonce avec indignation le fait qu'il est inexcusable pour les membres du gouvernement Chamberlain de faire de la propagande en faveur du réarmement en invoquant le danger allemand.

La fiction tchécoslovaque à l'épreuve des faits

Après les accords de Munich, le dernier ultimatum polonais, l'occupation de Teschen et la démission de Benes en tant que président de la République, le chaos politique s'est installé jour après jour en Tchécoslovaquie. La propagande anti-allemande a tout mis sur le dos d'Hitler, généralement présenté comme un expansionniste insatiable. Les faits, cependant, montrent que les propositions et les exigences de la Pologne étaient moins modérées et plus agressives, mais le chancelier allemand a essayé jusqu'au dernier moment de se mettre d'accord avec les Polonais sur une politique de coopération dans tous les litiges qui se présentaient. Les aspirations de la Pologne à l'égard de la Tchécoslovaquie ne se limitent pas à Teschen, mais visent d'autres objectifs, dont la rupture entre les Tchèques et les Slovaques. Bien que le mouvement nationaliste slovaque ait été impitoyablement réprimé par le président Thomas Masaryk dès la naissance de la Tchécoslovaquie, les Polonais ne cachent pas leur attachement à un État slovaque indépendant.

En 1938, Monseigneur Józef Tiso, un prêtre catholique qui devint le premier président de l'État slovaque en 1939, et Karol Sidor, également homme politique catholique et partisan des Polonais, étaient les deux principaux leaders du nationalisme slovaque. La plupart des Slovaques s'opposent à la domination tchèque et sont favorables à sa fin ; cependant, ils sont politiquement divisés en plusieurs groupes antagonistes. Le groupe le plus influent souhaitait que la Slovaquie retourne à la Hongrie, mais Budapest n'était pas disposé à faire des compromis et n'offrait aucun soutien effectif. Un autre groupe, le groupe Sidor, est favorable à un partenariat avec la Pologne et envisage même un protectorat polonais sur la Slovaquie. Il faut noter que les coutumes, le tempérament et les relations culturelles sont des liens qui rapprochent naturellement Polonais et Slovaques. Monseigneur Tiso est le leader éminent du troisième groupe, qui réclame l'indépendance totale des Slovaques, même si, dans un premier temps, ils doivent s'appuyer sur l'un de leurs puissants voisins pour y parvenir. Enfin, il y avait un mouvement pro-tchèque. Face à ces ingrédients, la plupart des observateurs internationaux prédisent l'imminence d'une crise slovaque. Si la Hongrie n'ose pas soutenir ses partisans, Jozef Beck, le ministre polonais des affaires étrangères, est prêt à promouvoir l'indépendance slovaque. Monseigneur Tiso préconise une forte protection de la Slovaquie, et l'Allemagne est la seule alternative si la Hongrie et la Pologne refusent de prendre leurs responsabilités.

La Pologne a deux autres cibles en Tchécoslovaquie : l'une est Zips-Orawy, une région des Carpates limitrophe de la Slovaquie que la Pologne et la Hongrie se disputent depuis le Moyen-Âge. Beck est tenté de profiter de la faiblesse tchèque pour s'emparer de ce territoire contesté. Un autre enjeu est l'élimination du contrôle tchèque sur la Ruthénie, une région du sud des Carpates peuplée d'un million d'habitants et attribuée à la Tchécoslovaquie en 1919. En cas de scission entre Tchèques et Slovaques, il est impensable que les premiers puissent continuer à détenir ce territoire. La thèse des dirigeants polonais est que la Ruthénie appartient à la Hongrie depuis des centaines d'années et qu'elle doit être rendue à la Hongrie, pays mutilé à la Conférence de Paris, qui a perdu les deux tiers de sa population et les trois quarts de son territoire. L'une des craintes des Polonais est qu'une hypothétique Ruthénie indépendante ne tombe entre les mains des communistes.

Les Tchèques n'hésitent pas à accuser les Polonais de chercher le chaos en Tchécoslovaquie. Le 3 octobre, le ministre tchèque des Affaires étrangères, Kamille Krofta, informe les Britanniques que les Tchèques se retirent en douceur du territoire des Sudètes, mais se plaint vivement des Polonais, qu'il accuse de comploter et d'organiser la propagande en Slovaquie. Krofta a fait part aux Britanniques de sa crainte que la faiblesse des Tchèques ne soit exploitée "pour faire croire que la Slovaquie se porterait mieux si elle était associée à la Pologne". Dans David L. Hoggan, Krofta nourrissait de telles craintes parce qu'il était conscient de "la profondeur de la haine des Tchèques en Slovaquie, si profonde que les Slovaques préféraient presque n'importe quelle association à celle des Tchèques". Krofta a ajouté qu'il "souhaitait avant tout" l'aide des Français et des Britanniques contre les Polonais, mais qu'il espérait aussi que "Hitler pourrait peut-être aider à résister aux ambitions polonaises".

A Munich, il avait été prévu que certaines zones seraient rendues à l'Allemagne dans les dix jours et que d'autres seraient occupées par une force de police internationale, dans l'attente d'un plébiscite. L'ambassadeur britannique en Allemagne, Neville Henderson, partisan convaincu de la politique d'apaisement, travaille en étroite collaboration avec le ministre français, Bonnet, pour faciliter la mise en œuvre des accords et éviter les différends. Henderson, selon Hoggan, "était considéré comme le plus prometteur des jeunes diplomates britanniques lorsqu'il fut envoyé à Berlin en 1937 ; mais en raison de son attachement à ces principes, entretenu de manière peu convaincante par ses supérieurs à Londres, il fut rapidement isolé et placé dans une position peu enviable au sein du service diplomatique britannique". Henderson a constaté que les Tchèques cherchaient inutilement à entraver la mise en œuvre de ce qui avait été convenu à Munich, où il avait été convenu que les régions où la population allemande était supérieure à 50% seraient cédées à l'Allemagne sans plébiscite. Les Tchèques souhaitent porter ce pourcentage à 75%. Jusqu'à la dernière minute, Halifax soutient la modification de l'accord en faveur des Tchèques, mais doit céder aux Français et aux Italiens, qui s'y opposent et insistent sur la nécessité de "respecter l'esprit du protocole". Halifax pense que les Tchèques peuvent être aidés dans les zones où un plébiscite doit être organisé, mais le président Beneš, convaincu qu'il n'y a plus moyen de s'opposer à l'Allemagne, démissionne avec indignation le 5 octobre.

Le Parti communiste tchèque avait forcé la démission du gouvernement de Milan Hodza le 22 septembre, et un gouvernement provisoire dirigé par le général Jan Syrovy lui a succédé. Après la démission de Benes, Syrovy a exercé les fonctions de premier ministre et de président de la République par intérim jusqu'à la nomination d'Emil Hácha au second poste. Le ministre des affaires étrangères Krofta a été remplacé par Franti"ek Chvalkovsky. L'enthousiasme des puissances occidentales pour le nouveau gouvernement n'est pas excessif et l'idée d'envoyer des troupes pour superviser le plébiscite commence à être remise en question. Roger Makins, un expert du Foreign Office travaillant au sein de la Commission internationale chargée de délimiter la frontière tchèque, annonce le 6 octobre qu'il partage l'avis de ses collègues italiens selon lequel les Tchèques n'auraient rien à gagner d'un référendum. Les Tchèques eux-mêmes se rendent compte qu'un vote n'apporterait rien à leur cause et pourrait, au contraire, démontrer leur inquiétante faiblesse. Le délégué tchèque à la Commission informe donc les Allemands, le 7 octobre, que son gouvernement préfère oublier le plébiscite. L'Allemagne, qui a le droit d'exiger le plébiscite conformément aux accords de Munich, reporte sa décision de quelques jours.

Le 11 octobre, Neville Henderson confie à Halifax qu'il existe une importante vague de fond pro-allemande en Bohême-Moravie et que les Tchèques pourraient perdre Brno (Bruen), la capitale de la Moravie, si le référendum avait lieu. Cette perspective est alarmante pour les Tchèques, car ils seraient pratiquement coupés de la Slovaquie. De son côté, l'ambassadeur britannique à Varsovie, Howard Kennard, explique à Halifax que les Polonais sont favorables à l'expulsion des Tchèques de Slovaquie. Finalement, le 13 octobre, Hitler accepte d'annuler le plébiscite et de maintenir ses troupes dans la zone occupée. Hoggan écrit : "La discussion sur le plébiscite a commencé avec l'idée d'Halifax qu'il pourrait être utilisé comme un instrument contre les Allemands. Elle se termine par un signe de soulagement à Londres lorsque les Allemands abandonnent l'idée".

Simultanément, les Hongrois et les Tchèques ont commencé à négocier un accord sur les revendications ethniques des Hongrois en Slovaquie. Le ministre polonais des affaires étrangères, Józef Beck, craint que les Hongrois n'exercent pas une pression suffisante et demande à discuter de la question. Le 7 octobre, Budapest envoie le ministre des affaires étrangères, le comte Istvan Csaky, à Varsovie. La presse polonaise a lancé une forte campagne en faveur de l'annexion de la Ruthénie à la Hongrie et Beck propose au ministre de revendiquer l'ensemble de la province ; mais la Ruthénie compte 14 000 Roumains et Csaky craint une attaque de la Roumanie s'il agit de la sorte. L'ambassadeur allemand en Pologne, Moltke, informe Ribbentrop le 8 que les craintes hongroises concernant la Roumanie inquiètent Beck. Pour embrouiller davantage le charabia territorial, les Italiens ne voient pas d'un bon œil le rôle de protecteur que la Pologne entend jouer. L'Italie comprend que les Polonais ont l'intention de créer un bloc de pays indépendants entre l'Axe et l'Union soviétique et soutient donc l'indépendance de la Slovaquie. Les négociations entre la Hongrie et la Tchécoslovaquie sont rompues sans accord le 13 octobre.

Entre-temps, la situation en Slovaquie devient de plus en plus confuse : les pro-tchèques ont pratiquement disparu de la scène et les autres groupes réclament au moins l'autonomie. Le 8 octobre, un gouvernement local slovaque est formé et le 22 octobre, un amendement constitutionnel permet l'adoption de la loi sur l'autonomie slovaque. L'autonomie sera de courte durée, car à partir de ce moment, l'opinion publique s'oriente sans équivoque vers l'indépendance, ce qui est bien accueilli par les Polonais, toujours déterminés à ce que la Hongrie annexe la Ruthénie. Le 11 novembre 1938, tous les partis parviennent à s'unir au sein du Parti de l'unité nationale slovaque.

La Ruthénie subcarpatique ou transcarpatique, bien qu'administrée par la Hongrie pendant des siècles, était une région ethniquement diverse, habitée par des Ukrainiens, des Hongrois, des Roumains, des Bulgares, des Russes et d'autres minorités. En 1945, elle a été intégrée à la République soviétique d'Ukraine. Beck craint particulièrement la politique que l'Allemagne pourrait adopter sur la question ruthène et, par l'intermédiaire de l'ambassadeur polonais à Berlin, Józef Lipski, il l'avertit de ne pas encourager les ambitions nationalistes des Ukrainiens. Il ne faut pas oublier que des millions d'Ukrainiens de l'est de la Pologne sont passés sous contrôle polonais. Le 18 octobre, Lipski exprime au secrétaire d'État allemand Ernst von Weizsäcker le souhait d'une politique de coopération amicale dans l'affaire hongro-slovaque. Weizsäcker informe Ribbentrop qu'une politique de concessions dans ce domaine pourrait être utile à une politique de compréhension avec la Pologne. Le 19 octobre, l'ambassadeur Moltke informe Berlin que les Polonais craignent que la Ruthénie ne mette en péril leur contrôle sur les Ukrainiens vivant sur leur territoire, qui, encouragés par les processus d'autodétermination en Tchécoslovaquie, ont provoqué des émeutes à Lwow.

Après un voyage à Bucarest pour tenter d'influencer les Roumains sur la question ruthène, Józef Beck ordonne le 22 octobre à l'ambassadeur Lipski d'informer les Allemands que la Pologne souhaite obtenir leur soutien pour placer l'ensemble de la province de Ruthénie sous contrôle hongrois. Lipski demande que le gouvernement polonais soit tenu informé des projets de l'Allemagne concernant la question de la frontière hongroise. Hitler estime alors que le moment est peut-être venu d'évoquer les revendications allemandes concernant Dantzig et charge son ministre des Affaires étrangères de faire savoir aux Polonais que le soutien de l'Allemagne dépendra du degré de coopération entre les deux pays sur les questions proposées concernant la liaison avec la Prusse-Orientale via Dantzig.

Le 24 octobre, l'ambassadeur Lipski déjeune avec Ribbentrop à Berchtesgaden. Cette date marque le début des tentatives allemandes de parvenir à un accord sur Dantzig par le biais de négociations bilatérales. Lipski reconnaît que les efforts de Beck en Roumanie ont échoué. Ribbentrop lui fait remarquer que les projets de la Pologne concernant la Ruthénie posent quelques difficultés, car il est peu probable que les Ruthènes votent en faveur de l'union avec la Hongrie lors d'un plébiscite. Il y a aussi l'attitude de la Roumanie, avec laquelle l'Allemagne souhaite améliorer ses relations commerciales par le biais du système de troc. Ribbentrop assure qu'il ne s'agit pas d'un refus et propose quelques idées. Au cours du déjeuner, Ribbentrop demande à Lipski de transmettre au ministre Beck une invitation à se rendre en Allemagne en novembre 1938. Le plan d'Hitler pour Dantzig est immédiatement évoqué au cours de la conversation. L'Allemagne va demander à la Pologne d'autoriser l'annexion de la ville et prévoit de demander l'autorisation de construire une autoroute et une ligne de chemin de fer pour relier la Prusse-Orientale en passant par la ville. L'Allemagne est prête à faire de nombreuses concessions : la Pologne se voit garantir un port franc permanent à Dantzig et le droit de construire sa propre autoroute et sa propre ligne de chemin de fer vers le port, dont la zone constituerait un marché libre permanent pour les marchandises polonaises. L'Allemagne propose également de reconnaître les frontières existantes, y compris celles de 1922 en Haute-Silésie. Ribbentrop affirme que l'Allemagne a d'autres idées et d'autres propositions et suggère un nouveau traité entre les deux pays qui contiendrait un accord général et un pacte de non-agression pour au moins 25 ans.

Des fuites sur cette conversation se répandent rapidement en Europe. Dès le lendemain, l'ambassadeur Kennard, qui affirme avoir obtenu l'information de diverses sources, déclare à Halifax que l'Allemagne et la Pologne négocient un accord général en échange de la frontière commune entre la Hongrie et la Pologne. Beck comprend cependant qu'il ne recevra pas le soutien de l'Allemagne pour ses projets concernant la Ruthénie s'il n'adopte pas une attitude positive à l'égard des propositions allemandes de collaboration. Il sait que la Grande-Bretagne veut soutenir la Pologne contre l'Allemagne, mais en même temps, il se rend compte que les Britanniques jouent la montre. Sa conviction que la Grande-Bretagne s'opposerait à l'Allemagne", écrit Hoggan dans *Der Erzwungene Krieg*, "l'a empêché de considérer sérieusement l'offre allemande. Le fait qu'il se rende compte que les Britanniques ont besoin de temps pour préparer leur guerre l'incite à adopter une tactique de retardement dans ses négociations avec l'Allemagne". Beck avait déjà décidé qu'il préférait risquer l'avenir de la Pologne en cas de guerre préventive de la Grande-Bretagne contre l'Allemagne, plutôt que de chercher un accord avec Hitler, et il renonça donc à rechercher leur coopération en Ruthénie. L'attrait d'une alliance anglo-polonaise a empêché les dirigeants polonais de voir les avantages pratiques d'une entente avec les Allemands. Hoggan l'explique ainsi : "Une alliance avec la Grande-Bretagne rendrait inévitable l'hostilité de l'Union soviétique et de l'Allemagne, sans donner à la Pologne le moindre avantage militaire. Une alliance avec la Grande-Bretagne équivaudrait à une condamnation à mort pour le nouvel État polonais..... La Pologne n'a aucune chance d'établir des relations cordiales avec l'Union soviétique. Son seul espoir d'assurer sa sécurité nationale réside dans un pacte avec l'Allemagne, et la Pologne est perdue si elle ne comprend pas la nécessité d'un tel compromis".

La politique erratique de la Pologne à l'égard de l'Allemagne en 1938

Convaincus que la défaite de l'Allemagne dans une nouvelle guerre servait les intérêts de la Pologne, les dirigeants polonais ont rejeté la paix qui était pourtant à leur portée. En mars 1938, le ministère polonais des Affaires étrangères voit dans la terreur déclenchée en URSS par les purges de Staline un signe de faiblesse interne et de déclin. Les faits ont rapidement montré que la stupidité de leur approche faisait de leur pays un pion utilisé par les pions de la puissance cachée qui menait la guerre. Dans ses *Mémoires*, Winston Churchill lui-même déclarait avec son cynisme habituel : "Il n'y a jamais eu de guerre plus facile à éviter que celle qui vient de dévaster ce qui restait du monde après le conflit précédent. L'entêtement sur la question de Dantzig ayant été l'élément déclencheur du conflit, un bref rappel des frictions germano-polonaises au cours de l'année 1938 s'impose avant de poursuivre la narration chronologique des événements.

La persécution de la minorité allemande en Pologne est l'une des politiques les plus scandaleuses et les plus intolérables pour l'Allemagne. Bien que les autorités allemandes aient essayé de se coordonner pour résoudre les problèmes des minorités, les Polonais ont estimé que la coopération n'était pas nécessaire. *La Gazeta Polska* a affirmé dans un éditorial de juin que les questions relatives aux minorités étaient une affaire interne à chaque gouvernement. Le fait que la minorité polonaise en Allemagne soit insignifiante par rapport à la minorité allemande en Pologne conduit les dirigeants polonais à ne pas tenir compte des Polonais vivant dans le Reich. Le 8 juillet, l'Allemagne rédige un mémorandum contenant les principales plaintes concernant les mauvais traitements infligés aux Allemands en Pologne. La loi sur la réforme agraire de 1938 porte gravement atteinte aux intérêts allemands : plus des deux tiers des terres confisquées en Posnanie et en Prusse occidentale doivent être cédées par des fermiers allemands qui possèdent des biens dans ces provinces. Le mémorandum accuse les autorités polonaises de tolérer et d'encourager le boycott des entreprises industrielles employant des Allemands. Quatre-vingts pour cent des travailleurs allemands de Haute-Silésie orientale sont au chômage et les jeunes Allemands se voient refuser l'apprentissage qui pourrait leur permettre de trouver un emploi. Les Polonais ont intensifié leur programme de fermeture des écoles élamanniennes. Le mémorandum, qui résume la situation générale, conclut en suggérant que les concessions futures aux Polonais en Allemagne dépendront de l'amélioration de la situation en Pologne.

Dans un rapport daté du 2 septembre 1938, l'ambassadeur Moltke explique la situation de plus en plus défavorable de la minorité allemande. Moltke cite le groupe OZON (Groupe d'unité nationale), fondé par le colonel Adam Koc. Il s'agit d'un groupe financé officiellement et destiné à favoriser la montée du sentiment anti-allemand et à assurer une large base de soutien populaire à la politique du gouvernement. Après les succès allemands en Autriche et en Tchécoslovaquie, les Polonais adoptent une politique d'intimidation. Moltke signale qu'un nombre croissant d'Allemands sont condamnés à des peines de prison par les tribunaux polonais pour avoir tenu des propos tels que : "Le Führer devra mettre de l'ordre ici" ou "Bientôt, ce sera le tour de la Pologne". L'ambassadeur Moltke s'inquiète de l'indifférence avec laquelle le gouvernement polonais considère le nombre croissant de manifestations anti-allemandes et anti-allemandes. Sans intervention de la police, les consulats allemands sont harcelés par des groupes de Polonais qui chantent une chanson folklorique anti-allemande disant que Dieu récompensera les Polonais qui pendront les Allemands.

Dès l'occupation de Teschen par les troupes polonaises en octobre 1938, les persécutions allemandes ont été constantes. Bien qu'Hitler ait pleinement soutenu la Pologne dans sa revendication de ce territoire sur les Tchèques, les Polonais ont commencé à traiter les Allemands et les pro-Allemands comme des ennemis. Les mesures ont commencé dès l'occupation militaire de la région. Toutes les écoles allemandes ont été immédiatement fermées. L'étape suivante s'adresse aux parents des enfants, qui sont menacés de chômage s'ils n'envoient pas leurs enfants dans des écoles polonaises. Les enseignants allemands sont licenciés et il est annoncé que le polonais est la seule langue officielle. Les avocats et les médecins se voient signifier qu'ils ne pourront pas exercer s'ils n'apprennent pas le polonais dans les trois mois. Les dépôts bancaires sont gelés pour une longue période et les pensions et salaires des Allemands sont réduits. Au cours du premier mois, 20% de la population allemande du district a fui et 5000 réfugiés ont dû être hébergés dans des camps situés à l'ouest de la Haute-Silésie. Les notes de protestation des autorités allemandes restent sans effet. À la fin de l'année, Moltke rencontre Beck à Varsovie et se plaint amèrement de la situation à Teschen. L'ambassadeur fait part au ministre du désespoir des Allemands du territoire, qui en sont venus à considérer les vingt années passées sous la domination tchèque comme un paradis comparé à l'oppression polonaise. Dans sa réponse, Beck insiste sur le fait qu'il s'agit d'un phénomène local.

En Prusse occidentale, de nouvelles mesures de censure sont également adoptées dans les écoles, où la liste des livres interdits s'allonge : le poème héroïque *Nibelungenlied*, des livres de poèmes de Goethe, *Robinson Crusoé* de Defoe et d'autres sont censurés. La principale organisation caritative de la ville de Graudenz est fermée et ses biens confisqués. Dans la petite ville de Neustadt, même la pièce de théâtre habituelle de Noël est interdite. L'Association des jeunes Polonais lance une campagne de boycott contre les entreprises allemandes en Pusie occidentale polonaise et, en janvier 1939, elle commence à organiser des piquets de grève sans que les autorités polonaises n'interviennent. Néanmoins, les sources polonaises refusent de reconnaître les faits et insistent sur le fait que la persécution des Allemands est entièrement "imaginaire".

Nous avons déjà noté dans la section consacrée à la conférence d'Évian que le ministre polonais des affaires étrangères avait décidé, en avril 1938, de retirer la citoyenneté aux Juifs polonais vivant à l'étranger. Cette décision a provoqué une crise avec l'Allemagne, que nous allons maintenant expliquer plus en détail. L'Allemagne étant censée être le pays malveillant qui ne voulait pas de Juifs sur son territoire, les organisations juives du monde entier avaient organisé un boycott international à son encontre et appelé ouvertement à la guerre contre Hitler. Pourtant, et les historiens officiels n'en disent rien, beaucoup plus de Juifs ont émigré de Pologne que d'Allemagne entre 1933 et 1938. Un rapport de l'Institut d'histoire contemporaine de Munich, cité par Hoggan, montre qu'au cours de ces années, 100 000 Juifs en moyenne ont émigré chaque année de Pologne, contre 25 000 à 28 000 seulement d'Allemagne. De plus, comme nous le savons, la plupart de ces Juifs allemands sont partis volontairement en Palestine avec leurs biens grâce à l'accord Haavara conclu avec les sionistes. Le 9 novembre 1938, 170 000 Juifs allemands avaient quitté le pays, mais dans le même temps, 575 000 Juifs polonais avaient émigré de Pologne. En outre, des milliers de Juifs qui avaient quitté l'Allemagne en 1933 sont revenus en 1934, alors que pratiquement aucun Juif n'est retourné en Pologne. En mars 1938, Jerzy Potocki, ambassadeur de Pologne aux États-Unis, fait comprendre à Summer Welles, sous-secrétaire d'État américain, que la Pologne souhaite augmenter l'émigration des Juifs polonais, et Welles propose de les aider à s'installer au Venezuela et dans d'autres pays d'Amérique latine. Une mission polonaise spéciale dirigée par Michal Lepecki avait été envoyée en 1937 à Madagascar pour étudier les possibilités d'expédier des Juifs polonais vers cette île française de l'océan Indien, riche et peu peuplée.

Le 28 mars 1938, l'ambassadeur américain à Varsovie, Angier Biddle, a déclaré que de nombreux Juifs polonais se réjouiraient d'une nouvelle guerre en Europe. Selon Biddle, la destruction du nouvel État polonais pourrait améliorer la condition des Juifs, et nombre d'entre eux pensent que l'Union soviétique est un véritable paradis par rapport à la Pologne. L'ambassadeur ajoute que la situation des Juifs en Pologne est de plus en plus défavorable, ce qui accroît la déloyauté des Juifs envers la Pologne. Le 29 mars, Biddle annonce que le Parlement polonais (Sejm) adopte un grand nombre de nouvelles lois antijuives. Une loi adoptée par le Sejm en mars 1938 interdit la nourriture "casher" (favorable aux juifs), même si deux millions de juifs polonais ne consomment que de la viande casher. Une autre loi, également adoptée en mars, autorise les autorités polonaises à retirer la citoyenneté aux Juifs qui ont quitté le pays depuis cinq ans en ne renouvelant pas leur passeport. Beaucoup de ces Juifs se trouvaient en Allemagne : environ 70 000 Juifs polonais vivaient dans le Reich depuis la fin de la guerre mondiale. Le 15 octobre 1938, un nouveau décret a mis en œuvre la loi, de sorte qu'un conflit avec les autorités allemandes était inévitable.

Le ministère allemand des Affaires étrangères tente en vain de persuader les autorités de Varsovie de la nécessité d'annuler le décret, qui vise à se débarrasser de tous les Juifs polonais ne vivant pas en Pologne. L'ambassadeur Moltke fait une dernière tentative le 26 octobre, trois jours avant l'entrée en vigueur automatique de la règle d'invalidation des passeports juifs. Finalement, devant l'inutilité de la démarche, Moltke avertit Jan Szembek, du ministère polonais des Affaires étrangères, que l'Allemagne expulsera tous les Juifs polonais qui chercheront à les endosser, à moins qu'ils ne reçoivent une réponse satisfaisante. A l'annonce de cette mesure, Szembek exprime son étonnement et Moltke explique que l'affaire peut être facilement réglée si le gouvernement polonais accepte que le décret ne s'applique pas au territoire du Reich. Moltke propose une deuxième solution : que les citoyens polonais en Allemagne soient autorisés à rentrer sans le tampon spécial validant les passeports. Józef Beck a personnellement fait savoir sans équivoque qu'il n'y avait rien à négocier à ce sujet.

Après ce refus, les Allemands se mettent au travail. Le 28 octobre, deux jours avant la date limite, entre 15 000 et 17 000 Juifs polonais, principalement des hommes, sont transportés à la frontière. Des années plus tard, le journaliste américain William Shirer a écrit une histoire fictive, selon laquelle le transport s'est déroulé dans des wagons à bestiaux et dans des conditions inhumaines. En réalité, les autorités allemandes veillaient au bon traitement des voyageurs, qui disposaient d'un grand espace, d'une bonne nourriture et de soins médicaux, le personnel de la Croix-Rouge voyageant à bord des trains. Les premiers convois passent la frontière sans que les Polonais ne le sachent et ne puissent les arrêter. Lorsqu'elle s'en rendit compte, la police tenta d'empêcher l'entrée, bien que le décret ne puisse être appliqué avant le 30 octobre. Bientôt, des milliers de Juifs polonais sont retenus dans des petites villes proches de la frontière de Haute-Silésie et les troubles commencent. La police allemande décide alors de faire passer clandestinement le plus grand nombre possible de Juifs à travers les forêts et le long de sentiers non surveillés. Les Polonais contre-attaquent et expulsent vers l'Allemagne quelques Juifs de l'ouest du pays qui ont conservé la nationalité allemande depuis la fin de la Première Guerre mondiale. Le même jour, le 30 octobre, les autorités des deux pays s'accordent soudainement pour arrêter les déportations. Il est à noter que les autorités allemandes ont précisé aux expulsés qu'il n'y aurait pas d'objection à leur retour dès lors qu'ils auraient obtenu de nouveaux passeports valides. Il est intéressant de noter qu'après l'Anschluss entre l'Allemagne et l'Autriche, plus de Juifs sont entrés en Allemagne qu'il n'en est sorti en cinq ans : rien qu'à Berlin, selon un rapport de l'ambassadeur Hugh Wilson, 3 000 Juifs sont entrés en mai 1938.

Un terroriste juif assassine Ernst von Rath : la "Nuit de Cristal"

C'est dans ce contexte que le 7 novembre 1938, un juif de dix-sept ans, Herschel Grynszpan, a assassiné le troisième secrétaire de l'ambassade d'Allemagne à Paris, Ernst von Rath. Une fois de plus, comme à l'accoutumée, un terroriste juif a commis un crime aux vastes répercussions historiques. Certains ont voulu voir dans cet attentat la même signification que l'assassinat de Sarajevo par le franc-maçon juif Gavrilo Princip. Joaquín Bochaca rappelle dans *Los crímenes de los buenos* que von Rath fut l'un des fonctionnaires nazis assassinés par des terroristes juifs. Nous ne citerons que le cas de Wilhelm Gustloff, fondateur du NSDAP en Suisse et diffuseur du livre *Les Protocoles des Sages de Sion*, assassiné le 4 février 1936 à son domicile de Davos par le juif David Frankfurter, qui l'a abattu à bout portant.

Dans le livre *Les vengeurs*, de Michel Bar-Zohar, le terroriste raconte à la première personne comment il a assassiné Gustloff : "J'ai tiré... une fois, deux fois, trois fois, quatre fois.... Toutes les balles ont touché, à la tête, au cou, à la poitrine.... Il s'est effondré. Dans les années 1960, Bar-Zohar a interviewé Frankfurter en Israël, le présentant comme un justicier. Il y travaille comme employé du ministère de la défense. Condamné le 12 décembre 1936 à dix-huit ans de prison, ce criminel a été libéré en 1945.

La famille de Grynszpan faisait partie de ceux qui avaient été déportés, de sorte que son attaque criminelle a été expliquée comme un acte de vengeance colérique. L'une des versions les plus répandues veut que Grynszpan ait eu l'intention d'assassiner l'ambassadeur Welczeck, mais que, faute de pouvoir l'identifier, il ait tiré sur von Rath. Il a également été écrit que le jeune homme voulait se tuer devant un portrait d'Hitler afin de devenir un symbole du peuple juif. Ingrid Weckert a publié le livre *Feuerzeichen* en Allemagne en 1981, dont la version anglaise est parue aux États-Unis en 1991 sous le titre *Flashpoint : Kristallnacht 1938 : Instigators, Victims and Beneficiaries*. Ce livre fournit une enquête détaillée sur la Nuit de Cristal (la nuit du verre brisé). Herschel Grynszpan, qui avait quitté sa famille à Hanovre à l'âge de 14 ans, fournit des informations très intéressantes sur son père, un juif polonais. Son père était un juif polonais qui s'était installé en Allemagne après la guerre. Le jeune Herschel, qui n'aime pas travailler, vit avec son oncle et sa tante à Bruxelles et à Paris, où les autorités françaises refusent de renouveler son permis de séjour en raison de l'expiration de son passeport. Son oncle parisien lui demande de partir pour ne pas avoir de problèmes juridiques. Bien qu'il n'ait ni travail ni argent, Herschel s'est installé dans un hôtel. Les informations fournies par Ingrid Weckert à partir de ce moment sont très importantes. L'hôtel où Grynszpan s'est installé était situé à côté du siège d'une organisation juive française influente, la Ligue internationale contre l'antisémitisme (LICA). Weckert s'interroge : "Qui l'a entretenu à partir de février 1938 et qui a payé l'hôtel ? Une autre question est de savoir pourquoi l'hôtel l'a autorisé à rester si longtemps si ses papiers n'étaient pas en règle. Bien qu'il n'ait pas d'argent et qu'il vive avec un passeport périmé, Grynszpan a pu acheter un pistolet de 250 francs le matin du 7 novembre 1938, avec lequel il a tué von Rath une heure plus tard.

Arrêté sur les lieux du crime, le meurtrier est conduit au commissariat. Bien que la thèse ait prévalu que Grynszpan était un obscur juif polonais agissant seul et de sa propre initiative, quelques heures après son arrestation, l'un des plus célèbres criminalistes français, Vincent de Moro-Giafferi, se présente au commissariat et déclare aux policiers qu'il est son avocat. Weckert s'interroge à nouveau : "Pourquoi s'intéressait-il tant à la défense d'un jeune étranger ? Qui allait payer ses honoraires ?" Moro-Giafferi s'occupe de Grynszpan pendant les années qui suivent. Avant qu'il ne soit jugé, la guerre éclate. Les autorités françaises remettent le criminel aux Allemands, qui l'emmènent en Allemagne et l'interrogent, mais ne le jugent jamais, Moro-Giafferi restant son avocat depuis la Suisse, où il a vécu pendant l'occupation allemande de la France.

Des années après la guerre, le dossier est devenu disponible et, parmi des centaines de pages, il y avait une note expliquant que le procès n'aurait pas lieu pour des "raisons officieuses". En d'autres termes, le régime qui était censé avoir commis les plus grands crimes contre les Juifs était incapable de traduire en justice l'assassin de von Rath. Après la guerre, Grynszpan est retourné à Paris, où il a reçu des papiers d'identité lui donnant un nouveau nom. La famille Grynspan a également survécu à la guerre. Après avoir été déportés en Pologne, ils ont réussi à émigrer en Palestine, où le père a témoigné à Jérusalem lors du procès d'Adolf Eichmann. Weckert pense que la réponse au mystère Grynszpan est Moro-Giafferi, qui était conseiller juridique de la LICA, fondée avec des fonds Rothschild en 1933 par le juif et franc-maçon Bernard Lecache, un belliciste qui, en 1938, proclamait la nécessité d'une guerre sans merci contre l'Allemagne.

Il se trouve que Moro-Giafferi avait également comparu en février 1936 à Davos (Suisse) pour défendre David Frankfurter, le criminel juif qui, comme nous l'avons vu plus haut, avait assassiné Wilhelm Gustloff. Au cours du procès, qui s'est ouvert le 8 décembre, il a été prouvé que Frankfurter avait été engagé par une organisation influente pour commettre l'attentat. Tous les indices pointent vers la LICA, mais Moro-Giafferi ne permet pas à son accusé de prononcer le nom de la Ligue internationale contre l'antisémitisme. Le schéma ou modèle des réponses de Frankfurter, qui a déclaré devant le tribunal avoir agi de sa propre initiative, est exactement le même que celui utilisé par Grynszpan.

Ernst von Rath n'est pas mort sur le coup, mais le 9 novembre, jour qui s'est achevé par la "Nuit de cristal", dont les images sont régulièrement diffusées depuis quatre-vingts ans pour rappeler au monde l'enfer dans lequel vivaient les Juifs en Allemagne. Dans la nuit du 9 au 10 novembre, une série de violentes émeutes contre les Juifs ont eu lieu dans les grandes villes allemandes et dans certaines plus petites : les vitrines de leurs magasins ont été brisées, beaucoup de leurs maisons ont été cambriolées ou détruites, et certaines synagogues ont été démolies et inondées. De nombreux Juifs ont été agressés et plusieurs meurtres ont été commis. Sur les 1400 synagogues que compte l'Allemagne, 180 ont été rasées ou endommagées. Il n'est donc pas vrai que "toutes les synagogues" ont été attaquées, comme on l'a prétendu. Il n'est pas non plus vrai que tous les magasins ont été attaqués : 7500 des 100 000 magasins appartenant à des Juifs ont vu leurs vitrines brisées. Hermann Graml, de l'Institut d'histoire contemporaine de Munich, est un exemple de l'utilisation de la Nuit de Cristal à des fins de propagande. Cet éminent historien a écrit : "Chaque Juif a été battu, persécuté, volé, insulté et humilié. Les SA ont arraché les Juifs de leur lit, les ont battus sans pitié dans leur maison, puis les ont poursuivis presque jusqu'à la mort..... Le sang a coulé partout. Le sang a coulé partout.

Le même jour, après la mort de von Rath, Goebbels prononce un discours antijuif à Munich, considéré comme l'élément déclencheur de la Nuit de Cristal. Cependant, il est parfaitement établi qu'aucun des dirigeants du NSDAP n'a ordonné la violence contre les Juifs. En fait, les émeutes généralisées les ont tous surpris lorsqu'ils se sont réunis à Munich pour commémorer le putsch de 1923. Goebbels y est informé par téléphone des graves manifestations antijuives qui se déroulent dans les grandes villes allemandes. Après le dîner, Hitler quitte les lieux vers 20 heures et se retire dans son appartement. Peu après, vers neuf heures, Göbbels se lève pour s'adresser à l'assemblée. Il déclare notamment que l'époque où les Juifs pouvaient tuer des Allemands en toute impunité est révolue et que des mesures légales seront désormais possibles. Il précise toutefois que la mort de von Rath ne doit pas servir de prétexte à des actions privées contre les Juifs. Ingrid Weckert estime qu'il est impossible que les propos prétendument incendiaires de Goebbels aient pu être à l'origine du pogrom, puisque l'action contre les Juifs avait déjà commencé et que Göbbels les a donc prononcés après coup.

Le fait que les émeutes aient eu lieu simultanément dans tous les lieux indique évidemment qu'il ne s'agit pas d'une réaction spontanée, mais bien d'une réaction préparée. Les sociétés secrètes avaient déjà démontré lors de la Révolution française, qui avait éclaté dans de nombreuses villes en même temps, leur maîtrise dans l'exécution de ce type d'action. Rappelons que des agents de la franc-maçonnerie éclairée ont répandu la "Grande Peur" dans toute la France après la prise de la Bastille. Ingrid Weckert soutient qu'il s'est passé quelque chose de similaire lors de la Nuit de Cristal. Afin d'établir la responsabilité de ce qui s'est passé, le NSDAP a demandé une enquête à la Cour suprême du parti. En février 1939, le juge en chef de ce tribunal interne, Walter Buch, transmet les résultats de son enquête à Hermann Göring. Sur la base du rapport du juge Buch, de l'examen des documents de plusieurs procès d'après-guerre de criminels nazis présumés et des témoignages de milliers d'accusés et de témoins, Weckert développe sa thèse sur ce qui s'est passé.

Selon ces sources, le 8 novembre, la veille du pogrom, des étrangers qui n'avaient jamais été vus auparavant sont soudainement apparus dans plusieurs villes de Hesse proches de la frontière française. Ils s'adressent aux maires, aux chefs de parti de district (Kreisleiters) et à d'autres personnalités de ces villes. Ils demandent quelles actions sont préparées contre les Juifs. Surpris par ces questions, les fonctionnaires répondent qu'ils ne sont pas au courant de ces projets. Les étrangers feignent l'étonnement en entendant ces réponses et réclament à grands cris une réaction contre les Juifs. Ce même stratagème fut utilisé en 1789 en France : de prétendus émissaires du monarque parcoururent alors les villes avec un faux édit demandant la destruction des châteaux qui n'appartenaient pas au roi. Certaines personnes approchées par ces individus ont rapporté les faits à la police ou en ont discuté avec des amis. Ils sont généralement considérés comme des antisémites dérangés. Dans un cas, deux hommes vêtus d'uniformes SS se sont présentés à un colonel SA et lui ont ordonné de détruire une synagogue voisine. Weckert considère cet événement absurde et impensable comme la preuve que ces étranges personnages étaient des étrangers qui ne connaissaient pas le fonctionnement de ces entités allemandes, car les SA et les SS étaient des organisations totalement distinctes, et un vrai SS n'aurait jamais essayé de donner des ordres à une unité de SA. Le colonel (Standartenführer) refusa donc l'ordre et rapporta l'incident à ses supérieurs.

Les provocations auprès des responsables locaux n'ayant pas donné les résultats escomptés, la tactique consistant à enhardir le peuple directement dans la rue a été utilisée. Deux hommes sont apparus sur une place de marché et ont prononcé des discours destinés à inciter la population à s'en prendre aux Juifs. Lorsque quelques têtes brûlées ont finalement attaqué la synagogue, les provocateurs ont disparu. Des incidents similaires se sont produits dans plusieurs villes : des inconnus sont apparus soudainement, ont prononcé des discours, ont commencé à jeter des pierres sur les vitrines des magasins, ont commencé à attaquer des bâtiments juifs : écoles, hôpitaux ou synagogues, et ont disparu. Ces événements ont eu lieu le 8 novembre, avant l'annonce de la mort de von Rath, et ne sont que le début. Des incidents bien organisés et généralisés débutent dans la soirée du 9 novembre. Les manifestations antijuives sont particulièrement importantes en Hesse et dans la région de Magdebourg, bien qu'elles se produisent également dans de petites et grandes villes de toute l'Allemagne. Des groupes de cinq ou six jeunes gens armés de bâtons et de matraques, sans manifester la moindre émotion ou colère face à l'assassinat du diplomate allemand, parcourent les rues des villes, brisant méthodiquement les vitrines des magasins. Mais comme la violence engendre la violence, un certain nombre d'individus, excédés par les destructions, se sont joints aux émeutes : c'est ainsi que des groupes importants de personnes ont participé aux émeutes.

Lors des procès devant la Cour suprême du parti, il a été constaté que des appels téléphoniques réveillaient les dirigeants locaux ou régionaux du NSDAP au milieu de la nuit. Quelqu'un prétendant parler depuis le siège ou les bureaux régionaux du parti demandait ce qui se passait en ville. Si l'officier répondait que tout était calme, on lui disait en argot qu'ils avaient reçu l'ordre d'infliger aux Juifs leur châtiment cette nuit-là. Certains pensaient qu'il s'agissait d'une plaisanterie et retournaient se coucher ; d'autres, à moitié endormis, ne comprenaient même pas ce qui se passait ; certains cherchaient à confirmer l'ordre et contactaient le bureau d'où la voix avait dit qu'elle appelait. Le président du tribunal a conclu à une confusion dans la chaîne de commandement.

Les autorités allemandes, conscientes que ce qui se passe ne peut être que préjudiciable à l'Allemagne, tentent immédiatement de rétablir l'ordre.

Dès que Goebbels a terminé son "discours incendiaire" à Munich, les chefs de district (Gauleiters) et le chef de la SA ont téléphoné à leurs subordonnés et ont ordonné que des mesures soient prises pour mettre fin à la violence et rétablir la paix. L'accent a été mis sur le fait qu'aucune manifestation ne devait être tolérée. Ces instructions téléphoniques ont été consignées par écrit par les responsables du siège du parti et envoyées par télex aux différents bureaux de district, afin qu'elles soient archivées et puissent être examinées. Le chef des SA, Viktor Lutze, ordonne à ses subordonnés (Gruppenführers) à Munich de contacter les casernes et d'avertir qu'en aucun cas les membres des SA ne doivent participer à des manifestations anti-juives, mais qu'ils doivent au contraire intervenir pour faire cesser les troubles en cours. La police et les SS reçoivent également des ordres dans le même sens. Le télex envoyé par Himmler à Heydrich lui ordonnant de protéger les Juifs et d'empêcher la destruction de leurs biens se trouve toujours dans les archives du Tribunal militaire international de Nuremberg.

Vers une heure du matin, Hitler apprend que de violents actes antijuifs, dont l'incendie d'une synagogue, ont eu lieu à Munich. Il appelle immédiatement et avec colère le chef de la police de Munich. Il lui ordonne d'éteindre immédiatement l'incendie et de veiller à ce qu'il n'y ait plus de troubles dans la ville. Il a ensuite contacté les chefs de police et les responsables du parti dans toute l'Allemagne pour connaître l'ampleur exacte des troubles. Enfin, le message suivant est rédigé à l'intention de tous les Gauleiters : "Sur ordre exprès de la plus haute autorité, les incendies de magasins ou d'autres biens juifs ne doivent avoir lieu en aucun cas et en aucune circonstance".

Ingrid Weckert s'interroge : "Malgré ces ordres catégoriques, comment est-il possible que tant de dégâts et de destructions aient pu être commis avec la participation de membres des SA ? Selon des documents écrits, au moins trois groupes SA n'ont pas obéi aux ordres de Lutze et ont envoyé leurs hommes détruire des synagogues et d'autres bâtiments. Lors des procès qui se sont déroulés entre 1946 et 1952, le rapport de Karl Lucke, chef de la 50e brigade, a été lu le 10 novembre à 8 heures du matin. Lucke a déclaré qu'à 3 heures du matin, il avait reçu l'ordre de brûler toutes les synagogues de son district. Dans son récit détaillé, présenté par l'accusation à Nuremberg, il a inclus la liste des synagogues détruites par les membres de sa brigade. L'ordre présumé d'incendier les synagogues devait émaner de Herbert Fust, le chef du groupe SA de Mannheim, qui se trouvait à Munich avec les autres chefs SA et qui, comme les autres, transmettait correctement les ordres de son chef, Viktor Lutze. L'opérateur téléphonique de service à la caserne de Mannheim confirme avoir compris le message et raccroche ; cependant, au lieu de transmettre l'ordre au chef de groupe, qui se trouve dans la ville voisine de Darmstadt, il appelle l'Oberführer Fritsch et lui montre un morceau de papier sur lequel il est noté que toutes les synagogues du district de Mannheim doivent être détruites. À 15 heures, alors que les travaux sont déjà terminés, l'homme au téléphone appelle Karl Lucke et lui transmet le faux ordre. Il l'informe en même temps que l'action est en cours depuis plusieurs heures. Lucke ordonne alors au colonel de sa brigade de procéder à la destruction dans le district de Darmstadt. Aucun juge ne s'intéresse à l'identité de l'opérateur téléphonique de service qui, selon Weckert, est un agent des commanditaires du complot de la Nuit de Cristal.

Tôt dans la matinée du 10 novembre, le ministre de la Propagande, Joseph Göbbels, annonce à la radio que les actions contre les Juifs sont strictement interdites et prévient que ceux qui n'obéissent pas à cet ordre seront sévèrement punis. Il explique également que la question juive ne sera résolue que par des mesures légales. Pourtant, Hermann Graml, l'historien cité plus haut, accuse le Dr Goebbels d'avoir dirigé les agents provocateurs sans en apporter la moindre preuve. En effet, lorsqu'on a demandé à Göbbels de s'expliquer, il a soutenu que le peuple allemand avait été tellement en colère à cause du meurtre d'Ernst von Rath qu'il voulait punir les Juifs. Ingrid Weckert estime qu'il ne croyait pas à ce qu'il disait et ajoute que Göbbels a exprimé à plusieurs personnes son soupçon qu'une organisation secrète devait être derrière tout cela, car il n'était pas possible que quelque chose d'aussi bien organisé soit une explosion populaire spontanée.

Les dirigeants du NSDAP sont d'abord incapables d'expliquer ce qui s'est passé. La première chose qu'ils font est de chercher des responsables au sein de leur propre organisation, et ils commencent à pointer du doigt des coupables potentiels. Hitler lui-même en vient à penser que Göbbels en est l'instigateur. Les membres des SA qui ont participé au pogrom sont dénoncés devant les tribunaux par divers témoins juifs et allemands. Certains sont accusés de meurtre, d'autres de pillage, d'agression et d'autres actes criminels. Hitler souhaite cependant que le Parti mène sa propre enquête et reporte les procès jusqu'à ce que les accusés aient comparu devant la Cour suprême du Parti. Bon nombre d'entre eux furent expulsés, de sorte que lorsqu'ils furent jugés par les cours de justice ordinaires, ils n'étaient plus membres du NSDAP. Dans *Les responsables de la Seconde Guerre Mondiale*, Paul Rassinier chiffre à 174 le nombre de personnes jugées et condamnées pour leur participation aux événements.

Le 12, Göring, sur ordre d'Hitler, convoque les principaux ministres concernés pour discuter de ce qui s'est passé. Messieurs, leur dit le Führer, assez de manifestations qui ne font pas de mal aux Juifs, mais à moi, la plus haute autorité pour l'économie de l'Allemagne. Si aujourd'hui un magasin juif est détruit, si ses marchandises sont jetées dans la rue, la compagnie d'assurance paiera les dommages au Juif, afin qu'il ne subisse aucun préjudice..." Les marchandises détruites étant fortement assurées, pour compenser les montants que les assureurs allemands devront payer, il est décidé d'imposer une amende très lourde aux Juifs qui possèdent des biens supérieurs à 5000 marks. Cette mesure a été unanimement critiquée ; mais les nazis ont fait valoir, entre autres, qu'en raison du boycott et de la déclaration de guerre des Juifs, le Reich manquait de devises, de sorte que les Juifs qui avaient été à l'origine du boycott pouvaient maintenant aider leurs coreligionnaires à payer. Les entreprises sont sommées de payer sans délai les sommes demandées à titre de dommages et intérêts, puis une partie de cet argent peut être utilisée pour le paiement de l'amende, qui doit être versée en quatre fois : le 15 décembre 1938, le 15 février, le 15 mai et le 15 août 1939.

Mais il y a un deuxième volet à cette affaire. Nahum Goldmann, président du Congrès juif mondial, faisant appel à ce qu'il appelle la "vérité historique" sur la Nuit de Cristal, demande en 1952 au chancelier Konrad Adenauer de verser 500 millions de dollars de réparations pour les dégâts causés cette nuit-là. Adenauer demande une justification pour une telle somme. Goldman lui-même écrit dans *Le paradoxe juif* que sa réponse fut : "Cherchez vous-même la justification. Ce que je veux, ce n'est pas la justification, mais l'argent". Naturellement, Goldmann reçut l'argent qu'il demandait.

Les conséquences de la Nuit de Cristal

On peut penser que la LICA et ceux qui ont préparé dans l'ombre l'assassinat d'Ernst von Rath ont beaucoup à voir avec la Nuit de Cristal. Avant même la révolution bolchevique, des pogroms avaient été organisés en Russie par des groupes juifs qui cherchaient à en tirer profit. Il est à noter qu'en 1938, le nombre de Juifs entrant en Palestine est tombé à son niveau le plus bas depuis le début de la migration des sionistes du monde entier vers la Terre Sainte au début du siècle. Un réveil s'imposait, et la Nuit de Cristal l'a été. Il a déjà été noté que, malgré les lois de Nuremberg, les Juifs européens qui devaient quitter la Pologne ou d'autres pays préféraient l'Allemagne comme lieu de vie et de travail. Ce qui s'est passé dans la nuit du 9 novembre est exceptionnel et n'a rien à voir avec les comportements quotidiens. Le pogrom antijuif a été rejeté par l'opinion publique allemande, largement horrifiée par des événements qui allaient à l'encontre de son sens de la décence et de l'ordre.

Inévitablement, une campagne de presse internationale s'est chargée de dépeindre la situation des Juifs en Allemagne comme un enfer quotidien. Aux États-Unis, c'est l'occasion de proclamer aux quatre vents que nulle part en Europe les conditions de vie des Juifs ne sont pires qu'en Allemagne. Le 14 novembre, Cordell Hull ordonne à l'ambassadeur Wilson de quitter le pays et lui interdit de partir sur un navire allemand. Le 15 novembre, c'est l'ambassadeur allemand à Washington, Dieckhoff, qui écrit au secrétaire d'État allemand pour lui faire part de l'ampleur de l'hostilité à l'égard de l'Allemagne dans l'opinion publique américaine. Plus inquiétante encore est l'animosité du président Roosevelt lui-même, qui appelle ses concitoyens à boycotter tous les produits allemands. Roosevelt annonce qu'il va étudier la mise en œuvre immédiate d'un projet de construction de 10.000 avions et, par ailleurs, fait pression sur la Grande-Bretagne pour qu'elle renonce à sa politique de conciliation avec l'Allemagne. Paul Rassinier cite un texte de l'ambassadeur polonais à Washington, envoyé à Beck le 12 janvier 1939, dans lequel Potocki explique dans quelle mesure la Nuit de Cristal a servi de prétexte aux Etats-Unis pour attaquer l'Allemagne :

> "Les excès antisémites qui ont eu lieu récemment en Allemagne ont déclenché ici une campagne anti-allemande d'une rare violence. Divers intellectuels et financiers juifs, Bernard Baruch, le juge Frankfurter de la Cour suprême, le secrétaire d'État au Trésor Morgenthau et d'autres qui jouissent de l'amitié personnelle de Roosevelt y ont pris part. Ce groupe de personnes occupant les plus hautes fonctions du gouvernement américain est indissolublement lié à l'Internationale juive".

Bien que ni le gouvernement allemand ni le NSDAP n'aient été à l'origine des émeutes, les choses n'allaient plus être les mêmes en Allemagne. L'idée d'expulser les Juifs du pays s'est fortement accentuée à la suite de ce qui s'est passé. Hitler ordonne la création d'une agence centrale chargée d'organiser l'émigration des Juifs d'Allemagne le plus rapidement possible. Göring crée alors l'Office central du Reich pour l'émigration juive (Reichszentrale für die Jüdische Auswanderung), dont le directeur est Reinhard Heydrich. Bien que les conditions de l'accord de Haavara soient très favorables, le nombre de Juifs émigrant en Palestine est inférieur à celui souhaité par les nazis et les sionistes. Au cours de l'été 1938, un Comité intergouvernemental pour les réfugiés, dirigé par l'avocat américain George Rublee, avait été fondé. Ce comité et le gouvernement allemand ont signé en janvier 1939 un accord permettant à tous les Juifs allemands d'émigrer dans le pays de leur choix. Grâce à cet "accord sensationnel", comme l'a décrit Rublee lui-même, différents gouvernements ont mis en place des camps d'accueil pour former les émigrants juifs afin de leur faciliter le travail dans leur nouveau pays. Les Juifs allemands âgés de plus de 45 ans peuvent ainsi soit émigrer, soit rester en Allemagne. Ceux qui choisissent de rester dans le Reich peuvent vivre où ils le souhaitent avec une sécurité sociale garantie, comme tous les autres citoyens. Les clauses ou dispositions du plan Rublee servent de base à l'Office central du Reich. En outre, une organisation juive parallèle, l'Union des Juifs du Reich en Allemagne (Reichsvereinigung der Juden in Deutschland), a été créée pour conseiller les Juifs. Les deux organismes collaborent pour faciliter l'émigration. D'autre part, les SS et d'autres organisations nationales-socialistes collaborent avec des groupes sionistes pour encourager le plus grand nombre possible de Juifs à quitter l'Allemagne. Grâce au plan Rublee et à l'accord Haavara, des centaines de milliers de Juifs émigrent d'Europe vers la Palestine. En septembre 1940, "Palcor", l'agence de presse juive en Palestine, rapporte qu'un demi-million d'émigrants juifs sont arrivés du Reich allemand et de la Pologne occupée.

L'Allemagne recherche un accord et la paix avec la Pologne

L'incapacité de la Pologne à adopter une attitude positive à l'égard de l'Allemagne a entraîné une augmentation des frictions à la fin de l'année 1938. L'autoroute de soixante-quinze kilomètres prévue entre Buetow (Poméranie) et Elbing (Prusse orientale) via Dantzig ne devait traverser que quarante kilomètres de territoire polonais. L'Allemagne, qui a proposé à la Pologne des compensations et des concessions territoriales d'un grand intérêt pour la Pologne en échange de la restitution de Dantzig, attend une réponse depuis le 24 octobre, date de la rencontre entre Lipski et Ribbentrop. Les Allemands gardent l'espoir qu'un accord est possible. Cependant, l'absence de réponse de Beck étant un mauvais signe, Ribbentrop décide de convoquer l'ambassadeur le 19 novembre 1938 dans le seul but de lui demander s'il a reçu des instructions de Beck au sujet de l'offre allemande. Lipski répond par l'affirmative et assure à demi-mot qu'un accord pour la construction d'une autoroute et d'une ligne de chemin de fer à travers le corridor est possible. Cependant, il rappelle que le maintien de la ville libre est vital pour les intérêts de la Pologne et annonce que Beck l'a chargé de faire une contre-offre, dont le point principal est un traité reconnaissant l'indépendance permanente de Dantzig. Ribbentrop ne cache pas sa déception, tout en assurant qu'il consultera Hitler. Trois jours plus tard, le 22 novembre, l'ambassadeur Lipski retourne à Varsovie pour discuter de la question de Dantzig. Il apparaît alors clairement que l'allusion à un accord possible sur l'autoroute et la ligne de chemin de fer n'était qu'un stratagème pour apaiser les Allemands. Les dirigeants polonais conviennent qu'ils ne feront aucune concession, ni sur Dantzig, ni sur les lignes de transit du corridor.

L'explication de cette position intransigeante est à nouveau donnée par David L. Hoggan, qui fait état d'un rapport très éloquent télégraphié la veille, 21 novembre, par le comte Jerzy Potocki, ambassadeur de Pologne aux Etats-Unis. Vu l'intérêt de ce document révélateur, nous en reproduisons le texte :

"L'ambassadeur polonais a été informé par William C. Bullitt, l'ambassadeur américain en France en visite aux États-Unis, que le président Roosevelt était déterminé à impliquer l'Amérique dans la prochaine guerre européenne. Bullitt expliqua à Potocki qu'il jouissait de la confiance particulière du président Roosevelt. Bullitt prédit qu'une longue guerre éclatera bientôt en Europe. Il parle de l'Allemagne et de son chancelier, Adolf Hitler, avec une extrême véhémence et une haine pleine de ressentiment. Il a suggéré que la guerre pourrait durer six ans et a préconisé qu'elle soit menée à un point tel que l'Allemagne ne pourrait jamais s'en remettre.

Potocki, poursuit Hoggan, ne partageait pas l'enthousiasme de Bullitt et de Roosevelt pour la guerre et la destruction :

"Il demande comment cette guerre pourrait se produire, puisqu'il semble extrêmement improbable que l'Allemagne attaque la Grande-Bretagne ou la France. Bullitt a suggéré qu'une guerre éclaterait entre l'Allemagne et une autre puissance, et que les puissances occidentales interviendraient. Bullitt considère qu'une guerre entre l'Union soviétique et l'Allemagne est inévitable et prédit que l'Allemagne, après une guerre épuisante en Russie, capitulera devant les puissances occidentales. Il assure Potocki que les États-Unis participeront à cette guerre si la Grande-Bretagne et la France font le premier pas. Bullitt s'enquiert de la politique polonaise et Potocki répond que la Pologne se battra plutôt que de permettre à l'Allemagne de modifier la frontière occidentale. Bullitt, qui était un fervent partisan de la Pologne, était convaincu que l'on pouvait faire confiance à la Pologne pour tenir bon face à l'Allemagne".

Il est étonnant de constater que Bullitt, ambassadeur itinérant du parti de la guerre et agent de la conspiration internationale, savait parfaitement comment les événements allaient se dérouler, car les choses se sont passées comme il l'avait annoncé à l'ambassadeur polonais.

La source de l'historien révisionniste américain est constituée par les *documents polonais sur les causes de la guerre*. Dans une longue note, Hoggan explique que Bullitt et le département d'État américain ont d'abord nié la légitimité de ces documents. Cependant, leur authenticité a été confirmée par le diplomate et professeur Waclaw Jedrzejewicz de l'Institut Józef Pilsudski de New York, auteur de *Poland in the British Parliament, 1939-1945 (La Pologne au Parlement britannique, 1939-1945)*. La controverse sur l'authenticité des "documents secrets polonais" mérite des éclaircissements supplémentaires, que nous proposons ci-dessous de la part de Mark Weber, de l'Institute for Historical Review.

Ces documents ont été capturés par les Allemands lors de la prise de Varsovie en septembre 1939. Une brigade SS commandée par le baron von Künsberg attaqua par surprise le ministère des Affaires étrangères qui s'apprêtait à incinérer les documents incriminés. Le vendredi 29 mars 1940, seize documents sont publiés par les nazis sous le titre *Polnische Dokumente zur Vorgeschichte des Krieges (Documents polonais sur le contexte de la guerre)*. À Berlin, des journalistes du monde entier, après avoir eu accès aux originaux qu'ils étaient autorisés à examiner, ont reçu des fac-similés des documents ainsi que des traductions allemandes. L'édition du ministère des Affaires étrangères s'intitulait *Livre blanc allemand n° 3*. Le livre parut en plusieurs langues à Berlin et dans d'autres capitales. Une édition a été publiée à New York par Howell, Soskin and Company sous le titre *The German White Paper*. Naturellement, les ambassadeurs concernés, notamment Bullitt et Potocki, ont nié l'authenticité des documents.

Cependant, Edward Raczynski, l'ambassadeur polonais à Londres, a confirmé en 1963 dans son journal, paru sous le titre *In Allied London* , que les documents étaient authentiques. Dans sa note du 20 juin 1940, il écrit : "Les Allemands ont publié en avril un Livre blanc contenant des documents provenant des archives de notre ministère des affaires étrangères, qui contenaient des rapports de Potocki à Washington, de Lukasiewicz à Paris et de moi-même. Je ne sais pas où ils ont été obtenus, car on nous a dit que les archives avaient été détruites. Les documents sont certainement authentiques et les fac-similés prouvent que les Allemands avaient les originaux et non de simples copies".

L'ambassadeur Jerzy Potocki est convaincu que l'attitude belliqueuse de Roosevelt est la conséquence de l'environnement juif qui l'entoure. Potocki a informé à plusieurs reprises son gouvernement que l'opinion publique américaine n'était que le produit de machinations juives. Pour Potocki, l'influence juive sur la culture et l'opinion publique américaines est absolument prépondérante. Le 9 février 1938, Potocki signale au ministère polonais des Affaires étrangères que la pression juive sur le président Roosevelt s'accroît : "Les Juifs sont désormais les principaux responsables de la création d'une psychose de guerre qui plongerait le monde entier dans la guerre et provoquerait une catastrophe générale. Ce sentiment devient de plus en plus évident.

De tous les *documents polonais sur le contexte de la guerre*, l'un des plus révélateurs est le rapport secret de Potocki, daté du 12 janvier 1939, qui décrit la situation aux États-Unis et la campagne contre l'Allemagne. La propagande", écrit Potocki, "est en grande partie entre les mains des Juifs, qui contrôlent cent pour cent de la radio, du cinéma et de la presse quotidienne et périodique". Un passage sur le traitement réservé à l'URSS est également très révélateur : "Il est intéressant de noter que dans cette campagne extrêmement bien planifiée et dirigée avant tout contre le national-socialisme, l'Union soviétique est complètement exclue. Si elle est mentionnée, c'est toujours de manière amicale, et les choses sont présentées comme si la Russie soviétique travaillait dans le bloc des pays démocratiques. Tout cela confirme pour la énième fois que les gouvernements de Franklin Delano Roosevelt étaient contrôlés par des agents juifs. Roosevelt lui-même, on le sait, était juif, puisque sa mère Sara Delano était issue d'une famille sépharade de la septième génération. De plus, F.D.R. était marié à sa cousine Eleanor, une autre juive sérieusement engagée dans le sionisme.

L'autre personnage qui, comme Bullitt, était également déterminé à empêcher tout accord entre l'Allemagne et la Pologne était l'ineffable Lord Halifax, secrétaire du Foreign Office, dont l'ambassadeur à Varsovie, Kennard, rencontra en novembre 1938 Jacob Burckhardt, le diplomate suisse qui exerçait les fonctions de haut-commissaire de la Société des Nations à Dantzig. Le haut-commissaire se dit convaincu que les Polonais seraient prêts à céder Dantzig à l'Allemagne. En discutant de la situation avec Burckhardt, Kennard ne cache pas sa haine de l'Allemagne. L'attitude hautaine de l'ambassadeur déplaît au haut-commissaire qui juge bon d'informer les Allemands de la mauvaise disposition du diplomate britannique. Dès lors, Hitler et Ribbentrop savent que l'homme qui jouit de la confiance de Halifax à Varsovie est un ennemi de la politique d'apaisement. Apprenant le contenu de la conversation entre Kennard et Burckhardt, Lord Halifax craint que les Polonais ne dissimulent leurs véritables intentions et envisage la possibilité que le haut-commissaire se rallie à la position de l'Allemagne. Halifax avertit Kennard que Burckhardt possède des "compétences diplomatiques et politiques exceptionnelles" et qu'il ne faut pas le prendre à la légère.

Craignant que les Polonais et les Allemands n'agissent dans son dos, Halifax rencontre l'ambassadeur polonais, Edward Raczynski, à Londres, le 4 décembre, afin de clarifier les intentions réelles de la Pologne. Le ministre des Affaires étrangères lui demande sans détour si Hitler a récemment soulevé la question des revendications allemandes sur Dantzig. L'ambassadeur répond de manière évasive, déclarant que le plus grand problème de la Pologne à l'heure actuelle est d'obtenir une aide internationale pour se débarrasser de la population juive. Raczynski assure à Halifax que les Juifs sont "un énorme problème" en Pologne. Halifax, agacé, comprend que Beck n'a pas autorisé l'ambassadeur à fournir d'autres informations sur les négociations germano-polonaises et ordonne à Kennard d'utiliser tous les moyens pour découvrir les véritables intentions de Beck.

Edward Frederick Lindley Wood, comte de Halifax

Avant de poursuivre, il convient de consacrer quelques lignes au comte d'Halifax, Lord Halifax, un homme des Rothschild dont les actions effrontées ont conduit à l'éclatement de la guerre. Edward Frederick Lindley Wood est né sans main gauche et avec un bras gauche atrophié le 16 avril 1881 et est décédé le 23 décembre 1959. Il est entré à la Chambre des communes en tant que député conservateur en 1910. Dans son discours inaugural, il nie catégoriquement que tous les hommes sont créés égaux et appelle le peuple anglais à rester fidèle à sa vocation de "race maîtresse" au sein de l'Empire britannique. Vice-roi et gouverneur général des Indes entre 1926 et 1931, secrétaire d'État à la Guerre pendant cinq mois en 1935, le 1er comte de Halifax est secrétaire d'État au Foreign Office entre le 21 février 1938 et le 22 décembre 1940. Lorsqu'il quitte ses fonctions, c'est pour devenir ambassadeur aux États-Unis, où il restera jusqu'en 1946.

En tant que chef de la diplomatie britannique, il a joué un double jeu qui invite à le considérer comme un homme malhonnête et hypocrite. Dès sa nomination au ministère des Affaires étrangères, la figure de Chamberlain commence à être éclipsée par la personnalité de son ministre, que Hoggan décrit comme un "diplomate égoïste, impitoyable, intelligent, imbu de sa personne, moralisateur, moralisateur". Sa perfidie politique lui valut le surnom de "The Holy Fox" (le renard sacré), une appellation qui lui fut attribuée par Winston Churchill. Son biographe Andrew Roberts a choisi cette épithète comme titre de son livre, *The Holy Fox. A Life of Lord Halifax* (1991). Il s'agit, comme nous l'avons déjà laissé entendre, d'une biographie non critique dans laquelle Hitler est présenté comme le méchant habituel qui veut étendre le Reich et dominer le monde, tandis que la figure de Halifax est auréolée d'un nimbe de supériorité morale et intellectuelle, censée faire passer l'"honneur" de la Grande-Bretagne avant toute autre considération.

Homme politique de peu de poids au sein du Parti conservateur, Halifax est chargé par Chamberlain de rendre visite au Führer. Sa première apparition devant les dirigeants allemands a lieu le 19 novembre 1937, lorsqu'il rend visite à Hitler à Berchtesgaden avant d'être nommé ministre. À cette époque, son fils Charles a déjà épousé la petite-fille de Lord Rothschild. En guise de carte de visite, Halifax déclara sans ambages aux dirigeants nazis qu'il "s'attendait à ce que l'Allemagne reprenne Dantzig". Trois mois plus tard, Lord Halifax, Edward Wood, remplace Anthony Eden au poste de ministre des Affaires étrangères et, en l'espace de quelques mois, son point de vue sur la question de Dantzig a pris un virage à 180 degrés.

Le 21 mai 1938, Burckhardt, haut-commissaire à Dantzig, informe encore les Allemands de l'empressement du ministre des Affaires étrangères, exprimé quelques jours plus tôt lors d'une interview. Lord Halifax", aurait déclaré Burckhardt, "a qualifié Dantzig et le corridor d'absurdité". Au cours de la conversation, le chef de la diplomatie britannique reconnaît au Haut Commissaire qu'il s'agit probablement de la plus grande stupidité des accords de Versailles et exprime l'espoir qu'un changement du "statu quo" puisse être obtenu par des négociations bilatérales entre la Pologne et l'Allemagne. Pour couronner le tout, Lord Halifax suggère au diplomate suisse que la Grande-Bretagne serait prête à servir de médiateur entre l'Allemagne et la Pologne en cas d'"impasse" dans les négociations bilatérales. Naturellement, cette nouvelle a été accueillie avec le plus grand intérêt en Allemagne.

Même en juillet 1938, Halifax semble toujours favorable à la politique d'apaisement. Le 18 juillet, à dix heures du matin, il reçoit Fritz Wiedemann, l'envoyé personnel d'Hitler à Londres, dans sa résidence d'Eaton Square. Alexander Cadogan assiste à l'entretien et fait office de traducteur. Wiedemann, auteur d'un ouvrage sur Hitler, *Der Mann der Feldherr werden wollte* (1964), reçoit du secrétaire du Foreign Office le message suivant : "Dites à votre Führer que j'espère voir, avant ma mort, la réalisation du but de tous mes efforts : voir Hitler reçu par le roi d'Angleterre et acclamé par la foule londonienne sur le balcon de Buckingham Palace". Il est compréhensible qu'à la lumière de ces propos, certains auteurs considèrent que Halifax cherchait simplement à piéger Hitler en lui faisant mordre à l'hameçon de l'apaisement.

Après la conférence de Munich, tout le monde a compris que les relations anglo-allemandes étaient la base sur laquelle la paix et la sécurité en Europe pouvaient être construites. La déclaration d'amitié anglo-allemande signée le 30 septembre 1938 dans l'appartement d'Hitler à Munich était un document d'espoir. Cependant, comme nous l'avons vu, le 5 octobre, Churchill et Duff Cooper ont immédiatement réduit les attentes à la Chambre des communes. Néanmoins, quelques jours plus tard, le 12 octobre, Lord Halifax prend le thé avec Kennedy, l'ambassadeur américain, et lui présente un tableau satisfaisant de la politique européenne. Selon *les US Foreign Relations*, documents de 1938 cités par Hoggan, le secrétaire du Foreign Office a admis à l'ambassadeur que toute personne influente savait qu'Hitler ne voulait pas la guerre avec la Grande-Bretagne, et a ajouté que ce n'était pas parce que la Grande-Bretagne augmentait sa puissance aérienne qu'elle avait nécessairement l'intention d'interférer sur le continent. Halifax dit à Kennedy qu'il s'attend à ce qu'Hitler fasse une proposition d'annexion de Dantzig et de Memel et suggère que la Grande-Bretagne n'interviendra pas.

Lorsque Kennedy et Halifax se rencontrent à nouveau deux semaines plus tard, le 28 octobre, quelque chose a déjà changé. Lord Halifax annonce à l'ambassadeur que, comme il l'avait prédit, Hitler a demandé à obtenir Dantzig. Au cours de cette seconde conversation, Halifax a donné un compte-rendu sombre de l'attitude du chancelier allemand à l'égard de la Grande-Bretagne et a également fourni à Kennedy un grand nombre d'informations peu fiables sur l'attitude supposée d'Hitler à l'égard des affaires en cours sur le continent. Quelques semaines plus tard, il assure à Kennedy qu'Hitler voue une haine farouche à la Grande-Bretagne et qu'il envisage de mettre l'Union soviétique en pièces au printemps 1939. Selon Hoggan, le motif de ces tactiques fallacieuses était de se préparer à une éventuelle attaque britannique. On peut dire qu'à partir de ce moment, les rênes de la politique britannique passent progressivement entre les mains de Lord Halifax, et le Premier ministre Chamberlain devient la marionnette de son ministre des Affaires étrangères.

L'amélioration des relations entre l'Allemagne et la France est l'une des questions qui préoccupent Halifax au lendemain de la conférence de Munich. Dans la perspective que la France puisse se défaire de ses liens avec la Grande-Bretagne et parvenir à un accord indépendant avec les Allemands, Halifax donne des instructions précises à son ambassadeur à Paris, Sir Eric Phipps, pour qu'il prenne des mesures. Le 1er novembre 1938, il l'avertit que "le gouvernement français pourrait être tenté de désavouer le gouvernement de Sa Majesté à cause des intrigues allemandes". Le 7 novembre, informé des négociations en cours pour un pacte d'amitié franco-allemand, similaire à celui signé par Hitler et Chamberlain à Munich, Halifax donne de nouvelles instructions à Phipps. Le Foreign Office craint que ce rapprochement ne détruise le système britannique du "divide et impera" sur lequel repose sa théorie de l'équilibre des forces. Les dirigeants britanniques, estime Hoggan, pensaient que leur position dans le monde dépendait de la persistance des rivalités et des divisions sur le continent".

Le 21 novembre, deux jours avant l'approbation de l'accord franco-allemand, l'ambassadeur Robert Coulondre remplace à Berlin François-Poncet, tenu en haute estime par Hitler. Le texte final de la déclaration est ratifié par le Conseil des ministres français le 23 novembre, jour où Chamberlain et Halifax se rendent à Paris pour des pourparlers dans l'idée d'obtenir des assurances qui réduiraient l'importance du traité. Une manifestation anti-britannique accueille les hommes politiques britanniques par des huées. Finalement, le 6 décembre, une importante délégation allemande conduite par Ribbentrop se rend dans la capitale française pour signer le pacte d'amitié franco-allemand, qui contient une déclaration de non-agression et reconnaît comme définitives les frontières fixées par le traité de Versailles. Lord Halifax reçoit l'assurance de son collègue Bonnet qu'il n'y a pas d'accords secrets dans le traité, qui est rejeté par Roosevelt et Staline.

Désintégration de la Tchécoslovaquie

Les minorités allemande, polonaise et hongroise se libèrent l'une après l'autre de l'emprise tchèque. Le 9 octobre 1938, le Royaume de Hongrie entame des pourparlers avec l'État tchéco-slovaque au sujet des régions du sud de la Slovaquie habitées par les Hongrois, ce qui conduit à des affrontements armés entre les paramilitaires hongrois et les troupes tchécoslovaques. Les deux pays finissent par demander l'arbitrage de l'Italie et de l'Allemagne, avec l'accord tacite de la France et de la Grande-Bretagne. Lord Halifax informe confidentiellement Budapest que l'arbitrage peut facilement être proposé sans la Grande-Bretagne et la France, qui se désengagent ainsi du conflit territorial.

Profitant de la discorde entre Tchèques et Magyars et de la faiblesse de Prague, le gouvernement polonais présente de nouvelles revendications territoriales. Les Polonais réclament six districts dans les Carpates, à la frontière de la Slovaquie. Le 31 octobre, ils envoient un nouvel ultimatum menaçant les Tchèques d'attaque s'ils ne reçoivent pas de réponse positive le même jour. Après avoir compris que les Britanniques ne feraient rien contre la Pologne, ils capitulent à 17 heures au nom de la Slovaquie, malgré la colère monumentale de Monseigneur Tiso, chef de la coalition nationaliste slovaque, qui demande pour la première fois la protection de l'Allemagne, estimant que les revendications polonaises ne sont pas fondées sur l'ethnie. Tout cet épisode a servi à réaffirmer la thèse de Tiso selon laquelle la Slovaquie avait besoin de la protection d'un voisin puissant pour obtenir son indépendance vis-à-vis de Prague. Les événements ont également contribué à miner l'estime des Slovaques pour la Pologne.

Le 2 novembre 1938, le premier arbitrage de Vienne transfère à la Hongrie un territoire de 10 000 km2 dans le sud de la Slovaquie, dont la population d'un million d'habitants est presque exclusivement magyare. L'État tchécoslovaque se compose alors de trois grands groupes ethniques : les Tchèques, qui sont environ six millions et demi, les Slovaques, qui sont environ deux millions, et les Ruthènes, qui sont près d'un demi-million. Les revendications polonaises, selon lesquelles la Ruthénie devrait également passer en Hongrie, sont bien accueillies par Halifax, qui estime qu'une frontière commune entre la Hongrie et la Pologne renforcerait l'opposition des deux pays à l'Allemagne. Bien que la Grande-Bretagne se soit engagée à Munich à se porter garante des accords, la politique du Foreign Office néglige de plus en plus les intérêts des Tchèques, et Halifax se désintéresse donc de l'arbitrage, même s'il s'étonne plus tard du succès de l'Italie et de l'Allemagne.

Józef Beck, quant à lui, est déçu que la question ruthène n'ait pas été résolue lors de l'arbitrage de Vienne entre Ribbentrop et Ciano. Le 22 novembre 1938, Moltke, l'ambassadeur allemand à Varsovie, est chargé par Ribbentrop de faire savoir à Beck que l'Allemagne ne soutiendra pas une révision de l'accord ruthène à moins qu'un pacte germano-polonais ne soit conclu. Moltke fait savoir à Beck que Ribbentrop a demandé aux Hongrois de ne pas s'opposer pour l'instant à ce qui a été concédé à Vienne. Moltke, quant à lui, laisse entendre que Ribbentrop lui a dit que l'Allemagne n'envisageait pas que la question ukrainienne puisse assombrir les relations germano-polonaises et qu'il n'y avait aucune intention d'attiser le nationalisme ukrainien. Il semble évident qu'il s'agit là d'une insinuation que Beck a sans doute comprise.

Outre la Grande-Bretagne, l'Union soviétique s'est également désintéressée de la Tchécoslovaquie, car elle ne voit pas comment elle pourrait servir de barrière contre l'Allemagne. Sir Basil Newton, l'ambassadeur britannique à Prague, très critique à l'égard de la politique de la Pologne vis-à-vis de la Tchécoslovaquie, exprime à Halifax son opinion selon laquelle l'État tchécoslovaque ne durera pas longtemps. Newton estime qu'avec Karol Sidor, partisan d'une association avec la Pologne, Beck a perdu l'occasion de jouer un rôle influent en Slovaquie. En outre, Newton condamne les Polonais pour "la politique totalement impitoyable à l'égard de la population tchèque" dans les régions qu'ils ont gagnées. L'ambassadeur dénonce le fait que "les Tchèques n'ont pas été les seules victimes, car les Allemands ont également été souvent maltraités". Les Polonais, quant à eux, trouvent en l'ambassadeur Kennard leur plus ardent défenseur et, bien sûr, plus en phase avec le secrétaire du Foreign Office.

Voyant que la désintégration de l'État devenait de plus en plus probable, les Tchèques ont montré à l'ambassadeur Newton, le 11 décembre

1938, leur irritation et leur perplexité face à l'impasse dans laquelle se trouvait la question de la garantie de Munich. Le ministre des Affaires étrangères, M. Chvalkovsky, a admis à l'ambassadeur britannique que la situation intérieure était très délicate et que les Tchèques accueilleraient favorablement toute forme de garantie. Chvalkovsky se rend compte que la Grande-Bretagne et la France hésitent à prendre l'initiative. Hoggan explique pourquoi la France n'est pas non plus intervenue pour empêcher l'effondrement de la Tchécoslovaquie. Selon cet historien, lorsque Chamberlain et Halifax se sont rendus à Paris le 24 novembre avant la signature du pacte d'amitié franco-allemand, ils ont discuté avec les dirigeants français de la garantie donnée à Munich concernant les nouvelles frontières et les minorités ethniques. Daladier et Bonnet ne voient aucune raison de ne pas lancer le processus de garantie si l'Allemagne et l'Italie ne s'y opposent pas. Les Français sont étonnés de constater que les Britanniques ne partagent pas leur point de vue. Halifax propose que la garantie ne soit pas opérationnelle en cas de violation par l'Allemagne, à moins que Mussolini ne soit prêt à soutenir la France et la Grande-Bretagne contre l'Allemagne. Bonnet pense qu'il s'agit d'une plaisanterie et les Français objectent qu'une telle garantie serait stérile et futile, car il n'est pas raisonnable de penser que Mussolini s'opposerait à Hitler au nom des Tchèques. Si les quatre puissances n'acceptent pas cette formule, répond Halifax sans se décourager, il n'y aura pas de garantie. Les dirigeants français n'ont jamais su pourquoi Halifax ne s'engageait pas et en ont conclu que les Britanniques souhaitaient éviter toute garantie aux Tchèques. Newton s'enquiert de la question auprès de Prague et Halifax lui répond que les Français ont rejeté la proposition britannique.

Le 22 décembre 1938, Henderson et Coulondre, les ambassadeurs britannique et français à Berlin, annoncent que Londres et Paris approuveront une garantie allemande distincte pour les Tchèques. Logiquement, les Allemands ne voient pas pourquoi ils devraient prendre l'initiative de garantir un État qui a agi à plusieurs reprises contre eux si la France, alliée des Tchèques, n'est pas disposée à le faire. Dans un premier temps, ils pensent que les Britanniques et les Français prendront l'initiative et proposeront une solution dans la lignée des accords de Munich, mais ce n'est pas le cas. Le 21 janvier 1939, Chvalkovsky se rend à Berlin pour s'entretenir avec Ribbentrop, qui lui fait part de ses objections quant à l'alliance tchéco-soviétique et à la taille excessive de l'armée tchèque. Chvalkovsky exige que l'Allemagne prenne l'initiative d'une garantie territoriale du territoire tchèque avant de chercher à réduire son armée. Alors que ces pourparlers ont lieu, Lord Halifax envoie le 24 janvier 1939 un message au président Roosevelt dénonçant les intentions inquiétantes d'Hitler. Selon Halifax, Hitler a deviné que "la Grande-Bretagne est désormais le principal obstacle à l'exécution de ses nouvelles ambitions". Enfin, le communiqué germano-tchèque du 28 janvier 1939 indique clairement que les négociations de Berlin n'ont pas porté leurs fruits. L'Allemagne n'accepte pas que l'on exige d'elle une action unilatérale sur la question de la garantie.

Alors que le désaccord franco-britannique sur la question de la garantie persiste, l'ambassadeur Coulondre fait savoir aux Allemands, le 8 février 1939, que la France est prête à écouter toute suggestion allemande. Ribbentrop discute de la question avec les ambassadeurs occidentaux et demande du temps pour étudier la question avant de faire une proposition. Hitler et lui-même en concluent que la France et la Grande-Bretagne se désengagent parce qu'elles ne s'intéressent pas vraiment au problème. En février, des informations se multiplient sur la volonté de la Slovaquie de mettre fin à son assujettissement aux Tchèques et Ribbentrop reçoit la confirmation que les Slovaques veulent l'indépendance.

Le 12 février, une rencontre a lieu entre Hitler et Adalbert Tuka, un vétéran du mouvement indépendantiste, qui explique au Führer que l'union des Tchèques et des Slovaques est d'ores et déjà impossible pour des raisons économiques et morales. Tuka confirme à Hitler que les autres dirigeants du pays sont déterminés à obtenir l'indépendance. La situation des Tchèques ne pouvait pas être plus précaire, puisqu'ils ne recevaient le soutien de personne et qu'ils étaient incapables de contrôler seuls la situation interne. La réponse d'Hitler est logique : il décide de ne pas soutenir l'État tchéco-slovaque et d'aider les Slovaques. Le 22 février, les Tchèques présentent aux quatre puissances réunies à Munich un "aide-mémoire", sorte de mémorandum, mais plus court, contenant une demande de garanties territoriales. En échange de ces garanties, les Tchèques renoncent à leurs alliances et se déclarent neutres. Le 26, les diplomates britanniques rapportent de Bratislava à leur gouvernement que le mécontentement des Slovaques à l'égard des Tchèques est à son comble et que l'influence allemande en Slovaquie s'accroît. Le lendemain, 27 février, Halifax s'empresse d'informer l'ambassadeur britannique à Washington, Sir Ronald Lindsay, qu'il a reçu des informations "indiquant la possibilité d'une occupation militaire de la Tchécoslovaquie". Le 28 février, l'Allemagne envoie aux gouvernements britannique et français des notes annonçant sa position contre la garantie.

Telle est la situation lorsque, le 1er mars 1939, Hitler reçoit le corps diplomatique accrédité à Berlin à l'occasion du déjeuner annuel. Le chancelier allemand rencontre Henderson, l'ambassadeur britannique, en présence d'autres diplomates. Il lui exprime publiquement son "admiration pour l'Empire britannique" et tient à souligner qu'il n'y a pas de conflit majeur dans les relations entre les deux pays. Henderson n'a pas reçu d'instructions pour soulever la question tchèque et le sujet n'est pas abordé, ce qui indique que Halifax poursuit sa tactique de désintérêt. Cependant, personne n'ignore que la situation sur le terrain est très tendue. Au cours de la première semaine de mars, les Tchèques et les Slovaques sont engagés dans d'importantes négociations sur la question économique et se trouvent dans une impasse. Le 6 mars, les autorités tchèques renforcent leur présence militaire en Ruthénie et dissolvent le gouvernement autonome. Newton informe immédiatement Halifax et lui assure que la crise est terminée. Le 7, un autre ambassadeur britannique, Kennard, rapporte de Varsovie qu'une délégation slovaque est attendue dans les plus brefs délais pour connaître la position polonaise en cas de déclaration d'indépendance. Kennard estime que la position favorable de la Pologne à l'égard de l'indépendance slovaque est due à l'intérêt qu'elle porte au règlement de la question ruthène.

Le 9 mars, l'événement qui a finalement déclenché la crise entre les Tchèques et les Slovaques s'est produit. Le gouvernement de Prague limoge les quatre principaux ministres du gouvernement local de Bratislava. Le rédacteur en chef du *Times* de Londres, Geoffery Dawson, qui avait été l'homme de Lord Milner en Afrique du Sud et était en phase avec Lord Halifax, bien qu'il ait noté dans son journal privé le 12 mars que les Tchèques et les Slovaques se battaient dans les rues de Bratislava, a suivi une ligne de reportage qui présentait une situation calme en Europe. L'ambassadeur Henderson, quant à lui, rapporte de Berlin, le 11 mars, que le conflit tchéco-slovaque est couvert par la presse. Les journaux allemands rapportent que l'évêque Tiso a demandé l'aide du gouvernement allemand. La Pologne, qui concentre toute son attention sur la Ruthénie en vue de son annexion par la Hongrie, apprend le 13 mars qu'Hitler ne s'opposera pas à l'invasion de la Ruthénie par les troupes hongroises. Miklós Horthy, le régent hongrois, envoie le même jour un message de remerciement au chancelier allemand. Le 13 également, Monseigneur Tiso arrive à Berlin et obtient l'engagement de l'Allemagne à soutenir l'indépendance de la Slovaquie. Les événements se succèdent rapidement et, le 14 mars, la Diète slovaque approuve la sécession et proclame l'indépendance, qui est protégée par le Reich. Le même jour, la Hongrie présente un ultimatum de 12 heures aux Tchèques, qui se soumettent. Le même jour, l'armée hongroise commence l'occupation de la Ruthénie.

Sans instruction du Foreign Office, de leur propre initiative, les ambassadeurs britanniques à Berlin et à Prague entreprennent le même jour d'importantes démarches. Neville Henderson prend contact avec les Tchèques et suggère que le ministre des Affaires étrangères Chvalkovsky se rende en Allemagne pour discuter de la situation avec Hitler. Les Tchèques répondent favorablement à la suggestion de Henderson. Newton, en étroite collaboration avec son collègue, signale peu après à Prague que le président Hacha et Chvalkovsky sont attendus à Berlin. Les dirigeants tchèques partent en train à 16 heures le 14 mars 1939. Accueilli à son arrivée avec les honneurs militaires, puisqu'il s'agissait de la visite d'un chef d'État, Hitler offrit à la fille de Hacha, qui voyageait dans le train, des fleurs et des chocolats. La rencontre commence à 1h15 le 15 mars et se termine une heure plus tard. Hitler est accompagné de Ribbentrop, de Göring et du général Keitel. Le président Hacha demande le maintien d'un État tchèque indépendant et propose de réduire l'armée, mais Hitler refuse cette demande et annonce que les troupes allemandes entreront en Bohême-Moravie le jour même et qu'elles sont prêtes à écraser toute résistance. Hacha, qui avait des problèmes cardiaques, a eu une légère crise cardiaque pendant la session, dont il s'est rapidement remis après avoir été soigné par des médecins allemands. Tout le monde pousse un soupir de soulagement en pensant avec effroi à ce que la presse internationale aurait dit si Hacha était mort à Berlin. Les Tchèques se sont mis d'accord pour téléphoner à Prague afin d'empêcher toute résistance.

Les Allemands et les Tchèques vivant dans le centre industriel de Morava-Ostrava craignaient depuis octobre 1938 que les Polonais n'occupent cette enclave morave vitale. Pour prévenir cette éventualité, Hitler avait ordonné aux unités allemandes d'entrer dans la région dans la soirée du 14. La population tchèque a compris le geste et il n'y a pas eu de violence. Il s'agit d'une mesure exceptionnelle, puisque l'avancée allemande n'a lieu qu'après la fin des négociations sur les détails de l'accord, qui durent jusqu'au 16. Au lieu d'assumer ses engagements, la politique britannique sur la question tchèque avait été si obscure et équivoque depuis Munich qu'il était difficile de formuler des plaintes ou des griefs à l'égard de l'Allemagne concernant la solution du problème tchèque par Hitler. Halifax s'est dérobé à ses responsabilités tant dans la crise tchéco-slovaque que dans la question tchéco-magyare. En fait, en se désintéressant du sort de la Tchécoslovaquie et en s'inhibant au cours des dernières semaines, Halifax a encouragé l'Allemagne à rechercher une solution unilatérale. L'ambassadeur Henderson, qui connaissait les intentions allemandes, en avait informé Londres avant l'arrivée des hommes politiques tchèques à Berlin. Halifax a laissé entendre de manière ambiguë que la Grande-Bretagne n'avait pas l'intention d'interférer dans des affaires où d'autres pays étaient plus directement concernés. Henderson pensait donc que la réaction de son gouvernement serait modérée, mais il n'en fut rien : l'entrée d'Hitler à Prague devait être le signal pour les Britanniques d'abandonner définitivement la politique d'apaisement, comme le réclamaient les bellicistes.

Un autre épisode, survenu en mars 1939, devait montrer très clairement que la conduite de Halifax avait pour but de déclencher une campagne publique visant à la destruction de l'Allemagne. Bien que les intérêts britanniques ne soient pas remis en cause et qu'Hitler soit absolument pro-britannique, les Britanniques prennent une série de mesures visant à rendre la guerre inévitable. En outre, Halifax et ses collègues avaient planifié une conspiration visant à rejeter toute la responsabilité sur l'Allemagne.

La farce Tilea

Le 15 mars, Halifax déclare à la Chambre des Lords qu'il a fait des efforts infructueux auprès des puissances munichoises pour qu'elles soutiennent les Britanniques dans la sécurisation de l'État tchèque. Il admet que les événements de Prague ont reçu l'approbation du gouvernement tchèque, mais regrette que l'esprit de Munich ait été violé. Entre le 15 et le 20 mars 1939, les Britanniques prennent trois mesures sans scrupules qui transforment la politique d'apaisement en politique de guerre : ils demandent à l'URSS de signer une alliance contre l'Allemagne, une mesure inquiétante et dangereuse qui pourrait signifier l'hégémonie du bolchevisme en Europe ; ils offrent à la Pologne une protection militaire si elle rejette l'accord avec l'Allemagne ; et ils profèrent un mensonge éhonté sur les intentions de l'Allemagne d'occuper la Roumanie. Tout cela s'est accompagné d'une campagne de désinformation visant à convaincre le public britannique qu'Hitler était un fanatique désireux de dominer le monde. Alan Campbell Johnson, un fervent admirateur de Lord Halifax, qualifie ces mesures de "révolution diplomatique de Halifax".

Le 17 mars 1939, Chamberlain, malgré sa méfiance à l'égard du jeu de Staline en Europe, prononce à Birmingham un discours historique préparé par son ministre des Affaires étrangères. Le Premier ministre se présente comme une personne naïve et innocente, victime de la duplicité allemande. Il déclare qu'il ne croira plus jamais en Hitler. Il admet que la Grande-Bretagne aurait dû assumer ses obligations en ce qui concerne les garanties données à la Tchécoslovaquie, mais que cela a été impossible en raison de l'effondrement de l'État. Il avertit ensuite que l'Allemagne tente de conquérir le monde et exprime sa confiance dans la puissance militaire de la Grande-Bretagne et dans la capacité de ses dirigeants à manœuvrer dans l'arène diplomatique. Chamberlain a annoncé qu'ils n'attendraient pas le prochain mouvement d'Hitler, mais que son gouvernement mettrait immédiatement en œuvre une série de mesures à son encontre.

Sir Robert Vansittart, sous-secrétaire permanent au Foreign Office, et Sir Alexander Cadogan, qui lui succéda en 1938, furent parmi ceux qui célébrèrent le changement de la politique britannique comme une victoire. Tous deux détestent l'Allemagne. Le sioniste Leopold Amery, qui a rédigé la déclaration Balfour, est également toujours au ministère. William C. Bullitt, ambassadeur itinérant de Roosevelt, est une autre personnalité qui accueille avec enthousiasme la volte-face de Halifax en mars. Le 17 mars, Bullitt envoie un rapport au président américain annonçant qu'il n'y a plus aucune possibilité de règlement diplomatique en Europe. Halifax demande au président Roosevelt de se joindre à la Grande-Bretagne pour démontrer "à quel point les dirigeants allemands actuels ont offensé le sens moral de la civilisation". Halifax reçoit la promesse que le secrétaire d'État au Trésor, le juif sioniste Henry Morgenthau, approfondira sa politique économique de discrimination à l'égard de l'Allemagne.

Fort de ce soutien, Halifax met en œuvre sa politique de guerre par l'une des intrigues les plus éhontées de la diplomatie moderne : la farce de Tilea. Alors que les Allemands négocient avec la Roumanie un traité commercial qui menace les intérêts de la City dans le pétrole roumain et d'autres industries, Halifax les accuse de vouloir prendre le contrôle de l'ensemble de l'économie roumaine. Bien que l'Allemagne n'ait pas de frontière commune avec la Roumanie, le ministère des Affaires étrangères a inventé une menace militaire inexistante de la part de l'Allemagne à l'encontre de la Roumanie. L'outil utilisé était l'envoyé plénipotentiaire de la Roumanie basé à Londres, Viorel Tilea. C'est Robert Vansittart qui l'a briefé. Avant qu'Hitler ne marche sur Prague, on lui a fait croire que la Grande-Bretagne s'opposerait à l'Allemagne. En novembre 1938, le roi Carol de Roumanie s'était rendu à Londres pour négocier un prêt destiné à l'achat d'armes, mais il avait échoué. Halifax, en échange de sa coopération dans son plan anti-allemand, offre à Tilea le prêt et l'élévation de la légation roumaine à Londres au rang d'ambassade. Le 17 mars 1939, Tilea rendit public un rapport opportunément préparé selon lequel l'Allemagne avait lancé un ultimatum à la Roumanie. Vansittart s'empresse d'envoyer cette "grande nouvelle" au *Times* et *au Daily Telegraph* avant que Chamberlain ne prononce son discours à Bimingham. Des millions de lecteurs sont choqués de voir que la rapacité d'Hitler ne connaît pas de limites et l'hostilité à l'égard de l'Allemagne monte en flèche.

L'audace de Lord Halifax est telle qu'il néglige les répercussions que l'affaire pourrait avoir à Bucarest. Le 18 mars, Reginald Hoare, envoyé extraordinaire et ministre plénipotentiaire en Roumanie, supplie Halifax de cesser de diffuser les déclarations irresponsables de Tilea et de ne plus y faire allusion dans les communications officielles. Cette demande pressante n'ayant aucun effet à Londres, Hoare, craignant que l'affaire ne porte gravement atteinte au prestige britannique, prend contact avec le ministre roumain des Affaires étrangères, Grigore Gafencu, afin qu'il explique en détail au Foreign Office l'absurdité des affirmations de Tilea. Gafencu lui fait savoir que les questions affluent de toutes parts sur l'ultimatum allemand, rapporté dans *le Times* et le *Daily Telegraph*, et exprime sa perplexité quant au fait que les négociations avec l'Allemagne se déroulent "dans les paramètres d'une normalité absolue entre égaux".

David L. Hoogan l'explique ainsi : "Hoare pensait que son rapport inciterait Halifax à dénoncer la tromperie de Tilea. Rien de tel ne s'est produit. Hoare, qui avait été surpris de voir Halifax accepter l'histoire de Tilea sans consulter la délégation britannique à Bucarest, fut étonné de voir Halifax continuer à exprimer sa foi dans l'authenticité de l'histoire après que sa fausseté eut été démontrée". De son côté, le ministre français des Affaires étrangères, Georges Bonnet, convoque l'ambassadeur de Roumanie à Paris,

M. Tataresco, pour lui demander des éclaircissements. Dans son livre *La Défense de la Paix*, Bonnet reproduit les propos de Tataresco : "Les pourparlers germano-roumains ont abouti à un accord commercial dont la signature est imminente". Tataresco assure Bonnet que le prétendu ultimatum n'a jamais existé.

Naturellement, les Allemands sont également perplexes face à la conspiration ourdie à Londres et veulent s'assurer que les autorités roumaines désapprouvent les calomnies de Tilea. Gafencu leur assure que les accusations de leur fonctionnaire concernant les prétentions allemandes sur la Roumanie sont totalement infondées et désapprouvées par le gouvernement. Le ministre des Affaires étrangères doit également s'expliquer devant les diplomates américains en Roumanie, qu'il assure que les négociations avec l'Allemagne se déroulent normalement. Gafencu se plaint que le faux rapport de Tilea "a été exploité par les médias occidentaux contrôlés par les juifs". Bien qu'indigné par Tilea, le ministre des Affaires étrangères n'ose pas le retirer de Londres, de peur de froisser Halifax.

Le ministre britannique des Affaires étrangères n'a oublié ni les Polonais, qui font partie de toutes les hypothèses qu'il formule pour précipiter la guerre en Europe, ni les Soviétiques. Halifax contacte l'ambassadeur Kennard à Varsovie le 17 mars. Il souhaite connaître au plus vite la position de Beck sur son projet de transformer l'alliance roumano-polonaise antisoviétique en une alliance anti-allemande. Il lui demande de dire à Beck qu'il discute de cette possibilité avec Tilea. Józef Beck rencontre Kennard le 18 et dispose alors de ses propres rapports, reçus de Londres et de Bucarest. Le roi Carol lui-même avait assuré aux diplomates polonais qu'il n'y avait pas de menace de la part de l'Allemagne. Bien que l'histoire ait été diffusée par le ministère des Affaires étrangères, Beck a du mal à croire que Tilea ait fait les déclarations qui lui sont attribuées. Il dit à Kennard qu'il rejette l'idée d'une menace allemande sur la Roumanie et qu'il ne s'intéresse pas au plan de Halifax.

Bien que la Roumanie ne l'ait jamais demandé, Lord Halifax, sans la moindre consultation des Roumains, informe l'Union soviétique que les Allemands cherchent à contrôler la Roumanie et lui demande de la défendre en cas d'agression allemande. Halifax se soucie peu du scepticisme de Moscou, car il pourra toujours prétendre qu'il a été mal informé par le plénipotentiaire roumain à Londres. En fin de compte, sa demande de protection de la Roumanie auprès de l'URSS était une question secondaire, car ce qu'il voulait, c'était une alliance anglo-soviétique. L'histoire frauduleuse de Tilea lui sert de prétexte pour approcher l'Union soviétique.

Traitement des Tchèques par Hitler

Hacha, le président tchèque, et Chvalkovsky, son ministre des Affaires étrangères, signent le 15 mars un document dans lequel ils remettent "entre les mains du Führer allemand le sort de la nation et du peuple tchèques". Hitler s'engage à "prendre le peuple tchèque sous la protection du Reich et à lui garantir un développement autonome inhérent à ses particularités nationales". Le 16 mars 1939, le Protectorat de Bohême-Moravie est proclamé. Le baron Konstantin von Neurath, ancien ministre allemand des Affaires étrangères, est nommé "Reichsprotektor". Cette solution permet d'éviter le danger évident d'une guerre entre les Tchèques et les Slovaques et l'effusion de sang qui s'ensuivrait. Dans *The Gathering Storm* (1948) de Winston Churchill, l'ancien premier ministre britannique avoue que le 15 mars, Halifax a rencontré Herbert von Dirksen, l'ambassadeur allemand à Londres. S'appuyant sur cette source, Hoggan écrit que Halifax a dit à Dirksen "qu'il pouvait comprendre le goût d'Hitler pour les victoires sans effusion de sang, mais il a promis au diplomate allemand qu'Hitler serait obligé de verser du sang la prochaine fois".

Le 15 mars, Ribbentrop adresse une lettre au ministre français des Affaires étrangères, Bonnet, dans laquelle il justifie la politique allemande à Prague par la nécessité de préserver l'ordre et d'éviter les effusions de sang. Le 16, Bonnet tente de prendre l'initiative en proposant une protestation anglo-française douce afin d'éviter une réaction britannique violente. Finalement, le 18, les ambassadeurs français et britanniques à Berlin remettent leur protestation officielle au secrétaire d'État Ernst von Weizsäcker, qui évite tout signe de trouble face aux paroles de Lord Halifax à l'ambassadeur Dirksen et se contente de défendre avec sang-froid et conviction la politique allemande dans la crise de l'État tchécoslovaque. A Berlin, on apprend que Halifax a l'intention de rappeler l'ambassadeur pour une durée indéterminée. Le 17, Weizsäcker a rencontré Henderson et le Britannique a demandé au secrétaire d'État allemand de lui fournir tous les arguments et informations possibles à utiliser à Londres contre les ennemis de la politique d'apaisement. Weizsäcker sait qu'en privé, Henderson est d'accord avec l'analyse de la situation. Le secrétaire d'État allemand informe Henderson et Coulondre qu'il refuse d'accepter leurs notes de protestation car le gouvernement allemand considère que l'accord de Munich est dépassé par les événements. Le 19 mars, les deux ambassadeurs sont rappelés pour consultations et quittent Berlin.

Néanmoins, l'Allemagne est prête à faire face à la nouvelle situation en adoptant une série de mesures destinées à faciliter les choses. Quelques jours plus tard, le 24 mars, la Bohême-Moravie devient une région dotée de ses propres coutumes. Le 27 mars, il est annoncé que le tchèque restera la langue officielle de la Bohême-Moravie. Le 16 avril, après un mois de domination allemande, il est décidé d'abaisser le drapeau allemand flottant sur le château de Hradschin à Prague. Le général Walther von Brauchitsch ordonne aux garnisons allemandes de se concentrer sur les zones peuplées par la minorité allemande afin d'éviter les frictions entre les soldats et les civils tchèques. Le 27 avril 1939, le président Hacha forme un nouveau gouvernement tchèque. La nouvelle administration tchèque conserve les ministères des transports, de la justice, de l'intérieur, de l'éducation, de l'agriculture, de l'économie nationale, des travaux publics et du service social. Les ministères des Affaires étrangères et de la Défense sont dissous. Dès le mois d'avril, Hitler tient à faire savoir aux Britanniques que les articles qui ont établi le protectorat ne s'appliquent pas nécessairement et que l'Allemagne est prête à négocier la question tchèque et l'avenir des Tchèques par les voies de la diplomatie conventionnelle.

Le 1er juin 1939, le Reichsprotektor von Neurath rédige un rapport sur les conditions favorables en Bohême-Moravie et, le 7 juin, Hitler accorde une amnistie à tous les Tchèques emprisonnés pour des raisons politiques, tant dans les Sudètes que dans le Protectorat. Au cours du même mois, le gouvernement tchèque de Prague négocie une série d'accords commerciaux avec des délégations de pays étrangers. Le 23 juin, un accord commercial tchéco-norvégien est signé et, le lendemain, un autre accord est conclu avec les Pays-Bas. L'attitude coopérative des dirigeants et de la population tchèques prédispose Hitler à faire de nouvelles concessions et, en juillet, il autorise le gouvernement tchèque à disposer d'une force militaire de 7000 soldats et de quelque 300 officiers de l'ancienne armée tchèque. Il a été convenu que seuls les ressortissants tchèques pourraient servir dans cette force.

L'utilisation de la Pologne contre l'Allemagne : le chèque en blanc de la Grande-Bretagne

L'ambassadeur polonais à Paris, Julius Lukasiewicz, fait l'objet d'une attention particulière de la part de William C. Bullitt. Des documents de l'ambassadeur Lukasiewicz cités par Hoggan révèlent que le 19 mars 1939, ces deux diplomates ont assuré au ministre polonais des Affaires étrangères, Józef Beck, que le président Roosevelt était prêt à tout faire pour favoriser une guerre entre l'Allemagne et le front anglo-français. Bullitt avoue qu'il reste méfiant à l'égard de la politique de Chamberlain et qu'il craint toujours que le gouvernement britannique ne tente de régler ses différends avec Hitler. Bullitt promet à Lukasiewicz que Roosevelt s'opposera vigoureusement à toute initiative britannique dans ce sens.

Chamberlain ayant cédé à Lord Halifax, il n'y a rien ou presque à craindre des intentions politiques de la Grande-Bretagne. Le 20 mars, Halifax informe Paris, Moscou et Varsovie qu'il souhaite un pacte blindé entre la Grande-Bretagne, la France, la Russie et la Pologne contre l'Allemagne. Cette offre d'alliance est le point culminant de cinq jours d'activités frénétiques qui transforment la politique d'apaisement en politique de guerre. Dès lors, les Polonais décident de défier l'Allemagne, dont la politique étrangère continue de porter ses fruits sans effusion de sang : en ce vertigineux mois de mars 1939, la Lituanie accepte la restitution du territoire allemand de Memel, qui devient partie intégrante de la Prusse-Orientale sans que la Pologne ne s'y oppose.

La Pologne est prête à affronter l'Allemagne, mais ne veut pas d'alliance avec les Soviétiques. Le 21 mars, Kennard, l'ambassadeur britannique, est informé que Varsovie refuse toute alliance avec l'URSS, au grand dam du ministre des Affaires étrangères. Lord Halifax discute de son projet d'alliance avec l'ambassadeur Kennedy le 22 mars et se plaint amèrement de l'attitude des Polonais à l'égard de son projet d'alliance. En tout état de cause, il fait savoir à Kennedy qu'il est déterminé à poursuivre sa politique anti-allemande et que les hostilités en Europe risquent d'éclater rapidement. Halifax lui demande de conseiller à Roosevelt de concentrer la flotte américaine à Pearl Harbour afin de protéger l'Australie et Singapour d'une éventuelle attaque japonaise.

Cependant, l'ambassadeur polonais à Berlin, Józef Lipski, comprend qu'une politique de coopération avec l'Allemagne est dans l'intérêt de son pays. Ribbentrop parvient d'ailleurs à le convaincre par ses propositions. Le 21 mars, les deux diplomates se rencontrent à Berlin. Le ministre allemand a connaissance de l'offre faite la veille par Halifax à la Pologne et avertit l'ambassadeur polonais des dangers d'une telle alliance. Lipski montre à Ribbentrop l'intérêt de son pays pour la Slovaquie et lui avoue qu'il espère que les accords avec les Slovaques ne conduiront pas à une occupation militaire du pays. Le ministre allemand des Affaires étrangères fait remarquer à l'ambassadeur polonais que les Slovaques ont demandé la protection des deux pays et que les négociations germano-slovaques ne sont pas dirigées contre la Pologne. Ribbentrop assure Lipski que l'Allemagne est prête à discuter de la manière dont la Pologne pourrait avoir la même influence en Slovaquie que l'Allemagne, ce qui nécessite un climat de confiance et de coopération entre les deux pays. Joachim von Ribbentrop a de nouveau insisté sur la nécessité d'un accord entre l'Allemagne et la Pologne et a déploré le traitement réservé aux minorités allemandes. Le ministre allemand des Affaires étrangères présente à nouveau un plan soigneusement préparé avec des arguments convaincants, y compris la renonciation aux possessions allemandes dans le corridor. Ribbentrop rappelle à Lipski les termes de l'accord présenté le 24 octobre 1938, dans lequel il n'est question que de l'union des nationaux-socialistes de Dantzig avec ceux d'Allemagne et du rattachement à la Prusse-Orientale. Ribbentrop a le sentiment d'avoir convaincu Lipski des avantages de la collaboration et de l'entente. De son côté, l'ambassadeur promet de se rendre à Varsovie pour tenter de convaincre son ministre.

Le 22 mars, l'ambassadeur polonais est déjà à Varsovie et participe à des réunions au ministère des Affaires étrangères pour reconsidérer la position polonaise. Lipski présente un rapport personnel sur l'offre allemande, qui suscite l'hostilité de Beck. L'Allemagne est accusée d'envelopper la Pologne et Lipski admet que la proposition de Ribbentrop peut être comprise comme un ultimatum. Il est décidé de maintenir l'ambassadeur en Pologne jusqu'à ce qu'une réponse détaillée aux Allemands ait été préparée. En raison de sa position en faveur d'un pacte avec Hitler, la fiabilité de Lipski en tant que négociateur avec les Allemands a été mise en doute. Jean Szembek, secrétaire d'État polonais aux affaires étrangères, écrit dans son *Journal, 1933-1939* que Beck a décidé de ne pas autoriser Lipski à rencontrer à nouveau Ribbentrop pour discuter d'un accord. Le comte Michal Lubienski va jusqu'à accuser Ribbentrop d'avoir réussi à démoraliser Lipski. L'ambassadeur polonais apprend que son appel à un accord a été rejeté et qu'il ne jouit plus de la confiance de Beck ; il exprime donc son souhait de démissionner de son poste.

Lors des délibérations au ministère des Affaires étrangères, la proposition de Halifax d'un pacte avec l'URSS est rejetée d'emblée, mais Beck est persuadé qu'il peut opter pour une alliance anglo-polonaise. Les dirigeants polonais sont tellement convaincus que la proposition de l'Allemagne est un ultimatum que le 23 mars, en accord avec les chefs militaires, la Pologne décide d'une mobilisation partielle. Les effectifs de l'armée polonaise sont doublés avec l'appel de 334 000 réservistes. Parallèlement à cette mesure, le plan de guerre contre l'Allemagne est distribué aux principaux commandants. Après avoir appris la surprenante mobilisation partielle des Polonais, Hitler consulte le commandant en chef de l'armée, le général Walther von Brauchitsch, à qui il explique que d'importantes négociations avec la Pologne sont en cours et qu'il ne souhaite pas voir l'Allemagne impliquée dans un conflit.

L'ambassadeur allemand à Varsovie est beaucoup plus inquiet. De plus en plus sceptique quant aux intentions polonaises, Moltke attache une importance particulière à l'arrestation de Stanislav Mackiewicz, éminent journaliste polonais et rédacteur en chef de *Slowo* (*La Parole*), qui était depuis longtemps en faveur d'un accord germano-polonais. Enfin, Moltke annonça que Lipski reviendrait à Berlin le 26 mars, ce qui permit à Hitler et à Ribbentrop d'espérer qu'il y avait encore une chance. Avant que Lipski ne ferme la porte de l'accord germano-polonais à Berlin, Lukasiewicz informe Bullitt le 24 mars que son pays rejettera formellement une alliance intégrant l'Union soviétique le jour même. L'ambassadeur polonais fait savoir à son collègue que la Pologne préfère une alliance unilatérale avec la Grande-Bretagne. L'ambassadeur américain est convaincu que les Britanniques accepteront la proposition.

Lorsque l'ambassadeur polonais à Londres, Edward Raczynski, se rend à Halifax pour rejeter la quadruple alliance, il lui dit que le gouvernement polonais estime qu'un pacte avec l'URSS pourrait "provoquer une catastrophe". Raczynski développe la thèse de Beck selon laquelle une alliance avec l'Union soviétique menacerait indûment la paix. L'ambassadeur ajoute qu'il est autorisé à proposer une alliance anglo-polonaise. Halifax avoue immédiatement son intérêt pour cette proposition.

"Avec une hypocrisie sans bornes, écrit le professeur Hoggan, il déclara qu'il ne s'opposerait pas à ce que la Pologne et l'Allemagne négocient de manière satisfaisante sur la question de Dantzig. Selon Hoggan, "le fait que Halifax ait jugé nécessaire d'insister sur ce point démontre son habileté tactique en tant que diplomate. Il ne voulait pas donner aux Polonais l'impression qu'il les poussait à la guerre". Le lendemain, 25 mars, Bullitt informe Lukasiewicz qu'il a demandé à l'ambassadeur Kennedy de faire savoir à Chamberlain que les États-Unis voient d'un bon œil la position de la Pologne par rapport à l'alliance. Le 26, Bullitt reprend contact avec Kennedy : il souhaite qu'il dise à Chamberlain que les Etats-Unis s'attendent à ce que la Grande-Bretagne entre en guerre contre l'Allemagne si la question de Dantzig conduit à une explosion entre Polonais et Allemands. Bullitt rencontre à nouveau l'ambassadeur polonais et lui fait part de sa conviction que la réponse britannique à la proposition polonaise sera positive. De son côté, Lukasiewicz confie que Lipski rejettera la proposition allemande le jour même.

Lorsque l'ambassadeur polonais annonce le rejet catégorique des propositions de négociation par son pays, les Allemands sont choqués. Les contre-propositions polonaises ignorent la demande allemande de restitution de Dantzig et de rattachement à la Prusse-Orientale. L'offre de l'Allemagne de sécuriser les frontières est également ignorée. L'ambassadeur Lipski soumet à Ribbentrop un mémorandum écrit que le ministre allemand lit avec étonnement. Il ne cache pas sa surprise et regrette que le refus de la Pologne d'autoriser l'annexion de Dantzig ruine toute chance d'accord germano-polonais. Lipski lui répond que "c'est pour lui un devoir pénible d'attirer l'attention sur le fait que toute tentative de l'Allemagne de mettre en œuvre ces plans, en particulier en ce qui concerne le retour de Dantzig au Reich, signifie la guerre avec la Pologne". Ribbentrop, incapable de garder son calme habituel en cette occasion historique, ne peut contenir un sentiment de désespoir. Il tente en vain d'annuler les conséquences du communiqué polonais et déclare à Lipski que l'Allemagne n'est pas pressée de régler le problème de Dantzig et que la Pologne pourra peut-être reconsidérer l'ensemble de la question lorsque la situation générale sera plus calme. L'ambassadeur polonais se réfère à la note écrite de son gouvernement et demande si l'Allemagne ne pourrait pas, après tout, renoncer à ses aspirations sur Dantzig. Lipski assure Ribbentrop que Beck se rendra à nouveau volontiers à Berlin en réponse à cette concession allemande. Le ministre allemand des Affaires étrangères aurait abandonné ses efforts avec les Polonais si Hitler n'avait pas été obstinément convaincu qu'un accord germano-polonais valait la peine d'être conclu.

Lord Halifax rencontre ses diplomates le 27 mars et les informe de sa décision de donner la priorité à l'alliance avec la Pologne. Le même jour, il envoie un télégramme à Kennard, annonçant sa décision et se disant convaincu qu'une nouvelle proposition d'alliance pourrait être présentée à l'Union soviétique plus tard dans la journée. Le 30 mars, il informe Kennard que la garantie donnée par le gouvernement de Sa Majesté à la Pologne sera présentée au Parlement le lendemain. Halifax informe ironiquement l'ambassadeur britannique à Varsovie que l'ambassade américaine l'a bombardé d'affirmations selon lesquelles Ribbentrop faisait pression sur Hitler pour qu'il envahisse la Pologne avant que les Britanniques ne prennent un quelconque engagement. Halifax fait savoir à Kennard qu'il a décidé que l'engagement ne se limiterait pas aux cas d'agression non provoquée. Hoogan, qui dispose d'une mine de documents diplomatiques sur la question, écrit : "Il a dit à Kennard qu'il avait décidé d'ignorer la question de l'agresseur. Il ne voulait pas rester neutre au cas où les Polonais forceraient l'Allemagne à entrer en guerre". Les Britanniques téléphonent au président polonais, Ignacy Moscicki, et au maréchal Smigly-Rydz pour leur annoncer leur décision, qu'ils acceptent.

Les conservateurs, les libéraux et les travaillistes acceptent sans hésiter la garantie unilatérale accordée à la Pologne lorsqu'elle est présentée au Parlement le 31 mars. Dans son discours à la Chambre des communes, Chamberlain explique l'engagement en ces termes : "...dans le cas d'une action qui menacerait clairement l'indépendance de la Pologne et à laquelle, par conséquent, le gouvernement polonais estimerait vital de résister avec ses propres forces nationales, le gouvernement de Sa Majesté se considérerait comme tenu d'apporter immédiatement au gouvernement polonais l'aide la plus complète possible. Une assurance en ce sens a été donnée au gouvernement polonais". Le discours de Chamberlain est diffusé par radio sur le continent à quatre heures de l'après-midi du 31 mars. Lorsque le vicomte Jacques Davignon, ambassadeur de Belgique à Berlin, prend connaissance du texte, il s'exclame avec effroi que l'engagement britannique équivaut à un "chèque en blanc". Il est donc l'auteur de la métaphore.

Le 2 avril 1939, Józef Beck quitte Varsovie en train pour Londres. Il est accompagné de Józef Lipski et du colonel Szymánski, attaché militaire à Berlin, dont l'épouse, Halina Szymánska, est une espionne polonaise qui, pendant la guerre, a servi de contact à Wilhelm Canaris et a été l'un des agents les plus efficaces du MI6 britannique. Un chef du protocole du ministère allemand des affaires étrangères l'a accueillie à la gare de Berlin le 3 au matin. Malgré les événements des derniers jours, Beck attendait Ribbentrop, mais le ministre allemand des Affaires étrangères ne s'est pas présenté, ce qui prouve clairement que l'attitude de l'Allemagne à l'égard de la Pologne a changé.

La délégation polonaise étant arrivée à Londres tard dans la nuit, les pourparlers officiels ont lieu le 4 au matin. Beck promet à Halifax qu'en cas de conflit direct entre la Grande-Bretagne et l'Allemagne, la Pologne combattra les Allemands. Cela équivaut à une offre de garantie réciproque. Halifax accepte l'offre, mais ajoute qu'elle est insuffisante pour ses besoins, car il souhaite obtenir d'autres engagements de la part de la Pologne. Surpris,

Beck demande au ministre des Affaires étrangères ce qu'il a en tête. Halifax répond calmement qu'il souhaite que la Pologne accepte d'entrer en guerre si l'Allemagne attaque la Hollande, la Belgique, la Suisse ou le Danemark. Surpris par l'ampleur de la demande, Beck répond qu'il a besoin d'un peu de temps pour y réfléchir. Le deuxième point important de la réunion est le refus de la Pologne de se joindre à la quadruple alliance. Lord Halifax demande des explications sur les raisons de ce refus. Une fois de plus, le ministre polonais des Affaires étrangères fait valoir qu'une telle alliance pourrait être dangereuse, voire fatale, pour la Pologne. Les raisons invoquées par Beck ne satisfont pas Halifax, qui fait savoir qu'il est extrêmement déçu par la position polonaise à l'égard de son projet d'alliance. L'avenir de la Pologne, écrit Hoggan, lui est indifférent. Le nouvel État polonais n'était qu'un pion dans son jeu". Pourtant, à la stupéfaction de l'opinion publique britannique et européenne, en donnant un "chèque en blanc" à la Pologne, la Grande-Bretagne, pour la première fois de son histoire, laissait à une autre puissance le soin de décider d'aller ou non se battre en dehors de son propre pays.

L'ambassadeur itinérant de Roosevelt, William C. Bullitt, s'empresse de rencontrer Beck, avec qui il entretient des relations amicales. Il l'attend à Lille. Le ministre polonais des Affaires étrangères confirme qu'il est satisfait de l'atmosphère qui règne à Londres et confie à Bullitt que Halifax a cherché à obliger la Pologne au cas où l'Allemagne attaquerait d'autres pays voisins. Beck s'intéresse surtout à la réaction de l'Allemagne et spécule avec l'ambassadeur américain sur les réactions possibles d'Hitler à la suite de son voyage à Londres et des assurances obtenues des Britanniques. Beck pense que l'Allemagne pourrait rompre ses relations diplomatiques avec la Pologne.

Le 7 avril à 11 heures, dès qu'il a pris congé de Beck, Bullit envoie un message au président Roosevelt, confirmant que Beck est revenu très satisfait de l'entente et du degré de compromis atteint en Angleterre. Le rapport contient des allusions du ministre polonais à Hitler et à Ribbentrop, que Beck qualifie de "dangereux imbécile". Comme le supposent Beck et Bullitt, la déception des dirigeants allemands face à l'impossibilité de parvenir à un accord avec les Polonais n'est que trop évidente. La confirmation que la Grande-Bretagne avait offert un soutien militaire illimité à la Pologne fut accueillie en Allemagne avec une grande inquiétude et provoqua la réaction d'Hitler, qui ordonna l'élaboration de plans en vue d'un éventuel conflit avec la Pologne. L'opération "Fall Weiss" (opération blanche), nom de code militaire pour les préparatifs d'une éventuelle guerre germano-polonaise, commence à prendre forme.

La détérioration des relations germano-polonaises

Bien qu'un pacte de non-agression germano-polonais soit en vigueur depuis le 26 janvier 1934, Józef Beck, qui sait pertinemment que les plans de Halifax incluent la destruction de l'Allemagne, accepte de placer son pays au centre de la politique belliciste britannique et américaine, ce qui équivaut à rompre le pacte. Halifax a beau dire qu'il ne s'opposera pas à un accord sur Dantzig, Beck sait que cela aurait été la plus grande déception du secrétaire d'État au Foreign Office. Or, les Britanniques ont besoin de la France et comptent sur elle dans leurs plans de guerre contre Hitler. Les Polonais savent également combien il est important d'avoir les Français de leur côté. C'est pourquoi, à son retour de Londres, Beck tente d'améliorer les relations avec Paris. La Pologne s'attend à ce que la France soutienne inconditionnellement le chèque en blanc, mais Bonnet, qui est également intéressé par l'alliance à quatre proposée par Halifax, retarde d'abord une entrevue directe avec son collègue polonais. Pendant ce temps, Bullitt poursuit son travail en faveur de la guerre à Paris : le tenace ambassadeur américain reste en contact permanent avec le Polonais Lukasiewicz et, le 9 avril 1939, il lui dit qu'il s'attend à ce que la France attaque l'Allemagne à partir de la Belgique en cas de conflit.

Le 7 avril 1939, les Italiens occupent l'Albanie et la diplomatie européenne se concentre temporairement sur la situation dans les Balkans. Le président Roosevelt en profite pour envoyer des lettres à Hitler et à Mussolini, qui sont rendues publiques le 14 avril et reçues par leurs destinataires le 15 avril. Roosevelt, au service du lobby juif qui l'a porté à la présidence, est l'un de ceux qui travaillent le plus pour la guerre, mais il apparaît à l'opinion publique internationale comme un pacificateur généreux et désintéressé qui œuvre de toute son énergie pour la paix. Dans ces messages, il rend l'Italie et l'Allemagne exclusivement responsables de toutes les menaces qui pèsent sur la paix en Europe. Il demande à Hitler et à Mussolini de déclarer qu'ils s'abstiendront de faire la guerre en toutes circonstances pendant vingt-cinq ans. "Roosevelt demande : "Êtes-vous prêts à garantir que vos forces armées n'attaqueront ni n'envahiront le territoire ou les positions des pays indépendants suivants ? Il poursuit en énumérant vingt-neuf pays, dont la Russie. Il est intéressant de noter qu'il a demandé à l'Italie et à l'Allemagne de signer des pactes de non-agression avec la Syrie et la Palestine, qui n'étaient pas indépendantes et se trouvaient sous mandat français et britannique. Les références à la Palestine devaient être une exigence des sionistes qui composaient le Brain Trust.

Dans ces circonstances, le ministre roumain des Affaires étrangères Gafencu arrive à Berlin le 18 avril après avoir arrêté son train à la frontière polonaise pour rencontrer Beck. Le 19 avril, il rencontre Hitler et entame la conversation en récapitulant longuement sa récente rencontre avec le ministre polonais des Affaires étrangères. Le chancelier allemand reproche à Beck d'avoir accepté la garantie britannique et se plaint de ne jamais pouvoir comprendre le changement d'attitude de la Pologne. Il confie à Gafencu qu'il avait prévu de dénoncer la politique polonaise à l'égard de la Grande-Bretagne comme une violation intolérable du pacte de 1934, qu'il considérait comme rompu. Hitler déplore auprès de Gafencu que les dirigeants polonais n'apprécient pas ses intentions de respecter la Pologne de Pilsudski, avec ses frontières et les absurdes accords de Versailles. "Hitler lui aurait dit : "J'ai empêché la presse de dénoncer le traitement scandaleux de la minorité allemande". Il oppose cette attitude aux attaques incessantes de la presse polonaise contre l'Allemagne. Concernant l'éventualité d'une guerre avec le Royaume-Uni, Hitler prédit : "En fin de compte, nous finirons tous, vainqueurs et vaincus, sous les mêmes ruines ; et le seul à en profiter sera Moscou". Le Führer avoue au ministre Gafencu qu'il est accusé en Allemagne d'être un admirateur impénitent de l'Empire britannique et lui avoue que c'est vrai. Il lui assure que seul un destin inhumain le contraindrait à concevoir un conflit avec les Britanniques et ajoute qu'"il a été un grand anglophile depuis sa plus tendre enfance".

Quelques jours plus tard, le diplomate roumain, qui a parcouru l'Europe tout au long du mois d'avril pour tenter une conciliation et éviter la guerre, arrive à Londres. Il avait été informé à l'avance que la question de Tilea ne serait pas acceptée comme sujet de discussion. La première réunion avec les diplomates britanniques a lieu le 24 avril. Le secrétaire du Foreign Office est surpris de constater que Gafencu évite d'aborder la question de l'URSS et prend au contraire l'initiative d'un plan propre pour résoudre les différends européens. Convaincu que les principaux obstacles à la résolution des problèmes se trouvent en Grande-Bretagne et en Pologne, Gafencu a reçu le soutien de l'Allemagne pour son plan de paix et est déterminé à le présenter à Halifax avec la plus grande vigueur. Le diplomate roumain explique sa conversation avec Hitler, qu'il qualifie de "force de la nature". Gafencu a déclaré aux Britanniques que le chancelier allemand lui avait manifestement parlé en pensant au fait qu'il se rendait à Londres. Après avoir admis que, suite à ses entretiens avec Beck et Hitler, il était convaincu que la situation germano-polonaise était sans issue, le ministre roumain des Affaires étrangères a annoncé avec enthousiasme qu'il avait un plan que les dirigeants allemands acceptaient pleinement.

Ce plan prévoyait un nouvel accord pour la Bohême-Moravie, qui pourrait être conçu de manière à réduire les tensions sur les autres questions et à parvenir à un accord général. Naturellement, les Britanniques, qui avaient fait des événements de Prague le principal prétexte pour agir contre l'Allemagne, n'apprécient pas du tout ce plan. Halifax demande immédiatement si les Allemands vont restaurer l'État tchèque, ce à quoi Gafencu répond par l'affirmative puisque l'Allemagne approuve le plan. Sir Alexander Cadogan répond alors que "la restauration de Prague ne serait guère une compensation pour la Pologne". Gafencu l'admet, mais nie catégoriquement qu'Hitler veuille la guerre et ajoute que le monde attend une alternative, qui pourrait voir le jour si l'Allemagne se voyait offrir une proposition de négociation. A la fin des entretiens, le ministre roumain a l'impression de ne pas avoir réussi à convaincre ses hôtes.

Alors que Gafencu se trouve à Londres pour tenter de trouver un chemin vers la paix, il a déjà été décidé quatre mois à l'avance que la guerre aurait lieu. Dans un long article intitulé "President Roosevelt's Campaign to Incite War in Europe : The Secret Polish Papers", Mark Weber, directeur de l'Institute for Historical Review, explique que le 25 avril 1939, l'ambassadeur Bullitt a appelé le journaliste Karl von Wiegand, correspondant européen en chef de l'International News Service, qui s'est présenté à l'ambassade. Les propos qu'il lui a tenus ont été repris dans le *Chicago Herald American* du 8 octobre 1944 dans un article intitulé "Von Wiegand says". Ils sont les suivants : "La décision sur la guerre en Europe a été prise. La Pologne est assurée du soutien de la Grande-Bretagne et de la France et ne cédera à aucune des exigences de l'Allemagne. L'Amérique entrera en guerre peu après l'entrée en guerre de la Grande-Bretagne et de la France". On ne peut que se demander qui a pris cette décision.

Sir Neville Henderson, après avoir été retenu à Londres pendant quarante jours, est autorisé à retourner à Berlin. Le 20 avril, Halifax annonce à la Chambre des Lords que l'ambassadeur retournera bientôt en Allemagne, ce qu'il fait le 26 avril. Le 27 avril, Henderson se rend au Foreign Office et rencontre le secrétaire d'État, Ernst von Weizsäcker, à qui il avoue avoir perdu la face au Foreign Office. Henderson, qui sait que la volonté d'Hitler de négocier le statut de Prague a été repoussée, est informé que le Führer s'apprête à faire un discours au Reichstag en réponse aux accusations de Roosevelt. Le même jour, le ministère des Affaires étrangères publie deux notes annonçant l'abrogation du pacte de non-agression de 1934 avec la Pologne et du pacte naval anglo-allemand de 1935. L'atmosphère à Berlin s'échauffe et les réunions et entretiens entre diplomates se succèdent. Coulondre discute de la situation avec le Polonais Lipski. L'ambassadeur français regrette que la scène européenne soit aussi confuse et admet que cela est dû en grande partie au fait que la diplomatie britannique passe brusquement d'un extrême à l'autre. Lipski explique en détail le contenu de l'offre allemande rejetée par son pays. Les deux ambassadeurs s'accordent à dire que la proposition est remarquablement généreuse.

Le Reichstag allemand se réunit le 28 avril au matin pour entendre le Führer, qui s'efforce de laisser ouverte la porte des négociations avec la Pologne et la Grande-Bretagne. Dans son discours, il passe en revue la politique allemande depuis son accession au pouvoir en 1933 jusqu'à l'occupation de Prague en mars 1939. Il rappelle que les Tchèques et les Hongrois ne se sont adressés qu'à l'Allemagne et à l'Italie pour obtenir une médiation dans le conflit, bien qu'il ait été décidé à Munich que la médiation était l'obligation des quatre puissances. C'est dans la deuxième partie de son discours qu'il évoque la politique du président Roosevelt. Il ridiculise l'appel de Roosevelt à conclure des pactes de non-agression avec des pays situés sur d'autres continents et avec des pays qui ne jouissent même pas de l'indépendance. Il a évoqué les efforts constants de Roosevelt pour le provoquer. Se référant à ses allégations de prétendues interventions allemandes à l'étranger, il conclut que "d'un point de vue militaire, elles n'ont pu naître que dans l'imagination d'un fou".[3] Dans son discours, le chancelier allemand a rendu, comme à son habitude, un hommage d'admiration à l'Empire britannique et a insisté sur son désir d'une amitié anglo-allemande permanente. Concernant la Pologne, il dit respecter ses intérêts maritimes, loue le maréchal Pilsudski pour sa volonté d'améliorer les relations germano-polonaises et détaille les points de l'offre qu'il a faite à la Pologne. Il déplore l'acceptation de la garantie britannique et annonce que l'Allemagne n'est plus disposée à maintenir la proposition faite en octobre 1938 comme base d'un accord avec la Pologne, ce qui constitue un net recul. Haussant le ton, il explique qu'il a abrogé le pacte de 1934 avec Varsovie, qu'il avait auparavant proposé de prolonger à vingt-cinq ans, parce que les Polonais l'ont violé en demandant la garantie britannique, ce qui, dit-il, ne signifie pas que l'Allemagne n'est pas disposée à assumer de nouvelles obligations contractuelles à l'égard de la Pologne.

Le discours du chancelier allemand a été suivi avec impatience dans toute l'Europe. En Pologne, bien sûr, le gouvernement et la presse réagissent de manière hostile. Göbbels se sent obligé de répondre dans la presse allemande, en demandant dans un article de *Der Angriff* (*L'offensive*) : "Savent-ils ce qu'ils font ? En France, cependant, le ton modéré du discours rassure les dirigeants français, et à Londres, le ton conciliant des paroles d'Hitler est également apprécié. En Hongrie aussi, les intentions pacifiques exprimées dans le discours du Führer sont accueillies favorablement. En revanche, l'ambassadeur d'Italie à Berlin, Bernardo Attolico, informe le lendemain les diplomates allemands que son pays est prêt à faire pression sur la Pologne pour qu'elle accepte un règlement raisonnable des différends entre les deux pays. Weizsäcker accueille cette offre avec gratitude, mais craint que toute démarche soit vaine. La réaction des États-Unis est tout autre : le président Roosevelt est furieux après avoir lu la traduction anglaise du discours, dans lequel Hitler ridiculise sa politique. Dès lors, Roosevelt voue une haine personnelle à Hitler : "Ce facteur personnel, écrit Hoggan, s'ajoutait aux autres motifs qui donnaient à Roosevelt le désir de détruire l'Allemagne".

---

[3] Hitler est quelque peu habitué aux provocations et aux insultes les plus graves en provenance des Etats-Unis. Fiorello La Guardia, juif sioniste qui fut maire de New York de 1934 à 1945, avait l'habitude d'insulter le Führer allemand : "meurtrier sauvage", "dépravé", "ivrogne", "sodomite", "fou", "conducteur d'un troupeau de moutons" sont quelques-uns des adjectifs choisis par La Guardia dans son discours public lors d'un rassemblement en 1937.

En Pologne, Lipski démissionne officiellement le 1er mai 1939. L'ambassadeur polonais informe Beck qu'il lui est impossible de rester à Berlin dans les circonstances actuelles. Néanmoins, le ministre des Affaires étrangères n'accepte pas sa démission et lui ordonne de retourner en Allemagne. Moltke, l'ambassadeur allemand, retourne également à Varsovie le 4 mai après avoir passé quelques jours à Berlin. Dans ce va-et-vient de diplomates, un changement important intervient à la tête du commissariat aux affaires étrangères de l'URSS : le 3 mai 1939, Maksim Litvinov est démis de ses fonctions de commissaire. Le remplacement de ce juif polonais par Viatcheslav Molotov ne déplaît pas au ministère polonais des Affaires étrangères. On sait à Varsovie que Molotov est très proche de Staline et que tous deux sont mariés à des femmes juives.

En réponse au discours d'Hitler, Józef Beck se présente devant la Diète le 5 mai 1939. Avant son discours, les ambassades avaient été chargées de critiquer l'allocution d'Hitler. L'objectif de Beck est de convaincre l'opinion publique qu'il est capable et désireux de défier Hitler. Beck a préparé son discours en sachant que Londres le soutiendrait sans réserve, ce qui lui a permis d'aller aussi loin qu'il le souhaitait. Après avoir commencé par reconnaître qu'il s'agissait d'un moment décisif, il a analysé les étapes de sa politique étrangère. Mentionnant l'accord avec la Grande-Bretagne, il confirme que celle-ci a accepté de se battre pour la Pologne et qu'en retour, la Pologne s'est engagée à soutenir les Britanniques dans tout conflit. Tout en sachant qu'il se fait le complice de la Grande-Bretagne, qui cherche un prétexte à la guerre, Beck affirme que les intérêts anglo-polonais reposent sur une absence totale d'intentions agressives et accuse Hitler d'avoir exploité de manière injustifiée la garantie britannique à la Pologne pour mettre fin au pacte de 1934. Étonnamment, alors que Sir Alexander Cadogan avait avoué à Joseph Kennedy que la garantie à la Pologne était sans précédent dans l'histoire de la politique étrangère britannique, Beck déclare qu'il n'y a rien d'extraordinaire dans la garantie britannique, qu'il décrit comme une étape normale dans la poursuite de relations amicales avec un pays voisin. Dédaignant toute rigueur historique, puisque la Prusse occidentale a été colonisée par les Allemands et qu'avant la guerre près de 70% des habitants étaient allemands, il qualifie le mot "corridor" d'"invention artificielle, puisqu'il s'agit d'une ancienne terre polonaise avec un nombre négligeable de colons allemands". Ces propos reviennent, une fois de plus, à dénigrer la générosité d'Hitler, qui était prêt à accepter une domination polonaise permanente sur cet ancien territoire allemand. Alors que Lipski avait reconnu que seul Hitler pouvait faire une offre aussi généreuse, Beck affirme que l'Allemagne n'a fait aucune concession et ne fait que poser des exigences. Le discours du ministre polonais, qui qualifie Hitler de menteur, est truffé de mensonges impudents du début à la fin. Il va jusqu'à admettre que le chancelier allemand a proposé de reconnaître la frontière actuelle avec la Pologne, mais, et nous citons ici le professeur

Hoggan, "il a pris une position sans précédent dans les annales de la diplomatie européenne en affirmant qu'une telle promesse n'avait aucune valeur". Honteusement, Beck insiste sur le fait qu'Hitler a porté atteinte à l'honneur de la Pologne par ses ouvertures et rejette ceux qui préfèrent la paix à l'honneur national. Au point culminant du discours, une voix en colère s'écrie : "Nous n'avons pas besoin de paix". En quittant la tribune, Beck a reçu un tonnerre d'applaudissements.

L'intervention parlementaire du ministre polonais des affaires étrangères a porté un coup sévère aux espoirs de paix en Europe et a été largement reconnue comme telle. Bien entendu, les propos intransigeants de Beck sont soutenus par Halifax et le roi Carol de Roumanie conclut que le discours de Beck rend la guerre inévitable. Weizsäcker, secrétaire d'État au ministère des Affaires étrangères, tente d'éviter une attitude alarmiste par une lettre circulaire adressée aux ambassades allemandes, dans laquelle il qualifie le discours de Beck de "dicton mesquin d'un gouvernement faible". En France, le ministre des Affaires étrangères Georges Bonnet n'accueille pas le discours de Beck avec l'enthousiasme souhaité par les bellicistes, qui jubilent. Bullitt et les ambassadeurs polonais en France et en Grande-Bretagne, Lukasiewicz et Raczynski, s'accordent à dire que Bonnet est le chef de file de la lutte pour la paix en France. Bullitt promet de faire tout ce qui est en son pouvoir pour le discréditer auprès de Daladier.

Le 6 mai, l'ambassadeur américain à Paris a le plaisir d'informer son ami Roosevelt que le Premier ministre Daladier fait de moins en moins confiance à Bonnet. Bullitt mise sur Champetier de Ribes, partisan de la guerre, pour remplacer Bonnet. La mère de William C. Bullitt est la fille de Jonathan Horowitz, un juif allemand qui a émigré aux Etats-Unis. L'ambassadeur américain appartient à une famille de banquiers importants de Philadelphie. Bullitt, qui avait assisté le président Wilson lors de la conférence de paix de Versailles et qui, dès le début, avait insisté sur la reconnaissance du régime communiste en Russie, était la voix du président Roosevelt en Europe, ce qui l'amenait à se rendre aux États-Unis plusieurs fois par an pour participer aux conseils de la Maison-Blanche.

La situation intenable des Allemands en Pologne

Suivant les instructions de Lord Halifax, l'ambassadeur Henderson adresse une menace embarrassante à l'Allemagne à Berlin le 15 mai 1939. Le Foreign Office, à la suite du discours de Beck, avertit officiellement que l'Empire britannique combattra dans le but de détruire le Troisième Reich si Hitler tente de reprendre Dantzig. Entre-temps, la situation des Allemands vivant en Pologne continue de se dégrader. À partir de la fin du mois de mars, ils reçoivent non seulement des menaces, mais sont également victimes de persécutions et de terreur de la part de prétendus patriotes polonais. Les autorités polonaises elles-mêmes agissent contre la minorité allemande, dont de nombreux membres sont arrêtés sans raison apparente. Les plaintes des dirigeants allemands concernant le traitement qui leur est réservé restent sans effet.

Avant même l'émission du chèque en blanc, des violences à l'encontre de la minorité allemande avaient éclaté dans plusieurs régions sans que les autorités polonaises ne tiennent compte des protestations des consuls. Les incidents survenus le 30 mars à Bromberg, dans la région de Poméranie, ont incité l'ambassadeur Moltke lui-même à protester auprès du vice-ministre polonais Szembeck. Le même jour, un citoyen allemand propriétaire d'un restaurant à Jablonowo a été battu et son commerce détruit. La police avait été alertée mais ne s'est pas présentée. A Posen (Poznan), les établissements allemands sont régulièrement caillassés et les compagnies d'assurance refusent de verser des indemnités. Le consul Walther envoie une note diplomatique à Ribbentrop pour dénoncer les agressions dont sont victimes les citoyens allemands dans une douzaine de villes et de villages. Le 4 avril, Moltke envoie un communiqué à Ribbentrop dénonçant le fait que dix associations paramilitaires ont lancé un appel public au boycott du commerce et de l'artisanat allemands. Il demande également l'interdiction des films en langue allemande et des restrictions sur le nombre d'écoles et sur la publication de journaux et de livres. Le 18 avril, le chargé d'affaires allemand à Varsovie, Krümmer, s'est officiellement plaint que les Allemands avaient été privés de leur droit de citoyenneté lors des élections municipales, empêchés de se présenter comme candidats et privés du droit de vote. Tout au long du mois d'avril, les agressions et les débordements de toutes sortes se poursuivent sans que la police polonaise n'intervienne. En mai, alors que les lapidations de magasins et de maisons privées se poursuivent, les autorités polonaises commencent à prendre des mesures contre les écoles allemandes et à saisir des journaux et des publications.

Une vague d'émeutes débute le 13 mai dans la région de Lodz. Tomaszow Mazowiecki, ville de 40 000 habitants dont environ 3000 Allemands, est l'épicentre du vandalisme. De nombreux Allemands ont été blessés et une femme est décédée. Au cours des deux jours d'émeute, la plupart des biens allemands de la région ont été endommagés ou détruits. Les propriétaires d'usines polonaises ont été contraints de licencier leurs employés allemands. D'autres incidents violents ont eu lieu dans la province de Poznan et en Haute-Silésie orientale. Le 15 mai, le ministère allemand des affaires étrangères examine la possibilité de représailles contre la minorité polonaise en Allemagne, mais il est décidé de rejeter cette idée, la jugeant nuisible, inutile et insensée. Les autorités polonaises interdisent à la presse germanophone de rendre compte des incidents contre la minorité allemande et, lorsque les journaux allemands commencent à dénoncer ce qui se passe, les journalistes allemands sont interdits d'entrée en Pologne. Les autorités allemandes en concluent que la meilleure source d'information sur les incidents anti-allemands est leur représentation consulaire et, dans les mois qui suivent, de nombreux consuls sont arrêtés. À Berlin, Weizsäcker demande en vain à Henderson et à Coulondre que leurs gouvernements fassent pression sur le gouvernement polonais afin d'empêcher la répétition de ces outrages.

Le 21 mai, un incident grave s'est produit à Kalthof, sur le territoire de la ville libre de Dantzig, près de la frontière avec la Prusse orientale. Le 20 mai, des habitants allemands ont manifesté pour montrer leur indignation face à l'attitude arrogante des inspecteurs des douanes polonais à Kalthof. Le haut-commissaire polonais Chodacki se trouve à Gdynia lorsque les autorités douanières l'appellent pour lui dire qu'elles craignent une attaque contre les installations polonaises. Le conseiller Perkovski, responsable du bureau du haut-commissaire en l'absence de Chodacki, ordonne à la police de Dantzig d'intervenir. Quelques heures plus tard, Perkovski, un assistant et son chauffeur, un ancien soldat nommé Zygmunt Morawski, s'approchent de Kalthof et constatent que tout est calme et que les douaniers sont rentrés chez eux. Perkovski ordonne à Morawski de rester dans la voiture, garée à une centaine de mètres du bâtiment des douanes. Il est 12h50, mais Morawski laisse ses feux de route allumés. Bientôt, une voiture s'approche en sens inverse, revenant de Prusse orientale vers Dantzig. Son conducteur, Grübnau, s'arrête pour demander au Polonais d'éteindre ses feux. Morawski répond en tirant un coup de pistolet qui met fin à la vie de Grübnau. Après avoir commis le meurtre, Morawski abandonne le véhicule et, pour quitter le territoire de la ville libre, se dirige à pied vers la frontière polonaise.

Le Haut Commissaire retournait à Dantzig lorsque Perkovski lui raconta par téléphone ce qui s'était passé. Dès son arrivée, Chodacki ordonne à tous les Polonais de se rendre à Dirschau (Tscew) en territoire polonais. Perkovski, qui était le président de la compagnie ferroviaire polonaise à Dantzig, se rendit avec son assistant à la gare, qui se trouvait près de la douane, et retourna en train en Pologne. Le même jour, le 21, Chodacki présente une note au président du Sénat de Dantzig, Greiser, dans laquelle il proteste contre la manifestation de Kalthof et évoque le meurtre de Grübnau sans s'excuser. Greiser rappelle à Chodacki que le pouvoir souverain à Dantzig est la Société des Nations, et non la Pologne, et exige que Perkovski, son assistant et le chauffeur polonais soient renvoyés à Dantzig pour y être jugés. Chodacki rejette cette demande avec arrogance et, pour montrer que les Polonais de Dantzig se considèrent au-dessus de la loi et méprisent la juridiction des autorités de la ville libre, Józef Beck lui-même défend l'attitude autoritaire de Chodaki.

Le fait qu'un citoyen allemand innocent ait été assassiné sur le territoire de Dantzig sans que les autorités polonaises ne présentent d'excuses a rendu Hitler furieux, qui a envoyé une couronne funéraire personnelle à l'enterrement de Grübnau. Göring avertit l'ambassadeur Henderson que l'Allemagne interviendra à Dantzig malgré l'opposition des Polonais et des Britanniques. Henderson lui répond sombrement que les

Polonais considéreraient toute intervention à Dantzig comme une menace pour leur souveraineté et que la Grande-Bretagne viendrait immédiatement à l'aide de la Pologne avec toute la puissance de ses forces armées. Burckhardt, Haut Commissaire de la Société des Nations, informe les Allemands que le même jour, Halifax a déclaré à Genève que les Britanniques se battraient pour la Pologne contre l'Allemagne sans tenir compte des origines du conflit. Le 24 mai, le Parlement britannique discute de l'incident de Kalthof, mais Chamberlain se contente de signaler qu'un citoyen de Dantzig a été tué et qu'une enquête est en cours.

Après l'incident de Kalthof, la tension monte à Dantzig, aggravée par la réaction méprisante et inadmissible des autorités polonaises. Le 3 juin, le président du Sénat de la ville libre, Arthur Greiser, dépose deux notes de protestation : la première porte sur le refus de juger le meurtrier de Grübnau, la seconde sur l'augmentation constante du nombre d'inspecteurs des douanes polonais sur le territoire de Dantzig. Le haut-commissaire polonais, le colonel Marjan Chodacki, ignore les deux protestations. Le 6 juin, Burckhardt, haut-commissaire de la Société des Nations, rencontre Greiser et lui fait part d'une récente entrevue avec Ribbentrop, qui lui a dit que l'Allemagne était toujours déterminée à conclure un accord avec la Pologne, mais qu'elle accepterait le risque d'une guerre pour libérer Dantzig si les Polonais refusaient de le faire. Burckhardt avoue à Greiser sa conviction que les Soviétiques se réjouissent de la perspective d'un conflit interne suicidaire en Europe occidentale. Le 11 juin, les autorités polonaises, toujours sur un ton intransigeant, annoncent qu'elles n'accepteront plus de plaintes concernant leurs inspecteurs des douanes et préviennent qu'elles ont l'intention d'augmenter le nombre de fonctionnaires.

A Berlin, Weizsäcker rencontre l'ambassadeur britannique le 13 juin pour discuter de la crise de Dantzig. Henderson confirme que la ligne officielle de Halifax, qui prône la nécessité d'encercler l'Allemagne, reste inchangée. Neville Henderson exprime confidentiellement son désaccord personnel avec la politique de Halifax. Il considère que le chèque en blanc à la Pologne est très préjudiciable et exprime également son opposition à une alliance militaire entre la Grande-Bretagne et l'URSS. "Henderson savait, écrit Hoggan, qu'il outrepassait son autorité en faisant ces remarques au secrétaire d'État allemand, mais il ne pouvait tolérer que les Allemands pensent qu'il était d'accord avec la politique de guerre de Halifax. Il était clair qu'il n'était pas l'homme de la situation pour représenter Halifax à Berlin". Comme si la situation n'était pas assez tendue, Joseph Göbbels se présente le 17 juin à Dantzig sous le prétexte d'assister à l'exposition culturelle de Dantzig, qui commémore le rôle historique du port de la Baltique. Dans un théâtre de la ville, il prononce un discours provocateur dans lequel il annonce que Dantzig reviendra au Reich. Quelques jours plus tard, le 20 juin, la gazette *Poiska* rétorque avec défi que la Pologne ne cédera jamais aux pressions allemandes.

Le principal responsable de la sécurité de la minorité allemande est le chef du département de l'Intérieur, Waclav Zyborski, qui accepte, le 23 juin 1939, de discuter de la situation avec Walter Kohnert, l'un des chefs de la minorité allemande de Bromberg. Zyborski reconnaît que les Allemands de Pologne se trouvent dans une situation peu enviable, mais leur recommande de se plaindre à Hitler de leur situation. Il affirme que les Allemands sont déloyaux et ajoute que les Polonais d'Allemagne sont également maltraités. Zyborski accuse Kohnert et ses amis d'être sous l'influence du national-socialisme et prévient que le moment est venu de mener le combat préparé depuis longtemps. Il termine en disant franchement à son interlocuteur que sa politique exige un traitement sévère de la minorité allemande et lui fait comprendre qu'il n'y a aucune possibilité pour les Allemands de Pologne d'alléger leur dur sort. En effet, les autorités ferment les entreprises et les commerces allemands et confisquent les bâtiments appartenant à la communauté allemande.

Le 6 juillet, Rudolf Wiesner, chef d'un des partis allemands de Dantzig, s'adresse au Premier ministre polonais Slawoj-Skladkowski en invoquant de violentes attaques contre les Allemands dans différentes villes. Il évoque notamment la vague d'attentats du 13 au 15 mai à Tomaszow près de Lodz, un autre pogrom anti-allemand perpétré les 21 et 22 mai par des foules incontrôlées dans la région de Lodz, notamment à Konstantynow, et une troisième vague de violence à Pabianice, les 22 et 23 juin, où l'Institut, un syndicat de chrétiens allemands, des librairies et d'autres bâtiments ont été attaqués. Les consuls ont rapporté que certains Allemands, effrayés par les menaces de mort, l'empoisonnement de chiens, l'abattage d'arbres fruitiers, le vol de bois, les incendies criminels et d'autres actes d'intimidation, ont quitté leurs maisons et ont tenté de franchir la frontière allemande. Nombre d'entre eux ont été arrêtés et emprisonnés sous l'inculpation d'immigration illégale pour avoir tenté de passer en Allemagne sans autorisation. La protestation de Wiesner n'ayant donné aucun résultat, les dirigeants des groupes allemands ont dû reconnaître qu'ils n'avaient aucune chance d'influencer les autorités polonaises pour qu'elles leur accordent une protection.

Par coïncidence, le même jour, le 6 juillet, Józef Beck rencontre au ministère des Affaires étrangères Jerzy Potocki, l'ambassadeur polonais aux États-Unis, qui se trouve à Varsovie. Ils discutent de la situation critique et Potocki lui annonce qu'il est revenu en Pologne pour proposer un changement de la politique polonaise. Il dénonce à son supérieur la psychose de guerre des États-Unis et de la Grande-Bretagne. Il insiste pour dénoncer le rôle joué par les banquiers et les capitalistes juifs et prévient que les usines d'armement occidentales sont unies dans un front solide pour la guerre. L'ambassadeur tente de faire comprendre à Beck qu'ils sont ravis d'avoir trouvé leur prétexte dans la question de Dantzig et dans l'attitude de défi de la Pologne. Potocki déclare sans ambages que pour les usuriers et les spéculateurs occidentaux, les Polonais ne sont que des esclaves noirs qui doivent travailler pour rien. Il avertit également Beck qu'il est illusoire de s'attendre à ce que les Américains interviennent en Europe pour défendre la Pologne.

Ces arguments, dont la pertinence est évidente, n'ont aucun effet. Cependant, Potocki n'est pas le seul diplomate à désapprouver la ligne de Józef Beck : l'ambassadeur polonais à Ankara, Sokolnicki, ami proche de Jan Szembek, secrétaire d'Etat aux Affaires étrangères, soutient les efforts de Potocki. Tous deux sont convaincus que Szembek aurait accepté sa position s'il avait été à la tête du ministère. Le 14 juillet, Sokolnicki rencontre Franz von Papen, l'ambassadeur allemand en Turquie, à Ankara. Comme l'écrit Hoggan, citant à nouveau des archives diplomatiques, "Sokolnicki lui a avoué qu'il souhaitait un règlement négocié entre l'Allemagne et la Pologne avant que les Juifs et les francs-maçons n'aient convaincu le monde qu'un conflit catastrophique était inévitable". Potocki retourne aux États-Unis après l'échec de sa démarche auprès de Beck. Le 8 août, le *New York Times* rapporte le commentaire du diplomate : "La Pologne préfère Dantzig à la paix".

Parmi ces francs-maçons figure Bullitt, qui ne cesse d'avertir son frère franc-maçon à la Maison Blanche que le ministre français des Affaires étrangères œuvre pour la paix. Bullitt ne parvient pas à convaincre Bonnet de donner également un chèque en blanc à la Pologne. Ce manque de conviction de la part du ministre français des Affaires étrangères à soutenir la guerre constitue un revers. En juillet, alors que la tension monte entre la Pologne et l'Allemagne, Bonnet reçoit à Paris Neville Henderson, l'ambassadeur britannique en Allemagne. Tous deux sont d'accord pour condamner la politique de guerre de Halifax. Bonnet estime qu'une guerre franco-britannique contre l'Allemagne n'est absolument pas nécessaire et déclare à Daladier qu'il préférerait démissionner plutôt que d'avoir la responsabilité d'un conflit aussi désastreux. Daladier exprime sa compréhension pour l'attitude de Bonnet et le supplie de rester à son poste et de continuer à lutter pour la paix.

Un nouvel incident à Dantzig faillit avancer le déclenchement de la guerre. Le 25 juillet, un soldat polonais, Budziewicz, est tué dans des circonstances étranges sur le territoire de Dantzig. Le meurtrier, un douanier nommé Stein, jure qu'il a agi en état de légitime défense, ce qui n'empêche pas son arrestation et l'accusation d'homicide par imprudence. Les autorités de Dantzig présentent leurs excuses à Chodacki et promettent de le dédommager. Le contraste entre cette attitude et celle des Polonais dans l'affaire du meurtre de Grübnau est évident, mais la presse polonaise dissimule ces faits au public et fait de la propagande sur le fait que le personnel polonais à Dantzig est attaqué sans discrimination et que Budziewicz a été tué sans provocation sur le territoire polonais.

Quatre jours plus tard, le 29 juillet, le gouvernement de la ville libre a présenté deux notes de protestation concernant des activités illégales et des mesures économiques hostiles de la part d'inspecteurs des douanes et de fonctionnaires des frontières polonais. La protestation menaçait de mesures de rétorsion. Le gouvernement polonais fait la sourde oreille et supprime, le 1er août, l'exportation vers la Pologne de harengs et de margarine, deux produits exonérés de droits de douane qui représentaient 10% du commerce de Dantzig. Le journal *Danziger Vorposten* (*La Sentinelle de Dantzig*) rapporte qu'en dix ans, le nombre d'inspecteurs polonais a été augmenté de 400%, alors que le niveau des échanges à Dantzig en 1939 a même diminué par rapport à 1929. Le coût de cette augmentation de personnel étant supporté par la communauté appauvrie de Dantzig, le journal propose dans son éditorial des représailles contre les inspecteurs des douanes polonais. Avec l'autorisation de Beck, il présente le 4 août un ultimatum scandaleux à Greiser, le président du Sénat, qui reçoit un avis officiel indiquant qu'aux premières heures du 5 août, les frontières de Dantzig seront fermées à l'importation de toutes les marchandises étrangères, à moins que le gouvernement de la ville libre ne promette, avant 18 heures, de ne plus jamais interférer avec les activités des inspecteurs des douanes polonaises. Il s'agit là d'une menace certaine, car Dantzig produit à peine des denrées alimentaires et sa subsistance aurait été étranglée. Le Haut Commissaire de la Société des Nations, Jacob Burckhardt, n'est même pas consulté et ce n'est que le 6 qu'il reçoit une notification officielle des autorités polonaises, ce qui constitue une atteinte à son autorité.

Le 7 août, un article choquant est publié dans l'*Illustrowany Kurjer* de Krakov. Les censeurs polonais ont autorisé la publication d'un article extraordinairement imprudent, qui admet que des unités polonaises traversent constamment la frontière allemande pour détruire des installations militaires allemandes et confisquer du matériel militaire allemand. Le gouvernement polonais n'a pas pu empêcher le journal polonais le plus diffusé d'annoncer au monde que l'Allemagne violait sa frontière avec la Pologne. Les dirigeants polonais s'engagent aveuglément dans un conflit forcé et totalement inutile qui signifie leur ruine et sont incapables de comprendre qu'ils sont utilisés par Halifax et ceux qui travaillent à déclencher une guerre contre l'Allemagne.

A Berlin, Hitler et Ribbentrop concluent que la Pologne tente de précipiter le conflit et conseillent à Greiser d'accepter immédiatement les termes de l'ultimatum : le 5 août au matin, Greiser appelle Chodacki pour lui annoncer qu'ils capitulent devant ses exigences. Le 9 août, Weizsäcker lit une note verbale au chargé d'affaires polonais, le prince Lubomirski, qui contient l'avertissement que l'Allemagne rejette toute responsabilité pour les conséquences d'une nouvelle action contre les habitants de Dantzig. Lubomirski demande une copie écrite de la note. Weizsäcker lui explique qu'il n'est pas autorisé à lui remettre une note écrite, mais qu'il l'autorise à faire sa propre copie du texte original. Jozef Beck, qui avait informé l'ambassadeur Kennard le 4 que le gouvernement polonais était prêt à entreprendre une action militaire contre Dantzig si les termes de l'ultimatum n'étaient pas acceptés, considère la note verbale comme une insulte à la Pologne et répond le 10 par une autre note verbale avertissant que le gouvernement polonais refuse d'accepter toute responsabilité pour les conséquences si l'Allemagne persiste à protéger Dantzig. Il ajoute que toute intervention contre les intérêts polonais dans la ville libre sera considérée comme un acte d'agression.

Les préparatifs de l'Allemagne en vue d'une éventuelle guerre avec la Pologne, entamés après avoir appris le chèque en blanc de la Grande-Bretagne, sont pratiquement terminés. Le principal souci de Berlin est d'empêcher l'intervention des puissances occidentales par la diplomatie. Sur le plan économique et militaire, la Pologne est un pays pauvre et faible qui ne peut supporter la politique arrogante et dominatrice adoptée par ses dirigeants. Quarante pour cent de sa population n'est pas polonaise. L'importante minorité juive est moins bien traitée qu'en Allemagne, mais la communauté juive internationale est prête à l'ignorer et à "défendre" le pays qui la rejette le plus. D'autre part, outre la minorité allemande, il y a les Ukrainiens, dont la volonté de se soulever contre les Polonais en cas de guerre est très appréciée par Hitler. Le pays choisi comme "casus belli" est en fait détesté par presque tout le monde, et plus particulièrement par son voisin de l'Est, l'Union soviétique, dont l'alliance est recherchée par la Grande-Bretagne et la France.

La situation vue de l'Union soviétique

Comme on l'a vu dans l'étude des purges staliniennes, entre 1934 et 1938, Staline était convaincu que les puissants amis de Trotski et certaines puissances occidentales cherchaient à utiliser l'Allemagne pour déclencher une guerre contre l'URSS, qui devait servir à remplacer le communisme national par communisme internationaliste prôné par les trotskistes. Hitler avait d'ailleurs été financé à cette fin par les banquiers de Wall Street. Si l'objectif était d'anéantir à la fois le communisme et le fascisme, une guerre entre les deux aurait eu un sens. Or, ce n'est pas le communisme qui était visé, mais Staline. Néanmoins, les faits devaient montrer qu'à choisir entre Staline et Hitler, les conspirateurs à l'origine de la guerre préféraient Staline. Ce n'est pas pour rien que le communisme a été établi et maintenu avec le soutien du capital juif international. Le pouvoir caché était persuadé qu'après la guerre, Staline pourrait être remplacé par l'un de ses agents, le juif géorgien Lavrenti Beria, l'un des plus grands criminels de l'histoire, qui était resté dans l'ombre jusqu'à ce qu'il remplace Yezhov à la tête du Commissariat du peuple aux affaires intérieures (NKVD), le 25 novembre 1938.

Tout au long de ce travail, des preuves suffisantes ont été fournies pour comprendre que le communisme était un outil conçu pour s'emparer rapidement des ressources de la Russie et des autres pays qui tombaient sous sa coupe. Sans l'aide massive des banquiers capitalistes juifs qui l'ont implanté en Russie, il n'aurait jamais pu survivre. Le fait que, libérée de l'étalon-or et grâce à la mise en œuvre du "troc", l'orientation vers l'Est de la politique allemande, "Drang nach Osten" (poussée vers l'Est), devienne une réalité est une source d'inquiétude. Des pays comme la Hongrie, la Yougoslavie, la Bulgarie, la Roumanie et la Turquie peuvent former un axe politique et économique qui, en plus d'être une barrière pour l'URSS, remet en cause les intérêts de la City, dont la Grande-Bretagne défend les intérêts. Si la Pologne avait pu bien comprendre l'intérêt de rejoindre ce groupe de nations, la pression sur l'Union soviétique aurait été totale. Pour toutes ces raisons, la France, les Etats-Unis et la Grande-Bretagne, dont la politique traditionnelle repose sur l'équilibre des forces sur le continent, vont être utilisés comme instruments d'opposition à une Allemagne qui remet en cause l'ordre économique des banquiers internationaux imposé par le libéralisme.

Les dirigeants soviétiques se réjouissent de la détermination de Halifax à fomenter une guerre contre l'Allemagne avec ou sans la participation de l'URSS, car il s'agit de la plus grande contribution concevable à leur future expansion vers l'ouest. En avril 1939, l'Union soviétique n'est pas tenue de participer à un conflit anglo-français contre l'Allemagne au profit de la Pologne, ce que sait Bonnet, le chef de la diplomatie française. L'Union soviétique avait un accord avec la France qui l'obligeait à aider la France en cas d'agression allemande, mais pouvait se tenir à l'écart si la France attaquait l'Allemagne dans un conflit entre l'Allemagne et n'importe quel autre pays. Cette situation conduit à une vive confrontation entre Bonnet et Halifax. Les Français désapprouvent la perspective d'un Staline regardant la guerre en Europe les bras croisés et ne partagent pas l'idée des Britanniques d'entrer en guerre dans ces circonstances. Les Soviétiques savent que la Grande-Bretagne a affaibli sa position militaire et politique en offrant la garantie à la Pologne.

Un autre fait qui démontre le deux poids deux mesures avec lequel les soi-disant démocraties ont agi en Europe est l'indifférence avec laquelle elles ont considéré les prétentions expansionnistes de l'URSS, qui aspirait à annexer d'importants territoires européens, qu'elles considéraient comme une menace pour la sécurité de l'Europe. Alors que toute revendication allemande est considérée comme inacceptable, aussi justifiée soit-elle, la diplomatie britannique cherche ardemment à s'allier avec les Soviétiques, même si des pays comme la Roumanie, la Finlande, les États baltes et la Pologne elle-même craignent qu'une alliance de l'Union soviétique avec les pays occidentaux contre l'Allemagne ne permette à l'Armée rouge de pénétrer au cœur de l'Europe, comme elle l'a fait au cours de la guerre mondiale. Dès avril 1938, les diplomates soviétiques ont commencé à discuter avec les Finlandais de leurs aspirations territoriales au Pays des mille lacs. La Finlande refuse la coopération militaire exigée par l'URSS, ce qui déclenche une campagne contre elle dans la presse soviétique. Le 5 mars 1939, les Finlandais refusent à nouveau la demande de Litvinov, commissaire juif aux affaires étrangères, d'installer des bases soviétiques en Finlande. Les dirigeants finlandais savent que l'Union soviétique est déterminée à rétablir la domination russe sur leur pays, mais personne ne leur offre de protection, et encore moins de chèque en blanc.

Le 10 mars 1939, le 18e congrès du parti communiste s'ouvre à Moscou. Dans son discours d'ouverture, Staline prédit le déclenchement d'une nouvelle guerre impérialiste entre le fascisme et une alliance anglo-franco-américaine. Fidèle à l'approche utilisée lors des procès de Moscou, Staline affirme que la France et la Grande-Bretagne cherchent à opposer l'Union soviétique et l'Allemagne dans une guerre et accuse la presse occidentale d'essayer d'envenimer les relations germano-soviétiques depuis la conférence de Munich. Staline aurait déclaré : "Nous ne permettrons pas que notre pays soit entraîné dans des conflits par des bellicistes qui ont l'habitude d'utiliser les autres pour tirer leurs marrons du feu". Joseph E. Davies, un ami sioniste de Roosevelt qui avait remplacé Bullitt comme ambassadeur à Moscou, poste qu'il occupa jusqu'en juin 1938, écrivit dans son journal le 11 mars 1939 : "Connaissant la Russie comme je la connais, j'ai le sentiment que c'est décourageant et vraiment de mauvais augure pour les négociations qui ont lieu entre le ministère britannique des Affaires étrangères et l'Union soviétique en ce qui concerne les garanties accordées à la Pologne". Friedrich Werner Count von der Schulenburg, qui représente l'Allemagne à Moscou depuis 1934, comprend lui aussi, comme son collègue américain, que le discours de Staline marque une nouvelle orientation de la politique étrangère soviétique, et en rend compte à Berlin le 13 mars. L'ambassadeur allemand annonce que l'animosité de Staline est désormais dirigée contre la Grande-Bretagne et souligne que, pour la première fois, il a ridiculisé l'allégation selon laquelle le Reich allemand aurait des aspirations en Ukraine soviétique. Les implications du discours de Staline ne passent pas inaperçues pour Ribbentrop non plus.

Une fois les négociations avec la France et la Grande-Bretagne entamées, Litvinov est remplacé au poste de commissaire aux affaires étrangères. Maksim Litvinov (Meyer Hennokh Moisevitch Wallach-Finkelstein) avait été l'ambassadeur officieux des bolcheviks à Londres en 1917 et, on s'en souvient, avait été arrêté et échangé contre Bruce Lockhart, l'homme d'Alfred Milner, après la tentative d'assassinat de Lénine. Le juif Litvinov s'était efforcé d'encercler l'Allemagne au moyen d'une coalition écrasante. Staline a dû estimer qu'il partageait trop d'affinités avec les Britanniques et, le 3 mai, il a été remplacé par Viatcheslav Molotov, à qui Staline a ordonné de purger les Juifs du Commissariat aux affaires étrangères, où ils étaient majoritaires aux postes de direction ainsi que parmi les ambassadeurs. Le limogeage de Litvinov, qui avait occupé entre 1941 et 1943 le poste très important d'ambassadeur aux États-Unis, a fait grand bruit au sein du corps diplomatique, car personne ne pensait qu'il serait limogé en plein milieu des pourparlers. Il fut interprété que Staline avait définitivement décidé d'améliorer ses relations avec l'Allemagne. Dans *Mission to Moscow*, Davies résume les différentes opinions de deux experts diplomatiques anonymes sur la Russie. Selon ces interprétations, Staline ne fait confiance ni à la France ni à la Grande-Bretagne et les soupçonne de vouloir l'impliquer dans une guerre européenne pour le laisser en plan. Cette interprétation confirmerait une fois de plus que Staline a toujours à l'esprit le plan visant à l'écarter d'une guerre avec l'Allemagne, tel qu'il a été exposé lors des procès de Moscou.

Le 16 mai, Moltke rapporte à Berlin, depuis Varsovie, que Beck est fermement opposé à un accord avec l'Union soviétique, ce qui signifie qu'un accord anglo-français avec l'URSS sur la Pologne est hautement improbable ; cependant, on craint qu'un accord anglo-soviétique puisse être forgé. Ribbentrop charge l'ambassadeur von Schulenburg de discuter de la situation avec Molotov à Moscou, mais toutes ses tentatives de rapprochement échouent, ce qui est interprété à Berlin comme un manque de confiance des diplomates soviétiques à l'égard de l'aristocrate allemand. L'homme choisi par Molotov pour transmettre l'attitude de l'URSS est le représentant bulgare à Berlin, Parvan Draganov, qui, le 15 juin, informe Ribbentrop que les Russes sont indécis, mais ajoutent qu'ils préfèrent des relations pacifiques avec l'Allemagne à une alliance avec la Grande-Bretagne. Draganov laisse entendre que l'Union soviétique a besoin de certaines garanties pour clarifier sa position. Les dirigeants allemands comprennent alors qu'il sera nécessaire de conclure un accord spécifique avec Staline pour garantir la neutralité de l'Union soviétique en cas de guerre avec la Pologne.

Hitler rumine la question pendant plusieurs semaines avant de charger Joachim von Ribbentrop de prendre les mesures nécessaires pour parvenir à un accord. Bien sûr, il sait qu'un pacte avec Staline permettrait l'expansion de l'URSS, ce qui répugne au Führer ; mais en juillet 1939, il conclut qu'un tel accord serait décisif pour empêcher l'éclatement d'une guerre européenne de grande ampleur. Le gouvernement allemand ne doute pas que l'Union soviétique réglera ses comptes avec la Pologne en cas de guerre germano-polonaise. Contrairement à Hitler, qui avait proposé de respecter les frontières polonaises, Staline n'a jamais manifesté la moindre volonté d'accepter les frontières existantes entre la Russie et la Pologne. Les Allemands n'ignorent pas non plus que Moscou a d'autres ambitions territoriales, dont la Finlande. Les diplomates finlandais découvrent avec horreur que les deux parties cherchent à s'entendre avec les Soviétiques au détriment des pays voisins.

Au même moment, alors que Draganov confirme au ministère allemand des Affaires étrangères l'intérêt de l'URSS pour un accord avec l'Allemagne, Lord Halifax décide de poursuivre avec détermination le pacte avec Staline et envoie à Moscou William Strang, chef de la division centrale du Foreign Office, qui arrive dans la capitale soviétique le 14 juin. Strang découvre que l'ambassadeur français, Paul-Émile Naggiar, cherche lui aussi activement à conclure un accord de principe avec les communistes. Les deux diplomates ont conclu que l'acceptation des conditions présentées par les Soviétiques les engageait à soutenir l'intervention soviétique en Roumanie, dans les Etats baltes ou dans la Pologne même qu'ils cherchaient à protéger.

David L. Hoggan explique dans *Der Erzwungene Krieg* (*La guerre forcée*) comment Molotov a mené les négociations avec les représentants britanniques et français : "Il était assis à un bureau placé sur une estrade ; les négociateurs occidentaux étaient placés dans un demi-cercle sans tables à un niveau inférieur. La nouvelle attitude russe d'arrogance méprisante est la conséquence inévitable de la garantie britannique à la Pologne. Molotov savait que l'Union soviétique avait désormais une position de négociation beaucoup plus forte que le gouvernement britannique". Bien que Halifax demande à Strang de se rapprocher des positions soviétiques sur les questions décisives, la position de l'URSS reste inchangée pendant les semaines suivantes. Le 20 juillet 1939, Strang se plaint à Halifax des "négociations humiliantes". Finalement, les parties acceptent la suggestion de Molotov et décident le 23 juillet que, bien qu'il y ait un accord politique virtuel, il est nécessaire d'attendre le résultat des pourparlers militaires avant de procéder à la signature.

Le président Roosevelt intervient dans les négociations entre l'Union soviétique et les puissances occidentales par l'intermédiaire du nouvel ambassadeur à Moscou, Lawrence Steinhardt, juif sioniste jusqu'au bout des ongles, neveu du milliardaire Samuel Untermayer, partisan de la destruction de l'Allemagne qui, en 1933, avait appelé les juifs du monde entier à déclarer la guerre sainte aux Allemands. Steinhardt, qui avait remplacé Davies, reçut le 15 août une lettre confidentielle adressée à Molotov et datée du 4 août 1939. Cette lettre avait été envoyée par l'intermédiaire de Bullitt et était donc arrivée à Moscou avec onze jours de retard. Elle rappelle que les intérêts des États-Unis et de l'Union soviétique sont identiques pour ce qui est de promouvoir la défaite de l'Allemagne et de l'Italie dans une guerre européenne. Roosevelt, soucieux de déclencher la guerre, a exhorté l'URSS à conclure une alliance avec la Grande-Bretagne et la France et a laissé entendre que les États-Unis finiraient par se joindre à cette coalition. Steinhardt présente la lettre de Roosevelt à Molotov le 16 août, lors de la réunion des délégations militaires des trois pays.

Près de deux semaines auparavant, alors que la tension entre Berlin et Varsovie atteignait son paroxysme en raison du traitement réservé à la minorité allemande et de l'attitude fractionnelle des Polonais à Dantzig, les

Allemands avaient pris la décision de tolérer les aspirations soviétiques dans la région de la Baltique en échange de la neutralité dans une éventuelle guerre avec la Pologne. Le 3 août 1939, Ribbentrop informe Schulenburg qu'il a fait savoir au représentant russe à Berlin, Astakhov, que l'Allemagne souhaitait parvenir à un accord avec la Russie sur toutes les questions d'intérêt, et lui demande de réitérer l'offre à Molotov personnellement. Ainsi, lorsque les missions militaires britannique et française arrivent à Moscou le 10 août pour étudier les aspects militaires de l'accord avec l'URSS, elles sont accueillies avec peu d'enthousiasme, ce qui n'empêche pas les Allemands de demander des éclaircissements sur le sens de ces délégations. On leur assure que les contacts avec l'Allemagne ont modifié l'attitude russe à l'égard de la Grande-Bretagne et de la France, mais qu'il a été décidé de poursuivre les négociations parce qu'elles ne peuvent être interrompues sans explications raisonnables.

La délégation militaire soviétique dirigée par le maréchal Vorochilov rencontre pour la première fois les équipes militaires française et britannique le 12 août. Les Soviétiques sont scandalisés par le fait que les Britanniques veulent faire supporter à la Russie et à la France le poids de la guerre que Halifax cherche à provoquer contre l'Allemagne. Vorochilov insiste sur des promesses précises de soutien en cas d'éventuelles opérations soviétiques en Estonie, en Lettonie et en Lituanie. Le 14 août, les communistes introduisent la question fondamentale des opérations militaires en Pologne et en Roumanie. Vorochilov affirme que ces deux pays seront rapidement vaincus par l'Allemagne s'ils n'acceptent pas la collaboration militaire soviétique. En ce qui concerne la Roumanie, cette affirmation est absurde, car il n'y a pas la moindre possibilité de conflit entre l'Allemagne et la Roumanie. Quant à la Pologne, la Grande-Bretagne et la France sont prêtes à accepter son occupation par les troupes russes, mais le problème est d'obtenir le consentement des Polonais. Vorochilov fait valoir qu'au cas où l'Allemagne attaquerait la France, l'URSS ne pourrait pas contre-attaquer si l'offensive soviétique à travers les territoires polonais et roumain n'avait pas été approuvée.

Sir William Seeds, ambassadeur britannique à Moscou, avertit Halifax le 15 août que les pourparlers échoueront si la Grande-Bretagne et la France n'obtiennent pas le consentement de la Pologne. Seeds est convaincu que Beck et les militaires polonais peuvent être persuadés d'accepter un pacte secret et va même jusqu'à présenter sa thèse à la délégation militaire française. Daladier et Bonnet sont informés de l'impasse dans laquelle ils se trouvent. Vorochilov exige une réponse définitive à cette question fondamentale dans les plus brefs délais. Bonnet décide de contacter Lukasiewicz, qui se présente au Quai d'Orsay le 15 au soir. Il lui soumet sans détour les deux alternatives : si les Russes n'obtiennent pas l'autorisation d'opérer sur le territoire de leurs voisins par le biais du pacte militaire avec la Grande-Bretagne et la France, ils signeront un accord avec l'Allemagne.

L'ambassadeur polonais répond que Beck ne permettra jamais aux forces russes de pénétrer sur le territoire polonais. Bonnet ose lui rappeler qu'Hitler a annoncé qu'il vaincrait la Pologne en trois semaines et ajoute même qu'il partage ce point de vue. Lukasiewicz s'indigne et déclare avec colère : "Au contraire, c'est l'armée polonaise qui envahira l'Allemagne dès le premier jour". Le ministre français comprend que la fatuité des Polonais est contumace et renonce à amender les élucubrations de l'ambassadeur par des arguments d'ordre militaire.

La France est manifestement plus menacée que la Grande-Bretagne en cas de guerre avec l'Allemagne sans le soutien de l'URSS. Le 16 août, le ministre français des Affaires étrangères informe son collègue britannique de l'entretien avec l'ambassadeur de Pologne et lui demande de coopérer pour faire comprendre aux Polonais que le droit d'intervention en Pologne et en Roumanie est la condition "sine qua non" de la participation de la Russie à toute guerre qui pourrait éclater après le déclenchement d'un conflit germano-polonais. Le même jour, le 16, Molotov reçoit de l'ambassadeur Steinhardt la lettre de Roosevelt et les deux hommes en étudient le contenu. Le diplomate américain doit apprendre du commissaire soviétique aux Affaires étrangères que les missions militaires britannique et française sont venues en Russie pour discuter de collaboration militaire en des termes que Molotov qualifie de "vagues généralités". Il regrette ensuite que ces délégations ne soient pas en mesure de répondre aux points précis soulevés par la Russie.

Le 17 août, Halifax charge Kennard de réprimander les Polonais pour leur refus de coopérer avec l'Union soviétique et de leur expliquer que des considérations militaires rendent inévitable l'utilisation du territoire polonais par les forces soviétiques. Halifax refuse d'admettre que l'URSS représente une plus grande menace pour la Pologne que pour l'Allemagne. Selon Hoggan, les dirigeants britanniques étaient incapables de comprendre que leur politique "favorisait la propagation du communisme plutôt que l'impérialisme britannique". Peut-être l'avaient-ils compris et s'en moquaient-ils, puisqu'ils agissaient ouvertement en tant qu'agents des forces secrètes qui avaient implanté le communisme en Russie et souhaitaient une deuxième guerre en Europe pour parachever leur projet de domination mondiale.

Les documents relatifs aux relations extérieures des États-Unis en 1939 indiquent que le Premier ministre Daladier a rencontré Bullitt le 18 août et a répété à trois reprises, indigné par la position de Varsovie, qu'il n'enverrait pas un seul paysan français donner sa vie pour la Pologne si les Polonais refusaient l'aide soviétique. Bullitt est très inquiet de cette réaction violente, qu'il considère comme anti-polonaise, car elle indique que la France ne soutiendra pas une guerre contre l'Allemagne en cas d'échec des négociations de Moscou.[4] Roosevelt est informé de l'attitude de Daladier et craint que Halifax ne soit prêt à abandonner son plan de guerre contre l'Allemagne s'il n'obtient pas le soutien de l'Union soviétique ou de la France. Le Foreign Office dispose cependant d'un certain avantage, car il sait à l'avance que le pacte germano-soviétique va être signé grâce à deux traîtres, les frères Théo et Eric Kordt. Theo est chargé d'affaires à l'ambassade d'Allemagne à Londres ; Eric est le bras droit de Weizsäcker au ministère des Affaires étrangères à Berlin. Fin juin, Eric Kordt avait averti Robert Vansittart des contacts entre l'Allemagne et l'URSS. Grâce à ces espions, Halifax pressent que les négociations franco-britanniques avec Molotov vont finalement échouer, les Russes préférant un accord avec Hitler. Cela lui permet de préparer sa stratégie pour entraîner la France dans la guerre. Le professeur Friedrich Lenz, dans son article "Le ver dans la pomme", cite les paroles de Vansittart à Theo Kordt le 31 août, la veille de l'invasion de la Pologne : "L'Angleterre mènera cette guerre jusqu'au bout et, comme Samson dans la Bible, elle abattra les piliers du temple et enterrera tout sous les décombres.

La dernière réunion des délégations militaires à Moscou a lieu dans la soirée du 21 août. Vorochilov annonce qu'il est responsable des manœuvres militaires d'automne de l'Armée rouge et qu'il va donc demander une suspension des réunions pour se consacrer à cette tâche. Une fois de plus, le maréchal soviétique exprime son étonnement aux délégations occidentales qui cherchent à négocier un accord sans engagement clair sur l'importante question du droit de manœuvre sur les territoires polonais et roumain. A peine la session terminée, les militaires britanniques et français apprennent par la presse qu'un pacte de non-agression doit être signé entre l'URSS et l'Allemagne. Le fait que le public ait appris la nouvelle avant que les délégations franco-britanniques n'en soient informées constitue un affront délibéré qui ne passe pas inaperçu dans les milieux diplomatiques. L'ambassadeur Henderson exprime son indignation dans un câble envoyé à

---

[4] Le chef du renseignement militaire français, le colonel Maurice Gauché, a fait part à plusieurs reprises à Daladier et à Bonnet de son irritation face à la position polonaise. Il estime que les Polonais se vantent beaucoup des capacités de leur armée et dit au Premier ministre qu'en cas d'échec des négociations à Moscou, la France devrait laisser Hitler régler ses comptes avec la Pologne. Gauché estime qu'il ne faut pas se sentir obligé envers Varsovie, puisque les Polonais ont signé le pacte avec l'Allemagne en 1934 sans consulter la France. Il estime également que l'ultimatum polonais à la Tchécoslovaquie en octobre 1938 a ignoré les intérêts français. Il dénonce également le fait qu'en mars 1939, les Polonais ont reconnu le protectorat allemand sur la Bohême-Moravie sans consulter le gouvernement français. Le colonel Gauché est également très critique à l'égard de la politique d'Halifax. Il prévient ses supérieurs que, même s'il ne veut pas la guerre, Hitler ne bluffe pas et risque la guerre avant de capituler devant les extravagances des Polonais. Pour le chef du contre-espionnage français, il semble évident que son pays doit abandonner ses plans de guerre au cas où les Russes refuseraient de rejoindre le front anglo-français. Bonnet partage ce point de vue et se propose d'agir en conséquence.

Halifax le 22 août : "Le cynisme perfide de Staline et compagnie à l'égard de nos missions militaires négociant à Moscou est incroyable". Henderson, qui s'est toujours opposé à une alliance avec l'Union soviétique, comprend rapidement que Staline a joué sur les circonstances pour porter un maximum de préjudice au prestige britannique.

Cependant, Henderson imagine jusqu'où les Britanniques et les Français sont prêts à aller dans leurs négociations et à quel point ils se soucient peu de la Pologne. Tôt dans la matinée du 22, le général Doumenc informe le maréchal Vorochilov qu'il a reçu l'autorisation de soutenir les opérations militaires soviétiques en Pologne. Doumenc l'assure que Daladier lui a donné les pleins pouvoirs pour signer sans réserve un pacte incluant d'autres intérêts et souhaits russes. En d'autres termes, les Britanniques et les Français sont prêts à promouvoir l'expansion des communistes vers l'ouest à condition qu'ils s'engagent dans la guerre contre l'Allemagne. Vorochilov répond que la Pologne est un pays souverain et que les projets d'opérations militaires soviétiques sur son territoire ne peuvent être décidés sans son consentement. Dans l'après-midi du même jour, l'ambassadeur britannique à Moscou, William Seeds, accuse Molotov de "mauvaise foi" lors des négociations. Le commissaire soviétique lui répond froidement que le "manque de sincérité" des dirigeants britanniques les prive de toute base valable pour une telle accusation. Le 23, Seeds envoie un câble à Halifax pour lui demander de maintenir la mission à Moscou au cas où les négociations avec Ribbentrop échoueraient. Même après la signature du pacte, Halifax donne des instructions à Seeds pour qu'il assure aux Soviétiques qu'il partage pleinement l'idée que leurs opérations militaires en Pologne sont indispensables et qu'il est prêt à les soutenir pleinement, ce qui revient à promettre le soutien britannique à l'invasion communiste de la Pologne tout en insistant pour déclarer la guerre à l'Allemagne au sujet de Dantzig, qui n'appartient même pas à la Pologne.

Guerre générale ou guerre localisée ?

Hitler envisage la possibilité que le revers en Russie modifie la politique belliciste anglo-française, et il cherche à y contribuer par des mesures diplomatiques et de nouvelles propositions. Malgré son anglophilie, il comprend que ce sont les Français qui font preuve d'une attitude plus raisonnable, contrairement au désir de guerre exagéré de la Grande-Bretagne. Si l'on considère que les dirigeants français ne peuvent concevoir d'affronter leur voisin allemand sans qu'un front oriental ne s'ouvre, il faut admettre que la signature par l'URSS d'un pacte de neutralité avec l'Allemagne rend un conflit en Europe plus improbable que si les Soviétiques avaient contracté une alliance avec les puissances occidentales. En effet, pour éviter une catastrophe à l'Europe, il suffisait de faire pression sur les dirigeants polonais pour qu'ils négocient, plutôt que de les soutenir dans leur refus.

Le 11 août, Hitler rencontre Jacob Burckhardt, à qui il avoue ne plus pouvoir patienter avec les Polonais, et demande au haut-commissaire d'expliquer la situation aux Français et aux Britanniques et de leur rappeler que l'Allemagne ne veut en aucun cas d'un conflit avec les puissances occidentales. Burckhardt promet d'obtempérer. Beck dit à Szembek qu'il est indigné par le fait que Burckhardt ait accepté de rencontrer Hitler dans les circonstances actuelles. Cet homme politique funeste pour son pays et pour l'Europe craint que le diplomate suisse ne fasse un effort désespéré pour parvenir à un accord. A Bâle, le Haut Commissaire informe les représentants de la France et de l'Angleterre des humiliations et des abus subis par la minorité allemande et leur demande d'œuvrer pour un règlement négocié ; mais Halifax se contente de charger Kennard de dire aux Polonais qu'ils doivent améliorer leur tactique s'ils veulent éviter de donner l'impression qu'ils sont coupables d'avoir provoqué la guerre. Halifax conseille également aux Polonais de cesser leurs provocations à Dantzig et de restreindre la presse.

Les Italiens souhaitent également la paix en Europe. Leur ministre des Affaires étrangères, le comte Galeazzo Ciano, arrive à Salzbourg le 11 août pour rencontrer Hitler et Ribbentrop le lendemain dans la résidence du Führer dans les Alpes bavaroises. Dans la matinée du 12, Ciano a des entretiens préliminaires avec Ribbentrop qui, d'humeur extrêmement sérieuse, l'informe des récentes atrocités commises contre la minorité allemande et laisse entendre que la guerre entre la Pologne et l'Allemagne est inévitable, même s'il se dit convaincu qu'il est possible d'endiguer le conflit par des actions diplomatiques. Ciano est surpris de découvrir que Ribbentrop est convaincu de la neutralité russe en cas de conflit germano-polonais. Le ministre allemand des Affaires étrangères dit à son collègue italien qu'il espère que la neutralité russe sera décisive pour dissuader la Grande-Bretagne et la France. Mussolini avait chargé Ciano d'essayer de convaincre les Allemands qu'une guerre générale en Europe devait être évitée, car elle serait catastrophique pour l'Italie et l'Allemagne. Le ministre italien des Affaires étrangères ne partage pas l'analyse de Ribbentrop, affirmant que le Duce et lui-même sont convaincus que les Britanniques et les Français utiliseront n'importe quel prétexte pour lancer des opérations militaires contre l'Allemagne, raison pour laquelle le conflit avec la Pologne doit être évité à tout prix. Ciano déclare à Ribbentrop que si l'Allemagne est attaquée par la France et la Grande-Bretagne, l'Italie n'entrera pas en guerre.

Dans l'après-midi, Hitler arrive et ils le rencontrent pour une conférence intense qui dure plus de trois heures. Ciano répète au Führer qu'il faut éviter la guerre avec la Pologne et suggère que les pays de l'Axe convoquent une conférence internationale. Le chancelier allemand examine attentivement les arguments et les points de vue du diplomate italien, mais ne les approuve pas. Il est donc convenu de tenir une nouvelle réunion le lendemain. Le 13, Ciano exprime sa crainte que la Grande-Bretagne et la France n'attaquent l'Allemagne même si un accord russo-allemand est conclu, et note que les deux pays sont bien avancés dans leurs préparatifs militaires, de sorte qu'une guerre dans les circonstances actuelles serait à leur avantage. Il prédit qu'une guerre en 1939 briserait les relations de l'Allemagne et de l'Italie avec les États-Unis et permettrait à Roosevelt de remporter un troisième mandat présidentiel. Ciano insiste sur le fait que l'Italie n'est pas préparée à la guerre. Malgré sa position initiale, Ciano se rendit compte que l'approche d'Hitler était très sensée et, de retour en Italie, il l'expliqua à Mussolini, pensant que le Duce pourrait, peut-être, la partager.

En résumé, ce que le chancelier allemand lui a dit est le suivant : 1) les Russes semblent prêts à coopérer avec l'Allemagne car ils sont persuadés qu'une guerre germano-polonaise leur permettrait d'obtenir la Pologne orientale. 2) Staline ne soutiendra pas l'Allemagne dans la conférence internationale sur Dantzig proposée par l'Italie, car elle ne servirait que l'Allemagne, ne correspondrait pas à ses intentions expansionnistes et ne pourrait aboutir qu'à un accord anglo-allemand durable, ce qui est un anathème pour les Soviétiques. 3) l'Allemagne et l'Italie pourraient tenter de persuader la France et la Grande-Bretagne d'admettre l'Espagne dans les discussions afin d'obtenir davantage de soutien, mais elles resteraient minoritaires face à une majorité anglo-franco-russe-polonaise 4) Une telle conférence n'aboutirait à rien, précisément en raison de l'influence soviétique. 5) Le Führer demande au Duce de reconsidérer sa position de ne pas soutenir l'Allemagne, car la défection de l'Italie augmente considérablement le danger de guerre. 6) Hitler est convaincu qu'un front germano-italien fort, associé à un pacte russo-allemand, briserait l'unité de pensée de la France et de la Grande-Bretagne.

Il semble que Ciano soit sorti convaincu de la logique des arguments du Führer et qu'il soit allé jusqu'à s'engager sur le maintien de la solidarité italo-allemande. Dans le livre *Profesora Mercedes Vilanona : a contracorriente*, un ouvrage de plusieurs auteurs publié par l'université de Barcelone, il est souligné que, bien que l'ambassadeur Attolico et Ciano lui-même aient demandé à Hitler de ne rien publier avant que le Duce n'en soit informé, les Allemands voulurent profiter de l'occasion pour renforcer leur position, et c'est ainsi que le 13 même, deux heures après que le diplomate italien eut quitté Salzbourg, La D.N.B. (Deutches Nachrichtenbüro) annonce : "Les entretiens italo-allemands ont porté sur tous les problèmes actuels, en particulier sur la question de Dantzig. Il en est résulté une complète identité de vues entre les politiques étrangères allemande et italienne. Aucun problème n'a été laissé en suspens". Ce communiqué ne plaît pas à Attolico, qui demande l'autorisation de se rendre à Rome, où il arrive le 15 août. Il exprime à Mussolini son opinion selon laquelle l'Italie ne doit pas soutenir l'Allemagne en cas de guerre en Europe. Bien que le chargé d'affaires de l'ambassade à Berlin, le comte Massimo Magistrate, contacte Rome le 15 pour signaler que les Allemands lui ont dit que la confirmation d'un pacte avec l'URSS était très proche, Attolico convainc Ciano et Mussolini qu'il n'est pas souhaitable de soutenir l'Allemagne en cas de guerre générale. Weizsäcker apprend qu'Attolico s'est rendu à Rome dans le but exprès de convaincre le Duce de la nécessité de ne pas s'engager en faveur de l'Allemagne, et les dirigeants allemands sont extrêmement inquiets.

Le 18, Ciano s'entretient à deux reprises avec l'ambassadeur britannique en Italie, Sir Percy Loraine, avec lequel il accepte de discuter de la rencontre avec les dirigeants nazis. La première fois, Ciano dit à Loraine qu'il dispose d'informations vérifiées sur les violations inconsidérées de la frontière allemande par les Polonais, ce qui suscite naturellement une grande indignation à Berlin. L'ambassadeur conclut que l'Italie restera aux côtés de l'Allemagne. Cependant, lors de la deuxième rencontre, le ministre italien des Affaires étrangères avoue à l'ambassadeur britannique que l'Italie n'a pas accepté de soutenir l'Allemagne en cas de guerre et ajoute qu'elle n'a pas l'intention de le faire. L'indiscrétion de Ciano a eu un effet très néfaste sur l'Allemagne, affaiblissant l'impact qu'Hitler voulait avoir en annonçant le pacte avec la Russie. Hoggan écrit : "Les chefs militaires français ont affirmé plus tard qu'ils n'auraient jamais pris le risque d'une guerre franco-allemande sans la promesse de neutralité de l'Italie". Cet aveu des militaires gaulois confirme la pertinence de l'exposé d'Hitler à Ciano le 13 août : une position italienne ferme vis-à-vis de l'Allemagne aurait davantage contribué à la paix en Europe et aux intérêts de l'Italie que l'indécision et la faiblesse dont Ciano a fait preuve à l'égard de Percy Loraine.

Le même jour, le 18 août, Attolico rencontre Ribbentrop à Salzbourg au nom de Mussolini et lui fait comprendre que l'Italie sait que la guerre avec la Pologne ne sera pas localisée car la France et la Grande-Bretagne interviendront. L'ambassadeur insiste sur le fait que son pays ne peut accepter une guerre avant la fin de l'année 1940. Au vu des nouvelles en provenance de Rome, Halifax ne tarde pas à profiter de la situation pour intimider les Italiens : le 20 août, il envoie un message à l'ambassadeur Loraine pour qu'il le remette à Ciano. Ce message avertit l'Italie que la Grande-Bretagne l'attaquera immédiatement si elle se joint à l'Allemagne en tant qu'alliée dans une future guerre. Cette menace a un impact considérable sur le Duce, qui réaffirme son projet de conférence internationale. Les Allemands ne sont pas informés de l'ultimatum britannique.

La décision de conclure un pacte avec l'URSS est prise à l'époque où la terreur contre la minorité allemande se déchaîne et où Beck lance un ultimatum scandaleux à la ville libre de Dantzig. Au lieu de diminuer, les mesures anti-allemandes augmentent de jour en jour. Le 14 août, les autorités de Haute-Silésie orientale lancent une campagne d'arrestations massives d'Allemands, qui s'accompagne de la confiscation ou de la fermeture des équipements sociaux et des entreprises encore ouvertes. Au cours de la première phase des arrestations, un jeune Allemand blesse par balle un policier, Viktor Szwagiel, ce qui ne fait qu'attiser la colère des Polonais. Les Allemands arrêtés ne sont pas internés dans la région, mais sont forcés de marcher vers la Pologne en colonnes de prisonniers. Des milliers d'Allemands tentent d'échapper à l'arrestation en traversant la frontière allemande. Des trafiquants d'êtres humains profitent de la situation et, en échange d'argent, aident les fugitifs à s'échapper par des cols situés loin du contrôle de la police. L'agitation et la peur des Allemands à cette époque leur font croire qu'en cas de guerre, les Polonais les assassineraient en masse. Le 16 août, le sénateur Rudolf Wiesner, l'un des principaux hommes politiques de la minorité allemande et dirigeant du "Jungdeutsche Partei" (Parti des jeunes Allemands), est également arrêté. Le même jour, Chodacki avait rencontré le président du Sénat Greiser et annoncé que le boycott des marchandises allemandes se poursuivrait jusqu'à ce que Dantzig reconnaisse le droit illimité des inspecteurs polonais à exercer leurs fonctions sur le territoire de la ville libre. Peu après, Chodacki s'envole pour Varsovie afin de discuter de la situation avec Beck et de recevoir des instructions.

La situation de la minorité allemande en Pologne continue de se détériorer. Le 17 août, les consuls allemands de Teschen et de Kattowice (Haute-Silésie) informent le ministère des Affaires étrangères de l'arrestation de centaines de citoyens allemands. Le consul de Teschen affirme que la vague d'arrestations vise à prendre des otages. Le 18 août, c'est le chargé d'affaires allemand à Varsovie, Wühlisch, lui-même, qui avertit le ministère des Affaires étrangères que les Polonais ont lancé une campagne massive d'arrestations contre la minorité allemande dans les régions de Posen, de Prusse occidentale, de Pologne centrale et de Haute-Silésie orientale. Le 20 août, le département politique du ministère allemand des Affaires étrangères publie une liste de 38 Allemands blessés, maltraités ou tués. Cette liste comprend des femmes qui ont été violées.

Le 21 août, un événement étonnant se produit : Rudolf Wiesner, arrêté cinq jours plus tôt, se présente à Dantzig après avoir réussi à s'enfuir de Pologne. Le 22, il rencontre à Dantzig des représentants du Reich et leur fait un compte rendu des événements. Wiesner affirme qu'il est impossible d'établir des relations loyales avec les Polonais car elles sont incompatibles avec le fait qu'ils ont une conscience ethnique. Wiesner affirme que la minorité allemande vit depuis le printemps 1939 un désastre d'une "ampleur inconcevable". Il dénonce le fait que les Allemands ont été licenciés sans justification, privés de l'aide au chômage, souffrent de la faim et de privations de toutes sortes. Les institutions sociales, les coopératives et les associations professionnelles ont été détruites. Ces dernières semaines, les arrestations massives, les déportations, les mutilations, les passages à tabac et autres violences ont atteint un niveau sans précédent. Néanmoins, Wiesner insiste sur le fait que les dirigeants de la minorité allemande continuent d'espérer une solution pacifique entre la Pologne et l'Allemagne qui rétablirait la paix, éloignerait le spectre de la guerre et préserverait le droit de vivre et de travailler en paix. Les diplomates allemands et les autorités de Dantzig discutent de l'opportunité de publier l'exposition de Wiesner, mais Albert Foster, chef local du parti national-socialiste, les convainc que cela ne servirait à rien et préconise une politique de fermeté à l'égard des inspecteurs et des douaniers polonais, dont l'action doit se limiter aux domaines prévus par les traités. Telle est la situation en Pologne et à Dantzig lorsque l'on apprend que la signature d'un pacte russo-allemand est imminente.

C'est lors d'une réunion secrète du Politburo, le 19 août 1939, que Staline annonce que l'Union soviétique signera définitivement un pacte de non-agression avec l'Allemagne. Le même jour, le 19 août, les Allemands et les Soviétiques ont signé un accord commercial qu'ils négociaient depuis 1938. Le lendemain, un article de la *Pravda* fait état de divergences importantes dans les négociations avec les missions militaires occidentales. Naturellement, Staline n'envisage pas la possibilité que l'accord avec l'Allemagne puisse être utilisé par Hitler pour parvenir à un règlement négocié et pacifique avec les Polonais : sans une invasion allemande, Staline n'aurait pas été en mesure d'entrer à son tour en Pologne. L'un des avantages du pacte est qu'il facilite grandement l'expansion soviétique avec l'accord de Berlin, alors que le pacte avec les puissances occidentales aurait impliqué une lutte désespérée avec l'Allemagne. Contrairement aux nazis, les communistes ne s'attendaient pas non plus à ce que le pacte avec Hitler et le rejet de l'alliance avec la Grande-Bretagne et la France entraînent une guerre localisée. Staline s'attendait à ce que Halifax et compagnie ne s'effacent pas devant l'Allemagne, car pour s'étendre aux dépens de ses six voisins occidentaux, il aurait fallu qu'une guerre générale éclate.

Le 20 août, Schulenburg reçoit un télégramme d'Hitler à Staline, qu'il présente à Molotov le 21. Dans ce télégramme, le Führer informe le dirigeant soviétique que l'Allemagne accepte l'ébauche russe d'un pacte de non-agression et explique : "La tension entre l'Allemagne et la Pologne est devenue intolérable. Le comportement de la Pologne à l'égard d'une grande puissance est tel qu'une crise peut survenir à tout moment. Face à cette audace, l'Allemagne est déterminée à défendre désormais les intérêts du Reich avec tous les moyens dont elle dispose". Le chancelier allemand propose que Ribbentrop s'envole pour Moscou le 22, tout en ajoutant que le 23 serait également une date acceptable, et informe Staline que la situation tendue empêchera Ribbentrop de rester en Russie plus d'un jour ou deux. Le texte se terminait par ces mots : "Je serais heureux de recevoir votre prompte réponse.

Le 21, Staline répond cordialement et propose à Ribbentrop de se rendre à Moscou le 23, tout en demandant qu'un communiqué spécial annonçant le pacte soit publié le 22. Le sort en est jeté : l'Allemagne n'est plus un tampon pour les États limitrophes de l'URSS, qui sont ainsi à la merci de l'expansionnisme soviétique. Il est évident que la France et la Grande-Bretagne ne feront rien pour protéger l'Europe de l'Est contre le communisme, et les faits le prouvent. La Pologne elle-même avait son meilleur bouclier contre les bolcheviks en Allemagne, mais l'aveuglement de Beck alla si loin que le 22, il déclara à l'ambassadeur Kennard que le pacte ne faisait aucune différence pour la Pologne car, contrairement à la Grande-Bretagne et à la France, il n'avait jamais compté sur l'aide soviétique. Il ajouta que la déception compréhensible de Paris et de Londres était le prix à payer pour avoir placé de faux espoirs dans l'URSS. Il semble évident que le ministre polonais des Affaires étrangères était un sombre incompétent dépourvu du moindre bon sens.

Kennedy, quant à lui, prend rapidement conscience de la situation délicate dans laquelle se trouve la Pologne et en discute avec Chamberlain, qui, fataliste, ne peut demander à Halifax de faire preuve de retenue. Le Premier ministre britannique avoue à l'ambassadeur américain qu'ils n'encourageront pas les Polonais à faire des concessions à l'Allemagne. Kennedy croit personnellement que, dans ce nouveau scénario, la Pologne finira par accepter de reprendre les négociations avec les Allemands et il est déçu de découvrir que ni Chamberlain ni Halifax ne sont prêts à inciter la Pologne à changer de cap. Voici sa suggestion au département d'État, contenue dans les documents de 1939 sur les relations extérieures des États-Unis traités par Hoggan : "Si le président Roosevelt envisage une quelconque action en faveur de la paix, il me semble que c'est du côté de Beck, en Pologne, qu'il faut travailler, et pour être efficace, il faut que cela se fasse rapidement. Je ne vois pas d'autre possibilité.

Le pacte Ribbentrop-Molotov - quelques réactions

Joachim von Ribbentropp se rend à Moscou le 23 à bord d'un avion de transport Condor, accompagné de trente-deux experts. L'accueil est extrêmement chaleureux. Les pourparlers débutent le jour même, dans l'après-midi. Les Soviétiques demandent immédiatement aux Allemands de tolérer leurs projets de bases militaires en Estonie et en Lettonie. En ce qui concerne la Finlande, ils insistent sur le fait qu'ils veulent avoir les mains libres. Ils demandent également la neutralité de l'Allemagne dans le conflit qu'ils envisagent d'initier avec la Roumanie afin de récupérer la Bessarabie pour l'URSS. Bien que le Führer lui ait donné les pleins pouvoirs, Ribbentrop téléphone à Berlin à 20h05 pour s'assurer qu'Hitler accepte les plans agressifs de Staline pour ces pays, qui seront les victimes malheureuses de la désastreuse politique belliciste orchestrée par Halifax avec l'appui de Roosevelt. À 23 heures, le chancelier allemand répond par l'affirmative. Le Reich ne s'opposera pas à l'avancée du communisme vers l'ouest. Hoggan écrit : "Pour être précis, l'Allemagne ne cédait pas de nations à la Russie, puisqu'elle n'avait aucune obligation contractuelle envers ces pays, si ce n'est la promesse qu'elle ne les attaquerait pas....". L'accord russo-allemand des 23 et 24 août 1939 concernait la délimitation d'intérêts plutôt qu'une collaboration active entre les deux pays. Ces faits ont été ignorés par des propagandistes occidentaux irresponsables, qui ont affirmé sans le moindre fondement qu'une alliance avait été conclue entre l'Allemagne et l'Union soviétique".

Le pacte contient un protocole secret reconnaissant une sphère d'intérêt soviétique en Europe de l'Est, mais cette reconnaissance est conditionnée par l'éclatement d'une guerre entre la Pologne et l'Allemagne. Le 23, Ribbentrop informe les Soviétiques que la décision de répondre aux provocations polonaises par une campagne militaire n'est pas irrévocable. Hitler et Ribbentrop précisent que l'Allemagne ne sera pas contrainte de reconnaître ces aspirations si un règlement du différend germano-polonais peut être trouvé. De leur côté, les Soviétiques annoncent leur intention d'intervenir en Pologne en cas de guerre. La ligne formée par la Vistule et ses affluents, la Narew et le San, est tracée et délimite les zones d'occupation militaire de part et d'autre.

Ce pacte contre nature a stupéfié des millions de personnes des deux côtés du globe. Hitler, financé par Wall Street pour affronter Staline afin de remettre Trotski à la tête de l'URSS, venait de détruire toute sa ligne de conduite par un pacte désespéré qu'il qualifiera lui-même plus tard de "crime odieux". Le Führer, champion de l'anticommunisme, dynamite ainsi le pacte anti-Kommintern de 1936 alors que le Japon a son armée en Mandchourie. Un pari risqué qui aurait pu permettre d'éviter la guerre en Europe. Si l'Italie avait joué ses cartes comme Hitler l'espérait, il est très probable que la France aurait reculé plutôt que de jouer le jeu avec la Grande-Bretagne. Staline, lui aussi, avait calculé ses attentes. En surestimant le potentiel militaire de la France, il pense que la situation de la Première Guerre mondiale peut se répéter. Son idée est d'intervenir militairement contre l'Allemagne lorsque tous les combattants seront épuisés, ce qui lui permettra d'achever son expansion vers l'ouest.

Pendant la phase cruciale des négociations entre l'URSS et l'Allemagne, l'ambassadeur britannique à Berlin, de plus en plus alarmé par la catastrophe prévisible qui menace l'Europe, se mobilise en faveur de la paix. Conscient du rôle de la presse, il la dénonce comme un outil aux mains des partisans de la guerre et assure Lord Halifax qu'Hitler souhaite sincèrement un accord anglo-allemand. Neville Henderson déplore l'attitude de Kennard, l'ambassadeur à Varsovie, qui refuse délibérément de reconnaître la situation désespérée de la minorité allemande en Pologne. Henderson va jusqu'à demander à Halifax de reconsidérer le plan que Gafencu, le ministre roumain des Affaires étrangères, a présenté à Londres. Ses demandes à Lord Halifax de se réconcilier avec Hitler avant qu'il ne soit trop tard n'ayant pas abouti, Henderson entreprend de sa propre initiative des démarches auprès des ambassadeurs polonais et italien, Lipski et Attolico.

Henderson espère que les Italiens présenteront des propositions en vue d'un règlement diplomatique.

Bonnet est un autre diplomate conscient du changement de la situation européenne après le pacte Ribbentrop-Mólotov. Le ministre français des Affaires étrangères ne voit pas pourquoi la France ne pourrait pas conclure un accord séparé avec l'Allemagne si l'URSS, son principal allié à l'Est, l'avait fait. Dès le 23, Bonnet cherche à libérer la politique étrangère française de la tutelle britannique. Mais si Henderson a dénoncé l'utilisation de la presse par les bellicistes, Bonnet aurait pu faire de même pour les médias français, où une campagne honteuse en faveur de la guerre a été orchestrée. Dans le troisième volume de *La face cachée de l'histoire moderne*, Jean Lombard fournit des données précises sur la propriété et le financement des principales agences et publications françaises, dont la plupart étaient contrôlées par des agents juifs. Dans les *Protocoles des Sages de Sion*, l'importance du contrôle de la presse et de la littérature avait été analysée en détail. Le protocole XII est ainsi libellé :

"Notre presse représentera les tendances aristocratiques, républicaines, révolutionnaires, conservatrices et même anarchistes. Comme le dieu hindou Vishnou, nous aurons nous aussi cent mains, dont chacune prendra le pouls changeant de l'opinion publique dans le sens qui nous convient, car une personne excitée perd facilement son jugement et devient sujette à toutes sortes d'influences. Ces imbéciles, qui croient détenir l'opinion de leur journal, ne détiendront en réalité que notre opinion ou celle qui nous convient. Ils croiront suivre leur publication partisane, et en réalité ils ne suivront que le drapeau que nous ferons flotter devant eux. Pour conduire notre armée de journalistes dans cette direction, nous devrons nous organiser avec un soin tout particulier. Sous le nom d'Association centrale de la presse, nous réunirons les associations d'écrivains, dans lesquelles nos représentants lanceront par inadvertance le mot d'ordre et le cri de guerre."

En France, le spectre s'étend du journal communiste *L'Humanité*, qui compte de nombreux rédacteurs juifs, est fidèle au parti communiste et défend le pacte germano-russe (ce qui lui vaut d'être interdit par Daladier), aux agences de presse. En janvier 1939, pour ne citer qu'un exemple, le journaliste juif Emmanuel Berl accuse Robert Bollack, également juif, directeur de l'Agence Fournier, de corrompre les journalistes français pour les inciter à entrer en guerre contre l'Allemagne. En avril 1939, Charles Maurras confirme que des Juifs américains ont envoyé trois millions de dollars à Bollack pour financer la campagne belliciste.

Avec ou sans le soutien de la presse, Bonnet est convaincu que la France et l'Europe doivent être épargnées par la guerre. Il demande donc à Daladier de réunir d'urgence le Conseil de défense, composé des chefs militaires et des ministres les plus importants du gouvernement. Son plan est de faire corroborer par les militaires que les espoirs français d'une guerre contre les Allemands sont douteux sans le soutien de l'Union soviétique. Le chef de la diplomatie française sait que les Britanniques ne maintiendront pas leur opposition à Hitler sans le soutien de la France. La réunion commence à 18 heures dans le bureau de Daladier et les participants s'assoient en demi-cercle autour du bureau du Premier ministre. Il apparaît rapidement que l'indiscrétion du comte Ciano sur la neutralité italienne a joué un rôle dans la conférence. Le général Gamelin, commandant en chef de l'armée de terre, et l'amiral Darlan, qui assure que la marine est prête, soulignent tous deux que l'Italie sera très certainement neutre en cas de guerre générale en Europe. Gamelin explique que la neutralité italienne soulagera le travail de l'armée dans les Alpes. Guy La Chambre déclare que l'aviation bat son plein. Bonnet est agacé par l'importance excessive que ces chefs militaires accordent à l'attitude de l'Italie. Impatient, il demande au général Gamelin combien de temps il estime que les Polonais tiendront face aux Allemands. Solennellement, Gamelin assure que les Allemands ne pourront vaincre les Polonais avant l'arrivée de la saison des pluies et prévoit qu'au printemps 1940, les combats en Pologne battront leur plein. Sur la base de ces calculs, le chef des armées déclare qu'il est temps pour l'armée française, renforcée par des troupes britanniques et éventuellement une trentaine de divisions belges et néerlandaises, de percer la ligne Siegfried. Il est intéressant de noter qu'un an plus tôt, Gamelin avait affirmé que cette ligne défensive résisterait à l'assaut français pendant deux ans. Bonnet est stupéfait d'apprendre que les préparatifs français en vue d'une guerre contre l'Allemagne sont déjà suffisants. Le principal argument de Bonnet pour suggérer un changement de politique à l'égard de la Pologne, à savoir la situation militaire dangereuse de la France, est ainsi mis à mal par les militaires français.

De leur côté, les Polonais réagissent à l'annonce du pacte russo-allemand en intensifiant leur campagne de propagande contre l'Allemagne et en encourageant les abus et les mauvais traitements à l'encontre de la minorité allemande sous le faux prétexte que des centaines d'actes contre la minorité polonaise se produisent quotidiennement dans le Reich. La Gazeta Polska, journal officiel, affirme le 24 août que le pacte est un bluff raté car il n'a produit aucun effet sur les nerfs des Polonais, des Français ou des Anglais. Pour les conservateurs de Czas, il s'agit d'un canular perpétré par "la nouvelle comédie berlinoise". Kurier Warszawski annonce triomphalement que le nouveau pacte est la preuve de la faiblesse des deux partenaires. Un journaliste polonais déclare au New York Times que le pacte n'a aucune valeur militaire pour l'Allemagne. Pour couronner le tout, dans une volonté évidente de provoquer la guerre, les batteries polonaises ouvrent le feu sur des avions de ligne allemands survolant la Baltique le 24 août, une agression contre laquelle l'Allemagne proteste formellement le 25. Les Polonais ne reconnaissent avoir tiré que sur un seul avion allemand aperçu au-dessus du territoire polonais. Entre-temps, quelque 80 000 réfugiés allemands ont réussi à franchir la frontière.

L'Allemagne tente toujours de parvenir à un accord avec la Grande-Bretagne

Après l'échec de Halifax dans la construction de la Grande Alliance contre l'Allemagne et la signature du pacte germano-soviétique, Hitler tente de reprendre l'initiative diplomatique à partir d'une position plus avantageuse. Le chancelier allemand est toujours convaincu que Londres et Paris retireront leur soutien à la Pologne. L'occasion de rechercher un accord avec les Britanniques se présente dès le 23 août, lorsque Henderson se rend au Berghof d'Hitler, sur l'Obersazlberg, pour lui remettre une lettre du Premier ministre Chamberlain, avertissant que le Royaume-Uni interviendrait en cas de guerre malgré le pacte avec l'URSS. Le Führer ne manque pas l'occasion et écrit une lettre en réponse le 23, dans laquelle il insiste particulièrement sur les souffrances de la population allemande. Il rappelle que d'éminentes personnalités britanniques ont reconnu le problème de Dantzig au cours des dernières années et que les Polonais ont fermé la porte aux négociations en raison du chèque en blanc britannique. La journée se termine par une conférence au Berghof avec les principaux dirigeants nazis. Bien que le 18, Herbert von Dirksen, ambassadeur à Londres, soit venu à Berlin pour avertir que les Britanniques soutiendraient les Polonais même s'ils engageaient les hostilités sans provocation de la part de l'Allemagne, Hitler exprime lors de la conférence sa confiance dans une politique rationnelle de la part de la Grande-Bretagne, qui "n'a pas besoin de déclarer la guerre et, par conséquent, ne la déclarera pas".

Göring, cependant, ne partageait pas le point de vue d'Hitler et, avec l'autorisation du Führer, il s'était tourné vers l'ingénieur Birger Dahlerus, un important homme d'affaires suédois ayant de bons contacts en Angleterre et en Allemagne, qui agissait déjà en tant que négociateur officieux depuis juillet. Le 23 août, Dahlerus se trouve à Paris et reçoit dans la soirée un appel de Göring qui lui demande de rentrer immédiatement à Berlin. Le 24 au matin, le Suédois arrive dans la capitale allemande, où il assure Göring qu'il est prêt à se consacrer entièrement à la tâche de parvenir à un accord anglo-allemand qui préserverait la paix. Dahlerus est chargé de se rendre à Londres dès que possible afin de transmettre aux dirigeants britanniques une importante promesse personnelle d'Hitler. L'ambassade britannique à Berlin prend contact avec le Foreign Office et Dahlerus obtient l'autorisation de se rendre à Londres, où il arrive le 25 au matin. Il y entame des négociations qui vont durer une semaine, jusqu'à ce que ses services soient brusquement rejetés par les Britanniques. Pendant ces sept jours, il y a eu des allées et venues, des rebondissements de Londres à Berlin et de Berlin à Londres. Halifax a reconnu devant le tribunal de Nuremberg qui a condamné Göring à mort que le négociateur suédois avait fait tout ce qu'il pouvait pour maintenir la paix pendant la crise finale qui a précédé le déclenchement de la Seconde Guerre mondiale.

Le 24 août, les réactions sont multiples sur les différentes scènes. En France, par exemple, des personnalités pressent le gouvernement Daladier de faire pression sur les Polonais dans l'intérêt de la paix. Bonnet, qui souhaite saisir la première occasion de libérer la France de ses obligations militaires envers la Pologne, rapporte que Beck a accepté que son ambassadeur à Berlin entreprenne des démarches auprès des dirigeants allemands. Göring supplie Lipski de demander à son supérieur de tenter de désamorcer la tension. Cependant, le même jour et à la même heure, la tension continue de monter à Dantzig. Chodacki menace les autorités de Dantzig de représailles immédiates si Albert Forster, leader national-socialiste, est nommé à la tête de l'Etat de la ville libre, une décision prise à l'unanimité par le Sénat et que Greiser a communiquée à Burckhardt. Le diplomate suisse, de plus en plus inquiet, prévient que cette nomination ne peut qu'attiser les esprits. Après l'échec des négociations avec les inspecteurs des douanes, Forster privilégie la fermeté à l'égard des Polonais. Son intention est de confisquer les armes des Polonais à Dantzig et de les arrêter, mesures que Hitler rejette au motif qu'elles pourraient servir de prétexte pour précipiter le conflit.

Le 24, à 15 heures, Chamberlain prend la parole lors d'une séance spéciale de la Chambre des communes. Constatant que la situation s'aggrave progressivement, il avertit les députés du danger d'une guerre imminente avec l'Allemagne. Chamberlain admet qu'il n'est pas en mesure de juger correctement les allégations d'agression contre les Allemands en Pologne. "À Berlin, dit-il, l'annonce du pacte est saluée avec un cynisme extraordinaire comme une grande victoire diplomatique qui écarte tout danger de guerre, puisque la France et nous-mêmes ne serons probablement plus en mesure de remplir nos obligations à l'égard de la Pologne. Nous estimons que notre premier devoir est de rejeter cette dangereuse illusion". Et il ajoute effrontément : "Rien de ce que nous avons fait ou proposé de faire ne menace les intérêts légitimes de l'Allemagne. Ce n'est pas un acte de menace que de se préparer à aider des amis à se défendre contre la force". Bien entendu, Chamberlain savait que, le jour précédent, son gouvernement avait offert à l'Union soviétique d'entrer en Pologne sans le consentement du gouvernement polonais et qu'il n'était pas du tout prêt à défendre ses "amis" contre l'invasion communiste. Naturellement, Chamberlain ne pourra jamais admettre que Dantzig et la Pologne ne sont qu'un prétexte pour détruire l'Allemagne. Pour couronner le tout, le Premier ministre déclare que l'objectif principal de la politique étrangère britannique est d'éviter les effusions de sang inutiles dans les pays étrangers.

Le même jour, Ribbentrop, qui vient d'arriver de Moscou, est chargé par Hitler d'essayer de renforcer la position de l'Allemagne en obtenant une déclaration de soutien de la part de l'Italie. A cette fin, le ministre allemand des Affaires étrangères téléphone à Ciano dans la soirée et lui demande une déclaration décisive et concluante sur la position italienne. Le comte Ciano ne veut pas dire que la réponse italienne sera négative et promet que l'Allemagne recevra une réponse le lendemain. Cependant, Percy Loraine, l'ambassadeur britannique à Rome, apprend qu'après la session du Parlement, Halifax subit des pressions pour modifier la position qu'il s'était engagé à adopter à Dantzig. Des documents attestent que le secrétaire au Foreign Office a confié à Loraine que la cession de Dantzig à l'Allemagne pourrait finalement être envisagée dans le cadre d'un accord international. L'ambassadeur, qui avait reçu le même jour un nouvel appel du Duce pour un arrangement diplomatique, fut déconcerté par cette information et se demanda si Halifax n'essayait pas d'encourager Mussolini à prendre l'initiative d'une conférence internationale pour permettre à la Grande-Bretagne de résoudre ses difficultés. Henderson décide également de contacter Halifax le 24, à qui il annonce franchement que les plaintes allemandes concernant les abus contre la minorité en Pologne sont entièrement confirmées. Le même jour, Halifax transmet la plainte à Kennard et lui demande d'inciter les Polonais à la prudence, mais l'ambassadeur britannique, qui soutient pleinement l'intransigeance polonaise, rejette les allégations de Henderson.

Enfin, le 25, Hitler convoque Henderson pour proposer une alliance à la Grande-Bretagne. Le chancelier allemand déclare à l'ambassadeur britannique que la question de Dantzig sera réglée et que son pacte avec l'URSS écarte le danger d'une guerre germano-soviétique. En présence de Ribbentrop, il rappelle à Henderson que l'Allemagne n'a aucune aspiration en Europe occidentale et qu'il souhaite que l'Empire britannique reste prospère et fort. Quant au problème des colonies perdues vingt ans plus tôt, il propose de le reléguer à un avenir lointain et affirme qu'il est insensé de discuter de ces questions avant que la Grande-Bretagne et l'Allemagne ne soient parvenues à un accord sur la réduction des armements. Le Führer informe immédiatement le diplomate britannique qu'il va lui faire une offre formelle d'accord anglo-allemand. L'Allemagne souhaite compléter son pacte avec l'Union soviétique en signant un traité d'amitié avec la Grande-Bretagne. Hitler assure Henderson qu'il est prêt à prendre les mesures nécessaires pour éviter la catastrophe de la guerre. Le désir de paix avec la Grande-Bretagne conduit Hitler à prendre un engagement sans précédent, jamais offert auparavant par un dirigeant politique : l'Allemagne, à la demande du gouvernement britannique, est prête à mettre toute la puissance du Reich au service de la défense de l'Empire britannique, n'importe où et n'importe quand. L'Allemagne, comme elle l'avait déjà proposé, garantit les nouvelles frontières de la Pologne à l'ouest. Tout cela en échange seulement du fait que Londres convainc Varsovie de rendre la Ville libre au Reich après un plébiscite, et de la construction d'une autoroute et d'une ligne de chemin de fer à travers le Corridor. Bien entendu, le respect des minorités allemandes en Pologne doit être garanti. La rencontre avec Hitler et Ribbentrop émeut Neville Henderson, qui souhaite vivement l'accord anglo-allemand. L'ambassadeur britannique se prépare à se rendre en Angleterre le lendemain pour transmettre l'offre à ses supérieurs.

Le plan d'invasion de la Pologne est prêt pour le 26 août et tout dépend de l'issue de ces derniers efforts diplomatiques. Peu avant 15 heures, les communications téléphoniques polonaises à travers l'Allemagne sont interrompues sur ordre des autorités militaires, ce qui inquiète le ministre des Affaires étrangères Beck qui, au lieu de penser à une attaque, conclut qu'il s'agit d'une guerre des nerfs. En milieu d'après-midi, la radio britannique annonce la signature d'une alliance officielle anglo-polonaise. Le traité d'alliance contient un protocole secret stipulant qu'il s'applique exclusivement contre l'Allemagne, c'est-à-dire que les Britanniques se désengagent de la défense de la Pologne contre l'URSS.

Ce fait est apparu pour la première fois près de deux mois plus tard, le 19 octobre, lorsque le député Rab Butler l'a rendu public à la Chambre des communes. Les Britanniques s'étaient seulement engagés à consulter les Polonais en cas d'agression soviétique en Pologne. Le traité stipulait que la Grande-Bretagne ne reconnaîtrait pas l'annexion d'un territoire polonais par une troisième puissance sans avoir obtenu le consentement des dirigeants polonais. Cette clause a conduit, pendant la Seconde Guerre mondiale, à une énorme pression de la Grande-Bretagne sur les dirigeants polonais pour qu'ils acceptent l'annexion de l'est de la Pologne par l'Union soviétique. Peu après cette nouvelle, la réponse de Mussolini au Ribentropp, promise la veille, arrive : l'Italie n'est pas prête pour la guerre et ne le sera qu'en 1943. L'Italie restera neutre, car elle manque d'armes et de matières premières. Dans une lettre, Hitler demande aux Italiens une liste des besoins les plus urgents.

Avant la signature du traité avec la Pologne, Halifax reçoit deux appels urgents de Henderson. Lors de son premier contact, l'ambassadeur s'est montré tout à fait favorable à l'acceptation de l'offre de règlement d'Hitler et a exhorté le ministre des Affaires étrangères à l'examiner sérieusement. Le second contact fait état de nouvelles atrocités perpétrées contre les Allemands en Pologne. Henderson, affirmant que sa source est absolument fiable, rapporte qu'à Bielitz, en Haute-Silésie orientale, les Polonais déportent les Allemands de la région et les forcent à marcher vers l'intérieur des terres. Huit Allemands ont été tués et de nombreux autres blessés lors de ces actions le 25 août 1939. Henderson, qui déplore la passivité de son gouvernement, craint que Bielitz ne soit la goutte d'eau qui fait déborder le vase et qu'Hitler n'ordonne l'invasion. Il aurait été plus inquiet s'il avait su que les Polonais avaient commis un nouveau massacre à Lodz, où 24 Allemands avaient été fusillés le même jour. Néanmoins, à 18h30, le Führer ordonne au général Keitel de suspendre les préparatifs contre la Pologne, dans l'attente d'une réponse à l'offre de l'ambassadeur Henderson.

Farce de Halifax et Kennard : les Polonais refusent de négocier

Le 25 août 1939, le président Roosevelt reçoit un communiqué du président polonais, Ignacy Moscicki, qu'il transmet à Hitler. Roosevelt assure le chancelier allemand que Moscicki a promis d'entamer des négociations directes avec l'Allemagne. Avec une théâtralité hypocrite, Roosevelt ajoute : "Tout le monde prie pour que l'Allemagne l'accepte aussi". Les dirigeants nazis, habitués aux gestes de Roosevelt pour la galerie, savaient qu'il s'agissait d'une simple propagande visant à accuser l'Allemagne de rejeter la paix afin de la discréditer, et ils continuèrent donc à placer leurs espoirs dans la réponse britannique. La preuve de la malhonnêteté du président américain est apportée par Eric Phipps, ambassadeur britannique à Paris, qui rapporte à Londres que Bullitt a été chargé par Roosevelt de rechercher une plus grande coordination contre l'Allemagne. Il propose d'intensifier la propagande contre le régime national-socialiste afin de présenter Hitler comme le seul responsable de la guerre. Avant minuit, ce vendredi 25 août, le colonel Beck assure à l'ambassadeur américain à Varsovie, Biddle, que la guerre est inévitable et que son pays dispose d'une base légale pour déclarer la guerre à l'Allemagne si celle-ci ne prend pas l'initiative contre la Pologne dans les prochains jours. Aussi incroyable que cela puisse paraître, Beck a hâte que la guerre commence. Les rapports de Noël, l'ambassadeur français à Varsovie, confirment que Beck était très malade à cette époque en raison de la fatigue due à la tuberculose et de son addiction aux stimulants. Noël, qui détestait Beck, ne se privait pas d'exprimer son opinion sur la décadence morale et physique de Beck. En 1944, Beck meurt de la tuberculose en Roumanie après que les autorités britanniques lui ont refusé l'autorisation d'entrer en Grande-Bretagne.

Le 25, à 19h40, Hitler, profondément déçu par la position de l'Italie, téléphone personnellement à Hans Georg von Mackensen, ambassadeur d'Allemagne à Rome, et lui demande de l'informer des besoins précis en armements et autres matériels. Quatre heures plus tard, à 23h30, Mackensen rapporte que le lendemain, Mussolini enverra au Führer une liste précise, qui sera effectivement reçue à Berlin le 26 à 12h10. Parmi les demandes italiennes figurent : six millions de tonnes de charbon, deux millions de tonnes de fer, sept millions de tonnes de pétrole, un million de tonnes de bois, et de nombreuses tonnes de cuivre, de nitrate de sodium, de sels de potassium, de caoutchouc, de térébenthine, de plomb, de nickel, de tungstène, de zirconium et de titane. Les Italiens demandent également 150 batteries antiaériennes et des munitions. Quelques heures plus tard, Hitler répond que l'Allemagne peut fournir à l'Italie du charbon et du fer, mais qu'elle ne peut pas lui fournir du pétrole, du cuivre et d'autres matières dont elle est également déficitaire. Elle ne peut pas non plus livrer immédiatement toutes les batteries antiaériennes demandées. À 18h42, Mussolini insiste auprès d'Hitler sur le fait qu'une solution pacifique est essentielle pour les peuples italien et allemand.

Avant de s'envoler pour l'Angleterre, Henderson écrit une lettre personnelle à Ribbentrop le samedi 26 août à 7h30. Il lui annonce qu'il est sur le point de partir pour Londres afin d'expliquer la "grande proposition" d'accord anglo-allemand que Hitler lui a faite la veille. Il exprime à nouveau sa conviction que l'accord est nécessaire pour un règlement pacifique de la question polonaise. Il souligne à Ribbentrop que "pendant quatre mois, Herr Hitler a fait preuve d'une grande force d'âme dans sa patience" et espère qu'il pourra la maintenir en raison de l'énorme risque encouru. Il lui demande également d'informer Hitler que ce serait une indignité de la part de l'ambassadeur s'il ne retournait pas à Berlin le jour même ou le lendemain, et le prie de croire en sa bonne foi. La lettre se termine par l'affirmation qu'une nouvelle guerre anglo-allemande serait la plus grande catastrophe qui puisse arriver au monde. Halifax n'autorise le retour de l'ambassadeur que dans l'après-midi du 28.

Tandis que Henderson rentre chez lui avec un moral retrouvé, Halifax contacte dans la matinée l'ambassadeur à Varsovie, Kennard, qui rejette la possibilité de rouvrir les négociations entre Allemands et Polonais. Le secrétaire au Foreign Office suggère aux dirigeants polonais de demander au gouvernement allemand d'approuver l'expulsion de toute la minorité allemande de Pologne. Halifax pense que cela éviterait à Hitler de se plaindre constamment des mauvais traitements infligés aux Allemands par les Polonais. On peut se demander si Halifax ne propose pas également d'expulser la population de Dantzig, qui n'appartient pas à la Pologne et qui est presque entièrement habitée par des citoyens allemands. Cependant, les Polonais ne sont pas prêts à envisager cette solution, car ils craignent que le gouvernement allemand ne prenne une mesure similaire à l'encontre de la minorité polonaise. Le Times de Londres rendit compte, dans son édition du 26, des efforts de paix de Henderson et de la conversation que l'ambassadeur avait eue la veille avec Hitler. Face à l'intérêt suscité, Kennard et les Polonais observent avec inquiétude les contacts entre Londres et Berlin.

L'ambassadeur britannique arrive à l'aérodrome de Croydon et repart immédiatement pour Londres. Le texte de l'offre de paix qui se trouve dans sa mallette a été télégraphié la veille au soir, de sorte que le Cabinet a eu le temps de l'examiner. Chamberlain et Halifax l'attendent au 10 Downing Street. Pendant trois heures, Henderson tente de les convaincre de l'importance du moment pour la Grande-Bretagne et pour l'Europe. Lorsque l'ambassadeur quitte la réunion pour se rendre à Buckingham Palace, Chamberlain et Halifax restent encore une heure ensemble. Le roi George VI s'entretient longuement avec son ambassadeur et, à la fin de l'entretien, un Conseil de gouvernement est convoqué, auquel participe Henderson. Le cabinet britannique reste en session jusqu'à minuit passé, puis la réunion est ajournée après que les ministres ont décidé de se réunir à nouveau le lendemain. Dans la chancellerie allemande, l'attente de nouvelles de Henderson est à son comble. On apprend enfin que le gouvernement Chamberlain a suspendu ses délibérations jusqu'au lendemain. La patience est de mise, alors qu'une nouvelle provocation grave a eu lieu dans la journée : un navire de guerre polonais a tiré sur un avion de transport civil allemand transportant Wilhelm Stuckart, secrétaire d'État du ministère de l'Intérieur du Reich, venu dans la ville libre pour discuter des problèmes juridiques liés au projet de retour de Dantzig au Reich, de Dantzig à Berlin.

Parallèlement, Birger Dahlerus s'efforce toujours d'amener les Britanniques à se montrer raisonnables et à forcer les Polonais à négocier. Après l'arrivée de Henderson à Londres, l'ingénieur suédois est reçu par Halifax à 11 heures le 26 au matin. Le secrétaire du Foreign Office lui remet une lettre personnelle du maréchal Göring, recommandant des négociations directes entre la Pologne et l'Allemagne. Dahlerus décide de se rendre immédiatement à Berlin, où il arrive à 17h30 pour remettre la lettre. Dans la nuit du 26 au 27, l'homme d'affaires suédois rencontre pour la première fois le Führer avant de s'entretenir longuement avec Göring. Le 27, Dahlerus retourne à Londres, où les dirigeants britanniques l'assurent qu'une réponse à la proposition d'Hitler soumise par l'ambassadeur Henderson sera donnée dans la journée, mais ce n'est pas le cas et la réponse officielle est reportée à l'après-midi du 28 août. Cependant, après avoir discuté avec Chamberlain et des hauts fonctionnaires du Foreign Office, le négociateur suédois en vint à la conclusion que la Grande-Bretagne serait favorable à toute nouvelle tentative de l'Allemagne de régler ses différends avec la Pologne par la voie des négociations. Une fois cet obstacle surmonté, la voie serait libre pour l'accord anglo-allemand. Fort de ces informations, Dahlerus décide de retourner en Allemagne.

Hitler est heureux d'entendre le message, mais la question cruciale se pose immédiatement : les Britanniques doivent persuader les Polonais de négocier, car sans négociation rien ne peut être obtenu, la guerre est inévitable et une occasion en or d'entente entre l'Angleterre et l'Allemagne est perdue. Dahlerus contacte les diplomates britanniques à l'ambassade de Berlin, dont le principal représentant en l'absence de l'ambassadeur est le chargé d'affaires Sir George Ogilvie-Forbes, et l'informe qu'Hitler est prêt à refuser l'aide contre la Grande-Bretagne à toute puissance, y compris l'Italie, le Japon et la Russie. Le chancelier allemand estime qu'il est en droit de faire cette offre car son seul allié, l'Italie, a refusé de soutenir l'Allemagne contre la Grande-Bretagne et la France. Cependant, malgré la déception que sa position a suscitée chez Hitler, le 27, le comte Ciano appelle personnellement Halifax pour tenter d'influencer sa décision. Le ministre italien des Affaires étrangères, s'appuyant sur les relations amicales entre le Royaume-Uni et l'Italie, plaide pour que le gouvernement britannique accorde la plus grande attention à l'offre d'Hitler d'un accord anglo-allemand. Ciano demande à Halifax d'encourager les Polonais à négocier avec l'Allemagne.

Après tant d'efforts, tout dépend encore de l'acceptation par la Pologne d'un processus de négociation raisonnable, qui dépend à son tour de l'exigence sérieuse du Royaume-Uni. Mais alors que l'ambassadeur Henderson ne partage pas la ligne belliciste de Halifax et cherche une solution pacifique, son collègue à Varsovie, Kennard, travaille pour la guerre en parfaite harmonie avec le secrétaire du Foreign Office. L'ambassadeur britannique à Varsovie disposait de rapports détaillés sur la situation insupportable des Allemands en Pologne et savait qu'ils étaient maltraités, mais il préférait l'ignorer et mentir cyniquement : "Pour autant que je puisse en juger, les allégations allemandes de mauvais traitements massifs infligés à la minorité allemande sont des exagérations flagrantes, voire des fabrications complètes".

Enfin, avant que Henderson ne retourne à Berlin avec la réponse officielle de son gouvernement à l'offre d'Hitler, le secrétaire au Foreign Office, poussé par Dahlerus, qui était retourné à Londres, et par Henderson lui-même, contacta Kennard par câble à 14 heures le 28 août. Halifax fait allusion au récent communiqué adressé à Roosevelt par le président polonais Moscicki, indiquant que les Polonais étaient prêts à négocier directement avec l'Allemagne. Halifax dit à Kennard que la Grande-Bretagne s'attend naturellement à ce que les Polonais agissent en conséquence. L'ambassadeur britannique, opposé à la poursuite des pourparlers, décide de ne pas faire pression sur la Pologne et, le soir même, répond avec indifférence et nonchalance que Beck est prêt à entamer immédiatement des négociations directes avec les Allemands. L'absence de détails ou de propositions spécifiques indique clairement à Halifax qu'aucune démarche britannique sérieuse n'a été faite à Varsovie. Halifax ne fait pas le moindre effort pour exiger de son ambassadeur qu'il entreprenne une véritable démarche (direct démarche) en faveur des négociations. Cependant, le secrétaire du Foreign Office informe les ambassades britanniques de son dialogue avec Kennard et une confusion s'installe, le canular se répandant que Londres exerce des pressions sur les Polonais. Le fait que le Foreign Office n'ait même pas chargé Sir Eric Phipps d'informer Bonnet de la "démarche" britannique à Varsovie est révélateur du manque de rigueur et de sérieux des actions de Halifax et de Kennard. S'il l'avait fait, le ministre français des Affaires étrangères aurait sans doute saisi l'occasion pour demander à Halifax de faire pression sur les Polonais.

En revanche, le négociateur suédois Dahlerus, pour montrer à quel point les Allemands prennent au sérieux la possibilité de négocier enfin un accord avec les Polonais, informe les Britanniques, le 28 au soir, des grandes lignes de l'offre qu'ils vont faire à la Pologne (elle entrera dans l'histoire sous le nom de propositions "Marienwerder"). Göring pense que le fait que les Britanniques sachent que l'Allemagne maintient une position modérée facilitera les négociations. Göring a même repéré le lieu des négociations. Il demande à Dahlerus de dire aux Britanniques que, pour éviter que les Polonais n'aient des objections à se rendre en Allemagne, il a prévu de tenir cette importante conférence dans la mer Baltique, à une certaine distance de la côte polonaise, sur le luxueux yacht de l'industriel suédois Wenner-Gren, président de la société Electrolux, qui l'a mis à disposition pour l'occasion. Göring était persuadé que cette information sur le lieu neutre des pourparlers serait transmise aux Polonais, mais Halifax ne la jugea pas intéressante, et tout ce qu'il transmit à Kennard fut que le SIS (Service de renseignements) avait fait état des préparatifs militaires de l'armée allemande. Hoggan écrit à propos de l'attitude de Halifax : "Halifax savait que l'accent mis sur les préparatifs militaires, sans parler du désir de l'Allemagne de négocier avec la Pologne, serait le plus grand stimulant possible pour prendre de nouvelles mesures drastiques afin d'accroître le danger de guerre et de réduire les chances d'un règlement négocié".

Le 28, à 17 heures, Henderson s'envole enfin pour Berlin avec la réponse officielle britannique à l'offre d'Hitler. Avant de partir, il envoya un câble demandant une entrevue avec le chancelier allemand dès que possible. Prévoyant qu'Hitler le convoquerait sans délai, il prévient qu'il aura besoin de temps pour traduire le texte en allemand à l'ambassade britannique. La note officielle précise que le gouvernement britannique a noté que l'offre d'Hitler était conditionnée par un règlement du différend germano-polonais. Les Britanniques insistent sur le fait que tout règlement devra être soumis à la garantie internationale d'un certain nombre de puissances, dont l'Allemagne et la Pologne. Halifax informe Hitler que le gouvernement polonais s'est déclaré prêt à négocier directement avec le gouvernement allemand. Le document rappelle à Hitler qu'un conflit anglo-allemand résultant de l'absence d'accord "pourrait plonger le monde entier dans la guerre. Une telle issue serait une calamité sans précédent dans l'histoire". En d'autres termes, les Britanniques admettaient qu'ils chercheraient à impliquer le reste du monde dans le conflit, tout en reconnaissant qu'il s'agirait de la plus grande catastrophe de l'histoire. Il est absolument déconcertant de voir que Halifax a pu éviter l'apocalypse qu'il annonçait en exerçant une pression efficace sur le gouvernement polonais.

A 22h30, Henderson appela Hitler pour lui annoncer qu'il avait le texte traduit. La rencontre a lieu dans la nuit du 28 au 29 août et l'atmosphère entre les deux hommes est très amicale. Le chancelier allemand, espérant que les Britanniques ne souhaitent pas la tragédie qu'ils prévoient eux-mêmes, expose à l'ambassadeur les nouvelles propositions qu'il présentera aux Polonais et dont les dirigeants britanniques ont été pleinement informés par Dahlerus. Hitler annonce que le document de négociation sera rédigé le 29 et qu'il répondra à la note officielle britannique le même jour. Henderson, craignant d'avoir donné l'impression qu'il attendait sa réponse sans délai, dit au chancelier qu'il n'y a pas lieu de se presser : "Nous prenons deux jours, dit-il, pour rédiger la note. Je ne suis pas pressé. Hitler répondit alors avec le plus grand sérieux : "Mais je le suis". Après la réception de la note britannique et la conversation avec Henderson, il y eut un intermède d'optimisme et d'espoir, qui semblait pleinement justifié par le fait que les Britanniques annonçaient qu'ils avaient amené les Polonais à accepter de nouvelles négociations directes, ce qui, comme on l'a vu, n'était pas vrai. On peut dire, écrit Hoggan, vers qui nous nous tournons à nouveau, qu'Hitler et son entourage ont été extrêmement naïfs en croyant aux promesses venant de Londres. C'est sans doute vrai, mais Hitler ne voyait tout simplement pas que les Britanniques avaient quelque chose à gagner en donnant une fausse image de la position polonaise. Hitler, dans son enthousiasme pour l'Empire britannique, était enclin à accorder aux dirigeants britanniques plus de crédit pour leur intelligence et leur intégrité qu'ils n'en méritaient en réalité".

En effet, la journée du 29 août 1939 permet un intervalle d'optimisme dans tous les pays. Ribbentrop contacte Attolico et lui dit qu'après la rencontre entre Hitler et Henderson, ils croient qu'un accord est possible. Le ministre des Affaires étrangères Bonnet, bien que la France, comme la Pologne, ait pratiquement achevé sa mobilisation, est lui aussi encouragé par les nouvelles en provenance de Berlin, qui laissent espérer le maintien de la paix. Après une conversation téléphonique entre Ciano et Halifax, l'espoir arrive également à Rome. Mussolini envoie à 16h40 un message à Hitler dans lequel il considère la note britannique de la veille comme une base adéquate pour un accord satisfaisant. Henderson est également optimiste lorsqu'il transmet peu après midi à Halifax des informations supplémentaires sur les nouvelles propositions faites aux Polonais et annonce que la réponse officielle de l'Allemagne sera donnée le jour même. Henderson ajoute que Göring attend avec impatience des indications sur l'attitude de la Pologne à l'égard des nouvelles négociations et prévient Londres que Göring se méfie de l'entêtement de Varsovie.

Au fur et à mesure que la journée avance, l'optimisme commence à s'émousser, car les nouvelles que tout le monde attendait ne sont pas au rendez-vous. Le premier à soupçonner que quelque chose ne va pas est Henderson lui-même, qui avait espéré tout au long de la journée une indication de la part de son gouvernement que les Polonais avaient été poussés à négocier. L'ambassadeur britannique sait que si Halifax n'agit pas à Varsovie, la déception sera grande. Dans l'après-midi du 29, il décide de contacter Londres pour supplier les Polonais d'insister pour qu'ils négocient avec l'Allemagne. Il insiste à nouveau auprès du secrétaire d'État au Foreign Office sur le fait qu'Hitler préfère un règlement négocié à toute guerre, y compris une guerre locale. Quelques minutes plus tard, Henderson passe un second coup de fil pour insister sur la nécessité de demander aux Français de se joindre à la Grande-Bretagne pour exercer une forte pression sur la Pologne. Henderson soupçonne à juste titre que Halifax n'a pas fait le moindre effort pour obtenir le soutien de la France, qu'il se serait empressé d'offrir.

Peu après le deuxième appel de Henderson, dont les demandes sont manifestement ignorées par Halifax, un télégramme de Kennard arrive à Londres. L'ambassadeur souhaite informer Halifax que le gouvernement polonais a décidé une mobilisation générale qui, selon les plans militaires, ne doit être ordonnée qu'en cas de guerre. De toute évidence, l'architecte de cette décision polonaise qui rendait pratiquement la guerre inévitable était Halifax qui, au lieu de communiquer les souhaits de Hitler en matière de négociation et de paix, avait informé les Polonais que les forces allemandes seraient en position de mener des opérations contre la Pologne dans la nuit du 30 au 31 août. Halifax, au lieu de faire pression sur Varsovie pour qu'elle accepte de négocier, avait laissé entendre qu'elle devait se préparer à l'invasion. Kennard a également passé un second appel à Londres, qui a quelque peu éclipsé la perspective de la mobilisation : des rumeurs selon lesquelles la Pologne serait invitée à négocier avec l'Allemagne sont parvenues à Beck, qui a décidé d'annoncer à l'avance qu'elle refusait de le faire. Beck déclare catégoriquement à Kennard qu'il n'est pas prêt à faire des concessions et qu'il ne voit aucune raison de négocier. Il explique à Kennard qu'il n'acceptera aucune des propositions qu'il a déjà rejetées en mars 1939. Halifax reçut ce communiqué avec satisfaction et, au lieu de jouer le rôle qu'on attendait de lui, renonça à toute relation avec Varsovie pendant une période prolongée. Le ministre des Affaires étrangères sait que Kennard soutiendra résolument l'intransigeance de Beck. Ces faits sont ignorés dans les capitales européennes, où un optimisme prudent subsiste. Halifax, qui sait pourtant que les Polonais sont condamnés d'avance en cas de guerre, ignore une troisième tentative de Henderson sous la forme d'un télégramme dans lequel il insiste sur le fait qu'il est vital que la Pologne accepte sans délai l'invitation de l'Allemagne à négocier.

De son côté, Hitler a déjà mis la dernière main au texte de sa réponse à la Grande-Bretagne. Le mardi 29 août, tard dans la soirée, Henderson est reçu par Hitler qui, à 19h15, lui remet la note officielle. Dans cette note, l'Allemagne reconnaît que le différend avec la Pologne est devenu crucial pour les relations anglo-allemandes et confirme son désir d'un règlement pacifique et sa volonté de négocier. Hitler demande au gouvernement britannique de conseiller à la Pologne d'envoyer un émissaire le lendemain, mercredi 30 août. L'urgence est soulignée en raison de la pression des événements, et il est rapporté que l'Allemagne s'attend à ce que le représentant polonais arrive au plus tard à minuit le 30 août.

Quelques minutes après la remise de la note à Henderson, Dahlerus téléphona de Berlin au Foreign Office pour réitérer que Hitler et Göring voyaient d'un bon œil l'attitude britannique à l'égard de l'Allemagne, telle qu'elle ressortait de la note du 28 août. Peu après ce contact, Kennard envoie à Londres un nouveau communiqué : bien que Bonnet ait donné l'ordre à son ambassadeur Noël de protester énergiquement contre la mobilisation générale, les Polonais ont l'intention de l'annoncer publiquement le lendemain, car ces événements ne peuvent être tenus secrets. Kennard déclare sans ambages à Halifax qu'il ne peut guère demander aux Polonais de faire preuve de retenue alors qu'il a lui-même provoqué la décision de mobilisation en fournissant des informations sur les plans de l'Allemagne. Beck, désormais dans son rôle de coq de combat, informe Halifax par l'intermédiaire de Kennard que seule une déclaration explicite d'Hitler annonçant que l'Allemagne abandonne Dantzig une fois pour toutes et n'insistera plus jamais pour améliorer ses communications avec la Prusse-Orientale par le biais du corridor pourrait empêcher la mobilisation générale, prévue pour 8 heures le lendemain. Beck est néanmoins disposé à recevoir et à étudier le texte intégral de la réponse d'Hitler à la Grande-Bretagne, bien qu'il ait annoncé qu'il ne négocierait pas avec l'Allemagne.

Après son entretien avec Hitler, qui fut houleux car le chancelier était scandalisé par la nouvelle des dernières atrocités de masse commises contre la minorité allemande, Henderson contacta immédiatement Londres et demanda à nouveau à Halifax de ne ménager aucun effort pour convaincre les Polonais d'accepter de négocier dans les conditions présentées par l'Allemagne. Le 29 août à 21h15, le Foreign Office reçoit le texte de réponse d'Hitler. Le gouvernement britannique a donc le temps de contacter Varsovie et les Polonais d'envoyer un plénipotentiaire à Berlin. Henderson ne tente pas de nier que la note allemande a des allures d'ultimatum, mais signale qu'Hitler a exprimé sa volonté de consulter Staline sur la possibilité d'une garantie internationale pour la Pologne. Preuve de ces intentions, Ribbentrop contacte le chargé d'affaires soviétique Ivanov avant minuit le 29, l'informant que l'Allemagne serait favorable à la participation de l'URSS à un règlement international concernant la Pologne.

Henderson entreprend alors toutes les démarches possibles pour empêcher l'issue terrible qu'il redoute tant. Il s'empresse d'abord de contacter son collègue français à Berlin, Coulondre, qu'il convainc rapidement que le plan d'Hitler mérite d'être soutenu. Coulondre contacte ses supérieurs à Paris et insiste pour qu'une pression maximale soit exercée sur la Pologne afin qu'elle envoie à temps un émissaire à Berlin. Le 29 août après minuit, toujours seul, sans attendre les instructions de Londres, l'ambassadeur britannique rencontre son collègue polonais à Berlin, Lipski, à qui il exprime sa conviction que la Pologne peut et doit envoyer un plénipotentiaire en Allemagne. L'ambassadeur polonais s'empressa d'informer Beck de la démarche de Henderson, et le ministre polonais des Affaires étrangères appela immédiatement Kennard. Peu après minuit le 29, Halifax transmit à son ambassadeur à Varsovie le texte intégral de la réponse d'Hitler et se contenta de dire qu'elle "ne semblait pas fermer toutes les portes". Kennard dit donc à Beck qu'il n'avait pas reçu d'autres instructions de Londres et proposa de laisser passer la nuit dans l'attente d'un nouveau contact d'Halifax le lendemain.

Aux premières heures du 30 août, Neville Henderson transmet à Lord Halifax de précieuses informations qui devraient servir à convaincre les Polonais de la nécessité de négocier. L'ambassadeur insiste sur le fait que Birger Dahlerus est prêt à s'envoler pour Londres à tout moment. Le médiateur suédois est chargé de dire aux Britanniques que le 30 août à minuit n'est pas une date limite pour l'arrivée du plénipotentiaire polonais et que Berlin n'est pas nécessairement le lieu de la rencontre. Henderson rappelle à Halifax que la possibilité de tenir la conférence sur le yacht de l'industriel suédois au large des côtes polonaises reste ouverte. Aux premières heures du 30, la paix est donc encore possible, les Allemands supposant que la Grande-Bretagne fait pression sur la Pologne. Cependant, les dirigeants nazis ignorent que Halifax n'a à aucun moment demandé sérieusement aux Polonais de négocier, si bien que ces derniers restent fermes dans leur refus. Ils ignorent également que le ministre des Affaires étrangères a soutenu la mobilisation générale en Pologne et que l'ambassadeur britannique à Varsovie a conseillé aux Polonais de ne pas négocier avec l'Allemagne. Pendant plusieurs jours, le gouvernement britannique a entretenu la fausse impression qu'il était favorable à des négociations directes entre la Pologne et l'Allemagne, alors qu'il appliquait en fait le stratagème favori de sa tradition diplomatique : la duplicité flagrante.

Dernières tentatives pour empêcher l'invasion de la Pologne

Pour l'ambassadeur Henderson, la journée fatidique du 30 avait commencé à quatre heures du matin, lorsqu'il reçut un télégramme de Halifax envoyé la veille à 22h25. Ce télégramme lui annonçait que la note allemande était à l'étude, mais que le gouvernement britannique n'était pas en mesure d'envoyer un plénipotentiaire polonais à Berlin dans les vingt-quatre heures. Il lui est demandé de prévenir les autorités du Reich. Une heure plus tard, à 5 heures, Dahlerus quitte l'aéroport de Tempelhof pour Londres, où il arrive à 8h30, peu après que Halifax a reçu la confirmation que les Polonais procédaient à la mobilisation générale. L'émissaire suédois explique minutieusement à Chamberlain et Halifax les propositions d'Hitler qui, contrairement à celles du 24 octobre 1938, ne se contentent plus de céder le corridor à la Pologne, mais prévoient un plébiscite. A 12h30, Dahlerus téléphone à Göring pour lui dire que les Britanniques estiment que Hitler exerce une pression trop forte sur les Polonais avec son plan. Dahlerus demande à Göring s'il ne serait pas possible que Lipski reçoive la proposition et la transmette à Varsovie. Göring n'ose pas soutenir cette idée sans l'autorisation du Führer et demande donc un peu de temps pour en discuter avec le chancelier allemand. A 13h15, le maréchal Göring reprend contact avec Dahlerus et l'informe que Hitler rejette le projet de remettre les propositions à Lipski pour qu'il les présente à Varsovie, car cela n'indique pas que la Pologne accepte la négociation. Il ne s'agit pas d'exiger une acceptation inconditionnelle des propositions, mais de les utiliser comme base de négociation. Hitler est prêt à accepter qu'un envoyé spécial aille chercher les propositions, à condition que cela implique l'acceptation des propositions comme point de départ des négociations. A 15 heures, Dahlerus téléphone à nouveau pour dire que les Britanniques n'aiment pas le nouveau plan d'Hitler et insiste pour que l'ambassadeur polonais soit autorisé à se rendre à Varsovie avec les propositions. L'idée clé selon laquelle les Polonais devraient montrer au moins une certaine volonté de négocier est donc ignorée. Göring, furieux, refuse de répéter la consultation avec Hitler et insiste sur la proposition faite par le Führer.

Dès l'après-midi, Halifax dit vaguement à Kennard qu'il faut encourager les Polonais à entamer des négociations, mais l'informe explicitement que la Grande-Bretagne ne demandera jamais à Beck de soumettre des propositions formelles en vue d'un accord avec l'Allemagne. Hoggan note le fait suivant : "Dix jours plus tôt, les Britanniques avaient pressé la Pologne d'accepter la pénétration des troupes soviétiques sur son territoire ; mais ils refusèrent de faire pression sur les Polonais pour qu'ils reprennent les négociations directes avec l'Allemagne. Cela semble particulièrement grotesque si l'on se souvient que les Polonais considéraient l'Union soviétique comme leur principal ennemi et que Halifax avait assuré à l'Allemagne que la Pologne était prête à reprendre les négociations". Le principal souci de Halifax était de rendre l'Allemagne responsable du conflit éventuel avec la Pologne. Il demanda donc à Kennard de dire à Beck qu'il devait en principe accepter des négociations directes avec les Allemands car "ils ne devaient pas avoir l'occasion de rejeter la responsabilité du conflit sur la Pologne". Ces instructions montrent clairement que Halifax n'a jamais sérieusement envisagé un règlement pacifique de la crise.

Le 30 août à 17h30, Henderson informe Ribbentrop qu'il a reçu un message de Chamberlain à Hitler. Le Premier ministre britannique souhaitait faire savoir au chancelier allemand que la réponse officielle à la note allemande du 29 parviendrait à Berlin avant minuit. Dans un rapport adressé à Roosevelt le même jour, le 30 août, l'ambassadeur Kennedy écrit que Chamberlain refuse obstinément d'admettre que la Grande-Bretagne pourrait conseiller aux Polonais de faire quelques concessions à l'Allemagne. Chamberlain admet à Kennedy que ce sont les Polonais et non les Allemands qui sont déraisonnables. Les mots exacts de Kennedy étaient : "Chamberlain est franchement plus soucieux d'amener les Polonais à être raisonnables qu'il ne l'est d'amener les Allemands à être raisonnables". Hoggan trouve pathétique la démonstration d'impuissance de Chamberlain.

D'autre part, la position de l'URSS en cette période de tension accrue est incertaine, car les communistes craignent que les efforts diplomatiques de l'Allemagne aboutissent, empêchant ainsi une guerre germano-polonaise et rendant impossibles leurs plans d'expansion vers l'ouest. L'agence de presse Tass, la presse et les stations de radio soviétiques annoncent dans la soirée du 30 août que l'Union soviétique rassemble ses forces armées le long de la frontière polonaise. Cette annonce, faite avant que la mobilisation générale en Pologne ne soit connue à Moscou, est apparemment destinée à encourager les Allemands à durcir leur position vis-à-vis des Polonais.

Le fait que le Premier ministre britannique admette en privé que ce sont les Polonais qui sont intransigeants justifie que Henderson, l'ambassadeur nommé par Chamberlain pour soutenir la politique d'apaisement, poursuive ses efforts en faveur de la paix. Henderson apprend de Halifax que Dahlerus s'envolera de Londres pour Berlin le 30 au soir. L'ambassadeur profite de l'occasion pour dénoncer une fois de plus à son supérieur que les atrocités contre les Allemands en Pologne se multiplient et qu'il s'agit là d'un facteur de risque énorme dans la situation précaire. Henderson laisse entendre que Pie XII serait prêt à employer des nonces spéciaux pour tenter d'intercéder en faveur de la minorité allemande, mais Halifax rejette cette suggestion de l'ambassadeur, qui déplore profondément l'attitude de la Grande-Bretagne face aux barbaries commises par les Polonais contre les Allemands. Le même jour, 30 août, à 18h50, Halifax envoie à Henderson de terribles instructions. Elles contiennent la réponse à la note allemande de la veille : les dirigeants britanniques rejettent catégoriquement la proposition d'Hitler de conseiller aux Polonais d'envoyer un plénipotentiaire à Berlin pour des négociations directes. Halifax qualifie la proposition allemande de "totalement inacceptable". L'ambassadeur Henderson doit donc dire aux autorités allemandes que la Grande-Bretagne ne conseillera pas au gouvernement polonais de suivre le plan d'Hitler.

Peu avant minuit, le 30 août, Ribbentrop reçoit Henderson, qui lui remet la réponse britannique, laquelle commence par ces mots : "Le gouvernement de Sa Majesté répète que les souhaits du gouvernement allemand d'améliorer les relations sont réciproques, mais il faut reconnaître qu'il ne peut pas sacrifier les intérêts d'autres amis pour parvenir à cette amélioration". La note ne montre aucun intérêt à persuader les Polonais de négocier. Après avoir lu attentivement le texte, le ministre allemand des Affaires étrangères informe Henderson, consterné, qu'ils ont préparé des propositions d'accord diplomatique qu'ils ont l'intention de présenter au plénipotentiaire polonais en attente. De plus en plus tendu, Ribbentrop lit lentement les seize points des propositions de Marienwerder et explique chacun d'entre eux en détail. Il demande le retour de Dantzig au Reich sur la base de l'autodétermination et envisage, après une période temporaire de douze mois à compter de l'accord, la tenue d'un plébiscite dans la région nord du corridor, de l'ouest de Marienwerder en Prusse-Orientale à Schönlanke en Poméranie. Ribbentrop, qui parle anglais, lit en allemand,

Henderson ayant demandé au ministre d'utiliser sa propre langue dans ses discussions.

L'interprète Paul Schmidt, présent pour dissiper tout malentendu éventuel, est surpris lorsque Henderson demande une copie des propositions et que Ribbentrop répond avec un faible sourire : "Non, je ne peux pas vous donner ces propositions. Hitler avait demandé au ministre de ne remettre les propositions à l'ambassadeur que si les Britanniques donnaient l'impression que les Polonais étaient prêts à négocier. Henderson, stupéfait, pense avoir mal compris et réitère sa demande : "De toute façon", répond Ribbentrop avec colère, "tout cela est derrière nous, puisqu'il est maintenant plus de minuit et qu'aucun négociateur polonais ne s'est manifesté". Indigné, Henderson note : "Il s'agit donc d'un ultimatum". La conversation se termine ainsi et l'ambassadeur britannique se retire en silence, convaincu que la dernière chance de paix s'est évanouie.

Göring apprend la fin abrupte de la rencontre Ribbentrop-Henderson en compagnie de Dahlerus, qui revient de Londres. Alarmé, il se rend immédiatement chez Hitler et lui demande de remettre le texte des propositions à Henderson. Le Führer accepte. Le 31 au matin, à une heure, Dahlerus téléphone à l'ambassade britannique et lit les propositions à Ogilvie-Forbes par téléphone, mais lorsque le chef d'entreprise cherche l'ambassadeur pour lui remettre le texte, il constate que Henderson est sorti sans rien dire. Ogilvie-Forbes n'a pu que laisser la note sur la table de son bureau. L'ambassadeur Henderson, malgré l'entretien houleux avec le ministre allemand des Affaires étrangères, s'était rendu chez l'ambassadeur polonais et lui avait demandé de proposer à son gouvernement une rencontre entre Göring et Ridz-Smigly, le maréchal qui assurait l'intérim du gouvernement. Connaissant l'état d'esprit de Ribbentrop, Henderson se permet d'ajouter que toute négociation sous l'égide du ministre allemand des Affaires étrangères a peu de chances d'aboutir. Henderson demande à Lipski de réclamer les propositions du gouvernement allemand et de les remettre à Varsovie ; mais l'ambassadeur lui fait savoir que sa démarche n'est pas favorable à Varsovie et qu'il ne peut l'entreprendre sans instructions de Beck.

Le 31 août à 9h15, Henderson télégraphie à Halifax que si rien ne se passe dans les prochaines heures, l'Allemagne déclarera la guerre à la Pologne. Suite à cet avertissement désespéré, le Foreign Office reçoit un télégramme de Kennard, qui se félicite que la Grande-Bretagne ait refusé de pousser la Pologne à négocier avec l'Allemagne. Beck avait fait savoir à l'ambassadeur britannique qu'il tenait une réunion de consultation avec le gouvernement polonais et qu'une déclaration serait envoyée à Londres avant midi. Kennard assure le ministre des Affaires étrangères que Beck ne fera rien pour parvenir à un accord avec les Allemands.

Dahlerus, Henderson et Ogilvie-Forbes se présentent à 10 heures à l'ambassade de Pologne à Berlin. L'émissaire suédois, que Henderson avait appelé après avoir trouvé la note dans son bureau, avait une copie des propositions avec lui et les a lues à Lipski en allemand. Dahlerus a l'impression que l'ambassadeur polonais ne se rend pas compte de leur importance. Entre-temps, Henderson téléphone au ministère allemand des Affaires étrangères et fait savoir à Weizsäcker qu'il conseille à l'ambassadeur Lipski de négocier avec l'Allemagne. L'ambassadeur Henderson tente à nouveau de faire comprendre à son collègue que les propositions constituent une bonne base pour entamer une négociation qui permettrait un accord entre la Pologne et l'Allemagne. Henderson lui dit qu'il est encore possible de remettre les choses sur les rails s'il accepte de les recevoir. Lipski n'est pas optimiste, car il a perdu son influence à Varsovie depuis mars 1939, date à laquelle Ribbentrop l'a convaincu de la nécessité de négocier sur la base des propositions d'octobre 1938. Finalement, Lipski, très agité, dit à l'ambassadeur britannique qu'il n'a aucune raison de négocier avec le gouvernement allemand, car si la guerre éclate, il sait qu'une révolution éclatera en Allemagne et qu'elle marchera sur Berlin. Henderson, attristé, comprit alors qu'il était inutile de poursuivre la discussion avec l'ambassadeur polonais.

Les Italiens, qui n'ont pas été informés des événements décrits ci-dessus, tentent à nouveau d'intervenir auprès du gouvernement britannique. Attolico appelle Weizsäcker le 31 à 11h30 pour informer les dirigeants allemands que Mussolini a conseillé à Londres de faire pression sur la Pologne pour qu'elle accepte le retour de Dänzig en Allemagne. Après avoir pris contact avec Londres, le Duce avait eu l'impression que les Polonais avaient accepté des négociations. Il apprend rapidement de l'ambassadeur allemand, Mackensen, que la situation n'est pas celle qu'il pensait. Après avoir pris connaissance des propositions de Marienwerder, qui avaient été envoyées à l'ambassade d'Allemagne à Rome, Mussolini charge Attolico, qui a rendu visite à Ribbentrop dans l'après-midi, de conseiller aux dirigeants allemands de recevoir Lipski comme dernier moyen d'établir un contact.

Quant aux Français, acteur clé pour Halifax, Bonnet tente toujours d'empêcher la France d'être entraînée dans une guerre imposée qu'il juge absolument inutile. Le ministre français des Affaires étrangères estime que les manœuvres dilatoires de la Pologne sont injustifiables et inexplicables. Bonnet insiste auprès de Halifax pour que la France et la Grande-Bretagne fassent comprendre aux Polonais qu'ils doivent faire quelque chose pour éviter une guerre européenne. Le ministre des Affaires étrangères n'a que peu d'intérêt à préserver la paix en Europe, mais il ne peut faire la sourde oreille à l'appel du ministre français. Il décide donc de faire un geste pour sauver la face. Informé à l'avance par Kennard que Beck avait formellement exprimé sa gratitude pour la décision britannique de ne répondre en aucune façon aux propositions de l'Allemagne, Halifax décida de charger l'ambassadeur britannique, accompagné de son collègue français, l'ambassadeur Noël, de demander à Beck de notifier aux Allemands qu'il était prêt à accepter des négociations directes. Dans l'après-midi du 31, les deux ambassadeurs appellent le ministre polonais des Affaires étrangères et lui demandent d'autoriser Lipski à recevoir les propositions allemandes et à les apporter à Varsovie.

Beck avait auparavant envoyé des instructions précises à l'ambassadeur Lipski pour qu'il n'accepte pas de propositions et n'entame pas de négociations avec le gouvernement allemand. Le télégramme a été intercepté et décodé par les services de décryptage des télégrammes et de surveillance des communications du Reich. Le texte, cité par Dahlerus dans sa déclaration au tribunal de Nuremberg, est le suivant : "Ne vous laissez en aucun cas entraîner dans des discussions techniques. Si le gouvernement du Reich vous fait des propositions orales ou écrites, vous déclarerez que vous n'avez absolument pas les pleins pouvoirs pour recevoir ou discuter ces propositions, que vous êtes seulement habilité à les transmettre à votre gouvernement et à demander des instructions supplémentaires". Devant le tribunal de Nuremberg, Dahlerus a raconté qu'après avoir reçu le texte du télégramme, Göring s'est rendu compte qu'il n'y avait plus d'espoir à moins d'un changement d'attitude de la part des Polonais. Dahlerus a déclaré que, sans tenir compte du fait que l'Allemagne connaissait le code diplomatique de la Pologne, le maréchal Göring lui a montré le télégramme et a même envisagé de le montrer aux Britanniques.

La démarche anglo-française ne perturbe pas Beck, qui sait que les Britanniques ont accepté de faire le pas avec la France comme une simple formalité. L'approche du nonce apostolique, Filippo Cortesi, qui, au nom de Pie XII, exhorte Beck à accepter des négociations avec l'Allemagne sur la base des propositions de Marienwerder, déjà connues au Vatican, est plus difficile pour lui. Beck lui-même avouera plus tard qu'aucun événement de la phase finale de la crise ne l'a autant irrité que l'insistance du pape dans ses tentatives de le persuader de négocier. La scène entre Cortesi et Beck a atteint un niveau de tension extrême. Le ministre polonais des Affaires étrangères alla jusqu'à accuser le nonce de travailler pour les Allemands et l'avertit que Pie XII voulait qu'il se rende à l'Allemagne. Cortesi a fait ce que la Grande-Bretagne aurait dû faire si elle avait vraiment eu l'intention de faire pression sur le gouvernement polonais pour éviter la guerre ; cependant, le fait que la Pologne soit farouchement catholique, ce qui lui conférait une considération particulière de la part du Vatican, n'a pas aidé à la réussite de la mission de Cortesi.

L'objectif de Pie XII est de sauver la Pologne du désastre vers lequel elle se dirige en raison des décisions erratiques de ses dirigeants. Giovani Pacelli avait été élu pape par le collège des cardinaux en mars 1939. Sa grande expérience diplomatique avait été déterminante pour son élection. Comme on s'en souviendra, Pacelli se trouvait à Munich en 1919, où il fut conduit sous la menace d'une arme chez le juif Max Levien, qui dirigeait la ville. Il y fit l'expérience de la dictature communiste dans la République soviétique de Bavière, imposée par des révolutionnaires juifs proches de Trotski et de Lénine. Pie XII avait commencé ses efforts de paix en mai 1939, lorsqu'il avait compris que les Britanniques avaient l'intention de sacrifier la Pologne comme un pion dans la guerre contre l'Allemagne. Dès cette époque, le pape propose une conférence internationale, que Beck rejette. Le 24 août, Pie XII avait lancé un appel au monde entier pour qu'il ne déclenche pas la guerre à propos de Dantzig. Le 31 août, en désespoir de cause, il convoque les représentants de la Grande-Bretagne, de la France, de l'Italie, de la Pologne et de l'Allemagne. Kazimierz Papee, le diplomate polonais au Vatican, n'est pas en mesure d'assurer au pape que la Pologne négociera avec l'Allemagne. Craignant à juste titre que Beck refuse de négocier, Pie XII décide de charger le nonce Cortesi de se rendre auprès du ministre polonais des affaires étrangères.

Parmi les derniers efforts pour maintenir la paix figure également la médiation de l'Italie, appuyée par Bonnet. Le 31 au matin, à 11 heures, le comte Ciano, alarmé par la gravité de la situation, téléphone à Halifax pour lui demander de persuader les Polonais de la nécessité de négocier et promet que Mussolini usera de son influence auprès d'Hitler pour le faire patienter. François-Poncet, ambassadeur de France en Italie, contacte le ministre Bonnet à midi pour l'informer que Mussolini pense que si les Polonais acceptent de rendre Dantzig à l'Allemagne, toutes les autres questions pourront être réglées sans pression par la suite. Le ministre français des Affaires étrangères, encouragé par les propos de son ambassadeur à Rome, décide de jouer sa dernière carte pour la paix en soutenant les efforts italiens, qui demandent la tenue d'une conférence diplomatique.

L'ambassadeur d'Italie à Paris, Raffaele Guariglia, qui est en très bons termes avec Bonnet, informe Ciano que la France soutient pleinement la médiation italienne. Guariglia, diplomate de carrière prestigieux dont la nomination en tant qu'ambassadeur en novembre 1938 avait été chaleureusement accueillie à Paris, était un observateur avisé qui déplorait les activités bellicistes de l'ambassadeur américain Bullitt. Le diplomate italien est convaincu que la campagne de Roosevelt et de Bullitt visant à déclencher une guerre en Europe sert les intérêts de l'Union soviétique. L'ambassadeur pense que Halifax est aveugle et que, dans son intention de détruire l'Allemagne, il ne tient pas compte des véritables intérêts de la Grande-Bretagne. Guariglia sait que les Britanniques ne peuvent offrir une aide immédiate à la Pologne et déplore que l'illusion de leur grandeur future empêche les Polonais de comprendre la gravité du pacte Ribbentrop-Molotov du 23 août 1939. L'ambassadeur Guariglia comprend que la France a du mal à échapper à l'encerclement britannique et espère que Ciano pourra convaincre les dirigeants français de la nécessité d'adopter une politique étrangère indépendante de la Grande-Bretagne.

En fin de compte, l'Italie, la France, le Vatican et l'Allemagne tentent de faire comprendre une fois pour toutes aux Polonais que Dantzig, ville habitée par les Allemands et n'appartenant même pas à la Pologne, ne mérite pas une guerre européenne. Malheureusement, le Foreign Office ignore tous les appels lancés à la Grande-Bretagne pour qu'elle se joigne à l'appel à la paix. En revanche, Halifax et les pions britanniques travaillant dans l'intérêt de la puissance cachée qui mène la guerre sont de plus en plus indignés par la ténacité avec laquelle les politiciens européens se battent pour éviter le conflit. Le désir de Halifax d'éviter les négociations est tel qu'il va jusqu'à réprimander sévèrement l'ambassadeur Henderson pour avoir donné à Dahlerus le téléphone de l'ambassade à Berlin afin qu'il fasse pression sur Londres, et désavoue son initiative auprès de l'ambassadeur Lipski. Halifax fait clairement savoir à Henderson qu'il rejette les propositions allemandes comme base de négociation et l'avertit que lui et Dahlerus maintiennent "une attitude d'obstruction à l'égard du gouvernement polonais".

Soucieux de hâter l'invasion de la Pologne, Halifax regrette même d'avoir ordonné à Kennard de se joindre à Noël pour demander à Beck d'autoriser Lipski à recevoir les propositions, un geste mineur qui n'implique pas de négociation. Selon David L. Hoggan, Kennard est allé jusqu'à assurer en privé au ministre polonais des Affaires étrangères que la Grande-Bretagne ne voulait pas que Lipski reçoive les propositions allemandes et que la démarche anglo-française avait été motivée par la nécessité d'offrir un geste d'apaisement à la France. En réalité, Kennard, qui craignait surtout qu'une démarche de dernière minute ne ruine tout l'effort de guerre, n'avait pas été informé que Beck avait reçu les propositions de Marienweder quelques heures plus tôt.

Hitler, qui subit avec colère depuis des jours les provocations incessantes des Allemands de Pologne, a déjà ordonné l'attaque pour le 1er septembre à 12h40, mais il reste la possibilité d'annuler l'opération si l'ordre est donné avant 21h30 le 31, car l'invasion est prévue à l'aube. Le texte de l'ordre est précédé de ces mots : "Maintenant que toutes les possibilités ont été épuisées pour mettre fin pacifiquement à la situation sur la frontière orientale, qui est intolérable pour l'Allemagne, je me suis décidé en faveur d'une solution de force". Malgré le danger évident que la Grande-Bretagne et la France déclarent la guerre à l'Allemagne après des mois d'agression et de persécution sauvage des Allemands, Hitler, qui répétait depuis des jours à ses généraux qu'il continuerait à attendre un geste favorable des autorités polonaises, décide d'intervenir en Pologne.

Le 31 août au soir, le ministère allemand des Affaires étrangères reçoit de Göring une copie des instructions de Beck à son ambassadeur à Berlin de ne rien négocier. Malgré cela, Ribbentrop reçoit Lipski à 18h30 le soir du 31 août. Quinze minutes plus tôt, à 18h15, Kennard avait informé Halifax que Lipski rencontrerait Ribbentrop, bien qu'il ait été interdit à l'ambassadeur d'engager des pourparlers et, surtout, de recevoir des propositions. Lipski lit au ministre allemand le contenu d'une note de Beck, dans laquelle il rapporte que la Pologne vient d'apprendre les récents pourparlers entre la Grande-

Bretagne et l'Allemagne, qui ont débuté le 23 août. La note indique que la disposition du gouvernement polonais concernant d'éventuelles négociations entre la Pologne et l'Allemagne n'a pas encore été décidée, bien qu'elle soit favorable en principe. Enfin, le gouvernement allemand est informé que le gouvernement polonais informera bientôt le gouvernement britannique de sa position sur de telles négociations. Beck n'est pas en mesure de dire si la Pologne est effectivement prête à reprendre les pourparlers avec l'Allemagne. Ribbentrop est attristé par le double langage et l'ambiguïté calculée de la note polonaise. Ribbentrop dit alors à Lipski qu'il avait espéré jusqu'au dernier moment qu'il viendrait avec les pleins pouvoirs pour négocier. L'ambassadeur répondit qu'il avait seulement été chargé de contacter le ministère des Affaires étrangères et de présenter la note. Il n'était pas autorisé à donner des garanties ou à faire des déclarations. Dans ces conditions, l'entretien se termine immédiatement. Toutefois, au moment de congédier Lipski, Ribbentrop lui demande s'il croit personnellement que son gouvernement pourrait revenir sur sa décision et l'autoriser à négocier. Le diplomate polonais élude la question et répète qu'il n'a pas reçu les pleins pouvoirs.

Le 31, à 21 heures, la radio allemande annonce que la Pologne a refusé de prendre en considération les propositions de Marienwerder. Entre 21 et 22 heures, Weizsäcker convoque les représentants diplomatiques de la France, de la Grande-Bretagne, du Japon, des États-Unis et de l'URSS pour leur communiquer les termes des propositions, qui sont accompagnées d'une note diplomatique expliquant la dernière politique allemande et soulignant le fait qu'Hitler a attendu en vain pendant deux jours une indication que la Pologne négocierait avec l'Allemagne. Deux heures plus tard, la radio polonaise donne une version déformée de l'offre allemande et conclut : "Les mots ne peuvent plus cacher les plans agressifs des nouveaux Huns. L'Allemagne cherche à dominer l'Europe et annule les droits des nations avec un cynisme sans précédent. Cette proposition insolente montre clairement à quel point les ordres militaires émis par le gouvernement polonais étaient nécessaires". L'épithète "Huns" (peuple asiatique d'origine ethnique incertaine) pour désigner les nazis a été inventée par le juif Léon Blum, qui avait qualifié Hitler d'"Attila mécanisé". Plus tard, dans un message radio diffusé le 7 juin 1940, après qu'Hitler eut autorisé de manière incompréhensible l'évacuation du corps expéditionnaire britannique à Dunkerque, Churchill utilisa la même épithète et évoqua la nécessité de "détruire l'Attila mécanisé".

D'une guerre locale à la Seconde Guerre mondiale

L'opération White est lancée : les troupes allemandes commencent l'invasion peu avant cinq heures le vendredi 1er septembre. Cinquante-trois divisions des 120 d'Hitler attaquent en force et, trois heures plus tard, le front polonais s'effondre de toutes parts. L'aviation commence à pilonner les dépôts de munitions, les aérodromes, les gares, les nœuds ferroviaires et de communication, et d'autres cibles d'intérêt militaire, y compris l'aviation polonaise, qui sera presque entièrement détruite au cours des trente-six premières heures. A 8 heures, au milieu d'un enthousiasme indescriptible dans la ville, le Sénat de Dantzig proclame la réintégration de Dantzig dans le Reich. A 10h10, Hitler prononce un discours devant le Reichstag, dans lequel il rappelle aux députés que Dantzig "était et est allemande". Il dit la même chose à propos du Corridor, qu'il est prêt à abandonner au profit de la Pologne pour des raisons de paix et de coopération, tout comme il a abandonné l'Alsace-Lorraine et le Tyrol du Sud.

Mais c'est l'activité politique et diplomatique qui nous intéresse, car elle montre que, à l'exception de la Grande-Bretagne, les pays européens ne veulent pas la guerre. Le secrétaire au Foreign Office, Lord Halifax, avait une fois de plus entre les mains la possibilité d'arrêter presque immédiatement ce qui était en principe une guerre localisée ; mais, comme on pouvait s'y attendre, toute son activité visait à provoquer l'escalade qui allait déclencher la Seconde Guerre mondiale. Lorsque Neville Henderson entendit à la radio allemande que les propositions de Marienwerder avaient été rejetées, il contacta Halifax pour lui faire part de sa conviction que Beck avait commis une bourde, car elles constituaient une bonne base de négociation. Halifax lui-même avait avoué à Kennard son inquiétude quant au refus de la Pologne de recevoir les propositions, même si la raison de son désarroi était tout autre : il craignait que cela ne soit "mal interprété par l'opinion mondiale". Henderson fit remarquer avec sarcasme que, pour Varsovie, les propositions étaient pratiquement identiques à celles d'octobre 1938, puisque les Polonais avaient affirmé très fermement que "90% du corridor était polonais depuis le début du monde", et qu'ils étaient donc assurés de la victoire lors du plébiscite.

Le 1er septembre, Henderson rejette les propagandistes qui, au nom de l'immoralité du régime national-socialiste, justifient l'intervention britannique dans la guerre : il juge ridicule une croisade idéologique contre l'Allemagne dans un monde menacé par le communisme. Comme le montrent ses écrits dans de nombreuses dépêches, Henderson conteste également l'argument de l'équilibre des forces en Europe comme alibi d'une guerre qu'il juge "totalement injustifiable". De toute évidence, Henderson ne pouvait ignorer qu'en mars 1933, la Judée avait ouvertement déclaré la "guerre sainte" à l'Allemagne. Rappelons que le journal juif *Natscha Retsch*, cité au chapitre 8, avait annoncé en 1933 les objectifs du judaïsme international en ces termes : "... la guerre contre l'Allemagne favorisera et renforcera idéologiquement nos intérêts, qui exigent que l'Allemagne soit complètement détruite".

Le ministre français des Affaires étrangères ne peut pas non plus accepter les instructions que Beck a données à Lipski avant d'être reçu par

Ribbentrop. Bonnet demande à l'ambassadeur Lukasiewicz d'informer Beck que la France insiste sur la nécessité de négociations directes. Bonnet, compte tenu de l'ambiguïté de l'approche britannique, estime cependant qu'une conférence générale, telle que proposée par l'Italie, pourrait être plus fructueuse. L'ambassadeur de France à Londres, Charles Corbin, l'avertit quelques heures avant le déclenchement de la guerre germano-polonaise que les Britanniques sont prêts à faire échouer toute tentative de conférence en exigeant au préalable la démobilisation des Allemands. Malgré ces informations, Bonnet recommande à Daladier que la France soutienne une conférence où, sans exclure des négociations directes entre la Pologne et l'Allemagne, tous les problèmes européens pourraient être traités. Daladier fait valoir que la conférence pourrait toujours être annulée si Hitler exigeait trop. Le gouvernement français est donc prêt à soutenir la conférence. Bonnet téléphone à Londres pour demander à Corbin d'informer le Foreign Office de la dernière décision de la France.

Dès que Londres apprend que l'Allemagne a attaqué la Pologne, les Britanniques demandent un ultimatum anglo-français. Mais Bonnet, convaincu que la France ne doit pas suivre la politique belliciste de Halifax, répond qu'il ne peut prendre une telle mesure sans consulter le Parlement. Daladier convoque néanmoins le Conseil des ministres, qui se réunit le 1er septembre à 10h30 et ordonne la mobilisation générale. À 11h50, Bonnet informe François-Poncet que le gouvernement l'autorise à soutenir l'initiative italienne de convoquer une conférence internationale et charge l'ambassadeur d'informer Mussolini de la position de la France. Halifax comprend immédiatement que, suite au refus de Bonnet de soutenir l'ultimatum, il doit concentrer ses efforts sur la perturbation de la médiation italienne qui, avec le soutien de la France, constitue la plus grande menace pour ses plans de guerre. Le ministre des Affaires étrangères charge Sir Percy Loraine, après avoir remercié Mussolini pour ses efforts de médiation au nom de la Grande-Bretagne, d'insister avec la plus grande vigueur sur le fait que le déclenchement de la guerre en Pologne rendait inévitable l'intervention militaire de la Grande-Bretagne contre l'Allemagne.

À 14 heures, Kennard télégraphie à Halifax que Beck attend une protection aérienne britannique pour l'après-midi. À 17 heures, le 1er septembre, alors que le Parlement britannique est en session, Halifax téléphone à Bonnet pour l'informer que les ambassadeurs de leurs pays respectifs doivent immédiatement exiger la remise des passeports. Selon Halifax, il serait plus efficace que la Grande-Bretagne et la France déclarent la guerre à l'Allemagne le jour même. Le ministre français des Affaires étrangères refuse catégoriquement d'entrer en guerre avec l'Allemagne dans une telle précipitation, mais Halifax réitère sa demande d'une réponse urgente. Après une discussion ardue, Bonnet, faisant preuve d'agilité diplomatique, impose à son homologue une solution qui ressemble à un ultimatum, mais qui n'en est pas un, puisqu'il n'y a pas de limite. Halifax n'a d'autre choix que d'accepter qu'un "ultimatum" conjoint anglo-français soit présenté à Berlin, sans date d'expiration. C'est toujours mieux que rien. À 17h45, il s'empresse de charger Henderson de présenter la "démarche" anglo-française : les deux ambassadeurs doivent informer l'Allemagne que les engagements pris à l'égard de la Pologne seront exécutés à moins qu'ils ne reçoivent des assurances satisfaisantes quant à la suspension de "toute action agressive à l'encontre de la Pologne". Bonnet avait soigneusement formulé la démarche en ces termes afin d'omettre l'obligation pour les Allemands de se retirer de Pologne. L'absence de date limite permet à la France de négocier.

Les efforts de médiation de l'Italie seront donc décisifs. L'habileté du ministre italien des Affaires étrangères, Galeazzo Ciano, constitue la dernière chance d'éviter une guerre générale en Europe. Le 1er septembre à 13 heures, l'ambassadeur à Paris, Guariglia, informe Ciano que Paris souhaite se rallier à une solution diplomatique. Deux heures plus tard, l'ambassadeur italien transmet à Mussolini une demande de Daladier pour que l'Italie organise une conférence. Paul Rassinier et David L. Hoggan considèrent que la sincérité des efforts des dirigeants français pour éviter la guerre est évidente. Tous deux considèrent qu'il est évident que les attitudes françaises et britanniques face à la crise étaient différentes. Hoggan estime que Ciano a échoué parce qu'il n'a pas su tirer parti de ces différences pour faire pression sur les Britanniques et les contraindre à accepter un compromis.

Le samedi 2 septembre au matin, la situation des Polonais est désespérée et la pression sur la France s'accentue. A 8 heures, l'agence Havas publie le communiqué suivant : "Le gouvernement français, comme plusieurs autres gouvernements, a été informé hier d'une proposition italienne visant à régler les difficultés européennes. Après en avoir débattu, il a donné une réponse positive". Au Quai d'Orsay, le ministre des Affaires étrangères attend donc de nouvelles indications de Ciano sur l'organisation de la conférence. Ciano et Mussolini avaient décidé qu'avant de reprendre contact avec les Britanniques et les Français, il était essentiel de s'assurer que l'Allemagne était prête à soutenir la conférence. A 8h30, le comte Ciano téléphone à son ambassadeur à Paris pour savoir si la note présentée la veille à Ribbentrop a le caractère d'un ultimatum ou non. À 9 heures, l'ambassadeur Lukasiewicz appelle Bonnet et lui demande directement que la France entre en guerre en faveur de la Pologne. Le ministre français, qui se plaindra plus tard de l'"impatience" excessive de l'ambassadeur polonais au cours de la conversation, réussit à éviter toute forme d'engagement.

Par l'intermédiaire de l'ambassadeur Attolico, Ciano envoie à 10 heures un message à Hitler l'informant que les dirigeants français ont demandé la médiation italienne en faveur d'une conférence diplomatique. Dans *Les responsables de la Seconde Guerre Mondiale*, Paul Rassinier reproduit le texte, extrait des Documents sur la politique étrangère allemande :

"A titre d'information et en laissant la décision au Führer. L'Italie fait savoir qu'elle aurait encore la possibilité d'obtenir de la France, de l'Angleterre et de la Pologne qu'elles acceptent une conférence sur la base des propositions suivantes :
1. un armistice qui laisserait les armées sur les positions qu'elles occupent actuellement.
2. La convocation d'une conférence qui se tiendra dans les deux ou trois jours.
3. Une solution au conflit germano-polonais qui serait nécessairement favorable à l'Allemagne, compte tenu de la situation actuelle.
La France s'est montrée particulièrement favorable à l'idée du Duce.
Dantzig est maintenant revenue à l'Allemagne et le Reich dispose désormais de garanties suffisantes pour assurer la réalisation de la plupart de ses exigences. De plus, il a déjà obtenu une satisfaction morale. Si le Führer acceptait le projet de conférence, il atteindrait tous ses objectifs et éviterait une guerre longue et étendue.
Sans vouloir exercer la moindre pression, le Duce considère qu'il est de la plus haute importance que le présent communiqué soit soumis immédiatement à Herr von Ribbentrop et au Führer."

Immédiatement informé, Hitler accueille l'initiative avec enthousiasme et ordonne au Foreign Office de sonder l'ambassadeur britannique. Henderson admet à contrecœur que les dirigeants britanniques n'accepteront probablement pas la solution sans un retrait préalable des troupes allemandes à la frontière, ce qui décourage les dirigeants nazis. Attolico apparaît à 12h30 dans la Wilhelmstrasse, où Ribbentrop explique à l'ambassadeur italien qu'il s'apprête à répondre par la négative aux notes des ambassadeurs français et britannique reçues la veille. Ribbentrop avoue à Attolico qu'il souhaite reporter la réponse, mais qu'il doit pour cela s'assurer qu'il ne s'agit pas d'"ultimata". Attolico informe Ciano à 15h15 que Hitler a décidé qu'il était impossible de poursuivre les projets de conférence tant que les Français et les Britanniques n'auraient pas clarifié l'ambiguïté de leurs notes.

Bonnet, qui attend toujours des nouvelles, est ravi de recevoir un appel téléphonique de Ciano, qui lui annonce que l'effort de médiation a commencé. Le ministre italien des Affaires étrangères explique à Bonnet que les Allemands doivent être assurés que les notes de la veille ne sont pas des "ultimata". Bonnet, l'auteur des deux textes, donne à Ciano l'assurance absolue que ce n'est pas le cas. Sachant que les Britanniques seront obligés d'accepter son avis, le ministre français ajoute qu'il prendra la précaution de consulter Daladier et Halifax. De son côté, l'ambassadeur Loraine avoue à Ciano, à Rome, que le gouvernement britannique n'a pas encore présenté d'ultimatum à l'Allemagne. Cette importante question clarifiée, Hitler accueille favorablement le plan de médiation italien et accepte de suspendre les opérations militaires en Pologne. Le 2 septembre à 16 heures, Attolico envoie un câble à Ciano pour l'informer que l'Allemagne est favorable à la proposition italienne. Ribbentropp demande à l'ambassadeur Attolico d'annoncer aux dirigeants italiens que l'Allemagne est prête à annoncer le plan de fin de guerre en Pologne pour le dimanche 3 septembre à midi.

L'Allemagne ayant accepté le plan italien, tout dépend de la capacité du ministre Ciano à gérer correctement les désaccords entre la France et la Grande-Bretagne. Peu après 16 heures, Bonnet et Halifax ont une conversation qui montre clairement que le ministre des Affaires étrangères est prêt à tuer le plan de la conférence avant qu'il ne soit présenté aux Polonais. Halifax insiste sur le fait que les Allemands doivent se retirer complètement de Pologne et de Dantzig avant que la Grande-Bretagne et la France n'acceptent d'examiner la conférence proposée par l'Italie. Bonnet sait qu'aucune puissance ne peut accepter un tel accord et répond à Halifax que sa proposition est inacceptable et irréaliste. Le ministre français considère que la concession allemande d'arrêter leur progression sur place est suffisante, mais Halifax rejette ce point de vue. Malgré l'attitude obstructionniste du ministre britannique, Bonnet décide de poursuivre ses efforts en faveur de la paix. Une heure plus tard, à 17 heures, la pression britannique se poursuit avec un appel de Sir Alexander Cadogan, sous-secrétaire permanent au Foreign Office, qui, avec un culot étonnant, reconnaît que la demande britannique de retrait des troupes limite les chances d'une conférence diplomatique et insiste sur le fait que le moment est venu d'entrer en guerre. Cadogan annonce que Halifax demande un ultimatum conjoint anglo-français expirant le 2 septembre à minuit. Bonnet insiste sur le fait que le retrait complet des Allemands de Pologne ne peut être une condition sine qua non à la tenue d'une conférence et répond qu'il a l'intention d'attendre que l'Italie précise son projet de conférence internationale.

Peu après cette conversation entre Cadogan et Bonnet, Ciano téléphone à Halifax. Le ministre italien des Affaires étrangères écoute avec étonnement les propos intransigeants du Foreign Secretary, qui répète ce qu'il a dit à son collègue français : le gouvernement britannique ne prendra pas en considération le projet italien de conférence tant que l'Allemagne n'aura pas complètement évacué le territoire polonais. Ciano est étonné de constater que Halifax ignore la volonté d'Hitler de suspendre les hostilités. Le ministre italien fait remarquer que l'Allemagne est prête à arrêter la guerre le 3 et à venir à la conférence le lendemain. Comme Bonnet, le comte Ciano insiste sur le fait qu'exiger le retrait complet des troupes allemandes est totalement inacceptable et détruirait toutes les chances d'un règlement pacifique. Percy Loraine rapporte également de Rome à Halifax que Hitler a accepté un armistice et une conférence internationale. Le chancelier allemand a déclaré qu'il serait en mesure d'arrêter les opérations dans tous les secteurs le dimanche 3 septembre à midi. Loraine confirme à Halifax que, selon Ciano, la France se réjouit de la possibilité d'arrêter la guerre en moins de vingt-quatre heures.

Pendant ce temps, le ministre français des Affaires étrangères tente unilatéralement de persuader les Polonais d'accepter une conférence et envoie des instructions à son ambassadeur à Varsovie. Kennard, indigné, informe Halifax que Noël a reçu l'ordre de ne pas révéler le contenu des dernières directives de Bonnet. L'ambassadeur britannique décide d'obtenir l'information auprès de Beck lui-même, qui lui confirme que la France lui a demandé d'accepter une conférence des cinq puissances, qui comprendrait la Grande-Bretagne, l'Allemagne, la France, l'Italie et la Pologne. Hitler ne craint pas de se retrouver en minorité avec le seul soutien de Mussolini, car il compte sur l'appui de la France pour parvenir à un accord. Kennard conseille au ministre polonais des Affaires étrangères de rejeter la proposition française ; il admet cependant à Halifax que Beck a refusé de révéler son attitude à l'égard du plan de la conférence, mais Kennard est persuadé que la réponse polonaise sera négative. Le Sejm polonais se réunit en session extraordinaire le 2 septembre et les représentants ukrainiens se déclarent terrifiés par la perspective d'une invasion soviétique par l'Est à la suite du pacte Ribbentrop-Molotov.

La Chambre des députés et le Sénat français se réunissent également à partir de 15 heures le 2 septembre. Le gouvernement entend donner carte blanche aux chambres pour prendre la décision qui pourrait conduire à la guerre ou à la paix. Cependant, tant le Premier ministre Daladier au Parlement que le vice-président Chautemps au Sénat prononcent des discours modérés en faveur d'une solution pacifique à la crise. Pierre Laval prend la parole au Sénat et avertit qu'il serait inconstitutionnel d'entrer dans le conflit sans demander une déclaration de guerre au Parlement. Laval partage l'avis de Bonnet selon lequel la Pologne a manqué à ses obligations envers la France et persiste à avertir Daladier qu'une déclaration de guerre injustifiée à l'Allemagne serait suicidaire pour la France.

Chaque heure de l'après-midi du 2 septembre peut être décisive pour l'avenir de l'Europe, et le ministre des Affaires étrangères en est parfaitement conscient, car il est de plus en plus alarmé par la position du gouvernement français, qui suscite de sérieux doutes à Londres. Halifax demande à Phipps, l'ambassadeur britannique à Paris, de faire un effort supplémentaire : "Nous vous serons reconnaissants, dit-il, de tout ce que vous pourrez faire pour donner à M. Bonnet du courage et de la détermination". L'ambassadeur Phipps informe le Foreign Office que les Français sont prêts à envisager une note commune si les efforts de médiation de l'Italie n'aboutissent pas, auquel cas ils sont favorables à une offre quarante-huit heures avant l'expiration de l'ultimatum éventuel. Depuis Varsovie, Kennard demande à plusieurs reprises que la Grande-Bretagne et la France attaquent immédiatement l'Allemagne. De manière absurde, l'ambassadeur britannique alla jusqu'à sonder les diplomates soviétiques pour savoir si l'URSS était prête à offrir des fournitures militaires aux Polonais.

En fin d'après-midi du 2 septembre, le gouvernement français, sous la pression croissante des Britanniques, tient une réunion décisive. L'ambassadeur Phipps, en contact permanent avec le Foreign Office, confirme à Halifax que le sentiment dominant est de rechercher un accord pour éviter la guerre et que l'on espère qu'entre 20 et 21 heures, le Conseil des ministres sera parvenu à une décision. Le secrétaire au Foreign Office, qui craint que le ministre des Affaires étrangères Bonnet ne parvienne à imposer son point de vue, décide de téléphoner à Ciano afin de saper son rôle de médiateur. L'appel est passé à 18h38 exactement, heure à laquelle le gouvernement français délibère. Halifax, selon Hoggan, induit Ciano en erreur, non seulement en lui disant qu'il ne peut y avoir de conférence sans le retrait des troupes allemandes de Pologne, mais en ajoutant que la France et la Grande-Bretagne sont parvenues à un accord complet sur cette question importante. Ciano croit alors que Bonnet a accepté l'imposition britannique, alors que le Conseil des ministres se réunit toujours à Paris.

A 19h30, Chamberlain présente au Parlement une version déformée des efforts de paix en cours. Le Premier ministre britannique, suivant la ligne de mensonge élaborée par le ministre des Affaires étrangères, déclare que la Grande-Bretagne ne peut accepter de négocier lors d'une conférence alors que les villes polonaises sont bombardées et les campagnes envahies. Chamberlain, qui sait pertinemment qu'Hitler a accepté de suspendre les hostilités sur place pour tenir la conférence, suit les instructions de Halifax, dont l'objectif premier est de mettre fin à la dernière chance d'éviter la guerre qui va dévaster l'Europe. Pour sa part, Halifax s'adresse à la Chambre des Lords, où il répète que "des villes sont bombardées".

Malheureusement, la stratégie de Halifax vis-à-vis de Ciano s'avère payante et Mussolini conclut que la cause de la paix est perdue. Hoggan estime que les Italiens ont commis une erreur impardonnable, car la Grande-Bretagne ne serait jamais entrée en guerre seule contre l'Allemagne. Voici ce qu'il dit :

"Il n'y a aucune raison, malgré son approche confuse du sujet, de croire les déclarations de Halifax sans en avoir vérifié l'exactitude auprès d'autres sources. Ciano et Mussolini savaient que l'histoire de la diplomatie britannique était parsemée de tromperies et de mensonges. Les dirigeants italiens croyaient naïvement qu'aucun dirigeant européen, y compris Halifax, ne pourrait être impitoyable au point de provoquer une guerre mondiale après les horreurs amères de la Première Guerre mondiale. Leur jugement était également obscurci par la vanité. Pendant plusieurs années, Halifax avait habilement combiné flatteries et menaces dans ses relations avec les dirigeants italiens. Il est particulièrement tragique que Mussolini, qui était un dirigeant astucieux et compétent, n'ait pas été plus critique dans son évaluation de Ciano. Il s'est rendu compte plus tard que Ciano n'était pas suffisamment qualifié pour un poste aussi important, mais il était trop tard".

À 20 heures, Kennard communique pour la énième fois que Beck demande à la Grande-Bretagne d'envoyer immédiatement un soutien aérien. Les dirigeants polonais n'ont pas encore compris que Londres ne les aiderait pas. Kennard, qui aurait pu l'interpréter, envoie néanmoins ces mots à Halifax : "J'espère que nous recevrons la confirmation de notre déclaration de guerre dès que possible et que notre armée de l'air fera tous les efforts possibles pour montrer de l'activité sur le front occidental afin de soulager la pression qui y règne". Kennard semble ignorer que son pays n'est pas en mesure de faire quoi que ce soit pour aider les Polonais à l'Ouest.

Les instructions catastrophiques de Ciano à Attolico parviennent à Berlin le 2 septembre à 20h20. Il annonce à son ambassadeur que Mussolini a retiré son offre de médiation. Ciano ajoute qu'il est inutile de poursuivre les efforts de paix alors que la Grande-Bretagne et la France insistent sur le retrait des troupes allemandes comme condition nécessaire à l'acceptation de la conférence. Il est conseillé à Hitler d'abandonner son projet d'armistice, le projet de conférence ayant été abandonné. Cependant, à 20h20, le gouvernement français avait momentanément ajourné sa réunion sans être parvenu à une décision sur les conditions d'acceptation de la conférence. Bonnet, qui espère encore convaincre ses collègues, apprend avec stupeur que les Italiens ont abandonné leurs efforts. A 20h30, il téléphone à Ciano et lui fait comprendre que la France n'a pas encore accepté la condition impossible exigée par les Britanniques. Le ministre italien écoute, abasourdi, les propos du chef de la diplomatie française et avoue qu'il ne voit pas comment l'Italie pourrait corriger l'erreur qu'elle a commise. Anatole de Monzie, ministre des Travaux publics, pacifiste convaincu de la nécessité d'une alliance entre la France et l'Italie pour éviter la guerre, implore Bonnet, dès qu'il apprend ce qui s'est passé, de reprendre les efforts en vue de la conférence à condition que l'Allemagne cesse d'avancer, mais le ministre des Affaires étrangères lui répond qu'il ne voit plus cette possibilité.

Enfin, à 21h30, l'ambassadeur britannique à Rome contacte le Foreign Office par un câblogramme dont le texte est le suivant : "les Italiens ne considèrent pas qu'il soit possible de faire pression sur le gouvernement allemand pour qu'il continue à accepter les recommandations du signor Mussolini". Halifax se réjouit de cette nouvelle et est déterminé à lancer son offensive contre le gouvernement français. A 21h50, Chamberlain téléphone à Daladier et, déformant à nouveau les faits, se plaint d'avoir subi une "scène vexatoire" au Parlement lorsqu'il a annoncé qu'il continuait à consulter la France sur la présentation d'un ultimatum. En réalité, il n'y a pas eu de scène plus vexatoire que celle du juif sioniste Léopold Amery, rédacteur de la déclaration Balfour, qui s'est plaint que Chamberlain n'avait pas été suffisamment belliqueux dans son discours. Dans *The Holy Fox. A Life of Lord Halifax*, Andrew Roberts reproduit ce moment de la session des Communes : ".... Lorsque le chef du parti travailliste, Arthur Greenwood, se leva pour prendre la parole, Leo Amery cria : "Parlez pour l'Angleterre !" Greenwood déclara à la Chambre : "Chaque minute de retard signifie maintenant... la mise en danger de notre honneur national".

Chamberlain dit à Daladier qu'il souhaite informer le public britannique avant minuit qu'à 8 heures du matin, le 3 septembre, la France et la Grande-Bretagne présenteront un ultimatum à l'Allemagne, dont le délai expirera à midi. En d'autres termes, Chamberlain, avec une impudence absolue, donne deux heures à Daladier pour se conformer à ses exigences. Le chef du gouvernement français, étonné de l'hystérie du premier ministre britannique mais convaincu que Londres a gagné la partie, refuse la demande au motif que Ciano peut reprendre la médiation. Daladier déconseille toute action diplomatique avant le lendemain midi. A Londres, la réponse de Daladier à Chamberlain ne plaît pas à ce dernier. Halifax, conscient que sans la médiation italienne la France est déjà très affaiblie, décide de téléphoner à Bonnet à 22h30 pour tenter un pari très risqué.

Le secrétaire du Foreign Office annonce au ministre français des Affaires étrangères que, quelle que soit l'attitude de la France, le Royaume-Uni présentera son ultimatum le lendemain à 8 heures. Halifax prend l'initiative de la conversation téléphonique et finit par imposer ses exigences à Bonnet. Il rédige ensuite un mémorandum sur le dialogue avec son collègue français, dans lequel il écrit que Bonnet, après quelques hésitations, "a fini par accepter". À 23h50, Halifax, tout en sachant qu'il ne présentera l'ultimatum que le lendemain, charge Henderson d'avertir Ribbentrop qu'il peut demander à le voir à tout moment, ce qui constitue un mépris flagrant. Peu après, vers minuit, Bonnet a une longue conversation avec l'ambassadeur italien Guariglia, au cours de laquelle il admet sa capitulation. Tous deux reconnaissent que le manque de coopération de la Grande-Bretagne a rendu la conférence impossible.

Andrew Roberts écrit dans *The Holy Fox* qu'une fois que le gouvernement eut pris la décision de rejeter la conférence et envoyé le lendemain un ultimatum qui devait expirer dans deux heures à peine, Halifax retourna au Foreign Office après minuit en compagnie de Sir Ivone Kirkpatrick, qui avait été premier secrétaire de l'ambassade britannique à Berlin jusqu'en 1938. Kirkpatrick, dont les propos sont reproduits par Roberts, se souvient qu'une fois tous les télégrammes envoyés, Halifax "semblait soulagé que nous ayons pris notre décision....". Il ordonna qu'on lui apporte de la bière, qui lui fut servie par un employé résident endormi en pyjama. Nous avons ri et plaisanté, et lorsque j'ai dit à Halifax que la nouvelle était arrivée que Göbbels avait interdit d'écouter les émissions de radio, il a répondu : "Il devrait me payer pour écouter ça". La scène est on ne peut plus rassurante : tandis que le ministre Bonnet et les ambassadeurs Henderson et Guariglia s'efforcent d'éviter la guerre, conscients de l'hécatombe qu'elle représenterait pour des dizaines de millions de personnes, Lord Halifax, soulagé d'avoir atteint son but, boit de la bière et s'amuse avec un collègue comme un vulgaire fanfaron. Dans la biographie que nous avons consultée, la pétulance de Halifax est diversement exprimée. Roberts, citant l'ambassadeur polonais Raczyinski comme source, raconte, par exemple, que lorsque Hitler a proposé que l'Allemagne soit prête à garantir l'Empire britannique, la nouvelle a été considérée comme une insulte par Halifax, "au visage duquel il a ricané".

Henderson remit l'ultimatum au Dr Paul Schmidt, l'interprète allemand, à 9 heures le 3 septembre. Ribbentrop, probablement agacé par le manque de courtoisie de Halifax la veille au soir, avait évité l'ambassadeur britannique au motif qu'il n'était pas d'humeur à recevoir des "ultimatums" ce jour-là. Schmidt présente le document au bureau du Führer à la Chancellerie. Lorsque l'interprète entre, le silence règne dans la pièce. Hitler est assis à son bureau et Ribbentrop est debout à une fenêtre. Après avoir lu calmement la note, il y eut une pause, puis le chancelier allemand se demanda pensivement : "Et maintenant ?" Il y eut une autre pause, et Ribbentrop dit tranquillement : "Je suppose que la France va lancer un ultimatum similaire dans les prochaines heures." Schmidt sortit du bureau du Führer et fit remarquer à un groupe composé de dirigeants importants : "Dans deux heures, l'Allemagne et la Grande-Bretagne seront en guerre." Dans son empressement à rendre la guerre inévitable, Halifax, qui quelques jours plus tôt avait jugé que vingt-quatre heures ne suffisaient pas à Varsovie pour envoyer un plénipotentiaire à Berlin, ne donne à l'Allemagne qu'un délai de deux heures pour capituler. Göring déclare solennellement à l'assistance : "Que le ciel ait pitié de nous si nous perdons cette guerre".

Le 3 septembre à 11h20, peu après l'expiration de l'ultimatum, Ribbentrop reçoit l'ambassadeur Henderson et lui remet la réponse à Chamberlain et Halifax, qui commence ainsi : "Le gouvernement allemand et le peuple allemand refusent de recevoir, d'accepter et encore moins de se conformer aux exigences formulées sous la forme d'un ultimatum par le gouvernement britannique". La note fait allusion aux conditions inacceptables subies par la minorité allemande et se termine par ces mots : "Le peuple allemand et son gouvernement ne prétendent pas, comme la Grande-Bretagne, dominer le monde, mais ils sont déterminés à défendre leur propre liberté, leur propre indépendance et surtout leur vie". Avant de se retirer, Henderson se contenta de dire que l'histoire jugerait de quel côté se trouvaient les vraies responsabilités, ce à quoi Ribbentrop répondit que l'histoire jugeait déjà que personne n'avait travaillé plus dur qu'Hitler pour l'établissement de bonnes relations entre l'Allemagne et la Grande-Bretagne.

À Londres, au même moment, à 11h12, il devient clair qu'il n'y a pas de réponse officielle de Berlin. Chamberlain et Halifax rédigent donc la communication qu'ils présenteront au Parlement à midi. Halifax annonce personnellement la déclaration de guerre à la Chambre des Lords. Aux Communes, Winston Churchill évoque la guerre imminente par une phrase censée entrer dans l'histoire : "Nos mains sont peut-être occupées, mais nos consciences sont en paix". Il est difficile de comprendre comment il est possible de garder sa conscience en paix lorsqu'une décision indécente a été prise, qui va déclencher le plus grand carnage de l'histoire de l'humanité. Andrew Roberts commente la citation de Churchill : "La bonne conscience de la Grande-Bretagne a été une valeur fondamentale pour la guerre, obtenue grâce aux efforts inlassables de son ministre des affaires étrangères pour obtenir la paix, même après que ses espoirs personnels aient été réduits à néant". Ces propos constituent un exemple culminant de falsification de la réalité et font honte à l'auteur.

L'ambassadeur de France se rend à 12h30 à la Wilhelmstrasse, où il est accueilli par Weizsäcker. L'ultimatum de Coulondre expire le même jour à 17 heures. Ribbentrop, qui reçoit le nouvel ambassadeur d'URSS, demande à Weizsäcker de ne pas laisser partir Coulondre, car il a l'intention de s'entretenir avec lui. Le ministre allemand des Affaires étrangères arrive rapidement et a une brève et sérieuse discussion avec l'ambassadeur, à qui il rappelle que la France a signé le 6 décembre 1938 une déclaration d'amitié avec l'Allemagne. Coulondre déclara simplement qu'il avait toujours craint que sa mission diplomatique à Berlin ne se termine ainsi.

Le sort des peuples européens, condamnés à la pire tragédie de toute leur histoire, est scellé. Absurdement, malgré les efforts de nombreux dirigeants pacifistes, la politique de guerre d'Halifax, soutenue par le président Roosevelt, finit par triompher. Quoi qu'il en soit, rien ne justifiait les déclarations de guerre des Britanniques et des Français alors qu'Hitler avait accepté l'armistice juste après le début de l'invasion. Comme le souligne Paul Rassinier, "il n'y a pas d'exemple dans l'histoire de la guerre où la puissance à qui l'on demande un armistice a retiré ses troupes sur ses frontières avant le début des négociations. La cessation des hostilités se fait avec les troupes immobilisées sur place et ne se retire qu'une fois l'armistice signé, selon le plan prévu".

Le chèque en blanc donné à la Pologne par Halifax, qui conseillait sans vergogne aux dirigeants polonais de refuser les négociations, a été la cause déterminante de la défiance polonaise à l'égard de l'Allemagne et a constitué une impulsion décisive vers la guerre. Quant à l'aveuglement et à l'incompétence des dirigeants de Varsovie, il suffit de dire qu'ils n'ont même pas compris ce que signifiait le refus britannique de garantir la sécurité de la Pologne en cas d'agression de l'URSS. Il ne fait aucun doute que les Polonais ont été utilisés sans ménagement comme un instrument de la politique belliciste de la Grande-Bretagne, soutenue avec ferveur par les États-Unis. Ces deux pays étaient les outils indispensables du sionisme et de la banque juive internationale depuis 1917, lorsqu'ils ont servi à garantir la création de l'État d'Israël.

Pièces et pions du sionisme international au sein du gouvernement britannique

Outre Lord Halifax, qui, comme indiqué plus haut, était lié aux Rothschild par le mariage de son fils avec une petite-fille de Lord Rothschild, d'autres agents du sionisme occupaient des postes de pouvoir importants au sein du gouvernement britannique qui a déclaré la guerre à l'Allemagne. Il convient de citer en particulier Winston Churchill, nommé Premier Lord de l'Amirauté le 1er septembre 1939 et qui devait devenir Premier ministre le 10 mai 1940. Martin Gilbert, biographe officiel de Churchill, a publié en 2007 le livre *Churchill and the Jews. A lifelong friendship*, dans lequel il expose avec le plus grand naturel que le premier ministre britannique était sioniste.

Nous savons déjà que l'ancêtre paternel de Churchill, John Churchill, 1er duc de Marlborough, lorsqu'il était à la tête de l'armée en 1688, a été soudoyé à hauteur de 350 000 livres sterling par Medina et Machado, deux banquiers juifs séfarades d'Amsterdam. Le duc de Marlborough trahit son souverain Jacques II et rejoint les forces de Guillaume d'Orange. En remerciement des services rendus, Solomon Medina le gratifie d'une allocation annuelle de 6000 livres. Il a également été noté qu'en tant que premier Lord de l'Amirauté en 1915, Winston Churchill, de mèche avec le colonel Mandell House, a cherché à précipiter l'entrée de l'Amérique dans la Première Guerre mondiale en facilitant le naufrage *du Lusitania*. Nous allons maintenant ajouter quelques informations tirées de l'ouvrage précité pour montrer à quel point Churchill était engagé dans le sionisme international.

"Pendant plus d'un demi-siècle, écrit Gilbert, la vie de Churchill a été mêlée aux affaires juives. Cette relation a commencé dès l'adolescence, car son père, Lord Randolph Churchill, l'avait déjà mis en contact avec les Rothschild. Lorsqu'en 1937, la Commission Peel propose la partition de la Palestine en deux États, Churchill, avec un mépris catégorique pour les droits du peuple palestinien, déclare qu'il n'est pas favorable à la partition et que l'État sioniste doit obtenir toute la Palestine. 1938 est une année sanglante dans la "terre promise", où près de mille cinq cents Arabes sont tués. Le 19 mai 1939, le gouvernement Chamberlain, ignorant que l'un des objectifs fondamentaux de la guerre était de provoquer un exode massif des Juifs vers la Palestine, publie le "Livre blanc de MacDonald", que les sionistes appellent le "Livre noir". Ce document préconisait une Palestine gouvernée conjointement par les Arabes et les Juifs et limitait l'immigration à un maximum de 75 000 Juifs au cours des cinq prochaines années, garantissant ainsi une majorité arabe dans le futur État. Avant le débat à la Chambre des communes, Churchill invite Chaim Weizmann et d'autres dirigeants sionistes à déjeuner et leur lit le discours qu'il s'apprête à prononcer. Leur servilité est telle que Weizmann lui-même reconnaît dans ses mémoires que Churchill leur a proposé de le modifier à sa guise. Le 23 mai 1939, au cours du débat, Churchill accuse le gouvernement de trahir la *déclaration Balfour* : "Il y a maintenant une rupture, dit-il, une rupture de promesse, il y a un abandon de la déclaration Balfour, il y a une fin de la vision, de l'espoir, du rêve". En résumé, le travail de Martin Gilbert démontre avec une clarté cristalline que le premier ministre britannique pendant la Seconde Guerre mondiale était un acteur clé du sionisme international.

Le grand débat se termine par la victoire de Chamberlain et de son Livre blanc par une majorité de 268 voix contre 179, mais il y a 110 abstentions. Le débat a notamment montré que l'opposition travailliste soutenait les sionistes et a été le premier avertissement pour le Premier ministre que son propre parti pourrait le remplacer. Dès lors, la figure de Winston Churchill, homme politique en déclin depuis dix ans et qui, selon ses biographes, souffrait de dépressions parce qu'il se croyait politiquement "fini", émerge comme par enchantement grâce au soutien du sionisme international, dont le leader Chaim Weizmann apparaît dans le bureau du tout nouveau Premier Lord de l'Amirauté dès le déclenchement de la guerre.[5]

Un autre exemple est celui d'Isaac Leslie Hore-Belisha, fils de Jacob Isaac Belisha, un juif qui n'est pas né en Angleterre. Membre des libéraux, Hore Belisha réussit à obtenir de Chamberlain qu'il soit nommé secrétaire d'État à la Guerre entre 1937 et 1940. Les députés conservateurs reprochent à leur chef de confier un poste aussi important à un belliciste qu'ils surnomment Horeb-Elisha, un jeu de mots faisant allusion à son origine juive (le mont Sinaï est en hébreu le mont Horeb). De nombreux conservateurs l'accusent de se préoccuper davantage des Juifs que des Britanniques et de vouloir précipiter la guerre contre l'Allemagne. Afin de contrôler les forces armées, le nouveau ministre procède au licenciement de trois membres éminents de l'état-major. L'un d'entre eux, le maréchal John Vereker Gort, Lord Gort, ne supporte pas de se trouver dans une pièce avec Hore Belisha. Hore Belisha fait bientôt entrer de nombreux coreligionnaires juifs au ministère, par exemple trois noms : Sir Isidore Salmon, dont il fait un conseiller adjoint ; Humbert Wolfe, un intellectuel qui établit pour le

---

[5] L'origine de la mère de Churchill, Jenny Jerome, de son vrai nom Jenny Jacobson/Jerome, a fait l'objet d'une controverse depuis que Moshe Kohn a noté, dans un article publié dans le *Jerusalem Post* le 18 janvier 1993, qu'elle était une juive new-yorkaise. Si tel est le cas, Winston Churchill lui-même serait juif. L'historien David Irving a également fait allusion, dans *Churchill's War*, à l'ascendance juive de Churchill, bien qu'il semble que sa source soit le Moshe Kohn susmentionné. D'autres auteurs, en revanche, nient que Jenny Jerome ait été juive. Quoi qu'il en soit, l'important n'est pas de savoir si Churchill était juif ou non, mais s'il était un sioniste au service de la cause. Cela ne fait aucun doute, comme cela a été expliqué.

ministre une liste d'écrivains susceptibles de servir de propagandistes ; Lord Stanhope, Premier Lord de l'Amirauté. Rapidement, le sentiment d'indignation gagne les rangs inférieurs de l'armée et l'opinion publique. Dans les premiers mois de la guerre, les soldats britanniques chantent une chanson du XIXe siècle intitulée *Onward, Christian Soldiers (En avant, soldats chrétiens)*, qui se traduit par :

"En avant l'armée forcée,/ Vous n'avez rien à craindre,/ Isaac Hore-Belisha/ vous dirigera de l'arrière,/ Habillés par Monty Burton (Montague Maurice Burton, en réalité Moshe Osinsky, un juif lituanien qui possédait la plus grande chaîne de magasins de vêtements),/ Nourris par Lyons cakes (une chaîne de restaurants appartenant à des juifs);/ Combattez pour les conquêtes yiddish,/ Tandis que les Britanniques meurent./ Combattre et mourir pour la juiverie, comme nous l'avons fait auparavant (allusion à la déclaration Balfour).

Le chancelier de l'Échiquier, l'homme qui a négocié les prêts de guerre de plusieurs millions de dollars avec les banquiers, était Sir John Simon, ami et protégé de Sir Philip Sassoon, financier juif et dirigeant sioniste lié aux Rothschild, décédé prématurément le 3 juin 1939. Les Sassoon, juifs d'origine irakienne enrichis par la production et l'exportation d'opium, sont prédominants dans la banque en Chine et en Inde. C'est le père de Philip Sassoon, Sir Edward Albert Sassoon, qui a épousé une Rothschild. Le 15 février 1939, le chancelier de l'Échiquier, Sir John Simon, déclare à la Chambre des communes que le Trésor a l'intention de doubler les emprunts publics destinés à l'achat d'armements, les faisant passer de 400 à 800 millions de livres sterling. Simon fut un temps considéré comme juif en Allemagne, mais il semble que les autorités nazies elles-mêmes l'aient désavoué par la suite.

De nombreux secrétariats, sous-secrétariats, postes de conseillers et même quelques autres ministères du cabinet qui a déclaré la guerre à l'Allemagne étaient aux mains de Juifs, de francs-maçons et de Gentils mariés à des Juives. Le mariage de femmes juives avec des Gentils riches ou influents est devenu une pratique courante à partir du 19e siècle. "Ne les épousez pas. Ne donne pas ta fille à leur fils, et ne prends pas leur fille pour ton fils". Cette interdiction, qui provient du *Deutéronome*, n'est pas souvent appliquée pour des raisons d'intérêt. Comme c'est la mère qui détermine la judéité (on est juif de droit quand on est né d'une mère juive), de nombreuses femmes ont commencé à épouser des aristocrates, des scientifiques, des intellectuels, des hommes riches ou des politiciens influents. Lénine, Staline et Molotov, comme on le sait, ont épousé des femmes juives.

DEUXIÈME PARTIE
LES FAITS RELÉGUÉS AU SECOND PLAN DES PREMIÈRES ANNÉES DE GUERRE

Nous consacrerons cette deuxième partie sur la Seconde Guerre mondiale aux événements peu médiatisés de la Seconde Guerre mondiale. Certains sont ignorés ou dissimulés, tandis que d'autres, connus, ne reçoivent pas l'attention qu'ils méritent et sont délibérément oubliés. Le premier d'entre eux, qui sera abordé plus loin, est le massacre des civils de la minorité allemande en Pologne, dont l'épisode le plus connu est le "dimanche sanglant" de Bromberg. Dès le 19 septembre 1939, Hitler dénonce certains événements dans un discours prononcé à Dantzig. Le chancelier allemand, après avoir exprimé sa reconnaissance aux soldats polonais qui se sont battus courageusement sur le champ de bataille et critiqué les commandants de l'armée polonaise pour leur incompétence, indique que 300 000 Polonais ont été faits prisonniers, dont 2000 officiers. Il a ensuite dénoncé le fait que des milliers de personnes, dont beaucoup de femmes, de jeunes filles, d'enfants et de vieillards, avaient été sauvagement assassinées. Il a décrit ces événements comme les plus abjects jamais vus depuis des siècles et a affirmé qu'en tant que soldat sur le front occidental pendant la Première Guerre mondiale, il n'avait jamais rien vu de tel. Après avoir dénoncé le silence des pays dits démocratiques, si souvent déploré auparavant par l'ambassadeur Henderson, il a affirmé qu'il avait néanmoins ordonné à la Luftwaffe de n'agir que contre les unités militaires. Hitler qualifie les criminels de "bêtes sadiques qui se sont laissées aller et ont laissé libre cours à leurs instincts pervers sous le regard impassible du monde démocratique moralisateur".

Le massacre aveugle de la minorité allemande en Pologne

En 1940, le texte *Dokumente Polnischer Grausamkeit* a été publié à Berlin, qui peut être lu en anglais sur l'Internet Archive sous le titre *The polish atrocities against the german minority in Poland (Les atrocités commises par les Polonais contre la minorité allemande en Pologne)*. Il s'agit d'un livre compilé à partir des casiers judiciaires des cours de justice spéciales créées à Bromberg et à Posen, des rapports des commissions d'enquête de la police, des témoignages d'experts médicaux du département d'inspection sanitaire du haut commandement militaire et des documents originaux de la commission militaire du haut commandement, qui a été créée pour enquêter sur les violations du droit international. Les cours de justice établies à Bromberg et à Posen étaient des tribunaux ordinaires qui rendaient la justice sur la base du code pénal allemand et de la jurisprudence de la Cour suprême du Reich. Le rapport, édité et publié sur ordre du ministère allemand des Affaires étrangères, contient ainsi une multitude de preuves documentaires compilées par divers organismes. Un second ouvrage sur le gigantesque pogrom contre les Allemands en Pologne a également été publié en 1940 par Edwin Erich Dwinger sous le titre *Der Tod in Polen. Die Volksdeutsche Passion* (*La mort en Pologne. La passion de la minorité allemande*).

Au 1er février 1940, 12 857 corps avaient été identifiés par les autorités, mais aucune trace n'avait été trouvée des 45 000 membres de la minorité allemande toujours portés disparus et présumés morts, qui ont donc été ajoutés au nombre total de victimes, qui s'élevait alors à environ 58 000. On a déjà vu dans les pages précédentes que les expulsions, les déportations massives et les meurtres de la minorité ethnique allemande avaient commencé en Pologne bien avant l'invasion. Malgré cela, et malgré les allégations répétées selon lesquelles, en cas de guerre avec l'Allemagne, tous les Allemands seraient tués et les fermes incendiées, la plupart d'entre eux, enracinés dans leurs maisons et leurs biens, qui dans de nombreux cas avaient été acquis par leurs ancêtres des centaines d'années auparavant et hérités de génération en génération, ont décidé de rester dans leurs maisons, car ils ne pouvaient pas croire que les menaces d'assassinat seraient mises à exécution.

Dès le début de la guerre, le 1er septembre, un mot de passe est officiellement donné à la radio, qui est l'ordre de commencer une campagne criminelle contre les civils allemands, planifiée à l'avance par les autorités. Cette émission de radio est la preuve évidente qu'il s'agit d'un génocide organisé. Selon les témoignages de Mme Weise, épouse d'un médecin prestigieux qui travaillait à l'hôpital protestant de Posen, et du docteur Reimann, le message commençait par ces mots. "Bonjour ! Bonjour ! Allemands, Tchèques et Bohémiens ! Exécutez immédiatement l'ordre numéro...". Aucun de ces deux témoins n'est sûr du numéro exact donné, mais un autre témoin, Konrad Kopiera, directeur du Centre Schicht à Varsovie, se souvient que le numéro de l'ordre était 59. Une autre voisine de Posen (Poznan), Mme Klusseck, rapporte un deuxième ordre qu'elle a entendu à la radio dans la soirée du 1er septembre. Comme le précédent, il devait être exécuté immédiatement et était adressé à tous les tribunaux, procureurs et autres autorités. Il se terminait par un code contenant plus de sept chiffres, quelques lettres et d'autres signes, qui n'ont pu être déchiffrés par les autorités allemandes, qui enquêtaient encore à l'époque de la publication du livre.

La période du 31 août au 6 septembre correspond à l'apogée des violences contre les civils allemands, qui atteignent leur paroxysme le 3 septembre à Bromberg, ville située sur la rivière Brahe et rebaptisée Bydgoszez après la guerre. Là, comme le montrent les photographies jointes *aux Dokumente Polnischer Graumsamkeit*, des hommes, des femmes et des enfants sont massacrés avec une cruauté et un sadisme horribles. Parmi les victimes figuraient des prêtres protestants, des adolescentes, souvent violées, des jeunes enfants, des personnes âgées et même des femmes enceintes. Helene Sonnenberg, assassinée à Rudak avec Martha Bunkowski et d'autres, est un exemple de ces femmes enceintes. Helene était l'épouse du sacristain protestant de la paroisse de Rudak, Albert Sonnenberg. Le 1er septembre, le pasteur a été enlevé de son domicile à la pointe des baïonnettes. Helene, qui était partie avec son fils Heinrich, âgé de trois ans, a décidé de ne pas revenir. Personne ne voulant les protéger, ils passent six jours à se cacher dans des granges et des briqueteries. Le 6 septembre, elle rencontre Martha Bunkowski, une femme seule qui, comme elle, se cache de la foule. Le 7, Martha va chercher des vêtements pour le petit Heinrich. À son retour, elle est accompagnée de soldats. Le 8 septembre, les deux femmes sont retrouvées mortes dans la porcherie de la maison du sacristain. Le rapport médico-légal du docteur Panning indique que : "Le fait que les restes du fœtus n'aient pas été trouvés dans le corps de la mère mais entre les cuisses est dû à un processus connu appelé "accouchement sur le brancard". En d'autres termes, l'expulsion du corps de l'enfant de l'utérus de la mère dans de tels cas se produit en raison de la putréfaction...".

Les témoins polonais Maria Szczepaniak et Luzia Spirka, toutes deux voisines de Bromberg et cachées dans une cave, ont témoigné que les citoyens allemands étaient tués sans distinction d'âge, de croyance religieuse ou de sexe. Aucune classe sociale, aucun rang, confirment ces témoins, n'a été épargné par le massacre : paysans, agriculteurs, enseignants, prêtres, médecins, marchands, ouvriers ou hommes d'affaires ont été assassinés, torturés à mort, battus et poignardés sans raison. Paul Zembol, témoin de Pless (Pszczyna), ville du sud de la Pologne proche des frontières tchèque et slovaque, raconte : "Jamais je n'avais vu des visages aussi déformés par la fureur ou des expressions aussi bestiales. Ils avaient certainement cessé d'être des êtres humains".

Les corps abattus ou battus à mort ont été retrouvés sans sépulture, éparpillés un peu partout : sur le pas des portes, dans les cours et les jardins, le long des routes, parfois recouverts de feuilles et de branches, dans les fossés des champs, sur les rives des rivières et des lacs, aux abords des forêts. Dans presque tous les cas, ils avaient subi des mutilations horribles : yeux crevés, dents arrachées, cervelle suintant du crâne, langues coupées, abdomens ouverts, intestins arrachés, jambes et bras cassés, doigts et orteils amputés, castrations, femmes aux seins coupés.... Parfois, les corps gisent sur le sol, attachés deux par deux, trois par trois ou en rang, les mains liées dans le dos.

Le "dimanche sanglant" de Bromberg a eu lieu avant que les troupes allemandes ne puissent se présenter dans la ville, où elles sont entrées le mardi 5 septembre. Les auteurs des meurtres sont des policiers, des soldats polonais en retraite en masse et la population brutalisée. Afin d'illustrer la dynamique des crimes, nous relaterons le cas de la famille Schmiede, pour lequel nous disposons de deux sources : le témoignage de Mme Irma Ristau, protestante de 25 ans, domiciliée 10 rue Kartuzka à Bromberg, qui a fait une déclaration sous serment devant un juge militaire, et la version des faits contenue dans le deuxième chapitre de l'ouvrage précité d'Edwin Erich Dwinger. La fusion des deux textes nous permettra d'obtenir une image plus complète des faits.

Devant le tribunal, Mme Ristau, de son nom de jeune fille Bloch, a déclaré que son mari travaillait à Bromberg pour un maître jardinier, M. Schmiede, et que le samedi 2 septembre, son mari avait appelé les Schmiede pour savoir s'il devait venir travailler comme d'habitude. Mme Ristau a accompagné son mari parce que la veille, elle avait été menacée et battue avec une barre de fer sur son lieu de travail et qu'elle avait peur de rester seule. En outre, un voisin nommé Pinczewski, qui habitait au 8 de la rue Kartuzka, les avait accusés la veille d'être "deux hitlériens" et avait menacé de les découper en morceaux dès le début de la guerre. La famille Schmiede avait six enfants en bas âge et Irma Ristau aidait depuis quelque temps dans le jardin d'enfants de la famille. Le couple Ristau passe la nuit dans la maison de l'institutrice Schmiede, dont les jardins se trouvent à la périphérie de la ville.

Le lendemain, au déjeuner, raconte E. E. Dwinger, un apprenti entre dans la salle où le couple et ses six enfants sont en train de manger. Le maître jardinier lui demande ce qu'il y a de nouveau : "Le même appel", répond-il. Cela fait une heure que ça dure ! Je ne comprends pas ce que vous voulez dire". D'un coup d'œil, M. Schmiede imposa le silence ; mais Mme Schmiede s'en aperçut et demanda : "Êtes-vous sûr qu'ils ne préparent pas un mauvais coup ?" M. Schmiede essaya de la rassurer. "Qu'est-ce qu'ils pourraient nous faire ? nous sommes des civils ! Nous avons toujours rempli nos obligations et payé nos impôts plus rapidement que les Polonais eux-mêmes, nous avons servi comme soldats dans leur armée.... Peut-être nous chasseront-ils de la ville si Bromberg doit être livré aux Allemands, c'est à prévoir, bien sûr". De plus en plus effrayée, Mme Schmiede se demande s'il ne vaudrait pas mieux fuir. C'est alors qu'Irma Ristau, présente, raconte les menaces qu'elle a reçues de son voisin Pinczewski. "D'ailleurs, il est déjà trop tard, les troupes battent en retraite et il est plus dangereux de s'interposer que de rester dans la maison.

Peu après, des milliers de Polonais en retraite inondent les rues de la ville et avancent vers le centre. Comme un flot de lave en fusion", écrit Dwinger, "ils remplissent les routes et les ruelles et se précipitent fébrilement dans toutes les maisons habitées par des Allemands. Le noyau de ces masses était constitué de soldats, accompagnés de la populace et des étudiants qui leur indiquaient le chemin à suivre pour atteindre leurs cibles. Un groupe de soldats pénètre dans la maison des Schmiede, baïonnette au canon. Le maître jardinier, effrayé, ne peut s'exprimer en polonais. Tu ne connais pas le polonais, fils de pute", crie un soldat, "mais tu as un pistolet". L'invitation à fouiller la maison n'a servi à rien, le soldat lui a ordonné de reculer de trois pas et l'a abattu. Mme Schmiede s'écroule à côté de son mari, mortellement blessé. Par miracle, aucun des trois coups de feu tirés sur elle n'a fait mouche (les criminels étaient probablement ivres). Elle se lève d'un bond et, en poussant des cris de folie, parvient à sortir avec les enfants avant que les soldats n'aient le temps de tirer à nouveau. Dehors, ils courent jusqu'à une cave qui servait d'abri antiaérien, où Mme Schmiede s'enferme avec ses enfants et d'autres employés, dont Irma Ristau et son mari.

Les Polonais encerclent alors la maison et y mettent le feu. La panique s'installe dans la cave et, craignant de brûler ou de mourir étouffés, certains tentent de sortir, mais l'entrée étant en feu, la seule issue est la fenêtre. Le premier à essayer fut un apprenti, mais il fut abattu d'une balle dans la tête dès qu'il mit le pied dehors. Un peu plus tard, ce sont les membres de la famille Ristau qui s'y risquent. Irma Ristau a témoigné comme suit :

"Mon mari et moi avons grimpé et réussi à atteindre la rue. Nous avons levé les mains en l'air et dit aux Polonais que nous nous rendions et que nous ne devions pas tirer, mais les civils ont crié : "Vous devez les tuer, ce sont des hitlériens et des espions". Un soldat polonais a alors tiré et mon mari s'est effondré avec une balle dans la tête. Je suis tombée par terre au milieu du bruit et j'ai perdu connaissance, terrorisée. Lorsque j'ai repris mes esprits, un soldat armé d'une baïonnette se trouvait à côté de moi et a pris l'alliance de mon mari, sa montre et 45 zlotys. Les chaussures de mon mari, qu'il n'avait portées qu'à notre mariage et pendant quelques jours, ont été remises aux civils. Le soldat m'a saisie par les cheveux et m'a soulevée, mais je suis retombée sur le sol à côté de mon mari. Lorsque j'ai demandé au soldat de me laisser au moins la bague en souvenir, il m'a frappée avec la crosse de son fusil sur le cou et le dos avec une telle violence qu'aujourd'hui encore, j'ai du mal à bouger."

Irma Ristau, souffrante et imprégnée du sang de son mari, s'est retrouvée dans une caserne, où elle a supplié qu'on la tue, car elle ne voulait plus vivre. "C'est dommage de gaspiller une balle pour toi", lui dit un des soldats, "va au diable". C'est ainsi que Mme Ristau retourna à l'endroit où le corps de son mari avait été laissé, où elle vit comment les soldats et les civils le démembraient. Nous nous contenterons d'ajouter comment E. E. Dwinger conclut le récit de Mme Schmiede, dont Imma Ristau ne donne pas d'autres informations dans sa déclaration. Selon cet auteur, elle aurait sauvé la vie de ses enfants en leur mettant dans la bouche des serviettes imbibées de vinaigre et en les protégeant avec son propre corps des coups de feu qui entraient dans la cave par la fenêtre. Dans la soirée, la maison encastrée s'est effondrée et la foule s'est dispersée. Le lendemain, ils ont osé sortir de la cave et, bien qu'ils aient été arrêtés, ils ont heureusement eu la vie sauve.

Pratiquement toutes les maisons de Bromberg où vivaient des Allemands ont été attaquées, et des familles entières ont été tuées. Aucun des quartiers de la ville n'est épargné par le pogrom. Nous pourrions présenter des centaines de cas répertoriés dans les *Dokumente*, car il s'agit d'un rapport exhaustif de plus de 400 pages, mais cela ne ferait qu'ajouter à ce qui a déjà été dit. Cependant, il peut être intéressant de reproduire au moins une déclaration complète, mot pour mot. Nous avons choisi celle de Paul Sikorski pour deux raisons : elle est brève et permet d'apprécier l'extrême cruauté des criminels. Nous en déduisons que Sikorski, un homme de trente-cinq ans, a été pris pour un Polonais parce qu'il parlait parfaitement le polonais ; cependant, il a déclaré sous serment qu'il était catholique et qu'il appartenait à la minorité allemande :

"Le dimanche 3 septembre 1939, vers six heures du matin, je me suis rendu au moulin pour éteindre la lumière et la turbine. En chemin, j'ai soudain entendu de grands cris venant de la gare. A environ quatre-vingt-dix mètres, je vis près des quais un groupe de cheminots, civils et militaires, qui frappaient sept personnes âgées de vingt à soixante ans à coups de crosse de fusil, de baïonnette et de bâton. Ils avaient encerclé les victimes. Je me suis approché et je les ai entendus crier en polonais : "tuons les Allemands". Même de loin, j'ai vu le sang jaillir. J'ai fait demi-tour quand j'ai compris que la horde voulait venir vers moi. Je suis revenu à neuf heures et j'ai examiné les corps. Deux d'entre eux avaient eu les yeux arrachés à la baïonnette. Les orbites étaient vides et il ne restait qu'une masse sanguinolente. Trois autres corps avaient le crâne fendu et la cervelle se trouvait à un mètre de distance. Les autres corps ont été déchiquetés. L'un d'eux était complètement ouvert. Je connaissais deux des victimes, il s'agissait de Leichnitz, un boucher de Jagershof, et de M. Schlicht.

Dans l'après-midi, entre trois et quatre heures, un groupe de soldats et de cheminots est venu à mon moulin et a emmené dix-huit Allemands, attachés deux par deux. Je les ai parfaitement vus depuis mon jardin. Les dix-huit ont été abattus deux par deux et lorsqu'ils étaient allongés sur le sol, ils ont été battus. Parmi les morts, il y avait un garçon de quatorze ans et une femme. Il fallait faire vite à cette occasion, car ils sont partis tout de suite. J'ai ensuite inspecté les corps ; ils sont restés là pendant trois jours.

Le lundi matin, alors que les soldats polonais auraient évacué la ville, deux soldats ont amené un couple de personnes âgées. Devant moi, ils les ont placés près d'un mur du moulin. Je me suis précipité vers les soldats, me suis agenouillé devant eux et les ai suppliés en polonais de libérer les vieillards, qui avaient environ soixante-cinq ans. Mais l'un des soldats m'a repoussé avec la crosse de mon fusil en disant : "Laissez mourir ces maudits Allemands". Avant que je puisse me lever, ils ont été abattus et leurs corps sont tombés dans un fossé...".

Avant l'invasion, les colonnes de personnes arrêtées appartenant à la minorité allemande étaient de plus en plus fréquentes en Pologne. De nombreuses personnes ont témoigné devant les tribunaux de leur expérience de ces marches, qui se sont généralisées dès le début de la guerre. Le 15 septembre, Gotthold Starke, rédacteur en chef du *Deutsche Rundschau* à Bromberg, a fait un récit détaillé devant un tribunal militaire. Il a raconté son expérience à partir du 1er septembre, lorsqu'il a été arrêté à son domicile et placé dans un orphelinat avec d'autres personnes de minorité allemande et de nationalité allemande, comme le consul Wenger, son secrétaire et d'autres fonctionnaires du consulat général de Thorn. Selon ce témoin, des listes de personnes à arrêter avaient déjà été établies à la fin du mois d'avril et au début du mois de mai. Il y avait trois types de détenus, qui étaient classés en trois groupes au moyen de tickets de couleur : rouge, rose et jaune.

Un bref résumé du récit permet d'apprécier les difficultés de ces marches. Starke rapporte que le 2 septembre, d'autres prisonniers arrivent à l'orphelinat. À cinq heures de l'après-midi, ils furent rassemblés dans la cour et séparés en deux niveaux. Commence alors la marche dans les rues de Bromberg, au milieu des insultes et des crachats de la population polonaise. Les détenus, parmi lesquels des enfants, des femmes et des vieillards, devaient être emmenés à Thorn, à trente-six kilomètres de là. Le 4 septembre, ils sont conduits de Thorn à Ciechocinek, où ils sont logés dans des camps pour jeunes et séparés par sexe. Ceux qui n'ont pas pu se procurer de quoi manger, qui sont la majorité, ont déjà passé plusieurs jours sans manger. Le 5 septembre, ils quittent Ciechocinek pour Wloclawek et à midi, sous un soleil de plomb, ils campent dans une décharge à Nieszawa. Ils y sont rejoints par un grand groupe de prisonniers de Pomerelia, dont des vieillards et des femmes dans des conditions épouvantables. À leur arrivée à Wloclavek, ils ont tous été enfermés dans un gymnase, où ils n'ont même pas eu droit à de l'eau. Le lendemain, 6 septembre, ils se mettent en route pour Chodsen, où ils sont rejoints par de nouvelles colonnes de prisonniers de Pomerelia. Selon Starke, les prisonniers sont maintenant au nombre d'environ 4 000, dont 600 à 800 viennent de Bromberg. Parmi eux se trouvent un millier de Polonais : des sociaux-démocrates, des bagnards et d'autres individus à l'allure louche. Bref, la marche se poursuit plusieurs jours de suite jusqu'à ce que, le 9 septembre, ils atteignent Lowitsch sous le feu de l'artillerie allemande, après quoi les gardes polonais les abandonnent. Sur les 4 000 détenus, il n'en reste plus que 2000. Les 1 000 Polonais sont partis. Les prisonniers commencent à se disperser et nombre d'entre eux atteignent les positions allemandes. Depuis leur départ de Bromberg, ils ont parcouru à pied quelque 150 kilomètres.

Examinons maintenant de plus près l'une de ces marches à travers le récit de Herbert Mathes, propriétaire d'une fabrique de meubles à Brombreg, qui, sous serment, a raconté au tribunal ce qui est arrivé à 150 Allemands qui se sont rendus à Piecki, près de Brzoza. Son fils Heinz Mathes a confirmé cette déclaration. Herbert Mathes et ses deux fils, âgés de treize et quinze ans, ont été arrêtés à Bromberg le 3 septembre par quatre hommes armés de haches, qui les ont remis aux soldats. Les mains liées, ils ont été rassemblés dans un groupe d'une centaine de citoyens connus de la ville et emmenés à la caserne de la gare. En chemin, ils ont été battus, on leur a craché dessus et on les a menacés avec des couteaux et des haches. D'autres détenus, dont d'autres parents avec leurs enfants, se sont rassemblés à la gare. Au total, il y avait environ quatre cents personnes, dont les plus chanceuses ont été mises à l'écart pour charger des munitions, ce qui leur a sauvé la vie. Les autres ont marché vers Brzoza. "Les vieillards qui ne pouvaient pas continuer, déclara Mathes, furent blessés à la baïonnette et certains moururent. Peu après, au-delà de la ville, le mot "halte" fut donné et nous fûmes pris sous le feu de l'avant et de l'arrière. Beaucoup furent tués de cette manière bestiale. Un convoi d'environ cent cinquante personnes est alors organisé. "J'ai protégé mes enfants, poursuit le témoin, et j'ai été blessé d'un coup de baïonnette à la cuisse". Pendant la marche, ceux qui ne pouvaient pas continuer et s'asseyaient "étaient tués à coups de crosse car après environ deux heures, le lieutenant interdisait de tirer". À cinq heures du matin, seules quarante-quatre personnes étaient encore en vie lorsqu'elles furent autorisées à se reposer dans une étable. Heinz Mathes, qui comprenait le polonais, informa son père qu'ils étaient allés chercher de l'essence pour les brûler sur place, bien que les enfants fussent autorisés à rentrer chez eux. Ne trouvant pas d'essence, à sept heures et demie du matin, les soldats ont ordonné aux prisonniers de se mettre en rang par trois. Les trois premiers furent fusillés, et l'histoire se déroule comme suit :

"Cela a été répété jusqu'à six fois. Heinz plaide courageusement pour que ni lui ni son frère Horst ne soient tués ; il est blessé à l'épaule droite par une baïonnette. Encore trois fois. Heinz m'a alors raconté que le caporal avait dit que c'était un gaspillage de bonnes cartouches et que les autres devaient être tués au couteau. Il s'entendait à peine. Ceux qui ne se sont pas tus ont reçu les coups sourds et mortels des crosses. Nous étions les trois suivants, suivis de cinq autres. Nous sommes sortis main dans la main, mais nous avons été repoussés sur la gauche. Deux soldats, des caporaux, nous ont saisis et nous ont poussés quelques pas en avant. C'étaient les voleurs à qui Heinz avait astucieusement dit dans la journée que nous possédions des objets de valeur et de l'argent. Nous leur avons alors donné tout ce que nous avions et ils ont commencé à se battre pour la répartition. Nous en avons alors profité pour nous enfuir.... Nous avons erré toute la nuit, c'était lundi soir. Heinz était pansé avec un morceau de ma chemise. Nous étions en chemise, on nous avait enlevé nos chaussures à Bromberg. Le mercredi soir, notre situation était désastreuse, nous avons vu beaucoup de soldats dans les environs et nous avons dû éviter le danger. Ne vaut-il pas mieux mourir ? demanda Horst. Nos langues étaient gonflées et très blanches, nos lèvres épaisses et croûteuses. Le secours est venu : une rosée abondante s'est déposée sur les feuilles des arbres, nous l'avons léchée avec avidité et avons mangé une grenouille "plus délicieuse que le vin", a dit Heinz. Horst, qui nous avait dit au revoir, est revenu à la vie...".

Le jeudi 7 septembre, Herbert, Heinz et Horst Mathes ont rencontré des soldats allemands. De retour à Bromberg, ils ont pu embrasser Mme Mathes, mère et épouse, qui n'arrivait pas à croire qu'un tel miracle avait eu lieu.

De nombreux meurtres de masse ont été confirmés par la découverte de nombreuses fosses communes où les corps des victimes ont été enterrés : dans la banlieue de Jagershof, près de Bromberg, soixante-trois personnes ont été fusillées. À Slonsk, au sud-est de Thorn, ville habitée depuis des siècles par des Allemands, une fosse a été découverte avec 58 corps de membres de la minorité allemande. Le plus grand charnier a été découvert le 14 octobre 1939 près de Tarnowa, au nord de Turek, où ont été retrouvés les corps de cent quatre Allemands ethniques, dont beaucoup avaient été cruellement mutilés. En décembre 1939, des charniers ont été découverts à Klodawa et à Krosniewice.

Il existe deux témoignages sur les 63 cadavres retrouvés dans le charnier de Jagershof : l'un raconte comment dix-huit personnes ont été fusillées ; le second témoigne du meurtre de vingt autres victimes qui se sont retrouvées dans le même charnier. Nous terminerons cette section sur les massacres de la minorité allemande en Pologne par un bref compte-rendu de la première de ces deux déclarations. Parmi les dix-huit personnes fusillées se trouve le pasteur protestant Kutzer, père de quatre enfants âgés de trois à quatorze ans. Dans sa maison, ce sacristain hébergeait d'autres réfugiés allemands d'autres paroisses. Le 3 septembre à 15 heures, le pasteur et son père Otto Kutzer, âgé de soixante-treize ans, deux jeunes hommes, Herbet Schollenberg, âgé de quatorze ans, et Hans Nilbitz, âgé de dix-sept ans, ainsi que trois autres réfugiés sont arrêtés. Ils sont tous emmenés sur un talus près de la paroisse, où ils rejoignent douze autres détenus, dont une femme, Mme Kobke. Placés en ligne, douze soldats les ont abattus un par un à une distance de sept mètres. Après avoir assisté à la première exécution, Mme Kobke s'est évanouie. Une fois les exécutions terminées, on a détaché les mains de la femme et, après lui avoir fait regarder un par un les cadavres qui gisaient sur le sol, on l'a relâchée. Environ deux cents personnes ont assisté à ce "spectacle".

De la guerre contre l'Allemagne à la carte blanche à l'URSS

Les Polonais n' pu établir un front dans aucune des régions par lesquelles les troupes allemandes sont entrées en Pologne, de sorte que le 6 septembre, il était clair qu'ils avaient perdu la guerre. Dans *Hitler's War*,

David Irwing confirme ce qui suit : "Les plans territoriaux d'Hitler pour la Pologne étaient encore indéterminés. Il espérait être contraint d'accepter la médiation italienne et un éventuel armistice, et pour améliorer sa position à la table des négociations, il avait capturé autant de territoires que possible au cours des premiers jours". Après l'échec de Ciano, Hitler espérait que l'invasion de l'Union soviétique forcerait la Grande-Bretagne à déclarer également la guerre à Moscou. Or, comme on le sait, une clause secrète du traité signé en août par Beck et Halifax stipulait que Londres ne s'engageait à défendre la Pologne que contre une seule "puissance européenne", ce qu'ignoraient les dirigeants nazis.

Staline, qui n'a pas encore déplacé son armée et reste dans l'expectative, informe Berlin le 9 septembre de son intention d'occuper la partie de la Pologne qui doit être restituée à l'URSS selon les termes du pacte signé le 23 août. Sous le prétexte de "venir en aide à ses frères de sang ukrainiens et biélorusses", qu'elle estime menacés par la "désintégration de l'État polonais", l'Armée rouge entre en Pologne le 17 septembre 1939. Beck a alors démissionné et Sikorski, le chef du gouvernement polonais, dans un geste pathétique, demande aux Britanniques et aux Français de déclarer la guerre à l'URSS. Naturellement, les Polonais comprennent enfin qu'ils ont été vendus, puisque personne n'a levé le petit doigt pour les aider. Le maréchal Rydz-Smigly, chef d'état-major, ordonne à ses unités de ne pas combattre les Soviétiques qui, à l'exception de la résistance occasionnelle de quelques Polonais enragés, ne rencontrent pratiquement aucune opposition. Roosevelt a eu le culot de justifier l'invasion soviétique de la Pologne en disant qu'il s'agissait "d'une action visant à empêcher l'occupation de l'ensemble du pays par les Allemands". Après l'invasion communiste, 230 000 soldats, dont 15 000 officiers, sont tombés aux mains des Soviétiques. La débâcle est consommée. En peu de temps, la Pologne ne figure plus sur la carte de l'Europe.

Le 28 septembre, Ribbentrop se rend à Moscou et conclut un accord avec Staline et Molotov pour repousser la frontière allemande initialement prévue sur la Vistule jusqu'au Bug. En contrepartie, l'Allemagne permet à la Lituanie de tomber dans la sphère d'intérêt soviétique. L'Union soviétique annexe 180 000 kilomètres carrés peuplés de douze millions d'Ukrainiens, de Biélorusses et de Polonais, territoires qui sont intégrés dans les républiques soviétiques d'Ukraine et de Biélorussie. Bien entendu, personne en Europe n'a émis la moindre objection. En effet, la Grande-Bretagne et la France, tout en sachant que la minorité allemande subissait toutes sortes d'injustices et d'atrocités en Pologne, ont déclaré la guerre à l'Allemagne parce qu'elles ne consentaient pas à ce que Dantzig, ville peuplée d'Allemands, soit réintégrée dans le Reich ; mais elles ont accepté sans broncher que Staline vienne "au secours de ses frères de sang ukrainiens et biélorusses" en annexant la moitié du pays.

Les historiens officiels ne veulent pas ou ne peuvent pas expliquer de manière adéquate pourquoi les fameuses démocraties ont donné carte blanche à l'URSS pour agir à sa guise. Seule la ligne d'interprétation des faits historiques que nous avons maintenue tout au long de ce travail peut clarifier adéquatement ce qui s'est passé et ce qui devait se passer. En voulant détruire complètement l'Allemagne, la Grande-Bretagne et les États-Unis, démocraties supposées soumises aux puissances de l'ombre qui ont imposé la guerre, allaient, comme on le sait, permettre au communisme d'occuper la moitié de l'Europe et d'arriver jusqu'à Berlin. Il convient de rappeler une fois encore que l'Union soviétique était une dictature communiste impitoyable qui niait les valeurs occidentales traditionnelles. Depuis 1917, des millions d'opposants ont été assassinés et les judéo-bolcheviks ont réalisé pour leurs maîtres le plus grand pillage de l'histoire. Le communisme, nous l'avons vu, s'est consolidé avec l'aval des États-Unis et de la Grande-Bretagne par une terreur sanguinaire. Ses crimes, commis sur une période de 22 ans, ont battu tous les records en 1939.

Après avoir "volé au secours de ses frères de sang" et mis en œuvre des plans d'annexion du territoire polonais, Staline se tourne vers les républiques baltes, dont les ministres des Affaires étrangères sont convoqués à tour de rôle. L'un après l'autre, ils se rendent à Moscou et, en l'espace de deux semaines, du 26 septembre au 10 octobre, sont contraints d'accorder des bases militaires à l'Union soviétique en imposant des traités d'assistance mutuelle. En octobre 1939, 25 000 soldats soviétiques sont stationnés en Estonie, 30 000 en Lettonie et 20 000 en Lituanie. Ces troupes étaient plus nombreuses que les armées de chaque pays, de sorte que le déploiement militaire a effectivement mis fin à l'indépendance de ces pays. Le 11 octobre, Beria, le nouvel homme fort du NKVD après la chute de Yezhov, ordonne "l'extirpation de tous les éléments antisoviétiques et antisociaux" dans ces républiques : officiers, fonctionnaires, intellectuels opposés et autres éléments hostiles sont arrêtés.

La prochaine étape sera la Finlande. Le 5 octobre 1939, Molotov demande à l'ambassadeur finlandais à Moscou d'envoyer un plénipotentiaire à Helsinki pour discuter de "questions politiques concrètes". Les Finlandais, qui connaissent déjà les exigences des républiques baltes, se méfient de cette convocation. Afin de ne pas être pris au dépourvu, le gouvernement prend la précaution d'appeler les réservistes à des manœuvres extraordinaires et d'accroître la préparation défensive. C'est ainsi que commença le chemin qui devait conduire à l'agression scandaleuse de l'Union soviétique, qui avait l'intention d'annexer la Finlande. Puisque le cas finlandais est très significatif et qu'il a mis en évidence le double langage et l'hypocrisie des démocraties occidentales, arrêtons-nous un instant sur ce cas et accordons-lui un peu plus d'attention.

Tout commence en avril 1938, lorsque le ministre finlandais des Affaires étrangères, Rudolf Holsti, reçoit la visite inhabituelle de Boris

Yartsev, un juif d'origine ukrainienne dont le vrai nom est Boruch Aronovich Rivkin. Ce personnage, qui avait travaillé depuis 1922 dans la police secrète (OGPU) et avait été agent à la conférence de Yalta en 1945, était un envoyé personnel de Staline placé à l'ambassade d'Helsinki en tant que second secrétaire. Yartsev souhaite que la Finlande accepte un pacte militaire car, dit-il, l'Allemagne a l'intention d'attaquer l'URSS en utilisant la Finlande comme tremplin. Holsti lui assure qu'ils n'ont pas l'intention de se dissocier de la neutralité nordique, et encore moins de céder leur territoire pour une agression contre Moscou. Malgré l'insistance de l'envoyé de Staline, qui rencontre à deux reprises au cours de l'été le Premier ministre Aimo Cajander, le gouvernement finlandais reste ferme. Fin août 1938, Yartsev est informé que ses revendications constituent une violation de la souveraineté finlandaise et vont à l'encontre de la ligne de neutralité nordique. Le nouveau ministre des Affaires étrangères, Eljas Erkko, ne modifie pas d'un iota la position du gouvernement finlandais lorsqu'un second émissaire d'origine juive, Boris Yefimovich Shtein, tente de le persuader de convaincre la Finlande de louer à l'URSS les îles situées à l'est du golfe de Finlande.

Lorsque la demande de Molotov est reçue le 5 octobre 1939, les Finlandais décident de ne pas envoyer le ministre des Affaires étrangères à Moscou, mais de confier la mission à Paasikivi, un excellent spécialiste de la Russie. Juho Kusti Paasikivi prend quelques jours pour préparer sa mission et, le 9 octobre, la délégation finlandaise, accueillie à la gare par des démonstrations d'ardeur patriotique, part en train pour Moscou. Au Kremlin, Staline et Molotov proposent aux Finlandais un traité d'assistance mutuelle similaire à ceux qu'ils viennent d'imposer à l'Estonie, à la Lettonie et à la Lituanie, mais Paasikivi refuse d'entrer dans le jeu. Puis, invoquant la sécurité de Leningrad, les Soviétiques proposent un bail à long terme de la péninsule de Hanko, porte d'entrée du golfe de Finlande, afin d'établir une base navale dans le port de Lappohja. Ils demandent également la concession d'une partie de l'isthme de Carélie et de quelques îles. La délégation finlandaise campe sur ses positions, arguant que son gouvernement lui a interdit de faire des concessions territoriales.

Alors que la crise s'aggrave, les chefs d'État et les ministres des Affaires étrangères des pays nordiques se réunissent à Stockholm les 18 et 19 octobre. Le roi Gustave V de Suède informa le président finlandais Kyösti Kallio que la Suède ne fournirait pas d'assistance militaire à la Finlande en cas de conflit. Ainsi, lorsque Paasikivi retourne à Moscou le 23 octobre pour reprendre les négociations, il sait que son pays est seul et ne peut compter sur l'aide des pays nordiques. Bien que les négociateurs finlandais fassent quelques concessions, une nouvelle série de pourparlers entre le 2 et le 4 novembre 1939 montre que les renoncements annoncés par les Finlandais ne répondent pas aux exigences de l'URSS. Les négociations étant dans l'impasse, la délégation de Paasikivi retourne à Helsinki le 13 novembre sans qu'une nouvelle date ne soit fixée pour la reprise des négociations.

Au cours de l'automne, l'Union soviétique avait massé des troupes le long de la frontière. Soudain, le 26 novembre, Molotov accuse l'armée finlandaise d'avoir effectué des tirs d'artillerie sur la ville de Mainila, où les obus auraient fait des victimes parmi les soldats stationnés. Pour éviter tout incident, la Finlande doit retirer ses troupes à 30 kilomètres de la frontière. L'accusation était fausse, mais le gouvernement finlandais était prêt à examiner l'incident et à discuter d'un retrait réciproque des troupes dans la zone frontalière. Moscou accuse alors publiquement Helsinki de menacer la sécurité de Leningrad et dénonce le pacte de non-agression en vigueur jusqu'en 1945. Les relations diplomatiques sont rompues et, le 30 novembre, environ un demi-million de soldats de l'Armée rouge commencent à envahir le territoire finlandais à partir de différents points situés sur un front de 1 000 kilomètres. Parallèlement, l'aviation bombarde les principaux centres urbains, notamment Helsinki. L'objectif déclaré est de conquérir le pays rapidement, en deux semaines si possible, et de mettre fin à son indépendance.

Staline et Molotov camouflent leur agression sous un prétexte grossier : après avoir mis en place un gouvernement fantoche à Terijoki (isthme de Carélie), dirigé par le communiste Otto Kuusinen et composé de communistes finlandais exilés en URSS, ils prétendent que les troupes sont entrées en Finlande à l'appel de ce gouvernement, qu'ils reconnaissent comme légitime. Le 2 décembre, les Soviétiques concluent un traité d'assistance avec le "gouvernement populaire de Terijoki". La propagande communiste annonce la prise prochaine de la capitale finlandaise, la libération du peuple finlandais de la terreur blanche et la création d'une république populaire en Finlande. Il s'agissait d'expliquer aux puissances étrangères que l'Armée rouge n'attaquait pas le peuple finlandais, mais le libérait à la demande du gouvernement populaire. En effet, le peuple finlandais avait surmonté la guerre civile de 1918 et était parfaitement uni. L. A. Puntila, dans *Histoire politique de la Finlande de 1809 à 1955*, écrit : "les grandes réformes internes accélérées par le développement économique depuis 1935 avaient amélioré la condition des ouvriers et des paysans, l'éducation avait été intensifiée et le travail des sociétés culturelles avait porté ses fruits. Le sentiment national s'est consolidé et le peuple a appris à apprécier l'indépendance".

Les forces armées finlandaises, en manœuvre depuis le début du mois d'octobre, ne sont pas surprises par l'attaque. Un sentiment de profonde émotion envahit tout le pays et, dès les premières heures de la guerre, le maréchal Mannerheim est nommé commandant en chef des armées. Les Soviétiques mettent en œuvre un millier d'avions au combat, mais la Finlande ne peut les contrer qu'avec 150 appareils. Face aux 2000 chars déployés par les communistes, les Finlandais ne disposent que de 50 chars. Les espoirs du pays reposent sur 330 000 hommes relativement bien entraînés et animés d'un sentiment patriotique plus décisif que n'importe quel armement, le fameux esprit de la guerre d'hiver, qui souligne la volonté inébranlable des Finlandais de défendre leur pays contre l'envahisseur. Dans le poème *The Weary Soldiers,* Yrjö Yylha décrit de manière émouvante l'esprit quasi religieux qui animait les combattants finlandais. En quelques lignes du poème, à bout de force, les soldats demandent à être promus dans les légions célestes. Dieu leur répond : "Mon armée est sur terre, / Celui qui dépose les armes, je ne le connais pas".

Les Russes concentrent leur offensive sur l'isthme de Carélie et, au cours du mois de décembre 1939, lancent offensive sur offensive pour percer les lignes finlandaises. La première attaque massive est menée au début du mois et la seconde à la mi-décembre, toutes deux se heurtent aux défenseurs. Les attaquants tentent ensuite d'ouvrir une brèche au nord du lac Ladoga, mais les Finlandais remportent plusieurs batailles à Tolvajärvi qui remontent le moral de la population et impressionnent l'étranger. À Noël, les Rouges tentent à nouveau de percer le front de l'isthme de Carélie, mais le résultat est une nouvelle victoire défensive. Plus au nord, les positions d'Ilomantsi, de Lieksa et de Kuhmo résistent également à l'assaut des troupes soviétiques. La tentative de diviser le pays en deux autour d'Oulu échoue également et les communistes subissent une défaite humiliante à Suomussalmi, où les Finlandais recourent à des tactiques d'encerclement et remportent un important butin de guerre.

Après un mois d'hostilités, toutes les attaques de l'Armée rouge ont été repoussées. Naturellement, les ressources humaines de la Finlande sont limitées et la situation de l'armée finlandaise est délicate, mais pas désespérée. L'Union soviétique, tout en envoyant des centaines de milliers de nouveaux combattants sur le champ de bataille, décide finalement en janvier d'ouvrir des négociations avec le gouvernement légitime finlandais, ce qui signifie la fin du gouvernement Terijoki. Les exigences de Moscou étant inacceptables pour Helsinki, l'Armée rouge lance en février 1940 une nouvelle offensive sur l'isthme de Carélie, où elle parvient finalement à percer Summa le 11 février. Fin février, les troupes finlandaises sont contraintes de se replier sur la deuxième ligne de défense à l'ouest de l'isthme. Les combats reprennent à Viipuri. Contraint par les circonstances, le Premier ministre Risto Ryti se rend à Moscou le 7 mars à la tête d'une délégation pour rechercher une paix aussi indolore que possible, qui, malgré les conditions difficiles, est signée le 12 mars 1940. Après 125 jours, la guerre d'hiver est terminée.

Les termes de la paix de Moscou impliquent d'importantes cessions territoriales, dont le corridor de Petsamo, qui donne à la Finlande un débouché sur l'Arctique. L'opinion publique est choquée et les drapeaux finlandais sont mis en berne dans tout le pays. La majeure partie de la Carélie finlandaise est cédée à l'URSS et plus de 400 000 personnes fuient ou sont expulsées. Il s'agit de l'un des transferts de population les moins connus de la Seconde Guerre mondiale. Les Caréliens ont quitté leurs maisons en 1940, y sont retournés en 1941 lorsque la Finlande s'est jointe à l'Allemagne dans l'invasion de la Russie, et les ont quittées pour de bon en 1945. À la fin de la guerre, il y a eu l'incroyable transfert de seize millions d'Allemands, qui ont également été expulsés de leurs foyers, mais cela fera l'objet d'un autre chapitre.

En bref, les Finlandais sont livrés à eux-mêmes. Seuls onze mille volontaires étrangers sont venus combattre à leurs côtés contre les communistes. Sept mille d'entre eux étaient des Suédois, solidaires de leurs voisins malgré la position officielle de leur gouvernement. Les 4 000 volontaires restants étaient danois, norvégiens, hongrois et américains. Bien que la Finlande bénéficie de la sympathie de l'opinion publique internationale, l'Union soviétique agit en toute impunité, son expulsion de la Société des Nations moribonde n'étant qu'une plaisanterie. Le monde entier reste impassible, prêt à accepter que la Finlande, pays d'une importance stratégique énorme, passe dans l'orbite d'influence communiste. Pourtant, quelques mois plus tôt, Dantzig, ville habitée par environ un demi-million d'Allemands désireux de retourner dans le Reich, avait été un casus belli.

Terreur rouge et terreur juive en Estonie et en Lettonie

Les actions criminelles de Staline ne s'arrêtent pas à la Finlande. Avant l'occupation de l'Estonie, de la Lettonie et de la Lituanie, entre le 15 avril et le 10 juin 1940, Staline commence à concentrer des millions de soldats le long de la frontière roumaine. Le 26 juin, peu après la capitulation de la France (22 juin), Molotov présente un ultimatum à l'ambassadeur roumain à Moscou, Davidescu, exigeant le "retour" immédiat à l'URSS de la Bessarabie, une région de l'est de la Roumanie ayant appartenu à l'Empire tsariste. Il demande également la restitution de la Bucovine du Nord. Le 28 juin, sur les conseils de l'Allemagne et de l'Italie, le gouvernement roumain capitule et évacue l'armée et l'administration de ces deux régions. Les Soviétiques occupent également la région de Hertza sans explication. La Bucovine et une partie de la Bessarabie sont incorporées à l'Ukraine, et le reste de la Bessarabie devient la République de Moldavie, d'où sont déportés plus de 30 000 éléments antisoviétiques, plus 12 000 de la Bessarabie incorporée à l'Ukraine. Ainsi, alors que l'Allemagne est en guerre contre la Grande-Bretagne et la France, l'URSS poursuit son expansion sans problème.

La stratégie d'incorporation définitive des États baltes à l'URSS est lancée en juin 1940. Sous le prétexte d'"actes de provocation contre les garnisons soviétiques", des centaines de milliers de soldats occupent l'Estonie, la Lettonie et la Lituanie en application du traité d'assistance. Les institutions des trois pays baltes sont dissoutes et leurs représentants arrêtés. Dans *Le Livre noir du communisme*, Nicolas Werth affirme qu'entre 15 000 et 20 000 personnes ont été arrêtées et donne le chiffre de 1 500 opposants exécutés pour la seule Lettonie. Les 14 et 15 juillet 1940, des élections sont organisées dans les républiques baltes, auxquelles seuls les candidats des partis communistes participent. Une période d'arrestations, de déportations et d'exécutions s'ensuit dans les trois pays : quelque 60 000 Estoniens sont déportés ou exécutés ; en Lettonie, environ 35 000 ; en Lituanie, plus de 30 000. L'auteur estonien Jüri Lina raconte en détail ce qui s'est passé dans son pays natal. Dans *Sous le signe du scorpion*, Lina consacre une vingtaine de pages à la dénonciation du rôle criminel joué par les Juifs marxistes en Estonie lors de la prise du pouvoir par les communistes. C'est donc principalement à cette source que nous nous référons.

L'occupation de l'Estonie commence le 17 juin 1940. Le président de la République, le franc-maçon Konstantin Päts, et le commandant en chef de l'armée, Johan Laidoner, également franc-maçon, décident de ne pas résister. Deux organisations juives, prétendument culturelles, ont joué un rôle clé dans l'imposition du communisme en Estonie. L'une d'entre elles, "Licht" (lumière), fondée en 1926, était basée à Tallinn et collaborait avec l'Aide rouge internationale et le Parti communiste estonien. Le second, "Schalom Aleichem" (que la paix soit avec vous), opérait à Tartu et a également contribué à l'introduction du communisme bolchevique en Estonie. La plupart des membres du Licht, dont le président était Moses Sachs, étaient sionistes ou communistes. Trois communistes juifs liés à Licht, Leo Aisenstadt, directeur de banque, Ksenia Aisenstadt et Sosia Schmotkin, imprimaient le journal *Kommunist* dans la maison de Leo Aisenstadt. Un autre membre de la famille Aisenstadt, Hirsh, était un fonctionnaire de l'Agence juive en Estonie et, sous le nom de Grigori Aisenstadt, un agent du NKVD responsable de l'un des "bataillons d'extermination". Un grand nombre de membres de Licht ont pris part à ce qui était officiellement appelé la "révolution socialiste de 1940". Deux d'entre eux, Viktor Feigin et Herman Gutkin, fils du riche marchand juif Heinrich Gutkin, ont abaissé le drapeau estonien le 17 juin et hissé le drapeau rouge sur la tour Tall Hermann. Un autre auteur estonien cité par Jüri Lina, Olaf Kuuli, note dans *The Revolution in Estonia 1940* que Viktor Feigin a été nommé directeur de la prison principale de Tallinn et a dirigé une terrible organisation, la RO (Rahva Omakaitse), qui se traduit par Garde du peuple, à la tête de laquelle il a semé la terreur à Tallinn. Arnold Brenner, un autre membre du Licht, ancien commandant du NKVD, et Viktor Feigin étaient, selon Kuuli, impliqués dans la guerre civile espagnole.

Jüri Lina cite un rapport publié le 24 juin 1940 dans le *Chicago Tribune*, dont le correspondant Donald Day a rapporté les événements. Le journaliste rapporte que des extrémistes juifs menés par Herman Gutkin ont marché dans Tallinn jusqu'à l'ambassade soviétique, où ils ont déchiré le drapeau estonien. Dans ses mémoires, Donald Day note que le rédacteur en chef du journal a supprimé les mots "les Juifs", qui ne figuraient pas dans le texte imprimé. Quant à la prise de Tartu, deuxième ville d'Estonie, elle est organisée par Schalom Aleichem en coordination avec le Parti communiste. Une militante de Schalom Aleichem, Selda Pats (Zelda Paatz), et son frère Jaakov Pesah coordonnent les activités. Le 22 juin, Selda elle-même fonde le Comité de la jeunesse révolutionnaire avec Moisei Sverdlov.

La terreur contre les "ennemis de classe" a été orchestrée par des Juifs estoniens et russes travaillant en coordination avec les occupants soviétiques. Lina désigne Hans Grabbe (Hasa Hoff), membre éminent de l'organisation culturelle Licht, comme le plus grand criminel de l'histoire moderne de l'Estonie. Grabbe est devenu l'un des chefs du NKVD et l'un des principaux responsables des déportations et des atrocités commises par les communistes. Selon Lina, Grabbe a ordonné "l'exécution massive d'officiers estoniens". Un rapport des services secrets suédois cité par l'auteur estonien indique que presque tous les Juifs étaient, d'une manière ou d'une autre, au service du NKVD. Le même document indique que pendant l'occupation soviétique, le système judiciaire a été réorganisé et que de nombreux Juifs et d'autres personnes au passé trouble ont été nommés juges.

Les langues finno-ougriennes, auxquelles appartient l'estonien, ne font pas partie des langues indo-européennes. Ce sont des langues agglutinantes qui n'intéressent pratiquement personne car, outre le fait qu'elles sont parlées par peu de gens, elles sont très difficiles à apprendre. Le fait que Jüri Lina ait accès à des sources écrites en estonien est très intéressant, car peu de chercheurs y ont accès. Il évoque ses recherches aux Archives nationales de Tallinn en 1993, où il a eu entre les mains des documents prouvant que de nombreux membres du Licht faisaient partie de la milice soviétique. Les diplomates étrangers et les observateurs militaires ont noté dans leurs rapports que les Juifs estoniens étaient soudainement devenus des commissaires politiques et des bourreaux pour le NKVD. Parmi les principaux criminels juifs qui ont trahi leur pays et torturé cruellement des Estoniens, Lina cite les docteurs A. Tuch et B. Glückmann, tous deux liés au NKVD. Glückmann, tous deux liés à Licht ; le dentiste Budas, qui, dans la ville de Kuresaare sur l'île de Saarema, ébouillantait les pieds et les mains de ses victimes dans de l'eau bouillante ; la procureure Stella Schliefstein, une bossue surnommée "l'araignée", experte dans l'art de briser en mille morceaux les muscles des jambes et des mains. D'autres Juifs dénoncés par l'auteur estonien sont Manne Epstein, Hirsch Kitt, Gershom Zimbalov. Une source juive, le professeur Dov Levin, confirme que Leo Aisenstadt et Sosia Schmotkin sont devenus d'importants fonctionnaires soviétiques. Selon cette source, Leo Aisenstadt et un autre Juif, le Dr Gens, ont fait partie du gouvernement fantoche de Moscou.

Avant l'occupation soviétique, pendant la période d'indépendance de l'Estonie, les Juifs estoniens jouissaient d'une liberté illimitée : près de la moitié des magasins de Tallinn étaient tenus par des Juifs, ils avaient leurs propres organisations, leurs propres écoles où l'on enseignait le Talmud, leurs propres journaux et même une chaire d'études juives à l'université de

Tartu. Selon le vaste essai *Eesti Juudi Kogukond* (*La communauté juive estonienne*), écrit par Eugenia Gurin-Loov et Gennadi Gramberg et publié à Tallinn en 2001, outre diverses associations culturelles, il existait des organisations politiques sionistes en Estonie, Des organisations politiques sionistes existaient en Estonie, telles que la WIZO (Women's International Zionist Organisation), "Beitar", un mouvement de jeunesse sioniste fondé par Vladimir Jabotinsky, et "Hashomer Hazair" (The Youth Guard), un autre mouvement de jeunesse sioniste à tendance socialiste. En 1924, Päts, le président maçonnique, préside la cérémonie d'ouverture d'une école secondaire juive à Tallinn. Le 12 février 1925, la loi sur l'autonomie culturelle de la République estonienne est adoptée et, en juin 1926, l'autonomie culturelle juive est promulguée, la communauté juive élisant son Conseil de l'autonomie culturelle. Selon les auteurs de l'article, "le gouvernement culturel lui-même était d'une grande importance pour les Juifs estoniens et constituait un phénomène unique dans l'histoire du judaïsme européen". Par ailleurs, le mouvement sioniste était si fort dans cette république balte que David Ben Gourion s'est rendu à Tallinn dans les années 1930.

Entre juillet et août 1940, Licht est chargé de dresser des listes de Juifs refusant de collaborer avec les communistes et les nouvelles autorités soviétiques. Le 7 septembre 1940, cette organisation commence à publier pour les Juifs estoniens l'hebdomadaire *Na Leben* (*La nouvelle vie*), dont le rédacteur en chef est Simon Perlman. Licht, sous la direction de Moisei Scheer et Leo Epstein, choisit de fermer toutes les organisations juives qui lui sont hostiles et de s'emparer de leurs fonds et de leurs ressources. Peu après, les révolutionnaires marxistes de Licht abolissent leur propre organisation et les autorités soviétiques mettent fin à l'autonomie culturelle que l'Estonie avait accordée aux Juifs. Par la suite, en dépit de ce qui précède, des propagandistes tels que l'écrivain Max Isaac Dimont, juif né en Finlande et auteur du livre *Jews, God and History,* ont répandu le mensonge selon lequel il n'y avait pas de démocratie dans l'Estonie indépendante de l'entre-deux-guerres et que l'antisémitisme prévalait dans le pays. Selon Dimont, les Juifs étaient persécutés en Estonie et la législation antisémite était en hausse. Ils étaient donc reconnaissants du traitement très spécial que leur accordait le peuple estonien.

Après le début de l'attaque allemande contre l'URSS le 22 juin 1941, suite à un décret de Beria du 24 juin, le général Konstatin Rakutin, qui commandait les troupes frontalières du NKVD dans la Baltique, a ordonné le 26 juin la formation de bataillons spéciaux d'extermination, composés chacun de trois cent vingt membres. Selon Jüri Lina, le juif lituanien Michael Pasternak, dont une rue porte le nom à Tallinn, exerçait le commandement suprême de ces bataillons. Josef Goldman, membre de Licht, a commandé l'un des bataillons d'extermination les plus brutaux en juillet 1941.

En 1993, Mart Laar, alors Premier ministre d'Estonie, a publié le livre *Metsavennad* (*La Fraternité de la forêt*), un titre qui fait allusion à un mouvement partisan d'opposition à l'invasion et à l'occupation soviétiques qui a vu le jour dans les trois républiques. Dans cet ouvrage, Mart Laar révèle que l'un des bataillons d'extermination était composé exclusivement de Juifs. Jüri Lina, quant à lui, a établi que de nombreux membres de Licht faisaient partie de ces bataillons, qui sont d'un souvenir infâme pour tant d'Estoniens. Lina cite la liste suivante des criminels les plus actifs : Zemach Delski, Jakob Vigderhaus, les frères Moisei et Gerschom Zimbalov, Refoel Goldmann, Isaak Halupovitsch, Schimon (Semjon) Hoff, Simon Strassman, Abram Vseviov, Isaak Bulkin, Meier et Issak Minsker, Moisei Schimschelevitsch, Leo Epstein et Boruch Schor. Certains membres de Schalom Aleichem à Tartu ont volontairement rejoint les bataillons d'extermination, parmi lesquels Josef Mjasnikov, fondateur du mouvement sioniste estonien "Netzach", ainsi que Selda Pats et Jaakov Pesah, déjà cités.

Selon un rapport du journal *Eesti Ekspress* du 7 juin 1991, *il* y avait au moins cinq cent quarante Juifs dans ces unités impitoyables. Les bataillons d'extermination", écrit l'auteur estonien, "étaient connus pour leur brutalité et leur cruauté indescriptibles, en particulier à l'égard des femmes et des enfants. Les victimes étaient jetées vivantes dans le feu, des parties de leur corps étaient amputées, elles étaient clouées aux murs...". Des milliers d'opposants ont été emprisonnés ou éliminés pendant les deux mois de la terreur rouge, qui ne s'est achevée que le 28 août 1941 avec l'entrée des Allemands à Tallinn. Jüri Lina situe les criminels dans les quartiers qu'ils ont terrorisés. Ainsi, il situe Boris Friedam dans la ville de Voru ; Jakob Jolanski à Pärnu ; Shustov à Kuresaare. Les actions des assassins sont bien documentées. Il y a, par exemple, le cas de vingt Estoniens arrêtés à la gare et qui, après avoir été interrogés à Tallinn, ont été exécutés dans la forêt de Liiva sur ordre de L. Rubinov, le commandant juif du bataillon. Voici un bref récit d'un autre cas tel qu'il a été écrit par Lina :

> "Josef Goldman, qui commandait l'un des bataillons d'extermination, a ordonné que toutes les femmes et les filles trouvées sur les routes, dans les fermes ou dans les champs soient d'abord violées, puis que leurs seins soient coupés et enfin qu'elles soient brûlées vives. Les hommes étaient traités de la même manière : ils perdaient d'abord leurs organes génitaux, puis leurs yeux, après quoi on leur ouvrait le ventre et ils mouraient le plus lentement possible".

Dans son ouvrage, Lina cite les noms et prénoms de certaines victimes et la manière dont elles ont été torturées et tuées, par exemple Anna Kivimäe et ses filles. La mère a eu la tête fracassée et les filles ont été violées et ont eu les yeux arrachés. Le jardinier Albert Palu a été brûlé vif à Helme le 5 juillet 1941. La même chose est arrivée à Albert Simm et à sa femme à Pühajoe. Le même jour, un adolescent de quatorze ans, Tiit Kartes, est arrêté à Aseri : après l'avoir torturé et lui avoir coupé les parties génitales, il est assassiné et son cadavre est abandonné dans une forêt. Parfois, les exterminateurs écorchaient leurs victimes vivantes. Mart Laar, premier ministre estonien déjà cité, a décrit certains des crimes des bataillons d'extermination dans un article intitulé "Le temps des horreurs". Laar raconte la destruction déshumanisante de trois villages estoniens et de tous leurs habitants : des enfants ont été cloués à des arbres et des femmes enceintes ont été battues à mort. Dans le village d'Ehavere, les bébés étaient étouffés contre la poitrine de leur mère à coups de baïonnette ; les femmes étaient amputées de la langue et de la poitrine. Jüri Lina ajoute qu'il a pu personnellement trouver des informations montrant que des porcs étaient parfois nourris avec les cadavres des guérilleros estoniens de la Fraternité de la forêt et attribue la responsabilité ultime de ces crimes aux Juifs Hans Grabe (Hasa Hoff) et Michael Pasternak.

Le chercheur estonien s'appuie constamment sur des sources juives pour étayer ses affirmations. Ainsi, par exemple, Irina Stelmach a admis dans l'édition du 17 décembre 1993 du journal *Hommikuleht* que beaucoup de ses compatriotes juifs se trouvaient dans les bataillons d'extermination. Augustina Gerber, rédactrice en chef du journal juif *Hasahar*, a affirmé que l'Estonie soviétique était devenue la "terre promise des Juifs". Jüri Lina confirme que c'est bien le cas, puisque "des Juifs sont devenus de hauts responsables de l'appareil soviétique dans l'Estonie occupée". Le juif letton Idel Jakobson était le numéro deux du département de recherche du NKVD. En avril 1942, Jakobson a signé un ordre d'exécution pour six cent vingt et un Estoniens détenus dans le camp de Vostok-Uralsky dans la ville sibérienne de Sosva, ce qui n'a pas empêché Jakobson de mourir à Tallinn à l'âge de 93 ans sans avoir jamais été jugé pour ses crimes, rapporte Lina.

Les juifs contrôlent les médias, l'industrie du disque, le développement scientifique et tout ce qui a trait à la propagande. Les principaux commentateurs radio étaient les Juifs Herbert Vainu, Gabriel Hazak et Simon Joffe. Lina mentionne également le nom du marxiste juif chargé de falsifier l'histoire, Herber-Armin Lebbin, qui n'a cessé de répandre des mensonges sur la volonté de l'Estonie de rejoindre l'Union soviétique. Comme d'habitude, de nombreux Juifs ont occupé des postes importants dans la police politique. Parmi eux, l'auteur estonien cite les hommes d'affaires Epstein, Mirvitz, Bakszt, Kofkin, Himmelhoch ; les avocats Markovitch et Kroppman ; le photographe Schuras. À la tête du département des prisons, il cite le juif Feodotov ; le juif russe Lobonovich était vice-président du commissariat aux affaires intérieures.

En Lettonie, où l'occupation a été célébrée par de nombreux communistes juifs qui ont pris part aux émeutes lorsque les chars soviétiques sont entrés dans Riga, les activistes juifs ont également joué un rôle de premier plan dans la terreur contre les "ennemis du peuple". Parmi les chefs juifs du NKVD en Lettonie, Simon (Semion) Shustin, Alfons Noviks et

Moses Citron, une troïka à laquelle se joignit Isaac Bucinskis, chef de la milice lettone. Les deux premiers organisent la déportation des Lettons les 13 et 14 juin 1941. Dans les gares, les hommes sont regroupés d'un côté, les femmes et les enfants de l'autre. Au cours de ces deux seules journées, environ 16 000 personnes sont déportées, dont beaucoup meurent avant d'atteindre les camps, et d'autres au cours du premier hiver.

Simon Shustin est arrivé en Lettonie en provenance de Moscou où, par décret de Lavrenti Beria, il avait été nommé commissaire aux affaires intérieures en Lettonie. Nombre de ses hommes de main au sein du NKVD étaient des Juifs de la région. Après le retrait des troupes soviétiques, des documents ont été retrouvés montrant que l'exécution des patriotes lettons avait commencé dès le début de l'occupation. Avant de s'enfuir à Moscou, Shustin signa le 26 juin 1941 l'ordre n° 412, ordonnant l'exécution de 78 personnes, dont six femmes. Il écrit à l'encre rouge : "Considérant qu'ils constituent un danger public, ils doivent tous être fusillés". Selon Jüri Lina, Shustin, qui était connu comme le "bourreau de Lettonie", a fini par émigrer en Israël dans les années 1970, mais ce fait n'a pas pu être vérifié. Selon d'autres sources, le 8 février 1996, le bureau du procureur letton a porté plainte contre Shustin pour crimes contre l'humanité et on a appris qu'il avait vécu à Kolpino (district de Saint-Pétersbourg) entre 1960 et 1972. Au cours de l'enquête, le procureur général de Lettonie a trouvé une lettre adressée à Alfons Noviks et datée du 12 juillet 1968. L'enquête a finalement révélé qu'il était décédé le 3 août 1978 et l'affaire a été classée le 30 juin 1997.

Alfons Noviks, chef du NKVD à Daugavpils, la deuxième ville de Lettonie, est arrêté et traduit en justice, où il fait régner la terreur avec son collègue Moses Citron. Sa carrière criminelle en Lettonie s'est déroulée en deux temps : à l'arrivée des troupes allemandes, il s'est enfui à Moscou en juillet 1941 ; mais il est revenu en 1945 et a été nommé commissaire aux affaires intérieures et chef de la sécurité de l'État. Comme l'établit le jugement du tribunal de Riga qui l'a condamné le 13 décembre 1995 à la prison à vie pour génocide et crimes contre l'humanité, il a participé, entre 1940 et 1953, à la déportation en Sibérie d'environ 100 000 Lettons. Le tribunal de Riga l'a également reconnu coupable de la torture et de l'exécution de nombreux prisonniers politiques (selon plusieurs témoins qui ont déposé contre lui, Noviks torturait et battait avec une extrême cruauté lors de ses interrogatoires). Pour la seule année 1949, il a personnellement ordonné la déportation de 41 544 personnes, ce qui lui a valu la médaille du drapeau rouge. Le tribunal a estimé que quelque 150 000 Lettons et Lituaniens avaient dû s'exiler à cause de sa politique. Alfons Noviks vivait tranquillement à Riga lorsqu'il a été arrêté en mars 1994. Son emprisonnement a été de courte durée, puisqu'il est décédé le 12 mars 1996.

Beria et le massacre de Katyn

L'entrée de l'Armée rouge en Pologne a été suivie par celle des unités du NKVD chargées d'éliminer les dirigeants polonais et de déporter dans des camps de travail des centaines de milliers de civils vivant dans les territoires nouvellement occupés. L'occupation soviétique incite les éléments des minorités ethniques qui détestent les Polonais à régler leurs comptes avec eux. Des unités de gardes du travail sont formées dans les villes et des unités de gardes paysans dans les campagnes, composées principalement de collaborateurs juifs enthousiastes qui fournissent au NKVD des informations sur la résistance polonaise et dénoncent les membres de l'armée, de la police et d'autres "ennemis" qui se cachent. Ils participent à l'élaboration des listes de personnes à arrêter. Le général du NKVD, Ivan Serov, nomme le colonel juif Semion Moiseyevich Krivoshaynin pour mener à bien la tâche de liquider les opposants à l'autorité soviétique. Krivoshéin est déjà apparu dans cet ouvrage : il était le chef des tankistes qui chargeaient les réserves d'or de la Banque d'Espagne sur les navires qui les transportaient de Carthagène à Odessa. Lors de la bataille de Madrid, Semion Krivoshéin commandait les chars de l'armée républicaine et était connu des Espagnols sous le nom de "Melé".

Il n'existe pas de données fiables sur les arrestations et les déportations de civils effectuées par les Soviétiques en Pologne entre septembre 1939 et janvier 1940, mais on dispose de chiffres sur quatre grandes déportations ultérieures : les trois premières ont eu lieu au cours du premier semestre 1940 et la quatrième au cours de l'été 1941. Les historiens polonais estiment le nombre total de déportés à plus d'un million, mais d'autres sources parlent d'un demi-million. En tout état de cause, il faut compter séparément les prisonniers de guerre qui, comme nous l'avons vu plus haut, étaient au nombre de 230 000, dont 82 000 seulement ont survécu à l'été 1941. Parmi ces prisonniers se trouvaient 25 700 officiers et civils polonais que Beria se proposait de fusiller, comme l'indique une lettre adressée à Staline le 5 mars 1940. Une fois le crime commis, entré dans l'histoire sous le nom de massacre de la forêt de Katyn, les Soviétiques l'ont imputé aux Allemands avec la complicité des Britanniques qui, bien que connaissant la vérité, l'ont dissimulée et ont contribué à répandre la fausse revendication de la responsabilité du massacre.

Le 11 octobre 1951, une commission du Congrès américain a tenu la première audition publique sur le crime de guerre de Katyn à Washington. L'enquête s'est poursuivie en 1952 avec d'autres auditions à Washington (4, 5, 6 et 7 février), à Chicago (13 et 14 mars), à Londres (16, 17, 18 et 19 avril), à Francfort (21, 22, 23, 24, 25 et 26 avril) et plus tard. Lors de ces auditions, une centaine de témoins se sont présentés devant la commission. Il a été unanimement considéré comme prouvé que le massacre des officiers de l'armée polonaise était de la responsabilité du NKVD, c'est-à-dire du Commissariat du peuple aux affaires intérieures, dont le commissaire était le juif Lavrenti Beria. La commission a conclu que dès l'automne 1939, peu après l'invasion, les Soviétiques avaient planifié l'extermination des dirigeants polonais. Selon les conclusions de la commission d'enquête, il ne fait aucun doute que le massacre était un complot planifié visant à éliminer tous les dirigeants nationaux qui se seraient opposés plus tard aux plans soviétiques visant à établir le communisme en Pologne. Le lecteur se souviendra que la même chose avait été faite en Russie, où les judéo-bolcheviks avaient éliminé l'"intelligentsia" du pays dans le même but.

De septembre 1939 à mars 1940, le NKVD exécute un plan parfaitement organisé pour séparer les officiers et les intellectuels polonais du reste des prisonniers. Les personnes sélectionnées, chefs et officiers de l'armée, avocats, médecins, prêtres, techniciens, fonctionnaires et intellectuels, sont internées à Kozelsk, Starobelsk et Ostashkof, trois camps situés sur le territoire de l'Union soviétique. Selon les auditions de la commission d'enquête, 5000 prisonniers ont été internés à Kozelsk, près de Smolensk ; 4000 officiers polonais ont été internés à Starobelsk, près de Kharkov ; 6000 prisonniers ont été internés à Ostashkov, près de Kalinin. *Le Secret Venona*, sur lequel nous reviendrons dans le chapitre suivant, rapporte que le 31 octobre 1939, Vassiliy Zarubin arrive au camp de Kozelsk. Zarubin, agent secret qui prendra plus tard aux États-Unis le nom de Vassiliy Zubilin, se comporte comme s'il était le commandant du camp. C'est lui qui sélectionne les prisonniers à envoyer à la Loubianka à Moscou pour un interrogatoire approfondi. Zarubin détermine quels officiers polonais doivent être sévèrement punis pour leurs activités antisoviétiques passées et lesquels peuvent être recrutés pour devenir des agents soviétiques.

Grâce au témoignage de 26 personnes ayant séjourné dans ces trois camps, on apprend que les Soviétiques ont divisé les Polonais en groupes : les militaires de haut rang sont internés à Kozelsk avec les médecins réservistes de l'armée ; les sous-officiers, les dirigeants politiques et les enseignants sont regroupés à Starobelsk ; enfin, les gardes-frontières, les policiers et les autres fonctionnaires sont internés à Ostashkov. Les chefs religieux sont répartis entre les trois camps. Le nombre total de détenus dans les trois installations s'élevait à quinze mille quatre cents, et leur garde était confiée à des membres sélectionnés du NKVD. Pendant leur internement, chacun est observé et interrogé pour voir s'il est possible de les convertir au communisme : seuls six acceptent de rejoindre les forces soviétiques. En mars 1940, les interrogatoires ont pris fin et la fermeture des camps a été annoncée. Une rumeur commença à se répandre parmi les prisonniers, encouragée par les autorités du camp, selon laquelle ils seraient renvoyés chez eux. Pendant l'évacuation, qui dure jusqu'à la mi-mai 1940, des groupes de deux ou trois cents personnes partent chaque jour ou tous les deux jours pour être tués. Seuls quatre cents prisonniers ont survécu. Ceux-ci sont emmenés à Pavlishev-Bor, un autre camp où le NKVD continue de les interroger pour tenter de les convertir au communisme. Les Polonais massacrés dans la forêt de Katyn venaient du camp de Kozelsk.

Le texte "très secret" de la lettre envoyée par Beria au camarade Staline le 5 mars 1940 figure intégralement dans *Le Livre noir du communisme*. Beria signale que les camps de prisonniers de guerre comptent 14 736 officiers, fonctionnaires, propriétaires, policiers, gendarmes, agents pénitentiaires, colons des régions frontalières et agents de renseignement. La dernière partie de la lettre est la suivante :

"... Sont inclus :
- Généraux, colonels et lieutenants-colonels : 295.
- Commandants et capitaines : 2080.
- Lieutenants, sous-lieutenants et stagiaires : 6.049.
- Officiers et sous-officiers de la police, des douanes et de la gendarmerie : 1030.
- Policiers, gendarmes, agents pénitentiaires et agents de renseignement : 5138.
- Fonctionnaires, propriétaires, prêtres et colons : 144.
En outre, 18 632 hommes sont détenus dans les prisons des régions occidentales de l'Ukraine et de la Biélorussie (dont 10 685 Polonais).
Sont inclus :
- Anciens officiers : 1027.
- Anciens agents des services de renseignement, de la police et de la gendarmerie : 5141.
- Espions et saboteurs : 347.
- Anciens propriétaires immobiliers, propriétaires d'usines et fonctionnaires : 465.
- Membres d'organisations de résistance contre-révolutionnaire et autres éléments : 5345.
- Déserteurs : 6.
Tous ces individus étant des ennemis acharnés et irréductibles du pouvoir soviétique, le NKVD de l'URSS estime qu'il est nécessaire :
1. ordonner au NKVD de l'URSS de juger l'affaire devant des tribunaux spéciaux :
(a) 14 700 anciens fonctionnaires, agents publics, propriétaires, policiers, agents de renseignement, gendarmes, colons des régions frontalières et fonctionnaires pénitentiaires détenus dans des camps de prisonniers de guerre.
b) ainsi que 11 000 membres des organisations contre-révolutionnaires d'espions et de saboteurs, anciens propriétaires immobiliers, propriétaires d'usines, anciens officiers de l'armée polonaise, fonctionnaires et déserteurs arrêtés et enfermés dans les prisons des régions occidentales de l'Ukraine et de la Biélorussie pour être condamnés à la peine ultime - la peine de mort par peloton d'exécution.
2. L'examen des dossiers individuels se fait sans comparution des détenus et sans acte d'accusation. Les conclusions de l'acte d'accusation et l'arrêt définitif sont présentés comme suit :

(a) Sous la forme de certificats délivrés aux personnes détenues dans les camps de prisonniers de guerre par l'administration du NKVD de l'URSS chargée des affaires des prisonniers de guerre.

(b) sous la forme de certificats délivrés aux autres personnes détenues par le NKVD de la RSS d'Ukraine et le NKVD de la RSS de Biélorussie.

3. Les dossiers seront examinés et les sentences prononcées par un tribunal composé de trois personnes, les camarades Merkulov, Kobulov et Bashtakov.

Commissaire du peuple aux affaires intérieures de l'URSS L. Beria".

Les exécutions ont commencé le 5 avril 1940. De ce jour au 14 mai, 6311 prisonniers de guerre et policiers sont systématiquement abattus d'une balle dans la nuque dans les caves de la prison du NKVD à Kalinin. Le massacre a été personnellement dirigé par trois chefs du NKVD, Vasily Blokhin, Mikhail Kriwienko et Nikolai Siniegubow. Le premier est entré dans l'histoire comme l'un des bourreaux les plus prolifiques de l'histoire, crédité de l'exécution personnelle de dizaines de milliers de personnes au cours de sa carrière sanguinaire. En ce qui concerne les prisonniers polonais, il en aurait tué 300 en une seule nuit, soit un toutes les trois minutes. Les corps étaient ensuite chargés dans des camions et jetés dans des fosses communes à une trentaine de kilomètres de la ville de Mednoye. Dans un autre centre du NKVD à Kharkov, 3 820 autres prisonniers de guerre ont été exécutés et transportés par camion dans les forêts avoisinantes pour être jetés dans des fosses.

Une autre méthode utilisée pour le meurtre en masse des prisonniers a déjà été évoquée à deux reprises dans cet ouvrage : le naufrage de barges remplies de prisonniers. On se souviendra que le premier à avoir utilisé cette méthode pendant la Révolution française fut un criminel nommé Carrier, qui coula de grands radeaux chargés de personnes dans la Loire. Cette méthode a été reprise en 1919 à Astrakhan par les bolcheviks tchékistes. Des milliers de détenus sont alors jetés dans la Volga depuis les bateaux avec une pierre autour du cou. Sur ce qui s'est passé en avril/mai 1940, Adam Moszynski, prisonnier à Starobelsk et auteur de la liste la plus complète des noms des prisonniers internés dans les trois camps, a déclaré devant la commission d'enquête : "Pour autant que je sache, sur la base de recherches substantielles sur la question, les prisonniers d'Oshtakov ont été placés sur deux grandes barges très anciennes et, après avoir été remorquées en pleine mer, elles ont été détruites par des tirs d'artillerie". Ces prisonniers auraient été emmenés pour travailler dans des mines de charbon sur l'une des îles de l'Arctique.

Le massacre de la forêt de Katyn est le seul massacre connu pendant la guerre. Là, 4 421 prisonniers de guerre polonais, recherchés en vain par les autorités polonaises depuis l'été 1941, ont été enterrés dans des fosses communes. La chronologie des événements permet d'en comprendre la dynamique. Après l'attaque de l'URSS par l'Allemagne le 22 juin 1941, la

Pologne et l'Union soviétique signent le 30 juillet 1941 un accord qui leur permet de reprendre leurs relations diplomatiques. À la suite de cet accord, tous les Polonais encore détenus dans des camps sont libérés par les Soviétiques. Le 14 août 1941, les Polonais et les Soviétiques signent un pacte militaire et le 16 août, le général Wladyslaw Anders entame la vaine recherche de ses camarades assassinés.

Le 13 avril 1943, les Allemands annoncent la découverte des tombes de Katyn, près de Smolensk, où ont été enterrés des chefs et des officiers de l'armée polonaise, des membres de l'intelligentsia, des fonctionnaires et des prêtres. Le 15 avril 1943, le gouvernement polonais à Londres demande à la Croix-Rouge internationale d'envoyer une délégation sur place pour faire la lumière sur ce qui s'est passé. Le 26 avril, l'URSS rompt à nouveau ses relations diplomatiques avec la Pologne parce que celle-ci a demandé une enquête neutre de la Croix-Rouge. Le 30 avril 1943, une commission d'expertise médicale présidée par le Dr François Naville, professeur de médecine légale à l'université de Genève, et composée d'éminents juristes, médecins et criminologues de douze universités européennes et de pays neutres, produit un rapport approuvé à l'unanimité selon lequel les Polonais enterrés dans les fosses ont été massacrés au printemps 1940. Le 24 janvier 1944, une commission spéciale soviétique a publié son propre rapport sur les événements de Katyn, selon lequel les Allemands avaient commis l'atrocité en août 1941. Ce n'est qu'en 1992 que l'URSS a reconnu sa responsabilité dans l'élimination de l'élite polonaise en 1940.

Sur le corps du major Adam Solski, l'une des victimes enterrées dans les fosses de Katyn, a été retrouvé un journal intime dont les entrées ont permis à la Commission d'enquête du Congrès de connaître les dates des massacres. Les derniers mots ont été écrits les 8 et 9 avril 1940. Le 8, il écrit : "Depuis midi, nous sommes dans une impasse à Smolensk". Le 9, il écrit deux fois. Dans la première entrée, il dit : "Quelques minutes avant cinq heures du matin, réveil des wagons et préparatifs de départ". Le journal se termine avec la deuxième entrée du 9. Voici ce qui est écrit : "Dès l'aube, la journée a commencé de façon étrange. Nous sommes partis dans des fourgons avec de petites cellules de prisonniers (terribles). On nous a emmenés quelque part dans les bois, dans un camp d'été. Ici, une fouille minutieuse. Ils ont pris la montre, qui indiquait 6h30 du matin, m'ont demandé mon alliance, qu'ils ont gardée, des roubles, ma ceinture et un couteau de poche." Ce journal a été apporté par le général Bor-Komorowski aux séances de la commission d'enquête qui s'est tenue à Londres en avril 1952.

Avant que les Allemands ne découvrent les tombes en avril 1943, le général Anders avait personnellement rencontré Staline. En décembre 1941, Anders, accompagné du général Sikorski, chef du gouvernement polonais en exil, s'est enquis auprès de Staline de l'endroit où se trouvaient les officiers disparus. La réponse fut qu'ils n'étaient pas et n'avaient pas été détenus. Le général Anders a témoigné devant la commission à Londres et a reproduit le dialogue avec le dirigeant soviétique : "Nous avons demandé : "Où ont-ils pu aller ?" Ce à quoi Staline a répondu : "Ils se sont échappés". Nous avons essayé de savoir : "Où ont-ils pu s'échapper ?" Staline a répondu : "En Mandchourie". J'ai dit que c'était impossible. Le 18 mars 1942, Anders rencontra à nouveau Staline au Kremlin et lui présenta une liste des noms des officiers disparus. Il insiste sur le fait qu'aucun d'entre eux n'a encore établi de contact avec l'armée polonaise. Au cours de cette seconde entrevue, Staline laisse entendre qu'ils ont peut-être fui séparément lorsque les Allemands ont envahi la Russie.

Le 13 avril 1943, une émission radiophonique est diffusée à Berlin qui, en plus d'ébranler l'opinion internationale, a pour effet d'empêcher les Polonais de rechercher leurs militaires disparus :

"De Smolensk nous parviennent des nouvelles que la population autochtone a révélées aux autorités allemandes. Des exécutions massives y ont eu lieu. Les bolcheviks ont assassiné dix mille officiers polonais. Les autorités allemandes ont fait une découverte horrible. Elles trouvent une fosse de vingt-huit mètres de long, seize mètres de large et douze mètres de profondeur dans laquelle gisent les corps de trois mille officiers polonais. En uniforme, parfois enchaînés, ils sont tous blessés par balle à la nuque. La recherche et la découverte d'autres tombes se poursuivent".

L'annonce a été suivie d'une intense campagne de propagande pour tenter d'exploiter politiquement la découverte. Les nazis ont déployé des efforts désespérés pour que le Comité international de la Croix-Rouge mène une enquête impartiale. Hitler donna personnellement des instructions au ministère allemand des Affaires étrangères pour qu'il mette tout en œuvre pour obtenir une telle enquête. Le Comité international informa la Croix-Rouge polonaise qu'une enquête ne pourrait avoir lieu que si les trois nations concernées y participaient. Lorsque les Polonais ont demandé une enquête, les Soviétiques les ont accusés de "collaborer avec les nazis" et ont brusquement rompu leurs relations diplomatiques.

À Londres, Sikorski rencontre Churchill le 15 avril 1943 et lui dit que les preuves qu'il a trouvées indiquent de manière irréfutable que les Alliés soviétiques sont responsables des massacres. Comme l'écrit Lord Cadogan dans son journal, Churchill dit à Sikorski : "Les révélations des Allemands sont probablement vraies. Les bolcheviks peuvent être très cruels". Malgré cet aveu, il finit par lui conseiller d'oublier l'affaire, car rien ne ramènera à la vie les officiers assassinés. Anthony Eden, le secrétaire d'État au Foreign Office qui a remplacé Lord Halifax, se présente devant la Chambre des communes le 4 mai 1943 et annonce que le gouvernement britannique rejettera la responsabilité de ce qui s'est passé sur l'ennemi commun. Eden ajoute "qu'il déplore le cynisme avec lequel le gouvernement allemand accuse l'Union soviétique, dans le but voilé de briser l'unité entre les Alliés".

Bien entendu, F.D. Roosevelt connaissait lui aussi la vérité sur ce qui s'était passé et l'a dissimulée au public. Des documents récemment déclassifiés des archives nationales américaines révèlent que Roosevelt savait en 1943 que la police secrète soviétique avait abattu d'une balle dans la nuque 22 000 Polonais, l'élite militaire et intellectuelle du pays. Winston Churchill lui-même lui avait envoyé un rapport détaillé rédigé par Owen O'Malley, l'ambassadeur britannique auprès du gouvernement polonais en exil à Londres.

La situation en Europe occidentale : la Norvège et les pays neutres

La question des Sudètes étant réglée, Hitler avait déclaré, activement et passivement, qu'il n'avait plus de prétentions territoriales en Europe occidentale et que la France pouvait être tranquille en ce qui concerne l'Alsace-Lorraine. Cependant, après la déclaration de guerre de la Grande-Bretagne et de la France à l'Allemagne, peu de pays ont pu éviter d'être mêlés au conflit, qui s'est finalement étendu inexorablement à tout le continent. La propagande des Alliés, diffusée par la presse mondiale, a imposé une idée qui a prévalu : l'Allemagne a attaqué les pays neutres parce qu'elle voulait dominer le monde et ceux-ci, en revanche, ont agi en sauveurs désintéressés des peuples attaqués. La réalité, comme nous l'avons vu, était tout autre, puisque ni le Royaume-Uni, ni la France, ni les États-Unis n'ont levé le petit doigt pour défendre les pays d'Europe de l'Est attaqués sans raison par l'URSS, dont l'expansion vers l'Ouest ne semblait pas la moins préoccupante.

Le roi de Belgique et la reine de Hollande ont offert leurs bons offices en novembre pour rétablir la paix. Ils demandent au président Roosevelt de prendre la tête d'une Ligue des neutres et lui proposent de soutenir une protestation contre les violations commises par l'URSS en envahissant la Pologne, en soumettant les pays baltes et en attaquant la Finlande. Naturellement, Roosevelt, malgré ses discours hypocrites en faveur de la paix, refuse de s'associer aux efforts des deux monarques. Lord Halifax, quant à lui, dans un discours public que Ribbentrop qualifie d'"effronté", prend l'initiative d'exclure toute possibilité de négociation. David Irving précise dans *Hitler's War* que le refus de la paix s'explique par le fait que "Londres était soumis à une minorité lunatique contrôlée par les Juifs, face à laquelle Chamberlain était un homme veule et impuissant". La Hollande et surtout la Belgique se trouvaient dans une situation impossible si la guerre éclatait entre la France et l'Allemagne. Cependant, lorsque le 19 octobre 1939, Hitler donne la première directive pour préparer l'attaque massive contre la France, l'opération "Case Yellow" (Fall Gelb), il pense qu'il sera possible d'éviter les hostilités avec les Pays-Bas, à condition que les Britanniques respectent leur neutralité et ne débarquent pas dans le pays. Les généraux allemands exposent au Führer leurs scrupules à violer le territoire belge, ce qui entraîne des retards répétés dans l'exécution de "Fall Gelb", qui doit débuter en novembre.

Le fait que, à l'exception de la minorité flamande, les sympathies de la population néerlandaise allaient aux Alliés signifiait que les forces armées des deux pays étaient presque entièrement concentrées sur la frontière allemande. Les dirigeants nazis craignaient en particulier que les Britanniques et les Français ne se joignent du jour au lendemain aux Belges pour attaquer le "talon d'Achille" de l'Allemagne, à savoir la région industrielle de la Ruhr, ce qui aurait constitué un coup dur. D'autre part, les Britanniques ne cessent de violer la neutralité des Pays-Bas en survolant les avions de la RAF, si bien qu'il est clair, dès le mois de novembre, que lorsque l'opération, qui avait été reportée au 3 décembre, commencera, les Pays-Bas devront être envahis.

En décembre 1939, l'amiral Erich Räder a alerté Hitler sur la position stratégique désastreuse dans laquelle se trouverait l'Allemagne si les Britanniques occupaient la Norvège. La preuve que les craintes de Räder étaient justifiées est apportée par le contact de Rosenberg en Norvège, le major Vidkun Quisling, qui avait été ministre de la Défense jusqu'en 1933. Anticommuniste convaincu, fondateur du "Nasjonal Samling" (Unité nationale), un parti antijuif proche du national-socialisme, Quisling dispose de preuves irréfutables que Londres envisage de contrôler le pays avec l'appui de Carl Hambro, le président juif du Parlement norvégien, qui, selon Quisling, a permis aux services secrets britanniques d'infiltrer de fond en comble l'Intelligence Service norvégien. La presse est également entre les mains des amis d'Hambro, un personnage très influent, issu d'une puissante famille de banquiers juifs.

Hitler souhaite se faire une idée personnelle de Quisling qui, le 14 décembre, se présente au chancelier allemand en compagnie de Viljam Hagelin, un homme d'affaires. Au cours de la conversation, le Führer insiste sur le fait que sa préférence politique va à la Norvège et à l'ensemble de la Scandinavie, et qu'il n'a pas l'intention d'étendre le théâtre de la guerre en impliquant d'autres pays dans le conflit, à moins qu'il n'y soit contraint. Quisling, cependant, informe Hitler qu'il a deux cent mille partisans, dont certains très bien placés, prêts à prendre le pouvoir lorsque le gouvernement Hambro, qui a prolongé son mandat, sera illégalement maintenu au pouvoir à partir du 10 janvier. Quisling propose de le renverser et de demander ensuite à l'Allemagne d'envoyer des troupes à Oslo.

En janvier 1940, l'Intelligence Service allemand confirme que la Belgique, malgré des concentrations croissantes de troupes anglo-françaises à sa frontière avec la France, ne fait que fortifier sa frontière avec l'Allemagne. De plus, les autorités encouragent la fraternisation des Belges avec les Français et les Britanniques. De plus, la gendarmerie belge a reçu l'ordre de faciliter l'invasion de la France et des panneaux de signalisation ont même été érigés à cet effet dans l'ouest du pays. La preuve que les Alliés préparent leur offensive à travers la Belgique est évidente. À l'exception d'une division, toutes les forces mécanisées d'infanterie, de blindés et de cavalerie sont déployées à la frontière allemande.

Le 17 février 1940, l'*Altmark*, un navire de ravitaillement de 15 000 tonnes, navigue sans armes dans les eaux norvégiennes sous le pavillon de la marine marchande allemande. À son bord se trouvent quelque 300 marins britanniques, qui ont été sauvés de la mer par le croiseur *Graf Spee* après le naufrage des navires britanniques auxquels ils appartenaient. L'*Altmark* approvisionnait le célèbre croiseur dans les eaux de l'Atlantique Sud et avait reçu ces prisonniers avant que le capitaine du *Graf Spee*, Langsdorff, n'ordonne de les couler dans l'estuaire du Río de la Plata pour éviter qu'ils ne soient capturés. Deux torpilleurs de reconnaissance norvégiens interrogent le capitaine de l'*Altmark*, qui ne révèle pas qu'il a des prisonniers à bord, bien que s'il en avait eu, sa situation juridique n'aurait pas été différente, et procèdent à son escorte. Le croiseur britannique *Cossack* et six destroyers se trouvent à proximité et reçoivent l'ordre de s'emparer du navire allemand, quitte à violer les eaux territoriales norvégiennes. A la vue des navires britanniques, le capitaine de l'*Altmark* se réfugie dans le fjord de Jössing. Les torpilleurs norvégiens l'autorisent et maintiennent les Britanniques à distance jusqu'à la tombée de la nuit. Finalement, les navires britanniques pénètrent dans le fjord et abordent le navire allemand. Le rapport de l'*Altmark* décrit comment l'équipe d'abordage s'est emparée de la timonerie "et a commencé à tirer comme des fanatiques aveugles sur l'équipage allemand qui, bien sûr, n'avait pas d'arme". Six hommes sont tués, de nombreux autres sont blessés. Certains membres de l'équipage tentent de s'enfuir par la glace qui entoure le navire, d'autres se jettent à la mer. Les Norvégiens ont témoigné plus tard que les Britanniques avaient également tiré sur les hommes sans défense dans l'eau. Les prisonniers sont libérés et le navire et son équipage sont pillés. Les Allemands n'ont pas tiré un seul coup de feu.

Naturellement, la réaction norvégienne fut une réaction d'indignation. L'acte de guerre à l'intérieur du fjord constitue une violation flagrante de la neutralité de la Norvège qui ne peut être tolérée, et le gouvernement d'Oslo dépose une protestation diplomatique vigoureuse. De son côté, Hitler apprend par des signaux de communication décodés à Berlin que le capitaine du *Cossak* a même reçu l'ordre d'ouvrir le feu sur les torpilleurs norvégiens s'ils s'opposent à l'action contre l'*Altmark*. En Allemagne, les médias relatent l'incident et l'opinion publique s'insurge. Dès lors, bien que ni dans ses directives à la Wehrmacht, ni dans ses discours à ses généraux, Hitler n'ait prévu l'occupation de la Scandinavie, l'occupation de la Norvège commence à être envisagée. C'est le 1er mars que le chancelier allemand signe la première instruction pour l'occupation prévue de la Norvège et du Danemark. À cette date, les avions de la RAF ont déjà violé à d'innombrables reprises l'espace aérien du Danemark et de la Norvège, ainsi que de la Belgique et des Pays-Bas, afin d'échapper aux défenses antiaériennes allemandes.

Depuis que Winston Churchill a publié *The Gathering Storm* en 1948, on sait que les plans d'attaque de la Norvège par les autorités navales britanniques ont commencé à être esquissés en septembre 1939. Le 16 décembre 1939, alors qu'il n'était pas encore Premier ministre, Churchill avait déjà soumis au gouvernement un mémorandum soulignant la nécessité d'une action en Norvège. Les petites nations ne doivent pas nous lier les mains", disait-il. Le 6 février 1940, le Conseil de guerre britannique approuve le plan, qui prévoit la prise de Narvick et l'occupation par la force du nord de la Norvège et de la Suède. Dans ce dernier pays, la prise du port de Lulea, sur la mer Baltique, est envisagée. Le nom secret de ces plans était "Opération Stradford". Ainsi, en mars 1940, le Royaume-Uni et l'Allemagne se préparent tous deux à débarquer en Norvège, mais les plans britanniques sont beaucoup plus avancés.

Début mars, le diplomate Walter Hewel envoie de nombreux télégrammes au Führer depuis Helsinki, Trondheim et Oslo, dénonçant l'intention des Britanniques d'intervenir en Scandinavie sous prétexte d'aider la Finlande. Ribbentrop reçoit également des informations de Quisling montrant que les plans d'invasion britanniques et français sont déjà bien avancés. Lorsque l'on apprend, le 12 mars, que Moscou et Helsinki négocient un armistice, les Alliés comprennent qu'ils doivent intervenir immédiatement s'ils veulent utiliser l'alibi de la guerre russo-finlandaise pour légitimer leur débarquement. Londres", écrit David Irving, "fait des efforts désespérés pour prolonger la guerre de quelques jours. Winston Churchill s'était évidemment rendu à Paris le 11 mars pour informer le gouvernement français que, le 15 mars, son corps expéditionnaire embarquerait pour Narvik". Cet historien révisionniste britannique note que le "Forschungsamt", le service de renseignement allemand spécialisé dans le décodage des communications, avait décodé le 12 mars un appel téléphonique urgent de l'ambassadeur finlandais à Paris à son ministre des affaires étrangères, annonçant que Churchill et Daladier avaient promis de l'aide si la Finlande la demandait sans délai. En d'autres termes, après plus de trois mois de guerre d'agression contre la Finlande, ils étaient soudain pressés.

L'opération "Case Yellow", quant à elle, continue d'être reportée. L'importance stratégique de la Norvège et du Danemark dans la sauvegarde des arrières de l'Allemagne étant évidente, la sécurisation de ces pays devient une priorité. Le gel des ports en mars incite à attendre le mois d'avril. Le 28 mars 1940, le Conseil suprême de guerre allié décide de lancer une opération en deux temps au début du mois d'avril. Il s'agit d'abord de miner les eaux neutres pour inciter l'Allemagne à occuper précipitamment le sud de la Norvège, ce qui justifierait un débarquement massif à Narvik, au nord, pour prendre le contrôle des lignes de chemin de fer acheminant vers ce port le minerai de fer des mines suédoises, vital pour l'Allemagne. L'imminence de l'opération britannique est à nouveau confirmée par Quisling, qui annonce l'arrivée d'agents britanniques et français qui, déguisés en fonctionnaires consulaires, s'installent dans des endroits clés de Norvège. L'amiral Räder supplie Hitler de lancer l'invasion dès que possible et propose la date du 7 avril.

Le plan britannique est mis en œuvre le 5 avril. Les Allemands détectent le début d'une manœuvre d'envergure grâce au "Forschungsamt" qui décode une communication ordonnant à une vingtaine de sous-marins d'entrer en action. On envisage alors la possibilité que les Britanniques aient détecté le plan d'invasion allemand et se déploient pour le faire avorter ; mais les experts navals allemands déduisent à juste titre que l'ennemi a l'intention de poser un barrage de mines en vue d'une intervention en Norvège. Le 8 avril, il est confirmé que des navires de guerre britanniques posent un rideau de mines dans les eaux norvégiennes, ce qui constitue une violation incontestable de la neutralité du pays scandinave. Dans la nuit du 6 au 7 avril, la flotte allemande entame l'opération prévue depuis le début du mois de mars. Cuirassés, croiseurs et destroyers font route vers les ports norvégiens de Narvik, Trondheim, Bergen et Oslo. Hitler peut présenter la prise de la Norvège comme une réponse à l'action des Alliés. Le 9 avril, 24 heures après le minage des eaux territoriales par les Britanniques, les forces allemandes débarquent en Norvège et occupent le Danemark, dont le gouvernement s'est rendu sans résistance.

Il n'est plus nécessaire de décrire les opérations en Norvège. Nous dirons seulement que la marine allemande a subi des pertes importantes : de nombreux navires ont été coulés et les pertes humaines ont été considérables. Les batteries côtières norvégiennes et l'action des sous-marins et autres navires britanniques opérant dans la région infligent des dommages très importants aux forces de débarquement. Les Britanniques débarquèrent à Namsos, au sud de Narvik, et à Aandalsnes, au sud de Trondheim. Quelque 12 000 Britanniques, Français et Polonais débarquent également à Narvik, tentant de reprendre ce port où le fer suédois est expédié vers l'Allemagne. Deux mille soldats allemands et autrichiens s'installent à Narvik sans opposition, grâce à la coopération d'un commandant proche de Quisling. Cette enclave stratégique devient le théâtre principal d'une lutte qui dure plusieurs semaines. Début mai 1940, les Britanniques ont évacué leurs forces de Namsos et d'Aandalsnes, et seules les troupes qui se battent pour reprendre Narvik combattent encore.

D'importants documents militaires britanniques ont été saisis en Norvège. Une brigade d'infanterie combattant au sud d'Aandalsnes a été contrainte de fuir devant l'avancée des Allemands, qui se sont emparés de documents importants, dont on a vite compris l'importance. Le commandant de la brigade avait reçu des instructions visant à l'occupation de Stavanger.

Les ordres sont datés des 2, 6 et 7 avril, soit quelques jours avant l'invasion allemande. D'autres documents montrent que des opérations de débarquement sont prévues à Bergen, Trondheim et Narvik. En plus de ces documents, des dossiers ont été trouvés aux consulats français et britannique d'Oslo qui prouvent sans l'ombre d'un doute que le plan d'invasion de la Norvège par les Alliés avait été programmé en janvier et que certains dirigeants norvégiens coopéraient et travaillaient pour qu'il n'y ait pas de résistance. Le 27 avril à midi, Ribbentrop distribue ces documents compromettants aux diplomates étrangers convoqués au ministère des Affaires étrangères. Dans l'après-midi, une émission de radio entendue dans le monde entier dénonce les bluffs de la Grande-Bretagne et ses élucubrations sur les petits pays neutres. Ribbentrop publie un Livre blanc sur les documents norvégiens qui choque l'opinion publique internationale. En conclusion, l'amiral Räder est condamné à la prison à vie à Nuremberg pour avoir planifié et dirigé une guerre d'agression contre la Norvège.

Le mystère de Dunkerque

Le 10 mai 1940 a lieu l'opération "Jaune", longtemps retardée, c'est-à-dire l'attaque générale de la Wehrmacht sur le front français et l'invasion des Pays-Bas, de la Belgique et du Luxembourg. Les lignes de défense françaises sont incapables d'arrêter l'offensive fulgurante et, en l'espace de dix jours, il est clair que l'Allemagne a vaincu la France. Le 20 mai, les généraux allemands constatent qu'au moins vingt divisions ennemies sont bloquées au nord de la Somme. Dans la soirée, le général Brauchitsch téléphone à Hitler pour lui annoncer que ses chars ont atteint Abbeville, une ville située à dix kilomètres de l'embouchure de la Somme dans la Manche. Les Allemands peuvent entamer la deuxième phase de la campagne, baptisée "Rouge", qui consiste en une poussée vers le sud, en direction de la frontière suisse. Mais avant cela, il est nécessaire de capturer les quelque 340 000 soldats britanniques et français qui ont été regroupés au nord de la Somme. Cela n'a pas eu lieu en raison du "Halt Befehl", l'ordre d'arrêt d'Hitler qui a stoppé l'avancée vers Dunkerque, une décision capitale qui a permis à la Grande-Bretagne de se rétablir et qui a conduit à la défaite de l'Allemagne par la suite.

L'un des génies militaires à l'origine de cette victoire spectaculaire est le général Heinz Guderian, qui avait publié en 1937 "*Achtung Panzer !*", un ouvrage qui jetait les bases de la "Blitzkrieg" ou guerre éclair, appliquée pour la première fois le 1er septembre 1939 en Pologne. La théorie de Guderian d'une tactique militaire d'avancée si rapide et si dévastatrice qu'un pays peut être conquis en quelques semaines est confirmée. Ceux qui attribuaient le succès de la guerre éclair au manque de substance de l'armée polonaise constatent le 10 mai 1940 que le haut commandement allié, ancré dans les théories de la guerre d'usure qu'il a connues lors de la Première

Guerre mondiale, n'a pas de réponse à une guerre de mouvement, basée sur de grandes unités de chars autosuffisantes et concentrées sur le "Schwerpunkt", le point essentiel de la bataille. Les défenses rasées, les centres logistiques et de commandement de l'ennemi sont laissés à la merci des unités blindées, qui se déplacent librement à l'arrière en attendant l'arrivée de l'infanterie pour achever la victoire. Pour comprendre les conséquences du "Halt Befehl" (ordre d'arrêt), il faut savoir que la mobilité est l'une des clés de la Blitzkrieg conçue par Guderian. L'assaut est dirigé vers les lignes de front ennemies et ne doit s'arrêter que lorsque, en raison du désordre généré, les capacités de réaction opérationnelle sont réduites à néant. L'appui aérien permet alors de protéger les Panzers et d'empêcher toute possibilité de réorganisation.

La victoire est si évidente que le 21 mai, l'amiral Räder, confronté à l'évidence que le gros de l'armée britannique est pris au piège, révèle en privé au Führer qu'il étudie les problèmes d'une invasion maritime des îles britanniques depuis le mois de novembre. Hitler refuse d'abord d'envisager le plan sans explication, et quelques jours plus tard, il rejette à nouveau l'idée lorsque Jodl insiste sur l'opportunité de préparer l'invasion. Le 22 mai, après deux jours de délibérations, Churchill, nommé Premier ministre du Royaume-Uni le 10 mai, décide de retirer le Corps expéditionnaire britannique (BEF) de France. C'est pourquoi, le 22 mai, Lord Gort, chef du BEF, ordonne le retrait d'Arras vers la côte sans en informer le commandement français auquel il est subordonné.

Voyant un nombre inhabituel de transports de troupes se diriger vers la mer, les Allemands interprètent cela comme l'intention des Britanniques d'évacuer leur corps expéditionnaire. Les généraux Brauchitsch et Halder, sans en informer le Führer, ordonnent au général Fedor von Bock d'avancer par le sud pour achever l'encerclement. Le 23 mai, les trois divisions du Panzerkorps de Guderian s'emparent de Boulogne et de Calais, deux des trois ports d'une éventuelle évacuation britannique, et s'apprêtent à marcher sur Dunkerque, dernier point de fuite des forces alliées qui se battent contre le groupe d'armées du général von Bock et battent en retraite. À ce moment-là, Guderian est plus près de Dunkerque que toute l'armée britannique et rien ne s'oppose à sa progression. Si Guderian avait atteint Dunkerque, les armées anglo-françaises auraient été complètement encerclées et n'auraient eu que deux options : la reddition ou l'anéantissement.

À l'aube du 24 mai, Hitler, accompagné des généraux Jodl et Schmundt, se rendit au quartier général de Charleville où, soutenu par le maréchal Gerd von Rundstedt, le général le plus conservateur de la Wehrmacht, il annula l'ordre que Bock avait reçu. Hitler s'est apparemment appuyé sur Rundstedt pour faire appliquer sa décision d'arrêter l'avancée vers Dunkerque. Faisant preuve d'une nervosité injustifiée, qui pourrait bien avoir été théâtrale, il demande à Rundstedt d'évaluer la menace que représente l'armée française sur le flanc sud. Rundstedt, comprenant que le

Führer lui suggère la prudence, propose d'arrêter les opérations et de permettre aux Panzers de bénéficier de quelques jours de repos. Hitler est tout à fait d'accord. La possibilité que les Britanniques s'échappent vers l'Angleterre n'est même pas évoquée. Le 24 au soir, Guderian reçoit un télégramme du QG de Rundstedt : "Les divisions blindées doivent rester à portée d'artillerie moyenne de Dunkerque. L'autorisation n'est accordée que pour des mouvements de reconnaissance et de protection." Guderian, qui sait que dans la Blitzkrieg, il est essentiel de ne pas perdre "l'élan", est stupéfait par cet ordre. Ne le comprenant pas et ne recevant aucun argument pour le justifier, il choisit de l'ignorer et poursuit sa marche vers Dunkerque, qui n'est plus qu'à dix-huit kilomètres. Puis vient un second ordre, appuyé par l'autorité du Führer, répétant que l'avance ne doit pas se poursuivre et qu'il faut se replier sur les lignes précédentes.

Dans The Other Side of the Hill, le capitaine B. H. Liddell Hart, célèbre critique militaire, étudie l'invasion allemande de la France et analyse les événements de Dunkerque dans un chapitre intitulé "Comment Hitler a vaincu la France et sauvé la Grande-Bretagne". L'historien britannique reprend les propos de Gunter Blumentritt, l'un des généraux d'état-major de Rundstedt qui a rencontré Hitler le 24 mai :

"Il nous a ensuite laissés bouche bée en parlant avec admiration de l'Empire britannique, de la nécessité de son existence et de la civilisation que la Grande-Bretagne a apportée au monde. Il a comparé l'Empire britannique à l'Église catholique, affirmant que tous deux étaient des éléments essentiels à la stabilité du monde. Il a déclaré que tout ce qu'il attendait de la Grande-Bretagne était qu'elle reconnaisse la position de l'Allemagne sur le continent. La restitution des colonies allemandes perdues serait souhaitable, mais pas essentielle. Il a ajouté qu'il proposerait même de soutenir les troupes britanniques si elles rencontraient des difficultés quelque part. Elle a conclu en disant que son but était de faire la paix avec la Grande-Bretagne sur des bases qu'elle considérait comme compatibles avec son honneur".

Certains historiens tentent de justifier le "Halt Befehl" du point de vue de la logique militaire. Ils affirment qu'il était nécessaire de préserver les chars pour l'offensive vers le sud, que la boue des marais des Flandres représentait un danger pour les véhicules blindés, que la décision de Rundstedt était la plus prudente.... Toutes ces raisons sont extrêmement faibles. D'autres historiens soulignent que le BEF a pu s'échapper grâce à l'incapacité de Göring et de la Luftwaffe. Hitler aurait soutenu l'affirmation de Göring, qui s'est vanté que l'armée de l'air était suffisante pour empêcher l'évacuation. Si tel est le cas, il s'agit d'une incroyable erreur d'appréciation, car la plupart des avions allemands sont basés sur des aérodromes en Allemagne, tandis que la RAF opère depuis l'autre côté de la Manche. Guderian lui-même a écrit dans ses mémoires que les craintes d'Hitler et de

Rundstedt de voir les Panzers s'enliser dans la boue n'étaient pas fondées. Bevin Alexander, auteur de plus d'une douzaine d'ouvrages sur l'histoire militaire, spécialiste de la stratégie militaire et considéré comme l'un des historiens militaires les plus prestigieux, écrit dans *How Hitler Could Have Won World War II (Comment Hitler aurait pu gagner la Seconde Guerre mondiale)* qu'une grande occasion de vaincre la Grande-Bretagne a été perdue à Dunkerque.

La propagande britannique, au lieu d'admettre le geste donquichottesque d'Hitler, a créé le mythe du "Miracle de Dunkerque" ou de "l'Esprit de Dunkerque". En réalité, le seul prodige a été une décision incompréhensible qui a sans doute eu des effets miraculeux pour les troupes britanniques bloquées à Dunkerque. Contrairement à l'avis de la plupart de ses généraux, presque unanimement favorables à la fermeture de la tenaille, Hitler empêche les chars de compléter l'encerclement et d'encercler le BEF et les meilleures unités de l'armée française. Le 26 mai, le général Halder note avec déception dans son journal que les chars restent "ancrés sur place". La Luftwaffe peut voir depuis les airs que les plages sont de plus en plus encombrées de soldats. David Irving évoque la marée humaine qui se déverse dans le port et note que "les routes sont encombrées de colonnes de camions de quinze miles de long".

Ce n'est que le 26 au soir que Rundstedt autorise la poursuite de l'avance, mais l'élan est déjà perdu. Le 27 mai, les Allemands s'aperçoivent qu'en presque trois jours d'arrêt, les Britanniques ont eu le temps d'organiser un solide cordon défensif qui a permis d'arrêter la pénétration et de permettre l'opération "Dynamo", nom de code de l'évacuation, qui a commencé le 27 mai et a été suspendue à 2h30 le 4 juin 1940 au matin, jour de l'arrivée des Panzers de Guderian dans le port. Au cours de ces huit jours, quelque 226 000 soldats britanniques et 112 500 soldats français ont pu quitter la France. Quarante mille autres sont restés sur le terrain et se sont rendus. Sept cents chars, 2400 canons et 50 000 véhicules sont abandonnés.

Les faits étant posés, il est inévitablement clair que l'anglophilie malsaine d'Hitler a été la cause de graves dommages pour l'Allemagne. Il n'est pas compréhensible, à notre avis, que Hitler ait continué à poursuivre à l'égard de la Grande-Bretagne une stratégie que les faits avaient maintes fois désavouée. Il n'est pas compréhensible que, ayant le gros de l'armée ennemie entre les mains, il ait refusé de prendre en considération les suggestions de Räder et de Jodl pour la défaite finale de la Grande-Bretagne. Si le corps expéditionnaire britannique avait été détruit en France, l'Italie et l'Allemagne auraient pu prendre Gibraltar et contrôler l'Afrique du Nord et Mare Nostrum. La menace d'une invasion aurait empêché les Britanniques de s'accrocher à la Méditerranée. Il n'est pas non plus compréhensible qu'Hitler ait agi comme s'il ignorait que les Rothschild et d'autres banquiers juifs contrôlaient l'Angleterre et les États-Unis, dont les gouvernements étaient aux mains de leurs agents. Le mystère de Dunkerque n'est cependant qu'un mystère parmi d'autres qui entourent la figure énigmatique d'Hitler.

Le chapitre 8 a déjà traité des nombreuses contradictions et incohérences qui jalonnent la vie et les activités politiques d'Adolf Hitler. L'énigme commence avec sa grand-mère paternelle, Maria Anna Schicklgruber, dont le fils Alois (le père d'Hitler) était un bâtard, censé avoir été conçu à la suite de relations illégitimes avec le riche juif Frankenberger. Fritz Thyssen, l'un des financiers d'Hitler, révèle dans *I Paid Hitler* que la grand-mère Schicklgruber est tombée enceinte alors qu'elle était domestique dans la maison de Salomon Rothschild à Vienne, ce qui explique pourquoi certains auteurs considèrent Frankenberger comme un homme de paille du banquier. 2) En 1909, Hitler se lie d'amitié avec le fondateur de la revue *Ostara* et de l'ONT (Ordre des nouveaux templiers), un kabbaliste gnostique nommé Adolf Josef Lanz, qui dissimule son origine juive et est en réalité un sioniste revendiquant la Palestine pour les Juifs. Tout en prêchant la pureté raciale, Lanz a épousé la juive Liebenfels, ce qui lui a valu d'être connu sous le nom de Georg Lanz von Liebenfels. 3) En 1920, deux amis juifs d'Hitler, l'agent double britannique Moses Pinkeles, alias Trebisch-Lincoln, et Ernst Hanfstängl, "Putzi", qui devint le conseiller de Roosevelt pendant la guerre, fournirent la majeure partie de l'argent qui permit au NSDAP d'acheter le journal *Völkischer Beobachter*. 4) Entre 1929 et 1933, Hitler rencontre à trois reprises James Paul Warburg, fils de Paul Warburg et représentant des mêmes banquiers juifs qui ont créé le cartel de la Réserve fédérale et financé la révolution bolchevique. À la suite de ces rencontres, les nazis ont reçu des fonds de Wall Street. Hitler savait manifestement qu'il recevait de l'argent des plus puissants banquiers juifs internationaux et s'est laissé utiliser. 5) Rappelons également que la collaboration d'Hitler avec les sionistes a permis de jeter les bases du futur État juif. Alors que la Judée déclare la guerre à l'Allemagne, proclamation qui fait l'objet d'un titre de sept colonnes en première page du *Daily Express* le 24 mars 1933, les nazis et les sionistes signent l'accord de Haavara, qui permet à quelque soixante mille juifs allemands d'émigrer en Palestine avec plus de 100 millions de dollars, une fortune à l'époque. L'écrivain sioniste Edwin Black reconnaît que cet accord a été "indispensable" à la création d'Israël. 6 - Nous terminerons cette récapitulation en rappelant que la très puissante loge du B'nai B'rith a pu mener son travail de conspiration en Allemagne jusqu'en 1939.

Une thèse peu crédible et improuvable

En 2005, Greg Hallett a publié le livre *Hitler Was a British Agent*, un ouvrage qui insiste sur le fait que Hitler était une marionnette entre les mains des conspirateurs qui ont provoqué la Seconde Guerre mondiale et qui l'ont utilisé comme bouc émissaire. Sans fournir de preuves définitives, Hallett affirme que Hitler était un agent britannique, tout comme Wilhelm Canaris, le chef des services secrets militaires (Abwehr). De Canaris, Bernard Fay, qui a travaillé sur ordre de Pétain entre 1940 et 1944 avec des documents maçonniques en France, dit dans *La guerre des trois fous* qu'"il a combattu le nazisme comme un croisé voulant détruire un monstre infectieux", et ajoute que "quelques jours avant l'offensive de mai 1940, il avait prévenu l'état-major britannique". Greg Hallett, qui prévient que nous ne pouvons normalement pas accepter la vérité parce qu'elle ne passe pas les filtres imposés par l'éducation, s'appuie sur des témoignages d'agents de renseignement à la retraite, mais aussi sur des textes et des déclarations qui peuvent être vérifiés. Selon Hallett, les historiens et même le biographe d'Hitler, John Toland, ont ignoré le séjour d'Hitler en Angleterre.

La belle-sœur d'Hitler, Bridget Hitler, née Bridget Dowling, a publié *les Mémoires de Bridget Hitler* en 1979. Le livre est sans intérêt, mais Bridget y certifie que son beau-frère Adolf Hitler a vécu dans sa maison de Liverpool. Nous disposons d'un exemplaire du livre et pouvons voir comment cette femme, séduite par Alois Hitler, un demi-frère d'Hitler rencontré à Dublin en 1909, raconte ses expériences personnelles avec le futur Führer. Tout d'abord, il convient de noter qu'Hitler a dissimulé son séjour en Angleterre dans *Mein Kampf*. Dans son récit autobiographique, il dit avoir quitté Vienne en mai 1912 pour Munich, mais le travail de Bridget Hitler montre que ce n'est pas vrai : ce n'est qu'en mai 1913, un an plus tard, qu'il est arrivé à Munich en provenance d'Angleterre, et non de Vienne.

Voici un bref récit du séjour d'Hitler en Angleterre, où il est arrivé à l'âge de vingt-trois ans. En novembre 1912, Alois et Bridget se rendent à la gare de Lime Street à Liverpool pour rencontrer Angela Hitler et son mari Leo Raubal, fonctionnaire des douanes à Vienne. Tous deux ont été invités à passer quelques jours avec eux. Au lieu de Leo et Angela Raubal", écrit Bridget, "un jeune homme à l'allure pauvre s'est approché et a serré la main d'Alois. C'était le jeune frère de mon mari, Adolf, qui était venu à sa place". La réaction indignée d'Alois surprend sa femme : "Il était furieux, ne tenait pas compte de l'endroit, parlait si durement et si fort que tous les gens nous regardaient avec étonnement". Dans un premier temps, le nouvel arrivant supporte les reproches sans se plaindre, mais il ne tarde pas à répliquer avec encore plus de véhémence. Au plus fort de la dispute, poursuit Bridget, "Adolf s'est rapproché et a saisi le manteau d'Alois par les revers. Pendant un moment, la tension était si forte que j'ai pensé à partir ; ils avaient oublié que j'étais là. Je les ai laissés. C'est ainsi que Bridget raconte dans son livre sa première rencontre avec le futur chancelier allemand.

Les deux frères ne se sont pas présentés avant le soir au 102 Upper Stanhope Street, Princes Road, un appartement de trois chambres à coucher, où l'invité a été logé dans la chambre préparée pour les Raubal. La colère entre les deux hommes avait disparu et leur humeur était amicale. "Adolf, cependant, était complètement épuisé. Sa pâleur et sa lassitude étaient si marquées, écrit le narrateur, que je craignais qu'il ne soit malade.

Immédiatement après le dîner, il s'est retiré. Bridget explique qu'elle a alors profité de l'occasion pour reprocher à son mari la scène de la gare et précise que lorsque Alois a répondu, il l'a fait sur un ton sarcastique en disant : "Tu ne comprends pas. Si tu savais tout, tu te sentirais comme moi.... J'avais invité Angela et son mari. Je n'avais pas invité cet inutile d'Adolf. Il nous fait honte à tous. Je ne veux rien avoir à faire avec lui". Voyons maintenant un extrait choisi par Greg Hallet :

"Mon beau-frère a séjourné chez nous de novembre 1912 à avril 1913, et je ne peux imaginer un hôte moins intéressant et moins désagréable. Au début, il restait dans sa chambre, dormant ou se couchant sur le canapé qui lui servait de lit la plupart du temps. J'avais l'impression qu'il était malade, tant sa couleur était mauvaise et son regard étrange. Malgré ce que m'avait dit Alois, j'avais pitié de lui. Lorsque j'ai lavé sa chemise - il n'avait pas emporté de bagages - le col était tellement usé qu'il ne valait même pas la peine de la retourner. J'ai persuadé Alois de lui donner quelques affaires et cela ne l'a pas gêné. En fait, je pense qu'il aurait été plus enclin à aider Adolf si ce dernier n'avait pas été aussi ingrat et compliqué. Adolf a sous-estimé tout ce que nous avons fait".

Hallett attribue la mauvaise couleur et le regard particulier de ses yeux au lavage de cerveau auquel il a été soumis par le MI6 pendant les mois où il a été endoctriné, mais il ne s'agit évidemment que d'une interprétation personnelle.

Bridget raconte qu'Adolf se rendait à la cuisine, l'accompagnait pendant qu'elle préparait le repas et jouait avec son petit garçon, William Patrick. C'est là qu'il lui fait part de sa grande déception de ne pas avoir pu entrer à l'Académie des Beaux-Arts de Vienne. Alois l'emmena plusieurs fois à Londres, "mais il commença bientôt à se déplacer seul et ne revint que tard dans la nuit", note Bridget. Bien que l'on ait dit qu'Hitler avait appris l'anglais pendant son séjour en Angleterre, sa belle-sœur le nie. Selon elle, il ne connaissait que quelques mots. Une autre information intéressante contenue dans les mémoires de Bridget Hitler concerne l'astrologie. Elle affirme que c'est à Liverpool que l'intérêt d'Adolf s'est éveillé. Une astrologue, Mme Prentice, "faisait son horoscope encore et encore".

Fatigué de la présence de son frère, Alois lui propose de partir en Amérique et même de payer le voyage. Au début, raconte Bridget, Adolf était enthousiaste, mais au bout de quelques semaines, son intérêt s'est estompé. Il soutenait qu'il devait d'abord apprendre l'anglais". Au fur et à mesure que le séjour dans la maison de Liverpool se prolongeait, les relations entre les frères se sont tendues et les hôtes ont commencé à réfléchir à la manière de se débarrasser de cet invité gênant qui perturbait la vie de la famille par sa présence. Lorsqu'on lui a suggéré de partir, il a dit : "Vous ne pouvez pas attendre de moi que je parte avant de pouvoir me débrouiller tout seul. Ce n'est pas trop demander à un frère". Après de vives discussions,

Alois finit par convaincre son frère qu'il devait se rendre à Munich et prendre en charge les frais du voyage. "Lorsque je pense à son départ, écrit Bridget, je revois le visage pâle et maigre et les yeux hagards de mon beau-frère lorsqu'il nous embrassa précipitamment, Alois et moi, avant de monter dans le train. Se penchant par la fenêtre au moment où le train quittait la gare, il a crié quelque chose qui se terminait par "Zukunft wirst du erstatten von mir erhallten". La traduction serait : "A l'avenir, je te rendrai ce que j'ai reçu". Des mots mal accueillis par Alois, car, dit-il à sa femme, ils ont un double sens. Lorsqu'Adolf Hitler arrive à Munich en mai 1913, il vient d'avoir vingt-quatre ans.

Une autre affirmation surprenante de l'ouvrage de Hallet concerne la mort d'Adolf Hitler qui, selon l'auteur, ne se serait pas suicidé dans le bunker de Berlin. Là encore, des témoignages très intéressants permettent, à tout le moins, d'envisager cette éventualité. L'un des textes qui mettent en doute la version officielle est celui du secrétaire d'État américain James Francis Byrnes, considéré comme l'un des hommes tout-puissants de Bernard Baruch à Washington, qui, dans son livre *Speaking Frankly*, publié en 1947, raconte une conversation qu'il a eue avec Staline le 17 juillet 1945 à Potsdam. En voici un extrait :

"... Le président (Truman) a demandé de manière informelle à Staline, Molotov et Pavlov, l'interprète soviétique qualifié, de rester et de déjeuner avec lui. Ils ont accepté. La conversation a été de nature générale et très cordiale. Le président a été favorablement impressionné par Staline, comme je l'avais été à Yalta. Parlant de notre visite à Berlin, j'ai demandé au généralissime (Staline) son opinion sur la façon dont Hitler était mort. À ma grande surprise, il m'a répondu qu'il pensait qu'Hitler était vivant et qu'il était possible qu'il se trouve en Espagne ou en Argentine. Une dizaine de jours plus tard, je lui ai demandé s'il avait changé d'avis et il m'a répondu par la négative."

En effet, la personne censée confirmer la mort d'Hitler, puisque ce sont des soldats de l'Armée rouge qui sont arrivés dans le bunker où il s'était soi-disant suicidé, au lieu d'annoncer la découverte du corps, a déclaré à deux reprises au secrétaire d'État James F. Byrnes qu'elle pensait qu'Hitler était en vie. Pour réfuter les insinuations soviétiques selon lesquelles Hitler n'était pas mort et avait été protégé par les Alliés, Hugh Trevor-Roper, qui travaillait pour les services de renseignements militaires britanniques pendant la guerre, a été chargé par le gouvernement d'enquêter sur la mort d'Adolf Hitler. En 1947, il a publié le livre *Hitler's Last Days*. Trevor-Roper était un ami et un collègue du célèbre espion soviétique Kim Philby, qu'il accusa après la guerre d'avoir empêché l'amiral Wilhelm Canaris de renverser le régime d'Hitler afin de négocier avec le gouvernement britannique.

Nous ne pouvons évidemment pas accepter sans grande hésitation les théories de Greg Hallett, qui pense que des agents britanniques ont fait sortir Hitler de Berlin au dernier moment ; néanmoins, le "Halt Befehl" étant un ordre proche de la trahison, nous avons voulu les fournir afin que le lecteur puisse juger par lui-même si elles méritent ou non d'être crédibles.

L'armistice et les Britanniques. Des agents juifs entourent De Gaulle

Après Dunkerque, Ribbentrop demande au Führer s'il doit rédiger un plan de paix avec la Grande-Bretagne. David Irving cite la réponse d'Hitler : "Non, je le ferai moi-même. Il n'y aura que quelques points. Premièrement, rien ne doit être fait qui puisse nuire au prestige de la Grande-Bretagne ; deuxièmement, la Grande-Bretagne doit nous rendre une ou deux de nos anciennes colonies ; et troisièmement, nous devons parvenir à un modus vivendi stable avec la Grande-Bretagne". Quelques jours plus tard, le 10 juin 1940, l'Italie déclare officiellement la guerre à la France et à la Grande-Bretagne. La veille, le front s'est complètement effondré et les Allemands se sont lancés à la poursuite des troupes françaises, qui fuient en désordre au milieu d'une marée de millions de réfugiés.

Le 11 juin, Churchill atterrit en France à bord de son avion Flamingo, escorté par onze chasseurs Hurricane. Il est accompagné d'Anthony Eden, nommé secrétaire d'État à la Guerre, et des généraux Dill, Ismay et Spears. Ce dernier, décrit par le diplomate français Paul Cambon comme "un Juif intrigant qui s'introduisait partout", était le fils d'Isaac Spiers et d'Hannah Moses et avait changé de nom de famille en 1918 pour cacher son origine juive. Cette délégation tient une réunion décisive avec les membres du gouvernement de Paul Reynaud, dont le maréchal Pétain, qui a quitté le 17 mai l'ambassade à Madrid pour prendre le portefeuille de la Défense, Jéroboam Rothschild, alias Georges Mandel, le brigadier Charles De Gaulle et Maxime Weygand, général d'origine belge, qui a remplacé le 17 mai Gamelin. Le général Weygand était considéré comme le fils naturel du roi Léopold II de Belgique et avait été élevé par un riche juif séfarade, David de Leon Cohen, conseiller du monarque, aux relations commerciales et internationales très étendues. La rencontre a lieu au château du Muguet, le quartier général de Weygand. Au cours des discussions, Churchill fait tout son possible pour que la France continue à se battre et propose une résistance totale, mais n'offre aucune aide efficace.

Le 12 juin, le Conseil des ministres français se réunit dans l'après-midi au château de Cangé, résidence d'Albert Lebrun, président de la République. Pétain insistant sur la nécessité de demander un armistice, le Conseil décide de convoquer les Britanniques pour le lendemain, 13 juin. Churchill est accompagné de Lord Halifax, de Lord Beaverbrook, magnat juif de la presse que Churchill vient de nommer ministre de la Production aéronautique, d'Alexander Cadogan et des généraux Ismay et Spears. Le président Lebrun les reçoit, accompagné du nouveau ministre des Affaires étrangères, Paul Baudoin, et demande aux Britanniques de permettre à la France de se désengager de ses engagements. Churchill fait remarquer qu'il faut d'abord informer le président Roosevelt et attend sa réponse ; mais celui-ci finit par dire qu'il comprend la position française et quitte le château avec sa délégation, résigné. Weygand et Pétain, qui refusent de quitter la France pour se rendre en Afrique, comme le propose le Premier ministre, demandent à Reynaud de solliciter un armistice, ce qu'il fait le 15 juin, alors que la capitale française est déjà occupée par les troupes allemandes.

Le Conseil des ministres, réuni dans l'après-midi du 15 juin 1940 à la demande de Pétain, prend la décision de ne se rendre en Afrique que si les conditions de l'armistice sont réellement inacceptables. L'amiral Darlan soulève la question de la marine, dont l'éventuelle reddition aux Allemands inquiète tellement les Britanniques qu'ils exigent, le 16 juin à 13h30, que la flotte rejoigne les ports britanniques avant l'ouverture des négociations avec l'Allemagne. Reynaud lui-même estime raisonnable la demande de Londres, puisque, rappelle-t-il, la flotte protège essentiellement la Méditerranée. A 15h45, les Britanniques formulent une nouvelle demande : l'aviation doit décoller pour l'Angleterre ou l'Afrique du Nord. Face à ces exigences, le maréchal Pétain menace de démissionner.

Jean Lombard Coeurderoy explique dans *La face cachée de l'histoire moderne* que Londres décide alors de proposer une solution étonnante : rien de moins que l'union des deux Empires avec un Parlement commun. Le texte de la proposition, approuvé par le gouvernement britannique, est rédigé par trois personnalités qui occuperont des postes importants dans l'après-guerre : le financier Emmanuel Monick, René Plevén et Jean Monnet, ces deux derniers ayant la confiance des Lazards, banquiers juifs basés à Paris, Londres et New York qui ont fait partie du cartel fondateur de la Réserve fédérale en 1913. Au début de la Seconde Guerre mondiale, Monnet avait été nommé à la tête du Comité de coordination économique franco-britannique. Le vice-président du gouvernement français, Camille Chautemps, refuse catégoriquement que son pays devienne un "Dominion" britannique. Soumis au vote, le Conseil des ministres français soutient le vice-président et rejette la proposition britannique par 14 voix contre 10. Le même jour, 16 juin, à 19h30, le président Reynaud démissionne.

Le 17 juin, le maréchal Pétain forme un gouvernement de onze membres et, avec la médiation de l'ambassadeur d'Espagne à Paris, José Félix de Lequerica, et du nonce du Vatican, demande à l'Allemagne la fin des hostilités et les conditions de l'armistice. Le même jour, le général Spears quitte la France en emmenant dans son avion le brigadier Charles De Gaulle qui, la veille, lui avait subrepticement demandé une place dans son avion. De Gaulle, outre de volumineux documents, emporte à Londres 100 000 francs de fonds secrets. Les 18 et 19, il prononce de vibrantes allocutions radiophoniques aux micros de la BBC, s'adressant au peuple français en ces termes : "Moi, général de Gaulle, j'ai conscience de parler au nom de la France".

Les Allemands s'étaient emparés d'un document daté du 9 novembre 1939 qui traitait des réparations que la France imposerait à l'Allemagne après la défaite d'Hitler. Malgré les termes durs de l'armistice contenus dans ce document, les conditions offertes par Hitler sont extrêmement souples. Le 20 juin, l'amiral Räder demande à Hitler si l'Allemagne va exiger la reddition de la flotte française, la troisième du monde. Le Führer répond que la marine allemande n'a pas le droit d'exiger les navires français puisqu'ils n'ont pas été battus. De plus, la flotte est hors de leur portée et les Français doivent la conserver pour préserver leurs intérêts coloniaux. Le 21, le chancelier allemand se rend dans la forêt de Compiègne pour signer l'armistice dans le même wagon-restaurant en bois que celui utilisé par les Français en 1918. Le général Keitel lit un préambule rédigé par Hitler lui-même, dont voici un extrait : "Après une résistance héroïque, la France a été vaincue. C'est pourquoi l'Allemagne n'a pas l'intention de conférer aux termes de l'armistice ou des négociations un caractère injurieux à l'égard d'un ennemi aussi valeureux. Les exigences allemandes ont pour seul objet d'empêcher toute reprise de la guerre, de fournir à l'Allemagne les garanties nécessaires à la poursuite de sa lutte contre la Grande-Bretagne et de rendre possible l'avènement d'une paix nouvelle dont l'élément principal sera la rectification des injustices brutales imposées au Reich allemand".

Dans la soirée du 22 juin 1940, l'armistice est signé. Il prévoit que les Allemands occuperont le nord de la France, y compris Paris, ainsi que toute la côte atlantique jusqu'à la frontière espagnole. Le gouvernement français coopère avec les forces allemandes et assume la responsabilité administrative de l'ensemble du pays. Le gouvernement français devra financer le soutien des troupes d'occupation. Toutes les troupes françaises doivent être démobilisées, mais l'Empire français reste intact. L'Allemagne ne récupère même pas le Cameroun et le Togo, colonies que la France lui avait enlevées à Versailles. Henry Coston, auteur du *Dictionnaire de la politique française* en cinq volumes, cite les propos du maréchal Pétain au général Alphonse Joseph Georges sur les conditions généreuses de l'armistice : "En nous accordant cet armistice, les Allemands ont commis une grande faute. Nous n'avions rien pour nous défendre et s'ils avaient exigé la flotte, nous aurions été obligés de la leur donner". Quatre ans plus tard, en 1944, Churchill avoue à Marrakech à ce même général que "Hitler a commis une erreur en accordant l'armistice à la France". Comme Churchill l'a dit au général Georges, "il aurait dû marcher sur l'Afrique du Nord, s'en emparer et continuer vers l'Égypte".

Après la démission de Reynaud, le président de la République estime que le maréchal Philippe Pétain est la personne la plus apte à diriger le gouvernement et il est élu par l'Assemblée nationale. Le gouvernement de

Vichy, à l'exception de la Grande-Bretagne, est ainsi reconnu par tous les pays du monde, y compris les États-Unis et l'URSS. L'armistice n'obligeant pas la France à rompre ses relations avec Londres, il convient de préciser que ce sont les Britanniques qui ne reconnaissent pas leur ancien allié. Le 27 juin, Churchill ordonne l'opération "Catapult". Le 2 juillet 1940, dix jours après la signature de l'armistice, une flotte de la Royal Navy quitte Gibraltar pour le port algérien de Mers-el-Kébir, dans le golfe d'Oran, où est stationnée une partie de la flotte française, dont quatre cuirassés, quatre croiseurs, une division de super-destroyers et une flottille de destroyers. L'amiral britannique Sommerville exige de l'amiral Gensoul la remise de tous les navires, c'est-à-dire la reddition de la flotte. Devant son refus, le 3 juillet à 16h53, les Britanniques ouvrent le feu sur les navires français, dont la plupart ont leurs canons pointés vers la terre et leurs moteurs éteints, si bien que seuls quelques-uns d'entre eux parviennent à prendre le large. Pour les empêcher de quitter la baie, l'aviation britannique éclaire le port avec des mines magnétiques. 1300 marins français sont tués et plusieurs centaines sont blessés. Les Britanniques ne perdent que quatre avions et deux torpilleurs. Nécessairement, la France rompt ses relations diplomatiques avec le Royaume-Uni. On peut dire que Mers-el-Kébir fut le Pearl Harbour français.

L'opinion publique française constate ainsi que son ancien allié, contrairement à ce qu'a fait l'Allemagne, exige la reddition de la flotte. Le fait que l'attaque ait été menée par traîtrise et sans aucune justification provoque un sentiment croissant d'anglophobie au sein de la population. Face à la perplexité des Français, le 8 juillet, de Gaulle justifie l'action et déclare que le gouvernement français a consenti à livrer les navires à l'ennemi, qui les aurait utilisés contre l'Angleterre ou l'Empire français. De Gaulle déclare sans ambages : "Eh bien, je le dis sans ambages, il vaut mieux qu'ils soient détruits". Il faut dire que le 23 juin 1940, pour sanctionner ses discours de Londres, le président de la République avait signé la radiation de Charles de Gaulle de l'armée et que le lendemain, 24 juin, le ministre des Affaires étrangères Baudoin envoyait le message suivant au Foreign Office : "Le gouvernement français considère comme un acte d'inimitié le fait de permettre à un général français de lancer à la radio britannique un appel à la révolte contre ses décisions."

Le Comité national français naît à Londres. Il sert d'abord à proclamer que le gouvernement de Vichy ne représente pas la France et à justifier des actions comme celle de Mers-el Quebir. Il devient ensuite le Comité français de libération nationale. Dès 1944, cet organisme devient le gouvernement provisoire. De Gaulle est bientôt entouré d'une foule d'hommes politiques et d'agents d'origine juive. Dès le début, deux poids lourds sont à ses côtés : Maurice Schumann et René Samuel Casin. Le premier devient le chef de la Propagande à partir de juillet 1940 et s'exprime à plus d'un millier de reprises sur Radio Londres. Schumann, indispensable à de Gaulle, profite de sa conversion au catholicisme pour faire le lien entre les sionistes français et le Vatican. Ce dernier est un sioniste membre de l'Alliance israélite universelle qui a acquis une renommée internationale en tant que juriste. Casin s'exila à Londres avec de Gaulle en 1940 et fut l'un de ses porte-parole. Il y jette les bases de la Constitution de la IVe République. En 1943, il représente le Comité de libération à la Commission des crimes de guerre mise en place par les Alliés et, en 1944, il travaille au ministère de la Justice pour permettre à la justice militaire française de juger les nazis.

Parmi les juifs les plus importants placés dans l'entourage du général de Gaulle, on trouve les personnes suivantes : Hervé Alphand, expert commercial chargé des questions économiques et financières. René Mayer, fils du Grand Rabbin de Paris Michel Mayer et agent des intérêts bancaires Rothschild, est chargé des communications et membre du Comité de libération jusqu'à ce que de Gaulle le nomme ministre des Transports et des Travaux publics en 1944. Il est ensuite vice-président de l'Alliance israélite universelle. Daniel Mayer, qui fonde le Comité d'action socialiste en janvier 1941 et reçoit l'ordre du Général de réunir les groupes opérant en France en une seule organisation : le CNR (Conseil national de la Résistance). Marie-Pierre Koenig, général qui fut aux côtés de De Gaulle dès le début et devint ensuite ministre de la Défense. L'amiral Louis-Lazare Kahn, qui, au nom du gouvernement du général de Gaulle, a participé avec les Alliés à la lutte anti-sous-marine dans l'Atlantique. Georges Boris, officier de liaison britannique évacué de Dunkerque, est nommé par de Gaulle responsable des contacts de la France libre avec la BBC. Certains le considèrent comme le Bernard Baruch de la France, ayant été conseiller de plusieurs premiers ministres français. Pierre Mendès France, sépharade d'origine portugaise, arrive à Londres en 1941 et, en 1943, de Gaulle le nomme commissaire aux finances du Comité français de libération nationale. En 1944, il signe les accords de Bretton Woods, qui façonneront la politique économique mondiale de l'après-guerre, et devient Premier ministre en 1953. André Diethelm, qui devient vice-président de l'Assemblée nationale dans l'après-guerre, occupe plusieurs postes de commissaire jusqu'en 1944, date à laquelle il est nommé commissaire à la production du Comité de libération et devient, la même année, ministre de la guerre. Jean Pierre-Bloch, franc-maçon de la loge "Liberté" et président du B'nai B'rith France après la libération, arrive à Londres en 1942 et devient responsable du contre-espionnage. Marc Bloch, président du Comité de libération dont le nom de guerre est "Narbonne", est chargé de préparer le débarquement allié en France. Il fut finalement découvert par la Gestapo et fusillé. Carole Fink, auteur de *Marc Bloch. Une vie pour l'histoire*, révèle les noms d'une série de Juifs qui ont mené la Résistance. Parmi eux, Raymond Aubrac, Maurice Krigel-Varlimont, Max Heilbronn, Jean Pierre Lévy, Georges Altman, André Kaan, Georgette Lévy, Léo Hammon, Jean Maurice Hermann, André Weil-Curiel, Jacques

Brunschwig-Bordier, Robert Hirsh, nommé en 1951 directeur général de la Sûreté nationale par De Gaulle.

Le projet d'extermination définitive de la race allemande

Au lieu de les diffuser correctement, les historiens officiels ont préféré enfouir dans l'oubli des textes comme *Germany must perish* de Theodore N. Kaufman, Morgenthau *Diary* de Henry Morgenthau Jr. ou *Les Vengeurs* de Michel Bar Zohar. Nous les présenterons en temps voulu dans ce livre. Il est maintenant temps de s'intéresser au livre de Kaufman, puisqu'il est chronologiquement le premier à paraître. Avant de le commenter, il est utile de le situer dans l'époque où il a été écrit et publié, en rappelant en quelques paragraphes la situation de la guerre et les projets illusoires d'Hitler.

Après le geste donquichottesque de Dunkerque et la signature d'un surprenant armistice avec la France, Hitler entreprend de rentrer à Berlin pour faire une offre de paix publique à la Grande-Bretagne devant le Reichstag. L'amiral Räder insiste sur la nécessité d'attaquer immédiatement les principales bases navales et de préparer l'invasion ; mais le Führer ne veut pas déclencher la Luftwaffe et a même interdit toute attaque en menaçant de recourir à la cour martiale, ce qui risquerait de provoquer des haines irréparables. Incohérent, il croit encore qu'après la défaite de la France, les Britanniques entendront la raison. Dans ses plans de paix, Hitler a pensé à une solution au problème juif. Il envisage de demander à la France l'île de Madagascar pour y accueillir les Juifs d'Europe. Durant l'été 1940, les experts du Foreign Office travaillent intensément à la déportation. Le Reichsführer SS Heinrich Himmler donne des instructions correspondantes aux généraux de police d'Europe de l'Est et Hans Frank, le gouverneur général, reçoit avec soulagement l'ordre d'arrêter le transfert des Juifs vers le gouvernement général de Pologne. Tous les Juifs, y compris ceux qui se trouvent déjà sur le territoire polonais, doivent être déportés à Madagascar.

Il convient de souligner à nouveau que ces plans ont été élaborés en partant de l'hypothèse que Londres finirait par les accepter. Ce qui est surprenant, c'est le manque de réalisme des prémisses sur lesquelles reposait cet espoir. Les documents capturés en France par les occupants allemands démontrent sans équivoque le type de guerre que les Britanniques préparaient. Un document secret datant de 1939 indique clairement que l'Allemagne doit être vaincue et démembrée. David Irving rapporte que parmi les documents écrits du Conseil suprême de guerre, il en a trouvé un daté de novembre 1939, qui indique que Chamberlain a dévoilé le plan de destruction de la Ruhr par des bombardiers à long rayon d'action. Des photographies aériennes ont été prises et des modèles de l'ensemble de la région industrielle ont été construits. Le Premier ministre britannique lui-même a admis les ravages que les bombardements allaient causer à la population civile. En fait, l'ordre de mise en œuvre de ce plan a été donné le 11 mai 1940, deux semaines avant Dunkerque. Le premier secrétaire du ministère britannique de l'Air, J. M. Spaight, qualifia cet ordre de "splendide décision", comme le rapporte Frederick John Partington Veale, auteur de *Advance to barbarism*, un ouvrage remarquable sur la terreur aérienne et les autres crimes des vainqueurs, sur lequel nous reviendrons lorsque nous étudierons l'holocauste de Dresde.

Hitler rentre à Berlin le 6 juillet. Le 14 juillet, il déclare à la United Press qu'il est prêt à accepter toute médiation susceptible de déboucher sur un accord avec le Royaume-Uni. Le 16 juillet, il accepte sans enthousiasme une proposition du général Jodl ordonnant à la Wehrmacht de se préparer à l'invasion de la Grande-Bretagne "si cela s'avérait nécessaire". Le 19 juillet 1940 a enfin lieu le discours tant attendu devant le Reichstag, dans lequel le chancelier allemand, bien que les Britanniques aient entamé depuis le mois de mai une offensive aérienne nocturne qui a provoqué une grande agitation dans les villes allemandes, fait appel au "bon sens britannique" et propose la paix et le retour aux frontières de 1939 à l'Ouest, ainsi qu'un accord avec la Pologne. Alors qu'en Europe, l'Allemagne cherche encore les moyens d'éviter l'extension de la guerre, aux États-Unis, Roosevelt commence à préparer sa future intervention. Le 16 mai 1940, dans un message au Congrès, il fixe un objectif de 50 000 avions par an. Le 31 mai, le Conseil suprême du Rite écossais, réuni à Washington, s'engage à promouvoir l'intervention.

Le 3 août 1940, Churchill rejette les bons offices du roi de Suède, dernière tentative de médiation avant le début de la bataille d'Angleterre. Du 8 août au 5 septembre, la Luftwaffe attaque les ports, les aérodromes, les usines aéronautiques et d'autres cibles militaires. Le 27 août, cependant, les avions de la RAF bombardent Berlin et, au cours des nuits suivantes, les attaques deviennent de plus en plus virulentes. Les villes allemandes de la Ruhr sont bombardées depuis trois mois et demi. Alors que les bombes tombent sur la capitale du Reich, Hitler ouvre enfin les yeux et ordonne des raids aériens nocturnes sur Londres. S'ils proclament qu'ils vont lancer des attaques de grande envergure contre nos villes", déclare-t-il avec colère, "nous anéantirons leurs villes". Néanmoins, il n'autorise pas les bombardements de saturation sur les quartiers résidentiels de la capitale anglaise, comme l'avait demandé Jeschonnek, le chef d'état-major de Göring. Les cibles principales doivent être les gares, l'industrie, les réservoirs de gaz et d'eau, "pas la population pour l'instant". Du 7 septembre au 2 novembre 1940, Londres subit des bombardements nocturnes, dont le plus meurtrier est celui du centre industriel de Coventry.

Le 28 octobre 1940, l'Italie attaque la Grèce à partir de l'Albanie, ce qui constitue une déclaration de guerre. Cette action va provoquer l'extension du conflit européen aux Balkans dans les premiers mois de 1941. C'est dans ce contexte de guerre que l'*Allemagne doit périr* que fut publié l'ouvrage de Theodore N. Kaufmann que nous allons maintenant aborder. Kaufman, juif né à Manhattan et président de l'American Federation for Peace, propose dans son ouvrage la stérilisation systématique de toute la population allemande afin de l'exterminer à jamais. Le texte a été imprimé fin 1940 ou début 1941. Une deuxième édition a été publiée en mars 1941 par Argyle Press de Newark, New Jersey. Mais ce n'est qu'en juillet 1941 que les nazis découvrent le livre et, non contents d'être choqués, décident d'utiliser le pamphlet à des fins de propagande. Le 23 juillet, un article paraît en première page du journal *Der Angriff* sous le titre "Plan diabolique pour l'extermination du peuple allemand", qualifiant l'ouvrage d'exemple de "haine de l'Ancien Testament". Le 24 juillet, le *Völkischer Beobachter*, journal du NSDAP, publie également en première page un article intitulé "Le produit du sadisme criminel juif". Le journal affirme que Kaufman est un associé de Samuel Irving Rosenman, idéologue notoire du Brain Trust et conseiller de Roosevelt à la Maison Blanche. Des extraits du livre paraissent le 3 août dans l'hebdomadaire *Das Reich* , publié dans tout le pays. Joseph Göbbels ordonne la traduction du livre et en imprime environ un million d'exemplaires avec la photo de Roosevelt sur la couverture. Cette traduction est distribuée aux soldats allemands afin de les sensibiliser au sort terrible que les Juifs leur réservent en cas de défaite.

Bien qu'il ait été dit que le livre a eu beaucoup d'impact en Allemagne et très peu aux États-Unis, de grands journaux juifs tels que *le New York Times* et le *Washington Post* lui ont consacré des commentaires qui ne sont pas à dédaigner. Le premier l'a qualifié de "plan pour une paix permanente entre les nations civilisées". Le second a qualifié la proposition de Kaufman de "théorie provocatrice présentée de manière intéressante". Selon le *Times Magazine,* le projet est "une idée sensationnelle". Le *Philadelphia Record,* principal journal de la ville, estime que le travail de Kaufman, membre du Congrès juif américain, "présente avec une totale sincérité les terribles dessous de l'âme nazie". Il convient de noter que *Germany must perish* est paru près d'un an avant l'entrée en guerre des États-Unis et que le camp de prisonniers d'Auschwitz n'était même pas encore ouvert.

Le plan de stérilisation est présenté dans le livre comme le moyen le plus pratique d'exterminer la race allemande, étant donné qu'un massacre "était impraticable lorsqu'il devait être effectué sur une population de soixante-dix millions de personnes". Kaufman considérait sa proposition comme une "méthode moderne" que la science appelait "stérilisation eugénique", le meilleur moyen de "débarrasser l'humanité de ses inadaptés : dégénérés, fous et criminels héréditaires". Il précise que la stérilisation ne doit pas être confondue avec la castration, car il s'agit d'une opération beaucoup plus simple et rapide qui ne dure pas plus de dix minutes, même s'il reconnaît qu'elle est un peu plus compliquée dans le cas des femmes. La stérilisation du peuple allemand, selon Kaufman, est une mesure sanitaire qui doit être "promue par l'humanité afin de s'immuniser contre le virus du germanisme". Pour mettre en œuvre son plan, il propose la méthodologie suivante :

"La population de l'Allemagne, à l'exclusion des territoires annexés et conquis, est d'environ 70 millions d'habitants, presque également répartis entre hommes et femmes. Pour atteindre le but de l'extinction des Allemands, il ne serait nécessaire de stériliser que 48 millions - chiffre qui exclut, en raison de leur capacité limitée de procréer, les hommes de plus de soixante ans et les femmes de plus de quarante-cinq ans. En ce qui concerne les hommes soumis à la stérilisation, les corps d'armée, en tant qu'unités organisées, constitueraient le moyen le plus facile et le plus rapide d'opérer. En prenant 20 000 chirurgiens comme chiffre arbitraire, et en supposant que chacun d'entre eux effectue un minimum de vingt-cinq opérations par jour, il ne faudrait pas plus d'un mois au maximum pour achever la stérilisation. Naturellement, plus il y a de médecins disponibles, et il pourrait y en avoir beaucoup plus que 20 000 si l'on considère toutes les nations auxquelles on pourrait faire appel, moins il faut de temps..... Si l'on considère que la stérilisation des femmes nécessite un peu plus de temps, il faut calculer que les femmes d'Allemagne pourraient être stérilisées en trois ans ou moins..... Bien entendu, après une stérilisation complète, il n'y aurait plus de taux de natalité en Allemagne. Avec un taux de mortalité de 2% par an, la vie en Allemagne diminuerait d'un million et demi de personnes par an....".

Des auteurs juifs comme Kaufman, Morgenthau, Bar Zohar, déjà cités, ont souligné à plusieurs reprises et sans équivoque que la guerre n'était pas dirigée contre les nazis, mais contre le peuple allemand. Avant les lois de Nuremberg et presque deux ans avant la guerre, le leader sioniste Vladimir Jabotinsky l'avait clairement annoncé en janvier 1934 dans un article publié dans *Mascha Rjetsch :*

"La lutte contre l'Allemagne est déclenchée depuis des mois dans toutes les communautés juives, dans toutes les conférences, dans tous les syndicats de travailleurs et par tous les Juifs du monde. Il y a tout lieu de penser que notre participation à cette lutte est d'une importance générale. Nous allons déclencher une guerre spirituelle et matérielle du monde entier contre l'Allemagne. L'Allemagne s'efforce de redevenir une grande nation et de regagner ses territoires perdus ainsi que ses colonies. Mais nos intérêts juifs exigent la destruction complète de l'Allemagne".

Theodore N. Kaufman insiste à plusieurs reprises sur cette idée dans le livre que nous venons de lire : "Cette guerre est menée contre les Allemands. Ce sont eux qui sont responsables. Ce sont eux qui doivent payer pour la guerre. Sinon, il y aura toujours une guerre allemande contre le monde. Et avec cette épée suspendue en permanence au-dessus des nations civilisées, quels que soient leurs espoirs et leurs efforts, elles ne parviendront jamais à une paix permanente". Bien que ce soient les organisations juives internationales qui, en 1933, ont déclaré la guerre à l'Allemagne, Kaufman rejette sur les Allemands toute la responsabilité de l'entrée en guerre du monde. C'est d'ailleurs ainsi que cela a toujours été enseigné dans les lycées et les universités du monde entier, notamment en Allemagne, grâce au rôle joué par l'historiographie officielle. Kaufman est particulièrement furieux contre l'âme allemande, qu'il compare à celle des bêtes sauvages, qui ne peuvent vivre que dans la jungle :

> "Je n'éprouve pas plus de haine personnelle pour ces gens que je ne pourrais en éprouver pour un troupeau, pour des animaux sauvages ou pour un groupe de reptiles venimeux. On ne hait pas ceux dont l'âme ne peut dégager aucune chaleur spirituelle ; on éprouve seulement de la pitié. Si le peuple allemand veut vivre seul, dans l'obscurité, c'est son affaire. Mais s'il s'efforce constamment d'envelopper l'âme des autres peuples dans les enveloppes fétides qui recouvrent la sienne, le temps vient où il doit être expulsé du royaume de l'humanité civilisée, parmi laquelle il ne peut avoir ni place ni droit d'exister."

Fin septembre 1941, Wolfgang Diewerge rédige une brochure d'une trentaine de pages intitulée *Das Kriegsziel der Weltplutocratie (Le but de guerre de la ploutocratie mondiale)*, publiée à Berlin par la maison d'édition du NSDAP. Il insiste sur le fait que Theodore N. Kaufman n'est pas un fanatique talmudique agissant seul, mais qu'il évolue dans les cercles des conseillers juifs du président Roosevelt, se présentant ainsi comme un patriote pacifiste, philosophe et anthropologue recherchant le bien de l'humanité. En 1944, afin de stimuler la résistance à l'inévitable défaite, les nazis publient un pamphlet de quatre pages intitulé *"Jamais !"* rappelant le plan génocidaire de Kaufman et d'autres menaces funestes proférées par les Alliés à l'encontre de l'Allemagne.

La fuite de Rudolf Hess vers l'Écosse

Presque en même temps que l'apparition aux États-Unis du plan d'extermination par stérilisation des Allemands, Rudolf Hess entreprend sa célèbre fuite vers l'Écosse. L'invasion de la Russie est envisagée depuis les premiers mois de 1941 et Hitler souhaite toujours la paix avec la Grande-Bretagne afin de pouvoir concentrer toute la puissance de la Wehrmacht sur l'attaque de l'Union soviétique. C'est dans ce contexte qu'a lieu la dernière tentative d'arrêter la guerre avec les Britanniques. Le 10 mai 1941, à 17h40, Rudolf Hess s'envole d'Ausburg pour l'Écosse afin de proposer au gouvernement de Churchill un plan de paix prétendument élaboré en octobre 1940.

Dans *Hitler's War*, David Irving semble accréditer l'idée que Hess s'est rendu à ses risques et périls à Glasgow pour rencontrer le duc de Hamilton, un véritable ami de l'Allemagne qu'il avait rencontré en 1936. Irving raconte la scène de l'étonnement d'Hitler devant le général Karl Bodenschatz, représentant de Göring, lorsqu'un assistant de Hess fait irruption dans la grande salle du Berghof et tend au Führer une mince enveloppe. Le général l'ouvrit et tendit les deux pages qu'elle contenait à Hitler, qui mit ses lunettes et commença à lire sans rien faire. Soudain, il se lève et s'exclame d'une voix si forte qu'on l'entend dans toute la maison : "Oh mon Dieu, mon Dieu, il s'est envolé pour l'Angleterre !" De nombreux spectateurs affluent dans la pièce et Hitler demande avec colère à l'adjudant de Hess pourquoi il ne l'a pas signalé plus tôt. Celui-ci répond qu'il ne l'a pas fait par loyauté envers son patron. Le Führer s'adresse alors au Bodenschaft : "Pourquoi, général, la Luftwaffe a-t-elle permis à Hess de voler alors que je l'avais interdit ? Que Göring se présente !" Il nous semble évident que Hitler a réagi de manière excessive pour cacher à ses généraux sceptiques que, pour la énième fois, il cherchait à conclure un pacte avec l'Angleterre. Il ne nous paraît pas crédible que Rudolf Hess ait pris une décision aussi importante sans l'autorisation du Führer. Logiquement, le chancelier allemand savait qu'annoncer que Rudolf Hess avait voyagé officiellement avec un plan de paix séparé entre l'Allemagne et le Royaume-Uni revenait à rompre l'Axe et à laisser ses alliés dans l'embarras.

Quoi qu'il en soit, la BBC a finalement annoncé le 12 que Rudolf Hess avait été parachuté en Écosse, et pas grand-chose d'autre. C'est tout à l'honneur et au courage de Hess d'avoir évité les tirs antiaériens et les poursuites des Spitfire et d'avoir sauté en parachute, alors qu'il n'avait jamais sauté en parachute auparavant, ce qui lui a valu une entorse à la cheville. Naturellement, sa mission n'aboutit à rien. Grâce à la médiation du duc de Hamilton, Hess envisage de rencontrer le roi George VI et Churchill pour les convaincre que le Führer ne veut pas poursuivre la "guerre insensée" et que "le véritable ennemi est la Russie". Comme on le sait, Rudolf Hess n'a parlé ni au roi ni à Churchill qui, ignorant que Hess était venu proposer la paix, ne lui a pas permis de rentrer en Allemagne et l'a fait emprisonner. Churchill écrira plus tard qu'il n'était pas "directement responsable de la manière dont Hess a été traité". Le célèbre prisonnier de Spandau mourra en prison en 1987 à l'âge de 93 ans, victime de la "justice" des vainqueurs. Le gouvernement britannique a saisi les documents que Hess portait sur lui et a décidé qu'ils ne seraient pas rendus publics avant 2017, ce qui laisse supposer que leur contenu pourrait révéler des informations intéressantes.

PARTIE 3 - PEARL HARBOUR : ROOSEVELT IMMOLE
SES MARINS POUR ENTRER EN GUERRE

Bien que les sondages révèlent que les Américains sont obstinément hostiles à l'entrée en guerre de leur pays, les manœuvres anti-allemandes de Roosevelt s'intensifient au fur et à mesure que la conflagration progresse. En juin 1940, seuls 14% de la population sont favorables à l'intervention. Un an plus tard, ce pourcentage passe à 21% et, en septembre 1941, malgré une intense campagne de presse, les partisans de l'abandon de la neutralité ne sont plus que 26%. En septembre 1940, Henry Ford, Charles Lindbergh, le général Robert Wood et Douglas Stuart Jr. avaient fondé le comité anti-guerre America First, soutenu par le *Chicago Daily Tribune*. Près d'un million de personnes sont actives au sein de ce Comité, qui s'oppose ouvertement au Comité "Fight for Freedom". Ce dernier avait été lancé le 19 avril 1941 par les lobbies interventionnistes et s'était constitué sur la base du "Century Group", une création du "Council on Foreign Relations" qui, comme on le sait, est une structure de pouvoir très puissante de la "Table ronde" qui façonne la politique étrangère des États-Unis. Le Comité belliciste comprenait des personnalités telles que Paul Warburg, l'alma mater de la Réserve fédérale ; Lewis Douglas, une autre sommité de Wall Street liée à la Table ronde ; Dean Acheson, membre du CFR ; et des publicistes tels que Joseph Alsop, éditorialiste au *Herald Tribune* ; Henry Luce, un magnat des think tanks, membre de la société secrète Skull & Bones et éditeur de plusieurs publications ; Henry Luce, membre de la société secrète Skull & Bones et éditeur de plusieurs publications ; ainsi que les médias américains. Il s'agit de Henry Luce, membre de la société secrète Skull & Bones et éditeur de plusieurs publications ; Elmer Davis, qui endoctrinait cinq fois par semaine les Américains en faveur de la guerre sur CBS et fut nommé par Roosevelt directeur de l'Office of War Information des États-Unis ; et d'autres pions à la tête de grands organes de presse.

Dès septembre 1940, le président américain viole le Neutrality Act, qui interdit l'exportation de matériel de guerre vers des pays en guerre, et persuade le Congrès de l'autoriser à transférer cinquante destroyers au Royaume-Uni en échange de l'utilisation de huit bases dans l'hémisphère occidental. Cela permet à la flotte britannique de compenser les pertes subies lors de ses affrontements avec la marine allemande. Réélu pour la troisième fois en novembre 1940 en promettant de maintenir les Etats-Unis en dehors de la guerre, Roosevelt demande les pleins pouvoirs, ce qui inquiète une grande partie du pays. Clyton Morrison, rédacteur en chef du *Christian Century*, pressent les intentions du président et écrit : "Ce ne sera pas une guerre de la nation, mais une guerre du président. L'histoire jugera un jour sévèrement l'attitude de Roosevelt en cette période critique pour le monde". Le 10 janvier 1941, Roosevelt remplace la formule "Cash and Carry", qui autorise la vente aux belligérants de marchandises sans intérêt militaire, à condition qu'elles soient payées comptant et transportées sur des navires des pays acheteurs, par le Lend Lease Act, qui autorise les ventes à crédit à la Grande-Bretagne. De plus, en violation flagrante de la neutralité, les marchandises sont transportées sur des navires américains sous pavillon britannique.

Le 29 mars 1941, Franklin D. Roosevelt ordonne la saisie des navires allemands et italiens dans les ports américains, mesure appuyée par le Mexique et Cuba. Cette action, véritable acte de piraterie indigne d'un pays neutre, montre définitivement que les Etats-Unis s'apprêtent à intervenir dans la guerre en faveur de la Grande-Bretagne. Quelques jours plus tard, le 9 avril, l'ambassadeur danois à Washington, Henrik Kaufmann, surnommé le "roi du Groenland", signe un accord avec les États-Unis permettant l'occupation du Groenland sans l'autorisation de Copenhague. Le gouvernement danois passe outre Kauffmann, le destitue et le poursuit pour trahison, mais Roosevelt ignore les protestations danoises et occupe le Groenland, à partir duquel il peut contrôler le trafic naval dans l'Atlantique.

Roosevelt provoque l'Allemagne et se met au service de l'URSS

Les provocations de Roosevelt à l'égard de la marine allemande dans l'Atlantique, à la recherche d'une réaction qui justifierait l'entrée en guerre des États-Unis, s'intensifient dès le début de l'"opération Barbarossa". Le 22 juin 1941, l'invasion du Royaume-Uni étant définitivement écartée, Hitler ordonne l'action que tout le monde attendait, sauf Staline : l'invasion de l'Union soviétique. C'est ce que les banquiers juifs qui ont porté les nazis au pouvoir avaient prévu à l'origine. L'étude des procès de Moscou a montré qu'une attaque allemande contre Staline était censée déclencher une guerre qui permettrait à Trotski d'être rétabli au pouvoir. En 1941, Trotski avait déjà été assassiné, de sorte que les communistes juifs qui proliféraient dans le "Brain Trust" de Roosevelt étaient convaincus qu'après la guerre, Staline pourrait être remplacé par des agents plus fiables qui leur permettraient de reprendre le contrôle absolu des vastes ressources de l'Asie et du communisme, dont les tentacules, comme Trotski l'avait prévu en 1918, devaient s'étendre jusqu'à Berlin. Le deuxième grand objectif du financement hitlérien était de déclencher la persécution des Juifs, ce qui devait permettre au sionisme de créer une fois pour toutes l'État d'Israël après la guerre.

Engagé dans une guerre qui englobe la majeure partie de l'Europe et s'est déjà étendue à l'Afrique du Nord et au Moyen-Orient, Hitler entame le 22 juin une fuite en avant qui aura des conséquences catastrophiques pour le peuple allemand. Une semaine après l'invasion de l'URSS, Roosevelt cherche à accélérer l'entrée en guerre immédiate des États-Unis et ordonne le déploiement de patrouilles navales dans l'Atlantique Nord, chargées de détecter les sous-marins et les navires allemands. Fin juillet 1941, les patrouilles sont intensifiées et l'ordre est donné de protéger les navires naviguant dans la zone, quel que soit leur pavillon. En d'autres termes, l'escadre d'un pays neutre doit surveiller, informer et même attaquer les navires de guerre allemands susceptibles d'intercepter les convois d'armes et de ravitaillement à destination de l'Union soviétique et du Royaume-Uni.

Après le début de l'attaque contre la Russie, Roosevelt avait envoyé à Londres et à Moscou son bras droit Harry Hopkins, qui était paradoxalement un agent soviétique, plus précisément l'agent "19", comme l'ont démontré en 1995 les documents "Venona", sur lesquels nous reviendrons plus loin. À la mi-juillet, Hopkins rencontre Churchill à Londres, où de nombreuses missions américaines relevant du Lend-Lease Act organisent la livraison de toutes sortes de matériels, tels que les forteresses volantes B-17, qui vont tuer des centaines de milliers de civils allemands dans le cadre de la terreur aérienne qui sera pratiquée à grande échelle dans les années qui suivront. Hopkins et Churchill signent un accord d'action commune qui prévoit une assistance et un soutien multiples dans la guerre contre l'Allemagne et, bien que les États-Unis ne soient pas encore en guerre, s'engagent à ne pas négocier d'armistice ou de traité de paix séparé. Robert E. Sherwood raconte dans *Roosevelt and Hopkins. An Intimate History*, que Hopkins a montré à Churchill une carte sur laquelle Roosevelt lui-même avait tracé au crayon une ligne dans l'océan Atlantique, à l'ouest de laquelle la marine et l'aviation américaines patrouilleraient, "laissant ainsi les navires d'escorte britanniques libres de servir ailleurs, en particulier sur la route de Mourmansk".

De l'Ecosse, Hopkins s'envole pour Archangel et de là pour Moscou, où il passe trois jours. Le 30 juillet, il a sa première rencontre avec Staline, à qui il transmet un message câblé par le secrétaire d'État par intérim Benjamin Sumner Welles, un sioniste attaché à la création de l'État d'Israël dont la famille est apparentée aux Roosevelt. Le texte, reproduit dans l'ouvrage de Sherwood, montre à quel point le président américain, cinq mois avant d'engager son pays dans la guerre, était prêt à défendre le totalitarisme communiste en Russie :

> "Le Président souhaite que, lorsque vous verrez Staline pour la première fois, vous lui transmettiez le message suivant au nom du Président lui-même :
> M. Hopkins est à Moscou à ma demande pour discuter avec vous personnellement, et avec d'autres fonctionnaires que vous pourriez désigner, de la question d'importance vitale de savoir comment nous pouvons fournir efficacement et rapidement l'aide que les Etats-Unis apporteront à votre pays dans sa magnifique résistance à l'agression perfide de l'Allemagne hitlérienne. J'ai déjà informé M. Umansky, votre ambassadeur, que le gouvernement des Etats-Unis fournira toute

l'assistance possible en ce qui concerne l'envoi de munitions, d'armements et d'autres fournitures nécessaires pour répondre à vos besoins les plus urgents et qui pourraient être utilisés dans votre pays au cours des deux prochains mois. Nous discuterons des détails de ces questions avec la mission qui, dirigée par le général Golikov, se trouve actuellement à Washington. Je crois comprendre que la visite de M. Hopkins à Moscou sera précieuse, car elle indiquera aux États-Unis quels sont vos besoins les plus pressants, de sorte que nous pourrons prendre les décisions les plus pratiques pour simplifier et accélérer la livraison de ce qui est demandé.

D'ici l'hiver prochain, nous serons en mesure de compléter le matériel que votre gouvernement souhaite obtenir de ce pays, quelle qu'en soit la quantité. Par conséquent, je pense que l'intérêt principal des deux gouvernements devrait se concentrer sur le matériel qui peut arriver en Russie dans les trois prochains mois.

Je vous demande de traiter M. Hopkins avec la même confiance que si vous me parliez directement. Il me communiquera, également directement, les points de vue que vous lui soumettrez et me dira quels sont les problèmes les plus urgents pour lesquels nous pouvons vous être utiles.

Permettez-moi d'exprimer, en conclusion, la grande admiration que nous ressentons tous aux États-Unis pour la bravoure dont a fait preuve le peuple russe dans la défense de sa liberté et dans la lutte pour l'indépendance de la Russie. Le succès du peuple russe et des autres peuples dans leur opposition à l'agression d'Hitler et à ses plans de conquête du monde a grandement encouragé le peuple américain".

Notons que l'ambassadeur aux États-Unis, Konstantin Umansky, était à nouveau juif, tout comme son successeur, l'omniprésent et infatigable Maksim Litvinov, qui, après avoir cédé le commissariat aux affaires étrangères à Molotov en 1939, fut envoyé à Washington en novembre 1941 pour remplacer Umansky. Nous savons déjà que l'ambassadeur soviétique à Londres pendant la guerre, Ivan Maisky, était également juif et sioniste. Maisky, comme mentionné ci-dessus, est devenu un ami proche de Negrin et était l'homme auquel Beria pensait pour le poste de commissaire aux affaires étrangères après l'assassinat de Staline en 1953. L'ambassadeur américain à Moscou, Laurence A. Steinhardt, était également juif. Steinhardt était également un juif sioniste. Il a déjà été dit au chapitre 8 que Steinhardt était le neveu de Samuel Untermayer et qu'il était actif au sein de la Fédération des sionistes américains.

Steinhardt accompagnait Hopkins lors de la rencontre avec Molotov au Kremlin et résuma l'entretien pour le Département d'État. Il en ressort que Hopkins a assuré à Molotov que Washington ne tolérerait aucune entreprise japonaise en Sibérie. Le rapport de Hopkins confirme le témoignage de Steinhardt, car il y confirme que Molotov lui a dit que si le président (Roosevelt) pouvait trouver "des moyens adéquats pour adresser un avertissement au Japon", celui-ci serait empêché de tenter toute action agressive. Hopkins écrit : "Bien que M. Mólotov ne se soit pas exprimé en ces termes, le sens implicite de ses paroles était que l'avertissement devait inclure une mise en garde selon laquelle les États-Unis viendraient en aide à l'Union soviétique si elle était attaquée par le Japon.

Si, en 1938 et 1939, Staline s'était méfié des intentions de la Grande-Bretagne et de la France, lorsque l'invasion a commencé le 22 juin 1941, il a pu penser que le complot qu'il avait combattu lors des procès de Moscou était de retour. Il a sans doute craint que ce ne soit la première étape d'un plan avec l'Occident pour se débarrasser de lui, c'est pourquoi il a quitté son poste dans la crainte et a laissé le pays et l'armée sans son chef suprême. C'est la seule façon de comprendre son attitude et la peur qui l'habitait. C'est Beria qui réagit et part à sa recherche. Khrouchtchev raconte que lorsque Beria lui demande de reprendre le commandement, Staline répond : "Tout est perdu, je me rends. Je me rends." La visite de Hopkins lui confirme indubitablement que les choses sont bien différentes : il peut compter sur les Etats-Unis, puisque leur aide inconditionnelle arrive alors que son pays est en train d'être envahi. Deux mois plus tard, le 28 septembre, William Averell Harriman, associé de Kuhn, Loeb & Co, membre du CFR et de "Skulls & Bones", arrive à Moscou pour mettre en place un nouveau programme d'approvisionnement.

Roosevelt étant désireux de déclencher la guerre contre l'Allemagne le plus rapidement possible, les incitations se succèdent dans l'Atlantique : les patrouilles navales américaines provoquent les sous-marins allemands en larguant des grenades sous-marines, mais les sous-marins hésitent à répondre aux attaques. Hitler avait déclaré à l'amiral Räder qu'il ne voulait en aucun cas "provoquer un incident qui aboutirait à une déclaration de guerre de la part des États-Unis". Le 4 septembre, Roosevelt tente d'exploiter une mésaventure. Des avions britanniques indiquent au destroyer américain *Greer* la position du sous-marin allemand U-652, qui opère dans la zone de blocus maritime. *Le Greer* attaque avec des grenades sous-marines et le sous-marin répond en lançant deux torpilles qui manquent le navire. Dès que la nouvelle de l'affrontement parvient aux États-Unis, l'Allemagne est accusée de piraterie et de tenter de couler un destroyer lors de ses "patrouilles inoffensives". L'amiral Harold Stark, chef des opérations navales, publie un rapport détaillé indiquant que l'avion britannique et le *Greer* ont harcelé le sous-marin pendant des heures et que tous deux l'ont attaqué avec des grenades sous-marines. Le 11 septembre, le président Roosevelt donne l'ordre de "tirer à vue". Hitler déclare, je cite : "Le président Roosevelt a ordonné à sa marine de tirer à vue dès qu'elle découvrira nos navires. J'interdis à mes commandants de faire de même, mais je leur ordonne de se défendre s'ils sont attaqués. Tout officier qui violera cet ordre passera en cour martiale."

Le paradoxe du 16 septembre est que les convois battant pavillon britannique naviguent sous la protection des navires de guerre d'un pays neutre. Le sénateur Wheeler reconnaît donc que l'Allemagne a toutes les raisons d'attaquer son pays. Hopkins le dit autrement : "Si Hitler était enclin à nous déclarer la guerre, il aurait déjà toutes les excuses possibles et imaginables". Finalement, le 17 octobre 1941, le souhait de Roosevelt se réalise : le destroyer *Kearny*, qui escorte un convoi, attaque le sous-marin allemand U-568, qui a lui-même attaqué des navires marchands britanniques. Le sous-marin a répondu par une torpille qui a touché le navire américain, tuant onze membres d'équipage et en blessant vingt-deux autres. Bien qu'il y ait eu des victimes à cette occasion, Roosevelt ne réussit pas à obtenir de la Chambre des représentants qu'elle autorise une déclaration de guerre. Quant à l'opinion publique, Hopkins déplore que l'incident ait été "pris comme une évidence par le peuple des États-Unis". Sans doute parce que les Américains savaient que c'était leur président qui exposait les navires américains et la vie des marins. Le *Times-Herald de Washington* va jusqu'à rapporter que les familles des victimes reçoivent des messages douloureux qui les torturent : "Votre cher fils, dit l'un d'eux, a été envoyé à la mort par l'imbécile criminel à la tête de notre gouvernement".

Quelques jours après l'attaque du *Kearny*, le général Robert E. Wood, membre de l'America First Committee, demande publiquement au président de se présenter devant le Congrès et de solliciter un vote définitif sur l'entrée en guerre des États-Unis. Robert E. Sherwood écrit à ce sujet dans *Roosevelt and Hopkins. An Intimate History* :

> "Il s'agissait précisément de la même demande d'action rapide et audacieuse qui avait été conseillée à Roosevelt par de nombreuses personnes, telles que Stimson et d'autres, tant à l'intérieur qu'à l'extérieur du gouvernement, au cours des six derniers mois. Mais le fait même qu'une telle proposition vienne maintenant d'un champion de l'isolationnisme aussi acharné a suffisamment confirmé Roosevelt dans sa conviction que, s'il faisait ce qu'on lui disait, il subirait une défaite désastreuse et certaine".

Robert Sherwood et Samuel Rosenman, juge juif de la Cour suprême proche de l'archi-missionnaire Louis D. Brandeis et conseiller de Roosevelt, ont rédigé les discours du Président. Les propos cités proviennent donc d'une source très autorisée. Malgré la campagne de presse incessante en faveur de l'intervention, Roosevelt savait pertinemment que l'opinion publique était opposée à la guerre. Il fallait donc un événement comme l'attaque japonaise sur Pearl Harbour pour changer le sentiment du peuple américain. Rosenman et Sherwood sont les auteurs du célèbre discours du 28 octobre 1940, dans lequel Roosevelt, en campagne pour sa troisième réélection, a déclaré : "Je l'ai déjà dit, mais je le répéterai encore, et encore, et encore, et encore : vos garçons ne seront envoyés dans aucune guerre étrangère.

Quelques jours après l'incident du *Kearny*, le 31 octobre, le destroyer *Reuben James* est coulé lorsqu'un autre sous-marin allemand, le U-552, repousse l'attaque. Une torpille touche la proue du navire et le magasin d'obus explose. Le navire coule et cent quinze membres d'équipage périssent, dont tous les officiers. Cette fois encore, Roosevelt n'obtient pas l'autorisation de déclarer la guerre. Contrairement aux attentes, la réaction de l'opinion publique est de plus en plus négative. Sherwood écrit à l'époque : "Il y avait une sorte d'accord tacite entre les Américains sur le fait qu'aucun d'entre eux ne devait s'indigner même si les Allemands coulaient nos navires avec leurs submersibles, car une telle indignation risquait de nous ramener à la guerre.

L'emprise économique du Japon

Comme il devient évident qu'il est impossible de mener le pays à la guerre en raison des incidents avec les Allemands dans l'Atlantique, Roosevelt multiplie les mesures pour étrangler économiquement le Japon, qui mène une guerre coûteuse en Chine depuis 1937. Dans ce contexte, les États-Unis avaient déjà décidé en 1940 d'interrompre les livraisons de pétrole à Tokyo, qui devait trouver d'autres fournisseurs s'il voulait poursuivre la lutte contre les Chinois. Dans un premier temps, les Japonais ont pu acheter du pétrole brut au Mexique et au Venezuela. Ils avaient également la possibilité de s'approvisionner auprès des colonies anglo-néerlandaises de Birmanie et d'Inde, qui leur fournissaient habituellement du pétrole, du caoutchouc et d'autres matières premières sans aucun problème. Roosevelt et son clan de conseillers juifs décident alors de faire pression sur la Grande-Bretagne et les Pays-Bas pour qu'ils respectent l'embargo pétrolier imposé au Japon. De son côté, la Standard Oil, du trust Rockefeller et Jacob Schiff, propriétaire du pétrole vénézuélien, annonce qu'elle suspend ses livraisons. Le Mexique, sous la pression, fait de même.[6]

Au moment de l'attaque allemande contre la Russie, le Japon envisage de profiter de l'occasion offerte par l'invasion de l'Ouest pour attaquer l'URSS et débarquer des troupes en Sibérie afin de s'emparer des gisements de pétrole, ce qui aurait été catastrophique pour Staline et utile à Hitler.

---

[6] La Standard Oil avait été l'un des grands bénéficiaires de la révolution des juifs-bolcheviks qui, bien qu'ayant nationalisé le pétrole, lui avaient vendu une chaîne de puits dans le Caucase. La Standard Oil a construit une raffinerie en Russie et a vendu le pétrole russe aux pays européens. En 1927, la firme bancaire Kuhn Loeb & Co, propriété de Jacob Schiff, le banquier juif qui avait financé la révolution, accorde aux bolcheviks un nouveau prêt de 65 millions de dollars. En 1928, la Chase National Bank de Rockefeller vendait des obligations d'État communistes aux États-Unis. Entre 1917 et 1930, le trust Rockefeller a construit dix-neuf grandes raffineries en URSS, dont l'équipement industriel et les machines provenaient des États-Unis. En contrepartie, les communistes ont accordé à des sociétés américaines des droits d'exploitation de mines d'or en Russie.

Ribbentrop pousse dans cette direction, mais les Soviétiques le savent et maintiennent d'importantes garnisons de troupes sur place. Lorsque Roosevelt a reçu des rapports l'avertissant des intentions japonaises en Sibérie, il a rapidement publié un message d'avertissement et a cherché à obtenir de Tokyo l'assurance que l'attaque n'aurait pas lieu. Peu après, comme on l'a vu plus haut, Harry Hopkins arrive à Moscou, où Molotov demande expressément que les États-Unis fassent savoir au Japon qu'ils viendront en aide à l'Union soviétique si celle-ci est attaquée. Comme si cela ne suffisait pas, le 26 juillet 1941, Roosevelt ordonne le gel des fonds japonais aux États-Unis, ce qui paralyse les opérations financières d'importation et d'exportation du Japon, dont la plupart travaillent avec des institutions financières américaines. Les gouvernements britannique et néerlandais, ce dernier en exil à Londres, emboîtent le pas à Roosevelt. Ainsi, avec ses actifs gelés, l'économie japonaise est étranglée.

La crise est inévitable. Les Japonais proposent donc de se retirer de leurs bases en Indochine en échange de la levée de l'embargo et de la restitution de leurs biens saisis, mais Roosevelt et Churchill rejettent la proposition de Tokyo. Ils n'acceptent pas non plus l'offre japonaise de retirer ses troupes de Chine qui, privée de pétrole brut, de fer et de caoutchouc, ne peut plus vraiment poursuivre la guerre. En novembre 1941, le Japon a subi le blocus de Roosevelt pendant quatre mois et est donc contraint d'entrer en guerre pour survivre. L'ambassadeur britannique à Tokyo considérait que la cible la plus probable d'une future attaque japonaise était les Indes orientales néerlandaises, où les gisements de pétrole pouvaient être saisis. Un rapport secret de l'US Navy suggère que le Japon pourrait attaquer la Russie ou les colonies anglo-néerlandaises. L'attaque de Pearl Harbour était une option qui ne semblait pas être envisagée. Même le Premier ministre britannique, qui, entre le 9 et le 12 août, avait tenu la Conférence atlantique à Terre-Neuve avec le président américain et avait reçu l'assurance que les États-Unis entreraient en guerre, n'était pas informé que l'attaque aurait lieu à cet endroit.

La flotte américaine à Pearl Harbour

Sous le pseudonyme de Mauricio Karl, Mauricio Carlavilla a publié à Madrid en 1954 *Pearl Harbour, la trahison de Roosevelt,* un livre contenant des informations extrêmement révélatrices sur l'attaque japonaise de Pearl Harbour le dimanche 7 décembre 1941. Il existe de nombreux livres et articles écrits par des auteurs révisionnistes sur l'attitude de Roosevelt. Le premier à susciter la controverse fut John T. Flynn, qui publia dès 1944 *The Truth about Pearl Harbour,* dans lequel il accusait Roosevelt et ses acolytes d'avoir provoqué l'attaque. Aujourd'hui, il ne fait plus aucun doute qu'il n'y a pas eu de surprise à Pearl Harbour, mais un acte criminel, un acte d'infamie de la part de Roosevelt, qui n'a eu aucun scrupule à sacrifier quelque 2 500

Américains pour engager son pays dans la Seconde Guerre mondiale. Le mérite du livre de Carlavilla est d'avoir été l'un des premiers écrivains, peut-être le premier en espagnol, à dénoncer ce qui s'est passé. Son œuvre sera donc utilisée dans les pages qui suivent, ainsi que plusieurs articles publiés dans *The Journal of Historical Review*.

La présence de l'escadron à Pearl Harbour a été remise en question dès avril 1940 par l'amiral James O. Richardson. Richardson, qui avait achevé ses mémoires en 1958. Le livre, intitulé *On the Treadmill to Pearl Harbour : The Memoirs of Admiral James O. Richardson (USN Retierd)*, a été publié par l'United States Navy. *Richardson (USN Retired), As Told to Vice Admiral George C. Dyer (USN Retired)*, a dû attendre 1973 pour voir le jour. Cela était apparemment dû aux critiques de l'amiral Harold Stark, le chef des opérations navales, qui n'est décédé qu'en 1972. Pendant ces quinze années, les historiens officiels ont eu largement le temps de déformer et d'obscurcir la vérité sur ce qui s'est passé à Pearl Harbour.

Sur proposition de l'amiral Richardson, la flotte de Pearl Harbour devait retourner sur la côte ouest des États-Unis en mai 1940, mais les plans ont changé et Richardson a reçu l'ordre de rester dans les eaux au large d'Hawaï. Dans ses mémoires, il écrit : ".... La décision de maintenir la flotte à Pearl Harbour en mai 1940 a été prise, à mon avis, sur une base totalement erronée. Le postulat selon lequel la flotte positionnée à cet endroit exercerait une influence coercitive sur les actions du Japon.... En 1940, les responsables de la politique étrangère du gouvernement - le président et le secrétaire d'État - pensaient qu'en positionnant la flotte à Hawaï, ils exerceraient une coercition sur les Japonais. Ils n'ont pas demandé à leurs conseillers militaires si cela permettrait réellement d'atteindre cet objectif. Ils leur ont imposé leur décision.

L'amiral Richardson a mis sa carrière en péril en se rendant à deux reprises à Washington pour s'opposer personnellement à la décision du président de maintenir la flotte à Pearl Harbour. Lors de sa deuxième visite, il déclara textuellement à Roosevelt : "Monsieur le Président, je me dois de vous dire que le haut commandement de la marine n'a pas la confiance dans les dirigeants civils de ce pays, confiance qui est essentielle au succès d'une guerre dans le Pacifique". Richardson a notamment insisté sur le fait que les navires n'étaient pas bien équipés pour partir en guerre et que la flotte était trop exposée sur ces îles, les éléments défensifs n'étant pas suffisants pour la protéger d'une éventuelle attaque. L'amiral demande au président si les États-Unis déclareront la guerre au Japon si celui-ci envahit les colonies anglo-néerlandaises. Roosevelt répond de manière évasive, notant qu'il n'est pas sûr que les Américains soient prêts à se battre pour une telle raison. Le poste de CINCUS (Commmander-in-Chief, U.S. Fleet) est normalement occupé par ses titulaires pour une période de dix-huit à vingt-quatre mois ; mais Richardson est démis de ses fonctions le 31 janvier 1941, douze mois à peine après son entrée en fonction. Son remplaçant est l'amiral Husband E. Kimmel.

Au lieu de tenir compte des plaintes de Richardson concernant l'absence de défense de la flotte à Pearl Harbour, l'ordre fut donné en mars 1941 de retirer de la base un porte-avions, trois cuirassés, quatre croiseurs légers et dix-huit destroyers, ce qui la plaçait dans une situation très désavantageuse par rapport à la flotte japonaise. Ce déséquilibre empêche l'amiral Kimmel d'effectuer des repérages préventifs loin de la base. Les unités évacuées de Pearl Harbour sont envoyées dans l'Atlantique, où l'escadre britannique jouit déjà d'une supériorité de plus en plus nette.

Le code violet

Dans l'ouvrage précité, Mauricio Carlavilla (Mauricio Karl) consacre un chapitre à expliquer que l'espionnage américain a réussi à déchiffrer un code japonais hautement sécurisé, le "Purple Code", crypté par une machine très sophistiquée qui permettait un très grand nombre de variations dans les dépêches. Les Américains "ont réussi à déchiffrer le Purple Code japonais", écrit Carlavilla, "et ont même réussi à construire un modèle de machine qui déchiffrait les dépêches aussi facilement que l'appareil installé à l'ambassade du Japon à Washington". La machine violette établissait la clé de chaque cryptogramme au moyen de son propre mécanisme. Sans la possession d'une machine jumelle, il aurait été impossible de déchiffrer les messages japonais....". Les Américains donnèrent le nom de "Magic" à leur système. Cinq machines de ce type ont été construites, mais aucune n'a été installée à Pearl Harbour. La base ne pouvait donc connaître que ce que Roosevelt et ses sbires voulaient bien lui communiquer. Après l'attaque, une commission d'enquête a été mise en place pour faire la lumière sur ce qui s'était passé. Les représentants du gouvernement ont témoigné devant la Commission que la base navale avait été privée de "magie" pour éviter qu'elle ne soit identifiée par les Japonais.

Même si cela était vrai, rien n'empêchait les commandants de Pearl Harbour d'être informés de toutes les informations recueillies à Washington, ou du moins des données pertinentes affectant la sécurité de la flotte basée dans cette ville. En effet, l'amiral Kimmel avait demandé à deux reprises, le 18 février et le 26 mai 1941, à être tenu au courant. Sa demande était la suivante : "Puis-je suggérer que le principe essentiel soit que le chef de la flotte du Pacifique soit informé avec la plus grande urgence de tous les développements importants dès qu'ils se produisent et par les moyens les plus rapides disponibles". En juin, Kimmel rencontra personnellement l'amiral Stark, qui lui assura qu'il recevrait les informations demandées.

Pendant deux ou trois mois, la promesse fut tenue, mais soudain, au cours des trois mois précédant l'attaque de Pearl Harbour, Kimmel cessa de recevoir des rapports d'intérêt qui lui auraient permis de déduire ce qui se préparait. Parmi les destinataires réguliers des messages décryptés de Magic figurent le président Roosevelt, le chef d'état-major George Marshall, le secrétaire à la Marine Frank Knox, l'amiral Harold Stark, surnommé "Betty", le secrétaire d'État Cordell Hull, qui, comme son homologue Molotov, était marié à une juive, Rosalie Frances Witz, fille du banquier Isaac Witz.

Le 3 novembre 1941, l'ambassadeur américain à Tokyo, Joseph Grew, envoie un télégramme au département d'État, avertissant que "le Japon risquerait un harakiri national plutôt que de céder aux pressions étrangères"."Grew, diplomate honnête, ignorait sans doute la volonté de Roosevelt, puisqu'il termina son télégramme par ces mots : "Mon but est seulement de m'assurer contre l'entrée en guerre de mon pays avec le Japon à cause d'une fausse idée de la capacité du Japon à plonger tête baissée dans un conflit suicidaire avec les Etats-Unis". Sans que l'ambassadeur s'en doute, c'est exactement ce que le président américain voulait entendre, c'est-à-dire la confirmation que le Japon allait attaquer.

Depuis avril 1941, le Japon tente désespérément de parvenir à un accord avec les États-Unis qui permettrait de sauver les relations entre les deux pays. Le 5 novembre, un message de Tokyo à l'ambassade du Japon à Washington a été décodé, demandant à l'ambassadeur de faire "le maximum d'efforts" et d'agir avec "le maximum de détermination" pour parvenir à un accord. Le 12 novembre, le département d'État décode un message reçu la veille par l'ambassade, indiquant que la date est "absolument immuable". Face à l'impasse des négociations, le gouvernement japonais dépêche à Washington un envoyé spécial, Saburo Kurusu, qui arrive dans la capitale américaine le 15 novembre. Le 17 novembre, Magic transcrit le premier message reçu par Kurusu, en réponse à un message précédemment envoyé de Washington par l'envoyé spécial. Le texte se termine ainsi : "Voyez que le temps est compté. Pour cette raison, ne permettez pas aux États-Unis de faire tout ce qui est en leur pouvoir pour retarder davantage les négociations. Appréhendez-les pour une solution sur la base de nos propositions et faites tout ce qui est en votre pouvoir pour y parvenir". Examinons maintenant un texte plus long, transcrit par Mauricio Carlavilla, qui a été envoyé de Tokyo à l'ambassade le 22 novembre et déchiffré le même jour :

"Il nous est terriblement difficile de modifier la date que j'ai fixée dans mon 736, vous le savez. Je sais que vous travaillez dur. Tenez-vous en à la politique que nous avons fixée et faites tout ce que vous pouvez. Ne ménagez pas vos efforts et essayez de parvenir à la solution que nous souhaitons. Votre expertise vous permet de deviner pourquoi nous devons rétablir les relations américano-japonaises avant le 25 ; mais si, dans les trois ou quatre jours qui viennent, vous pouvez terminer vos discussions avec les Américains ; si la signature peut être réalisée pour le 29, ce que je vous répète - vingt-neuf ; si les notes pertinentes peuvent être échangées ; si nous pouvons obtenir des renseignements avec la Grande-Bretagne et les Pays-Bas ; et, en bref, si tout peut être réalisé, nous avons décidé d'attendre jusqu'à cette date, et nous disons que, cette fois, la date limite ne peut pas être changée. Après cette date, les choses se feront automatiquement. Nous vous demandons d'y accorder toute votre attention et de travailler encore plus dur que vous ne l'avez fait jusqu'à présent. Pour l'instant, ceci est seulement pour votre information à vous, les deux ambassadeurs."

Quatre jours plus tard, le 26 novembre, un nouveau message est transmis de l'ambassade de Washington à Tokyo, qui est déchiffré deux jours plus tard. Il fait état d'un "échec total et d'une humiliation". Les ambassadeurs Nomura et Kurusu avaient rencontré le secrétaire d'État Cordell Hull, qui avait rejeté les dernières ouvertures faites par les ambassadeurs le 20 novembre et leur avait présenté une proposition en neuf points absolument scandaleuse et inacceptable. La réponse de Tokyo a été envoyée le 28 novembre et décodée le même jour au Département d'Etat :

"Vous avez fait des efforts surhumains, mais malgré cela, les États-Unis sont allés de l'avant et ont fait une proposition humiliante, totalement inattendue et extrêmement regrettable. Le gouvernement impérial ne peut en aucun cas la prendre comme base de négociation. Pour cette raison, et avec un rapport sur les vues du gouvernement impérial que je vous enverrai, les négociations seront rompues de facto ; c'est inévitable. Cependant, je ne veux pas que vous donniez l'impression que les négociations sont rompues. Dites-leur seulement que vous attendez des instructions et que, bien que les vues de votre gouvernement ne soient pas claires pour vous, selon votre façon de penser, le gouvernement impérial a toujours fait de justes revendications et a consenti de grands sacrifices pour la cause de la paix dans le Pacifique....."

Dans le but évident de prendre les Américains complètement au dépourvu, il n'était pas prévu que les ambassadeurs rompent les négociations et les retardent le plus possible. Enfin, nous évoquerons deux autres messages envoyés le 30 novembre et décodés par Magic le 1er décembre. Le premier a été envoyé de Tokyo à l'ambassade du Japon à Berlin. Il s'agit d'instructions données à l'ambassadeur d'informer "très secrètement" Hitler que les pourparlers avec Washington sont rompus et que la guerre entre les nations anglo-saxonnes et le Japon pourrait éclater "soudainement par un coup de force qui pourrait survenir plus rapidement que quiconque ne pourrait l'imaginer". La seconde était destinée à l'ambassade de Washington. Elle note que, bien au-delà de la date limite, la situation devient de plus en plus critique et que, pour éviter que les Américains ne deviennent suspicieux, la presse et d'autres sources ont été informées que, malgré des divergences importantes, les négociations se poursuivent.

Les messages cryptés avec le Purple Code concernant la base de Pearl Harbour, de plus en plus nombreux à mesure que la date de l'attaque approchait, ont été interceptés et décryptés par Magic. Le contenu de ces messages concernait d'abord la division des eaux entre les îles en zones et sous-zones, le nombre de navires, leur localisation : ancrage ou amarrage, les mouvements d'unités, etc. Toutes ces enquêtes préliminaires indiquaient clairement que l'attaque en préparation visait la base navale américaine d'Hawaï. Les ordres de destruction des codes, symptôme évident de l'imminence de la guerre, sont donnés fin novembre et début décembre.

Le 25 novembre 1941, Roosevelt rencontre le secrétaire d'État Cordell Hull, le secrétaire à la Marine Frank Knox, l'amiral Stark et le secrétaire à la Guerre Henry Lewis Stimson, membre de la société secrète "Skulls & Bones", la confrérie de la mort de l'université de Yale, fondée par William H. Russell et incorporée dans l'association Russell Trust en tant qu'appendice des Illuminati. Stimson sera, des années plus tard, un fervent défenseur du largage de bombes atomiques. Le président les informe que les Japonais pourraient attaquer dans une semaine. Le 27 novembre, le département de la marine envoie une dépêche à l'amiral Kimmel, qui doit être considérée comme un avertissement de guerre. Elle l'informe que les négociations sont terminées et qu'une attaque japonaise est attendue, qui pourrait bien viser les Philippines, la Thaïlande ou Bornéo. Kimmel reçoit l'ordre d'effectuer un déploiement défensif, même si les cibles potentielles se trouvent à des milliers de kilomètres.

En décembre 1941, peu après l'attaque de Pearl Harbour, la commission Roberts, nommée par le président Roosevelt, a été constituée. L'amiral Kimmel a témoigné devant cette Commission qu'au cours du mois de juillet 1941, il avait reçu sept dépêches japonaises interceptées et codées par Washington, mais qu'au cours du mois d'août, il n'avait plus reçu d'informations sur la tension entre les Etats-Unis et le Japon suite au blocus économique décrété par Roosevelt le 26 juillet. En ce qui concerne la dépêche du 27 novembre, il a déclaré à la Commission ce qui suit :

"Le rapport qui m'a été adressé par le ministère de la Marine, m'informant que les négociations avaient cessé le 27 novembre, n'était qu'un pâle reflet de la situation réelle et était aussi tendancieux que s'il avait été rédigé pour induire en erreur. Les diplomates n'avaient pas seulement cessé de parler, ils avaient l'épée pointée sur la poitrine. Quant au Japon, les discussions qui ont suivi le 26 novembre, telles qu'elles se sont déroulées, n'ont été que pure comédie. Il s'agissait d'un stratagème pour dissimuler le coup d'État que le Japon préparait. Un tel stratagème n'a pas trompé le ministère de la Marine. Celle-ci était parfaitement au courant du plan. L'escadrille a été exposée face à la manœuvre japonaise parce que le ministère de la Marine ne m'a pas communiqué les rapports en sa possession sur ce que les Japonais étaient en train de préparer."

La Commission Roberts, comme le rapporte l'amiral Richardson dans ses Mémoires, a été créée à la suggestion de Felix Frankfurter, un sioniste notoire placé par Roosevelt à la Cour suprême, qui avait introduit dans l'administration et la magistrature une légion de juges et d'avocats juifs qui agissaient sous ses ordres. Richardson explique que la Commission Roberts a été façonnée par des principes soigneusement conçus : il s'agissait d'une commission mixte composée de membres des forces armées et d'un conseil de civils, dirigée par un membre de la Cour suprême. Elle n'était pas régie par les règles de preuve qui prévalent dans les cours d'enquête civiles ou militaires. Selon Richardson, le rapport de la commission Roberts "est le document le plus partial, le plus injuste et le plus malhonnête jamais imprimé". Richardson a constaté que les militaires membres de la Commission "ont été ultérieurement récompensés pour leurs services par des affectations et des promotions avantageuses". Le fait que l'administration Roosevelt, après avoir trahi l'amiral Husband E. Kimmel et le lieutenant-général Walter C. Short, les commandants de la base, ait cherché à faire d'eux des boucs émissaires et à les rendre responsables de la débâcle de Pearl Harbour a indigné l'amiral Richardson, qui a écrit dans ses mémoires que le pays n'avait jamais assisté à un spectacle aussi ignominieux que celui représenté par les fonctionnaires qui refusaient d'accepter la responsabilité de Pearl Harbour.

En 1995, le capitaine Edward L. Beach, marin émérite, a publié *Scapegoats : A Defence of Kimmel and Short at Pearl Harbour*, une défense de Kimmel et *Short*, qui ont été licenciés et mis à la retraite anticipée avec perte de leur grade. Jusqu'à sa mort en 1968, Kimmel a travaillé sans relâche pour effacer son nom de l'histoire. Peu avant sa mort, Kimmel a déclaré dans une interview : "Ils ont fait de moi un bouc émissaire. Ils voulaient faire entrer l'Amérique dans la guerre.... Franklin D. Roosevelt était l'architecte de tout le plan. Il a donné l'ordre - même si je ne peux pas le prouver catégoriquement - que seul Marshall pouvait envoyer des rapports à Pearl Harbour sur les mouvements de la flotte japonaise, puis il a dit à Marshall de ne rien envoyer". Kimmel accuse donc directement le président Roosevelt, George C. Marshall et "d'autres membres du haut commandement" d'avoir provoqué ce que Roosevelt lui-même a appelé "une date qui restera dans l'infamie". Le capitaine Beach présente suffisamment de preuves dans son livre pour démontrer que Kimmel et Short ont été accusés à tort des crimes de Roosevelt et compagnie.

Les heures précédant l'attentat

Aux premières heures du samedi 6 décembre, le "message pilote" japonais, envoyé à l'ambassade de Washington, a été capturé. À 18 heures, il a été décodé et, peu après, des copies ont été distribuées aux destinataires habituels de Magic. Il s'agissait d'un long communiqué en quatorze parties, destiné à être remis le lendemain au secrétaire d'État Cordell Hull. Il fournit une justification historique de l'attaque que la guerre allait entraîner. La deuxième partie accuse les États-Unis et la Grande-Bretagne d'avoir "recouru à toutes les mesures possibles pour empêcher l'établissement d'une paix générale entre le Japon et la Chine". La neuvième partie fait allusion à la volonté de Roosevelt d'attaquer l'Allemagne : "On peut dire que le gouvernement américain, obsédé par ses propres vues et opinions, planifie l'extension de la guerre. Alors que d'un côté il cherche à assurer ses arrières en stabilisant la zone du Pacifique, de l'autre il s'occupe d'aider la Grande-Bretagne et s'apprête, au nom de la légitime défense, à attaquer l'Allemagne et l'Italie, deux pays qui luttent pour stabiliser un nouvel ordre en Europe...". La dernière partie du message indiquait qu'il était "clairement dans l'intention du gouvernement américain de conspirer avec l'Angleterre et d'autres pays afin d'entraver les efforts du Japon pour la consolidation de la paix". Le texte se terminait par ces mots : "Le gouvernement japonais regrette de devoir informer le gouvernement américain qu'au vu de son attitude, nous ne pouvons que considérer qu'il est impossible de parvenir à un accord par de nouvelles négociations". Ce message ne devait pas être délivré avant la réception d'une nouvelle dépêche l'ordonnant, une allusion claire à l'attente du début de l'agression à Pearl Harbour. Cet ordre, également déchiffré par Magic, est arrivé le même jour, le 7 décembre, et l'heure a coïncidé avec celle de l'attaque.

Le général George Marshall, qui aurait dû appeler immédiatement le général Short, a fait l'objet d'une disparition légendaire qui est entrée dans l'histoire de son pays. Lors de son témoignage sous serment devant la Commission Roberts le 10 décembre, il ne se souvenait plus où il avait passé l'après-midi et la soirée du 6 décembre, soit quatre jours plus tôt. Sa femme Katharine Tupper Marshall l'aida à se rafraîchir la mémoire et déclara qu'il était avec elle. En fait, aucune preuve n'a été produite pour montrer où le général Marshall s'était trouvé entre 18 heures le soir du 6 décembre et 9 ou 10 heures le matin du 7 décembre. Parmi les nombreuses explications, la plus frappante est celle qui a été diffusée oralement dans les milieux du renseignement militaire à la retraite, selon laquelle Marshall était secrètement dipsomane et que, dans la nuit du 6 décembre 1941, il était soigné à l'hôpital Walter Reed, après avoir donné un faux nom à la réception. Mme Marshall a écrit dans son livre *Together* que le dimanche 7 décembre, il a pris le petit-déjeuner au lit avec elle. Une autre version explique que le général Marshall a pris son petit-déjeuner seulement une heure plus tard que d'habitude. Les deux récits s'accordent à dire qu'après le petit-déjeuner, alors que tout le monde essayait de le joindre, le général est allé faire sa promenade à cheval habituelle du dimanche dans le parc de Rock Creek. À 11h20, Marshall se présenta enfin à son bureau.

Quant à l'amiral Stark, on sait qu'il est rentré chez lui vers sept heures le 6 au soir et qu'il s'est rendu tranquillement au théâtre avec sa femme et quelques amis. À son retour, un domestique l'informa qu'il avait été convoqué par la Maison Blanche. Il monta donc à son bureau et s'entretint avec le Président dans la soirée. Comme Roosevelt et lui-même avaient reçu le dernier rapport décrypté par Magic, Stark aurait pu avertir l'amiral Kimmel de l'imminence de l'attaque à ce moment précis ; mais, probablement sur les instructions du président Roosevelt, il ne l'a pas fait. Le 7 au matin, à 9h25, Stark arrive à son bureau. Il est alors cinq heures du matin à Hawaï. Il reste encore plus de deux heures avant que l'aube ne se lève sur Pearl Harbour. Stark avait sur son bureau toutes les informations nécessaires pour savoir avec une certitude presque absolue que l'attaque aurait lieu dès le lever du soleil. Un simple coup de téléphone aurait pu sauver la vie de nombre de ses subordonnés, mais au lieu de faire preuve de la loyauté qu'il leur devait, il a choisi de se rendre complice de l'un des pires crimes de l'histoire américaine.

Le capitaine Wilkinson suggère à l'amiral Stark d'envoyer une dépêche d'avertissement à l'escadre de Pearl Harbour, mais ce n'est qu'à midi que le message rédigé par le général Marshall est prêt à être diffusé. À Hawaï, il est 7h30 et les premières vagues d'avions japonais approchent déjà de la base. Marshall fit en sorte que le message chiffré soit envoyé par des moyens ordinaires, il fut donc transmis de Washington à San Francisco sur la ligne Western Union et de là à Honolulu, où se trouvait le général Short, qui le reçut six heures après l'attaque, tandis que l'amiral Kimmel le reçut huit heures après le désastre militaire. Le général Marshall disposait du téléphone transpacifique. S'il l'avait utilisé, Short et Kimmel auraient eu au moins une demi-heure ou trois quarts d'heure pour prendre des mesures défensives. Il n'y a pas de précédent historique pour un État disposant d'autant d'informations sur une attaque ennemie et se laissant surprendre sans rien faire.

Près de 2500 morts et 1200 blessés, c'est le prix que Roosevelt a payé pour ce "jour d'infamie" qui a mis fin à la résistance américaine à l'engagement dans le conflit mondial. Dans les années qui ont suivi, l'humanité a été soumise à des guerres de plus en plus brutales, qui sont allées crescendo jusqu'à des extrêmes de barbarie inégalés. La guerre localisée qui aurait pu être arrêtée en deux jours si Lord Halifax avait accepté l'armistice proposé par l'Italie et accepté par l'Allemagne et la France devient définitivement mondiale. L'ensemble de l'Extrême-Orient et du Pacifique devient le théâtre d'une guerre planétaire apocalyptique qui se solde par un bilan de 60 millions de morts après le largage des bombes génocidaires sur Hiroshima et Nagasaki en août 1945. L'entrée en guerre des États-Unis permet à Staline de retirer définitivement de Sibérie les troupes indispensables sur le front occidental, où les Allemands ont atteint les faubourgs de Moscou.

A propos de ce retrait des troupes soviétiques de Sibérie et de leur envoi sur le front occidental, objectif prioritaire de Roosevelt, il faut ajouter que l'un des plus célèbres espions soviétiques, Richard Sorge, qui travaillait à l'ambassade d'Allemagne à Tokyo et dont le nom de code était "Ramsey", avait envoyé à Moscou, le 15 octobre 1941, un message d'une extraordinaire importance : "L'armée de Kouantoung n'attaquera pas la Sibérie. Le Japon a décidé de n'attaquer que les Etats-Unis et l'Angleterre. Je le répète : la neutralité du Japon est assurée. N'attaquera pas la Russie. Cinq mois plus tôt, le 20 mai 1941, Sorge et son opérateur Max-Gottfried Klausen avaient envoyé le message suivant : "Hitler concentre cent soixante-dix à cent quatre-vingt-dix divisions. L'attaque aura lieu le 20 juin et son objectif immédiat sera Moscou". A cette occasion, Staline n'a pas tenu compte de l'information et deux jours après la date annoncée, l'invasion a eu lieu. L'erreur commise alors ne devait pas se répéter, car un mois après le message de Sorge, l'armée du maréchal Eremenko, déployée en Extrême-Orient, fut envoyée en renfort à Moscou et empêcha ainsi la chute de la capitale russe. Trois jours après avoir transmis l'information à l'URSS, le réseau d'espionnage de Richard Sorge est découvert.[7]

---

[7] Richard Sorge est considéré comme l'un des plus grands espions de l'histoire. De manière incompréhensible, les communistes ont récompensé ses services en autorisant l'exécution de l'homme qui les avait prévenus de l'attaque allemande et du fait que le Japon n'attaquerait pas l'URSS. Arrêté en 1941, Sorge a été exécuté le 7 novembre 1944. À trois reprises, les Japonais ont proposé à l'ambassade soviétique à Tokyo de l'échanger contre un prisonnier japonais. À chaque fois, la réponse fut la même : "Nous ne connaissons aucun homme du nom de Richard Sorge". Né à Bakou d'un père allemand, ingénieur des mines, et d'une mère russe, Richard Sorge est le petit-fils d'Adolphus Sorge, secrétaire de Karl Marx. Il avait une capacité linguistique extraordinaire : en plus de l'allemand, de l'anglais, du français, du japonais et du chinois, il parlait le russe, mais peu d'Allemands et de Japonais qui l'ont côtoyé l'ont su. En janvier 1929, Sorge rencontre en Chine Agnes Smedley, la célèbre journaliste américaine, également agent soviétique. Avec elle, il met en place à Shanghai un réseau d'espionnage qui s'étend à tout l'Extrême-Orient et finit par se concentrer au Japon, car en 1932, Sorge reçoit des instructions de Moscou pour s'établir dans la capitale japonaise. En mai 1933, il se rend à Berlin pour renforcer sa couverture. Là, il réussit à adhérer au parti nazi et obtient un poste de correspondant pour le *Frankfurter Zeitung*, dont la correspondante pour la Chine est Agnes Smedley. Sorge se rend au Japon en passant par le Canada et les États-Unis, où il entre en contact avec d'autres agents soviétiques. Il atterrit à Yokohama le 6 septembre 1933. À l'ambassade d'Allemagne, il rencontre le colonel Ott, un attaché militaire qui sera bientôt promu général et deviendra plus tard ambassadeur. Ott, qui ne connaissait rien de l'Extrême-Orient à son arrivée, trouve en Sorge un assistant qui devient peu à peu un conseiller indispensable. L'espion soviétique a ainsi accès aux sources d'information officielles.

PARTIE 4 - TERREUR AÉRIENNE ET TERREUR ATOMIQUE

Parmi les crimes les moins rapportés et les moins médiatisés de la Seconde Guerre mondiale figure la terreur aérienne au-dessus de l'Allemagne, une terreur qui a également été mise en pratique au Japon, où elle a atteint son apothéose finale avec le largage des bombes atomiques sur Hiroshima et Nagasaki. Même ce crime inqualifiable perpétré sur ordre de Harry Solomon Truman, le président juif, sioniste et franc-maçon du 33e degré qui a ordonné cet holocauste une fois le Japon totalement vaincu, n'a pas été considéré comme suffisant pour placer ce dirigeant politique parmi les pires criminels de tous les temps. Au contraire, on a prétendu que Truman est entré dans l'histoire comme un président démocratique qui a pris la décision de sauver une invasion qui aurait coûté la vie à un million d'Américains. Il sera temps plus tard de raconter l'histoire de la terreur nucléaire, mais pour l'instant, il est temps de dénoncer deux autres francs-maçons sionistes, Roosevelt et Churchill, qui ont été les derniers responsables de la terreur aérienne sur l'Allemagne, qui a culminé avec l'holocauste de Dresde.

On a inculqué au grand public l'idée que ce sont les Allemands qui ont impitoyablement bombardé le Royaume-Uni. La fameuse bataille d'Angleterre est restée dans les annales de l'histoire comme l'exemple ultime de la souffrance du peuple anglais. Pourtant, la réalité est tout autre et les chiffres le prouvent. En deux mois, entre le 7 septembre et le 2 novembre 1940, les bombardements allemands sur Londres ont fait quelque 14 000 morts et 20 000 blessés. Le nombre total de victimes des bombardements allemands sur les villes britanniques s'élève à 41 650 morts et 48 073 blessés en mai 1941, lorsque les attaques de la Luftwaffe prennent fin. Ces chiffres, assez douloureux, ont été multipliés par trois ou quatre en une seule nuit à Dresde, où, selon les estimations les plus prudentes, 135 000 personnes ont trouvé la mort entre le 13 et le 14 février 1945. Vingt-cinq villes allemandes de plus d'un demi-million d'habitants sont rasées par la RAF. À Hambourg, pour ne citer qu'un autre exemple, plus de 700 bombardiers britanniques ont mené pendant plusieurs nuits l'"opération Gomorrhe", du nom d'une des villes peuplées de pécheurs et de criminels que Jéhovah, le Dieu des Juifs, a exterminée par une pluie de feu et de soufre. À Hambourg, pendant trois ou quatre nuits de la fin juillet et du début août 1943, les bombardements ont provoqué une tempête de feu qui a tué quelque cinquante mille personnes et en a blessé plus de cent vingt mille. Près d'un million d'Allemands vivant dans la ville sont déplacés vers d'autres régions du pays et même vers la Pologne.

Cette façon de faire la guerre contre des cibles civiles n'est pas apparue du jour au lendemain, mais a été conçue à l'avance. Avant que les soldats ne tirent le premier coup de feu, les guerres ont été lancées dans les bureaux depuis longtemps. Dès 1933, des organisations juives internationales ont appelé à une "guerre sainte" contre l'Allemagne. F. J. P. Veale raconte dans *Advance to Barbarism* qu'en 1936, au cours d'une réunion au ministère de l'Air, les Britanniques ont décidé qu'en cas de guerre future, des cibles non militaires devraient être bombardées. En effet, il ne faut pas oublier que pendant la Première Guerre mondiale, la principale cause de mortalité au sein de la population allemande a été le blocus britannique, qui s'est poursuivi pendant près d'un an après la signature de l'armistice et a entraîné la mort par la faim de près d'un million de civils non-combattants.

L'Allemagne ne s'est pas préparée à ce type de guerre

Winston Churchill et d'autres bellicistes ont répandu de nombreuses inepties sur le programme d'armement de l'Allemagne, dont les dirigeants britanniques se sont emparés pour justifier leur propre programme d'armement. Les intentions perverses de Churchill ont été exposées dans plusieurs ouvrages de Francis Neilson, personnage et auteur aux multiples facettes qui, en 1915, a démissionné de son siège au Parlement britannique. En 1950, Neilson publie *The Makers of War*, un ouvrage dénonçant les mensonges de Churchill et présentant diverses études et rapports sur les dépenses d'armement des pays belligérants. Il est généralement admis que, dès leur arrivée au pouvoir, les nazis ont concentré leurs efforts sur l'amélioration de la situation intérieure. Les réalisations sociales et économiques des quatre premières années du national-socialisme en Allemagne ont déjà été notées. Cependant, contrairement à ces politiques de croissance économique, les pays voisins tels que la France et la Tchécoslovaquie prenaient des mesures qui ne pouvaient que susciter la suspicion et la méfiance en Allemagne. Voici un bref aperçu des événements liés à la politique d'armement et de défense.

Le 2 mai 1935, la France et l'URSS signent un traité d'assistance politique et militaire mutuelle. Le 15 juin de la même année, l'Union soviétique et la Tchécoslovaquie concluent un accord similaire. En février 1936, le Parlement français ratifie le pacte avec l'URSS et l'Allemagne le dénonce comme un geste hostile incompatible avec le traité de Locarno. Avant la ratification, Hitler pensait que les parlementaires français hésitants pourraient l'empêcher. Il tenta donc de dissuader la France en s'adressant directement à l'opinion publique française lors d'une interview arrangée avec Bertrand de Jouvenel de *Paris-Midi*. Voici la réponse d'Hitler à une question de Bertrand de Jouvenel : "Vous voulez le rapprochement franco-allemand, le pacte franco-soviétique ne va-t-il pas le compromettre ?".

"Mes efforts personnels en vue d'un tel rapprochement resteront toujours d'actualité. Mais dans la pratique, un tel pacte créerait naturellement une situation nouvelle. Vous ne vous rendez pas compte de ce que vous êtes en train de faire ? Vous vous laissez entraîner dans le jeu diplomatique d'une puissance qui ne veut rien d'autre que mettre les grandes nations européennes dans un pétrin dont elle tirera profit. Nous ne devons pas perdre de vue que la Russie soviétique est un élément politique qui dispose d'une idée révolutionnaire explosive et d'arguments gigantesques. En tant qu'Allemand, il est de mon devoir de considérer une telle situation. Le bolchevisme n'a aucune chance de succès chez nous, mais il y a d'autres grandes nations moins prudentes que nous face au virus du bolchevisme. Vous feriez bien de réfléchir sérieusement à mes propositions d'accord. Jamais un dirigeant allemand ne vous a fait de telles propositions de façon aussi répétée. Et de qui émanent ces propositions ? D'un charlatan pacifiste qui s'est fait une idée des relations internationales ? Non, mais du plus grand nationaliste que l'Allemagne ait jamais eu à sa tête ? Soyons amis !"

Il semble qu'en raison de pressions gouvernementales, rapportées par certains auteurs, cette interview n'ait paru dans *Paris Midi* qu'au lendemain du vote du Parlement français, qui a eu lieu le 27 février 1936. Le traité d'assistance mutuelle entre la France et l'Union soviétique est adopté par 353 voix contre 164. En réponse, l'Allemagne remilitarise la rive gauche du Rhin le 7 mars, rétablissant la souveraineté allemande sur l'ensemble du territoire du Reich, mais en violation des traités de Versailles et de Locarno, déjà violés par la France.

De plus, quelques mois plus tôt, le 18 juin 1935, l'Allemagne avait signé avec la Grande-Bretagne l'accord naval anglo-allemand, qui réglementait la taille de la Kriegsmarine (marine) par rapport à la Royal Navy. L'Allemagne s'engageait à ce que la taille de sa flotte de guerre soit en permanence égale à 35% du tonnage de la flotte britannique. Il s'agit d'un accord sans contrepartie, la Grande-Bretagne ne s'engageant à rien. Le 28 avril 1939, suite à l'octroi du chèque en blanc à la Pologne, l'Allemagne dénonce cet accord.

Le 19 mars 1936, Ribbentrop, invité à se présenter devant la Société des Nations, rappelle à la tribune toutes les propositions de paix du chancelier allemand qui ont été rejetées. Parmi celles-ci, il cite : le désarmement général ; l'armement paritaire sur la base d'armées de 200 000 ou 300 000 soldats ; un pacte aérien ; une proposition d'adoption d'un ensemble de mesures pour assurer la paix en Europe, offre faite en mai 1935. Dans ce discours, Ribbentrop nie que l'Allemagne ait violé unilatéralement le traité de Locarno. Quelques mois plus tard, le 31 mars 1936, l'Allemagne soumet un mémorandum suggérant la création d'un tribunal d'arbitrage pour résoudre les éventuels conflits entre les nations. Elle insiste sur les propositions de pacte de non-agression. Parmi les propositions directement liées à la terreur aérienne et à la guerre en général figurent les suivantes : interdiction de larguer des bombes à gaz toxique et des bombes incendiaires ; interdiction de bombarder des villes ou des villages ouverts situés au-delà de la portée moyenne de l'artillerie lourde ou des fronts de bataille ; interdiction de bombarder avec des canons à longue portée des villes situées à plus de vingt kilomètres du champ de bataille ; abolition et interdiction de la construction de chars du type le plus lourd ; abolition et interdiction de l'artillerie du calibre le plus lourd. L'Allemagne se déclare prête à mettre en œuvre ce règlement s'il bénéficie d'un soutien international. Les Pays-Bas accueillent favorablement ces propositions et demandent à la France de faire pression sur la Grande-Bretagne pour qu'elle accepte le mémorandum, au moins en partie. Quelque temps plus tard, le 14 février 1938, Chamberlain déclare au Parlement que "le gouvernement de Sa Majesté n'est pas prêt à restreindre l'activité de ses forces aériennes".

David L. Hoggan corrobore le fait que les dirigeants britanniques n'étaient pas simplement intéressés par une force aérienne capable de se défendre contre une éventuelle offensive aérienne allemande. Selon Hoggan, la stratégie britannique à partir de 1936 était basée sur la doctrine des attaques massives sur des cibles éloignées de la ligne de front. Leur stratégie", écrit Hoggan, "contraste avec celle des Allemands, qui s'attendaient à ce que les bombardements aériens soient limités, en cas de guerre, à des actions sur le front militaire". La différence de stratégie se reflète dans les types d'avions produits par les deux pays. L'Allemagne construit de nombreux bombardiers légers et moyens pour les opérations tactiques de soutien des troupes au sol, tandis que les Britanniques mettent l'accent sur la production de bombardiers lourds pour attaquer des cibles civiles éloignées du front. Dès février 1934, le British Defence Requirements Committee décide que le plus grand ennemi potentiel en cas de guerre sera l'Allemagne". Au printemps 1938, les Britanniques avaient prévu de produire 8000 avions de guerre par an à partir d'avril 1939, objectif qui fut même dépassé. En outre, pendant la guerre, Roosevelt fournit à Churchill, par le biais du Lend-Lease Act, des bombardiers lourds à long rayon d'action, les forteresses volantes B-17.[8]

Au cours des trente-six premières heures des opérations militaires en Pologne, les Allemands détruisent la quasi-totalité de l'aviation polonaise. Le 1er septembre 1939, le président Roosevelt, parangon d'hypocrisie, lance un appel à l'Allemagne et à la Pologne contre le bombardement de civils. Lord Lothian, ambassadeur britannique à Washington, explique que Roosevelt lance cet appel au nom des Polonais et que le président a déclaré que les bombardements de civils au cours des dernières guerres "ont dégoûté

---

[8] Ce bombardier puissamment armé était un quadrimoteur à haute altitude et à long rayon d'action, capable de rester en l'air pendant six à dix heures avec une lourde charge de bombes. Son prix était exorbitant, puisqu'il coûtait à l'époque quelque 240 000 dollars. Malgré cela, plus de 13 000 exemplaires ont été produits pendant la guerre.

tous les hommes et toutes les femmes civilisés". Le même jour, Hitler a répondu à Roosevelt que son message coïncidait avec son point de vue et a donc proposé une déclaration publique des gouvernements belligérants dans toute guerre condamnant les raids aériens sur les civils. Le haut commandement des forces armées allemandes publie également un communiqué à ce sujet dans l'après-midi et la soirée du 1er septembre. Les autorités ont démenti avec indignation les informations de la presse occidentale servile selon lesquelles l'Allemagne bombardait des villes ouvertes. Les militaires allemands insistent sur le fait que les raids aériens ont été menés exclusivement contre des cibles militaires, mais cette déclaration ne retient guère l'attention des journaux, qui publient plutôt des photos de membres de la minorité allemande assassinés, présentés comme d'innocentes victimes polonaises de la guerre aérienne.

Le négociateur suédois Birger Dahlerus, bien qu'il soit sur le point de se retirer de la scène diplomatique, passe un dernier coup de fil au Foreign Office dans l'après-midi du 1er septembre pour proposer à Lord Halifax de poursuivre la médiation. Dahlerus profite de ce dernier contact pour transmettre la promesse de Göring que l'Allemagne ne bombardera plus jamais de villes ouvertes si les Britanniques acceptent de s'abstenir de cette pratique. Halifax doit avoir écouté cette proposition avec dédain, car il sait que le bombardement des villes ouvertes sera une formule de base pour la victoire dans la guerre qu'ils ont l'intention de déclarer à l'Allemagne.

La "décision splendide et héroïque".

En avril 1944, alors que la Luftwaffe était pratiquement paralysée par le manque de carburant et que l'issue de la guerre était déjà claire, *Bombing Vindicated*, un ouvrage de James Molony Spaight, qui avait été jusqu'en 1937 le principal sous-secrétaire du ministère de l'Air, a été autorisé à être publié en Grande-Bretagne. Spaight y explique que le 11 mai 1940, au lendemain du début de l'offensive allemande en France, le ministère de l'Air a pris la "décision splendide et héroïque" de lancer l'offensive de bombardements stratégiques sur les populations civiles en Allemagne, qui a détruit ou gravement endommagé sept millions de maisons et tué, selon l'estimation la plus basse, six cent mille personnes, bien que certains auteurs, dont F. J. P. Veale, avancent le chiffre de deux millions, chiffre qui est soutenu par de nombreux chercheurs. L'historien anglais David Irving l'évalue à deux millions et demi. À ces chiffres, il convient d'ajouter les millions de personnes blessées, mutilées et souffrant de maladies chroniques à la suite de l'empoisonnement à l'oxyde de carbone, dont la plupart étaient des personnes âgées, des femmes et des enfants.

Le premier chapitre de *Bombing Vindicated*, "The bomber saves civilisation", cherche à justifier le massacre de centaines de milliers de civils innocents sous le prétexte que "la civilisation aurait été détruite s'il n'y avait pas eu de bombardements pendant la guerre". C'est le bombardier", écrit pathétiquement Spaight, "qui, plus que tout autre instrument de guerre, a empêché les forces du mal de l'emporter". J.M. Spaight, avec un culot saignant, non seulement admet que la responsabilité des bombardements de populations civiles incombe au gouvernement de Churchill, mais insiste pour que tout le mérite d'avoir conçu et mis en oeuvre cette pratique revienne à la Grande-Bretagne. Spaight confirme avec véhémence que la "splendide décision" n'a pas été prise de manière irréfléchie ou spontanée, mais qu'elle remonte à une "idée brillante" que les experts britanniques ont eue en 1936, lors de la création du Bomber Command. Spaight affirme que "la raison d'être du Bomber Command était de bombarder l'Allemagne si elle devenait notre ennemie". Il poursuit en disant qu'il était évident qu'Hitler se rendait compte de l'intention des Britanniques en cas de guerre et qu'il était par conséquent désireux de parvenir à un accord avec la Grande-Bretagne "qui limiterait l'action des avions aux zones de combat".

Dans *Advance to Barbarism*, ouvrage phare du révisionnisme historique publié en Angleterre dès 1948 sous le pseudonyme d'"un juriste", l'historien anglais F. J. P. Veale paraphrase largement *Bombing Vindicated*. Veale commente dans son magnifique ouvrage un article que le maréchal de l'air Arthur Harris, commandant en chef du Bomber Command, connu dans la presse sous le nom de "Bomber" Harris et dans la RAF sous celui de "Butcher" Harris, a publié dans *The Star* le 12 décembre 1946. Harris est d'accord avec Spaight pour dénoncer la myopie des soldats professionnels du monde entier, et en particulier de l'Allemagne, qui n'ont pas compris en 1939 que les bombardiers lourds seraient une arme bien plus efficace contre les civils que contre les forces combattantes. Lisons les mots de F. J. P. Veale :

> "Il (Harris) affirme que l'Allemagne a perdu la guerre parce que, lorsqu'en septembre 1940, elle a été contrainte de mener une guerre éclair, elle a découvert que les généraux qui contrôlaient la Luftwaffe et considéraient le bombardier comme une simple artillerie à longue portée à utiliser dans les batailles avaient négligé d'équiper la Luftwaffe de bombardiers lourds lourdement armés conçus pour la guerre éclair. Les Allemands, écrit le maréchal de l'air Harris, ont laissé leurs soldats prescrire toute la politique de la Luftwaffe, qui était expressément conçue pour soutenir l'armée dans des offensives rapides.... Trop tard, ils ont compris l'avantage d'une force de bombardement stratégique.... Le résultat est que l'armée allemande a été privée de couverture aérienne et de soutien aérien sur tous les fronts pour assurer une quelconque défense de l'Allemagne contre une action stratégique indépendante dans les airs".

En d'autres termes, Harris, qui a également publié le livre *Bomber Offensive*, reproche aux Allemands d'avoir manqué de bombardiers lourds lourdement armés qui leur auraient permis d'attaquer la population civile de l'ennemi et de se protéger contre les attaques aériennes. Si les Allemands avaient pu persister dans leurs attaques", écrit Harris, "Londres aurait subi irrévocablement le terrible sort qu'a connu Hambourg deux ans plus tard". Mais en septembre 1940, les Allemands se sont retrouvés avec des bombardiers presque désarmés.... Ainsi, lors de la bataille d'Angleterre, la destruction des escadrons de bombardiers s'apparentait à tirer sur des vaches dans un champ".

Dans *The Revolution in Warfare* (1946), le capitaine Liddell Hart désigne sobrement Winston Churchill comme le principal responsable des bombardements de civils. Lorsque M. Churchill est arrivé au pouvoir", écrit Liddell Hart, "l'une des premières décisions de son gouvernement a été d'étendre les bombardements aux zones non combattantes". Dans un discours prononcé le 21 septembre 1943 devant une Chambre des communes complaisante, Churchill aurait déclaré : "Pour extirper la tyrannie nazie, il n'y a pas de limites à la violence que nous n'atteindrons pas". Le 6 juillet 1944, Churchill a adressé un mémorandum secret de quatre pages à son chef d'état-major, le général Hastings Ismay, qui a été reproduit en 1985 par le magazine *American Heritage* et par Mark Weber dans le *Journal of Historical Review*. La grande icône mondiale de la démocratie y propose le projet suivant :

"Je souhaite que vous réfléchissiez très sérieusement à la question des gaz asphyxiants. Il est absurde de prendre la morale en considération dans cette affaire alors que le monde entier les a mis en pratique pendant la dernière guerre sans aucune protestation de la part des moralistes ou de l'Eglise. D'autre part, à l'époque, le bombardement des villes ouvertes était interdit, et aujourd'hui tout le monde le pratique comme une évidence. Il s'agit simplement d'une mode, comparable à l'évolution de la longueur des jupes des femmes. Je veux que l'on regarde froidement combien coûterait l'utilisation de gaz asphyxiants. Nous ne devons pas nous laisser lier les mains par des principes stupides. Nous pourrions inonder les villes de la Ruhr et d'autres villes d'Allemagne de telle sorte que la plupart de leurs habitants auraient besoin de soins médicaux constants. Il faudra peut-être attendre quelques semaines, voire quelques mois, avant de pouvoir inonder l'Allemagne de gaz asphyxiants. Je souhaite que cette question soit examinée froidement par des personnes sensées et non par une équipe de chanteurs de psaumes en uniforme, des gâcheurs que l'on rencontre partout."

Peut-être Churchill avait-il lu *Last and First Men*, un roman publié en 1930 dans lequel Olaf Stapledon prédit l'avènement du génie génétique et décrit une guerre dévastatrice au cours de laquelle des escadrilles de bombardiers larguent d'énormes cargaisons de gaz toxiques sur les villes d'Europe. H.G. Wells, membre de la Fabian Society déjà présenté dans les chapitres précédents, a également écrit un scénario pour le film *Things to come* (1936), basé sur l'un de ses romans, qui anticipe ce qui allait se passer. L'action se déroule exactement en 1940. La guerre surprend les gens ordinaires qui mènent une vie insouciante. Les avions détruisent les villes et assassinent les civils avec des gaz toxiques.

Outre les romans de science-fiction qui prédisent l'avenir, Edwin Baldwin, trois fois Premier ministre du Royaume-Uni dans l'entre-deux-guerres, a prononcé en 1932 un discours au Parlement britannique intitulé "A Fear for the Future" (Une crainte pour l'avenir), dans lequel il exprime crûment son point de vue sur l'avenir. Le 18 février 1932, un an avant l'arrivée au pouvoir d'Hitler, l'Allemagne avait soumis à la Conférence du désarmement de Genève une proposition demandant l'élimination de l'aviation de combat. Le délégué britannique à la Conférence donne l'assurance que cette proposition sera prise en considération. Le 9 novembre 1932, Baldwin reconnaît devant le Parlement que les armements importants conduisent inévitablement à la guerre et déclare ce qui suit :

"... Je pense qu'il est également bon que l'homme de la rue se rende compte qu'il n'existe aucun pouvoir sur terre qui puisse le protéger d'un attentat à la bombe. Malgré ce que les gens peuvent lui dire, le bombardier passera toujours. La seule défense, c'est l'offensive, c'est-à-dire tuer plus de femmes et d'enfants que l'ennemi, et plus vite si l'on veut se sauver.... Si la conscience des jeunes en vient à penser, à propos de cet instrument (les bombardements), qu'il est mauvais et qu'il faut l'abandonner, on le fera ; mais s'ils ne pensent pas de cette manière..... Eh bien, comme je l'ai dit, l'avenir est entre leurs mains. Mais lorsque la prochaine guerre surviendra, et que la civilisation européenne sera anéantie, comme elle le sera, et par aucune autre force que cette force, alors ne les laissez pas blâmer leurs aînés. Rappelez-leur que ce sont eux, principalement, ou eux seuls, qui sont responsables des terreurs qui se sont abattues sur la terre".

Il est évidemment inacceptable et scandaleux que Baldwin cherche à faire porter à la jeune génération la responsabilité d'un éventuel recours à la terreur des bombardements aériens pour ne pas s'y être opposé. La proposition de l'Allemagne avait été faite et il appartenait aux dirigeants politiques qui, en 1932, avaient le pouvoir de l'accepter.

La destruction progressive de l'Allemagne

La "splendide décision" de bombarder les villes allemandes est prise le 11 mai 1940. Le même jour, la RAF largue ses premières bombes sur Fribourg, une ville éloignée du front. Dépourvue d'industries liées à la guerre et de cibles d'intérêt militaire, Fribourg est la première ville à être attaquée par des bombardiers volant à haute altitude. Selon un rapport de la Croix-Rouge publié dans le *New York Times* le 13 mai, cinquante-trois personnes, dont vingt-cinq enfants qui jouaient dans un parc public, ont été tuées. Cent cinquante et un autres civils ont été blessés.[9] La Luftwaffe aurait pu répondre par une attaque similaire, mais elle n'en a pas reçu l'ordre. Il faut attendre près de quatre mois, pendant lesquels les attaques sur les villes allemandes se poursuivent, avant que Hitler n'ordonne des bombardements de représailles sur l'Angleterre. C'est ainsi que commence la destruction de l'Allemagne par les airs : une soixantaine de villes de plus de 100 000 habitants sont attaquées en priorité. Certains de ces grands centres urbains, comme Cologne, ont été attaqués à plusieurs reprises de 1940 à 1945.

Le cas de Cologne illustre la stratégie systématique de mort et de destruction mise en œuvre par Churchill et ses conseillers, à laquelle nous consacrerons ci-dessous toute l'attention qu'elle mérite. Bombardée pour la première fois en mai et juin 1940, Cologne, en tant que centre de communication sur le Rhin, est facilement identifiée par les pilotes qui la bombardent gratuitement sur le chemin du retour vers leurs bases, si bien que jusqu'en avril 1942, elle n'est pas bombardée massivement à de nombreuses reprises. De ce fait, ses quelque 800 000 habitants ne sont pas souvent inquiétés. Tout change dans la nuit du 30 au 31 mai 1942, lorsque, sous le nom de code "Millenium", plus de 1000 bombardiers de tous types larguent sur la ville 1500 tonnes de bombes, dont les deux tiers sont incendiaires. Un an plus tard, entre le 16 juin et le 9 juillet 1943, Cologne subit quatre bombardements massifs. L'un d'entre eux, effectué dans la nuit du 28 juin par quelque 600 bombardiers quadrimoteurs, fait près de 4500 morts et 230 000 sans-abri. En 1944, Cologne est bombardée vingt-huit fois au cours du mois d'octobre. Du 28 octobre au 1er novembre, neuf mille tonnes de bombes tombent sur le district rhénan. Le 2 mars 1945, la ville est bombardée pour la dernière fois par quelque 900 bombardiers Lancaster et Halifax. Les morts sont laissés sans sépulture dans les rues car la population a déjà quitté la ville. Lorsque les Américains entrent dans Cologne le 6 mars, la vieille ville est presque entièrement détruite, mais dix mille personnes restent sur place.

Le premier de ces bombardements de grande envergure a été effectué sur Essen et a commencé le 8 mars 1942. Entre mars et avril, la ville est attaquée à six reprises par plus de 1500 bombardiers. Au cours de ce même mois de mars, le dimanche 29, Lübeck, l'une des villes hanséatiques de la Baltique sans intérêt militaire ou industriel, est bombardée, bien que son port soit une porte d'entrée pour le ravitaillement en provenance de Norvège. Plus de 3000 bâtiments sont gravement endommagés ou complètement détruits. Tout le centre historique de la ville, surnommée la "Reine de la Hanse", est pratiquement réduit à l'état de ruines. À partir de 1942, ces bombardements

---

[9] Concernant les bombardements de Fribourg, David Irving soutient la thèse selon laquelle ce sont les Allemands eux-mêmes qui ont bombardé la ville par erreur. Selon lui, des Heinkel 111 qui avaient décollé de Lecheld, près de Munich, pour attaquer une base aérienne française à Dijon, se sont embrouillés et ont lâché leurs bombes sur Fribourg.

dits "stratégiques", euphémisme pour bombardement "stratégique", augmentent progressivement en nombre et en intensité. L'effroyable destruction de Hambourg mérite une mention spéciale.

Au fur et à mesure de la campagne, les bombardements sont devenus de plus en plus meurtriers, l'expérience et l'amélioration des techniques ayant permis d'accroître leur puissance destructrice. Hans Erich Nossack, auteur de *The Sinking. Hambourg, 1943*, témoigne du plus grand bombardement urbain jamais réalisé, un raid aérien sans précédent et dévastateur. Nossack a assisté en spectateur à la destruction de Hambourg depuis un chalet situé à quinze kilomètres au sud-est de la ville. "Tout semblait baigner dans la lumière opalescente de l'enfer", écrit-il. La terreur a commencé le 24 juillet, lorsque les forces aériennes britanniques et américaines ont lancé l'opération "Gomorrah", impliquant des bombardiers Lancaster, Halifax, Stirling et Wellington, soit 800 au total. En s'approchant de la côte, ils déchargent des tonnes de petites bandes d'aluminium qui brouillent les radars allemands. Cette nuit-là, 2300 tonnes de bombes incendiaires tombent sur la ville. Le 25, 2400 tonnes de bombes supplémentaires sont larguées sur Hambourg. Le troisième jour, alors que Hambourg continue de brûler, les avions américains effectuent un nouveau bombardement, faisant monter la température à plus de 1000 degrés Celsius. Les fusées éclairantes atteignent des centaines de mètres dans les airs. Alors que les bombes explosives avaient déjà détruit les toits, les portes et les fenêtres, l'air surchauffé envoie des jets de feu à 240 kilomètres à l'heure dans des tornades qui pénètrent partout.

La tempête de feu ("Feuersturm") est produite par un effet de convection qui fait que l'air chaud aspire l'air par les côtés et s'élève, créant des courants qui atteignent des milliers de degrés Celsius à des vitesses de plusieurs centaines de kilomètres par heure. La zone est desséchée, l'oxygène est aspiré, ce qui accélère encore la tempête d'air chaud qui emporte tout. Le 27, sept cents autres bombardiers lourds de la RAF larguent d'autres bombes incendiaires : le pétrole met le feu aux canaux, l'asphalte fond et les habitants sans défense ne peuvent plus respirer, faute d'air, ni même se jeter dans les canaux pour échapper au haut-fourneau qu'est devenue leur ville. Des avions de reconnaissance effectuent des missions de reconnaissance le 29 et contrôlent Hambourg. Cela n'a pas dû suffire, car dans la soirée, 800 autres avions lourds ont reçu l'ordre de décoller et de larguer leurs bombes sur la ville en flammes. La terreur ne cesse que le 2 août, lorsque 740 bombardiers attaquent pour la dernière nuit. Au total, 8 621 tonnes de bombes incendiaires et explosives s'abattent sur Hambourg. Le cauchemar terminé, Nossack, dans un camion de réfugiés, décrit son entrée dans la ville comme un pèlerinage apocalyptique.

Les chiffres concernant les morts, les blessés et les personnes déplacées à Hambourg ont déjà été donnés plus haut. Il existe cependant un témoignage intéressant sur l'état de la ville en mars 1949, près de six ans plus tard. Dans ses *Mémoires d'un diplomate*, George F. Kennan écrit :

"On m'a fait visiter Hambourg en voiture, en particulier les zones dévastées par les bombes. Ce n'était pas un spectacle agréable à voir ou à penser. Tout était rasé, kilomètre après kilomètre. Tout cela s'était passé en trois jours et trois nuits, en 1943. Soixante-dix mille personnes ont péri dans les bombardements. On estime qu'il y a encore plus de trois mille cadavres dans les décombres. J'avais personnellement vécu les soixante premiers raids aériens britanniques sur Berlin et j'avais vu - depuis la fin de la guerre - de nombreuses ruines, mais celles-ci m'ont particulièrement impressionné".

Il ne manque pas d'historiens qui s'obstinent à justifier la terreur aérienne comme une réponse au bombardement de Londres et même comme une riposte au bombardement de Varsovie ou de Rotterdam. J. M. Spaight, auteur de *Bombing Vindicated,* rejette personnellement ces comparaisons. Lorsque Varsovie et Rotterdam ont été bombardées", écrit Spaight, "les armées allemandes étaient à leurs portes. Le bombardement aérien faisait partie d'une opération tactique offensive". Liddell Hart partage également ce point de vue : "Les bombardements n'ont pas eu lieu avant que les troupes allemandes ne se frayent un chemin dans les villes, de sorte qu'ils étaient conformes aux anciennes règles". En ce qui concerne Hambourg, Spaight insiste sur le fait que "la perte de vies précieuses doit être considérée comme le prix à payer pour obtenir un avantage militaire". On peut difficilement admettre qu'un avantage militaire ait été obtenu en continuant à massacrer les habitants de Hambourg alors qu'il n'y avait plus rien à détruire.

Lindemann, l'idéologue juif de Churchill

Winston Churchill lui-même reconnaît dans ses Mémoires que l'instigateur de la terreur aérienne au-dessus de l'Allemagne était Lord Cherwell, Frederick Alexander Lindemann, son conseiller juif, ami intime et bras droit, un physicien né à Baden-Baden qui a proposé les zones de l'Allemagne à détruire. Bien que l'article de Wikipedia tente de dissimuler son origine juive : "on a parfois pensé qu'il était juif", rapporte la prestigieuse encyclopédie, "mais il ne l'était pas", la vérité est que la "Oxford Chabad Society", dont le but est que les étudiants juifs de l'Université d'Oxford approfondissent leur identité juive, le revendique fièrement comme l'un des professeurs juifs d'Oxford, où il fut professeur de philosophie expérimentale et directeur du Clarendon Laboratory, où se retrouvaient les physiciens juifs de l'Université de Göttingen, qu'il avait aidés à entrer en Angleterre. Lindemann est décrit dans Wikipedia comme un élitiste insensible qui méprisait les classes populaires, les Noirs et les homosexuels.

Partisan de l'eugénisme, il soutenait la stérilisation des incapables mentaux. Les auteurs de *The Semblance of Peace*, J. W. Wheller-Bennet et A. Nicholls, révèlent que "la haine de Lindemann pour l'Allemagne était pathologique et qu'un désir de vengeance presque médiéval faisait partie de son caractère". C'est peut-être la raison pour laquelle, après avoir planifié la terreur aérienne qui a coûté la vie à deux millions de personnes, Lindemann a soutenu le plan pour l'Allemagne de son collègue juif Morgenthau, sur lequel nous reviendrons quelques pages plus loin.

F. A. Lindemann, dont le secrétaire particulier est David Bensussan-Butt, également d'origine juive, est le principal conseiller scientifique du gouvernement de Churchill et assiste aux réunions du cabinet de guerre. En novembre 1940, une unité de reconnaissance aérienne est créée pour étudier l'étendue réelle des bombardements sur l'Allemagne. Les photographies prises durant l'été 1941 sont soigneusement étudiées par Bensussan-Butt afin d'en améliorer l'efficacité. Fin 1941, Lindemann présente à Churchill un premier plan de destruction de 43 villes allemandes représentant une population de 15 millions d'habitants. Le plan stipule qu'il faut quatre mille bombardiers, un nombre dont la RAF ne dispose pas encore.

Le 12 février 1942, Lord Cherwell présente à Churchill un plan plus élaboré de bombardements massifs par saturation sur les villes allemandes afin de "briser l'esprit du peuple". Sa proposition stipule : "Les bombardements doivent être dirigés sur les maisons des classes ouvrières. Les maisons des classes moyennes ont trop d'espace autour d'elles et les bombes peuvent être gaspillées". Le 30 mars 1942, il remet au Premier ministre un mémorandum dans lequel il évoque la possibilité d'utiliser jusqu'à dix mille bombardiers, dont les bombes pourraient tomber sur les quartiers densément peuplés des classes populaires allemandes. Les recherches semblent montrer", dit-il dans ce mémorandum, "que la destruction de sa propre maison est le plus dommageable pour le moral. Les gens semblent s'en soucier davantage que de voir leurs amis ou même leurs parents tués". Churchill considérait le baron de Cherwell comme l'un de ses plus anciens et meilleurs amis. Selon le général Hastings Ismay, Lord Cherwell avait accès aux informations les plus sensibles, dînait régulièrement avec Churchill et l'accompagnait lors de ses rencontres avec Roosevelt et Staline.

Un autre professeur juif, Solomon Zuckerman, travaille également avec Lindemann pour préparer les études et les rapports qui seront ensuite soumis à Churchill. Zuckerman et Bensussan-Butt, le secrétaire séfarade de Lindemann, étudient scientifiquement comment tuer et détruire avec un maximum d'efficacité. Dans ses études, Solomon "Solly" Zuckerman conclut qu'une tonne de bombes tue quatre personnes et en laisse 140 sans abri. Cependant, il semble que Zuckerman ne partage pas tout à fait la stratégie de bombardement à saturation des grands centres urbains du professeur Lindemann, le grand gourou scientifique qui a fini par imposer sa doctrine criminelle. Zuckerman considérait les bombardements par saturation comme trop coûteux et inutiles. En 1943, Solly Zuckerman élabore le plan de bombardement préalable au débarquement allié en France, qui est présenté à Dwight D. Eisenhower. Les Américains en discutent pendant un an, préférant bombarder les usines de carburant plutôt que d'attaquer les réseaux de transport, comme le proposait le projet de Solly.

Le président Roosevelt soutient la stratégie de bombardement des villes allemandes par ses déclarations et par l'intermédiaire de prestigieux propagandistes. Le secrétaire de presse de la Maison Blanche, Stephen T. Early, a personnellement défendu la nécessité des bombardements. Deux autres journalistes d'origine juive, William L. Shirer et Walter Lippmann, soutiennent dans leurs articles qu'il n'y a pas d'alternative. Walter Lippmann est le journaliste américain le plus influent. Né à New York, il était le fils de Jacob Lippmann et de Daisy Baum, tous deux juifs allemands. Caroll Quigley le désigne dans *Tragedy in Hope* comme l'un des organisateurs de la Table ronde en Amérique. "Lippmann, écrit Quigley, a été de 1914 à nos jours le porte-parole authentique du journalisme américain dans les affaires internationales, au service de l'"Establishment" des deux côtés de l'Atlantique. Théoricien de l'opinion publique, Lippmann écrivait deux fois par semaine des articles qui paraissaient dans des centaines de journaux américains, sous copyright du *Herald Tribune* de New York. Dans un article du *Sunday Times* du 2 janvier 1944, Lippmann, qui faisait partie du Brain Trust de Roosevelt, écrivait : "Nous devrions avoir honte de nous-mêmes et de notre cause si nous ne pouvions pas, en toute conscience, accepter notre responsabilité morale dans la destruction des villes allemandes". Pourtant, alors que les populations civiles étaient bombardées avec une responsabilité morale absolue, l'industrie allemande a réussi à atteindre ses plus hauts niveaux de production au milieu de l'année 1944.

Dresde, l'holocauste oublié

Dans la nuit du 13 au 14 février 1945, le plus grand massacre aveugle de l'histoire a eu lieu à Dresde : l'assassinat en une seule journée d'au moins 135 000 personnes, dont la plupart, comme d'habitude, des femmes, des enfants et des personnes âgées. Rien ne peut expliquer ou justifier l'extermination brutale perpétrée en quatorze heures dans la capitale de la Saxe, l'une des plus belles villes d'Europe, pour laquelle on l'appelait autrefois la Florence du Nord. L'Allemagne avait déjà perdu la guerre et des centaines de milliers d'habitants des provinces de l'Est fuyaient, terrorisés, devant l'Armée rouge. Les routes autour de la ville et les rues qui la traversent sont remplies de foules qui se dirigent vers l'ouest. À Dresde, à quelque 120 kilomètres du front, plus d'un demi-million de réfugiés, des civils impuissants et incapables de se battre, se sont rassemblés. Cette foule a dépassé toutes les possibilités d'accueil et s'ajoute aux plus de six cent mille habitants de la ville. Tous les bâtiments publics sont bondés de ces malheureux fugitifs qui ont tout perdu. Dresde n'a pas de casernes, pas d'usines d'armement, pas de cibles militaires. Au contraire, il y a de nombreux hôpitaux dont les toits sont ornés d'immenses croix rouges. Malgré tout, les Britanniques et les Américains décident, de manière incompréhensible, de lancer un raid aérien massif ou raid de saturation sur la ville saxonne.

Même le "bombardier" Harris ne semblait pas comprendre la raison de l'attaque. Dans son livre *Bomber Offensive*, on trouve quelques hésitations ou réticences concernant le bombardement de Dresde dans la nuit du 13 février. Le maréchal Arthur Harris nous laisse sur ces mots révélateurs : "Je dirai seulement que l'attaque de Dresde était alors considérée comme une nécessité militaire par des gens bien plus importants que moi." Dans *Advance to Barbarism*, F. J. P. Veale ne manque pas d'apprécier que derrière cet aveu se cache une volonté de se désolidariser et écrit : "On peut noter que le maréchal de l'air s'abstient explicitement d'endosser l'opinion de ces personnes importantes". En tout état de cause, Harris s'abstient de révéler l'identité des personnes qui lui ont ordonné de détruire Dresde et conserve la loyauté qu'il est censé leur devoir.

La destruction de Dresde de David Irving étant un récit détaillé de cet épisode incroyable de la Seconde Guerre mondiale, les lecteurs sont invités à s'y référer comme une bonne source d'information. Selon Irving, le 7 octobre 1944, une trentaine de bombardiers américains ont attaqué la raffinerie Ruhland, près de la ville, et ont profité de la situation pour bombarder la zone industrielle. Plus de 400 personnes ont été tuées, principalement des ouvriers d'usine. C'est la première fois que Dresde est attaquée et les habitants de la ville, où travaillent des prisonniers de guerre français, belges, britanniques et américains, pensent qu'il s'agit d'un événement isolé qui ne se reproduira pas. Les bonnes relations entre ces prisonniers de guerre et la population sont le sujet de l'historien britannique, qui reproduit les mots d'un prisonnier britannique écrits le 24 décembre 1944 : "Les Allemands qui vivent ici sont les meilleurs que j'aie jamais vus de ma vie. Le commandant est un gentleman et nous avons une liberté extraordinaire dans la ville. Le sergent m'a emmené visiter le centre de Dresde. Dresde est incontestablement magnifique et j'aimerais en voir beaucoup plus. Le fait que la ville ait été si longtemps éloignée du théâtre de la guerre a peut-être contribué à ces relations amicales et explique pourquoi, en février 1945, il n'y avait même pas de défenses antiaériennes, ce qui ne pouvait pas être ignoré par les dirigeants alliés. Il y en a eu, mais lorsqu'on s'est rendu compte qu'elles ne servaient à rien sur place, le commandement régional a estimé qu'elles seraient plus utiles dans la Ruhr ou dans d'autres régions. C'est ainsi qu'est née une légende répandue parmi les citoyens, selon laquelle Dresde ne serait jamais attaquée. Peut-être que certains districts industriels périphériques le seraient, mais pas le centre.

Les premiers réfugiés sont arrivés à Dresde en octobre 1944, alors que l'offensive soviétique menaçait le cœur de la Prusse orientale. Dans ses *Mémoires d'un diplomate*, George F. Kennan évoque les événements en ces termes : "Le désastre qui a frappé cette région avec l'entrée des forces soviétiques est sans équivalent dans l'histoire de l'Europe moderne. Dans de grandes parties de la région, à en juger par les preuves, presque aucun homme, femme ou enfant de la population indigène n'est resté en vie après le passage initial des Soviétiques ; et il est difficile de croire qu'ils ont tous réussi à fuir vers l'ouest". Les colonnes de réfugiés de Prusse-Orientale qui ont fui vers le sud avant l'arrivée de l'Armée rouge étaient principalement composées de femmes, d'enfants et d'invalides des régions rurales, qui avaient été évacués en masse (environ six cent mille personnes) vers les villes saxonnes, ainsi que vers la Thuringe et la Poméranie. Il convient de noter que parmi les évacués en masse se trouvaient également des prisonniers de guerre russes et occidentaux. Plus de quatre millions et demi d'Allemands vivaient en Silésie, la province située à l'est de la Saxe. Lorsque, dans les premières semaines de 1945, la nouvelle se répandit que les Soviétiques préparaient une nouvelle offensive contre les lignes allemandes sur la Vistule, la nécessité d'une nouvelle évacuation devint urgente. Une partie des fuyards se dirigea vers le sud-ouest, dans la région montagneuse entre la Bohême et la Moravie, mais d'autres émigrèrent vers la Saxe, de sorte que Dresde dut accueillir une nouvelle vague de réfugiés. La nouvelle du traitement réservé aux Allemands qui n'avaient pas quitté la Prusse-Orientale s'était répandue dans toute l'Allemagne, de sorte que les habitants de la Silésie n'attendaient souvent pas l'ordre d'évacuation. Comme on le sait, les régions de Silésie traversées par les hordes soviétiques ont été le théâtre d'une frénésie de meurtres, de viols et d'incendies.

Le 16 janvier 1945, Dresde subit un nouveau bombardement inattendu : quelque 400 "Liberators" de l'US Air Force attaquent sans opposition les raffineries et les stations de jonction de Dresde. L'attaque fait quelque 350 victimes, dont le premier prisonnier britannique, qui travaillait dans un "Arbeitkommando" (groupe de travail) et qui meurt pendant son transport à l'hôpital. Irving souligne à nouveau le traitement exquis réservé aux prisonniers de guerre britanniques et raconte qu'alors que les morts allemands étaient enterrés dans une fosse commune dans un cimetière de la ville après des funérailles collectives, "la capitainerie de Dresde, avec un respect surprenant pour la Convention de Genève, a ordonné qu'un défilé ait lieu avec une représentation des différentes forces de la ville, et le malheureux soldat britannique a été enterré avec tous les honneurs militaires, un piquet britannique et un piquet allemand lui donnant la garde d'honneur dans le cimetière militaire de Dresde-Albertstadt". Cette information provient du chef du camp de prisonniers, qui en a informé les parents de la victime. Peu après la destruction de Dresde, le gouvernement britannique a publié un dossier sur les camps de prisonniers officiellement connus, dont dix-neuf étaient en transit au moment de l'attaque. Un rapport de la Croix-Rouge évalue à plus de 26 000 le nombre de prisonniers alliés concentrés à Dresde, dont 2200 Américains.

Les premiers trains d'évacuation officiellement organisés commencent à arriver à Dresde le 26 janvier. Plus d'un millier de jeunes filles des Jeunesses féminines du Service du travail du Reich les attendent à la gare centrale. Leur tâche consiste à aider les personnes âgées et les invalides à descendre, à porter leurs bagages, à leur trouver un abri et à leur fournir de la nourriture. Une fois l'expulsion effectuée, les trains repartent vers l'est à la recherche de nouveaux groupes de réfugiés, qui arrivent en ville pendant des semaines. Le travail des filles du Service du travail est tel qu'elles doivent être renforcées par les Jeunesses hitlériennes, l'Union des jeunes filles allemandes et d'autres associations de femmes ("Frauenschaften"). Les écoles primaires et secondaires étant transformées en hôpitaux militaires, les élèves participent également à l'accueil des milliers d'évacués qui entrent chaque jour dans la capitale saxonne. Le long des voies ferrées et des routes menant à Dresde, les organisations sociales du parti parviennent à installer à intervalles réguliers des postes de secours et de ravitaillement afin d'atténuer autant que possible les ravages de la faim et du froid glacial de l'hiver.

À Wroclaw, capitale de la Basse-Silésie, les troupes de la Wehrmacht sont encerclées et opposent une résistance héroïque du 13 février au 6 mai 1945, date à laquelle la ville ne se rend qu'après Berlin. Le 21 janvier, l'évacuation des femmes, des enfants, des personnes âgées et des invalides restés à Breslau est ordonnée. Les services ferroviaires ne pouvant faire face à la situation, plus de 100 000 personnes fuient à pied, les wagons ayant été utilisés pour évacuer la population rurale. Il fallut des semaines aux fugitifs pour atteindre la Saxe. Lorsque le siège de Breslau commence, il reste à peine 200 000 habitants dans la capitale. Dans leur fuite vers le Reich, de nombreuses personnes épuisées choisissent de rester à Dresde, qui est devenue la principale plaque tournante du trafic de réfugiés.

Les fugitifs de Silésie représentent les trois quarts des personnes accueillies à Dresde, le reste provenant de Prusse orientale et de Poméranie. David Irving estime la population totale avant les bombardements entre 1 200 000 et 1 400 000 habitants. Le soir du 12 février, avec l'arrivée des derniers convois de réfugiés, Dresde atteint sa plus forte densité d'habitants au kilomètre carré. Les gares sont surchargées de personnes qui restent avec leurs biens. Dans les jours qui suivent, des trains sont programmés pour partir vers l'ouest afin de désengorger au maximum la ville. Jusqu'au dernier moment, des flots de personnes ont continué à se déverser dans les rues, à pied ou dans des charrettes bondées. Les bâtiments publics étant déjà remplis de lits et de lits de camp, des tentes ont été installées pour des dizaines de milliers de personnes dans le plus grand parc de la ville, le "Grosser Garten", où des milliers d'entre elles sont mortes sous les bombardements. Parmi les civils se trouvent également des soldats errants dont les unités ont été dispersées sur le front. La gendarmerie de campagne les dirige vers les zones périphériques, les routes locales étant bloquées par le trafic des caravanes de chariots et de chevaux.

Irving confirme que l'apparition du nom de Dresde comme cible spécifique a surpris le Bomber Command, car elle n'avait jamais figuré sur les listes de cibles hebdomadaires. Plusieurs objections ont été soulevées contre l'inclusion de la capitale saxonne dans la liste, notamment le fait que rien n'indiquait qu'il s'agissait d'une ville d'une grande importance industrielle ou qu'il y avait un grand nombre de prisonniers dans la région dont les camps étaient mal situés. Arthur Harris ordonne au maréchal de l'air Robert Saundby, qui lui rend compte, de demander au ministère de l'air de reconsidérer la question. La décision ayant été renvoyée aux "autorités supérieures", Sir Robert Saundby est informé quelques jours plus tard par téléphone privé que l'attaque fait partie d'un programme auquel le Premier ministre s'intéresse personnellement. La réponse avait été retardée, lui dit-on, en raison de l'absence de Churchill, qui se trouvait alors à Yalta. Sir Charles Portal, un crypto-juif d'origine huguenote qui avait été nommé chef de l'état-major de l'armée de l'air le 25 octobre 1940, se trouvait également à Yalta pour accompagner le Premier ministre. Charles Portal, nommé temporairement maréchal de l'air en octobre 1940 et confirmé dans ce grade de façon permanente en avril 1942, était l'un des principaux défenseurs des doctrines de Lindemann en matière de stratégie de bombardement de masse.

La conférence de Yalta, qui s'est tenue du 4 au 11 février 1945, s'est achevée sans la destruction de Dresde, qui avait été ordonnée quelques jours plus tôt. La raison de ce retard est le temps brumeux qui s'est installé sur l'Europe centrale. Finalement, le 12 février, les prévisions météorologiques annoncent de bonnes conditions. Le matin du 13 février 1945, des avions de reconnaissance rapides apparaissent au-dessus de la ville, située sur un méandre de l'Elbe. Plutôt que la peur, ils suscitent la curiosité des habitants, qui restent persuadés que Dresde ne sera pas attaquée. Les pilotes ont pu observer autant qu'ils le souhaitaient en toute sécurité, de sorte qu'ils ont forcément vu la marée de fuyards inondant les routes, qui ne pouvait en aucun cas être confondue avec des colonnes de soldats en retraite.

C'est plusieurs heures après la tombée de la nuit que les habitants de Dresde ont commencé à entendre le bruit des localisateurs "Mosquito", volant à six cents mètres au-dessus des toits de la ville. Ils ont pour mission de tirer des fusées éclairantes rouges qui signalent les cibles aux bombardiers approchant à haute altitude. A 22h07, les pilotes de ces avions reçoivent les derniers mots du contrôle : "Finissez bientôt le repérage et sortez de là". Informée de la menace qui pèse sur elle, la population se précipite dans les abris. A 22h13 dans la nuit du 13 février, les premières bombes explosives commencent à tomber, des bombes gigantesques de deux et quatre mille kilos, faisant tout éclater et arrachant les toits médiévaux de la vieille ville de Dresde. Les escadrilles de Lancaster se succèdent et bientôt les éclairs des grosses bombes se répandent dans la ville. C'est ainsi que commence le bombardement le plus bestial de l'histoire, qui durera quatorze heures et quinze minutes.

Dresde étant une cible éloignée des bases, les bombardiers doivent retourner en Angleterre dès qu'ils ont vidé leur ventre de la cargaison mortelle qu'ils transportent. Après le retrait des premières escadrilles, les sauveteurs, même ceux des villes et villages voisins, osent venir en aide aux blessés. Mais à 1h30, une nouvelle vague de plus de 500 Lancaster arrive, précédée par des escadrilles de chasseurs équipés pour le combat de nuit et le mitraillage des aérodromes allemands. Ces bombardiers sont chargés de bombes explosives qui propagent les incendies et empêchent toute intervention des pompiers et des soldats allemands. Ce deuxième "raid" est suivi par un nouveau groupe de bombardiers en deux formations : dans la première, les avions transportent une bombe explosive de deux mille kilos et cinq bombes incendiaires de trois cent soixante-quinze kilos ; dans la seconde, les bombes explosives pèsent deux cent cinquante kilos et le reste de la charge est constitué de bombes incendiaires sans qualités balistiques, ce qui signifie qu'elles sont larguées sans aucune précision. L'objectif étant de déclencher des incendies de grande ampleur, ces bombes incendiaires disséminées dans la ville ont parfaitement rempli leur rôle. Au total, les Lancastre ont largué 650 000 bombes incendiaires (1182 tonnes) et 1478 tonnes de bombes explosives sur Dresde.

Les chasseurs de nuit allemands n'ont guère pu prendre de mesures défensives et les défenses terrestres sont restées totalement muettes. David Irving, qui a interrogé de nombreux pilotes impliqués dans la destruction de Dresde, écrit que "de nombreux équipages de Lancaster avaient presque honte de leur manque d'opposition et beaucoup d'entre eux ont délibérément fait plusieurs fois le tour de la ville en flammes sans être dérangés par la moindre défense". À tel point que pendant dix minutes, un Lancaster équipé de caméras a survolé l'épouvantable scène, filmant pour le compte du service cinématographique de la RAF. Ce film de 250 mètres, écrit Irving, aujourd'hui conservé dans les archives de l'Imperial War Museum, est l'un des témoignages les plus sinistres et les plus magnifiques de la Seconde Guerre mondiale. Mais il fournit la preuve irréfutable que Dresde n'a pas été défendue, car pas un projecteur, pas une seule batterie antiaérienne n'apparaît sur toute la durée du film." Irving présente le témoignage suivant d'un pilote de Lancaster qui avait été laissé sur place :

> "Une mer de feu d'environ soixante-cinq kilomètres carrés, à mon avis, recouvrait tout. Depuis notre avion, la chaleur du brasier était parfaitement perceptible. Le ciel avait des teintes écarlates et blanches étonnantes, et la lumière à l'intérieur de l'avion rappelait un étrange coucher de soleil d'automne. Nous avons été tellement abasourdis par le spectacle du terrifiant bûcher que, bien que seuls au-dessus de la ville,

nous l'avons survolé pendant plusieurs minutes avant de rebrousser chemin, subjugués par la terreur que nous imaginions au-dessous de nous. Nous pouvions encore voir la lueur de l'holocauste trente minutes après avoir quitté les lieux.

Un autre pilote de retour, impressionné par la lueur rougeâtre, vérifie la position de l'avion avec son navigateur et constate qu'il se trouve à plus de 150 miles de Dresde. Le ministère de l'Air lui-même, notant l'ampleur de l'incendie au-dessus de Dresde, a annoncé dans un communiqué que les flammes étaient visibles "à près de trois cents kilomètres de la cible". Les Britanniques indiquent également que 1400 avions ont participé à l'opération et qu'ils n'ont perdu que six Lancaster, les dix autres qui ne sont pas rentrés à leur base ayant réussi à se poser sur le continent lorsqu'ils sont tombés en panne de carburant.

En ce qui concerne la terreur britannique, il est prévu que les Américains fassent de même. C'est à eux de poursuivre le massacre. Dix jours plus tôt, ils ont démontré leur compétence à Berlin, où ils ont lancé le 3 février une attaque dévastatrice sur les "zones ferroviaires et administratives" qui a tué 25 000 Berlinois en un seul après-midi. Les équipages des 1350 forteresses volantes et Liberators sont briefés le 14 février à 4h40 du matin. C'est à la 1re division aéroportée qu'il revient de poursuivre le massacre. À 8 heures, 450 bombardiers lourds B-17, capables de transporter les bombes les plus lourdes de 4000 et 2000 kilogrammes, décollent vers la ville de l'Elbe. Trois cents autres forteresses volantes de la 3e division aéroportée doivent attaquer Chemnitz. Les avions plus légers ont pour cibles Magdebourg et Wesel. Dresde est toujours en flammes et des centaines de milliers de blessés n'ont toujours pas été soignés dans les décombres lorsque débute la troisième attaque massive en moins de quatorze heures. À 12h12, un nouveau déluge de bombes achève le crime incompréhensible que les Britanniques ont commencé la nuit précédente. Au total, les Américains ont largué 475 tonnes de bombes à haute puissance et 297 tonnes de bombes incendiaires en paquets et en grappes. Les quartiers médiévaux et baroques de la ville sont les cibles privilégiées des bombardements.

Le travail des bombardiers étant terminé, les trente-sept chasseurs P-51, dont la mission était de protéger les forteresses volantes, et les trois autres groupes de chasseurs participant à l'opération, se rendant compte qu'ils n'ont aucune opposition, se mettent à mitrailler les colonnes de rescapés qui tentent d'échapper au brasier. Ambulances, camions de pompiers, voitures et tout véhicule circulant sur les routes sont pris pour cible par les pilotes américains, qui volent presque au ras du sol. En revanche, l'aérodrome de Dresde-Klotzsche, rempli de chasseurs, n'est pas attaqué. Les équipages des unités ont été évacués, car il s'agit d'escadrons de chasse de nuit et les aviateurs ne peuvent pas participer à des opérations de jour. Ces pilotes allemands, ne comprenant pas pourquoi les chasseurs et les avions de transport stationnés sur l'aérodrome n'ont pas été touchés, assistent impuissants au mitraillage des civils depuis les champs situés à l'ouest de la ville.

Quant à l'attaque de Chemnitz, ville située à trente-cinq miles de Dresde et à cent quatre-vingts kilomètres des lignes soviétiques, les trois cents forteresses volantes B-17 qui la bombardent le matin du 14 février ne font que la première partie du travail. Sir Arthur Harris avait prévu que les Britanniques finiraient le travail dans la soirée. Ainsi, à 15 heures dans l'après-midi du 14 février, les équipages lancastriens qui ont ravagé Dresde, après seulement six heures de repos, sont convoqués pour un briefing en vue d'un autre long raid. À Chemnitz, explique David Irving, il y avait une usine de chars d'assaut, de grandes usines de textile et d'uniformes, des ateliers de réparation de locomotives et d'autres cibles évidentes. Cependant, les officiers de renseignement des différents aérodromes répètent les mêmes instructions, qui n'ont rien à voir avec la destruction de ces cibles. Les équipages du groupe 1 sont informés : "Ce soir, votre objectif sera Chemnitz... vous devez attaquer les concentrations de réfugiés qui s'y sont rassemblées après le dernier raid sur Dresde. Irving transcrit l'extrait suivant du briefing donné au groupe 3, sur un autre aérodrome : "Chemnitz est une ville située à environ 30 miles à l'est de Dresde et constitue donc une cible beaucoup plus petite. La raison pour laquelle nous nous y rendons ce soir est d'éliminer tous les réfugiés qui ont réussi à s'échapper de Dresde. Ils porteront la même charge de bombes, et si l'attaque de ce soir se déroule aussi bien que celle de la nuit dernière, ils ne se rendront plus jamais sur le front russe." A ces mots, les adjectifs et les commentaires sont superflus. Heureusement, les conditions météorologiques annoncées ne se sont pas réalisées, les nuages ont complètement caché la ville, et l'attaque n'a pas pu être aussi meurtrière que souhaitée.

Un prisonnier britannique à Dresde a écrit que la ville a brûlé pendant sept jours et sept nuits. Les autorités estiment que dix-huit kilomètres carrés ont été dévorés par les flammes. Les mêmes phénomènes décrits dans le récit des bombardements de Hambourg se répètent à Dresde, et sont encore plus effrayants. Les tornades provoquées par les tempêtes de feu engloutissent les personnes, les projettent en l'air ainsi que des objets de toutes sortes soulevés par le tourbillon de feu. Les personnes qui se sont enfuies le long des talus de la voie ferrée", explique Irving, "le seul chemin qui n'était pas bloqué par les débris, ont rapporté que les voitures situées dans les zones les plus exposées ont été soulevées par l'ouragan comme une feuille de papier. Même les espaces ouverts, comme les grandes places et les vastes parcs, n'offraient aucune protection contre la tornade. Nous épargnerons au lecteur le récit de scènes plus dantesques, car elles sont facilement imaginables.

L'objectif de "briser l'esprit du peuple", formulé par F. A. Lindemann, Lord Cherwell, est pleinement atteint avec la destruction de

Dresde. Des rapports sur le nombre de morts circulent à Berlin, et l'on parle de deux ou trois cent mille personnes anéanties en une seule nuit. L'opinion publique, informée du plan d'extermination du peuple allemand de Theodore N. Kaufman, commence à penser sérieusement que les Alliés ont décidé d'éteindre le peuple allemand. Le plan Morgenthau, déjà connu du gouvernement et du NSDAP, confirme les pires présages. Certains dirigeants allemands reconnaissent que la terreur aérienne et les tueries aveugles ont désintégré le moral des Allemands.

Le nombre total de morts à Dresde restera toujours un sujet de spéculation. Les circonstances ont empêché les autorités de poursuivre le travail d'identification des victimes et de procéder à un décompte fiable. Le fait que des températures de plus de 1000 degrés Celsius aient été atteintes dans le haut-fourneau de Dresde a eu pour conséquence que des dizaines de milliers de corps ont été complètement carbonisés, ce qui a rendu impossible leur identification. Néanmoins, le 6 mai 1945, il a été officiellement annoncé que 39 773 morts avaient été identifiés. Fin février, l'"Abteilung Tote" (Section des morts) estime que le travail d'identification retarde l'inhumation des corps et risque de provoquer des épidémies. Les corps en décomposition, brisés, sans tête, carbonisés ou réduits en cendres doivent être enterrés d'urgence, d'où la prolifération des fosses communes. Pendant des jours, les survivants ont tenté de retrouver leurs proches disparus afin d'éviter l'enterrement dans une fosse commune. Pendant qu'ils cherchaient une brouette, des équipes de secours arrivaient fréquemment et emportaient les cadavres de leurs proches empilés sur des charrettes vers les forêts d'eucalyptus et de pins à la périphérie de la ville. Des unités de la SS et de la police transportent par camion des piles de cadavres vers les cimetières de Berlin.

Deux semaines après la catastrophe, les autorités ont considéré que les interminables caravanes de cadavres vers les forêts au nord de la ville représentaient un danger de typhus et d'autres épidémies, et ont décidé que les milliers de corps qui gisaient encore dans les décombres, les caves et les rues du centre-ville ne seraient plus déplacés vers les fosses communes dans les forêts. L'accès au centre-ville et au Vieux Marché est alors fermé à la population. Dès lors, des camions remplis de cadavres sont remis à la limite de la zone interdite à des officiers de la Wehrmacht, qui conduisent les véhicules jusqu'au centre de la place du Vieux Marché et déversent leur contenu à même le sol. De grandes poutres de fer posées sur des blocs de pierre forment de grandes grilles d'environ huit mètres de long, sur lesquelles sont empilés cinq cents corps à la fois, avec des tas de paille entre chaque couche. Du bois et de la paille étaient placés sous les grilles et un feu était allumé. Cette méthode rudimentaire permettait d'incinérer les corps, une tâche qui prenait toutes les heures d'une journée. Une fois les corps incinérés, les soldats plaçaient les cendres dans des camions-remorques et les transportaient jusqu'au cimetière de Heide, où elles étaient enterrées dans une fosse de huit mètres de large et seize mètres de long. Neuf mille corps ont été incinérés en une seule journée.

Il est donc compréhensible que, dans ces conditions, il ait été impossible de comptabiliser avec précision le nombre de morts. A Berlin, les sources officielles ont estimé le nombre de victimes après le bombardement entre 180 000 et 220 000. Le Comité international de la Croix-Rouge, sur la base des rapports fournis par les autorités, a donné le chiffre de 275 000 morts dans toute la région de Dresde en 1948. En 1951, Axel Rodenberger publie *Der Tod von Dresden*, un livre choc qui se vend à plus d'un quart de million d'exemplaires et reste une référence en République fédérale jusqu'au milieu des années 1960. Selon l'auteur, le nombre de morts se situe entre 350 000 et 400 000. Ces chiffres tendent à être considérés comme excessifs car, au lieu de s'appuyer sur des documents, l'auteur se base sur sa propre expérience, des témoignages et des informations provenant du ministère de la Propagande. Dans *Advance to Barbarism*, l'ouvrage de Frederick John Partington Veale cité plus haut, le nombre de morts est estimé à bien plus de 300 000. Pour justifier un tel bilan, il rappelle que toutes les maisons de Dresde étaient bondées et que les bâtiments publics étaient bondés de malheureux réfugiés, dont beaucoup avaient même campé dans les rues. Dans l'ouvrage d'Irving, que nous avons utilisé comme source principale, dont l'édition originale anglaise a été publiée en 1963, le nombre de morts est estimé entre 135 000 et 150 000. Cependant, dix ans plus tard, en 1973, l'historien allemand Hans Dollinger affirme que 250 000 personnes ont perdu la vie à Dresde. En 1974, Rolf Hochhuth, écrivain et dramaturge allemand célèbre pour sa pièce *Le Vicaire* (1963), drame dans lequel il dénonce l'attitude de Pie XII à l'égard du nazisme, s'appuyant sur les recherches de David Irving, donne le chiffre de 202 000 morts. Parmi les blessés et les mutilés, dont on parle peu, on estime leur nombre à 300 000.

Le plus choquant dans toute cette affaire, c'est qu'au lieu de chercher des moyens pour que l'Allemagne reconnaisse et honore publiquement les morts de Dresde, la chancelière Angela Merkel, fille d'une juive polonaise nommée Herlind Jentzsch et remariée au professeur juif Joachim Sauer, a cherché à minimiser ce qui s'est passé. Une commission d'"historiens" mandatée par la ville de Dresde elle-même a établi en 2009 qu'entre 18 000 et 25 000 personnes avaient péri dans le bombardement. En d'autres termes, ils ne veulent même pas reconnaître les quelque 40 000 morts qui ont pu être identifiés. Les proches des morts et les autres citoyens allemands qui tentent de manifester chaque année le 13 février pour honorer la mémoire des victimes de l'Holocauste de Dresde ont été insultés ces dernières années par des contre-manifestants socialistes et communistes et doivent donc être protégés par d'importants déploiements policiers. Alors que les génocidaires des bombardements criminels de l'Allemagne et du Japon sont entrés sans tache dans l'histoire, les non-génocidaires qui ont eu la malchance d'être gardiens à Auschwitz en 1944, comme Oskar Gröning, arrêté en mars 2014 à l'âge de 93 ans et qui devait être jugé pour crimes de guerre en 2015, font l'objet de poursuites judiciaires en Allemagne. Nous reviendrons sur ce point dans un chapitre ultérieur.

Terreur aérienne au Japon : terrorisme atomique

La terreur aérienne a atteint son expression la plus nauséabonde avec le terrorisme atomique, qui a été précédé au Japon, comme en Allemagne, par la destruction de presque toutes les grandes villes japonaises. L'expression ultime de la terreur aérienne non nucléaire a été atteinte à Tokyo, qui a subi des attaques dévastatrices de mars à juillet 1945. Tant le bombardement de la capitale japonaise que le largage des bombes atomiques sur Hiroshima et Nagasaki étaient gratuits et auraient pu être évités, puisque le Japon avait perdu la guerre depuis longtemps et avait déjà passé une demi-année à rechercher la paix. Puisque nous avons déjà expliqué comment la terreur aérienne a été pratiquée en Allemagne, nous consacrerons la majeure partie de cette section à commenter des aspects peu connus de la décision d'utiliser le terrorisme nucléaire, car ils ont été dissimulés. Mais il nous faut d'abord écrire quelques lignes sur les bombardements de Tokyo.

La conquête des îles Mariannes à l'été 1944 permet aux forteresses volantes B-29 de décoller de bases plus proches du Japon. À la fin de l'année, les premières attaques sur Tokyo ont eu lieu. En mars 1945, plus de 300 bombardiers lourds opéraient depuis les Mariannes et des raids de bombardement massifs ont commencé. Au cours du seul mois de mars, plus de 100 000 tonnes de bombes sont larguées sur 66 villes japonaises. Les attaques sur la capitale sont particulièrement meurtrières. Le 9 mars 1945, celle-ci est soumise à un tapis de bombes massif qui, comme en Allemagne, combine des bombes explosives et incendiaires afin de causer le plus de dégâts possible. Sur les 2000 tonnes de bombes larguées sur Tokyo, un demi-million étaient des bombes incendiaires au napalm et au magnésium. Il convient de noter que les maisons japonaises typiques ont des toits et des murs en bois, et qu'à l'intérieur, il y a beaucoup de tatamis et de panneaux recouverts de fibres de riz ou de papier de riz. Le bombardement a été effectué par quelque 350 B-29 et s'est poursuivi jusque tard dans la nuit. Pour le malheur des malheureux habitants de la ville, peu avant l'attaque, un fort coup de vent s'est levé, ce qui a encore accentué les effets des tempêtes de feu. Les effets de ces tempêtes sont si brutaux qu'une trombe d'air atteint une hauteur de dix kilomètres et que les bombardiers eux-mêmes sont projetés à des centaines de mètres d'altitude par les courants d'air chaud. Il a fallu près d'un mois aux autorités japonaises pour dégager tous les corps carbonisés des décombres. Les bombardements ont fait plus de 100 000 morts et près de 400 000 blessés, la plupart gravement brûlés et mutilés. Quelque 280 000 maisons ont été détruites et au moins un million de Tokyoïtes se sont retrouvés sans abri.

Deux jours plus tard, le 11 mars, le général Curtis LeMay ordonne l'attaque de la zone urbaine de Nagoya, qui est bombardée à basse altitude par près de 300 avions. Deux nuits plus tard, c'est au tour d'Osaka, la deuxième ville du Japon en termes de population et de production industrielle. Treize cents B-29 supplémentaires larguent 1700 tonnes de bombes sur Osaka, ce qui génère à nouveau des courants d'air si intenses que, comme à Tokyo, ils s'élèvent jusqu'aux avions. Le 16 mars 1945, Kobe est la quatrième cible de LeMay : trois cent sept B-29 larguent deux mille trois cents tonnes sur la ville, qui est rasée. 250 000 personnes, soit un tiers de la population, perdent leur maison et des dizaines de milliers de personnes sont tuées ou blessées. Nous pourrions continuer à énumérer les exploits des Américains en matière de terreur aérienne, mais nous pensons que ce n'est plus nécessaire. A Washington, le général Norstad a évoqué lors d'une conférence les dégâts causés aux Japonais lors des bombardements de mars 1945. Selon ses propres termes, il s'agit des "plus grands dommages jamais infligés à un peuple dans l'histoire du monde en si peu de temps".

La terreur atomique occupera le reste de l'espace de cette quatrième partie du chapitre sur la Seconde Guerre mondiale. La bombe atomique était une bombe juive du début à la fin : elle était voulue ou souhaitée par des Juifs ; ce sont des Juifs qui ont proposé sa fabrication à Roosevelt ; ce sont des Juifs, Roosevelt et Baruch, qui ont ordonné sa production ; ce sont des Juifs qui l'ont fabriquée à Los Alamos ; ce sont des banques juives de Wall Street qui ont financé le "projet Manhattan" ; et ce sont des Juifs, Truman, qui ont autorisé le largage des bombes sur Hiroshima et Nagasaki. Les connotations et les implications de la décision de préméditer cet innommable meurtre de masse sont d'une grande portée. C'est pourquoi nous y reviendrons plus tard, dans une deuxième partie consacrée au monopole de la violence nucléaire, qui constituera l'une des parties du prochain chapitre, le onzième de notre ouvrage, de plus en plus long pour l'auteur et pour les lecteurs, si tant est que nous en ayons.

La première chose à noter concernant le développement de la bombe atomique est que les recherches sur le développement de la fission nucléaire étaient bien avancées en Allemagne et au Japon, et que les scientifiques n'avaient besoin que d'un soutien financier et politique pour mettre au point l'arme atomique. Cependant, ni l'empereur du Japon ni le chancelier d'Allemagne, où les universités de Göttingen, Berlin et Munich avaient été les principaux centres mondiaux de physique moderne entre 1920 et 1930, n'étaient prêts à franchir le pas, car ils avaient tous deux des objections d'ordre éthique. Hirohito a fait savoir aux sages japonais qu'il n'approuverait pas une telle arme. Hitler, quant à lui, considérait ces bombes comme inhumaines. Le national-socialisme se réclame d'une "science aryenne", par opposition à la "science juive", caractérisée par un matérialisme dont il faut se débarrasser parce qu'il menace de tout corrompre. Les deux plus grands défenseurs de la science aryenne sont Philip Lenard et Johannes Stark (lauréats du prix Nobel de physique en 1905 et 1919). Ces deux scientifiques pensaient qu'il fallait créer une symbiose entre l'esprit et la matière. Selon eux, la nature est essentiellement mystérieuse. L'homme doit reconnaître les limites de ses connaissances et ne doit pas approfondir certains mystères, mais les respecter.

Il semble que le fondement philosophique de l'attitude prudente et humble de ces scientifiques allemands pourrait être l'"hybris" grecque. Un concept présocratique qui fait allusion à la punition imposée par les dieux à ceux qui agissent sans modération, avec arrogance et démesure. La transgression des limites imposées aux hommes, thème fréquent dans la mythologie et la tragédie grecques, conduit à l'hybris. Les protagonistes qui ignorent leur place dans l'univers et défient les dieux par leurs actions sont inexorablement punis. Dans un article paru en septembre 1945 dans le *magazine Politics*, Dwight Macdonald, rédacteur en chef de cette publication pacifiste, citait les paroles d'Albert Einstein peu après le largage des bombes atomiques : "Personne au monde ne devrait avoir de crainte ou de malaise à propos de l'énergie atomique parce qu'il s'agit d'un produit surnaturel. En développant l'énergie atomique, la science imite simplement la réaction des rayons du soleil. L'énergie atomique est aussi naturelle que lorsque je navigue sur mon bateau sur le lac Saranac". Cependant, interrogé sur les poisons radioactifs inconnus qui commençaient à inquiéter même les éditorialistes, il répondit catégoriquement : "Je n'en parlerai pas". Albert Einstein aurait sans doute irrité les dieux grecs et romains de l'Antiquité, qui l'auraient puni pour son arrogance impertinente.

En janvier 1939, la communauté scientifique apprend que des physiciens allemands ont découvert la fission nucléaire, ce qui signifie qu'ils peuvent théoriquement diviser l'atome. Niels Bohr, physicien danois d'origine juive, dont la mère Ellen Adler appartenait à une famille juive très importante dans le secteur bancaire danois, a cru comprendre, à la suite d'une conversation qu'il a eue à Copenhague avec Carl F. von Weizsäcker, fils du secrétaire d'État aux affaires étrangères et pionnier de la recherche nucléaire en Allemagne, que les physiciens allemands travaillaient sur la bombe atomique pour le compte d'Hitler. En réalité, ce n'était pas le cas, car l'objectif de construire une arme nucléaire n'a jamais été une priorité pour les nazis et est toujours resté à l'arrière-plan. Bohr a contacté Edward Teller, un autre physicien juif d'origine hongroise qui avait émigré en Amérique, où il a été à son tour en contact avec Leó Szilárd et Eugene Wigner, également physiciens juifs originaires de Hongrie et vivant aux États-Unis. Ces trois scientifiques ont persuadé Albert Einstein d'avertir le président Roosevelt des informations que Bohr leur avait transmises.[10]

---

[10] Einstein arrive aux États-Unis auréolé de prestige. Il est censé être engagé dans des projets de paix et de désarmement, ce qui ne l'empêche pas d'appeler à la fabrication de la bombe atomique. Les faits montrent qu'en réalité, Einstein était un sioniste convaincu et un raciste. Chistopher Jon Bjerknes, dissident juif qui dénonce sans équivoque le

Le 2 août 1939, sur la base d'un texte rédigé par Szilárd, Einstein signa une lettre qu'il remit à Alexander Sachs, un économiste juif d'origine russe, conseiller officieux de Roosevelt et qui avait travaillé avec le juge Brandeis pour l'Organisation sioniste d'Amérique. Dans le long article de 1998 intitulé *The Secret History of the Atomic Bomb* (accessible en ligne au format PDF), Eustace Mullins écrit ce qui suit à propos de ce personnage : "Sachs était en fait un coursier de Rothschild qui livrait régulièrement de grosses sommes d'argent à la Maison Blanche. Sachs était conseiller d'Eugene Meyer, de Lazard Frères International Banking et aussi de Lehman Brothers". Einstein aurait pu présenter la lettre à Roosevelt lui-même, car lorsqu'il est arrivé aux États-Unis en 1933, il a été invité à la Maison Blanche et s'est immédiatement impliqué dans les campagnes d'Eleanor Roosevelt. Alexander Sachs a cependant été choisi et, le 11 octobre 1939, il a remis personnellement la lettre d'Einstein à Roosevelt. Cette lettre demandait au président de promouvoir le programme de fission nucléaire aux États-Unis afin d'empêcher "les ennemis de l'humanité" de le faire en premier. Mullins estime que le fait que Sachs ait été choisi pour présenter la lettre indiquait clairement au président Roosevelt que les Rothschild approuvaient le projet et souhaitaient qu'il soit mené à bien rapidement. Le programme nucléaire n'aurait pas pu voir le jour sans le soutien et le parrainage de Wall Street : le

---

sionisme et la conspiration qui l'entoure sur son site web *Jewish Racism*, est l'auteur de *Albert Einstein the Incorrigible Plagiarist* (2002) et *The Manufacture and Sale of St. Einstein* (2006). Dans ces ouvrages, dont des extraits sont disponibles sur son site web, il dévoile les dessous de la célébrité d'Einstein, l'accusant d'être un plagiaire compulsif et sans scrupules qui a toujours profité du travail et des efforts d'autrui sans les citer. Parmi les scientifiques plagiés par Einstein, citons Robert Brown, chercheur qui a travaillé sur le mouvement des particules dans les fluides ; Jules Henri Poincaré, qui a démontré le premier que le temps et l'espace ne peuvent être que relatifs ; Hendrik Lorentz, dont les théories sur la transformation de la matière en énergie et vice-versa n'ont été réinterprétées que par Einstein, ce que Max Planck et Walter Kaufmann se sont sentis obligés de dénoncer ; Philipp von Lenard, qui a découvert l'effet photoélectrique dans les rayons cathodiques ; et Friedrich Hasenöhrl, physicien autrichien qui a été le créateur en 1904 de l'équation de base E=mc2 et qui est mort un an avant qu'Einstein ne s'approprie la formule.

Philipp Lennard prétend que la fameuse équation doit être attribuée à Hasenöhrl, qui l'a écrite un an avant Einstein. Avant de mourir à la guerre en 1915, Hasenöhrl a laissé son travail à l'Office des brevets de Berne, où travaillait l'ineffable plagiaire. Einstein y lit la théorie et, après la mort de Hasenöhrl, la publie la même année 1915 sans avoir l'honnêteté de citer l'auteur. Lors d'une conférence donnée le 24 août 1920 à Berlin, le physicien Ernst Gehrke accuse Einstein d'avoir plagié les formalismes mathématiques de Lorentz pour la théorie de la relativité et les concepts de temps et d'espace de Melchior Palagyi. Devant toutes les personnes présentes, il s'est adressé personnellement à Einstein, qui n'a pas pu répondre. Stephen Hawking, dans *Une brève histoire du temps*, confirme qu'Einstein a été crédité d'une théorie déjà anticipée par Poincaré, Lorentz, Hasenöhrl et d'autres. Bref, toute la communauté scientifique connaît la vérité et seul le grand public est trompé.

cartel bancaire de la Réserve fédérale a contribué au projet Manhattan à hauteur de plus de 2 milliards de dollars.

Eustace Mullins, disciple et ami d'Ezra Pound et auteur de *The Secrets of the Federal Reserve*, est devenu au cours de sa longue et prolifique carrière d'écrivain l'un des auteurs les plus lucides dans la dénonciation de la conspiration des banquiers illuminati. Dans *The Secret History of the Atomic Bomb (L'histoire secrète de la bombe atomique)*, Mullins désigne Bernard Baruch, qu'Henry Ford considérait comme le Consul de Juda en Amérique, comme l'éminence grise de l'Amérique pour le programme de la bombe atomique. Baruch, qui fut pendant des décennies le factotum incontesté de la politique américaine, était le grand agent new-yorkais des Rothschild, pour lesquels il complotait depuis le début du XXe siècle. Entre autres services rendus à cette dynastie bancaire talmudiste, Mullins attribue à Baruch la création des trusts du tabac et du cuivre. C'est Baruch lui-même qui a choisi le physicien juif Julius Robert Oppenheimer comme directeur scientifique du projet Manhattan au laboratoire de Los Alamos, au Nouveau-Mexique. Dans le musée de la bombe atomique de Nagasaki, inauguré à l'occasion du 50e anniversaire du largage de la bombe, les portraits d'Einstein et d'Oppenheimer, le soi-disant "père de la bombe atomique", figurent en bonne place, distingués ainsi parmi les responsables du génocide nucléaire.

Jack Rummel révèle dans sa biographie *Robert Oppenheimer Dark Prince* qu'en 1926, Oppenheimer a commencé à consulter un psychiatre en raison de ses problèmes émotionnels. Quelques mois plus tôt, à Noël 1925, il avait tenté sans provocation d'étrangler son ami Francis Ferguson à Paris. Le psychiatre diagnostique chez lui une démence praecox, terme alors utilisé pour désigner la schizophrénie. Le diagnostic d'Oppenheimer, selon le psychiatre, n'était pas favorable. À l'époque, la dementia praecox était considérée comme une maladie incurable qui nécessitait une hospitalisation permanente. Trois ans plus tard, à Berkeley, Oppenheimer montre les signes de ses déséquilibres en public en se comportant de manière hautaine et extrêmement irrespectueuse à l'égard d'un ancien professeur juif de Göttingen, James Franck, qui avait remporté le prix Nobel de physique en 1925. "Tragiquement, écrit Rummel, Oppenheimer reconnaît son caractère autodestructeur, qu'il qualifie de "bestialité", mais ne peut souvent s'empêcher d'y tomber. En 1936, il commence à s'impliquer dans des organisations communistes et à travailler pour des groupes de gauche. "Oppenheimer, note Rummel, lisait avidement sur la politique. Un livre qui l'a particulièrement impressionné est un ouvrage de Sidney et Beatrice Webb intitulé *Soviet Communism. A New Civilization*, qui faisait l'éloge des réalisations de l'Union soviétique". Le FBI l'a longtemps surveillé, car il avait découvert que son ancienne petite amie (Jean Tatlock), sa femme Kitty, son frère Frank et sa belle-sœur étaient ou avaient été membres du parti communiste. En novembre 1940, avant d'être nommé directeur scientifique du projet Manhattan, Oppenheimer avait épousé Kitty Puening, une femme qui avait eu trois maris, dont le second, Joe Dallet, membre du Parti communiste américain et combattant de la guerre civile espagnole dans les rangs du bataillon Lincoln, était mort en 1937 à Fuentes de Ebro.

Les principaux scientifiques sollicités par Oppenheimer pour le projet Manhattan étaient presque tous juifs ou mariés à des femmes juives. Edward Teller, déjà cité, qui sera plus tard considéré comme le père de la bombeh(bombe à hydrogène), a collaboré dès le début, même si, en 1954, il a fini par témoigner contre Oppenheimer lorsqu'il a été accusé d'espionnage pour le compte des Soviétiques, une circonstance que nous aborderons dans le chapitre suivant. Le premier groupe à travailler sur la conception de la bombe comprenait Hans Bethe, un physicien juif d'origine allemande qui devint plus tard le chef de la division théorique du laboratoire. À ses côtés, John von Newman et Richard Freyman. Le premier, mathématicien né à Budapest, est le fils d'un banquier juif nommé Max Newman et de Margaret Kann, issue elle aussi d'une riche famille juive de Pest ; le second est né à Manhattan de parents juifs. Un autre physicien recruté par Oppennheimer pour travailler à la conception de la bombe est Robert Serber, dont l'épouse Charlotte, juive comme lui, devient responsable de la bibliothèque technique du laboratoire. Tous deux sont contrôlés par le FBI, qui les soupçonne d'être communistes. Oppenheimer lui-même, comme nous l'avons noté, était espionné en raison de ses relations avec le Parti communiste : son téléphone était sur écoute, sa correspondance ouverte et des agents du renseignement déguisés en gardes du corps le surveillaient. Bien que le colonel des services de renseignement Boris Pash ait demandé qu'il soit "complètement écarté du projet et licencié par le gouvernement américain", il a réussi à conserver son emploi, notamment parce que Bernard Baruch était son mentor.

Felix Bloch, juif né à Zurich et lauréat du prix Nobel de physique en 1952, faisait également partie du groupe lors de l'ouverture du laboratoire national de Los Alamos en mars 1943, officiellement inauguré le 15 avril. Outre les personnes susmentionnées, d'autres scientifiques juifs recrutés par Oppenheimer ont rejoint le projet Manhattan à Los Alamos. Parmi les plus importants, citons Victor "Viki" Weisskopf, George Kistiakowsky, Stanislaw Ulam, Emilio Segré, Otto Frisch. Le plus important et le plus prestigieux des physiciens non juifs qui ont collaboré avec Oppenheimer sur la bombe est Enrico Fermi, qui était marié à une juive, Laura Capon, depuis 1928. Lauréat du prix Nobel de physique en 1938, Fermi avait construit la première cellule nucléaire à l'université de Chicago avant d'arriver à Los Alamos. En décembre 1942, Fermi a réalisé la première réaction en chaîne de fission nucléaire contrôlée. Niels Bohr et son fils ont également rejoint le laboratoire fin 1943 ou début 1944 pour travailler à la construction de la bombe.

Après les terribles bombardements de mars, le Japon a demandé la fin de la guerre. En mai, la situation est intenable : plus d'un demi-million de personnes sont mortes brûlées par les bombardements et les tempêtes de feu et près de 20 millions de Japonais ont perdu leur maison. Le général MacArthur reconnaît qu'au printemps 1945, l'empereur Hirohito lui-même était à la tête d'une coalition cherchant à négocier une paix qui mettrait fin à l'agonie de la nation. Seules quatre villes japonaises n'ont pas été détruites par les bombardements : Hiroshima, Kokura, Niigata et Nagasaki. Leurs habitants étaient loin de se douter que la raison de cette immunité était que ces quatre villes avaient été choisies comme cibles pour les essais de la bombe atomique. Dans *Hiroshima's Shadow* (1998), le docteur Shuntaro Hida, qui a soigné certaines victimes de l'holocauste atomique, confirme qu'elles trouvaient étrange que les B-29 passent tous les jours au-dessus de la ville sans jamais l'attaquer. Ce n'est qu'après la guerre, dit-il, que j'ai appris que Hiroshima, selon les archives américaines, avait été laissée intacte afin de la préserver en tant que cible pour l'utilisation d'armes nucléaires.

Le 25 avril 1945, une conférence préparatoire à la création de l'ONU est convoquée à San Francisco, à laquelle participent des délégations de cinquante pays. Parmi les Américains, soixante-quatorze membres du Council on Foreign Relations (CFR), organe clé de la Round Table, la société secrète fondée par Rhodes et Milner en collaboration avec Rothschild, Morgan, Rockefeller et d'autres. Le chef de la délégation américaine était le secrétaire d'État Edward Stettinius, fils d'un associé de J.P. Morgan qui avait été l'un des grands marchands d'armes de la Première Guerre mondiale. Début mai, Stettinius convoque un groupe restreint de quatre membres de sa délégation dans la Garden Court du Palace Hotel pour discuter de la situation provoquée par les demandes insistantes des Japonais de mettre fin à la guerre, ce qui pose un problème : la bombe ne sera pas prête avant des mois et ne pourra pas être testée sur les villes précédemment choisies, qui ont été délibérément gardées intactes.

Mullins reproduit le dialogue suivant entre les deux réunions : "Nous avons déjà perdu l'Allemagne", a déclaré Stettinius. Si le Japon se rend, nous n'aurons pas de population sur laquelle tester la bombe". Alger Hiss, qui avait assisté à la conférence de Yalta en tant que conseiller de Roosevelt tout en étant un agent du KGB soviétique, a répondu : "Mais Monsieur le Secrétaire, personne ne peut ignorer la terrible puissance d'une telle arme". Stettinius insiste : "Malgré cela, notre programme d'après-guerre dépend entièrement de la capacité à terroriser le monde avec la bombe atomique". John Foster Dulles, futur secrétaire d'État et membre du CFR qui, en 1933, s'était rendu à Cologne avec son frère Allen pour obtenir des fonds pour Hitler, ajouta froidement : "Pour atteindre cet objectif, vous aurez besoin d'un très grand nombre de personnes. Je dirais un million". Stettinius confirme : "Oui, nous comptons environ un million, mais s'ils se rendent, nous n'aurons rien." "Alors, dit Foster Dulles, vous devez les maintenir dans la guerre jusqu'à ce que la bombe soit prête. Il n'y aura pas de problème. Capitulation inconditionnelle. Prolongeons la guerre de trois mois et nous pourrons utiliser la bombe sur leurs villes ; nous mettrons fin à cette guerre avec la peur brutale de tous les peuples du monde, qui se soumettront alors à notre volonté." Il est donc clair que les États-Unis entendent conserver le monopole exclusif de la terreur atomique dans l'après-guerre. La quatrième personne présente à la réunion est Averell Harriman, ambassadeur à Moscou depuis octobre 1943.

Selon Mullins, le projet Manhattan a été nommé ainsi parce que son directeur secret, Bernard Baruch, résidait à Manhattan, tout comme de nombreuses autres personnes travaillant sur le projet, y compris le général Leslie R. Groves, le commandant de l'armée en charge du projet. Oppenheimer a choisi le nom "Trinity" pour le test de la première explosion d'une arme nucléaire, qui a eu lieu le 16 juillet 1945 à Alamogordo, dans le désert de la Jornada del Muerto, nom espagnol du XVIIe siècle désignant une plaine aride de roches volcaniques et de sable infestée de serpents à sonnette, de scorpions et de tarentules, dont la température en été avoisine les 40 degrés Celsius. La matière fissile de la bombe, familièrement appelée "le gadget", était du plutonium, le même que celui contenu dans "Fat Man", la bombe de Nagasaki. La bombe d'Hirosima, "Little Boy", était à l'uranium. Après avoir assisté à l'explosion, Oppenheimer a déclaré : "Je suis devenu la mort, le destructeur de mondes".

Un seul civil a pu participer à l'épreuve historique de Trinity, William L. Laurence, un juif lituanien de son vrai nom Leib Wolf Siew, qui avait commencé sa carrière en 1926 comme journaliste au *New York World*, un journal appartenant à Bernard Baruch dont le rédacteur en chef, un autre juif nommé Herbert Bayard Swope, était également l'agent publicitaire de Baruch. En 1930, Laurence est entré au *New York Times* en tant qu'expert scientifique. Le 9 août 1945, Laurence (Siew), assis dans l'un des sièges de copilote du B-29, a assisté au largage de la bombe atomique sur Nagasaki. Ce sinistre journaliste a reçu le prix Pulitzer en 1946 pour son témoignage sur l'explosion atomique.

Truman est devenu le nouveau président des États-Unis le 12 avril 1945 et, dès son entrée en fonction, il a été conseillé sur toutes les questions relatives à la bombe atomique par le National Defence Research Committee, présidé par James Bryant Conant, un chimiste à qui Churchill avait demandé en 1942 de mettre au point la bombe à l'anthrax destinée à être larguée sur les villes allemandes. Conant a été ambassadeur des États-Unis en Allemagne entre 1955 et 1957 et y a organisé, avec l'aide d'Otto John, la confiscation et l'incinération de dix mille exemplaires de *The Secrets of the Federal Reserve Bank. The London Conexion*, le livre d'Eustace Mullins publié à Oberammergau (voir note 29 au chapitre 5). Deux autres membres éminents du Comité étaient George Leslie Harrison, membre de la Fraternité de la mort (Skull & Bones) qui avait été président de la Réserve fédérale pendant treize ans, et James F. Byrnes, l'un des hommes de Bernard Baruch à Washington qui, en juillet 1945, remplaça Stettinius à la tête du Secrétariat d'État. Le 25 juillet 1945, Harry Solomon Truman écrit dans son journal :

"Nous avons découvert la plus terrible bombe de l'histoire du monde. Il s'agit peut-être de la destruction ardente prophétisée à l'époque de la vallée de l'Euphrate, après Noé et sa fabuleuse arche.... Cette arme sera utilisée contre le Japon... Nous l'utiliserons de telle sorte que les cibles militaires, les soldats et les marins seront visés et non les femmes et les enfants. Bien que les Japonais soient sauvages, impitoyables, cruels et fanatiques, nous, en tant que dirigeants du monde pour le bien commun, ne pouvons pas larguer cette terrible bombe sur la vieille capitale.... La cible sera strictement militaire..... Il semble que ce soit la chose la plus terrible jamais découverte, mais on peut en faire la plus utile".

Le 6 août 1945, à 8h17, la bombe à l'uranium larguée par le B-29 *Enola Gay, nommé* d'après Enola Gay Haggard, mère du pilote Paul Tibbets, a finalement explosé à 584 mètres au-dessus de la ville d'Hiroshima, afin d'obtenir un effet explosif maximal. Quelque 80 000 personnes ont été tuées lors de cet acte, mais quelques mois plus tard, le bilan s'élevait à 140 000 morts. Plusieurs milliers d'entre elles étaient des enfants assis dans des salles de classe au moment de l'explosion. Dans *L'ombre d'Hiroshima*, considéré comme l'un des meilleurs livres sur cet événement historique qui a marqué à jamais l'humanité tout entière, il est établi qu'au final 750 000 personnes, en comptant les morts, les blessés et les malades de la radioactivité, ont été victimes des deux bombes atomiques.

Le lendemain, le 7 août 1945, *le New York Times* a publié en première page un titre de trois lignes, chacune occupant la totalité de la page : "Première bombe atomique larguée sur le Japon ; le missile équivaut à 20 000 tonnes de TNT ; Truman prévient l'ennemi d'une "pluie de ruine"". Dans les numéros suivants, le journal commença à publier des articles du futur lauréat du prix Pulitzer, William L. Laurence, qui, en plus de son salaire de journaliste, recevait un salaire supplémentaire du ministère de la Guerre pour assurer les relations publiques relatives à la bombe atomique. Laurence nie dans ses articles que les victimes des bombes aient subi des effets radioactifs.

Wilfred Burchet, l'envoyé du London *Daily Express* à Hiroshima et auteur de l'un des chapitres de *L'ombre d'Hiroshima*, a écrit à la mi-septembre 1945 un récit honnête, bien loin des rapports préfabriqués de Laurence. Burchet commence son chapitre par ces mots. "Je n'aurais jamais pensé, en entrant dans Hiroshima, quatre semaines seulement après l'incinération de la ville, que ce serait un tournant dans ma vie, que cela influencerait toute ma carrière professionnelle et ma conception du monde". Voici quelques extraits de sa première chronique :

"À Hiroshima, trente jours après que la première bombe atomique a détruit la ville et ébranlé le monde, des gens meurent encore de façon mystérieuse et horrible. Hiroshima ne ressemble pas à une ville bombardée. On dirait qu'un gigantesque rouleau compresseur est passé sur la ville et a tout écrasé. J'écris ces faits aussi froidement que possible dans l'espoir qu'ils serviront d'avertissement au monde.... Lorsque vous arrivez à Hiroshima, vous pouvez regarder autour de vous et, sur vingt-cinq ou trente kilomètres carrés, vous pouvez à peine voir un bâtiment. On ressent un vide dans l'estomac à la vue d'une telle destruction causée par l'homme.... Mon nez a détecté une odeur particulière, différente de tout ce que j'avais senti auparavant. C'est un peu comme du soufre, mais pas exactement. Je la sentais lorsque je passais près d'un feu qui brûlait encore ou à un endroit où l'on récupérait encore des corps dans les ruines. Mais je pouvais aussi le sentir là où tout était désert. Ils pensent qu'elle émane des gaz toxiques provenant de la terre imprégnée de la radioactivité libérée après l'explosion de la bombe à l'uranium.... Dès l'instant où cette dévastation s'est abattue sur Hiroshima, les survivants ont haï l'homme blanc. C'est une haine dont l'intensité est presque aussi terrible que la bombe elle-même.... Le jour où j'étais à Hiroshima, une centaine de personnes sont mortes. Sur les 13 000 personnes gravement blessées par l'explosion, cent meurent chaque jour et mourront probablement toutes. Quarante mille autres personnes souffrent de blessures moins graves...".

Il s'agit de chiffres provisoires donnés par la police, qui ont ensuite été révisés à 130 000. Un mois plus tard, il n'est toujours pas possible de savoir combien de personnes sont encore en cendres et combien vont mourir des effets des radiations. Le journaliste visite des hôpitaux délabrés en compagnie du docteur Katsube, dont les diagnostics n'ont aucun précédent. A propos de la "haine de l'homme blanc" évoquée dans son article du *Daily Express*, Wilfred Burchet explique qu'il l'a ressentie dans les réactions des proches et des patients eux-mêmes, qu'il a vus avec des brûlures au troisième degré suintantes, les yeux et les mâchoires en sang, les cheveux tombant sur le sol, où ils ressemblaient à des "halos noirs" près de leurs lits : "Les victimes et les membres de leurs familles, écrit-il, me regardaient avec une haine brûlante qui m'a coupé comme un couteau." Le Dr Katsube l'a senti aussi et lui a dit en anglais : "Vous devez partir. Je ne peux pas prendre la responsabilité de votre vie si vous restez plus longtemps". Au moment de partir, les derniers mots du Dr Katsube, qui pensait que Burchet était américain, furent : "S'il vous plaît, rapportez ce que vous avez vu et dites à votre peuple d'envoyer des spécialistes qui connaissent cette maladie, avec les médicaments nécessaires. Sinon, tout le monde ici est condamné à mourir".

L'ombre d'Hiroshima contient le texte du communiqué que le Consulat suisse a envoyé de Tokyo au Département d'Etat le 11 août 1945 : "Le Consulat suisse a reçu un message du gouvernement japonais. Le 6 août, des avions américains ont largué des bombes d'un type nouveau sur le quartier résidentiel d'Hiroshima, tuant en une seconde un grand nombre de civils et détruisant une grande partie de la ville. Non seulement Hiroshima est une ville de province sans aucune protection ni installations militaires spéciales d'aucune sorte, mais aucune des régions ou villes voisines ne constitue une cible militaire". Il a fallu attendre vingt-cinq ans pour que ce document du Consulat suisse soit publié.

Eustace Mullins retranscrit des extraits du texte *Reflections of a Hiroshima Pilot*, un ouvrage dans lequel le pilote Ellsworth Torrey Carrington, lieutenant de vaisseau copilote du *Jabit III*, livre des informations très intéressantes. Avec sarcasme, il écrit par exemple : "Après le largage de la première bombe, le commandement des bombardements craignait beaucoup que le Japon ne se rende avant le largage de la deuxième bombe, et nos hommes ont donc travaillé vingt-quatre heures sur vingt-quatre pour éviter ce malheur". Ce pilote confirme qu'au moment du largage des bombes atomiques, le Japon était complètement dévasté et déjà sans défense. L'amiral William D. Leahy, chef d'état-major sous Roosevelt et Truman, reconnaît honnêtement dans son ouvrage *I Was There* (1950) : "J'ai l'impression qu'en étant les premiers à utiliser la bombe atomique, nous avons adopté un modèle éthique semblable à la sauvagerie de l'âge des ténèbres. On ne m'avait pas appris à faire la guerre de cette manière, et les guerres ne peuvent pas être gagnées en sacrifiant des femmes et des enfants".

Désireux d'expérimenter une seconde bombe, au plutonium, le massacre perpétré trois jours plus tôt à Hiroshima est répété à Nagasaki le 9 août 1945. La cible initiale était Niigata, mais à cause de la pluie, elle fut changée en Kokura. Kokura est survolé par le B-29 *Bockscar*, mais il est complètement recouvert par les nuages et la visibilité est nulle. Le commandant Charles Sweney décide alors de larguer la bombe sur Nagasaki. À 11h02, "Fat Man" explose à 560 mètres au-dessus du sol. En raison de la température de 3000 degrés, un kilomètre carré (l'épicentre) est complètement désintégré au sol. Dans un rayon de deux kilomètres, un vent de 1500 kilomètres par heure a arraché des maisons du sol et des arbres et des personnes ont été projetés à quatre kilomètres de là. Par la suite, le champignon noir du satan atomique s'est élevé à près de vingt kilomètres de hauteur tandis que les retombées s'abattaient sur la ville. Immédiatement, 70 000 personnes sont mortes à Nagasaki, mais dans les semaines qui ont suivi, le nombre de victimes est passé à 170 000. En outre, 60 000 personnes ont été blessées.

Le même jour, le 9 août, le président Truman a déclaré à la radio : "Le monde se rendra compte que la première bombe atomique a été larguée sur une base militaire à Hiroshima. C'est parce que nous souhaitions, lors de cette première attaque, éviter autant que possible de tuer des civils". Dans les jours qui ont suivi, les avions américains ont largué des milliers de tracts au-dessus des villes, avertissant : "Nous sommes en possession du plus grand explosif jamais conçu par l'homme, égal à tout l'arsenal que peuvent transporter deux mille avions B-29. Nous avons commencé à utiliser cette nouvelle bombe contre votre peuple. Si vous avez des doutes, demandez ce qui s'est passé à Hiroshima et Nagasaki". Le 15 août, l'empereur déclare la capitulation inconditionnelle du Japon.

Les déclarations des principaux chefs militaires américains ne laissent planer aucun doute sur le caractère inapproprié du recours à la terreur nucléaire. Le chef d'état-major de l'armée de l'air, Curtis LeMay, a reconnu que la décision de larguer les bombes atomiques sur Hiroshima et Nagasaki n'avait rien à voir avec la fin de la guerre. Le général de brigade Carter Clark est allé un peu plus loin dans ses aveux : "Nous les avions battus à plate couture et forcés à une capitulation misérable en coulant leur marine marchande et en les affamant. Nous n'avions pas besoin de le faire et nous le savions. Nous les avons utilisés comme expérience pour deux bombes atomiques". Comme cela a été démontré dans ces pages, l'excuse de la propagande selon laquelle la terreur nucléaire a été utilisée pour éviter une invasion qui aurait coûté la vie à un million de soldats américains est indéfendable. Des années plus tard, on a demandé au président Truman s'il avait des doutes ou des réticences quant à l'utilisation des bombes atomiques sur le Japon. Il a répondu qu'il l'avait fait "pour défendre la liberté".

Il faut ajouter que les "hibakusha", terme japonais désignant les personnes ayant survécu aux bombes atomiques, ont dû mener une vie misérable : ils ont été défigurés par des brûlures ou des cicatrices saillantes, ont perdu leurs cheveux, ont souffert de cataractes dans les yeux, ont développé des maladies du sang ou une forme de cancer. Les femmes exposées aux radiations ont donné naissance à des enfants à la tête anormalement petite, ce qui a entraîné des troubles irréversibles de l'intelligence. En 1951, le Japon a signé un traité avec les États-Unis dans lequel il renonçait à toute demande d'indemnisation des "hibakusha" en échange du retrait des Américains. Ce n'est qu'en 1957, douze ans après l'holocauste atomique, que le gouvernement japonais décide de promulguer une loi accordant des soins médicaux gratuits aux 360 000 victimes encore en vie. En 1968, le gouvernement a annoncé une aide financière spéciale pour les "hibakusha", mais en 1976, seul un tiers d'entre eux avait reçu l'indemnisation annoncée.

PARTIE 5 - LE PLAN MORGENTHAU.
LA MOITIÉ DE L'EUROPE POUR LE COMMUNISME

Tout au long de cet ouvrage, il a été souligné que le communisme, dès la fondation des Lumières bavaroises par Adam Weishaupt, était une doctrine conçue par les banquiers. L'abolition du concept de patriotisme et des nations elles-mêmes, l'idée d'une révolution mondiale et la création d'une société universelle sont apparues bien avant que Marx n'écrive *le Manifeste communiste* pour la Ligue des Justes ("Bund der Gerechnet"). L'alliance entre les Illuminati et les Frankistes de Jacob Frank, une secte à laquelle appartenaient les plus grands financiers d'Europe, était parrainée par Mayer Amschel Rothschild, le fondateur de la dynastie. Dès 1830, les bases doctrinales du communisme sont établies en Europe et en Amérique, où Clinton Roosevelt publie en 1841 *The Science of Government, Founded on Natural Law*, un ouvrage reprenant les idées de Weishaupt et prônant une dictature pour instaurer un nouvel ordre social. Heinrich Heine, dont la source d'information est James Rothschild, annonce des années avant la parution du *Manifeste* que le communisme n'attend qu'un ordre pour entrer en scène. D'autre part, Moses Hess a déclaré que le socialisme devait se faire sous le drapeau rouge des Rothschild. Le rabbin Antelman estime que Moses Hess, l'introducteur de Marx et Engels dans la franc-maçonnerie, est la clé pour comprendre la conspiration illuminati-communiste-sioniste. C'est Hess qui a proposé de transformer le "Bund der Gerechten" en un parti communiste.

Le Mouvement révolutionnaire mondial avait donc été financé dès sa création par les banquiers juifs internationaux, qui avaient jeté leur dévolu sur les immenses ressources et richesses de la Russie tsariste. On a vu comment une légion d'agents juifs travaillant pour ces banquiers, dont le plus remarquable était Trotsky, ont dirigé la révolution en Russie, qui était financée et parrainée par Jacob Schiff, Alfred Milner, Felix Warburg, Otto Kahn, Olof Ashberg, Bernard Baruch, J. P. Morgan, Guggenheim, etc. L'échec de l'extension de la révolution communiste à l'Allemagne, la mort de Lénine et la capacité de Staline à évincer Trotski, l'homme qui devait prendre le pouvoir à Moscou, ont permis au communisme national de s'implanter en URSS. Malgré cela, les banquiers internationaux, qui projettent de s'emparer du pouvoir mondial depuis la création des Illuminati, n'ont pas renoncé à leurs desseins. L'absence de scrupules et la terreur impitoyable du communisme leur ont permis de voler à une échelle épique. Le pillage de la Russie par l'intermédiaire d'agents juifs, le contrôle subreptice de ses vastes ressources et l'élimination systématique des concurrents économiques et des opposants politiques ont été accomplis avec une rapidité sans précédent. Il s'agissait simplement de remettre à la tête de l'Union soviétique des agents secrets qui pouvaient les servir mieux que Staline.

Tous les complots pour l'évincer ayant échoué, après les procès de Moscou et la guerre civile espagnole, Staline renforce sa méfiance à l'égard des pays capitalistes, ce qui aboutit au surprenant pacte Ribbentrop-Molotov. Simultanément, alors que Staline élimine les trotskistes et prend pied, aux États-Unis, Franklin Delano Roosevelt, pion des banquiers internationaux et du sionisme, est porté au pouvoir. Maçon Illuminati du 32e degré du Rite écossais, Roosevelt, qui portait le titre grandiloquent de "Sublime Prince du Secret Royal", fut, en effet, entouré pendant douze ans de Juifs socialistes et sionistes qui contrôlèrent le gouvernement américain pendant ses trois mandats. De grands capitaines comme Felix Frankfurter, Louis D. Brandeis, Bernard Baruch, Henry Morgenthau et d'autres ont inondé l'administration de leurs intermédiaires et de leurs hommes de paille. Lorsqu'en juin 1941, Hitler a envahi l'Union soviétique, les États-Unis se sont empressés, comme nous l'avons vu, d'apporter un soutien inconditionnel à Staline. Peu importe le démocide communiste perpétré en vingt-cinq ans, ni l'extermination par la faim de sept millions d'Ukrainiens (Holodomor), ni que le régime de Staline soit une dictature impitoyable, ni qu'il ait éliminé Trotski, ni qu'il ait occupé la moitié de la Pologne, de l'Estonie, de la Lettonie et de la Lituanie, ni qu'il ait envahi la Finlande dans une guerre de conquête. Rien de tout cela ne devait être pris en compte, car il était déjà prévu d'étendre le communisme au cœur de l'Europe afin de pouvoir la contrôler à nouveau furtivement, comme cela s'était produit avec Lénine et Trotski. À cette fin, des agents secrets ont été gardés dans la chambre, qui pourraient en temps voulu remplacer Staline et sa clique, le plus important d'entre eux étant le crypto-juif Lavrenti Beria.

Un document secret inquiétant

Du 14 au 24 janvier 1943 se tient au Maroc la conférence de Casablanca, à laquelle Staline refuse de participer. Un mois plus tard, Roosevelt fait part de ses intentions au dirigeant soviétique dans la lettre suivante. A Casablanca, Roosevelt et Churchill ont pris une décision capitale : prolonger la guerre. Pour ce faire, ils déclarent qu'ils n'accepteront que la capitulation inconditionnelle de l'Allemagne, ce qui contraindra les Allemands à une résistance désespérée. C'est à Casablanca qu'il a été convenu d'intensifier les effroyables bombardements massifs de populations civiles. L'exigence d'une capitulation sans condition montre clairement que l'anéantissement de l'Allemagne est prévu et fait échouer tous les efforts de ceux qui cherchent un moyen de mettre fin à la guerre, y compris l'Espagne.

Curieusement, c'est le ministère espagnol des Affaires étrangères qui, le premier, a eu connaissance des véritables intentions du président Roosevelt et de sa clique à l'égard de l'Europe et du monde. Un document daté du 20 février 1943 à Washington, dit "document Zabrousky", est parvenu entre les mains du général Franco, chef de l'État, à un moment où la diplomatie espagnole s'efforçait de jouer un rôle de médiateur dans le conflit mondial et cherchait à obtenir le soutien d'autres pays neutres. Ce document, une lettre secrète de Roosevelt à un juif nommé Zabrousky qui servait d'intermédiaire entre lui et Staline, fut un coup dur pour les diplomates espagnols qui, en accord avec le ministre des affaires étrangères, Francisco Gómez-Jordana, comte de Jordana, espéraient que les États-Unis mettraient en œuvre une politique bien différente de celle proposée par Roosevelt dans le texte envoyé à Zabrousky.

La lettre a été publiée pour la première fois dans le livre *España tenía razón 1939-1945 (L'Espagne avait raison 1939-1945)*, publié en 1949 par Espasa-Calpe. L'auteur de cet ouvrage, José Mª Doussinague, était pendant la Seconde Guerre mondiale directeur général de la politique étrangère au ministère des affaires étrangères. Six ans plus tard, en 1955, Mauricio Karl (Carlavilla) reproduisit intégralement le texte dans le prologue de *Yalta*, un livre qui présentait en Espagne les documents publiés par le département d'État américain sur la conférence de Yalta. Par la suite, le comte Léon de Poncins a également transcrit le document de Zabrousky dans deux de ses ouvrages : dans *La franc-maçonnerie et le Vatican* (1968) et dans *Top secret. Secrets d'Etat anglo-américains* (1972), livre publié plus tard en anglais sous le titre *State Secrets*. Léon de Poncins, qui qualifie le texte d'extrêmement important, fait allusion au fait que le document était pratiquement inconnu en dehors de l'Espagne et note que le gouvernement espagnol a gardé sa source secrète. Mais Doussinague révèle en *Espagne qu'il avait raison :* c'est une femme profondément chrétienne qui "voulait aider à arrêter la ruine du monde" qui a divulgué le texte au gouvernement espagnol, ce dont il la remercie publiquement. Doussinague commente que l'Espagne a été pillée et n'a pas l'or et les moyens de mettre en place les très coûteux services d'information dont disposent les grandes puissances, ce qui ne les empêche pas de recevoir "par une voie ou par une autre" "les nouvelles les plus secrètes et les documents les plus confidentiels".

Léon de Poncins exprime sa conviction absolue que le gouvernement espagnol est certain de l'authenticité du document Zabrousky, puisque sa politique et les discours prononcés par ses dirigeants depuis lors ne manquent pas d'en tenir compte. De plus, les accords conclus à Téhéran et à Yalta étaient conformes aux idées exprimées dans la lettre de Roosevelt. Lorsque Doussinague était ambassadeur d'Espagne à Rome, Léon de Poncins le rencontra personnellement dans la Ville éternelle et s'enquit de la fameuse lettre. Sans révéler, bien entendu, de secrets diplomatiques, Doussinague a fait des commentaires très pertinents que Léon de Poncins a reproduits dans *Secrets d'Etat :* "L'authenticité du document, a expliqué Doussinague, est évidente du simple fait de son contexte. Qui d'entre nous - à moins d'être un prophète, qui aurait été taxé de fêlé - aurait pu imaginer à l'avance que

Roosevelt, en pleine possession de ses moyens, s'apprêtait à livrer plus de la moitié de l'Europe et de l'Asie aux Soviétiques, secrètement et sans rien obtenir en retour ?

"La Maison Blanche - Wahington, 20 février 1943".

"Mon cher Monsieur Zabrousky, comme j'ai eu le plaisir de vous l'exprimer verbalement ainsi qu'à Monsieur Weis, je suis profondément ému que le Conseil National du Jeune Israël ait eu la gentillesse de me proposer comme médiateur auprès de notre ami commun Staline, en ces temps difficiles où tout risque de friction entre les Nations Unies - obtenu au prix de tant de renoncements - aurait des conséquences fatales pour tous, mais surtout pour l'Union soviétique elle-même.

Il est donc dans votre intérêt et dans le nôtre d'aplanir les divergences, ce qui s'avère difficile dans les rapports avec Litvinov, que j'ai été obligé d'avertir, à mon grand regret, que "ceux qui prétendent se battre avec l'Oncle Sam risquent d'en regretter les conséquences", tant dans les affaires intérieures qu'extérieures. En effet, leurs prétentions à l'égard des activités communistes dans les États de l'Union américaine sont déjà intolérables à l'extrême.

Timoshenko a été plus raisonnable sur sa brève mais fructueuse visite et a souligné qu'une entrevue avec le maréchal Staline pourrait être le moyen le plus rapide de procéder à un échange de vues direct, ce qui me semble de plus en plus urgent, surtout si l'on se souvient de tout ce que les entretiens de Churchill avec Staline ont apporté de positif.

Les Etats-Unis et la Grande-Bretagne sont prêts - sans aucune réserve mentale - à accorder à l'URSS la parité absolue et une voix dans la future réorganisation du monde d'après-guerre. A cette fin, elle fera partie - comme le Premier ministre britannique le lui a fait savoir depuis Adana en lui envoyant l'avant-projet - du groupe dirigeant au sein des Conseils européen et asiatique. Elle y a droit non seulement en raison de sa vaste position intercontinentale, mais surtout en raison de sa magnifique et, de l'avis de tous, admirable lutte contre le nazisme, qui méritera tous les honneurs de l'histoire de la civilisation.

Nous avons l'intention - et je parle au nom de mon grand pays et du puissant Empire britannique - que ces Conseils continentaux soient composés de l'ensemble de leurs États indépendants respectifs, mais avec une représentation proportionnelle égale.

Et vous - mon cher Zabrousky - pouvez assurer à Staline que l'URSS sera, à cette fin et avec un pouvoir égal, au Conseil d'administration desdits Conseils (d'Europe et d'Asie), et sera également membre, comme l'Angleterre et les États-Unis, du Haut Tribunal qui sera créé pour régler les différends entre les différentes nations, et sera également impliqué dans la sélection et la préparation des forces internationales, ainsi que dans l'armement et le commandement de ces forces, qui, sous les ordres du Conseil continental, agiront à l'intérieur de chaque État, afin que les postulats les plus sages pour le maintien de la paix, selon l'esprit de la Société des Nations, ne soient pas à nouveau contrariés, mais que ces entités interétatiques et leurs armées rattachées puissent imposer leurs décisions et se faire obéir.

Ceci étant, cette haute position de leader dans la Tétrarchie de l'Univers devrait satisfaire Staline au point de ne pas réitérer des prétentions qui nous créent des problèmes insolubles. Ainsi, le continent américain restera en dehors de toute influence soviétique et sous le contrôle exclusif des Etats-Unis, comme nous l'avons promis à nos pays continentaux. En Europe, la France retournera dans l'orbite anglaise. Nous lui avons réservé un Secrétariat avec voix mais sans vote, en récompense de sa résistance actuelle et en punition de sa faiblesse passée. Le Portugal, l'Espagne, l'Italie et la Grèce se développeront sous la protection de l'Angleterre vers une civilisation moderne qui les sortira de leur effondrement historique.

Nous garantirons à l'URSS un débouché sur la Méditerranée, nous accéderons à ses souhaits concernant la Finlande et les pays baltes, et nous exigerons de la Pologne qu'elle adopte une attitude raisonnable de compréhension et de compromis. Staline disposera d'un vaste champ d'expansion dans les petits pays peu éclairés de l'Europe de l'Est - toujours en tenant compte des droits dus à la loyauté yougoslave et tchécoslovaque - il récupérera entièrement les territoires temporairement enlevés à la Grande Russie.

Et le plus important : après la partition du Reich et l'incorporation de ses fragments dans d'autres territoires pour former de nouvelles nationalités détachées du passé, la menace allemande disparaîtra définitivement et cessera d'être un danger pour l'URSS, pour l'Europe et pour le monde entier.

Il n'y a pas lieu de discuter davantage de la Turquie. Il doit le comprendre et Churchill a donné au président Inönü les assurances nécessaires au nom de nos deux pays. Le déplacement vers la Méditerranée devrait satisfaire Staline.

Sur l'Asie, nous sommes d'accord avec vos affirmations, sauf complications ultérieures. Sur l'Afrique, à quoi bon discuter ? Il faudra bien rendre quelque chose à la France et compenser ses pertes en Asie. L'Égypte devra également recevoir quelque chose, comme cela a déjà été promis aux Wafadistes (parti nationaliste). Quant à l'Espagne et au Portugal, ils devront être dédommagés d'une manière ou d'une autre pour leurs renoncements nécessaires dans l'intérêt d'un meilleur équilibre universel. Les Etats-Unis participeront également à la répartition par le droit de conquête et revendiqueront nécessairement un point vital pour leur zone d'influence. Ce n'est que justice. Le Brésil, lui aussi, doit se voir accorder la petite expansion coloniale qui lui est offerte.

Convaincre Staline - mon cher Monsieur Zabrousky - que, pour le bien de tous et pour l'anéantissement rapide du Reich (bien que tout cela ne soit qu'un schéma général présenté pour étude), il doit céder sur la colonisation de l'Afrique, et sur l'Amérique, il doit retirer sa propagande et son intervention dans les centres de travail. Convainquez-le aussi de ma compréhension absolue, de ma pleine sympathie et de mon désir de faciliter les solutions, pour lesquelles l'entretien personnel que je propose serait très commode.

Et ce sont là toutes les questions qui se posent.

Comme je vous l'ai dit à l'époque, j'ai été très sensible aux termes aimables de la lettre qui m'informait de votre décision et au désir que vous exprimiez de m'offrir au nom du Conseil national une copie du trésor le plus grand d'Israël, le rouleau de la Torah. De mon acceptation, cette lettre vous donne la preuve ; à ceux qui me sont si fidèles, je réponds avec la plus grande confiance. Je vous prie de bien vouloir exprimer ma gratitude à la haute instance que vous présidez, en rappelant l'heureuse occasion de votre banquet du XXXIe anniversaire.

Je vous souhaite beaucoup de succès dans votre travail de traduction".

"Très sincèrement, je vous prie d'agréer, Madame, Monsieur, l'expression de mes sentiments distingués,
Franklin D. Roosevelt".

Comme le précise le texte, il s'agit d'une esquisse, d'une proposition de travail destinée à être analysée ultérieurement. Néanmoins, la valeur de cette lettre, écrite deux ans avant les accords de Yalta, est indéniable car elle montre que ceux qui ont forcé la guerre mondiale avaient, au début de l'année 1943, un plan global assez proche de celui qui a fini par être mis en œuvre. Le premier fait pertinent est que la médiation entre Roosevelt et Staline a été proposée par le "National Council of Young Israel", une organisation de juifs orthodoxes clairement liée au sionisme. Le fait que les intermédiaires entre Roosevelt et Staline étaient juifs est une preuve supplémentaire de l'énorme influence qu'ils ont exercée sur le président et de la responsabilité de ces cercles juifs dans le désastreux accord de Yalta qui a permis la propagation du communisme en Europe et en Asie. De manière significative, Roosevelt reconnaît dans cette lettre que les activités des communistes aux États-Unis étaient déjà si effrontées qu'il ne pouvait plus les tolérer. Nous verrons plus loin dans quelle mesure les agents communistes avaient infiltré sans problème l'administration et les structures du pouvoir. L'utilisation du syntagme nominal "Tétrarchie de l'Univers" pour désigner le pouvoir qu'exerceraient les prétendus maîtres du monde de l'après-guerre est également suffisamment éloquente. Le "Sublime Prince du Royal Secret" n'a pas voulu se priver de manifester son autorité en utilisant ces termes aux connotations maçonniques évidentes.

Entre le 28 novembre et le 1er décembre 1943, Roosevelt, Churchill et Staline se rencontrent pour la première fois afin de finaliser les décisions relatives à la poursuite de la guerre. La réunion se tient à l'ambassade d'URSS à Téhéran. Certaines des questions évoquées dans la lettre à Zabrousky ont été abordées, même si elles ne devaient être définitivement réglées qu'à la conférence de Yalta. Le caractère informel des discussions entre les trois Grands est l'une des caractéristiques de la conférence de Téhéran. Staline, compte tenu de la paralysie de Roosevelt et afin de lui épargner un voyage, proposa au président américain d'être l'invité des Soviétiques et l'hébergea dans son ambassade, lieu de la conférence. Il réussit ainsi à rapprocher les Américains de lui et à s'éloigner de Churchill, qui assiste impuissant à la manœuvre de Staline. Lorsque Churchill propose à Roosevelt un dîner entre eux deux, le président américain répond qu'il ne veut pas que Staline se sente ignoré. Ces rencontres n'ont rien de rigoureux ni de méthodique et Roosevelt lui-même reconnaît qu'il s'agit d'une simple discussion politique. En réalité, Staline n'a fait que les compromis nécessaires. À Téhéran, Staline adresse à Roosevelt et à Churchill une avalanche de demandes, dont la mise en place de gouvernements fantoches en Europe de l'Est et les nouvelles frontières de la Pologne, qui seront définitivement arrêtées à Yalta. Staline avait déjà annoncé son intention d'annexer les territoires polonais orientaux à l'Union soviétique et proposait de compenser la Pologne par des cessions territoriales au détriment de l'Allemagne. La ligne Oder-Neisse comme frontière terrestre entre la Pologne et l'Allemagne est implicitement acceptée, puisque l'enjeu principal est l'Allemagne, dont le futur partage fait l'objet de plusieurs propositions.

Le traitement réservé aux nazis après leur défaite a également été abordé. À cet égard, Elliott Roosevelt, le fils du président américain, qui a accompagné son père à Téhéran, a raconté une histoire célèbre. Dans son livre *As He Saw It*, il écrit que la question de savoir comment traiter les Allemands a été soulevée à la surprise générale lors des toasts d'un magnifique banquet au cours duquel "Staline", révèle Elliott Roosevelt, "avait partagé de la vodka à 100% d'alcool", tandis que M. Churchill "s'en était tenu à son brandy favori". Se levant pour porter son énième toast, Staline déclara : "Je porte un toast à la justice la plus rapide possible pour tous les criminels de guerre allemands, une justice devant un peloton d'exécution. Je bois pour que notre unité les élimine dès que nous les aurons capturés, tous, et ils doivent être au moins 50 000". Churchill a ensuite raillé : "Le peuple britannique ne soutiendrait jamais un tel massacre". Le premier ministre conseille de ne pas faire semblant et de les soumettre à des procès légaux. Selon le fils du président Roosevelt, son père s'est alors immiscé dans la discussion et a proposé sardoniquement. "Peut-être pourrions-nous dire qu'au lieu d'exécuter sommairement 50 000 personnes, nous devrions fixer le chiffre à un niveau plus bas... Laissons-le à 49 500...". En réalité, les objections de Churchill n'étaient que des postures, car, comme on l'a vu, il n'avait aucun scrupule à gazer les Allemands, ni à autoriser le bombardement de Dresde, de Hambourg et de tant d'autres villes où les civils ont été massacrés par centaines de milliers.

Le *journal de Morgenthau*. Le plan Morgenthau pour l'Allemagne

Le 24 juin 1934, le député McFadden, dont les discours ont été présentés au chapitre huit, révèle au Congrès qui est Henry Morgenthau. Nous empruntons ses mots pour procéder à la présentation de ce personnage :

"... Par mariage, il est lié à Herbert Lehman, gouverneur juif de l'État de New York, et par mariage ou autrement, il est lié à Seligman, propriétaire de la grande société bancaire internationale J. & W. Seligman, dont il a été prouvé, lors de l'enquête du Sénat, qu'il avait tenté de corrompre un gouvernement étranger. Morgenthau est lié à Lewinsohn, le banquier juif international, ainsi qu'aux Warburg, qui contrôlent conjointement Kuhn, Loeb & Co, l'International Acceptance Bank et la Bank of Manhattan, et qui possèdent en outre de nombreuses autres entreprises et intérêts ici et à l'étranger. Ces banquiers ont causé un déficit de 3 milliards de dollars au Trésor américain et doivent toujours cette somme au département du Trésor et aux contribuables américains. Morgenthau est également lié à la famille Strausss et est également lié ou associé à plusieurs autres membres du monde bancaire juif à New York, Amsterdam et dans d'autres centres financiers".

Henry Morgenthau Jr. est l'un des magnats juifs qui a accumulé le plus de pouvoir pendant les douze années de mandat de Franklin D. Roosevelt. Secrétaire au Trésor de janvier 1934 à juillet 1945, il a financé la guerre en émettant des "obligations de guerre". Morgenthau a écrit un journal connu sous le nom de *Morgenthau Diary*, qui a été publié à Washington en novembre 1967 par le Government Printing Office. Il s'agit d'un extrait de plus de 1 650 pages compilées en deux gros volumes qui traitent exclusivement de la politique américaine relative à la guerre, à l'Allemagne et à l'Europe. La raison de cette publication est l'enquête menée par la sous-commission de la sécurité intérieure de la commission judiciaire du Sénat américain sur les activités extraordinaires de Morgenthau pendant les années où il était secrétaire au Trésor.

L'avant-propos de la publication indique que le Dr Anthony Kubek, professeur principal du département d'histoire de l'université de Dallas, a conseillé la sous-commission dans la sélection des documents. Il a indiqué que les journaux de Morgenthau condensés dans la publication gouvernementale ont été rédigés en huit cent soixante-quatre volumes numérotés, auxquels s'ajoutent des volumes supplémentaires non numérotés, ce qui porte le total à neuf cents volumes de trois cents pages chacun. Le Dr Kubek a rédigé une introduction qui replace les événements consignés dans le journal dans leur perspective historique. La sous-commission, estimant que l'analyse de Kubek présentait les faits avec brio et profondeur historique, a proposé les quatre-vingt-une pages de l'introduction au Sénat à titre de complément d'information. Dans *Secrets d'Etat,* ouvrage cité à plusieurs reprises, Léon de Poncins présente une sélection très pertinente de textes sur les travaux du professeur Kubek, que nous utiliserons pour étudier la politique du département du Trésor à l'égard de l'Allemagne pendant la Seconde Guerre mondiale.

Plusieurs collaborateurs de Morgenthau ont averti à l'époque que les documents contenus dans les journaux pouvaient être compromettants pour de nombreuses personnes, surtout s'ils tombaient entre les mains de républicains dans le cadre d'une enquête sur le régime de Roosevelt. John Pehle, un avocat juif du département du Trésor, a proposé de retirer les documents susceptibles de compromettre certaines personnes. Les documents rendus publics par le gouvernement révèlent nécessairement l'énorme influence des conseillers juifs de Roosevelt, parmi lesquels Bernard Baruch, Felix Frankfurter, Louis D. Brandeis, Harry Dexter White, Henry Morgenthau lui-même et d'autres dans les cercles politiques cardinaux, qui ont pu, à un moment crucial, orienter la politique étrangère des États-Unis et déterminer le cours des événements en Europe. Il est clair que Morgenthau, entouré exclusivement de collaborateurs et de conseillers juifs, a poursuivi une politique dictée uniquement par des préoccupations juives, sans se soucier des intérêts de son pays.

Avant d'arriver au Trésor, Morgenthau avait vécu pendant deux décennies près de la maison de Roosevelt à New York et était l'un de ses amis les plus proches. Bien qu'il ne soit que secrétaire au Trésor, Morgenthau et Roosevelt prennent secrètement, au cours des années 1934-1945, des décisions qui relèvent des départements d'État et de la Guerre, ignorant parfois les secrétaires respectifs. Ainsi, à la Conférence de Québec, qui s'est tenue du 17 au 24 août 1943, Roosevelt était présent en compagnie de Morgenthau et de Harry Dexter White. Avec Churchill et Mackenzie King, Premier ministre du Canada, ils décident d'entamer des pourparlers sur l'opération Overlord, nom de code de l'invasion de la France, et d'intensifier les opérations en Méditerranée, deux décisions qui affectent directement le département de la Guerre. Le 19 août, Roosevelt et Churchill signent à Québec un accord secret de partage de la technologie nucléaire.

L'ingérence de Morgenthau dans les affaires relevant du département d'État a profondément irrité les autres membres de l'administration et provoqué des frictions avec Cordell Hull. Dans *les Mémoires de Cordell Hull,* le secrétaire d'État écrit : "Agacé par la montée d'Hitler et sa persécution des Juifs, Morgenthau a souvent tenté d'inciter le président à anticiper le département d'État ou à agir contrairement à nos intentions. Parfois, nous l'avons découvert en train de mener des conversations avec des gouvernements étrangers qui relevaient de notre compétence. Son travail de conception d'un plan catastrophique pour le traitement de l'Allemagne après la guerre et son empressement à persuader le président de l'accepter sans consulter le département d'État sont des exemples marquants de son ingérence".

Hull note dans ses mémoires l'importance considérable de Harry Dexter White, juif d'origine lituanienne, sous-secrétaire au Trésor et principal collaborateur de Morgenthau. Le père de White, Joseph Weit, et sa mère, Sarah Magilewski, étaient tous deux juifs et étaient arrivés en Amérique en 1885. Le FBI découvrit plus tard que Harry Dexter White était un agent soviétique, l'homme clé de l'opération "Snow", dont le but était de conditionner la politique stratégique des États-Unis. Connaissant la vérité, Truman, au lieu d'ordonner son arrestation, l'a maintenu à la tête du Fonds monétaire international nouvellement créé, prouvant une fois de plus que le communisme était un instrument de la conspiration des banquiers juifs internationaux.

Dans son introduction au *Journal de Morgenthau*, le professeur Kubek écrit quelques pages très intéressantes sur le personnage de Dexter White. Selon Kubek, "White et ses collègues étaient en mesure d'exercer une influence profonde et sans précédent sur la politique étrangère américaine, comme le révèlent les journaux. Ils ont utilisé leur pouvoir de diverses manières pour concevoir et promouvoir le plan Morgenthau pour le traitement de l'Allemagne après la guerre". En ce qui concerne le statut d'agent soviétique de Harry Dexter White, le professeur Kubek écrit dans son rapport au Sénat :

> "... Ce qui fait de cette histoire un chapitre unique de l'histoire américaine, c'est que le Dr White et plusieurs de ses collègues, architectes de politiques nationales essentielles au cours de ces années cruciales, ont été identifiés plus tard, lors d'audiences du Congrès, comme participant à un réseau d'espionnage communiste à l'ombre même du Monument de Washington. Deux d'entre eux, Frank Coe et Solomon Adler, avaient passé plusieurs années à travailler en Asie pour les communistes chinois. De nombreux détails sur les vastes opérations d'espionnage politique menées par ce groupe, en particulier dans le domaine de la subversion politique, peuvent être glanés dans les journaux de Morgenthau".

Au cours de l'été 1948, Elizabeth Bentley et Whittaker Chambers, deux agents soviétiques transfuges, ont témoigné devant la commission des activités anti-américaines (HUAC) du Congrès et ont fourni des informations importantes sur les activités de White et compagnie. Le professeur Kubek confirme dans son introduction au Journal de Morgenthau que le nom de White est revenu à plusieurs reprises lors des auditions devant la sous-commission sénatoriale de la sécurité intérieure, au cours desquelles les deux espions ont révélé les activités du groupe communiste au sein de l'Institut des relations avec le Pacifique, un organisme qui a contribué à la chute de la Chine sous le joug du communisme. Par la suite", écrit Kubek, "lorsque la sous-commission a discuté des liens de subversion au sein des ministères, les audiences ont révélé des informations supplémentaires sur les activités de White et son implication avec les membres d'un groupe de conspirateurs communistes au sein du gouvernement. Le Dr White était au centre de toutes ces activités".

Le plan Morgenthau visant à désindustrialiser l'Allemagne après la défaite de la guerre et à réduire les activités du peuple allemand au pastoralisme avait un objectif caché : provoquer une misère rigoureuse et aveugle au sein de la population afin de livrer l'Allemagne dans les bras de l'Union soviétique. Le 10 juillet 1946, Molotov a déclaré que l'Union soviétique espérait transformer l'Allemagne en un "Etat démocratique et pacifique qui, en plus de son agriculture, aura sa propre industrie et son propre commerce extérieur". A la lumière de ces déclarations, le professeur Kubek fait les réflexions suivantes : "La Russie avait-elle vraiment l'intention de devenir le sauveur des Allemands prostrés face au destin vindicatif que les Etats-Unis leur avaient concocté ? Si tel était l'objectif caché du plan Morgenthau, qu'en était-il du principal organisateur ? Était-ce le but de Harry Dexter White ? White agissait-il comme un communiste sans instructions spécifiques ? Agissait-il comme un agent soviétique lorsqu'il a conçu le projet ?" Kubek souligne que quiconque étudie les journaux de Morgenthau voit immédiatement l'énorme pouvoir que H. D. White accumulait. Une semaine après Pearl Harbour, note Kubek, le département du Trésor a publié un ordre dans lequel Henry Morgenthau annonçait que "le secrétaire adjoint, M. Harry D. White, assumera l'entière responsabilité de toutes les questions relatives aux relations étrangères devant être traitées par le département du Trésor". Le pouvoir impressionnant que Morgenthau déléguait entre les mains d'un agent communiste ne peut échapper à personne.

Dans *Secrets d'Etat*, le comte Léon de Poncins extrait de l'introduction du professeur Kubek au Journal de Morgenthau un extrait de la déclaration faite en 1952 par le transfuge Elizabeth Bentley devant la sous-commission sénatoriale de la sécurité intérieure. Les membres de cette sous-commission voulaient savoir s'il existait un plan Morgenthau pour l'Extrême-Orient. Voici sa transcription :

"Mlle Bentley : Non, le seul plan Morgenthau que je connaissais était le plan allemand.
Le sénateur Eastland : Savez-vous qui est à l'origine de ce plan ?
Mlle Bentley : C'était dû à l'influence de M. White. Il poussait à la dévastation de l'Allemagne parce que c'était ce que les Russes voulaient.
Le sénateur Eastland : Pensez-vous qu'il s'agissait d'une conspiration communiste visant à détruire l'Allemagne et à l'affaiblir au point qu'elle ne puisse pas nous aider ?
Mlle Bentley : C'est exact. Elle ne pouvait plus être une barrière protégeant le monde occidental.

Le sénateur Eastland : Et M. Morgenthau, qui était secrétaire au Trésor des États-Unis, a été utilisé par des agents communistes pour promouvoir ce complot ?

Miss Bentley : J'en ai bien peur ; oui.

Le sénateur Smith : Il a été utilisé sans le savoir.

Sénateur Ferguson : Vous avez donc des agents conscients et inconscients ?

Mlle Bentley : Bien sûr..."

Le 17 novembre 1952, J. Edgar Hoover, directeur du FBI, a confirmé devant la sous-commission que la déclaration d'Elizabeth Bentley avait été prouvée et corroborée par Whittaker Chambers et par des manuscrits de White lui-même. Quant à savoir si Henry Morgenthau a été utilisé, comme le prétend le sénateur Smith, il est clair qu'il ne l'a pas été, mais qu'il était bien conscient de ce qui était prévu et qu'il l'a approuvé, comme nous le verrons plus loin.

Les désaccords entre le département du Trésor et le département d'État au sujet de l'Allemagne s'accentuent à mesure que la fin de la guerre approche. Après la conférence de Bretton Woods de juillet 1944, où Harry D. White l'a emporté sur John M. Keynes, le représentant britannique, et où il a été décidé de créer la Banque mondiale et le Fonds monétaire international, Morgenthau a pris connaissance du projet du département d'État pour l'Allemagne. Le professeur Kubek suggère que White a pu recevoir une copie du document soit de Virginius Frank Coe, un communiste juif qui a fini par travailler avec Mao en Chine, soit de Harold Glasser, un autre espion soviétique qui, comme Dexter White, était le fils d'émigrés juifs de Lituanie. Glasser, sous le nom de code "Ruble", était membre du Parti communiste américain depuis 1933 et travaillait en étroite collaboration avec White.

Henry Morgenthau s'inquiète des projets du département d'État et décide, le 5 août 1944, de se rendre à Londres avec White. Le 7, ils organisent une réunion dans le sud de l'Angleterre avec le général Eisenhower. Ils prennent également contact avec le colonel Bernard Bernstein, un autre juif, juriste au Trésor, représentant personnel de Morgenthau auprès du général Eisenhower. Bernstein, un extrémiste qui fut plus tard identifié par la sous-commission sénatoriale comme un ardent défenseur de la cause communiste, était le plus remarquable des "Morgenthau boys" et symbolisait l'esprit de Morgenthau au sein de l'armée américaine. "Seuls les Russes, déclarait Bernstein au *Daily Worker* en février 1946, ont montré qu'ils voulaient exterminer le fascisme et le nazisme. Le 12 août, Morgenthau réunit à Londres plusieurs responsables américains officiellement intéressés par l'Allemagne d'après-guerre. Il leur dit que le seul moyen d'empêcher une troisième conflagration mondiale est de faire en sorte que l'Allemagne ne puisse plus jamais faire la guerre.

Le département d'État n'était cependant pas disposé à se laisser imposer un plan qu'il considérait comme absurde. Lorsqu'on fait valoir à Morgenthau que son plan est impossible simplement parce que les campagnes ne peuvent pas absorber autant de main-d'œuvre, il rétorque que le surplus de population doit être déversé en Afrique du Nord. Dès son retour d'Angleterre, le secrétaire au Trésor sollicite l'intervention de son ami Roosevelt et appelle le secrétaire d'État Hull pour lui faire savoir qu'il a expliqué au général Eisenhower comment les Allemands seront traités après la guerre. Morgenthau fait savoir à Hull que le commandant en chef l'a assuré que "l'Allemagne cuirait dans sa propre sauce" pendant plusieurs mois après l'entrée des Alliés.

Eisenhower a tenu parole, car dans ses camps de la mort, il a laissé des millions de prisonniers allemands "mijoter dans leur propre sauce" d'avril à octobre 1945, les laissant à l'air libre, sans abri, sans médicaments, sans eau et sans nourriture. Au moins 800 000 à 900 000 Allemands sont morts de faim et de soif à cause de la dysenterie, du typhus et d'autres maladies. Il s'agit là d'un autre chapitre de la Seconde Guerre mondiale que personne ou presque ne connaît parce qu'il n'a jamais été raconté. Les Américains ont capturé plus de cinq millions et demi de soldats allemands en Europe, sans compter les prisonniers en Afrique du Nord. Le 10 mars 1945, Eisenhower, afin qu'ils ne reçoivent pas le traitement prévu par la Convention de Genève pour les prisonniers de guerre, signe un ordre créant un nouveau type de prisonniers, les "forces ennemies désarmées" (DEF). Le même jour, il déclare lors d'une conférence à Paris que les États-Unis respectent la Convention de Genève.

En conséquence de cet ordre, les prisonniers n'ont jamais été fouillés. Ils étaient maintenus sur le sol nu malgré le froid et la pluie et devaient creuser des trous dans le sol pour s'abriter. Les latrines étaient des fosses et du bois installés à côté des clôtures. Les prisonniers allemands restent des jours entiers sans eau ni nourriture : ni la Croix-Rouge ni la population ne peuvent s'approcher des camps : l'aide et la nourriture livrées par la Croix-Rouge sont renvoyées sur ordre d'Eisenhower : les malades et les blessés meurent sans soins. Du 1er mai au 15 juin, les camps installés sur les rives du Rhin connaissent une mortalité effroyable. Les médecins militaires constatent que le taux de mortalité est quatre-vingt fois plus élevé que dans toute autre situation qu'ils connaissent : diarrhée, typhus, septicémie (empoisonnement du sang), dysenterie, tétanos, arrêt cardiaque, inflammation des poumons, amaigrissement et épuisement sont les causes de décès recensées. *Other Losses* (1989) de James Bacque est le livre où l'on peut trouver toutes les informations sur cet holocauste silencieux, un de plus, sur lequel nous nous étendrons dans une section séparée à la fin de ce chapitre.

Dwight David Eisenhower, fils de David Jacob Eisenhower, était connu à l'académie militaire de West Point comme "le terrible juif suédois", selon un annuaire de West Point datant de 1915. Parmi ses mentors, on trouve Bernard Baruch et Morgenthau lui-même. C'est peut-être pour cette raison que, malgré ses résultats scolaires médiocres et ses mauvais états de service, il a été écarté par des militaires tels que George Patton et Douglas MacArthur et qu'il a été promu général en chef et nommé commandant général de toutes les armées alliées en Europe. Son antigermanisme a également dû lui servir dans son ascension fulgurante. James Bacque reproduit dans *Other Losses* la déclaration embarrassée du Dr Ernest F. Fisher, major de l'armée américaine : "La haine d'Eisenhower, tolérée par une bureaucratie militaire qui lui était favorable, a produit l'horreur des camps de la mort, sans équivalent dans l'histoire militaire américaine. Ainsi, c'est Morgenthau lui-même qui a expliqué au général Eisenhower comment les Allemands devaient être traités, ce qui a montré qu'il les détestait autant que le secrétaire au Trésor. Comme on le sait, en 1953, Eisenhower a été élu président des États-Unis et est entré dans l'histoire, comme Roosevelt, Truman, Churchill et tant d'autres criminels vantés par la propagande, comme un champion de la liberté et de la démocratie.

Le professeur Kubek confirme que dans les discussions entre Morgenthau et White consignées dans le journal, le projet de détruire totalement les ressources industrielles des vallées de la Sarre et de la Ruhr apparaît à plusieurs reprises. Morgenthau a déclaré catégoriquement qu'il voulait transformer la Ruhr en "région fantôme". Le président Roosevelt n'y est pas du tout opposé, car lors de la deuxième conférence de Québec, qui se tient du 11 au 16 septembre 1944, il présente le plan Morgenthau à Churchill et le défend. Roosevelt avait invité Staline, mais ce dernier déclina l'invitation, craignant peut-être que des concessions lui soient demandées alors que ses troupes s'apprêtaient à pénétrer en Europe de l'Est. Staline aurait sans doute accueilli favorablement la volonté de Roosevelt de démanteler l'Allemagne sur le plan industriel et d'en faire un pays agricole ; mais Churchill commence à s'interroger sur les inconvénients de laisser l'impérialisme russe s'étendre au cœur de l'Europe. Il estime donc que l'Allemagne pourrait être nécessaire à l'établissement d'un équilibre européen. Néanmoins, le 15 septembre 1944, Roosevelt et Churchill signent la déclaration suivante, qui implique l'acceptation du plan Morgenthau :

> "Il est juste que les pays dévastés, en particulier la Russie, aient le droit de saisir le matériel dont ils ont besoin pour compenser les pertes qu'ils ont subies. Les industries de la Ruhr et de la Sarre seront donc rendues inutilisables et fermées. Il est admis que ces deux régions seront placées sous la surveillance d'un organisme relevant d'une organisation mondiale chargé de veiller au démantèlement de ces industries et d'éviter qu'elles ne soient remises en service par des moyens détournés. Ce programme d'élimination des industries de guerre suppose que l'Allemagne soit transformée en un pays agricole".

Lorsque le plan Morgenthau et son acceptation par les dirigeants alliés ont été rendus publics le 24 septembre 1944, le désespoir s'est accru en Allemagne, car il est apparu clairement que la capitulation inconditionnelle convenue à Casablanca menait à l'échec. Les médias ont alors lancé un appel à la résistance : la radio a annoncé jour et nuit que l'Allemagne deviendrait un pays de paysans affamés si elle se rendait.

Aux États-Unis, Stimson et Hull, les secrétaires à la guerre et à la défense qui s'opposaient à Morgenthau, ont réagi lorsqu'ils ont appris que le président avait approuvé le plan du secrétaire au Trésor au Québec. Stimson soumet à Roosevelt un mémorandum rejetant le projet de faire de l'Allemagne un pays agricole, et Cordell Hull qualifie de "catastrophique" la politique proposée pour l'Allemagne. Il est alors décidé d'utiliser une partie de la presse pour contre-attaquer, un article affirmant que les Britanniques ont été achetés pour accepter le plan Morgenthau. La confrontation interministérielle s'intensifie au fil des mois, comme en témoignent les entrées du *journal de Morgenthau*, qui montrent que le secrétaire au Trésor s'est senti renforcé par l'approbation du plan par Churchill et Roosevelt.

Convaincus qu'ils allaient arriver à leurs fins, Morgenthau et White ont pu intégrer les principaux éléments de leur plan dans les ordres militaires émis par le Joint Chiefs of Staff (JCS). Le JCS/1067, que le général Eisenhower reçut dès son entrée en Allemagne, concernait les activités de contrôle après la capitulation et reflétait la philosophie de vengeance dure définie par Morgenthau, White et leur équipe de fonctionnaires juifs du Trésor. Le JCS/1067 du 22 septembre 1944 est devenu une version officielle édulcorée du plan Morgenthau qui est restée en vigueur pendant près de trois ans, jusqu'à ce qu'elle soit remplacée en juillet 1947 par une nouvelle directive politique du JCS.

Dès la confirmation de la nouvelle victoire de Franklin D. Roosevelt aux élections de novembre 1944, Harry Dexter White et son équipe de communistes juifs au Trésor ont repris leurs efforts pour mettre en œuvre le programme de destruction définitive de l'Allemagne. Par divers canaux, White recueille des informations sur les directives que préparent les autres départements afin de les contrer. Cependant, parmi les militaires et dans certains cercles politiques alliés, des voix se font de plus en plus insistantes sur le fait que l'industrie allemande est nécessaire pour fournir de l'aide aux régions dévastées de toute l'Europe. Informé de ces initiatives, Morgenthau soumet le 10 janvier 1945 au président Roosevelt un mémorandum sévère dans lequel il souligne les craintes du Trésor de voir émerger un nouveau militarisme en Allemagne, met audacieusement en doute les arguments de ceux qui s'opposent à son plan et les accuse de s'opposer à une Allemagne faible par peur de la Russie et du communisme. Un mois plus tard, les faits allaient prouver que ces craintes n'étaient pas infondées, car la première exigence de Staline à Yalta était le démembrement de l'Allemagne.

Le plan Morgenthau avait plané sur les trois Grands lors de la conférence de Yalta, mais lorsque Roosevelt rentra aux États-Unis, il découvrit que le département d'État avait élaboré son propre programme pour l'Allemagne d'après-guerre. Le nouveau secrétaire d'État, Edward Stettinius, remplaçant Cordell Hull, qui avait démissionné en novembre 1944, a soumis au président, le 10 mars, un projet de politique d'occupation sans aucune consultation du Trésor. Ce mémorandum du département d'État remplaçait raisonnablement la directive JCS/1067 qui avait tant plu à Morgenthau et à White, et reposait sur l'idée que l'Allemagne était nécessaire au redressement économique de l'Europe. Lorsque Morgenthau prend connaissance du mémorandum, il est furieux. Le professeur Kubek rapporte ses paroles à Stettinius : "J'ai le sentiment qu'il s'agit d'une philosophie complètement différente..., avec laquelle je ne peux pas être d'accord".

Dans son introduction au *journal de Morgenthau*, le professeur Kubek note que Morgenthau était convaincu que l'approbation du plan du département d'État signifierait l'échec complet de son projet. Il a donc demandé à ses collègues de préparer une réfutation paragraphe par paragraphe du document afin de démontrer que le mémorandum du département d'État différait de la philosophie de l'instruction secrète JCS/1067 déjà acceptée. Une réunion d'urgence du 19 mars 1945, au cours de laquelle Dexter White et les conseillers juifs Coe et Glasser le conseillent sur la manière d'approcher le président Roosevelt, est consignée dans le journal. Le lendemain, Morgenthau se précipite à la Maison Blanche pour confirmer le soutien de Roosevelt, qui a rendez-vous avec la mort dans trois semaines et souffre déjà de défaillances mentales. Le 21 mars, une réunion interministérielle s'ouvre pour discuter du plan du département d'État. Les discussions durent jusqu'au 23 et se terminent par un triomphe retentissant du Trésor. Morgenthau informe avec exaltation ses collègues que le président a été persuadé de retirer le mémorandum du département d'État du 10 mars. Nous reproduisons ci-dessous un paragraphe très significatif de l'introduction de Kubek telle qu'elle est reproduite dans l'ouvrage de Léon de Poncins :

"Pour White et ses associés, l'action du président était une victoire d'une grande importance..., mais le succès ne serait pas complet, ajouta Morgenthau, tant que certaines personnes occupant des postes clés n'auraient pas été écartées du gouvernement. Cette remarque finale résume un extrait remarquablement inadmissible de sa philosophie politique et contient certains des propos les plus durs que l'on puisse trouver dans les Journaux : "Il est très encourageant que nous ayons le soutien du Président....". Les gens du département d'État ont essayé de le faire changer et n'y sont pas parvenus. Tôt ou tard, le président devra faire le ménage chez lui. Je parle des gens méchants.... Ce sont des partisans d'Herbert Hoover (président d'avant Roosevelt) et Herbert

Hoover nous a plongés dans le chaos et ce sont des fascistes dans l'âme..... Ce sont des gens malveillants et, tôt ou tard, il faudra les éliminer. Ce sont ces gens-là qui nous ont combattus sans règles". Le département d'État a été profondément déçu par le rejet par le président de son mémorandum du 10 mars".

Dans un autre extrait très intéressant, Kubek met en évidence des notes dans le *journal de Morgenthau* concernant une réunion que Bernard Baruch a eue le 21 avril 1945 avec le cabinet de guerre. Baruch agit en tant que conseiller du président Truman (Roosevelt est décédé le 12 avril). Il est interrogé sur sa position concernant le problème allemand. Selon Morgenthau, Baruch répond que son récent voyage en Europe l'a conforté dans son idée de décentralisation de l'Allemagne et que le plan du Trésor est trop mou et que son auteur est presque une mauviette. Dans le Journal, Morgenthau rapporte des propos très durs de Baruch à un représentant du Département d'Etat, Clayton, qui semble lui opposer une certaine résistance. Le magicien de la finance le menace sévèrement, lui disant qu'il lui "arrachera le cœur s'il ne se comporte pas bien". Selon le Journal, Baruch dit en public à Clayton qu'il a compris le problème allemand ou qu'il a intérêt à "quitter la ville". Morgenthau écrit avec une satisfaction évidente que Baruch est inflexible : "Tout ce qui me reste à vivre", déclare Baruch, "c'est de veiller à ce que l'Allemagne soit désindustrialisée et que cela se fasse dans les règles de l'art et je ne permettrai à personne de se mettre en travers de mon chemin". Après avoir remarqué que Baruch était ému aux larmes, Morgenthau a noté qu'il n'avait "jamais vu un homme parler aussi durement que lui". Morgenthau a écrit qu'il "avait l'impression que Baruch réalisait l'importance de maintenir une relation amicale avec la Russie". Il est choquant de constater l'étendue de l'arrogance et de la brutalité de Baruch, capable de se comporter comme un capo de la mafia pour menacer et intimider un haut fonctionnaire du département d'État qui osait être en désaccord politique. Comme nous le savons, Baruch, en plus d'être un ami personnel de Roosevelt, avait joué le rôle de conseiller politique auprès des présidents américains depuis l'époque de Woodrow Wilson. Son pouvoir était omnipotent et le resta avec l'arrivée de Truman. Le fait qu'il ait jugé le plan Morgenthau trop mou donne une idée de la haine viscérale du peuple allemand qui se nichait dans les entrailles des Juifs les plus puissants d'Amérique.

Avec l'accession de Truman à la présidence, le département d'Etat tente lentement de reprendre les rênes de la politique étrangère américaine, alors que l'influence du Trésor commence à s'estomper après la mort de Roosevelt, l'ami fraternel de Morgenthau. Peu à peu, les principes qui inspiraient son plan pour l'Allemagne perdirent leur soutien au sein de l'administration, à tel point que le 5 juillet 1945, la veille du jour où Truman devait se rendre en Europe pour assister à la conférence de Potsdam, on annonça à Washington que Henry Morgenthau avait démissionné après onze années passées au poste de secrétaire au Trésor. L'amiral Leahy révéla que Morgenthau avait l'intention de se rendre à Potsdam et menaça de démissionner s'il n'était pas inclus dans la délégation américaine, de sorte que sa démission fut acceptée. Cela n'empêche pas le colonel Bernstein et d'autres "Morgenthau boys" de s'accrocher à leur poste après le départ de leur patron. Fin 1945, quelque 140 "spécialistes" du Trésor occupaient encore des postes importants au sein du gouvernement militaire allemand et continuaient à appliquer la directive secrète JCS/1067.

Le traitement de l'Allemagne au cours de la période de contrôle initial a été la principale question débattue lors de la conférence de Potsdam en juillet. Les dirigeants alliés sont venus imprégnés de l'esprit du plan Morgenthau et les accords adoptés ne s'écartent guère de ses grandes lignes. L'accord de Potsdam contient une clause autorisant chacun des chefs des quatre zones à prendre des mesures pour prévenir la famine et la maladie. Or, il a déjà été démontré que dans la zone américaine, les actions inhumaines du général Eisenhower ont entraîné la mort de près d'un million de prisonniers. D'autre part, les Alliés ayant convenu à Yalta de livrer tous les citoyens soviétiques à Staline, les anticommunistes russes réfugiés dans les zones américaine, française et britannique d'Europe centrale, ainsi que les réfugiés des pays satellites tels que la Hongrie, la Bulgarie, la Roumanie et d'autres, ont été arrêtés. Le rapatriement forcé en URSS de cinquante mille Cosaques contre leur gré a déjà été évoqué au chapitre 8. Au total, plus de deux millions de malheureux dont le destin était la déportation ou la mort ont été remis aux Soviétiques. Il s'agit d'un acte ignoble, commis par des pays qui prétendent défendre la liberté.

Les instructions du JCS/1067 étant des ordres virtuels, les administrateurs américains de la zone américaine ne pouvaient pas ne pas les appliquer. Rapidement, les journalistes et les observateurs internationaux se rendent compte que la politique menée dans la zone américaine est absolument insensée. Comme White l'avait prévu, la situation en Allemagne est désespérée depuis trois ans. Les villes, dans lesquelles affluent sans cesse des millions de réfugiés de l'Est, ne sont plus qu'un amas de ruines. Si le plan du Trésor, destiné à mettre en quarantaine toute la population d'une nation vaincue et à la plonger dans la misère, avait été appliqué tel que Morgenthau, White et leur clique de Juifs communistes l'avaient conçu, le plus grand génocide de l'histoire aurait eu lieu. Malgré cela, comme cela s'était produit dans les camps de la mort d'Eisenhower, sur les dix-sept millions d'Allemands chassés de chez eux, deux autres millions ont trouvé une mort inhumaine au cours de leur pèlerinage vers l'Ouest. Nous aurons l'occasion de raconter cela plus tard.

Tous ces faits permettent de prouver pour la centième fois que le communisme a été, dès son origine, une idéologie mise au service du plan de domination internationale des banquiers juifs. Adam Weishaupt, Jacob

Frank, Moses Hess, Karl Marx, Israel Helphand (Alexander Parvus), Trotsky, Lénine, Zinoviev, Kamenev et tous les principaux dirigeants de la révolution bolchevique étaient des agents juifs qui ont consacré leur vie à la cause de la révolution communiste internationale. Ainsi, le fait que le très grand groupe de Juifs qui ont agi sous les ordres de Morgenthau et de White étaient en même temps des communistes n'est pas une nouveauté ou une exception, mais une confirmation de la règle. Il ne fait aucun doute que le plan Morgenthau était psychopathologiquement anti-allemand. Douglas Reed considère dans *The Controversy of Zion* que ce qui est arrivé aux Allemands était une vengeance talmudique, ce qui a été corroboré dans *The Hidden Tyranny* par Benjamin H. Freedman, le milliardaire juif converti au catholicisme qui a affirmé que Roosevelt était manipulé par des juifs talmudiques. La question pertinente est de savoir si le plan Morgenthau était non seulement anti-allemand mais aussi pro-communiste. Deux faits indéniables suggèrent que c'était le cas : le plan était conforme aux souhaits de Staline pour l'Allemagne, et Harry Dexter White et ses assistants étaient des agents soviétiques. Le professeur Kubek termine son introduction de 81 pages au *Journal de Morgenthau* par ce paragraphe :

> "Jamais auparavant dans l'histoire des États-Unis une bureaucratie furtive non élue, composée de hauts fonctionnaires anonymes, n'a exercé le pouvoir de manière aussi arbitraire ou jeté une ombre aussi honteuse sur l'avenir de la nation que ne l'ont fait Harry Dexter White et ses associés au département du Trésor sous la direction d'Henry Morgenthau. Ces documents démontrent ce qu'ils ont tenté de faire dans leur étrange contorsion des idéaux américains et à quel point ils ont failli réussir. Mais c'est tout ce que l'on sait avec certitude. On ne saura probablement jamais quels secrets américains inestimables ont été transmis à Moscou par les tunnels communistes clandestins. Et les dommages que ces hommes sinistres ont causés à la sécurité des États-Unis restent, du moins pour l'instant, du domaine de la conjecture".

On peut donc conclure qu'un groupe de Juifs placés dans les cercles essentiels du pouvoir a déterminé le gouvernement américain et a joué un rôle décisif dans l'orientation de la politique américaine dans le sens de leurs intérêts. Il ne fait aucun doute qu'ils avaient l'intention d'infliger le plus de dommages possible au peuple allemand dans son ensemble et de favoriser l'établissement du communisme en Europe, un objectif qui a été largement atteint à Yalta. Le *journal de Morgenthau* montre qu'une élite de Juifs qui dominait la finance contrôlait comme d'habitude le pouvoir politique, à partir duquel ils travaillaient secrètement à la réalisation de leurs objectifs, qui comprenaient la désintégration des sociétés chrétiennes européennes par le biais de doctrines révolutionnaires telles que le communisme athée international. Leur autre objectif majeur était la création de l'État sioniste. Pour y parvenir, ils ont besoin de la persécution des Juifs européens, à qui, après avoir perdu leurs biens et leurs maisons, la terre promise d'Israël sera offerte. Henry Morgenthau, après avoir été l'un des responsables des accords de Bretton Woods qui ont conduit à la création de la Banque mondiale et du Fonds monétaire international, est devenu, après sa démission, conseiller financier en Israël où, en 1948, une communauté rurale ("kibboutz") a été baptisée en son honneur "Tal Shahar", ce qui signifie en hébreu, comme Morgenthau en allemand, "la rosée du matin".

La conférence de Yalta

En 1955, les Américains ont mis en lumière les documents officiels de la conférence de Yalta, qui étaient restés secrets jusqu'alors. Le Département d'Etat a toutefois reconnu que des parties importantes avaient été omises. La même année, AHR a publié les textes en Espagne en deux volumes intitulés *Yalta*, afin qu'ils puissent être lus en espagnol. Le secrétaire d'État John Foster Dulles, dissimulant les raisons d'intérêt politique cachées derrière cette publication, a expliqué lors d'une conférence de presse qu'elle était destinée à informer l'opinion publique dans l'intérêt de la vérité et de l'exactitude historique. Le gouvernement et la presse britannique ont critiqué la manœuvre de Foster Dulles : *le Times* a estimé que la décision avait été "prise au mauvais moment et pour des raisons maladroites". Le *Daily Mail* a qualifié la publication de "bévue diplomatique de première grandeur". Aux Etats-Unis, certains journaux ont vivement critiqué la décision. Le *New York Daily News* a accusé le Département d'Etat de vouloir brouiller les relations internationales. Le *Daily Mirror* exige de savoir combien de pages et de mots ont été omis et pour quelles raisons. Depuis Jérusalem, Eleanor Roosevelt, en visite de huit jours chez ses amis sionistes en Israël, assure que son mari n'aurait jamais divulgué les documents.

Avant d'arriver à Yalta, Churchill et Roosevelt se sont rencontrés à Malte pour discuter de la situation en Europe et dans le Pacifique, mais comme à Téhéran, Roosevelt était réticent à rencontrer seul le Premier ministre britannique, de peur que Staline ne pense que ses alliés occidentaux se sont alliés contre lui. Le 1er février, ses ministres des Affaires étrangères, le secrétaire d'État Edward Stettinius et le ministre des Affaires étrangères Anthony Eden, se sont rencontrés. Tous deux auraient convenu de désapprouver les revendications territoriales bien connues de la Pologne, telles qu'exprimées par le gouvernement provisoire fantoche de Lublin, mais leur opposition a été atténuée à Yalta. Le 3 février, Roosevelt et Churchill s'envolent pour la Crimée. Le président américain bénéficie d'un traitement de faveur et loge dans la chambre du tsar au palais de Livadia, lieu central des réunions. Staline arrive le dimanche 4 février 1945, jour de l'ouverture de la conférence où se joue l'avenir de millions de personnes dans le monde de l'après-guerre. L'Armée rouge est entrée à Varsovie et à Budapest et les

Allemands résistent déjà sur leur propre territoire dans des conditions impossibles. La destruction de Dresde est imminente. Entre-temps, depuis la fin du mois de janvier, le Japon demande en vain aux Soviétiques de servir de médiateur avec les États-Unis pour signer un armistice.

Pendant la semaine que dure la Conférence, les délégations des trois Grands tiennent quatre types de réunions : les sessions plénières, les réunions des ministres des Affaires étrangères, les réunions des chefs d'état-major et les réunions des dirigeants, qui sont soit trilatérales, soit bilatérales. Dès le 4 février, par exemple, Soviétiques et Américains se réunissent à 16 heures en "petit comité". Roosevelt est accompagné de Charles "Chip" Bohlen, un expert diplomatique de l'URSS qui n'aurait servi que d'interprète. Staline est accompagné de Molotov et de son interprète, Vladimir Pavlov. Dès cette réunion, Roosevelt avoue qu'il est plus sanguinaire qu'à Téhéran et qu'il s'attend à ce que le maréchal Staline propose à nouveau un toast à l'exécution de 50 000 officiers allemands. Staline répondit en confirmant qu'ils étaient tous plus sanguinaires. Après avoir discuté de la situation militaire sur les deux fronts. Roosevelt s'enquiert de l'entrevue de Charles De Gaulle avec Staline, qui lui répond qu'il ne le trouve pas compliqué, bien qu'il soit berné par ses prétentions. Staline demande si la France doit avoir une zone d'occupation et pour quelles raisons. Molotov et Staline ne sont pas très clairs à ce sujet, mais au cours de la semaine, les Soviétiques finissent par faire cette concession au nom d'autres priorités sur lesquelles ils n'ont pas l'intention de transiger.

La Pologne et l'Allemagne sont les principaux sujets de discussion. La création de l'ONU, le Japon, les Balkans, le Moyen-Orient et l'Europe "libérée" par Staline ont été les autres sujets majeurs. La question polonaise est abordée pour la première fois lors d'une session plénière qui débute le mardi 6 février à 16 heures au palais de Livadia. Les Britanniques et les Américains commencent par accepter sans problème la ligne Curzon, légitimant ainsi l'invasion et l'annexion de 1939. Sur ces territoires de plus de 181 000 kilomètres carrés vivent 10 640 000 personnes, selon le recensement de 1931, dont les souhaits ou l'opinion n'ont aucune importance pour les champions de la liberté. Tout ce qu'ils osent demander à Staline à propos de ces territoires, c'est qu'il envisage de céder Lvov à la Pologne. Churchill lui demande "un geste de magnanimité qui serait acclamé et admiré". La position de la Grande-Bretagne sur la Pologne a été pathétique tout au long de la conférence. Le pays qui a provoqué la guerre en refusant d'accepter que les Allemands de Dantzig rejoignent le Reich, livre maintenant des millions de Polonais au totalitarisme communiste. A Londres, les Polonais en exil attendent tout des Britanniques. Churchill rappelle qu'il est entré en guerre pour protéger la Pologne contre l'agression allemande et déclare que les Britanniques n'ont aucun intérêt matériel dans ce pays, mais qu'il s'agit d'une question d'honneur, raison pour laquelle "son gouvernement ne se contentera jamais d'une solution qui ne laisse pas la

Pologne comme un Etat libre et indépendant... maîtresse de sa propre maison et directrice de son âme". Churchill ajoute ensuite que la Grande-Bretagne "reconnaît le gouvernement polonais à Londres, mais n'a pas de contact intime avec lui". Il demande s'il serait possible de former un gouvernement intérimaire avec les hommes qui le composent jusqu'à ce qu'un autre soit issu des élections. Staline demande une pause de dix minutes dans le but évident de préparer sa réponse.

A la question de l'honneur, Staline répond que pour les Russes, il ne s'agit pas seulement d'une question d'honneur mais aussi de sécurité. A la question de l'acte magnanime, il rappelle que la ligne Curzon a été tracée par Lord Curzon et Clemenceau. "Devrions-nous alors, a-t-il demandé, être moins russes que Curzon et Clemenceau ? Quant à la création d'un gouvernement polonais sur le modèle du gouvernement des exilés à Londres, il a déclaré : "On me traite de dictateur et non de démocrate, mais j'ai suffisamment de sentiments démocratiques pour refuser de créer un gouvernement polonais sans que les Polonais soient consultés ; la question ne peut être réglée qu'avec l'accord des Polonais". Staline rappelle alors les entretiens qui ont eu lieu à l'automne à Moscou entre Stanislaw Mikolajczyk, représentant du gouvernement de Londres, et les Polonais de Lublin, où résidait le gouvernement communiste polonais placé sous les auspices de Staline lui-même et qui, laisse-t-il entendre à Churchill, avait au moins "une base démocratique au moins égale à celle de Charles De Gaulle". Dès cette première approche, il apparaît donc clairement que, plus que les frontières, le problème insoluble sera l'existence de deux gouvernements polonais.

Afin de mieux comprendre la discussion sur la Pologne à Yalta, il est nécessaire d'examiner brièvement quelques faits. Le gouvernement polonais en exil avait exprimé à Londres et à Washington la nécessité d'incorporer la Prusse orientale dans la Pologne qui naîtrait de la victoire des Alliés. Après l'attaque allemande de juin 1941, Staline soutient cette idée sans révéler qu'il convoite pour lui-même la moitié nord, y compris Königsberg. Le 15 mars 1943, lors d'un dîner à Washington en présence de Hopkins, Roosevelt et Eden acceptent d'accéder à la demande des Polonais. Hopkins appelle le lendemain Litvinov, l'ambassadeur aux États-Unis, pour confirmer cet accord. Litvinov rappelle alors au conseiller de Roosevelt que l'URSS conservera la partie de la Pologne prise à la suite du pacte Ribbentrop-Molotov. En apprenant les revendications soviétiques, les Polonais de Londres appellent leurs alliés occidentaux à l'aide, ce qui crée une situation embarrassante pour les Britanniques, qui sont sur le point d'approuver l'annexion de la moitié du territoire polonais d'avant-guerre, alors qu'ils étaient censés être entrés en guerre pour garantir l'intégrité territoriale de la Pologne. À la conférence de Téhéran, malgré les réticences polonaises, ni Churchill ni Roosevelt ne résistent à Staline, et l'idée d'indemniser les Polonais aux dépens des Allemands est née. En d'autres termes, sans consulter personne et pour plaire au dictateur soviétique, ils décident de déplacer les frontières de 240 kilomètres vers l'ouest, en ignorant totalement les droits des millions de personnes concernées.

Malgré les compensations promises, le gouvernement polonais en exil ne peut accepter de renoncer à la moitié de son territoire à l'est. En outre, les relations des Polonais de Londres avec l'Union soviétique n'avaient cessé de se détériorer après la découverte des tombes de Katyn au printemps 1943. Comme nous l'avons vu plus haut dans ce chapitre, le général Sikorski, président du gouvernement en exil, a demandé une enquête à la Croix-Rouge internationale, dont les résultats ont montré que Beria et Staline étaient responsables du massacre. Les Soviétiques, tout en feignant l'indignation, en profitent pour accuser Sikorski de travailler pour Hitler et rompent les relations avec le gouvernement polonais à Londres. Le 4 juillet 1943, une bombe placée dans l'avion de Sikorski tue l'encombrant personnage et Mikolajczyk lui succède.[11] Staline tire ainsi rapidement parti de la situation, car il écarte d'un seul coup les Polonais non communistes et forme à Moscou un gouvernement polonais sur mesure qui, contrairement à Sikorski et Mikolajzcyk, sera prêt à approuver la cession de la Pologne orientale au communisme soviétique.

Au cours de l'été 1944, l'Armée rouge commence à déloger les Allemands de Pologne et à occuper le pays. Dans son sillage, les communistes polonais arrivent de Moscou et s'empressent d'assumer l'autorité réelle sur le terrain, tandis que les Polonais, protégés par Londres, ne peuvent rien faire à distance. Le président du gouvernement polonais en exil, Stanislaw Mikolajczyk, avait rendu visite à Roosevelt en juin, et tant le président américain que Churchill le pressèrent de se rendre à Moscou et de s'adresser directement à Staline. Le 27 juillet 1944, le jour même où les journaux annoncent un accord entre le gouvernement soviétique et le Comité communiste polonais de libération nationale permettant à ce dernier d'assumer "la pleine direction de toutes les questions d'administration civile", Mikolajzcyk se rend à Moscou pour rencontrer Staline et Molotov.

Les Polonais de Londres sont déjà condamnés, car tout ce qu'on peut leur offrir, c'est un poste dans le gouvernement formé par les communistes. Churchill le comprend immédiatement et les avertit que la meilleure chose à faire est d'oublier le massacre de Katyn et d'essayer de collaborer avec

---

[11] *Le cinquième homme* de Roland Perry, qui sera abordé plus en détail dans le chapitre suivant, fournit des informations très intéressantes sur l'assassinat de Sikorski. Selon cet auteur, Donald Maclean, l'un des espions soviétiques connus sous le nom des "Cinq de Cambridge", savait que Sikorski se rendrait à Gibraltar en juillet pour y rencontrer d'autres exilés. Après avoir décollé du Rocher à bord d'un Liberator transportant sa fille et deux militaires britanniques, Victor Cazalet et le brigadier John Whiteley, l'avion explose à 300 mètres d'altitude. Le colonel Victor Rothschild, troisième baron Rothschild, nommé pendant la guerre inspecteur de sécurité par Guy Liddell, est chargé de l'enquête demandée par les Polonais. Ses conclusions indiquent qu'il y a eu une explosion à bord, ce qui indique qu'il ne s'agit pas d'un accident, mais d'un acte de sabotage.

Staline, faute de quoi ils ne pourront plus jouer un rôle dans la Pologne de demain. La première condition préalable à l'entente avec les Russes est de capituler sur la question de la frontière orientale. Le matin du 14 octobre 1944, quelques mois seulement avant la conférence de Yalta, Churchill et Eden, qui se trouvent à Moscou, convoquent Mikolajczyk à l'ambassade britannique afin de le presser d'accepter la ligne Curzon sans Lvov ni Galicie. Alfred M. de Zayas reproduit dans *Némésis à Potsdam* un bon extrait de l'entretien, qui nous permet d'apprécier, comme le souligne à juste titre cet auteur, quel niveau de tension ou de pression sur le pouvoir politique peut atteindre :

> "Mikolajzcyk : Je sais que notre destin a été scellé à Téhéran.
> Churchill : Il a été sauvé à Téhéran.
> Mikolajczyk : Je ne suis pas quelqu'un qui manque totalement de sentiment patriotique pour renoncer à la moitié de la Pologne.
> Churchill : Que voulez-vous dire lorsque vous affirmez que vous n'êtes pas dépourvu d'esprit patriotique ? Il y a vingt-cinq ans, nous avons reconstitué la Pologne, bien que, lors de la dernière guerre, plus de Polonais se soient battus contre nous qu'avec nous. Aujourd'hui, nous les préservons à nouveau pour qu'ils ne disparaissent pas, mais vous ne voulez pas jouer le jeu. Vous êtes complètement fous.
> Mikolajczyk : Mais cette solution ne change rien.
> Churchill : Si vous n'acceptez pas la frontière, vous êtes hors jeu pour toujours. Les Russes vont raser votre pays et votre peuple sera liquidé. Ils sont au bord de l'anéantissement.
> Eden : Si nous parvenons à un accord sur la ligne Curzon, nous parviendrons à un accord avec les Russes sur toutes les autres questions. Vous obtiendrez une garantie de notre part.
> Churchill : La Pologne sera protégée par les trois grandes puissances et certainement par nous. La Constitution américaine empêche le président d'engager les États-Unis. De toute façon, vous ne renoncez à rien puisque les Russes sont déjà là.
> Mikolajczyk : Nous perdons tout.
> Churchill : Les marais de Pinsk et cinq millions de personnes. Les Ukrainiens ne font pas partie de son peuple. Il sauve son propre peuple et nous donne les moyens d'agir avec force.
> Mikolajczyk : Devrions-nous signer ce document si nous sommes sur le point de perdre notre indépendance ?
> Churchill : Vous n'avez qu'un seul choix. Cela ferait une grande différence si vous étiez d'accord.
> Mikolajczyk : Ne serait-il pas possible d'annoncer que les trois grands ont décidé des frontières de la Pologne sans notre présence ?
> Churchill : Nous en aurons assez de vous si vous continuez à vous disputer.
> Eden : Vous pourriez dire qu'au vu de la déclaration faite par les gouvernements britannique et soviétique, vous acceptez une formule de

facto, sous le coup d'une protestation si vous le souhaitez, et que vous nous en attribuez la responsabilité. Je comprends la difficulté qu'il y a à dire que cela a été fait avec votre volonté.

Mikolajzcyk : Nous perdons toute autorité en Pologne si nous acceptons la ligne Curzon, et d'ailleurs, rien n'est dit sur ce que nous pourrions obtenir des Allemands.

Eden : Je pense que nous pourrions le faire. Nous pourrions prendre le risque. Nous pourrions dire ce que vous allez obtenir".

Churchill va alors chercher un projet de déclaration stipulant l'acceptation par la Pologne de la ligne Curzon et explique à Mikolajczyk que les Allemands seraient furieux s'ils savaient ce qu'on veut leur prendre et que leur résistance serait encore plus grande. La réunion s'achève et reprend dans l'après-midi. Churchill se présente de mauvaise humeur et de plus en plus impatient. Mikolajczyk l'informe qu'après avoir reconsidéré la question, son gouvernement ne peut accepter la perte de près de la moitié du territoire à l'est sans avoir entendu l'avis du peuple polonais. Avec une extrême dureté, Churchill nie qu'il s'agisse d'un gouvernement, puisqu'ils sont incapables de prendre des décisions. Vous êtes, dit-il, des démons sans cœur qui veulent détruire l'Europe. Je vous laisse à vos problèmes. Vous n'avez aucun sens des responsabilités quand vous voulez abandonner votre peuple, dont les souffrances vous laissent indifférents. Ils ne se soucient pas de l'avenir de l'Europe. Ils ne pensent qu'à leurs misérables intérêts égoïstes. Je vais devoir appeler les autres Polonais et ce gouvernement de Lublin peut très bien fonctionner. Ce sera le gouvernement. C'est une tentative criminelle de leur part de ruiner, avec leur 'Liberum Veto', l'accord entre les Alliés.[12] C'est de la lâcheté. Cette violente accusation met fin à l'entretien, car Churchill doit se rendre à une entrevue avec Staline prévue l'après-midi même.

Le lendemain, 15 octobre, Mikolajczyk rencontre à nouveau Churchill et lui propose d'accepter la ligne Curzon si Lvov et les champs pétrolifères de Galicie sont préservés pour la Pologne. Dans un accès de colère, Churchill, avant de claquer la porte de la pièce, crie au Polonais : "Tout est fini entre nous". Mikolajczyk, quant à lui, quitte la salle sans vouloir serrer la main du secrétaire du Foreign Office. On comprend donc que Staline ait refusé à Yalta de faire "un geste de magnanimité" au sujet de Lvov, car il savait que Roosevelt et Churchill avaient déjà accepté la ligne Curzon et qu'il n'avait pas besoin de céder la Galicie et/ou Lvov. George F. Kennan, un diplomate qui avait servi à Moscou avec Bullitt et Davies, a exprimé à plusieurs reprises dans ses Mémoires sa frustration face à l'attitude des

---

[12] En utilisant cette expression latine, Churchill démontre sa connaissance du parlementarisme polonais. "Liberum Veto" signifie "veto libre" ou "veto librement". C'est le nom donné à la Diète polonaise au veto par lequel chaque député pouvait s'opposer à toute décision de l'assemblée.

Alliés. Kennan se trouvait dans la capitale russe depuis juillet 1944 avec l'ambassadeur Averell Harriman et disposait de bonnes informations sur ce qui se tramait à la fin de la guerre. Ce diplomate était de ceux qui pensaient que les Etats-Unis et la Grande-Bretagne auraient pu s'opposer à Staline, puisqu'il dépendait de leur aide militaire et économique.

Alors que les négociations de Moscou échouent, le gouvernement de Lublin a déjà reconnu la ligne Curzon et consolide son pouvoir en Pologne. Mikolajczyk ne tarde pas à comprendre qu'il n'est pas possible de sauver la Pologne orientale et que la seule option est d'obtenir la plus grande compensation possible à l'ouest, aux dépens de l'Allemagne. En ce qui concerne les terres allemandes, Staline est absolument généreux et offre non seulement la frontière de l'Oder, mais aussi celle de la Neisse, l'affluent qui coule perpendiculairement à la Tchécoslovaquie sur la rive gauche de l'Oder. La frontière Oder-Neisse est publiquement revendiquée par le Dr Stefan Jedrichovski, chef de la propagande du Comité de Lublin, dans un long article publié dans la *Pravda* du 18 décembre 1944. Jedrichovski revendique également la capitale de la Poméranie, Stettin, située à l'ouest de l'Oder, qui doit devenir un nouveau port polonais.

Deux rivières Neisse se jettent dans l'Oder sur sa rive gauche. Entre la Neisse Lusace et la Neisse la plus orientale, toutes deux situées en Basse-Silésie, s'étend un territoire agricole habité par environ trois millions d'Allemands. Il n'a échappé à personne que les exigences de Khedrichovsky reflétaient la position du gouvernement soviétique sur la frontière occidentale de la Pologne. Le premier à manifester de sérieux doutes fut Kennan, qui mit en garde l'ambassadeur Harriman contre les implications de l'article. "Je ne savais pas alors", écrit Kennan dans ses Mémoires, "que cet accord avait déjà été pratiquement accepté, spécifiquement par Churchill et tacitement par Roosevelt, à la conférence de Téhéran un an plus tôt". Six semaines avant le début de la conférence de Yalta, Kennan a soumis un mémorandum avertissant que neuf à dix millions d'Allemands vivaient dans les régions revendiquées par les communistes polonais.

Nous pouvons maintenant retourner à Yalta pour poursuivre les discussions sur la question polonaise. Lors de la séance plénière du mercredi 7 février, Molotov donne lecture des propositions soviétiques sur la Pologne. En ce qui concerne les frontières, le commissaire aux Affaires étrangères s'en tient à la ligne Curzon à l'est et à la frontière Oder-Neisse à l'ouest avec la ville de Stettin pour la Pologne, bien qu'elle soit située à l'ouest de l'Oder. En ce qui concerne le gouvernement provisoire de Lublin, il est prêt à accepter l'inclusion dans celui-ci de "dirigeants démocratiques des cercles d'émigrés" si cela contribue à sa reconnaissance par les gouvernements alliés. Churchill rejette le terme "émigrés" car, dit-il, "ce mot est né pendant la Révolution française et désigne en Angleterre une personne qui a été expulsée de son pays par son propre peuple". Il déclare soutenir les propositions de Molotov sur le déplacement des frontières polonaises ;

cependant, en ce qui concerne la frontière de la Neisse, il souligne qu'"'il serait dommage de gaver l'oie polonaise de nourriture allemande au point qu'elle souffre d'indigestion". Staline s'empresse de dire que les Allemands ont fui à l'arrivée de ses troupes, mais Churchill fait remarquer qu'il y a ensuite le problème de savoir comment les traiter en Allemagne. "Nous avons tué six ou sept millions de personnes", dit-il froidement, comme s'il parlait d'animaux dans un abattoir, "et nous en tuerons probablement encore un million avant la fin de la guerre". "Un ou deux ? rétorque Staline. "Eh bien, je ne propose pas de limitation. Ainsi donc", précise Churchill, "il restera de la place en Allemagne pour ceux qui voudront occuper les postes vacants. Je ne suis pas effrayé par le problème du transfert des peuples, à condition qu'il y ait une proportion entre ce que les Polonais peuvent faire et ce qu'ils mettent en Allemagne à la place des morts".

La question des membres non communistes du gouvernement de Lublin a incité Churchill et Roosevelt à proposer d'inclure des dirigeants démocratiques de "l'intérieur de la Pologne". Roosevelt évoque la nécessité pour le futur gouvernement provisoire d'organiser des élections et suggère que des Polonais de Londres tels que Mikolajczyk, Romer et Grabski fassent partie du nouveau gouvernement. La question des frontières est donc moins préoccupante que celle du futur gouvernement polonais, sur laquelle Churchill et Roosevelt jouent leur crédibilité. Après la réunion, Roosevelt adresse la lettre suivante à Staline :

> "Mon cher maréchal Staline, j'ai beaucoup réfléchi à notre rencontre de cet après-midi et je tiens à vous exprimer franchement mon opinion.
>
> En ce qui concerne le gouvernement polonais, je suis très mécontent que les trois grandes puissances ne soient pas d'accord sur la restauration politique de la Pologne. Il me semble que cela nous mettrait mal à l'aise aux yeux du monde si vous reconnaissiez un gouvernement alors que nous et les Britanniques en reconnaissons un autre, à Londres. Je suis persuadé que cette situation ne doit pas perdurer et que, si elle perdurait, elle conduirait notre peuple à penser qu'il y a une division entre nous, ce qui n'est pas le cas. Je suis déterminé à ce qu'il n'y ait pas de rupture entre nous et l'URSS. Il y aura certainement un moyen de réconcilier nos différences.
>
> J'ai été très impressionné par certains des propos que vous avez tenus aujourd'hui, en particulier par votre détermination à protéger l'arrière-garde russe dans son mouvement vers Berlin. Vous ne pouvez pas et nous ne pouvons pas tolérer un gouvernement intérimaire qui causerait à vos forces armées une telle perturbation. Je veux que vous sachiez que c'est une question qui me préoccupe beaucoup.
>
> Vous pouvez me croire quand je vous dis que notre peuple regarde d'un œil critique ce qu'il considère comme un fossé entre nous à ce stade vital de la guerre. En effet, ils disent que si nous ne parvenons pas à nous entendre maintenant que nos armées convergent vers notre ennemi

commun, nous ne pourrons pas nous comprendre à l'avenir sur des sujets encore plus vitaux.

Je dois vous dire clairement que nous ne pouvons pas reconnaître le gouvernement de Lublin dans sa composition actuelle et qu'il serait regrettable de commencer notre travail ici si nous nous séparions d'une divergence évidente à ce sujet.

Vous avez dit aujourd'hui que vous étiez prêt à soutenir toute suggestion qui offrirait une chance de succès dans la résolution de ce problème et vous avez également mentionné la possibilité de faire venir ici certains membres du gouvernement de Lublin.

Je comprends que nous ressentions tous le même désir de régler cette question. Je voudrais commenter un peu votre proposition et suggérer que nous invitions ici à Yalta immédiatement M. Bierut et M. Osubka-Morawski du gouvernement de Lublin ainsi que deux ou trois Polonais qui, d'après nos rapports, seraient recommandables. Osubka-Morawski du gouvernement de Lublin ainsi que deux ou trois Polonais de la liste suivante qui, d'après nos rapports, pourraient représenter d'autres éléments du peuple polonais dans la formation d'un nouveau gouvernement temporaire que nous pourrions tous les trois reconnaître et soutenir : l'évêque Sapieha de Cracovie, Vincent Witos, M. Zurlowski (Zulawski), le professeur Buyak (Bujak) et le professeur Kutzeba. Si, à la suite de la présence ici de ces dirigeants politiques, nous pouvions convenir avec eux d'un gouvernement provisoire en Pologne, qui inclurait certainement certains dirigeants politiques étrangers tels que M. Mikolajcvzyk, M. Graber et M. Romer, le gouvernement américain et, je pense, certainement aussi le gouvernement britannique, seraient prêts à se dissocier du gouvernement de Londres et à transférer leur reconnaissance au nouveau gouvernement provisoire.

Je ne pense pas qu'il soit nécessaire de vous assurer que les Etats-Unis n'apporteront jamais leur soutien à un gouvernement provisoire polonais qui serait contraire à leurs intérêts.

Il va sans dire que tout gouvernement intérimaire qui pourrait être formé à la suite de notre conférence ici avec les Polonais devrait s'engager à organiser des élections libres et démocratiques en Pologne le plus tôt possible. Je sais que cela correspond tout à fait à votre désir de voir une nouvelle Pologne démocratique et libre émerger du bourbier de cette guerre.

Je vous prie d'agréer, Monsieur le Président, l'expression de mes sentiments distingués.

S'il a été démontré tout au long de ces pages que le cynisme, l'hypocrisie et l'impudeur ont été consubstantiels à ce président américain tout au long de sa carrière politique, les dernières paroles de Roosevelt sont pour le moins insensées. On imagine Staline, dictateur impitoyable s'il en est, riant aux éclats après avoir lu Roosevelt lui dire qu'il sait qu'il veut voir "une nouvelle Pologne démocratique et libre". Le fond de la lettre est, bien sûr, un souci de sauver la face face à une opinion publique qui allait bientôt voir comment, à Yalta, ses dirigeants avaient livré la moitié de l'Europe au communisme.

Lors de la séance plénière du 8, Molotov accuse réception de la lettre de Roosevelt. Il insiste sur le fait qu'il est impossible d'ignorer l'existence du gouvernement de Lublin ou de Varsovie, "qui est à la tête du peuple polonais et jouit d'un grand prestige et d'une grande popularité dans le pays". Tout accord doit donc être conclu sur la base de son élargissement, dont il réaffirme qu'il est prêt à discuter. Sur les frontières, les Soviétiques n'ont pas bougé. Le premier ministre britannique commence par dire que, selon ses informations, les gouvernements de Lublin ou de Varsovie ne représentent pas l'écrasante masse du peuple polonais et réaffirme que "si le gouvernement britannique balayait le gouvernement de Londres et acceptait le gouvernement de Lublin, il y aurait un tollé d'irritation en Grande-Bretagne". Il rappelle que sur les fronts occidentaux, une armée polonaise de cent cinquante mille hommes s'est battue avec courage et qu'elle n'acceptera pas "un acte de trahison envers la Pologne". De plus en plus mal à l'aise, Churchill écarte les frontières et déclare qu'il accepte le point de vue soviétique, mais il insiste sur le fait qu'"une rupture complète avec le gouvernement légitime de la Pologne, reconnu pendant les années de guerre, serait un acte soumis à la critique la plus sévère en Angleterre". Cela dit, il insiste sur la nécessité de convoquer des élections au suffrage universel et assure que la Grande-Bretagne pourra alors reconnaître le gouvernement issu des élections.

Roosevelt approuve la proposition et affirme que, s'il y a accord sur celle-ci, le seul problème est de savoir "comment la Pologne sera gouvernée dans l'intervalle". Staline intervient pour confirmer qu'en effet, les Britanniques et les Russes n'ont pas le même mandat. Il reconnaît que, pendant des années, les Polonais ont détesté les Russes, mais que les vieux sentiments ont disparu et qu'il a l'impression que "l'expulsion des Allemands par l'Armée rouge a été accueillie par les Polonais comme un grand jour férié". Il accepte l'idée d'élargir le gouvernement provisoire. Roosevelt demande alors directement dans combien de temps, selon le maréchal, des élections pourraient être organisées en Pologne. Staline répond que, sauf catastrophe sur le front, elles seront possibles dans un mois. Le président propose immédiatement de soumettre la question à l'examen des ministres des Affaires étrangères. Si Roosevelt et Churchill croyaient vraiment qu'en un mois, en pleine guerre, des élections pourraient être organisées avec la participation des exilés, on pourrait penser qu'il s'agit de deux petits malins ; or, les faits montrent qu'il s'agit de deux politiciens chevronnés.

Pour détendre l'atmosphère, Staline organise le soir un dîner pour les délégations au palais Yusupovsky. L'hôte, d'excellente humeur et de bonne humeur, crée une atmosphère extrêmement cordiale. Pas moins de quarante-cinq toasts sont portés : aux forces armées, aux pays, aux chefs militaires, à l'amitié des trois puissances.... Les panégyriques les plus décevants sont prononcés par Staline, qui propose un toast au Premier ministre britannique, "la personnalité gouvernementale la plus courageuse du monde". Le maréchal déclare qu'il "connaît peu d'exemples dans l'histoire où le courage d'un seul homme a été aussi important pour l'avenir du monde et qu'il boit à M. Churchill, son ami, son combattant et son homme courageux". Dans sa réponse, Churchill a porté un toast au maréchal Staline, "le puissant dirigeant d'un puissant pays qui a résisté au choc de la machine allemande, brisé son épée et chassé les tyrans de son sol". Pour sa part, Roosevelt, en réponse à un toast de Staline, a déclaré que l'atmosphère du dîner "était celle d'une famille".

Lors de la réunion plénière du lendemain, vendredi 9 février, la question polonaise commence à se poser lorsque les Soviétiques décident d'autoriser Mikolajczyk à participer aux élections parce que, dit Staline, "il est le chef du Parti des paysans, qui n'est pas un parti fasciste". Roosevelt lance un appel aux six millions de Polonais vivant aux États-Unis pour qu'ils lui garantissent des élections libres. Staline accepte alors une déclaration lue par Roosevelt qui parle "d'autorités intérimaires, largement représentatives de tous les éléments de la population et de l'obligation de créer dès que possible, par des élections libres, un gouvernement responsable devant le peuple". Les minutes de H. Freeman Matthews, assistant du secrétaire d'État, reproduisent ce dialogue :

"Churchill : Je veux que cette élection en Pologne soit la première de toutes. Elle doit être comme la femme de César. Je ne sais pas, mais on dit qu'elle était pure.
Staline. C'est ce qu'on dit, mais en réalité, il avait ses péchés.
Churchill : Je ne veux pas que les Polonais puissent remettre en question les élections polonaises. Il ne s'agit pas seulement d'une question de principe, mais d'une question de politique pratique.
Molotov : Nous le devons aux Polonais. Nous craignons que si nous ne les consultons pas, ils considèrent cela comme un manque de confiance de notre part.

Roosevelt propose alors aux ministres des Affaires étrangères de finir de peaufiner la déclaration et suggère de passer à la question des zones libérées. Manifestement, les Soviétiques ont déjà décidé de ménager la Pologne, afin de ne pas gêner les Britanniques et les Américains aux yeux de l'opinion publique nationale. Les élections, comme la femme de César, doivent être pures, mais Staline a déjà mis en garde contre la femme de César....

Lors de la réunion des ministres des affaires étrangères, le texte à présenter à la fin de la conférence a finalement été approuvé. En bref, il a été décidé que le gouvernement établi en Pologne élargirait sa base et serait réorganisé avec l'inclusion de dirigeants démocratiques de Pologne et de l'étranger. Le nouveau gouvernement s'appellerait le "Gouvernement provisoire polonais d'unité nationale". Mólotov et les deux ambassadeurs à Moscou, Sir Archibald Clark Kerr et Averell Harriman, ont été autorisés à jouer un rôle de médiateur pour rendre possible la formation d'un tel gouvernement, qui serait tenu de convoquer des élections libres dès que possible sur la base du suffrage universel et du scrutin secret. Une fois ces conditions remplies, les trois gouvernements en reconnaîtront les résultats. En ce qui concerne les frontières, le document final prévoit que la ligne Curzon, avec de légers ajustements de cinq à huit kilomètres dans certaines régions en faveur de la Pologne, constituera la frontière orientale. En ce qui concerne la frontière occidentale Oder-Neisse, bien qu'implicitement acceptée, l'approbation finale est reportée à la conférence de paix de Potsdam.

En réalité, les bonnes intentions exprimées à l'égard de la Pologne étaient valables pour le reste des pays européens occupés par les Soviétiques. Seuls des politiciens très naïfs, et ce n'était pas le cas, ont pu croire qu'après avoir laissé l'Armée rouge atteindre la porte de Brandebourg, des démocraties émergeraient dans une Europe livrée au communisme. Il n'est donc pas acceptable ni crédible que Roosevelt et Churchill aient espéré qu'un dictateur comme Staline devienne un démocrate d'un seul coup, et il convient donc de parler de trahison des nations d'Europe de l'Est. Après Potsdam, les accords de Yalta sur l'établissement de régimes démocratiques librement élus ont été systématiquement bafoués. En Pologne, les principaux opposants ont été assassinés tout au long de l'année 1945. Au lieu des élections promises par Staline, un référendum frauduleux a été organisé en 1946, qui a consolidé les communistes au pouvoir. Lorsque les élections sont convoquées le 19 janvier 1947, pratiquement tous les partis d'opposition ont été déclarés illégaux. Un Front d'unité nationale pro-gouvernemental, composé des communistes et de leurs alliés, l'emporte inévitablement. Le parti paysan de Mikolajczyk ne peut pas faire grand-chose. Accusé d'être un espion étranger et risquant d'être arrêté, Mikolajczyk a quitté le pays. Les quelques opposants restants suivent son exemple. Des versions différentes de ce qui s'est passé en Pologne ont été vécues dans ce que l'on allait bientôt appeler les pays satellites.

L'idée du démembrement de l'Allemagne, dont la cession de la Prusse orientale, de la Silésie, de la Poméranie et du Brandebourg oriental à la Pologne faisait partie, avait été décidée bien avant Yalta. En octobre 1943, peu avant la conférence de Téhéran, les ministres des affaires étrangères s'étaient mis d'accord à Moscou pour créer une commission consultative européenne. La proposition émanait des Britanniques, qui souhaitaient que cet organe consultatif s'occupe de toutes les questions européennes d'intérêt commun liées à la guerre. À la fin de l'année 1943, une telle commission consultative a été créée à Londres et a tenu sa première réunion de travail le 14 janvier 1944. Dès cette date, les Britanniques présentent des propositions détaillées concernant les futures zones d'occupation de l'Allemagne, qui, à quelques différences près, seront finalement mises en œuvre. Le 18 février, les Russes acceptent les plans de Londres.

Le 1er mai 1944, John Winant, l'ambassadeur américain qui a remplacé Joe Kennedy, reçoit des instructions de Washington acceptant les frontières de la zone Est, ce qui montre que tout se décide alors que l'Armée rouge se bat encore avec la Vehrmacht sur le territoire soviétique, c'est-à-dire bien à l'avance. Comme nous l'avons vu, Morgenthau, Dexter White et leur équipe de communistes juifs s'efforçaient de faire en sorte que l'Allemagne finisse entre les mains des Soviétiques. À Yalta, Staline a envisagé la possibilité de condamner toute la population au travail forcé afin de pouvoir payer les réparations de 20 milliards de dollars, dont la moitié revenait à l'URSS. Il est établi que les trois puissances occuperont des parties de l'Allemagne et qu'une Commission centrale de contrôle basée à Berlin en contrôlera l'administration. En ce qui concerne la France, Staline accepte à contrecœur que si les Britanniques et les Américains veulent lui céder une partie de leurs zones, il puisse devenir membre de la Commission de contrôle s'il le souhaite. À Yalta, cependant, le démembrement convenu n'est pas annoncé, car il est décidé d'attendre la capitulation inconditionnelle et la conférence de paix.

Il n'est pas possible de consacrer de l'espace à des discussions sur l'ONU, le Moyen-Orient ou le Japon. Nous terminerons donc par une conversation qui s'est déroulée lors d'un dîner tripartite organisé le 10 février à 21 heures à la villa Vorontsov. Y assistent seuls Roosevelt, Churchill et Staline, accompagnés de leurs ministres des Affaires étrangères respectifs et d'interprètes. Au cours du repas, le sujet du Moyen-Orient est abordé et, dans ce contexte, Staline déclare que le problème juif est très difficile et que l'on a essayé d'établir une patrie pour les Juifs au Birobidjan, mais qu'ils y sont restés deux ou trois ans et se sont ensuite dispersés dans les villes.[13] Le président Roosevelt, qui sait que les dirigeants juifs n'accepteront pas d'autre territoire que la Palestine et que Churchill, comme lui, travaille pour le sionisme afin d'établir l'État juif après la guerre, déclare publiquement qu'il est sioniste et demande au maréchal Staline s'il l'est aussi. Staline, sans doute

---

[13] L'installation des Juifs au Birobidjan a commencé dans les années 1920. Au cours des années 1920, le gouvernement a déplacé des Juifs dans la région pour renforcer la sécurité dans l'Extrême-Orient soviétique. Le 28 mai 1928, le district de Birobidjan a été créé et c'est cette année-là que l'émigration massive des Juifs a commencé, en provenance de Biélorussie, d'Ukraine et même des États-Unis. Après l'occupation japonaise de la Mandchourie en 1931, la colonisation du Birobidjan s'est intensifiée. Le 7 mai 1934, un décret du Comité exécutif central de l'URSS fait du district de Birobidjan une région autonome juive. Staline crée ainsi l'État juif du Birobidjan en Sibérie, dont la taille est similaire à celle d'Israël. Quelque 30 000 Juifs sont arrivés dans la région autonome au cours de ces années.

surpris par la question, répondit qu'il l'était, mais reconnut la difficulté. Nous reviendrons plus tard sur les relations de Staline avec les sionistes lors de l'examen de l'assassinat de Staline.

PARTIE 6 - CRIMES ET MASSACRES EN TOUTE IMPUNITÉ CONTRE LE PEUPLE ALLEMAND

Les crimes que les vainqueurs ont commis contre le peuple allemand ne sont pas connus de tous. Comme nous le dénonçons, depuis plus de soixante-dix ans, le mensonge et la falsification de la réalité ont empêché les peuples d'Europe et du monde de connaître la tragédie des Allemands. La propagande ininterrompue et la version frauduleuse des événements diffusées dans les écoles et les médias ont été incessantes, rendant presque impossible de changer la perception de l'histoire qui désigne l'Allemagne comme seule responsable de la Seconde Guerre mondiale, pour laquelle elle ne mérite aucune clémence et une condamnation éternelle. Un épisode négligé est la déportation imposée aux Allemands vivant dans les parties de l'Europe occupées par l'URSS, qui ont été systématiquement bannis de leurs maisons et de leurs terres, qu'ils soient ou non membres du NSDAP.

Outre les régions allemandes expulsées et remises à la Pologne, des millions d'Allemands de souche ont été persécutés et/ou expulsés sans ménagement des pays où ils vivaient avant la guerre. La Pologne, la Roumanie, la Yougoslavie, la Hongrie, la Tchécoslovaquie, l'Union soviétique, l'Estonie, la Lettonie, la Lituanie, sans oublier la ville de Dantzig, ont expulsé la population allemande. Au total, quelque 19 millions de personnes ont tout perdu, car si elles n'ont pas fui, elles ont été expulsées vers l'Allemagne, où les attendaient la désolation et la misère d'un pays dévasté. Beaucoup ne purent atteindre les zones contrôlées par les Britanniques, les Américains et les Français, et s'installèrent en Autriche et dans l'Allemagne communiste. Quelque deux millions de personnes sont mortes au cours de leur pèlerinage vers l'ouest, victimes de la faim, de l'épuisement, du froid et de la maladie. Ces expulsions, le plus grand transfert de population de l'histoire, seront évoquées au chapitre XI : "Je n'ai pas peur", avait déclaré Churchill à Yalta, "du problème du transfert des peuples". Avant d'aborder cette tragédie colossale dans la première partie du chapitre suivant, il convient de décrire les crimes et les massacres commis contre les Allemands dans les derniers mois de la guerre et au début de l'après-guerre.

Le prélude de Nemmersdorf

Cette fuite pour sauver leur vie est le prélude aux expulsions massives ou aux transferts de population qui suivront après la fin de la guerre. En octobre 1944, Nemmersdorf en Prusse-Orientale est un avant-goût de ce qui attend les Allemands s'ils n'abandonnent pas les villes prises par l'Armée rouge. Le 16 octobre, les Soviétiques lancent une offensive qui leur permet de pénétrer pour la première fois sur le territoire du Reich. Le 19 octobre, ils occupent Gumbinnen et, le lendemain, la 25e brigade blindée entre dans Nemmersdorf, une ville d'un peu plus de 600 habitants située à dix kilomètres au sud-ouest de Gumbinnen. La ligne de défense fortifiée allemande étant brisée, les Soviétiques auraient pu pousser vers l'ouest et le nord-ouest sans rencontrer d'opposition, mais ils ne le firent pas. Bien que le général Budenny, commandant du 2e corps d'armée blindé, ait ordonné une avancée immédiate, la brigade n'a pas bougé pendant un jour et demi, ce qui a permis aux Allemands de déployer deux divisions Panzer, une de chaque côté de la pénétration soviétique. Le 23 octobre, la tenaille se referme sur l'arrière du corps de Budenny qui, après avoir perdu un millier de chars et dix-sept mille hommes, recule et doit se mettre sur la défensive le 27 octobre.

Après le succès de la vigoureuse contre-offensive de la Wehrmacht, qui a chassé les Russes de leur territoire, les troupes du général Hossbach reprennent Nemmersdorf. Les événements des 20 et 21 octobre dans cette ville de Prusse orientale sont si horribles que son nom restera à jamais gravé dans la mémoire collective, car il est devenu un symbole. Lorsque les faits furent connus, ils déclenchèrent une fuite massive de citoyens allemands, non seulement de Prusse orientale, mais aussi de Silésie et de Poméranie. En entrant dans Nemmersdorf, les soldats découvrent dans les rues des corps de vieilles femmes et d'enfants en décomposition, avec des blessures brutales au visage et au crâne. Les femmes présentent des signes évidents d'avoir été violées en masse avant d'être assassinées. Les maisons ont été pillées, rasées et brûlées. À la sortie du village, les chars ont écrasé les chariots des réfugiés qui fuyaient le village.

Le 5 juillet 1946, des militaires allemands et russes, ainsi que des prisonniers de guerre belges, français et britanniques, témoignent des événements de Nemmersdorf devant un tribunal américain à Neu Ulm. Le Dr Heinrich Amberger, lieutenant de réserve, confirme dans une déclaration sous serment que la colonne de réfugiés a été écrasée par des chars, qui ont roulé sur des personnes et des wagons. Selon ce témoin, les civils, principalement des femmes et des enfants, ont été écrasés au point d'être aplatis sur l'asphalte. Au bord d'une rue", raconte cet Allemand, "une bleuette était assise, recroquevillée, avec une balle dans la nuque. Non loin d'elle gisait un bébé de quelques mois, tué à bout portant d'une balle dans le front..... Un groupe d'hommes, sans blessures mortelles, a été tué par des coups de pelle ou de crosse de fusil. Leurs visages sont complètement défoncés. Un homme avait été cloué à la porte d'une ferme".

Alfred M. de Zayas reproduit dans *Nemesis at Potsdam* des extraits glaçants de ces déclarations devant le tribunal de Neu Ulm, qui ont ensuite été présentés par la défense lors des procès de Nuremberg. La cruauté et l'impitoyabilité des troupes soviétiques sont frappantes dans le récit de Karl Potrek, un civil de Königsberg qui avait été enrôlé et envoyé à la hâte dans la région de Gumbinnen et de Nemmersdorf :

Au bout de la ville, à gauche de la route, se trouve la grande taverne "Weisser Krug"... dans la cour de la ferme, plus loin dans la rue, se trouvait une charrette sur laquelle quatre femmes nues étaient clouées par les mains en position cruciforme. Derrière le "Weisser Krug", en direction de Gumbinnen, se trouve une place avec un monument au soldat inconnu. Plus loin se trouve une autre grande taverne, le "Roter Krug". Près de celle-ci, parallèlement à la rue, il y avait une grange et sur chacune de ses deux portes, une femme nue crucifiée avec des clous dans les mains. Dans les habitations, nous avons trouvé au total soixante-douze femmes, dont des filles, et un homme de soixante-quatorze ans. Tous morts... tous assassinés de manière bestiale, à l'exception de quelques-uns qui avaient des impacts de balles dans le cou. Certains bébés avaient la tête arrachée. Dans une pièce, nous avons trouvé une femme de quatre-vingt-quatre ans assise sur un canapé... la moitié de sa tête avait été tranchée à la hache ou à la pelle. Nous avons emmené les corps au cimetière du village où nous les avons déposés en attendant la commission médicale étrangère. Entre-temps, une infirmière d'Insterburg, originaire de Nemmersdorf, est arrivée à la recherche de ses parents. Parmi les corps, il y avait sa mère de 72 ans et son père de 74 ans, le seul homme parmi les morts. Elle confirme que tous les morts sont des voisins de Nemmersdorf. Le quatrième jour, ils sont enterrés dans deux tombes. Le lendemain, la commission médicale est arrivée, il a donc fallu ouvrir à nouveau les tombes pour examiner les corps. Les portes des granges ont été mises en bloc pour que les corps puissent y être étalés. Cette commission étrangère a établi à l'unanimité que toutes les femmes, ainsi que des fillettes de huit à douze ans et même une femme de quatre-vingt-quatre ans, avaient été violées. Après avoir été examinés par la commission, les corps ont été réinhumés".

Le capitaine Emil Herminghaus parle d'un groupe de femmes, dont plusieurs religieuses, qui ont toutes été sauvagement poignardées et fusillées. Selon le capitaine, l'armée a immédiatement invité la presse neutre : des journalistes suisses et suédois, ainsi que quelques Espagnols et Français, ont témoigné de l'horreur de la scène. À Nemmersdorf se trouvaient également des prisonniers de guerre français, belges et britanniques qui n'avaient pas été évacués et qui avaient été témoins du comportement des soldats soviétiques. Ils ont ensuite raconté leur expérience dans des journaux d'anciens combattants. Certains prisonniers de guerre britanniques ont confirmé, après leur rapatriement, que le manque de discipline de l'Armée rouge était frappant. Au cours des premières semaines de l'occupation", rapporte un prisonnier britannique interné dans un camp situé entre Schlawe, Lauenburg et Buckow, villes de Poméranie orientale, "les soldats rouges ont violé toutes les femmes âgées de douze à soixante ans". Cela peut paraître exagéré, mais c'est la vérité. Les seules exceptions étaient les filles qui avaient réussi à se cacher dans les bois ou qui avaient eu la force de feindre des maladies infectieuses telles que le typhus ou la diphtérie.... Les Rouges cherchaient les femmes dans chaque maison, les intimidaient avec des pistolets ou des mitrailleuses et les emmenaient dans leurs chars ou leurs véhicules".

Normalement, on trouve très peu de références dans les sources russes à la conduite criminelle de l'Armée rouge. L'un d'entre eux est Alexandre Soljenitsyne qui, en 1945, était un capitaine de l'Armée rouge dont le régiment était entré en Prusse orientale en janvier. À la page 43 du premier volume de l'édition anglaise en trois volumes de l'*Archipel du Goulag*, il écrit : "Oui ! Nous étions en guerre en Allemagne depuis trois semaines et nous savions tous très bien que si elles avaient été allemandes (il veut dire polonaises), elles auraient pu être tranquillement violées puis fusillées et que cela aurait presque été compté comme un mérite de guerre...". Alexander Werth, auteur d'une vingtaine d'ouvrages né en Russie et né en Grande-Bretagne, a couvert la guerre en Russie en tant que correspondant *du Sunday Times*. Dans *Russia at War 1941 to 1945*, Werth évoque une conversation avec un commandant russe, qui commente avec insolence :

> N'importe laquelle de nos compadres n'avait qu'à dire : "Frau komm" (femme, viens), et elle savait ce qu'on attendait d'elle.... Pendant près de quatre ans, l'Armée rouge a été privée de sexe..... En Pologne, des faits regrettables se produisaient de temps à autre, mais, dans l'ensemble, une discipline stricte était maintenue en ce qui concerne les viols.... Les pillages et les viols à grande échelle n'ont commencé qu'avec l'entrée de nos soldats en Allemagne. Nos hommes étaient tellement avides de sexe qu'ils violaient souvent de vieilles femmes de soixante, soixante-dix ou même quatre-vingts ans - à la surprise de ces grands-mères, sinon à leur grand plaisir. Mais je reconnais que c'était une affaire obscène".

Goebbels, le ministre de la Propagande, comme il l'avait fait avec les travaux de Theodore Kaufman, montre à la population allemande les atrocités commises par les Soviétiques à Nemmersdorf. C'est la première fois que l'Armée rouge rencontre des civils allemands et l'expérience est si terrible que toute l'Allemagne semble comprendre ce qui se prépare. Par la suite, la résistance de ceux qui pouvaient se battre fut encore plus féroce, mais Nemmersdorf marqua aussi le début d'une fuite massive des civils qui ne pouvaient ni ne savaient se battre. Ainsi, comme nous l'avons vu dans le récit de l'Holocauste de Dresde, au début du mois de février 1945, plus de 600 000 fugitifs s'étaient réfugiés dans la seule capitale saxonne, fuyant dans la terreur la nouvelle qui confirmait que Nemmersdorf n'était pas un événement isolé, mais le prélude d'une pièce qui s'écrivait dans toutes les villes occupées et qui ne se terminerait qu'avec l'épilogue à Berlin.

Massacres de réfugiés en mer : trois naufrages oubliés

La sauvagerie à l'encontre des civils allemands fuyant vers l'ouest ne se manifeste pas seulement sur les routes, où des avions volant à basse altitude mitraillent les colonnes de fugitifs qui se frayent un chemin à travers les congères sur les routes verglacées. Conscients des difficultés de la fuite par voie terrestre, des centaines de milliers de réfugiés se dirigent vers les ports de la Baltique dans l'espoir d'être évacués par la mer. Les amiraux Oskar Kummetz et Konrad Engelhardt, chargés par l'amiral Dönitz de lancer l'"opération Hannibal", parviennent à rassembler plus d'un millier de navires de tous types pour mener à bien l'évacuation. Tous les navires disponibles dans la Baltique sont consacrés à cette opération. Engelhardt et Kummetz utilisent la marine marchande, la marine de guerre et même des navires privés, y compris des bateaux de pêche. Selon Alfred M. de Zayas, plus de deux millions d'Allemands, civils et militaires (principalement des blessés et des malades), ont été secourus de fin janvier à début mai 1945 dans ce qui est considéré comme la plus grande évacuation maritime de l'histoire. Cependant, entre 25 000 et 30 000 personnes, pour la plupart des civils, ont péri en mer. Dans la baie de Dantzig et à proximité, trois grands navires remplis de réfugiés et de blessés évacués vers l'Allemagne ont été coulés par des sous-marins soviétiques.

La première de ces catastrophes s'est produite le 30 janvier 1945, lorsque le sous-marin soviétique S-13, commandé par le capitaine Alexander Marinesko, a coulé le *Wilhelm Gustloff,* un paquebot moderne construit sur ordre d'Hitler dans le cadre du programme "La force par la joie" et utilisé comme navire-hôpital (Lazarettschiff). À cette fin, il avait été peint en blanc avec une bande verte de la proue à la poupe et plusieurs croix rouges étaient visibles à divers endroits de la coque et du pont. *Le Wilhelm Gustloff* avait quitté Pillau (Balstik en polonais) pour le Mecklembourg avec neuf mille civils : femmes, enfants et personnes âgées, et quelque dix-sept cents militaires : un millier de cadets de la marine et le reste des blessés. Après plusieurs heures de navigation par une mer agitée et des températures proches de moins 20 degrés Celsius, le pont est gelé et les canots de sauvetage sont glacés. Trois torpilles ont touché le paquebot qui a coulé lentement, permettant de sauver quelque 850 personnes avec l'aide d'autres navires du convoi, selon des sources allemandes.

Onze jours plus tard, le 10 février 1945, le même sous-marin S-13 du capitaine Marinesko coule son deuxième paquebot, le *Gèneral von Steuben,* un paquebot de luxe confisqué par la marine et transformé en hôpital. Plus de 5200 personnes se trouvaient à bord : 2000 civils, comme d'habitude des femmes et des enfants fuyant l'avancée des troupes soviétiques, 2700 blessés, 320 infirmières et 30 médecins, ainsi que quelque 300 membres d'équipage. Trois enfants sont nés cette nuit-là sur le navire, et un sentiment de soulagement s'empare des passagers alors qu'ils échappent à l'enfer de la

Prusse orientale. Deux torpilles touchent le navire, qui a également quitté Pillau et se dirige vers Swinemünde. Un torpilleur d'escorte a pu sauver six cent cinquante-neuf survivants, les autres sont morts dans les eaux glacées de la Baltique.

La tragédie du *Goya*, un autre navire-hôpital construit à Oslo en 1940, s'est produite le 16 avril 1945, juste à la fin de la guerre. Son naufrage n'a pas de sens, puisque les Soviétiques et les Polonais ont déjà décidé d'expulser les Allemands. Le navire avait quitté le port de Dantzig chargé de réfugiés. Les capitaines de ces navires laissaient généralement monter à bord beaucoup plus de personnes que ce qui était autorisé, et ils n'obéissaient pas aux ordres qui leur étaient donnés. C'était inévitable, car il était très difficile pour eux de laisser à terre tant de civils démunis qui avaient enduré toutes sortes d'épreuves. Dans le cas du *Goya*, la liste des passagers a été arrêtée lorsque le nombre de passagers a atteint 6100. Il y avait donc environ 7000 personnes à bord, sans compter l'équipage. À cette occasion, deux torpilles ont été tirées par le sous-marin S-3, commandé par le capitaine Vladimir Konovalov, qui ont provoqué le naufrage du navire en moins de sept minutes. Seules 165 personnes ont survécu. Dans *Les cent derniers jours* (1967), Hans Dollinger rapporte le témoignage d'un survivant nommé Brinkmann, qui raconte les scènes de terreur collective qui ont suivi le cri de "chacun pour soi". En 2003, l'épave du *Goya* a été retrouvée par quatre-vingts mètres de fond.

Au cours de l'opération d'évacuation dans la Baltique, treize navires-hôpitaux furent déployés, dont quatre furent coulés, et vingt-et-un transports de blessés, dont huit finirent au fond de la mer. L'URSS avait expressément refusé de reconnaître les "Lazarettschiffe" allemands et les avait attaqués tout au long de la guerre comme s'il s'agissait de cibles militaires légitimes, un crime de guerre qui devait certainement constituer une "peccata minuta" pour les Soviétiques qui, pendant des décennies, avaient ignoré les droits de l'homme les plus élémentaires et bafoué les conventions internationales. Les naufrages du *Wilhelm Gustloff* et du *Goya* sont considérés comme les deux pires catastrophes navales de l'histoire en termes de pertes humaines, ce que peu de gens savent. Le 9 mai 1945, alors que l'Allemagne a déjà capitulé, a lieu le dernier naufrage : le petit pétrolier *Liselotte Friedrich* de 500 tonnes, transportant plus de 300 réfugiés, est torpillé par un avion et coule près de Bornholm (Danemark). Au moins cinquante personnes perdent la vie.

Königsberg

La capitale de la Prusse orientale, Königsberg, résiste jusqu'au 9 avril 1945. L'évacuation par mer des ports de la Baltique proches de la ville en dépendait en grande partie. Dans les accords de Yalta, Königsberg, l'ancienne capitale des chevaliers teutoniques, avait été offerte à Staline, de sorte que les Soviétiques ont commencé à l'administrer et ont agi sans pitié dès le début. La déportation de l'ensemble de la population allemande est un moindre mal, mais il est également possible d'en exterminer une grande partie. Le 9 avril, on estimait qu'il restait 110 000 Allemands à Königsberg, mais lorsque les Soviétiques ont compté le nombre de déportés en juin, il n'y en avait plus que 73 000. Giles MacDonogh, qui est à l'origine de cette information, raconte dans *After the Reich* l'entrée de l'Armée rouge dans Königsberg. Parmi les principales sources citées pour la prise de la ville de Kant figure *Ostpreussisches Tagebuch : Aufzeichnungen eines Arztes aus den Jahren 1945-1947* (*Journal de la Prusse orientale : notes d'un médecin des années 1945-1947*), ouvrage publié en 1961 par le Dr Hans Graf von Lehndorff, chirurgien et témoin oculaire des événements.

Le siège de la capitale prussienne s'achève le 26 janvier 1945, mais le général Lasch parvient à tenir le siège de Königsberg pendant deux mois et demi. Il capitule le 10 avril, lorsque des vagues de soldats entrent dans la ville et attaquent sans pitié la population qui ose sortir des tanières où elle a survécu au long siège : "Ils sont battus, volés, déshabillés", écrit MacDonogh, "et, s'il s'agit de femmes, violés. Les cris des femmes sont entendus partout. Schieß doch !" (tirez), criaient-elles. Dans un hôpital, des sœurs ont été violées par des garçons assoiffés de sang, âgés de seize ans au plus. Un grand nombre de personnes ont choisi de mettre fin à leurs jours pour éviter la cruauté des Soviétiques, qui entraient dans les abris avec leurs lance-flammes et y mettaient le feu sans hésiter. Dans son journal, le docteur Hans Lehndorff raconte la prise d'assaut de son hôpital par les soldats : "Les malades et les blessés ont été jetés hors de leurs lits, les pansements de leurs blessures arrachés....".

Le 11 avril, les soldats trouvent de l'alcool, localisent une distillerie et commencent à incendier les quelques maisons de la ville qui n'ont pas été endommagées en août 1944 par les terribles bombardements britanniques. À l'exception des bâtiments occupés par les Soviétiques, comme le quartier général du commandement et l'ancienne caserne de la Gestapo, le reste est rasé. Le docteur Lehndorff se souvient que des soldats atteints de syphilis et de gonorrhée sont revenus à l'hôpital et, malgré le fait que, dans leur sauvagerie, ils avaient détruit le dispensaire, ont exigé un traitement pour leurs maladies sous la menace d'une arme. Lehndorff raconte qu'en son absence, son "âme sœur", qu'il appelle "Docteur", a été tirée d'une table d'opération et violée. Lorsqu'il a vu sa collègue dont la blouse était en lambeaux, mais qui essayait de continuer à panser les blessés, il a compris ce qui s'était passé. Elle demande une bible et prépare des pilules pour le cas où elle en aurait besoin. Le pire était à venir, car le médecin a dû résister à trois autres attaques. Le Dr Lehndorff avoue avoir été soulagé lorsqu'elle a fondu en larmes : "J'étais content qu'elle ait fini par céder".

Une fois la ville incendiée et les orgies terminées, les citoyens sont regroupés et dirigés vers les camps. Le docteur Lehndorf fait partie de ceux qui ont quitté Königsberg le 12 avril pour participer à l'une des expéditions.

Lehndorff écrit dans son *Tagebuch* (journal) qu'avant de quitter l'hôpital, une patiente blessée à la tête a été violée un nombre incalculable de fois sans qu'elle s'en rende compte. Selon son témoignage, tous les blessés ou les personnes jugées trop âgées sont tués dans leur lit ou dans les fossés. Au cours de la marche de 25 kilomètres, les soldats, aidés par des auxiliaires polonais communistes, entraînent les femmes hors de la colonne aux cris de "Davai suda" ("Allez, femme !").

Certaines sources mentionnées par Giles MacDonog affirment que les Russes ont attaché de jeunes membres des Jeunesses hitlériennes à des chevaux et qu'ils ont été déchirés membres par membres. Les habitants des villages proches de Königsberg ont subi le même sort. Un témoin qui a réussi à fuir vers l'est rapporte qu'une pauvre villageoise a été violée de huit heures du soir à neuf heures du matin par des membres d'un escadron de chars. Une autre source, Josef Henke, rapporte dans *Die Vertreibung* (*L'expulsion*) les expériences des survivants, qui incluent toutes sortes d'atrocités. Une narratrice explique qu'après avoir assisté au meurtre d'un couple marié d'une balle dans la nuque, elle a été capturée et violée vingt fois avant d'être enfermée avec huit autres femmes, dont une fille de quatorze ans, dans une cabane dans une forêt, où elles ont toutes été violées pendant une semaine. Une autre survivante raconte qu'après avoir été tué, un homme a été jeté dans une porcherie pour être mangé par les cochons.

Deux millions de femmes violées

Selon le commandant russe cité plus haut, la "discipline" était maintenue en Pologne, où "des choses regrettables se produisaient" (pillages et vols), mais pas des crimes et des viols collectifs. Alors qu'en Pologne, aucun excès contre la population civile n'est autorisé, en Allemagne, le comportement bestial des soldats soviétiques et polonais reçoit l'assentiment des commandants. Le juif sanguinaire Ilya Ehrenburg, dont la harangue intitulée "Tuer" a déjà été retranscrite en partie au chapitre 9, joue un rôle de premier plan dans son travail de propagandiste. Ses articles répugnants paraissent dans la *Pravda*, dans les *Izvestia* et dans le journal *Red Star*, qui est envoyé aux soldats de première ligne sur le front. Dès 1943, Ehrenburg publie le livre *La guerre*, dans lequel il incite systématiquement au viol et au meurtre sans ménagement. "Les Allemands ne sont pas des êtres humains", écrit ce sinistre prédicateur de haine et de mort, qui appelle les soldats à tuer de sang-froid :

> "...Nous ne nous exciterons pas, nous tuerons. Si vous n'avez pas tué au moins un Allemand par jour, vous avez perdu cette journée..... Si vous ne pouvez pas tuer votre Allemand avec une balle, tuez-le avec votre baïonnette. Si le calme règne sur le front et que vous vous attendez à reprendre le combat, tuez un Allemand pendant que vous y êtes. Si vous

laissez un Allemand en vie, il pendra un Russe et violera une Russe. Si vous tuez un Allemand, tuez-en un autre - il n'y a rien de plus amusant pour nous qu'un tas de cadavres allemands..... Tuez les Allemands, c'est la demande de votre grand-mère. Tuez les Allemands, c'est la prière de votre fils. Tuez les Allemands, c'est la demande de votre mère patrie. N'échouez pas. Ne ratez pas l'occasion. Tuez."

Deux millions d'Allemandes ont été violées lors de l'avancée de l'Armée rouge vers Berlin, dont plus de 200 000 sont mortes, soit d'agressions inhumaines, soit de blessures, soit de suicides. Certaines femmes ont été violées plus de soixante fois en une seule nuit. Des filles et des jeunes femmes, des religieuses, des femmes de tous âges, y compris des octogénaires, ont été violées sans relâche. Les hommes formaient des files d'attente, parfois conduits par les officiers. Ehrenburg avait expressément appelé au déchirement des femmes portant un enfant dans leur ventre : "Chez les Allemands, il n'y a pas d'innocents, ni parmi les vivants, ni parmi les enfants à naître.... Déchirez la fierté raciale des femmes germaniques avec vivacité. Prenez-les comme un butin légitime."

En 2008, le film *Anonyma - Eine Frau in Berlin* (*Anonyma, une femme à Berlin*) est sorti sur les écrans. Réalisé par Max Färberböck, il est basé sur le journal personnel de Marta Hillers, une journaliste allemande violée à plusieurs reprises et qui parlait russe et français. Il vaut la peine d'être vu. En outre, 2010 a vu la publication de *Hellstorm : The Death of Nazi Germany (1944-1947)* de Thomas Goodrich, un livre qui fournit un compte rendu complet de la tragédie passée sous silence de tant de femmes allemandes dont on ne se souvient jamais. Le lecteur intéressé peut prendre connaissance des détails les plus sordides et comprendre l'ampleur de l'horreur. Johannes Kaps : *Die Tragödie Schlesiens 1945/1946 in Dokumenten* (1952), dont un large extrait a été traduit en anglais et publié sous le titre *Martirio y heroísmo de la mujer alemana del este* (*Martyre et héroïsme des femmes d'Allemagne de l'Est*). Il s'agit d'une collection de documents choquants sur des viols, des meurtres bestiaux innommables et d'autres atrocités commises par des soldats soviétiques et polonais. Certains témoignages affirment que les Polonais étaient encore plus sadiques que leurs acolytes.

Goodrich affirme que les Américains, les Britanniques et les Français savaient que des atrocités étaient commises et que non seulement ils n'ont rien fait pour les arrêter, mais que beaucoup sont allés jusqu'à participer aux orgies de dépravation sexuelle et de sadisme, en particulier les Marocains français. Les scènes racontées par les victimes et les témoins dans *Hellstorm* font froid dans le dos. Certains soldats, par exemple, étaient tellement ivres qu'ils ne pouvaient pas terminer l'acte et utilisaient la bouteille, laissant de nombreuses femmes obscènement mutilées. Selon les rapports des deux principaux hôpitaux de Berlin (il ne s'agit donc que des chiffres des femmes qui ont pu se rendre dans les hôpitaux), plus de 100 000 femmes ont été violées dans la seule capitale, dont 10 000 sont mortes, souvent par suicide :

"Père, dit l'une de ces malheureuses à son confesseur, je ne peux pas continuer à vivre. Trente hommes m'ont violée la nuit dernière". De nombreuses mères ont été contraintes de regarder leurs filles de dix, onze et douze ans se faire violer encore et encore par une vingtaine d'hommes ; mais en même temps, des fillettes et des adolescentes ont dû regarder leurs mères et même leurs grands-mères octogénaires se faire violer. Les femmes qui résistaient étaient brutalement et impitoyablement torturées à mort. Parfois, après avoir consenti au viol, les soldats tranchaient la gorge de leurs victimes ou les éventraient. L'historien Anthony Beevor, auteur de *Berlin : The Downfall 1945*, qualifie ce qui s'est passé de "plus grand phénomène de viol collectif de l'histoire". Saint-Paulien, pseudonyme de Maurice-Yvan Sicard, affirme dans *La Bataille de Berlin*, premier tome de son ouvrage *Les Maudits* (1958), que le nombre de femmes violées dans l'agglomération berlinoise a largement dépassé le million.

Il a déjà été dit au chapitre 8 que, selon Andrei Sverdlov, fils du bolchevik juif qui a ordonné l'assassinat du tsar Nicolas II et de sa famille, l'Armée rouge comptait trois cent cinq généraux juifs au cours de la Seconde Guerre mondiale. C'est une conséquence de la politique menée par Trotsky, qui s'était appuyé sur ses frères de sang pour façonner les structures de commandement de l'Armée rouge. Naturellement, les généraux et les commandants intermédiaires ont facilité la distribution massive de millions de pamphlets par Ilya Ehrenburg (initialement appelé Eliyahu) aux soldats soviétiques entrant en Allemagne. Ehrenburg doit certainement être considéré comme l'idéologue du viol, de la torture et du meurtre de femmes allemandes sans défense, dont beaucoup sont tombées enceintes : on estime que quelque 300 000 bébés sont nés. Beaucoup de ces bébés sont morts par manque de moyens et de soins. Ce "philanthrope" juif a reçu le prix Staline pour la paix en 1952. En Israël, bien sûr, Ehrenburg est l'objet de tous les honneurs. Ses documents sont conservés au "Yad Vashem Holocaust Museum".

A l'heure où nous écrivons ces lignes, nous apprenons qu'un nouveau livre sur le viol aveugle des femmes allemandes, *Alle die Soldaten kamen* (*Tous les soldats sont venus*), vient d'être publié. Pour la première fois, il propose une enquête sur l'attitude des soldats américains, britanniques et français. Le professeur Miriam Gebhardt, qui interroge dans son livre des victimes et des viols, estime que, hormis l'orgie soviétique, les soldats alliés ont violé quelque 860 000 femmes pendant et après la Seconde Guerre mondiale.

Prisonniers de guerre allemands
Les camps de la mort d'Eisenhower

Dans un chapitre ultérieur, consacré exclusivement à l'étude des accusations portées contre l'Allemagne nazie concernant la prétendue extermination de six millions de Juifs, nous examinerons le système pénitentiaire allemand. Nous dirons seulement qu'à l'origine, il y avait des camps de prisonniers (Straflager), des camps de travail (Arbeitslager) et des camps de concentration (Konzentrationslager), dont les infrastructures étaient bien conçues pour remplir leur fonction. L'Allemagne est de loin le pays qui respecte le mieux la Convention de Genève et traite donc les prisonniers de guerre conformément aux conventions internationales, comme l'attestent les rapports de la Croix-Rouge, qui visite régulièrement les camps. Le traitement des prisonniers de guerre allemands est une autre affaire. On a vu comment Eisenhower a interdit à la Croix-Rouge internationale l'accès à ses camps de la mort, où près d'un million d'Allemands ont péri en plein air. Nous reviendrons dans un instant sur ce fait historique longtemps occulté.

Le traitement soviétique des prisonniers de guerre n'est guère contestable : le fait que l'URSS, alliée des démocraties, soit l'un des rares pays au monde à ne pas avoir signé la Convention de Genève explique en partie ses agissements scandaleux. Dès le printemps 1940, Beria avait éliminé 22 000 Polonais, la crème de l'armée et de l'intelligentsia polonaise, sans que personne ne le sache. En d'autres termes, il n'était pas possible de contrôler les Soviétiques et d'exiger qu'ils traitent les prisonniers avec humanité et dignité. Nous avons vu comment leurs propres citoyens ont été traités pendant des décennies, et nous savons comment sept millions de personnes sont mortes de faim en Ukraine (Holodomor). Le traitement des soldats ennemis ne doit donc pas nous surprendre.

Le 29 décembre 1941, dans un hôpital de campagne allemand à Theodosia (Crimée), 160 soldats blessés ont été tués. Certains ont été jetés par les fenêtres et aspergés d'eau pour les congeler. En février 1943, après la capitulation du général von Paulus à Stalingrad, 91 000 soldats allemands ont entamé à pied, dans la neige, la "marche de la mort" vers les camps de concentration. La moitié d'entre eux sont morts de la marche, du froid extrême et des coups. Les autres ont été internés dans une douzaine de camps de concentration, et seuls 6000 d'entre eux ont survécu aux conditions inhumaines de l'internement. À Kharkov (Ukraine), au cours de l'été 1943, 150 prisonniers ont été pendus en public devant une foule en liesse. À Glowno (Pologne), 2000 prisonniers allemands qui s'étaient rendus ont été forcés de marcher sur des mines terrestres, et ceux qui ont survécu ont été brûlés au lance-flammes. Ces exemples suffisent.

Sur les trois millions de prisonniers allemands tombés aux mains de l'Armée rouge, un million est mort entre 1945 et 1953 dans le goulag soviétique. À partir de cette dernière date, après la mort de Staline, la Croix-Rouge internationale a commencé à réclamer le retour des prisonniers des nations qui avaient combattu l'URSS : Roumanie, Hongrie, Italie, Japon, Finlande, Slovaquie, France de Vichy et d'autres pays, dont l'Espagne. Sur plus d'un demi-million de prisonniers hongrois détenus dans les camps soviétiques, quelque 200 000 ont péri. Les Roumains ont également beaucoup souffert du traitement qu'ils ont reçu dans les camps de l'URSS : sur 400 000 prisonniers, seule la moitié a survécu et a pu retourner en Roumanie.

On ne peut donc pas attendre grand-chose de l'Union soviétique, un pays qui, depuis 1917, se caractérise par l'élimination impitoyable de tous les opposants et par un mépris total pour la vie de ses propres citoyens, considérés comme des ennemis de classe. En revanche, on peut exiger davantage des pays qui se proclament défenseurs de la liberté et de la démocratie. Il était donc impensable que Dwight D. Eisenhower interdise à la Croix-Rouge internationale l'accès à ses camps de la mort. Il convient maintenant de revenir sur cette question afin de développer en quelques pages les brèves informations données ci-dessus.

La première chose à noter est que les capitulations massives se sont produites sur le front occidental parce que les commandants allemands étaient convaincus que les Alliés les traiteraient mieux que les Soviétiques. Sur le front oriental, les unités de la Wehrmacht se sont battues jusqu'au bout pour tenter d'empêcher que nombre de leurs compatriotes ne tombent aux mains des communistes. C'est l'amiral Dönitz qui a ordonné cette stratégie, qui n'a finalement servi à rien, car, à bien y réfléchir, la mort lente qu'Eisenhower leur avait préparée était l'une des plus cruelles que l'on puisse infliger à un être humain : "J'ai vu des milliers d'hommes serrés les uns contre les autres", raconte Martin Brech, un soldat américain qui gardait l'un des camps, "trempés et transis de froid, dormant dans la boue sans abri ni couverture, mangeant de l'herbe parce qu'on les nourrissait à peine, mourant....". Il est devenu évident que le fait de ne pas les nourrir correctement était notre norme délibérée.... Ils mendiaient, tombaient malades et mouraient devant nous".

La publication en 1989 du livre *Other Losses* de James Bacque, qui a prouvé sans l'ombre d'un doute ce qui s'était passé, a mis à jour une vérité qui était restée cachée. Il aura fallu quarante-quatre ans pour que le monde apprenne qu'Eisenhower, "le terrible juif suédois", était un génocidaire qui avait délibérément tué près d'un million d'Allemands en quelques mois. On peut se faire une idée de l'ampleur de ce crime en réalisant que ces morts dépassent de loin celles subies en Europe occidentale par l'armée allemande pendant toute la guerre. Bacque a interrogé des centaines de prisonniers, de gardes et d'officiers américains et a rassemblé des preuves exhaustives provenant d'archives en Allemagne, en France, en Grande-Bretagne, au Canada et aux États-Unis, ce qui lui a permis de découvrir l'histoire choquante d'un crime gigantesque exécuté dans des bourbiers nauséabonds qui sont devenus des marécages de saleté, d'épidémies et de maladies.

Les Allemands estiment que plus de 1 700 000 soldats encore en vie à la fin de la guerre ne sont jamais rentrés chez eux, mais les Alliés rejettent toute responsabilité et pointent du doigt les Russes. Entre 1947 et 1950, la plupart des rapports sur les camps de prisonniers américains ont été détruits. Willy Brandt lui-même, moteur de l'"Ostpolitik" entre 1969 et 1974, a subventionné des livres niant les atrocités commises dans les camps américains. James Bacque note que, des années plus tard, Brandt a refusé de discuter de son rôle dans la censure et la subvention de livres qui dissimulaient les crimes commis contre le peuple allemand. James Bacque accuse également le Comité international de la Croix-Rouge à Genève de ne pas l'avoir autorisé à enquêter sur les archives relatives aux camps britanniques et canadiens, qui savaient ce qui se passait dans les camps de la mort d'Eisenhower.

Lorsque Morgenthau s'est rendu en Europe avec White en août 1944, il a eu l'occasion de rencontrer Eisenhower, commandant suprême du corps expéditionnaire allié en Europe, qui, comme on l'a dit, l'a assuré qu'il "cuisinerait les Allemands à leur propre sauce". James Bacque, qui outre le *Journal de Morgenthau* et l'introduction du professeur Anthony Kubek que nous avons utilisée, cite *Roosevelt et Morgenthau* de John Morton Blum, confirme que le secrétaire au Trésor est revenu satisfait de l'empressement d'Eisenhower, puisque le général a promis de "sévir" contre les Allemands. Cependant, Morgenthau dit à Roosevelt à la Maison Blanche que la Commission consultative européenne n'envisage pas "la manière de traiter sévèrement l'Allemagne comme nous le souhaiterions". Quoi qu'il en soit, Morgenthau est convaincu qu'il finira par imposer son plan aux Allemands et déclare au Président : "Donnez-moi trente minutes avec Churchill et je pourrai me racheter". La réponse de Roosevelt, tirée des *carnets présidentiels*, ne passe pas inaperçue : "Nous devons être durs avec l'Allemagne, et je veux dire le peuple allemand, pas seulement les nazis. Soit nous émasculons les Allemands, soit nous les traitons de telle sorte qu'ils ne puissent plus reproduire des gens qui veulent continuer ce qu'ils ont fait dans le passé".[14]

Ces mots correspondent à la proposition de Theodore N. Kaufman de stériliser tous les Allemands, ce qui suggère que, comme Göbbels et d'autres dirigeants nationaux-socialistes l'ont dénoncé, Kaufman s'est déplacé à la Maison Blanche, notamment en tant qu'homme de Samuel Rosenman, l'un des conseillers juifs les plus importants du président. Peu avant sa mort, Roosevelt confirma à Morgenthau, qui se trouvait à Warm Springs, en Géorgie, dans la nuit du 11 avril 1945, qu'il partageait ses projets. Comme

---

[14] Les *journaux de Morgenthau* comprennent une série de quelque 2000 pages, les "*Presidential Diaries*", qui consignent les entretiens de Morgenthau avec FDR. Dans cette collection de documents manuscrits, outre les plaisanteries et les discussions en "tête-à-tête", on trouve également des réunions ministérielles. Ces documents donnent un aperçu de l'amitié étroite entre les deux Juifs et de la mesure dans laquelle ils étaient sur la même longueur d'onde dans leur haine du peuple allemand. Les *Journaux présidentiels* contiennent également des documents relatifs à Harry Salomon Truman et Dwight David Eisenhower.

le secrétaire d'État au Trésor l'a noté dans les *Journaux présidentiels*, les dernières paroles du président à son égard sur les questions politiques ont été : "Henry, je suis avec vous à 100%.

Lors de la deuxième conférence de Québec, qui se tient du 11 au 16 septembre 1944, Morgenthau dispose de plus de la demi-heure qu'il a demandée pour tenter de convaincre Churchill, qui s'est rendu à Québec avec une vieille connaissance qui déteste les Allemands autant que Morgenthau, Lord Cherwell, c'est-à-dire Frederick Alexander Lindemann, son conseiller juif, son ami intime, l'idéologue de la terreur aérienne au-dessus de l'Allemagne. Les deux hommes se mettent d'accord pour convaincre Churchill de la nécessité de mettre en œuvre le plan Morgenthau. "Morgenthau et Lord Cherwell, conseiller de Churchill, écrivent Bacque, élaborent un plan pour vaincre la résistance de Churchill. Seul Anthony Eden, secrétaire au Foreign Office, s'oppose au plan Morgenthau et Lord Cherwell, principal défenseur du plan en Grande-Bretagne, au Québec. À Moscou, à la mi-octobre, Churchill explique le plan Morgenthau pour l'Allemagne à Staline, qui l'approuve. Au sein du cabinet de guerre britannique, cependant, des doutes subsistent. Lindemann réussit à mettre en colère le ministre des Affaires étrangères en laissant entendre à Churchill que les inquiétudes d'Eden concernant la famine en Allemagne étaient totalement erronées. Selon Bacque, Churchill dut jouer les médiateurs entre les deux hommes et apaiser Eden, qui répliqua avec colère.

Le 10 mars 1945, Eisenhower trouve le moyen de violer la Convention de Genève et d'empêcher les prisonniers de guerre d'être traités comme l'exigent les normes internationales. Pour ce faire, il crée un nouveau type de prisonniers : les DEF (Unarmed Enemy Forces). Les chefs d'état-major combinés (CCS), composés de Britanniques et d'Américains, reçoivent le message en avril au Grand quartier général des forces expéditionnaires alliées (SHAEF). Le CCS n'approuve le statut DEF que pour les prisonniers de guerre américains, les Britanniques refusant d'adopter le plan d'Eisenhower pour leurs propres prisonniers de guerre. Les principales conditions énoncées dans l'ordre sont reflétées dans les points B, C et D et sont les suivantes :

"(B) Les Allemands sont responsables de l'alimentation et de l'entretien des troupes allemandes désarmées.
(C) La procédure adoptée ne s'applique pas aux criminels de guerre ou à d'autres catégories de personnel allemand recherché ou à d'autres personnes trouvées parmi les forces armées allemandes et détenues pour des raisons de sécurité. Ces personnes continueront à être emprisonnées en tant que criminels de guerre présumés ou pour des raisons de sécurité militaire et non en tant que prisonniers de guerre. Elles seront nourries, logées et donc surveillées par les forces alliées. Les autorités allemandes n'exerceront aucun contrôle sur elles.

D) Il n'y aura pas de déclaration publique concernant le statut des forces armées allemandes ou des troupes non armées".

Le 10 mars, le jour même où il crée le statut DEF pour les prisonniers de guerre allemands, Eisenhower tient une conférence de presse à Paris, au cours de laquelle il déclare : "Si les Allemands raisonnaient comme des êtres humains normaux, ils sauraient que, tout au long de l'histoire, les États-Unis et la Grande-Bretagne ont fait preuve de générosité à l'égard de l'ennemi vaincu. Nous respectons toutes les règles de la Convention de Genève". Grâce à la disposition D, la violation de la Convention de Genève a été gardée secrète, ce qui était une condition préalable pour empêcher le public d'apprendre la vérité et, ce faisant, de découvrir qu'Eisenhower était un menteur cynique. La Convention de Genève prévoyait trois droits fondamentaux pour les prisonniers : la nourriture et le logement au même titre que les troupes de l'armée du geôlier ; la réception et l'envoi de la correspondance ; le droit d'être visité par des délégués du Comité international de la Croix-Rouge.

La clause B prévoit que les Allemands eux-mêmes nourrissent et entretiennent leurs troupes désarmées. Cependant, le plan Morgenthau prévoit le démantèlement des institutions allemandes, y compris de toutes les agences fournissant des services sociaux. Selon ce plan, la production de 500 produits devait être empêchée ou supprimée. Prétendre reporter la responsabilité sur les autorités allemandes est donc totalement illusoire, car une fois l'armée, le gouvernement, les organismes sociaux, la Croix-Rouge allemande et d'autres institutions, y compris commerciales, supprimés, il n'y a plus d'autorités. En fait, Eisenhower savait très bien que la fameuse directive JCS 1067 définissait précisément la politique qu'il devait adopter à l'égard de chacune des institutions allemandes : il devait supprimer l'armée, le gouvernement central, le NSDAP, fermer les écoles, les universités, les stations de radio, les journaux, empêcher les soldats de parler aux Allemands.... L'esprit et la lettre du plan Morgenthau, tel que voulu par Harry Dexter White, Frank Coe et Harry Glasser, les trois communistes juifs du Trésor qui l'ont conçu, sont contenus dans la directive 1067 du JCS.

Le 21 avril 1945, Eisenhower signe un texte envoyé au SHAEF indiquant au général Marshall que les nouveaux enclos pour les prisonniers "ne seront pas pourvus d'abris ou d'autres commodités". Il ajoute que les prisonniers eux-mêmes devront les améliorer "en utilisant des matériaux locaux". Ces espaces sans toit, appelés "Prisoner of War Temporary Enclosures" (PWTE), n'étaient rien d'autre que des champs ouverts entourés de barbelés. La soi-disant temporalité a duré plus de six mois. Eisenhower n'autorisa même pas l'érection d'une modeste tente, mais ordonna l'installation de projecteurs, de tourelles de garde et de mitrailleuses. Quant à l'autorisation donnée aux prisonniers d'améliorer les camps "en utilisant autant que possible des matériaux locaux", un ordre du 1er mai interdit expressément l'entrée de matériaux dans les enceintes. Lorsque les prisonniers qui se rendaient commencèrent à être enfermés dans ces enceintes en avril, il n'y avait pas de miradors, pas de tentes, pas d'eau, pas de latrines, pas d'installations de quelque nature que ce soit. Dans certains camps, les hommes étaient tellement à l'étroit qu'ils ne pouvaient même pas s'allonger sur le sol. Voici, tirée d'*Autres pertes*, une description de la situation à l'intérieur d'un camp :

"En avril 1945, des centaines de milliers de soldats allemands ainsi que des patients d'hôpitaux, des amputés, des assistantes et des civils ont été emprisonnés.... Un prisonnier du camp de Rheinberg avait plus de quatre-vingts ans, un autre seulement neuf.... Ses camarades, accablés par la faim et tourmentés par la soif, mouraient de dysenterie. Un ciel cruel les arrose semaine après semaine. Les amputés rampent comme des amphibiens dans la boue, trempés et grelottants. En plein air, jour après jour, nuit après nuit, ils gisaient désespérés dans le sable du Rheinberg ou dormaient épuisés dans leurs trous en ruine".

La nuit, des projecteurs éclairent les hommes couchés dans leurs trous sombres, hurlant dans leurs cauchemars. L'un de ces malheureux, Charles von Luttichau, a été interviewé en 1987/88 à Washington par James Bacque. La mère de Luttichau était américaine et, en convalescence à la maison, il décida de se rendre volontairement. Il fut emprisonné à Kripp, un camp situé près de Remangen, sur le Rhin. Le texte qui suit est un extrait de la description qu'il a faite à l'auteur d'*Autres pertes* :

"Les toilettes n'étaient que des troncs d'arbre posés dans les fossés à côté des barbelés. Pour dormir, tout ce que nous pouvions faire était de creuser un trou dans le sol à mains nues et de nous y enfoncer les uns les autres. Nous étions serrés les uns contre les autres. À cause des maladies, les hommes devaient faire leurs besoins à même le sol. Très vite, beaucoup d'entre nous ont été trop faibles pour enlever d'abord leur pantalon. Par conséquent, nos vêtements étaient infectés, tout comme la boue sur laquelle nous devions marcher, nous asseoir et nous allonger. Au début, il n'y avait pas d'eau, à l'exception de la pluie. Puis, après quelques semaines, nous avons pu obtenir un peu d'eau à partir d'un tuyau. Mais la plupart d'entre nous n'avaient rien pour l'attraper, de sorte que nous ne pouvions boire que quelques gorgées après des heures de queue, parfois même toute la nuit. Nous devions marcher entre les trous, sur la terre humide qui s'accumulait au fur et à mesure que nous creusions, si bien qu'il était facile de tomber dans un trou et difficile d'en sortir. Dans cette partie du Rhin, la pluie au printemps était presque constante. Plus de la moitié des jours, nous n'avions rien à manger. Le reste du temps, nous avions une petite ration K. Je pouvais voir sur les paquets qu'ils nous donnaient un dixième des rations qu'ils donnaient à leurs hommes. En fin de compte, nous recevions peut-être cinq pour cent d'une ration normale de l'armée américaine. J'ai dit au commandant du camp que j'étais en infraction avec la Convention de Genève, mais il m'a simplement répondu : "Oubliez la Convention. Vous n'avez aucun droit. En quelques jours, des hommes qui étaient entrés dans le camp en bonne santé sont morts. J'ai vu nos hommes traîner de nombreux cadavres jusqu'à l'entrée du camp, où ils ont été empilés les uns sur les autres et transportés dans des camions.

Un jeune homme de dix-sept ans, qui voyait son village au loin, pleurait en se tenant à la clôture de barbelés. Un matin, les prisonniers l'ont trouvé abattu au pied de la clôture. Son corps a été accroché aux barbelés par les gardes et laissé à la vue de tous en guise d'avertissement. Les prisonniers ont été forcés de marcher près du corps. Beaucoup ont crié "assassins, assassins". En représailles, le commandant du camp a retenu les rations déjà misérables pendant trois jours. Pour nous, qui étions déjà affamés et pouvions à peine bouger à cause de notre faiblesse, c'était terrifiant. Pour beaucoup, cela signifiait la mort. Ce n'est pas la seule fois où le commandant a retiré des rations pour punir les prisonniers.

Presque tous les survivants interrogés par Bacque s'accordent à dire que le manque d'eau a été l'une des choses les plus terribles. George Weiss, un mécanicien de chars d'assaut, se souvient qu'ils sont restés trois jours et demi sans eau, si bien qu'ils buvaient leur propre urine. Le goût de l'urine, se souvient Weiss, était terrible, mais que pouvions-nous faire ? Certains hommes léchaient le sol pour s'hydrater un peu". D'autres témoignages rapportent que parmi les prisonniers des camps se trouvaient des enfants de six ans, des femmes enceintes et des personnes âgées. Il convient de noter qu'il n'y avait pas de registres dans les camps du DEF et que la plupart des registres des camps de prisonniers de guerre ont été détruits par la suite. Il est donc impossible de savoir combien de civils ont été faits prisonniers.

L'armée française exige des Américains des transferts de prisonniers afin de les utiliser pour des travaux de réparation. Selon les rapports français, sur une livraison de 100 000 prisonniers censés être utiles au travail, les Américains ont transféré 32 640 femmes, enfants et vieillards. James Bacque souligne la situation désastreuse des camps de prisonniers français, si désastreuse qu'ils ont presque imité les camps américains. Sur un total de 740 000 prisonniers reçus de l'armée américaine, 250 000 sont morts de faim et des traitements misérables auxquels ils ont été soumis. À ces décès s'ajoutent au moins 800 000 autres morts aux mains des Américains, ce qui porte le chiffre total à plus d'un million.

Le général Patton fut le seul à libérer un nombre significatif de prisonniers au cours du mois de mai, les sauvant ainsi de la famine. Lorsque d'autres généraux ont tenté de suivre son exemple et ont également ordonné la libération de prisonniers, un contre-ordre signé le 15 mai par Eisenhower a fait avorter leur tentative. Bacque confirme qu'en l'espace d'un mois, Patton a libéré environ un demi-million de prisonniers. Sur plus de cinq millions de soldats capturés par les Américains dans le nord-ouest de l'Europe, près de quatre millions sont restés enfermés dans des enclos à ciel ouvert. Selon Bacque, quelque 2,2 millions de détenus ont été libérés le 8 septembre 1945. Sur l'ensemble des théâtres d'opérations européens, 3 700 000 prisonniers sont encore dans les camps, ou sont décédés, ou leur garde a été transférée aux Britanniques ou aux Français. Avec l'arrivée de l'été, les conditions climatiques s'améliorent et les souffrances dues aux rigueurs du climat s'atténuent, mais la famine continue de faire des ravages. De plus, en juin et juillet, des prisonniers de guerre sont secrètement transférés au statut de DEF. Entre le 2 juin et le 28 juillet, le nombre de prisonniers dans les camps du DEF augmente de près de 600 000.

Le gouvernement américain a refusé au Comité international de la Croix-Rouge l'autorisation d'entrer dans les camps et de visiter les prisonniers, en violation flagrante de la Convention de Genève. Avec la désintégration du gouvernement allemand, la Suisse avait été autorisée à exercer le rôle de puissance protectrice, qui devait garantir que les rapports de la Croix-Rouge seraient reçus par la Suisse. Pour éviter cela, le 8 mai 1945, dès la capitulation inconditionnelle de l'Allemagne, le Département d'Etat américain a informé l'ambassadeur suisse à Washington que la Suisse avait refusé d'exercer le rôle de puissance protectrice. Le Département d'Etat a ensuite informé le CICR (Comité international de la Croix-Rouge) qu'il était inutile de se rendre sur place, puisqu'il n'y avait plus de Puissance protectrice. Malgré cela, le Département d'Etat a effrontément informé la Suisse que les Etats-Unis continueraient à traiter les prisonniers "conformément aux dispositions de la Convention de Genève".

En revanche, deux millions de prisonniers britanniques, américains, français et canadiens sont libérés des camps allemands au printemps. La Croix-Rouge, qui supervise l'opération, les accueille avec des colis provenant de ses entrepôts en Suisse, où elle en a stocké des millions. Les prisonniers libérés ont l'occasion de remercier la Croix-Rouge pour son aide dans l'acheminement des colis alimentaires qui arrivent dans les camps d'internement. Les Allemands, malgré le fait qu'à la fin de la guerre le peuple allemand souffrait de sévères restrictions alimentaires, ont fourni 1 500 calories par jour aux détenus, presque jusqu'à la fin. D'autres aides sont arrivées dans les camps par la poste. Quatre-vingt-dix-huit pour cent des prisonniers détenus dans les centres de détention allemands sont rentrés chez eux sains et saufs, selon les rapports publiés par la Croix-Rouge en mai 1945. Leur état de santé était bon, non seulement parce qu'ils avaient reçu de la nourriture, mais aussi des vêtements chauds et des médicaments, qui leur étaient parvenus régulièrement par la poste avec l'accord des autorités allemandes.

Le 4 mai 1945, le ministère américain de la Guerre interdit aux prisonniers de guerre allemands d'envoyer ou de recevoir du courrier. Le Comité international de la Croix-Rouge propose en juillet un plan visant à rétablir le courrier pour les prisonniers de guerre allemands, mais il est rejeté par les Américains. Les Britanniques, en revanche, acceptent la suggestion de la Croix-Rouge et rétablissent les communications postales en juillet-août. Une autre tentative du CICR a lieu à la fin du mois de mai ou au début du mois de juin. Deux trains chargés de nourriture provenant de leurs entrepôts en Suisse, où plus de 100 000 tonnes de nourriture étaient stockées, furent envoyés en Allemagne. L'un était destiné à Mannheim et l'autre à Ausburg, villes du secteur américain. Arrivés à destination, les deux trains ont été informés par des fonctionnaires américains que les entrepôts étaient pleins. Les trains ont dû retourner en Suisse avec leur cargaison.

La première zone à autoriser les envois de la Croix-Rouge est la zone britannique, mais pas avant octobre 1945. Les Français, quant à eux, n'ont autorisé l'aide qu'en décembre. Dans les zones soviétique et nord-américaine, en revanche, les livraisons de la Croix-Rouge ont été refusées tout au long de l'hiver 1945-1946, qui a été particulièrement rigoureux. Les autorités militaires américaines, bien que les importants dons irlandais et suisses aient été spécifiquement marqués, selon le CICR, comme étant destinés à l'Allemagne, conseillèrent au délégué du Comité international de la Croix-Rouge à Berlin d'envoyer tous les envois d'aide disponibles dans d'autres régions d'Europe dans le besoin. Max Huber, chef du CICR, a finalement décidé de lancer une enquête, mais sans grand résultat, car jusqu'à ce qu'Eisenhower soit relevé en novembre par Lucius Clay, l'armée américaine n'a autorisé aucun avantage de quelque nature que ce soit aux Allemands. Malgré cela, ce n'est qu'en mars 1946 que les secours internationaux sont autorisés dans la zone américaine. Les Soviétiques ont retardé leur accord jusqu'en avril. À cette date, des centaines de milliers d'Allemands étaient déjà morts de faim, de froid et de maladie.

Eisenhower restera certainement dans l'histoire comme l'un des plus grands criminels de la Seconde Guerre mondiale. Le 10 mars 1945, avant que n'aient lieu les grandes captures de prisonniers allemands, il crée le statut DEF, ce qui montre que la politique qu'il entendait adopter était conçue à l'avance. Conformément aux exigences de traitement sévère des Allemands et en parfaite harmonie avec le plan Morgenthau, en réalité un plan génocidaire, Eisenhower prévoit de priver les prisonniers de nourriture, d'eau et d'abri. Malgré le fait que l'armée américaine dispose d'un surplus de tentes et que la Croix-Rouge stocke de la nourriture en abondance en Suisse, il est décidé d'enfermer les Allemands dans des PWTE (Temporary Prisoner of War Enclosures) à ciel ouvert et d'interdire la distribution de nourriture et les soins médicaux de la Croix-Rouge. Cela revient à condamner à mort des centaines de milliers d'Allemands. Le seul général qui comprenait plus ou moins ce qui se passait et qui osait exprimer son désaccord était George Smith Patton, qui sera finalement tué en décembre 1945.

L'assassinat du général Patton

Eisenhower savait qu'il pouvait faire l'objet d'une enquête de la part d'une commission du Congrès ou du Sénat, c'est pourquoi il avait exigé de ses subordonnés qu'ils fassent preuve de loyauté. Cette crainte d'Eisenhower est reflétée par Patton dans son journal personnel : "Après le déjeuner, le général Eisenhower nous a parlé très confidentiellement de la nécessité d'être solidaires au cas où l'un d'entre nous serait appelé à comparaître devant une commission du Congrès..... Il a esquissé une forme d'organisation. Bien qu'aucun d'entre nous n'ait été exactement d'accord, cette forme n'était pas suffisamment opposée à nos opinions pour empêcher un soutien général". Eisenhower devait non seulement éviter une enquête du Congrès pour tout ce qui était dissimulé dans la zone d'occupation américaine, mais il devait aussi éviter les désaccords avec des généraux comme Patton lui-même, qui représentait l'honneur de l'armée et la simplicité et la générosité du peuple américain. Le prestige de Patton est reconnu par les Allemands eux-mêmes, qui le considèrent comme l'un des génies militaires américains.

Ses réflexions sur le traitement des Allemands ont été exprimées en répondant à une question qui lui avait été posée par un juge militaire. Patton a confirmé que dans ses discours aux troupes, il soulignait "la nécessité de traiter correctement les prisonniers de guerre, tant pour leur vie que pour leurs biens". Considéré comme le meilleur soldat de son pays pendant la Seconde Guerre mondiale, il était admiré par ses soldats, à qui il parlait sans détour : il les encourageait à tuer autant d'Allemands qu'ils le pouvaient sur le champ de bataille, "mais ne les mettez pas contre un mur et ne les tuez pas. Faites-le pendant qu'ils se battent". Martin Blumenson cite les paroles suivantes du général Patton dans *The Patton Papers* : "Lorsqu'un homme s'est rendu, il doit être traité exactement selon les règles du combat au sol et exactement de la même manière que vous aimeriez être traité si vous aviez été assez stupide pour vous rendre. Nous, Américains, ne frappons pas les gens dans les dents lorsqu'ils sont battus". Comme on le verra plus loin, Patton déplore la politique d'Eisenhower à l'égard des Allemands et le traitement réservé à l'Allemagne par les vainqueurs : "Ce que nous faisons, dénonce-t-il, c'est détruire complètement le seul État moderne d'Europe pour que la Russie puisse l'avaler tout entier."

Patton s'apprête à occuper la Tchécoslovaquie et l'Allemagne lorsqu'il reçoit l'ordre d'arrêter l'offensive car il a été convenu à Yalta que l'Union soviétique devait occuper cette partie de l'Europe centrale. Afin d'empêcher leur avancée, Eisenhower donne à Montgomery le carburant pour ses chars. Après la guerre, Patton est nommé gouverneur militaire de Bavière et ose dire sans ambages que Staline n'aurait pas occupé la moitié de l'Europe sans le soutien de Roosevelt. Lorsqu'il découvre que son pays est de connivence avec l'Union soviétique, Patton dénonce publiquement cette collusion. Cela lui a causé de nombreux problèmes et lui a fait beaucoup d'ennemis, tant aux États-Unis qu'en URSS. Il a consigné ses opinions dans son journal et dans des lettres adressées à sa famille et à ses amis, dont un grand nombre figure dans les *"Patton Papers"*.

Il est probable que Patton, qui méprisait sans exception tout ce que représentait l'Union soviétique, n'a jamais vraiment compris pourquoi la moitié de l'Europe était livrée au communisme. Il est clair que, dans sa logique militaire, il n'avait pas d'explication acceptable. Il s'était battu pour libérer l'Europe du nazisme et considérait que la laisser entre les mains de Staline équivalait à un échec, d'autant plus qu'il était convaincu que l'Armée rouge pouvait être repoussée jusqu'à ses frontières si le moment était saisi. Le 18 mai 1945, Patton écrit dans son journal que l'armée américaine peut battre les Russes avec la plus grande facilité. Deux jours plus tard, il écrit une lettre à sa femme dans laquelle il répète la même idée : "Si nous devons combattre les Russes, c'est le moment. À partir de maintenant, nous deviendrons plus faibles et ils deviendront plus forts". Bientôt, ses opinions et ses propos désobligeants à l'égard des Soviétiques parviennent aux oreilles de ses ennemis et de ses détracteurs.

Le 21 juillet 1945, après avoir visité les ruines de Berlin, il écrit à sa femme : "Berlin m'a attristé. Nous avons détruit ce qui aurait pu être une bonne race et sommes sur le point de la remplacer par des Mongols brutaux. Et toute l'Europe sera communiste. Il est triste qu'au cours de la première semaine où ils sont entrés dans Berlin, toutes les femmes qui ont couru ont été abattues et celles qui n'ont pas couru ont été violées. Si on me les avait laissées, j'aurais pu les prendre". Naturellement, si Patton avait été autorisé à prendre Berlin, les assauts sauvages, les meurtres et les viols auraient été évités. La référence aux Mongols est liée au fait que les troupes soviétiques qui occupaient la capitale du Reich comptaient de nombreux soldats mongols, ce qui explique que plusieurs historiens parlent de femmes allemandes violées par des "hordes asiatiques". Patton insiste dans son journal sur le respect de la race allemande. Dans une autre note du 31 août, il écrit : "Les Allemands sont vraiment les seules personnes décentes qui restent en Europe. Il faut choisir entre eux et les Russes. Je préfère les Allemands.

Les Juifs n'étaient pas non plus un saint de sa dévotion. En fait, ils le répugnaient. Il nous semble évident que Patton ne comprenait pas vraiment les véritables raisons pour lesquelles le monde avait été entraîné dans la guerre la plus dévastatrice de l'histoire, et qu'il a donc assisté avec stupéfaction à l'invasion de l'Allemagne par une nuée de Juifs de Russie et de Pologne dès la fin des hostilités. En attendant leur transfert en Palestine, ils sont logés dans les camps de personnes déplacées (DP) que les Américains ont construits pour eux. Leur comportement et leur manque d'hygiène dans ces camps dégoûtent Patton. À une occasion, Eisenhower insiste pour qu'il l'accompagne à un service religieux juif, une expérience qu'il consigne dans son journal le 17 septembre :

> "Il s'est avéré que c'était la fête du Yom Kippour, et ils se sont donc rassemblés dans un grand bâtiment en bois qu'ils appellent une synagogue. C'est au général Eisenhower qu'est revenu le soin de leur faire un discours. Nous sommes entrés dans la synagogue, qui était remplie du tas d'humanité le plus puant que j'aie jamais vu. Au milieu de la cérémonie, le grand rabbin, qui portait une peau semblable à celle d'Henri VIII d'Angleterre et un surplis brodé très sale, est venu voir le général.... La puanteur était si terrible que j'ai failli m'évanouir et, en fait, environ trois heures plus tard, j'ai gâché mon déjeuner à cause de cette réminiscence".

Dans une autre note, toujours en septembre, Patton fait part de son indignation face au traitement favorable que Washington exige pour les Juifs. Il reçoit l'ordre d'expulser les Allemands de leurs maisons pour y loger des Juifs : "De toute évidence, écrit-il, le virus de la vengeance sémite contre tous les Allemands, mis en branle par Morgenthau et Baruch, est toujours à l'œuvre. Harrison (un fonctionnaire du département d'État) et ses associés affirment que les civils allemands devraient être expulsés de leurs maisons afin d'y loger des personnes déplacées". En réalité, la plupart des Juifs qui devaient être logés n'étaient pas des personnes déplacées, mais des groupes qui étaient entrés volontairement en Allemagne. Malgré son désaccord avec la politique officielle, qui l'a conduit à défier le JCS 1067, Patton s'efforce d'exécuter les ordres qui ne violent pas sa conscience : "Nous avons reçu des ordres aujourd'hui", note-t-il dans une autre note, "nous demandant d'accorder un logement spécial aux Juifs". Dans une autre lettre à sa femme, il insiste pour déplorer le traitement réservé aux Allemands : "Je me suis rendu à Francfort pour assister à une conférence du gouvernement civil. Si ce que nous faisons aux Allemands est de la liberté, alors donnez-moi la mort. Je ne peux pas comprendre que nous, les Américains, soyons tombés si bas. C'est de l'antisémitisme, j'en suis sûr". Il semble évident qu'à cette époque, Patton avait déjà associé les communistes aux Juifs.

Les opinions de Patton étant désormais inacceptables, une campagne de presse est organisée pour le discréditer. Le harcèlement commença par des accusations selon lesquelles il était trop tendre avec les Allemands, mais un incident survenu en août 1943 lors de la campagne de Sicile fut rapidement mis en exergue. Il avait giflé un fainéant du nom de Charles H. Kuhl avec ses gants parce qu'il pensait qu'il jouait au malade. Dans les hôpitaux, ils étaient nombreux à faire semblant d'être malades pour éviter le combat. Pour accuser le général d'antisémitisme, un journal new-yorkais rapporte qu'en giflant le soldat juif, Patton l'a traité de "Juif lâche", ce qui est faux. Lors d'une conférence de presse le 22 septembre, le général se rend compte que certains journalistes le provoquent pour lui faire perdre son sang-froid. Le même jour, il écrit dans son journal : "Dans la presse, il y a une influence sémite très évidente. Ils essaient de faire deux choses : premièrement, de mettre en œuvre le communisme, et deuxièmement, de faire perdre leur emploi à tous les hommes d'affaires de lignée allemande sans ancêtres juifs..... Ils ont perdu leur sens de la justice et de l'honnêteté, et ils ne sont plus en mesure de s'occuper de leurs affaires. Ils ont perdu le sens de la justice et pensent qu'un homme peut être licencié parce que quelqu'un dit qu'il est nazi". Il explique également à sa femme ce qui s'est passé lors de la conférence de presse : "Avant que tu ne reçoives cette lettre, je serai probablement à la une des journaux, car la presse tient à dire que je suis plus intéressé par le rétablissement de l'ordre en Allemagne que par la chasse aux nazis".

Le tollé de la presse contre Patton est rapidement exploité par Eisenhower qui, le 28 septembre, après lui avoir reproché ses opinions, décide de le remplacer comme gouverneur militaire de Bavière et de lui retirer le commandement de la Troisième Armée. Le 7 octobre, lors d'une triste cérémonie, Patton fait ses adieux à ses subordonnés en ces termes : "Toutes les bonnes choses ont une fin. La meilleure chose qui me soit arrivée jusqu'à présent est l'honneur et le privilège d'avoir commandé la Troisième Armée". Sa nouvelle affectation est le commandement de la Quinzième Armée dans une petite caserne à Bad Nauheim. Le 22 octobre, il écrit une longue lettre au général James G. Harbord, qui est revenu à Bad Nauheim. Harbord, qui est déjà rentré aux États-Unis. Patton y condamne amèrement la mise en œuvre de la politique de Morgenthau, la pusillanimité et la lâcheté d'Eisenhower face aux prétentions juives, le parti pris pro-soviétique marqué de la presse et la politisation, la corruption, la dégradation et la démoralisation qu'elles entraînent au sein de l'armée.

Enfin, le 9 décembre 1945, près de Mannheim, la Cadillac dans laquelle se trouve le général Patton percute un camion de deux tonnes de l'armée qui traverse inopinément la route. Le choc n'est pas fatal, puisque le conducteur, Horace Woodring, et son chef d'état-major, le général Hobart Gay, surnommé "Hap", s'en sortent avec de légères égratignures, mais Patton reçoit une balle dans le cou, sans gravité. Sur le chemin de l'hôpital, le véhicule qui a sauvé le général est à nouveau percuté par un autre poids lourd militaire. Cette fois, les blessures de Patton sont plus graves, mais il arrive vivant à l'hôpital, d'où il peut contacter sa femme aux États-Unis. Elle lui demande de le faire sortir de l'hôpital de toute urgence, car ils veulent le tuer : "Ils vont me tuer ici". C'est ce qu'il fit. Le 21 décembre 1945, Patton est déclaré mort d'une embolie. Non seulement l'armée n'a entrepris aucune enquête sur les "accidents", mais aucune question n'a été soulevée au sujet de son "embolie". Le corps du héros américain n'a jamais été rapatrié aux États-Unis. Aucune autopsie n'a été pratiquée.

L'assassinat du général George Patton est devenu l'un des événements les plus secrets de l'histoire militaire. Bien que son dossier aux

Archives nationales de Saint-Louis compte plus de 1300 pages, seules quelques pages font référence à l'accident. Cinq rapports établis sur place ont disparu peu de temps après avoir été déposés. Bien que le chauffeur de Patton ait déclaré que le premier camion les attendait sur le bord de la route, aucun des chauffeurs de camion n'a été arrêté et aucun de leurs noms n'a été révélé. Plus tard, Ladislas Farago, un ancien agent de renseignement, a rapporté que le chauffeur du premier camion était Robert L. Thompson, qui a été emmené à Londres avant d'être interrogé. Thompson n'était pas autorisé à conduire le camion et, en violation des règles, avait deux mystérieux passagers dans le véhicule.

En 2008, l'auteur Robert K. Wilcox a publié *Target : Patton : The Plot to Assassinate General George S. Patton*, exposant le complot visant à éliminer le général. L'attentat est reconstitué grâce à la localisation d'une personne directement impliquée, le juif libanais Douglas Bazata, agent de l'OSS (Office of Strategic Services), prédécesseur de la CIA, qui a été interviewé par Wilcox avant sa mort en 1999. C'est Bazata lui-même qui a tiré un projectile à basse vitesse sur le général, le blessant à la gorge. Selon Bazata, l'ordre de faire taire Patton venait du chef de l'OSS, le général William Joseph ("Wild Bill") Donovan, considéré comme le père de la CIA, qui entretenait des relations étroites avec les communistes. Selon Bazata, les mots de Donovan étaient les suivants : "Nous avons une situation terrible avec ce grand patriote. Il est hors de contrôle et nous devons le sauver de lui-même et l'empêcher de ruiner tout ce que les Alliés ont fait". Bazata confirme que de nombreuses personnes détestent Patton et révèle à Wilcox qu'il a été engagé par Donovan, qui lui a offert 10 000 dollars pour mettre en scène l'accident. Une fois hospitalisé, Patton a été maintenu en isolement et a connu une mort surprenante alors qu'il était en convalescence. Selon Bazata, les services secrets américains auraient permis aux agents de Staline de le tuer par injection.[15] L'embolie aurait donc été provoquée en introduisant une bulle de sang dans la circulation sanguine et en touchant un organe vital, ce que n'importe qui peut faire avec une seringue après un bref apprentissage de la médecine.

Le frère Nathanael Kapner, un juif converti au christianisme (orthodoxe), rapporte sur sa page *Real Jew News !* que Bill Donovan, bien qu'il se soit présenté comme étant d'origine irlandaise, serait un crypto-juif,

---

[15] La collaboration entre l'OSS (Office of Strategic Services) et le NKVD a commencé à prendre forme en décembre 1943. Donovan se rend alors à Moscou pour organiser la coopération entre les deux services secrets pendant la guerre. Comme l'expliquent Herbert Romerstein et Eric Breindel dans *The Venona Secrets*. Le 23 décembre, Donovan rencontre Pavel Fitin, chef de l'unité de renseignement extérieur du NKVD, et lui propose même de lui fournir des noms d'agents américains opérant dans l'Europe occupée par les nazis afin d'améliorer la coopération. Romerstein commente : "Proposer des noms d'agents à un autre service de renseignement n'avait jamais été fait par un officier de renseignement expérimenté auparavant. Fitin accueillit naturellement favorablement la proposition et suggéra d'utiliser les installations américaines en Allemagne et en France.

puisque sa mère, Anna Letitia "Tish" Donovan, était probablement juive. Frère Nathanaël relie Donovan au cercle restreint des Juifs qui ont conseillé Franklin D. Roosevelt. Il estime notamment que l'hypothèse de son identité juive est renforcée par son rôle d'assistante du juge Samuel Rosenman lors des procès de Nuremberg, où Donovan a clairement montré qu'elle éprouvait plus que de la sympathie pour les Juifs.

Terrorisme juif

En 1969, un éminent sioniste du nom de Michel Bar-Zohar a publié *Les vengeurs*, un livre qui a déjà été cité dans ce chapitre à propos de l'assassinat de Wilhelm Gustloff, le chef du NSDAP abattu à son domicile par le terroriste juif David Frankfurter. Plus de vingt ans après les événements qu'il révèle dans son ouvrage et alors que la religion de l'Holocauste avait déjà commencé à se répandre dans le monde entier après la guerre des Six Jours, Bar-Zohar, biographe officiel de David Ben Gourion, de Shimon Peres et d'Isser Harel, le légendaire chef du Mossad, a publié un livre sur l'Holocauste et le terrorisme, chef légendaire du Mossad, révèle dans la première partie du livre, "La vengeance", que dès la fin de la guerre en Europe, des groupes de terroristes juifs ont entrepris d'assassiner de prétendus dirigeants nazis et projeté d'empoisonner massivement des citoyens allemands. L'auteur présente les criminels comme des chevaliers vengeurs héroïques agissant au nom d'une justice dont ils ne sont responsables que devant Dieu. Évidemment, à leur Dieu, Yahvé, le Dieu qui a choisi les Juifs parmi tous les peuples de la terre. Ainsi, les terroristes, pour la plupart des sionistes qui, à la fin des années 60, occupaient des postes importants en Israël, deviennent à la fois des policiers, des procureurs, des juges et des bourreaux qui agissent avec une supériorité morale incontestable, une intégrité sans pareille et, bien sûr, en toute impunité.

Grâce à ce travail éhonté, on a appris que certains groupes juifs, dans le but d'exercer une "vengeance juive", ont assassiné des milliers d'Allemands, dont beaucoup étaient, selon eux, des criminels SS. Le premier groupe présenté par Bar-Zohar est une brigade juive autonome qui, à la fin du mois de mai 1945, a tenté d'entrer en Allemagne depuis l'Italie à la tête d'une colonne britannique voyageant dans des véhicules Dodge. Sur leurs voitures, outre le drapeau israélien, figurait l'inscription suivante : "Deutschland kaputt ! Kein Volk, kein Reich, kein Fuhrer ! Die Juden kommen" (Allemagne brisée, sans peuple, sans empire, sans chef, les Juifs arrivent). A quelques kilomètres de la frontière, un contre-ordre du commandement britannique est émis et la brigade, composée d'officiers juifs affiliés à la Haganah (l'organisation militaire embryonnaire de la future armée sioniste), est envoyée à Tarvisio, près de Trieste. Peu avant leur arrivée, Bar-Zohar rapporte que des attaques contre des Allemands ont eu lieu dans la ville, que des maisons nazies ont été incendiées et que des femmes allemandes ont été violées. Il est sous-entendu que les auteurs de ces actes étaient des soldats juifs de Tarvisio, et bien que les coupables n'aient pas été découverts, le commandement de la brigade craignait que cette violence désordonnée ne nuise à la cause juive. Il faut "canaliser le sentiment de vengeance qui habite tous les soldats juifs de Tarvisio", écrit Bar-Zohar, "et c'est dans ce but que les dirigeants de la Haganah décident de confier le droit de verser le sang au nom du peuple juif à un groupe d'hommes particulièrement sûrs d'eux et connus pour leurs qualités morales".

Le chef de la brigade juive était un chef de la Haganah, Israël Karmi, devenu en 1969 commandant en chef de la police militaire israélienne. Lui et Shalom Gilad sont les principales sources d'information de Bar-Zohar dans cette partie du livre. Selon un rapport secret de Gilad conservé dans les archives de la Haganah en Israël, Karmi recevait des ordres de Shlomo Shamir, alias "Fistouk", futur général de l'armée. Des Juifs américains et palestiniens travaillant au sein des services de renseignement alliés fournissent des informations sur les futures victimes. Le rapport secret de Gilad relate une action à laquelle il a participé, ce qui, à notre avis, jette un doute sur les critères de sélection des victimes et, comme dans ce cas, sur la fiabilité des sources d'information :

> "Je me souviens qu'une fois, nous avons arrêté un Polonais qui avait collaboré avec les nazis. Nous lui avons servi un bon repas, convenablement arrosé, puis nous lui avons dit : "Nous savons que tu es Polonais, pas Allemand. Nous savons que vous êtes Polonais, pas Allemand, nous savons aussi que vous avez fait ce que vous avez fait parce que vous n'aviez pas le choix. Nous ne voulons pas te faire de mal, mais pour nous prouver que ta conscience est pure, tu vas t'asseoir et nous donner une liste de criminels que tu connais et nous dire où nous pouvons les trouver.

Selon Bar-Zohar, le Polonais effrayé a rédigé une liste de plusieurs dizaines de noms d'Allemands. Par la suite, confirme l'auteur, ces personnes accusées par le Polonais ont été exécutées par les vengeurs de la brigade juive.

Au sein de la brigade, "un deuxième groupe de vengeurs" est constitué sur ordre de la Haganah, mais par mesure de précaution, aucun des deux commandos ne connaît l'existence de l'autre. Marcel Tobias, qui faisait partie de ce second groupe, a raconté à un journaliste israélien en 1964 que les vengeurs de la Brigade juive ont parcouru pendant des mois les villes et les villages du nord de l'Italie, de l'Autriche et du sud de l'Allemagne et n'ont cessé leurs actions que lorsque des rumeurs ont commencé à circuler et que des familles de nazis disparus se sont adressées aux autorités britanniques pour se plaindre de l'endroit où se trouvaient leurs proches : Le plus souvent, les terroristes, vêtus d'uniformes de l'armée britannique, venaient chercher les personnes sélectionnées à leur domicile sous prétexte de les emmener témoigner devant le commandement britannique. Les populations locales ou les patrouilles militaires ont commencé à trouver des cadavres à l'orée des forêts, au bord des routes, voire au fond d'un étang. Il y eut même des morts étranges parmi les malades de l'hôpital de Tarviso et des disparitions ("évasions") dans les prisons où se trouvaient des gardiens juifs de la brigade.

À l'automne 1945, une autre unité juive, le "bataillon allemand", rejoint la brigade à Tarvisio. Ce bataillon avait été formé en Palestine à partir de Juifs allemands venus en Terre Sainte dans le cadre de l'accord de Haavara. Le bataillon allemand, explique Bar-Zohar, est né du "Palmach", une force de choc de la Haganah commandée par Yitzhak Sadeh. Le bataillon allemand, "Deutsche Abteilung", est donc un commando du Palmach composé de volontaires qui maîtrisent les techniques et la terminologie de la Wehrmacht et portent des uniformes allemands. Son chef, Simon Koch, dit colonel Avidan, et une partie des membres du bataillon, basé à Camporosso, à deux kilomètres de Tarvisio, sont intégrés au commandement des Avengers. Leur triangle d'opérations était Tarvisio, Innsbruck et Judenburg, mais ils effectuaient également des raids en Allemagne. Bar-Zohar cite à nouveau le rapport de Gilad pour raconter la visite d'un jeune membre de la "Deutsche Abtelung", fils d'un chrétien et d'une juive, dans la maison de sa mère près de Stuttgart :

"Il a trouvé sa mère et sa sœur en bonne santé, mais elles ont refusé de lui parler. Il leur a alors demandé où était son père. Elles ont fini par lui répondre sèchement qu'il était mort. Il a continué à leur poser des questions et elles ont avoué qu'il avait été tué par les Allemands. Le jeune homme veut savoir qui a tué son père. Comme sa mère et sa sœur refusaient de lui répondre, il les menaça avec la mitraillette et elles lui donnèrent les noms et adresses des responsables".

Enfin, comme les parents des personnes exécutées insistaient pour que les autorités soient tenues pour responsables, le haut commandement britannique décida qu'il valait mieux éloigner la brigade juive de Tarvisio et l'envoya en Belgique, puis aux Pays-Bas, et plus tard en France. Dans ces pays, les justiciers poursuivent les exécutions d'anciens nazis et pénètrent également en Allemagne pour y tuer des criminels présumés. "Combien de nazis, demande Bar-Zohar, ont été exécutés par la brigade juive ?

"Les estimations varient, ce qui est compréhensible puisque la plupart des vengeurs ne connaissaient que les opérations auxquelles ils avaient personnellement participé. Marcel Tobias estime que "plus de cinquante" nazis ont été exécutés. D'autres citent des chiffres beaucoup plus élevés. Selon Gilad, le commando a opéré presque chaque nuit pendant six mois, de sorte qu'il aurait procédé à environ cent cinquante exécutions. A ce chiffre, il faut ajouter les nazis découverts parmi les malades supposés de l'hôpital de Tarviso, qui ont été mis à mort. Un autre vengeur crédible m'a dit : "Entre deux et trois cents personnes"".

Dans le chapitre intitulé "Le pain de la mort", Bar-Zohar interroge Beni, Jacob et Moshe dans un kibboutz. Au début de l'année 1945, ils se trouvent à Lublin, où s'est installé le gouvernement communiste formé en Russie par Staline. Une organisation y a été créée pour permettre à des dizaines de milliers de Juifs d'Europe centrale et occidentale de se rendre en Palestine. De multiples organisations sionistes poursuivent cet objectif dès la fin de la guerre. Dans la section "Les sionistes et la conférence d'Evian", on a vu que le sionisme international refusait de réinstaller les Juifs dans d'autres pays, car il voulait qu'ils émigrent en Palestine. Au lieu de chercher à épargner des souffrances à son peuple, le sionisme voulait qu'il soit persécuté. Il s'agit là d'une prémisse fondamentale du syllogisme, qui pourrait être formulé comme suit : Si les Juifs ne sont pas persécutés, ils n'émigreront pas en Israël. Si les Juifs n'émigrent pas en Israël, l'État sioniste ne verra pas le jour. Par conséquent, si les Juifs ne sont pas persécutés, l'État sioniste ne verra pas le jour.

Au début du printemps 1945, le groupe sioniste de Beni se consacre, écrit Bar-Zohar, à la tâche constructive de "concentrer et mettre en sécurité les survivants des camps qui errent en haillons, affamés, et les aider à prendre la route de la Palestine". Pour prouver la parfaite organisation mise en place par le sionisme à la fin de la guerre, nous reproduisons un extrait intéressant :

"Au début, Beni et ses compagnons prévoyaient de rassembler quelques centaines d'hommes. Très vite, leurs plans sont dépassés. Des milliers et des milliers de Juifs épuisés, démunis, désorientés les rattrapent et s'accrochent à eux. Ils dirigent et disciplinent ce troupeau misérable. Ils forment la "Division des survivants d'Europe de l'Est", une véritable unité militaire, seul moyen de donner un minimum de cohésion à cette marée de pauvres gens sortis du désespoir. La division se met en route, traverse la Pologne, entre en Roumanie. Des détachements spéciaux se chargent du ravitaillement, tandis que d'autres, envoyés à l'avance, préparent les cantonnements pour les étapes.
- Nous avions aussi un service de missions secrètes", me dit Jacob, "j'en étais le chef, car j'avais servi dans le NKVD. J'étais le chef, parce que j'avais servi au NKVD et que j'avais des dossiers, des archives, des listes de noms... leur but était de punir les anciens collaborateurs.
C'est à Bucarest, au terme d'un long périple, que les dirigeants de la division rencontrent les premiers émissaires juifs de Palestine.
- Nous avions prévu d'acheter un bateau à Constanza, sur la mer Noire, d'y mettre tout le monde et de naviguer jusqu'en Israël", raconte Moshe. Le projet était trop petit pour nous. Nous savions que la brigade palestinienne de l'armée britannique se trouvait dans le nord de l'Italie et nous avons décidé de la rejoindre.

En bref, la capitulation inconditionnelle de l'Allemagne n'a pas encore eu lieu et l'opération est déjà en cours pour amener en Palestine "des milliers et des milliers de Juifs épuisés", qui ont tout perdu à cause des persécutions nazies et qui sont donc prêts à se rendre en Terre promise, comme prévu.

Une fois cette première mission accomplie, une demi-centaine de membres du groupe de Lublin, dont huit jeunes filles, entrent en Yougoslavie et, de là, se rendent en Italie. Les hommes de la "Deutsche Abteilung" de Simon Koch accueillent et soutiennent le groupe de Beni, qui se lance bientôt dans des activités terroristes sous le nom de code secret "Nakam", qui signifie vengeance en hébreu. En juillet 1945, ils se préparent à pénétrer sur le territoire allemand. Les dirigeants du groupe Nakam étudient trois projets, dont le premier, appelé A, n'est communiqué qu'à un petit nombre. "Beaucoup de temps et d'argent ont été consacrés à la réalisation du projet", avoue Beni, qui, plus de vingt ans plus tard, qualifie le plan de "diabolique". Bar-Zohar reproduit les propos de Beni : "Il s'agissait de tuer des millions d'Allemands. Je dis bien des millions, d'un seul coup, sans distinction d'âge ou de sexe. La principale difficulté était que nous ne voulions frapper que les Allemands ; or, sur le territoire du Reich se trouvaient des soldats alliés et des résidents de toutes les nations d'Europe, libérés des camps de travail, évadés des camps de concentration. De plus, certains des nôtres n'étaient pas décidés à accomplir un acte aussi terrible, même contre les Allemands....".

Le plan A ayant été écarté, il est décidé de mettre en œuvre le plan B, qui consiste à tuer quelque trente-six mille membres de la Schutzstaffel (escadrons de défense ou de protection), connus sous le nom de SS, rassemblés dans un camp près de Nuremberg. Nous avions décidé, explique Jacob, d'empoisonner les 36 000 SS, et j'étais chargé de l'exécution du projet. J'ai d'abord fait embaucher deux de mes hommes à l'intérieur du camp : l'un comme chauffeur et l'autre comme magasinier. Plus tard, d'autres ont été embauchés comme employés de bureau. Une de nos filles a été affectée au service de radiodiffusion". Dès qu'il fut établi que le pain distribué dans le camp provenait d'une boulangerie industrielle de Nuremberg, il fut décidé que le pain serait utilisé pour liquider les Allemands, tout en veillant à ne pas tuer les gardiens du camp en même temps. Des échantillons de pain sont acheminés vers des laboratoires où des ingénieurs chimistes expérimentent divers poisons. Ni Beni ni Jacob n'ont voulu révéler l'emplacement de ces laboratoires, que Bar-Zohar situe en France et près de Tarvisio. Le poison ne devant pas agir trop rapidement, il fut décidé, après divers essais, de mettre de l'arsenium dans la couche de farine dont le pain était saupoudré.

En avril 1946, les préparatifs sont prêts : le groupe Nakam est assisté dans le camp par des soldats américains d'origine juive chargés de la surveillance, et plusieurs hommes ont également été amenés dans la boulangerie industrielle. Il est prévu d'empoisonner environ 14 000 pains, ce qui nécessite six heures de travail et cinq hommes. "Il fallait également deux hommes pour remuer le mélange dans le chaudron, car l'arsenic avait tendance à se séparer des autres ingrédients. Nous avions décidé d'agir un samedi soir pour deux raisons : le dimanche, la boulangerie était fermée et le délai entre la préparation du pain et son transport vers le camp était plus long de vingt-quatre heures. La nuit du 13 au 14 avril 1946 a donc été choisie". Finalement, un concours de circonstances empêche l'opération d'être un succès complet. Le samedi matin, à la suite d'une querelle avec la direction, une grève éclate parmi les ouvriers qui, à midi, quittent l'usine et ferment les portes. Dans la soirée, un orage éclate et une rafale de vent arrache un volet en bois, brisant des vitres. Cela a alerté les gardiens de l'usine, qui ont appelé la police.

L'un des vengeurs explique qu'ils avaient prévu que s'ils étaient découverts, ils se feraient passer pour des voleurs, et qu'ils ont donc dispersé les pains empoisonnés dans l'entrepôt et se sont enfuis. Le lundi 15 avril, des pains empoisonnés et des pains intacts ont été livrés au camp. Un pain est distribué à cinq ou six prisonniers, dont des milliers souffrent de violentes coliques. Le texte du Bar-Zohar continue : "D'après les rumeurs rapportées par les journaux, douze mille Allemands auraient été victimes du pain à l'arsenic et plusieurs milliers en seraient morts. Ces chiffres sont exagérés. Selon les estimations des vengeurs, quatre mille trois cents prisonniers se seraient sentis mal. Un millier d'entre eux ont été transportés d'urgence dans des hôpitaux américains. Dans les jours qui suivirent, entre sept et huit cents d'entre eux moururent. D'autres, atteints de paralysie, moururent au cours de l'année. Au total, les vengeurs avancent le chiffre de 1 000 morts". L'opération est considérée comme un échec, puisque le plan initial prévoyait de liquider trente-six mille prisonniers allemands et qu'ils n'en ont tué que trois pour cent.

Au cours de l'été 1946, le groupe Nakam continue à assassiner des détenus dans les camps. Vêtus d'uniformes américains, britanniques ou polonais, ils se présentent avec de faux ordres et font livrer des prisonniers sous prétexte de les transférer dans d'autres camps. Selon eux, il s'agit d'anciens membres de la SS ou de dignitaires nazis qui sont exécutés dès leur sortie du camp. *Les Vengeurs* recensent bien d'autres actions menées, ainsi que des projets abandonnés parce que réclamés par les dirigeants sionistes, qui ont toujours privilégié la création d'Israël : "Paradoxalement, écrit Bar-Zohar, c'est la création de l'Etat d'Israël plus que toute autre chose qui a influencé la réduction de cette vengeance juive". Des sources que l'auteur préfère taire lui ont révélé qu'il était prévu d'incendier plusieurs villes allemandes et d'empoisonner les populations de Berlin, Munich, Nuremberg, Hambourg et Francfort. "Techniquement, ce n'était pas impossible. Il fallait introduire du poison dans les réservoirs d'eau. Là encore, la difficulté majeure était d'éviter d'affecter les soldats des forces

d'occupation et les réfugiés non-allemands hébergés dans ces cinq villes."
Pour ce qui est de l'obtention du poison, *Les vengeurs* indiquent qu'un
scientifique d'un pays étranger a accepté de le fournir aux vengeurs.

Depuis l'arrivée au pouvoir d'Hitler en 1933, plusieurs dirigeants et
organisations juifs ont menacé de détruire complètement l'Allemagne.
Samuel Untermayer a été le premier à appeler à une "guerre sainte".
Theodore Kaufman a exposé dans *Germany must perish* le projet
d'extermination de la race allemande par stérilisation. Le plan Morgenthau,
comme on l'a expliqué, impliquait le génocide du peuple allemand. Son
homme de main, Eisenhower, après avoir anéanti un million de prisonniers
dans ses camps de la mort, aurait volontiers collaboré avec le secrétaire au
Trésor si Morgenthau était resté en fonction. L'ouvrage de Michel Bar-Zohar
prouve une fois de plus que la haine des dirigeants juifs pour l'Allemagne et
les Allemands était sans limite.

CHAPITRE XI

LES ANNÉES DÉCISIVES DE L'APRÈS-GUERRE

PARTIE 1 - L'ALLEMAGNE,
UNE NATION AU BORD DU GOUFFRE

Beaucoup d'Allemands qui ont quitté leurs maisons et sont devenus des réfugiés lorsque l'Armée rouge a commencé l'offensive qui devait les mener à la capitale du Reich l'ont fait avec l'intention de revenir un jour. Aucun d'entre eux ne connaissait alors les plans des Alliés visant à amputer leurs provinces et à expulser ceux qui avaient pris le risque d'y rester. Beaucoup de ces fugitifs ont donc choisi d'affronter les risques de l'occupation de leurs villes et ont tenté de rentrer chez eux à l'Est lorsque la guerre s'est terminée par la capitulation sans condition de l'Allemagne. Dans la plupart des cas, ces tentatives ont été contrecarrées par les autorités polonaises et russes, qui les ont empêchés de rentrer ou les ont détenus. Les hommes détenus finissaient généralement dans des camps de travail en URSS et on n'entendait plus jamais parler d'eux. Ceux qui ont réussi à rentrer ont trouvé leurs maisons détruites ou déjà occupées par des Russes ou des Polonais, même si certains ont eu la chance de passer quelques mois en paix dans leurs villages jusqu'à ce qu'ils soient finalement expulsés sans compensation.

Certains auteurs ont voulu exonérer les pays occidentaux de l'expulsion de quinze millions de personnes au motif qu'ils se sont prononcés à Potsdam en faveur d'une limitation des transferts de population et, en tout état de cause, d'un transfert ordonné. Ils oublient que Churchill et Roosevelt ont imposé la ligne Curzon aux Polonais pour satisfaire les exigences territoriales de Staline et ont promis de les compenser par des territoires allemands à l'Ouest. À Yalta, ni Roosevelt ni Churchill ne se sont opposés aux expulsions massives d'Allemands, mais ont acquiescé : "Je ne suis pas effrayé par le problème du transfert des peuples", a déclaré Churchill lors de la session plénière du 7 février, "tant qu'il y a une proportion entre ce que les Polonais peuvent supporter et ce qu'ils mettent en Allemagne à la place des morts". Il est donc tout à fait hypocrite de vouloir faire porter la responsabilité du plus grand transfert de population de l'histoire aux seuls pays qui ont procédé aux expulsions, puisqu'aucune mesure de pression réelle n'a été prise pour les empêcher.

Il a déjà été dit que l'esprit du plan Morgenthau était en gestation lors de la conférence de Potsdam, qui s'est tenue au palais de Cecilienhof entre le 17 juillet et le 2 août 1945. Morgenthau, qui a tenté de se rendre à Berlin avec Truman au sein de la délégation américaine, a démissionné de son poste de secrétaire au Trésor le 22 juillet, mais cela n'a pas signifié que son plan criminel était enterré. En fait, bon nombre des politiques adoptées, par exemple le programme de désindustrialisation, étaient liées à ses propositions. De même, comme nous l'avons vu plus haut, le traitement des prisonniers allemands par Eisenhower était une conséquence de la demande du secrétaire au Trésor. Les honnêtes gens aux États-Unis et en Europe ont constaté que les conditions initialement imposées à l'Allemagne étaient celles contenues dans le plan Morgenthau, même si celui-ci avait été officiellement abandonné. Un an après la fin de la guerre, ce fait était encore vivement dénoncé par le sénateur américain Henrick Shipstead, cité par Alfred M. de Zayas dans *Némésis à Potsdam*. Le 15 mai 1946, Shipstead a émis une critique très sévère de la politique d'occupation américaine devant le Sénat. Shipstead considérait "le plan Morgenthau de destruction du peuple allemand comme un monument éternel de honte pour l'Amérique".

L'expulsion des Allemands, un transfert de population sans précédent

Au cours des siècles, la migration des Allemands vers l'Europe centrale et orientale a été constante. En conséquence, des millions d'Allemands ethniques, connus sous le nom de "Volksdeutsche", vivaient en dehors des frontières du Reich. Les Allemands vivant en Allemagne étaient appelés "Reichdeutsche". Il s'agit notamment des habitants des provinces orientales de Silésie, de Prusse orientale et de Poméranie. Certaines voix lucides avaient prévenu longtemps à l'avance que l'idée d'expulsions massives de la population allemande après la guerre était une folie. Les plus raisonnables considèrent qu'il est évident que les déportations ne peuvent être effectuées dans ces conditions, ce qui est de plus en plus accepté par un nombre croissant de personnes. Commencer les transferts de populations allemandes des pays d'Europe alors que le Reich est dévasté et que la famine et les maladies sont un fléau est, plus qu'une folie, un crime, car c'est une nouvelle catastrophe qui s'ajoute au cataclysme qui ravage déjà toute l'Allemagne. Malheureusement, ceux qui n'ont d'autre intérêt que de se hâter pour gagner du temps et mettre en œuvre leurs plans contre le peuple allemand l'emportent.

Comme nous l'avons vu, le déplacement massif des Allemands a commencé dès que l'Armée rouge a conquis les régions où ils vivaient traditionnellement. Des millions de personnes ont fui d'elles-mêmes ou ont été évacuées lors de la retraite de l'armée allemande. Des millions d'autres, cependant, avaient choisi de ne pas quitter leurs maisons et de rester dans leurs villages. Pour ces derniers, l'expulsion a commencé dès le printemps 1945, quelques mois avant le début de la conférence de Potsdam. Seules les autorités soviétiques et les gouvernements provisoires de Pologne et de Tchécoslovaquie auraient alors pu l'empêcher, mais elles ont délibérément accéléré les expulsions, malgré les appels américains et britanniques à ne pas prendre de décisions unilatérales et à attendre qu'un accord international soit conclu entre les Alliés. Alors que les Alliés occidentaux s'opposent aux expulsions prématurées, l'Union soviétique a intérêt à les encourager. Les expulsions en Prusse orientale, en Poméranie et en Silésie commencent donc plusieurs mois avant la fin des hostilités. Les forces d'occupation soviétiques encouragent les Polonais à expulser les Allemands de leurs maisons dans ces provinces. Les expulsions excessives sont fréquentes et de nombreux Allemands qui avaient résisté à l'idée de quitter leurs terres et leurs biens sont contraints de tout abandonner et de marcher vers l'ouest.

En Tchécoslovaquie et dans les Sudètes, où le maréchal Ferdinand Schörner occupait et défendait encore les zones habitées par les Allemands, les expatriations sauvages ont commencé dès que l'armée allemande a été désarmée. Mais avant cela, il y eut le massacre brutal de Prague, où vivaient quelque 42 000 Allemands de souche (Volksdeutsche) et 20 000 fonctionnaires et réfugiés antinazis (Reichdeutsche). Le 5 mai à 11 heures, un soulèvement anti-allemand pré-organisé éclate dans la capitale tchèque. Après la distribution d'armes, des drapeaux tchèques apparaissent dans les rues et un massacre aveugle d'Allemands et d'Autrichiens commence. Après l'occupation de la station de radio, les slogans "Mort aux Allemands", "Mort à tous les Allemands", "Mort à tous les occupants" sont lancés. Ces ordres ont été exécutés à la lettre et, pendant des jours, il n'y a eu aucune pitié, même pour les femmes et les enfants. De nombreux Allemands éminents de Prague ont été tués. Giles MacDonogh, dans *After the Reich*, cite plus d'une demi-douzaine de noms d'éminents professeurs, scientifiques et autres personnalités qui furent pendus sans ménagement. Il décrit également le massacre de l'école Scharnhorst dans la nuit du 5 mai, où "des hommes, des femmes, des enfants et même des bébés furent abattus par groupes de dix dans la cour". Selon cet auteur, dans le stade Strahov de Prague, les Tchèques ont rassemblé entre dix et quinze mille prisonniers et "ont organisé un jeu dans lequel cinq mille prisonniers devaient courir pour sauver leur vie pendant que les gardes leur tiraient dessus avec des mitrailleuses". Certains, poursuit MacDonogh, ont été abattus dans les latrines. Les corps n'ont pas été enlevés et ceux qui ont utilisé les toilettes ont dû déféquer sur leurs compatriotes morts".

Dans la nuit du 6 au 7 mai 1945, les troupes allemandes quittent Brüx. Le même jour, les soldats soviétiques entrent dans la ville et une vague de pillages et de viols commence, suivie de multiples suicides : certaines sources estiment que 600 personnes ont mis fin à leurs jours. La terreur dans cette ville se poursuit pendant des mois. À Prague, les négociations entre la Wehrmacht et le Conseil national tchèque n'aboutissent pas et quelque 50 000 soldats blessés et malades ne peuvent être évacués et sont abandonnés à leur sort. Le 9 mai, l'Armée rouge apparaît à Prague et des foules de Tchèques attaquent la population d'origine allemande : battus à coups de barres de fer ou lapidés avec des pavés, des hommes et des femmes meurent dans les rues sous les acclamations de la foule. En règle générale, les SS sont abattus d'une balle dans la nuque ou dans l'estomac. Certains SS sont pendus par les pieds à des lampadaires et leurs corps sont incendiés ; une femme auxiliaire de la Wehrmacht est lapidée et pendue. De nombreux témoins, écrit MacDonogh, ont déclaré que non seulement des soldats, mais aussi des garçons et des filles ont été pendus et brûlés.

Au milieu de ce tourbillon, Edvard Benes, le Grand Maître de la franc-maçonnerie tchèque, arrive à Prague le 13 mai en provenance de Londres. Il est accueilli par Rudolf Slánsky, le dirigeant communiste juif, avec des torches vivantes : les corps des Allemands pendus par les pieds brûlent sur des rangées de lampadaires et de panneaux de la place Saint-Wenceslas. Des milliers de prisonniers sont concentrés dans la prison militaire, l'école d'équitation, le ministère de l'éducation et d'autres bâtiments. De nombreux Tchèques qui avaient vécu pacifiquement avec les Allemands furent également maltraités et accusés de collaboration, en particulier les femmes qui avaient eu des maîtresses d'origine allemande. De nombreux Tchèques ont risqué leur vie en essayant de protéger des amis et des connaissances. Selon MacDonogh, lorsque l'ordre a commencé à être rétabli après le 16 mai, entre une douzaine et une vingtaine de personnes sont mortes chaque jour sous la torture dans le stade et ont été emmenées dans un wagon à fumier. Des milliers d'Allemands furent enterrés dans le cimetière de Wokowitz.

Dans les semaines qui suivent la capitulation, des dizaines de milliers d'Allemands des Sudètes sont placés aux frontières de l'Allemagne et de l'Autriche. Le 30 mai 1945, l'expulsion impitoyable de 30 000 Allemands a lieu à Brno (Brünn en allemand), la capitale de la Moravie. Victor Gollancz, l'un des rares auteurs juifs (et il y en eut) à avoir de la pitié pour les Allemands, dénonce les événements de Brno dans *Nos valeurs menacées* (1946). Il cite un article paru le 6 août 1945 dans le *Daily Mail* de Londres, dans lequel la journaliste Rhona Churchill, qui avait une amie anglaise mariée à un Allemand, raconte les événements :

> "... Les jeunes révolutionnaires de la Garde tchèque décident de "purifier" la ville. Peu avant neuf heures du soir, ils ont défilé dans les rues en ordonnant aux citoyens allemands de se tenir à la porte de leur maison à neuf heures, avec une seule valise par personne, prêts à quitter la ville pour toujours. Les femmes avaient dix minutes pour se réveiller, habiller leurs enfants, mettre quelques affaires dans les valises et sortir dans la rue. Là, elles ont reçu l'ordre de remettre aux gardes tous leurs bijoux, montres, fourrures et argent. Elles ont été autorisées à conserver leur alliance. Ils ont ensuite été conduits sous la menace d'une arme hors de la ville, en direction de la frontière autrichienne. À leur arrivée, il fait nuit

noire. Les enfants sanglotent, les femmes titubent. Les gardes-frontières tchèques les ont poussés vers les gardes autrichiens. C'est alors que les problèmes ont commencé. Les Autrichiens ne les acceptent pas et les Tchèques refusent de les réadmettre. Ils ont été poussés dans un camp où ils ont passé la nuit. Le lendemain, des Roumains sont envoyés pour les garder. Ils sont toujours dans ce camp, qui est devenu un camp de concentration. Ils ne reçoivent que la nourriture que les gardes leur donnent de temps en temps. Ils n'ont reçu aucune ration... Une épidémie de typhus se propage maintenant parmi eux et on pense qu'une centaine d'entre eux meurent chaque jour...".

Outre ce récit du journaliste du *Daily Mail* reproduit par Gollancz, il existe des témoignages beaucoup plus durs de survivants de ce que l'on a appelé la "Marche de la mort de Brno" et aussi la "Marche de la mort de Pohrlich". Ces témoignages permettent de reconstituer plus précisément le déroulement des événements. Ils sont rassemblés dans *Documents on the Expulsion of the Sudeten Germans : Survivors Speak Out*, édité en allemand en 1951 par le Dr Wilhelm Turnwald et traduit et édité en anglais en 2002. Les informations suivantes sont tirées de cette édition anglaise, disponible sur Internet. Selon le témoin M. v. W., certains expulsés ont appelé la marche "procession de la Fête-Dieu", qui a duré toute la journée. Après avoir été expulsés de leurs maisons dans la nuit du 29 mai, les Allemands ont été concentrés dans la cour d'un monastère à la périphérie de la ville, où ils ont passé la nuit dans la peur, sans pouvoir se reposer. Sous la pluie, d'interminables cortèges partent de là à 9 heures du matin, le 30 mai, vers la frontière autrichienne. Dans les colonnes, des personnes âgées extraites de la maison de retraite, des malades des hôpitaux et des enfants. Après avoir passé la nuit précédente debout, les plus faibles commencent à s'évanouir après avoir parcouru une dizaine de kilomètres. Ceux qui traînent sont battus à coups de matraque et de fouet, ceux qui ne peuvent pas continuer sont fusillés. Certains sont emmenés dans un camp près de Raigern, où beaucoup sont à nouveau battus à mort. L'arrivée à Pohrlich, à un peu plus de la moitié de la frontière, a lieu dans la nuit de la Fête-Dieu. La plupart des déportés tombent épuisés. Le lendemain, ceux qui peuvent marcher poursuivent leur voyage de déportation jusqu'à la frontière, mais quelque six mille personnes restent à Pohrlich, logées dans une usine automobile et des entrepôts de céréales.

Ceux qui n'ont pas pu continuer la marche sont, bien sûr, les plus faibles, parmi lesquels prédominent les personnes âgées et les femmes avec des enfants en bas âge. M. v. W., une infirmière de la Croix-Rouge, resta avec eux à Pohrlich. Parmi les récits poignants de cet agent de santé, on trouve celui d'une femme d'une trentaine d'années, retrouvée sans vie sur le sol avec deux enfants, "un enfant de trois ans et un bébé de quelques semaines". La femme s'était suicidée avec du poison et "son visage était déjà bleu". Le bébé était également mort, car sa mère l'avait serré contre son sein jusqu'à ce qu'il meure". Un gendarme tchèque demande à l'infirmière ce qui s'est passé. Nous donnons maintenant la parole à ce témoin :

"Je lui ai répondu qu'elle s'était probablement empoisonnée. Il l'a maudite, la traitant de pute nazie et de truie immonde pour s'être suicidée, et m'a ordonné de 'jeter la truie dans les latrines avec son bâtard'. Lorsque j'ai protesté en disant que j'étais une infirmière de la Croix-Rouge et que, liée par ma promesse, je ne pouvais pas obéir à un tel ordre même si cela me tuait, il m'a lancé des insultes telles que "porc allemand" et "pute allemande". Il a ensuite appelé trois autres femmes, qu'il a intimidées plus facilement parce qu'elles n'ont pas osé répondre à ses menaces. Il s'agit d'Agnes Skalitzky, une veuve de 63 ans originaire de Leskau, de Franziska Wimetal, âgée d'une trentaine d'années, et d'une troisième femme dont il ne connaît pas le nom. Ces femmes ont été forcées de jeter le corps de la mère et de son enfant dans les latrines ouvertes. Les détenus du camp ont ensuite reçu l'ordre d'utiliser les latrines afin que "la truie et son bâtard disparaissent le plus vite possible". Et c'est ce qui s'est passé. Des jours et même des semaines plus tard, on pouvait encore voir la petite tête du bébé et un bras de la mère dépasser de la crasse".

Selon ce récit, nuit après nuit, les femmes, même malades et âgées de plus de 70 ans, étaient violées dans le camp deux ou trois fois par nuit. Suit une allusion de cette infirmière à son propre viol :

"J'ai vu un soldat décider de violer une fillette de onze ans. La mère, terrifiée, a tenté de la défendre et s'est finalement offerte pour sauver sa fille. Le soldat l'a battue jusqu'au sang, mais elle s'est accrochée à la fillette. Je suis intervenue lorsque le soldat a menacé la mère avec son revolver. Comme je parle un peu le russe, j'ai pu faire des reproches au soldat et il a fini par la relâcher. Peu après, les partisans m'ont appelé et je me suis rendu à une porte. Là, j'ai été remise au même homme qui m'avait traînée à la sucrerie, où j'ai été violée par cinq Russes. Lorsque j'ai décidé de me suicider et que j'ai cherché les moyens de le faire, j'ai assisté au suicide d'un couple de personnes âgées qui se sont pendues dans un silo à grains vide...".

Les morts sont enterrés très superficiellement dans des fosses communes près du camp de Pohrlitz, de sorte que l'odeur nauséabonde de la décomposition se fait sentir partout. Ce n'est qu'après le 18 juin que les malheureux commencèrent à être évacués de Pohrlich, où soixante-dix à quatre-vingts personnes mouraient chaque jour, souvent du typhus : "Les premiers à quitter Pohrlich", raconte Giles MacDonogh, "étaient les malades, qui étaient emmenés et jetés dans les tourbières marécageuses près de la rivière Thaya, à proximité de la frontière autrichienne. Ils agonisaient ainsi jusqu'à la mort. Les corps ont été photographiés et montrés dans des films d'actualités en Grande-Bretagne et aux États-Unis. Les Tchèques ont répondu qu'ils avaient été tués par les Autrichiens.

Ce cas, qui peut apparaître comme un exemple de déportation inhumaine et de traitement inqualifiable, est le reflet de la barbarie qui a caractérisé les expulsions d'Allemands tout au long de l'année 1945. La milice tchèque et l'armée de Svoboda, un général communiste nommé ministre de la Défense par le président Benes, se sont également employées à déplacer un grand nombre d'Allemands des Sudètes vers la zone soviétique de l'Allemagne au cours du mois de juin. Dans le même temps, le gouvernement Benes tente d'obtenir l'approbation des Alliés occidentaux pour donner aux déportations un semblant de légalité. Benes s'est rendu à Moscou le 27 mars 1945 et a accepté de céder les ministères de la Défense, de l'Intérieur, de l'Information, de l'Agriculture et de l'Education publique à des communistes ou à des sympathisants communistes. Il s'est également plié aux exigences de Staline concernant l'élimination des agrariens tchèques et des populistes catholiques.

Selon les documents de la conférence de Potsdam, lorsque Churchill soutient qu'il faut réfléchir à la destination des Allemands, Staline déclare très sérieusement que les Tchèques ont déjà évacué tous les Allemands des Sudètes vers la zone russe de l'Allemagne, ce qui est faux, puisqu'il reste au moins deux millions d'Allemands des Sudètes et plusieurs centaines de milliers de réfugiés antinazis du Reich. Quoi qu'il en soit, le commentaire de Staline confirme qu'un grand nombre d'Allemands ont effectivement déjà été expulsés vers la zone russe, ce qui n'inquiète pas du tout le dictateur soviétique.

La question du transfert des populations allemandes de Pologne, de Tchécoslovaquie et de Hongrie s'est posée à Potsdam lors de la session du 21 juillet. Il n'y a pas d'accord sur le nombre d'Allemands vivant encore à l'est de la ligne Oder-Neisse. Truman évoque les neuf millions qui y vivaient prétendument en 1939, mais Staline répond que beaucoup sont morts pendant la guerre et que les autres se sont enfuis. Le généralissime souligne effrontément qu'il n'y a plus un seul Allemand sur le territoire à céder à la Pologne. La délégation polonaise, invitée à s'exprimer, estime qu'il ne reste que 1,5 million d'Allemands dans les territoires concernés. Les Polonais pensent qu'une fois la récolte terminée, ces Allemands accepteront volontairement de partir. En réalité, pas moins de quatre millions d'entre eux sont encore sur place et, en outre, un million d'autres tentent de revenir, ce dont Russes et Polonais sont parfaitement conscients. Il était donc prévu que Truman et Churchill/Attlee, dont les zones d'occupation en Allemagne étaient pleines à craquer, consentent à un transfert supplémentaire de cinq millions de personnes depuis les territoires administrés par la Pologne.

Churchill, qui apprend le 25 juillet qu'il a perdu les élections du 5 juillet, doit accepter que le travailliste Attlee le remplace à la tête de la délégation britannique à Berlin. Ainsi, des trois dirigeants qui s'étaient partagé le monde à Yalta, il ne reste plus que Staline. En tout cas, le Churchill de Potsdam n'est plus le Churchill de Yalta, car il commence à comprendre qu'il faut poser des limites au communisme, qui non seulement va s'imposer dans les pays européens occupés par l'Armée rouge, mais menace de s'implanter en Italie, en Grèce et en France, où les partis communistes déclenchent des grèves, intensifient leurs activités et annoncent même, en 1948, que l'Armée rouge sera la bienvenue. Lors de la séance du 21, Churchill s'oppose au plan polono-soviétique et cherche non seulement à limiter les expulsions, mais propose de laisser revenir à l'est de la ligne Oder-Neisse une partie des réfugiés qui ont fui vers l'ouest.

Lors de la séance du 22 juillet, Churchill, qui avait allègrement défendu le principe des transferts de population à Yalta, insiste sur le fait que le gouvernement de Sa Majesté ne peut accepter les revendications polonaises et invoque des scrupules moraux. "Nous pourrions accepter, dit-il, un transfert d'Allemands égal en nombre à celui des Polonais transférés de l'est de la ligne Curzon, disons deux ou trois millions ; mais un transfert de huit ou neuf millions d'Allemands, comme il ressort de la demande polonaise, serait trop important et tout à fait erroné. Malgré ces sérieuses objections, les Alliés occidentaux approuvent finalement le transfert des Allemands. L'article XIII du traité de Potsdam est finalement rédigé comme suit :

> "Les trois gouvernements, après avoir examiné tous les aspects de la question, reconnaissent que le transfert en Allemagne des populations allemandes ou de leurs éléments restés en Pologne, en Tchécoslovaquie et en Hongrie devra être entrepris. Ils sont d'accord pour que ce transfert s'effectue d'une manière ordonnée et humaine".

L'acceptation de l'expulsion des Allemands reconnaissait implicitement l'incapacité des Alliés occidentaux à s'opposer à l'URSS et à la Pologne, à moins que, comme l'avait suggéré le général Patton, ils ne soient prêts à affronter Staline pour repousser l'Armée rouge jusqu'à ses frontières d'avant-guerre. Dans le cas de la Tchécoslovaquie, la "solution finale" des Sudètes avait déjà été acceptée à l'avance. Avant la conférence de Yalta, le département d'État américain avait estimé à 1,5 million le nombre de personnes à expulser, mais lors de la conférence de Potsdam, ce chiffre a été porté à 2,5 millions, auxquels il convient d'ajouter 800 000 réfugiés antinazis qui n'étaient pas censés être transférés. L'un d'entre eux, Bruno Hoffman, raconte comment il a été contraint de quitter sa maison de Gablonz dans l'un des documents d'expulsion cités plus haut. Son récit commence ainsi : "Comme ma femme et moi n'avons jamais été des partisans du régime hitlérien et que ma femme avait été interrogée par la Gestapo en 1942 pour des activités antifascistes, nous ne pensions pas qu'il pouvait nous arriver quoi que ce soit". En fin de compte, tous ces Allemands ont également été expulsés pour la simple raison qu'ils étaient Allemands. Il n'y a donc pas de subterfuge possible : c'est le consentement des puissances occidentales qui a rendu les expulsions légales, ce qui a été reconnu publiquement par de nombreux auteurs britanniques et américains, comme Anne O'Hare McCormick, première femme à recevoir le prix Pulitzer du journalisme en 1937. Correspondante à l'étranger du *New York Times*, Anne O'Hare qualifie les expulsions, dans un article publié le 13 novembre 1946, de "décision la plus inhumaine jamais prise par des gouvernements voués à la défense des droits de l'homme".

Les Alliés occidentaux doivent cependant réguler et contrôler autant que possible les flux de population dans leurs zones, car ils sont responsables des moyens de subsistance des déportés. L'afflux incessant et imprévu de millions de personnes démunies ne peut qu'aggraver le chaos qui règne déjà dans l'Allemagne occupée. Ils décident donc de demander un moratoire sur les expulsions et introduisent dans l'article XIII précité du traité des clauses mettant en garde contre leurs effets perturbateurs ou néfastes. Ainsi, alors que le premier paragraphe avait formellement approuvé les déportations, le troisième demandait expressément leur arrêt temporaire afin que les puissances occupantes puissent examiner le problème qu'elles créaient. Staline, par égard pour ses alliés, accepte l'introduction de ces paragraphes "humanitaires" et accepte que les ministres des Affaires étrangères se réunissent pour élaborer un programme de régulation de l'afflux d'Allemands dans les différentes zones d'occupation. Ce n'est qu'un geste vide de sens, car à aucun moment il n'est sérieusement envisagé de suspendre les déportations et d'accorder le moratoire. Les autorités soviétiques en Pologne et en Tchécoslovaquie n'ont pris aucune mesure pour empêcher les gouvernements de ces pays de continuer à déverser des Allemands dans leur zone d'occupation. Seule la Hongrie respecte le moratoire et arrête les mesures d'expulsion jusqu'en janvier 1946.

La conférence de Potsdam terminée, les Alliés occidentaux pensent disposer de quelques mois pour tenter d'atténuer le désastre avant l'arrivée de l'hiver 1945-46, une période où, si un abri et de la nourriture ne sont pas fournis aux déportés, les décès risquent d'être massifs en raison du froid, de la faim et de la maladie. Les gouvernements polonais et tchécoslovaque semblent accepter formellement la suspension des expulsions, mais ce n'est qu'une apparence, car les Polonais publient une déclaration annonçant qu'ils doivent se débarrasser des Allemands de la ville de Stettin et de la Silésie, car ils ont l'intention de procéder à la reconstruction immédiate de ces régions. Sous ce prétexte, ils ont continué à faire entrer des Allemands dans la zone soviétique. Bien entendu, les déportés ne souhaitant pas rester dans une Allemagne communiste, la plupart d'entre eux tentent de poursuivre leur marche vers l'ouest dans le but d'atteindre les zones britannique et américaine. Face à cette évidence, les Britanniques proposent d'urgence aux Soviétiques et aux Américains de demander conjointement aux Polonais d'arrêter immédiatement les expulsions. Le texte de la proposition est daté du 9 septembre 1945. Extrait du volume 2 des *Foreign Relations of the United States*, il est retranscrit en partie par Alfred M. de Zayas :

> "... malgré la demande qui leur a été faite par les trois gouvernements à la suite de la Conférence de Potsdam, les autorités polonaises continuent, en tout cas par des moyens indirects, à expulser les derniers habitants allemands des territoires allemands remis à l'administration polonaise. Les difficultés créées à la Commission de contrôle, déjà redoutables du fait des expulsions précédentes, s'accroissent ainsi de jour en jour".

Plusieurs rapports de fonctionnaires américains en Tchécoslovaquie confirment que le gouvernement de Bene" n'a pas empêché les abus répétés et le harcèlement des Allemands de se poursuivre, mais qu'il les a encouragés. Cela a conduit à une reprise désorganisée, si elle avait jamais cessé, du mouvement de masse des civils allemands vers la zone d'occupation américaine. En arrière-plan, Benes craint que les Britanniques et les Américains ne finissent par s'opposer aux expulsions, et il poursuit donc une politique du fait accompli. De graves flambées de violence se produisent dans les villes habitées par les Sudètes.

Deux jours avant la fin de la conférence de Potsdam, le 31 juillet 1945, un pogrom particulièrement grave a lieu à Aussig, une ville située sur l'Elbe. Au petit matin, des soldats de l'armée de Svoboda, arrivés à Aussig pendant la nuit, ont attaqué des Allemands de souche, reconnaissables aux brassards blancs qu'ils portaient au bras. En 1977, le livre *Jews in Sovoboda's Army in the Soviet Union* a été publié sur cette armée, soulignant le rôle important que les Juifs de Tchécoslovaquie ont joué dans l'armée de Ludvík Svoboda pendant la Seconde Guerre mondiale. L'auteur, Erich Kulka, a entrepris des recherches pour le compte de l'"Institut du judaïsme contemporain" de l'Université hébraïque de Jérusalem. Jusqu'à la publication de cet ouvrage, on savait peu de choses sur les actions des Juifs dans l'armée de Svoboda.

Le pogrom a commencé vers 15 heures. Il a été déclenché par une explosion dans un dépôt de munitions au nord-ouest de la ville, à Schönpriesen. Il a été déclenché par une explosion dans un dépôt de munitions au nord-ouest de la ville, à Schönpriesen. Cet incident a servi de prétexte au massacre d'Aussig, où une milice tchèque enragée, connue sous le nom de Gardiens de la révolution ("Revolucni Garda"), qui commettait des atrocités depuis le début du mois de mai, est entrée dans un état de frénésie. Ces fanatiques, arrivés en train de Prague, massacrent en masse les civils allemands, les matraquant indistinctement de barres de fer et de pieux. Le bilan exact n'a pu être établi : les estimations varient entre 1 000 et 2 700 victimes. Les criminels ont fait passer les gens par le nouveau pont de l'Elbe et ont tout jeté dans le fleuve, des bébés avec leurs poussettes aux vieillards. Ceux qui tentaient de flotter pour se mettre à l'abri étaient impitoyablement abattus. À Pirna, une ville de Saxe située près de Dresde, à une cinquantaine de kilomètres d'Aussig, des cadavres flottants ont été sauvés et quatre-vingts corps ont été enterrés dans cette seule ville. C'est le témoignage de Thérèse Mager :

"J'ai couru jusqu'au pont de l'Elbe et j'ai vu comment des centaines d'ouvriers allemands revenant de leur travail de maçon ont été jetés dans l'Elbe. Même des femmes et des enfants avec leurs poussettes ont été jetés dans le cours d'eau par les Tchèques. La plupart d'entre eux portaient des uniformes noirs avec des brassards rouges. Ils jettent à l'eau les femmes et les enfants qui ne peuvent se défendre depuis le pont de vingt mètres de haut. La poursuite massive des Allemands se prolongea jusque tard dans la nuit. De toutes les rues et de tous les coins de rue, nous pouvions entendre des gens crier et pleurer. Ni les autorités tchèques ni les occupants russes n'ont fait quoi que ce soit pour empêcher le massacre. De nombreux Allemands sauvés de l'eau furent mitraillés...".

Le plus macabre, écrit Alfred M. de Zayas, c'est que ce pogrom contre la population allemande a été utilisé par le gouvernement tchécoslovaque comme argument pour inciter les Alliés occidentaux à accélérer le rythme des expulsions. Des centaines de milliers d'Allemands des Sudètes sont alors internés dans des camps en attendant d'être expulsés. Ceux qui sont restés dans leurs villages et leurs villes vivent dans la crainte constante d'être arrêtés. Le président Bene¨ appelle publiquement à la "liquidation" des Allemands. Selon lui, il fallait "nettoyer la République". Il est indéniable que le harcèlement criminel des populations allemandes en Europe doit être considéré comme un cas paradigmatique de nettoyage ethnique à grande échelle. Il faut d'ailleurs noter que les zones que le gouvernement tchécoslovaque allait ré-annexer pour confisquer les biens et dé-germaniser étaient peuplées d'Allemands depuis sept cents ans.

Le 15 septembre 1945, *The Economist* de Londres dénonce la situation : "Malgré la déclaration de Potsdam appelant à une pause dans les expulsions désordonnées et inhumaines d'Allemands, l'exode forcé des provinces de Prusse orientale, de Poméranie, de Silésie et de certaines parties du Brandebourg, qui comptaient une population d'environ neuf millions d'habitants en 1939, se poursuit". Dans le même rapport, le journal londonien fait également allusion à la situation en Tchécoslovaquie, où "l'expulsion de trois millions et demi d'Allemands des Sudètes se poursuit également". *The Economist* demande au Conseil des ministres des affaires étrangères de mettre fin à cette "effroyable tragédie" et note que des millions de personnes errent dans les zones d'occupation "pratiquement sans nourriture ni abri". L'article affirme que les grands centres urbains étaient déjà surpeuplés avant l'arrivée des déportés et prévient : "Le résultat inévitable sera que des millions de personnes mourront de faim et d'épuisement".

Le ministre des Affaires étrangères, Ernest Bevin, a été interrogé à la Chambre des communes le 10 octobre 1945. Un député, Bower, demande au ministre si le gouvernement a protesté auprès de la Pologne contre "les atrocités infligées aux femmes et aux enfants allemands dans le cadre de leur expulsion". Bevin répond par l'affirmative, mais en réalité la démarche n'a pas été plus loin qu'une note de protestation à l'ambassadeur polonais à Londres, qui n'a servi à rien. Trois jours plus tard, le 13 octobre, *The Economist* demande à nouveau l'arrêt des expulsions. Malheureusement, la réalité de la situation montre jour après jour que les efforts sont vains et que rien n'est acquis. Le 19 octobre, Bertrand Russell écrit dans le *Times* : "En Europe de l'Est, nos Alliés procèdent actuellement à des déportations massives à une échelle sans précédent, dans une tentative apparemment délibérée d'exterminer plusieurs millions d'Allemands, non pas avec des gaz, mais en les privant de leurs maisons et de leur nourriture, les laissant mourir de faim d'une manière lente et atroce". Le 22 octobre 1945, le capitaine Alfred E. Marples, député conservateur qui deviendra plus tard ministre des transports, annonce ce qui suit à la Chambre des communes : "Selon un rapport récent de la Croix-Rouge internationale, les protestations contre les déportations désorganisées d'Allemands n'ont eu aucun effet, et les réfugiés continuent d'affluer à Berlin, où des milliers d'entre eux meurent dans les rues".

Trois jours plus tard, le 25 octobre, une délégation conduite par Sir William Beveridge et comprenant sept membres du Parlement, quatre évêques, l'éditeur Victor Gollancz et d'autres personnalités a rendu visite au Premier ministre Attlee. La réunion a été relatée *dans le Times*, qui a rapporté le 26 octobre que le comité VIP avait demandé que "compte tenu du danger imminent de mort par famine et maladie pour des millions d'êtres humains", le gouvernement de Sa Majesté négocie avec les gouvernements russe, polonais et tchécoslovaque "pour arrêter immédiatement et tout au long de l'hiver les expulsions d'Allemands de leurs foyers en Europe de l'Est". Ainsi, à la veille d'un hiver rude, où des familles entières vont mourir de froid et où les rations quotidiennes ne sont que de 1 000 calories, le moratoire prévu à l'article XIII du traité de Potsdam n'est pas respecté et les déportations non seulement ne sont pas arrêtées, mais sont annoncées publiquement.

Fin octobre 1945, les autorités polonaises de Breslau, lors de la cérémonie de démolition de la statue de l'empereur Guillaume Ier, l'un des derniers monuments allemands, annoncent que les 200 000 Allemands encore présents dans la ville seront contraints de partir vers l'une des zones d'occupation allemandes. Le maire juif, Stanislav Gosniej, annonce dans son discours devant le monument démoli que quatre mille Allemands quittent la ville chaque semaine et que, dans un semestre, Breslau sera la deuxième ville de Pologne. À Breslau, Beria avait placé des Juifs à la tête des organes de répression. L'écrivain juif John Sack, auteur de *An Eye for an Eye. L'histoire inédite de la vengeance juive contre les Allemands en 1945. The Untold Story of Jewish Revenge Against Germans in 1945*), rapporte que le chef de la police, Shmuel "Gross", qui utilisait le nom polonais Mieczyslaw "Gross", et le chef du département pour les Allemands, étaient juifs. Selon cette source, à laquelle nous nous abreuverons ci-après, le chef de la police de Katowice, Pinek Piekanowski, et ceux de Kielce, Lublin et Stettin, ainsi que le chef du corps de sécurité intérieure de l'armée polonaise, étaient également juifs.

Enfin, le Conseil de contrôle allié décide de travailler sur un plan de rationalisation des expulsions. Il ne s'agit pas d'arrêter les expulsions, mais de faire en sorte que le transfert des populations se fasse de manière plus ordonnée et dans de meilleures conditions. Le plan est déjà esquissé le 20 novembre 1945. A cette date, on estime qu'après plus de six mois de déportations sauvages, trois millions et demi d'Allemands se trouvent encore dans les zones administrées par les autorités polonaises. Il est prévu que deux millions d'entre eux puissent être admis par les Soviétiques et que le reste soit transféré en zone britannique. Quant aux Allemands de Tchécoslovaquie, on estime qu'il en reste deux millions et demi dans le pays, la plupart dans la région des Sudètes, qu'un million sept cent cinquante mille iront en zone américaine et que le reste sera attribué aux Soviétiques. Quant au demi-million d'Allemands en Hongrie, ils seront tous admis dans la zone d'occupation américaine. Il est également prévu de transférer 150 000 Allemands d'Autriche en zone française. Le plan estime que tous les transferts de population pourront être achevés en août 1946.

Alfred M. de Zayas note que plus de deux millions d'Allemands ont perdu la vie pendant ou à la suite des déplacements. Voici un extrait de son récit, tiré de *Némésis à Potsdam*, qui est l'une des principales sources de ce que nous avons écrit :

> "Plus de deux millions d'Allemands n'ont pas survécu à leur déplacement. Un million d'entre eux ont probablement péri au cours des évacuations militaires et de la fuite dans les derniers mois de la guerre. Les autres, principalement des femmes, des enfants et des personnes âgées, sont morts à cause des méthodes impitoyables utilisées pour les expulser. Bien entendu, tous les transferts n'ont pas été effectués de manière brutale. Les transports vers les régions occidentales au cours des étés 1946 et 1947 ont été relativement bien organisés et le nombre de morts a considérablement diminué. En revanche, les expulsions de 1945, les moyens de transport en général et la plupart des déplacements vers la zone d'occupation soviétique ont été catastrophiques dans leur méthode et leurs conséquences".

Cet auteur divise les expulsions en trois phases : celles d'avant la conférence de Potsdam, qu'il qualifie d'"expulsions sauvages" ; celles de l'après-Potsdam jusqu'en décembre 1945 ; et celles des années 1946-47, période des transferts "organisés" (ses propres guillemets). On peut cependant dire que les déportations de 1945 sont toutes bestiales : les femmes et les enfants sont embarqués dans les trains comme du bétail. Le voyage pouvait durer plusieurs jours, pendant lesquels aucune nourriture n'était fournie. Les enfants qui meurent pendant le voyage sont jetés par les fenêtres. Dans les gares d'arrivée, de nombreux cadavres sont régulièrement retirés des wagons. Le 24 août 1945, le British *News Chronicle* publie un reportage de son correspondant à Berlin, Norman Clark, dans lequel le journaliste raconte l'arrivée à Berlin d'un train en provenance de Dantzig. Le texte, malgré sa longueur, est reproduit intégralement dans l'ouvrage précité. En voici quelques extraits éloquents :

> "... Le train de Dantzig est arrivé. Cette fois-ci, le voyage avait duré sept jours ; parfois, il dure plus longtemps. Ces personnes dans les wagons à bestiaux, et des centaines d'autres allongées sur les ballots de leurs biens sur les quais et dans le hall de la gare, étaient les morts, les mourants et les affamés abandonnés par la marée de la misère humaine qui atteint quotidiennement Berlin et qui, le lendemain, y retournera pour prendre un train vers une autre ville, à la recherche désespérée de nourriture et de secours. Des milliers d'autres personnes - jusqu'à 25 000 par jour - se rendent dans les bidonvilles de Berlin, où elles sont arrêtées et interdites d'accès à la ville surpeuplée. Chaque jour, entre cinquante et cent enfants - soit un total de cinq mille en peu de temps - qui ont perdu leurs parents ou ont été abandonnés sont recueillis dans les gares et emmenés dans des orphelinats ou à la recherche de mères nourricières.
> ... Selon une estimation basse - qui m'a été donnée par le Dr Karl Biaer, un anti-nazi maintenant installé à la tête du Comité d'aide sociale de Berlin - il y a 8 000 000 de nomades sans abri qui errent dans certaines parties des provinces proches de Berlin. Si l'on ajoute les Sudètes expulsés de Tchécoslovaquie et ceux qui se déplacent de partout, le nombre de ceux qui ne peuvent pas être nourris s'élève à au moins 13 000 000..... Ce qui a aggravé le problème et l'a rendu insoluble, c'est la poursuite des expulsions d'Allemands par les Polonais...".

Un dernier exemple permet de comprendre définitivement à quel point les expulsions pouvaient être sauvages et impitoyables. Dans le mensuel *The Nineteenth Century and After*, le journaliste britannique Frederick Augustus Voigt relate en novembre 1945 l'arrivée à Berlin d'un train en provenance de Troppau (Tchécoslovaquie), à bord duquel des hommes, des femmes et des enfants ont voyagé pendant dix-huit jours dans des wagons à bestiaux ouverts. Sur les 2 400 personnes parties de Troppau, près de la moitié, soit 1 50, sont mortes en cours de route.

Alors que la fin des déportations était prévue pour l'été 1946, elles se poursuivirent jusqu'en 1947. Bien qu'elles soient "organisées" dès 1946, le spectacle des déportés émeut tous ceux qui observent leur tragédie d'un point de vue chrétien. En mars 1946, le *Manchester Guardian* publie une triste chronique de son correspondant à Lübeck : elle décrit l'arrivée en zone britannique de civils allemands en provenance de Pologne, entrant dans la ville hanséatique à bord de trains bondés, dans lesquels il est impossible de s'asseoir pour se reposer, les déportés étant entassés debout. Dans le premier transport, un homme de soixante-treize ans et un enfant de dix-huit mois sont arrivés morts ; dans un deuxième transport, les morts étaient au nombre de trois. Bien que des rations soient prévues pour les expulsés, dans le premier train, chaque personne n'a reçu qu'une demi-tranche de pain pour tout le voyage. Le journaliste du *Manchester Guardian* décrit l'état physique misérable des réfugiés, dont certains portent encore les marques des mauvais traitements. Les médecins britanniques qui ont examiné les déportés ont confirmé que la plupart des femmes avaient été violées, y compris une fillette de dix ans et une autre de seize ans. En général, l'âge des déportés était supérieur à cinquante ans, bien qu'il y ait eu beaucoup de personnes âgées de quatre-vingts ans, y compris un certain nombre d'infirmes et de paralysés.

À l'approche d'un nouvel hiver et alors que les expulsions se poursuivent, les autorités militaires, afin d'éviter le désastre de l'hiver 1945-46, au cours duquel des milliers de personnes étaient mortes de froid ou d'engelures, parviennent à annuler plusieurs mouvements de trains. Malheureusement, plus de la moitié des jours de l'hiver 1946-47 se sont levés avec des températures inférieures à zéro. La neige et le gel étaient constants. On considère qu'il s'agit de l'hiver le plus froid de mémoire d'homme. À Noël, les trains en provenance de Pologne sont arrivés gelés. Trente-cinq déportés sont morts dans un train et 25 autres ont dû être amputés. La délégation du Comité international de la Croix-Rouge (CICR) à Varsovie, constatant qu'en janvier 1947, les convois de déportés arrivent en Allemagne dans des conditions déplorables, attire l'attention du ministère polonais de l'Intérieur sur ce problème. Malgré ses efforts, les déportations ne cessent pas et seules quelques déportations de personnes qui ne se trouvent pas dans des camps d'internement sont suspendues. Au moins, le fait que les autorités d'accueil disposent d'informations sur le nombre de personnes qu'elles vont recevoir et sur leurs dates d'arrivée permet une meilleure organisation, ce qui contribue à sauver des vies. Dans le cadre des "transferts organisés", les différents pays impliqués dans l'épuration ethnique des Allemands ont déporté environ six millions de personnes.

On sait peu de choses sur le sort des prisonniers et des civils allemands en Union soviétique. Il a déjà été dit que l'URSS n'avait pas signé la Convention de Genève et qu'elle échappait donc à tout contrôle international. Néanmoins, il est certain que plus d'un million de soldats allemands sont morts dans le goulag soviétique. Quant aux victimes civiles allemandes en Russie, Alfred M. de Zayas les estime entre 1,5 et 2 millions de personnes.

En outre, la Croix-Rouge tente d'établir une présence dans d'autres pays européens où les civils allemands sont également persécutés. A partir de mars 1945, le Comité international de la Croix-Rouge entreprend des démarches pour avoir accès aux camps d'internement en Roumanie, mais l'autorisation lui est refusée à plusieurs reprises. En Hongrie, quelques visites ont été autorisées en novembre 1945 et en janvier 1946. A la suite de ces inspections, la délégation du CICR a présenté un certain nombre de demandes au gouvernement hongrois afin d'améliorer les conditions de vie des détenus. En ce qui concerne les civils internés dans les camps en Yougoslavie, le CICR a reçu des appels privés et des rapports faisant état de mauvaises conditions d'internement, car, outre les pénuries alimentaires, l'hygiène et le traitement des détenus étaient déplorables. La Croix-Rouge ne peut pas faire grand-chose pour améliorer la situation des civils et doit se concentrer sur l'aide aux prisonniers de guerre. Le traitement de la minorité allemande en Yougoslavie est un autre cas typique de nettoyage ethnique. Récemment, le Tribunal pénal international de La Haye a examiné les crimes liés à l'épuration ethnique commis pendant les guerres des Balkans à la fin du siècle dernier, mais personne n'a jamais pris la peine de dénoncer la persécution des civils allemands dans la moitié de l'Europe après la Seconde Guerre mondiale.

En 1939, selon les données publiées en 1967 par le ministère fédéral allemand des expulsés, environ deux millions d'Allemands vivaient dans le sud-est de l'Europe, c'est-à-dire en Yougoslavie (537 000), en Hongrie (623 000) et en Roumanie (786 000). Installés le long et à proximité du Danube, ils étaient connus sous le nom de "Donauschwaben" (Souabes du Danube). La plupart d'entre eux étaient des descendants de colons arrivés dans cette région fertile de l'Europe aux XVIIe et XVIIIe siècles, c'est-à-dire après la libération de la Hongrie de la domination turque. Considérés comme des représentants de la civilisation chrétienne face à l'islamisation des Balkans et de l'Europe, ils étaient appréciés en Autriche et dans l'Empire austro-hongrois. Tout commence à changer pour eux en 1919, à la suite du désastreux traité de Versailles.

À la fin de la Seconde Guerre mondiale, le régime communiste de Josip Broz Tito, crypto-juif de son vrai nom Josif Walter Weiss, et de Moses Pijade, un autre juif, éminence grise et véritable homme fort, s'installe en Yougoslavie. Un décret du 21 novembre 1944 qualifie les Allemands d'"ennemis du peuple", ils sont privés de leurs droits civiques et leurs biens sont confisqués sans compensation. Une loi promulguée le 6 février 1945 les prive de leur citoyenneté yougoslave. Les autorités du Reich avaient évacué 220 000 Allemands, mais à la fin du mois de mai 1945, plus de 200 000 Allemands de souche yougoslave se trouvaient encore chez eux et ont été arrêtés et faits prisonniers. Parmi eux, 63 635 sont morts entre 1945 et 1950 de malnutrition, d'épuisement et de maladie. Quelque 100 000 petites entreprises : usines, magasins, fermes et commerces divers ont été confisqués. Outre le nombre de civils, quelque 70 000 soldats allemands sont morts en captivité en Yougoslavie à la suite de mauvais traitements, d'exécutions, de représailles et de travaux forcés dans les mines, la construction de routes, les chantiers navals, etc. Les soldats allemands s'étaient rendus aux Britanniques dans le sud de l'Autriche, mais Londres a remis 150 000 prisonniers de guerre au régime communiste de Tito sous prétexte qu'ils seraient ensuite rapatriés en Allemagne.

De Zayas commente dans son ouvrage que, quarante ans après les expulsions, les foires des Prussiens orientaux, des Poméraniens, des Silésiens et des Allemands des Sudètes étaient fréquentées par plusieurs centaines de milliers d'expulsés. Leurs dirigeants ont parlé du droit de faire vivre leurs revendications juridiques par des moyens pacifiques, car à l'époque, certaines personnes en République fédérale d'Allemagne considéraient que soulever cette question représentait un danger pour la paix en Europe. Il existe encore aujourd'hui des personnes âgées qui se souviennent de la tragédie des expulsions. En 2012, Erika Vora a publié *Silent no More*, dans lequel elle recueille de multiples témoignages de femmes octogénaires et nonagénaires qui étaient enfants en 1945 et ont survécu aux déportations. Frederick A. Lindemann, Lord Cherwell, l'idéologue juif à l'origine des bombardements massifs des maisons de la classe ouvrière allemande, aurait déclaré que "la destruction de sa propre maison est la chose la plus dommageable pour le moral". Dans la préface de *Silent no More*, Erika Vora cite l'humaniste Albert Schweitzer, théologien et philosophe, qui considère l'expulsion de sa propre maison comme l'atteinte la plus cruelle aux droits de l'homme. Nous terminons par quelques-unes de ses questions : "Que signifie avoir une maison ? Que signifie être expulsé de l'endroit où des générations de vos ancêtres ont travaillé dur pendant des siècles ? Que signifie être jeté dans les rues gelées avec un enfant dans les bras et être laissé sans abri et sans droits ? Que signifie être séparé de son enfant sans défense ? Que signifie voir la mort partout et craindre d'être attaqué à tout moment ? Que signifie ne plus jamais pouvoir retourner à l'endroit où vous et vos proches avez trouvé la paix ?".

Criminels juifs dans les camps de concentration

Quant aux camps d'internement, il faut expliquer que les personnes qui n'étaient pas autorisées à rester chez elles y étaient enfermées. Le Comité international de la Croix-Rouge a eu beaucoup de mal à s'y rendre pour distribuer de l'aide aux détenus. Même dans les quelques camps où il a été autorisé à entrer, principalement en Tchécoslovaquie, les conditions ont été jugées insatisfaisantes, ce qui a été consigné dans les rapports soumis au gouvernement de Bene" à Prague. En Pologne, la distribution des secours de la Croix-Rouge n'est autorisée dans presque aucun camp. Seuls les parents des internés étaient autorisés à livrer des colis, qui étaient généralement ouverts par les gardes, qui les déchiraient pour garder le meilleur et remettre le reste. Ce n'est qu'en juin 1947, malgré des demandes répétées, que le délégué du Comité international de la Croix-Rouge fut autorisé par les autorités polonaises à visiter certains camps, mais à ce moment-là, la plupart des détenus avaient déjà été expulsés.

Heinz Esser, médecin allemand ayant survécu aux terribles conditions d'internement au camp de Lamsdorf en Oberschlesien (Haute-Silésie), a publié en 1949 *Die Hölle von Lamsdorf : Dokumentation über ein polnisches Vernichtungslager* (*L'enfer de Lamsdorf : Documentation sur un camp d'extermination polonais*), une brochure de 127 pages dénonçant toute la cruauté et l'impitoyabilité des Polonais qui contrôlaient le camp. Les lecteurs intéressés qui lisent l'allemand peuvent encore se procurer cet ouvrage, dont il existe plusieurs éditions. Sa lecture confirme que Lamsdorf était bien un camp d'extermination, puisque 6488 détenus sur une population de 8064 sont morts de faim, de maladie, de travail forcé, de torture physique et mentale, de coups et de mauvais traitements. Le commandant du camp, Ceslaw Gimborski, un jeune juif d'une vingtaine d'années, exigeait des prisonniers un régime de deux à trois cents calories par jour. La liste des Allemands morts lui est transmise quotidiennement et sa question habituelle est : "Pourquoi si peu ? Les gardiens de Lamsdorf, qui, selon le Dr Esser, souffraient tous de maladies vénériennes, étaient de véritables psychopathes qui, ivres, violaient continuellement les femmes du camp. Parfois, ces dégénérés forçaient les femmes à boire de l'urine, du sang et à manger des excréments, entre autres atrocités.

Un épisode glaçant concernant le camp de Lamsdorf est rapporté par deux sources différentes : Heinz Esser dans l'ouvrage susmentionné et l'auteur juif John Sack dans *An Eye for an Eye*. Sack, qui a déjà été cité plus haut, était un journaliste chevronné de plus de cinquante ans qui a écrit plusieurs livres, notamment *An Eye for an Eye*, sous-titré *The Untold Story of Jewish Revenge Against Germans in 1945* (*L'histoire inédite de la vengeance juive contre les Allemands en 1945*). Ce livre a fait grand bruit, car Sack y dénonce que les camps de concentration communistes polonais ont été dirigés après la guerre par des Juifs qui ont torturé et tué des dizaines de milliers de civils allemands : "J'ai appris, écrit Sack dans la préface, qu'en 1945 un grand nombre d'Allemands ont été tués : non pas des nazis, non pas des hommes de main d'Hitler, mais des civils allemands, des hommes, des femmes, des enfants, des bébés, dont le seul crime était d'être des Allemands". Nous choisissons donc la version de Sack, qui figure aux pages 130-131 :

> "Pendant la guerre, les SS avaient enterré quelques Polonais, cinq cents corps, dans une grande prairie près de Lamsdorf, mais Ceslaw avait entendu dire qu'il y en avait quatre-vingt-dix mille et avait ordonné aux femmes de Gruben de les déterrer. Les femmes s'exécutèrent et

commencèrent à avoir des haut-le-cœur lorsque les corps apparurent, noirs comme une substance d'égout. Les visages étaient corrompus, la chair était de la colle, mais les gardes crièrent aux femmes de Gruben : "Jetez-vous à l'eau avec eux". Avec leurs fusils, ils poussaient derrière la tête des femmes jusqu'à ce que leurs yeux, leurs nez et leurs bouches pénètrent dans la boue des visages des Polonais. Les femmes qui pressaient leurs lèvres l'une contre l'autre ne pouvaient pas crier, et celles qui criaient devaient goûter quelque chose de nauséabond. Crachant, vomissant, les femmes sortent enfin, avec des débris sur le menton, sur les doigts, sur les robes, avec de l'humidité qui s'infiltre dans les fibres. Aspergées par la puanteur, elles retournent à Lamsdorf".

Le récit du Dr Esser ajoute qu'il y avait aussi des hommes qui creusaient dans la fosse et souligne que la puanteur de putréfaction émanant des femmes était si insupportable que, la nuit, elle imprégnait toutes les pièces et tout le camp. Cette terrible puanteur durait des semaines, car il n'y avait pas de douches. Sack confirme que soixante-quatre des femmes de Gruben sont mortes. Compte tenu de la nécessité de dissimuler une telle férocité, il est compréhensible que la Croix-Rouge se soit vu refuser l'accès aux camps.

Dans *An Eye for an Eye*, John Sack explique que le plus grand camp de Pologne était Potulice, construit par des Juifs près de la mer Baltique pour trente mille oppresseurs en puissance. Chaque soir, le commandant se rendait dans une baraque, criait "Attention !" et forçait les détenus à chanter une chanson humiliante. Lorsqu'ils avaient chanté, il commençait à les battre. Lorsqu'ils avaient chanté, il commençait à les frapper avec les tabourets, en tuant souvent plus d'un. Dans le même camp, les gardes juifs faisaient sortir les Allemands du camp à l'aube et les obligeaient à creuser une tombe près d'une forêt, à y jeter un portrait d'Hitler et à les forcer à pleurer. On leur ordonnait ensuite de se déshabiller et on leur versait du purin. Parfois, "les gardes prenaient un crapaud", écrit Sack, "et enfonçaient la chose épaisse dans la gorge d'un Allemand, qui mourait bientôt". Selon cette source, le nombre de morts à Potulice était énorme. Dans le camp de Myslowitz, une centaine d'Allemands meurent chaque jour. A Grottkau, écrit l'auteur juif, "les Allemands étaient enterrés dans des sacs de pommes de terre, mais à Hohensalza, ils allaient directement dans les cercueils, où le commandant les voyait partir. A Blechhammer, le commandant juif n'a même pas regardé les Allemands et ils sont morts sans avoir été examinés". Sack donne le chiffre de 1 255 camps pour Allemands en attente de déportation dans la zone contrôlée par le Département de la sécurité d'État et affirme que dans chacun d'entre eux, entre vingt-cinq et cinquante pour cent des détenus sont morts.

Jakub Berman, un juif de Varsovie qui avait dirigé les services de renseignements du parti communiste polonais, est chargé de la sécurité de l'État. Berman s'était réfugié à Moscou après l'invasion allemande de 1939 et Staline l'avait nommé au sein du gouvernement qui marchait vers Lublin avec l'Armée rouge. À Varsovie, il était l'homme de Beria, ce qui lui permettait de communiquer directement avec Moscou. John Sack rapporte une visite de Jakub Berman à Kattowice, où un autre Juif, Pinek Piekanowski, était également chargé de la sécurité. Berman était accompagné de Wladyslaw Gomulka, qui était marié à une juive, et de deux autres ministres juifs. Gomulka reconnaît avoir des problèmes avec la Croix-Rouge et tente d'obtenir de Piekanowski qu'il autorise des inspections dans les camps. La réponse fut : "Je ne respecte pas la Croix-Rouge". Le dialogue colérique, reproduit dans *Œil pour œil*, montre que Gomulka n'est pas capable de s'imposer à son subordonné : "Si vous m'ordonnez de laisser passer la Croix-Rouge, je le ferai". Gomulka lui répond : "Non, je ne vous l'ordonnerai pas." Berman, qui avait écouté la bagarre en silence, finit par dire lentement : "Camarade, nous avons votre parole que les Allemands sont bien traités."

À Gleiwitz, le commandant du camp était une jeune femme juive, Lola Potok, principale protagoniste de la pièce de John Sack, qui soutient que Lola et ses collègues sont sortis indemnes d'Auschwitz et qu'ils ont donc torturé et assassiné des Allemands pour se venger. La plupart des cinquante contremaîtres de Lola Potok étaient juifs, dont certains étaient des femmes qui aimaient torturer les prisonniers allemands. L'assistant de confiance de Lola s'appelait Moshe Grossman. Le directeur de tous les camps et prisons de Silésie est Chaim Studniberg, un Juif de vingt-six ans dont la haine des Allemands est pathologique. Pour le camp de Lamsdorf, Studniberg avait personnellement choisi Czeslaw et les dix jeunes Juifs qui constituaient son équipe de criminels. D'autres membres juifs polonais de l'appareil de terreur, signalés dans diverses sources, sont : Henryk Chmielewski, Jan Kwiatowski, Josef Jurkowski, Jechiel Grynszpan, Karol Grabski, Berek Einsenstein, Adam Krawiecki, Pinek Maka, Shlomo Singer, Stefan Finkel, Adela Glikman, David Feuerstein, Aaron Lehrman, Mordechai Kac, Salek Zucker, Hanna Tinkpulwer, Nahum Solowic, Albert Grunbaum et bien d'autres dont nous taisons les noms et que le lecteur peut retrouver sur le site *Raport Nowaka* (rapport du chercheur polonais Zbigniew Nowak).

Parmi les grands criminels juifs présentés dans le livre de John Sack figure Shlomo (Solomon) Morel, nommé par les occupants soviétiques commandant du camp de Zgoda à Schwientochlowitz, où la plupart des interrogateurs étaient également juifs. Morel, qui, selon Sack, avait été l'amant de Lola Potok, a personnellement tué un enfant en lui fracassant la tête contre un mur. En décembre 1989, une commission d'enquête sur les crimes contre la nation polonaise a confié son dossier à Piotr Brys, procureur de Katowice, qui a convoqué Morel pour la première fois le 27 février 1991. Le 24 novembre de la même année, le journal *Wiésci* rend l'affaire publique. Quelques jours plus tard, le procureur confronte Morel à une Polonaise, Dorota Boreczek, qui, à l'âge de 14 ans, se trouvait avec sa mère à Schwientochlowitz. Craignant que les choses ne se compliquent, Shlomo

Morel prend l'avion et atterrit à Tel Aviv en janvier 1992, mais sa pension ne pouvant être versée en Israël, il revient en juin. A l'époque, des documents des Archives de la République fédérale d'Allemagne sont entre les mains des enquêteurs. John Sack cite quelques déclarations tirées de ces rapports : "Le commandant était Morel, un bâtard ("Schweinehund") sans égal". "Le commandant Morel apparut. Les bâtons et les fouets pleuvaient sur nous. Ils m'ont cassé le nez et battu mes dix ongles qui sont devenus noirs et sont tombés par la suite". "Le commandant Morel est arrivé. Je l'ai vu de mes propres yeux tuer beaucoup de mes compagnons de captivité". Face à l'évidence qu'il allait être jugé, Morel s'est envolé pour Israël, où il vivait en juin 1993.

Après la dissolution de l'Union soviétique, Morel a été accusé de crimes contre l'humanité par l'Institut national polonais de la mémoire. En 1998 et 2004, la Pologne a demandé l'extradition vers Israël, qui a refusé à chaque fois et a nié les crimes de Morel. Les sionistes ont affirmé qu'une conspiration antisémite avait été montée contre lui. Une autre extradition demandée par la Pologne, en l'occurrence vers la Grande-Bretagne, est celle d'Helena Wolinska, une juive née à Varsovie qui avait le grade de lieutenant-colonel. Par deux fois, en 1999 et 2001, les Britanniques ont refusé de l'extrader, justifiant leur refus par l'âge de Wolinska et le temps écoulé depuis les crimes présumés. L'attitude obstructionniste d'Israël et du Royaume-Uni contraste avec la volonté inconditionnelle des autorités allemandes. Alors qu'Israël protège et honore des criminels juifs connus et accuse d'antisémitisme ceux qui les ont découverts et revendiqués, en Allemagne, des nonagénaires âgés continuent d'être poursuivis et jugés pour le simple fait d'avoir servi à Auschwitz. En 2015, par exemple, à l'heure où nous écrivons ces lignes, Oskar Gröning, un ancien comptable du camp de travail âgé de quatre-vingt-treize ans, attend son procès en détention pour crimes de guerre présumés.

Angela Merkel, chancelière d'origine juive, attribue à l'Allemagne une "responsabilité éternelle", mais préfère ignorer les massacres de toutes sortes commis contre les civils allemands. Alors que les chercheurs qui tentent de réviser l'histoire sont accusés d'être des revanchards, des antisémites et des néo-nazis, l'historiographie officielle s'obstine à répéter ad nauseam les mêmes mensonges et à dissimuler la vérité historique. Dans un article publié par l'Institute for Historical Review analysant le sort des Yougoslaves de souche allemande ("Volksdeutsche"), Tomislav Sunic s'interroge : "Pourquoi les souffrances et les victimes de certaines nations ou de certains groupes ethniques sont-elles ignorées, alors que les souffrances d'autres nations et groupes font l'objet d'une attention et d'une sympathie exagérées de la part des médias et des hommes politiques ?" La question est rhétorique pour ceux d'entre nous qui connaissent la réponse, mais elle mérite tout de même d'être posée.

Ce qui s'est passé en Pologne, où le contrôle absolu de la police et des camps d'internement était entre les mains de criminels juifs sans scrupules, s'est également produit en Hongrie, en Roumanie, en Yougoslavie et dans d'autres pays où des dizaines de milliers de Juifs libérés des camps de concentration, soi-disant pour être exterminés, ont été accueillis à bras ouverts par les forces d'occupation communistes et intégrés dans l'appareil policier répressif de Beria.

Dans le même temps, un flot continu de Juifs afflue en Allemagne, qui servira de tremplin pour canaliser l'immigration clandestine vers la Palestine. Le lieutenant général Sir Frederick Edgeworth Morgan, chef des opérations de l'UNRRA (United Nations Relief and Rehabilitation Administration) en Allemagne, dénonce l'existence d'une organisation secrète à l'origine de l'arrivée de tant de juifs "rudes, bien habillés, bien nourris" qui brassent beaucoup d'argent. En janvier 1946, le général britannique fait scandale en dénonçant sans détour, lors d'une conférence de presse, qu'une organisation sioniste travaille secrètement avec l'aide des Soviétiques pour faciliter "l'exode" des Juifs d'Europe vers la Palestine. Frederick E. Morgan a écrit en 1961 des mémoires intitulées *Peace and War : A Soldier's Life*, d'où est extraite cette citation :

"J'ai pu rassembler une évaluation complète et raisonnable de la manière dont l'agence des Nations unies était habilement utilisée pour promouvoir ce qui n'était rien de moins qu'une campagne d'agression sioniste en Palestine. Défiant l'interdiction du mandat britannique, réticent comme jamais à employer des mesures décisives, le commandement sioniste, admirablement bien organisé, employait tous les moyens pour forcer l'immigration dans le pays sans se soucier des difficultés et des souffrances des immigrants, dont peu semblaient avoir un enthousiasme spontané pour la cause sioniste. L'ensemble du projet bénéficiait manifestement de la connivence russe, sinon d'un soutien réel, puisque son succès conduirait à l'élimination de l'autorité britannique dans une région vitale du Moyen-Orient".

La dénonciation du général Morgan, basée sur des informations reçues des services de renseignements militaires, déclenche une tempête dans la presse, qui s'empresse de qualifier ses propos d'antisémites et d'exiger sa démission. N'ayant pas démissionné "motu proprio", il est démis de ses fonctions par le chef de l'UNRRA, le juif Fiorello La Guardia, ancien maire de New York.

Au total, selon Giles MacDonogh, il y avait près de 200 camps de DP (personnes déplacées) juifs dans les zones d'occupation alliées, dont la plupart dans la zone américaine. Le camp le plus célèbre était celui de Landsberg (Bavière), où ils éditaient *le Landsberger Caytung (journal de Landsberg)*, qui fournissait des informations en yiddish sur les procès de Nuremberg. À la fin de l'année 1946, plus de 200 000 Juifs se trouvaient dans les camps alliés en Allemagne et en Autriche. Dans *After the Reich*, MacDonogh raconte qu'à Bad Ischl, ville thermale de la région autrichienne du Salzkammergut, des émeutes ont éclaté au cours de l'été 1947 en raison du traitement favorable réservé aux Juifs dans la distribution des quotas de lait. Les personnes déplacées juives avaient été placées dans un hôtel, qui fut encerclé par des émeutiers qui le lapidèrent en criant : "Sortez, sales juifs ! Pendez les juifs ! Les autorités américaines ont condamné l'un des émeutiers à 15 ans de prison.

Comme l'a dénoncé le général Patton avant d'être assassiné, être juif dans l'Europe de l'après-guerre est devenu un grand privilège. Le rabbin Judah Nadich a confirmé ce fait le 4 février 1949 dans le journal sud-africain *Jewish Times*. Judah Nadich, lieutenant-colonel et conseiller juif d'Eisenhower, affirme que le général américain a personnellement donné l'ordre d'accorder un traitement préférentiel aux Juifs, qui ont été placés dans des camps spéciaux et ont reçu plus de rations alimentaires que les autres personnes déplacées. Outre l'expulsion des Allemands de leurs maisons, qui indigne Patton, pour les donner aux Juifs entrant massivement en Allemagne, des centaines de journalistes juifs reviennent et prennent en charge les médias dans les zones occupées, où des forces spéciales de la police juive contrôlent les stations. Ils obtiennent des rations alimentaires sans avoir à faire la queue comme les autres et reçoivent immédiatement des laissez-passer leur permettant de circuler librement. Le monopole du marché noir est entre leurs mains. En outre, comme on l'a vu, ils organisent les déportations dans les pays baltes, en Pologne, en Autriche, en Hongrie, en Yougoslavie et en Tchécoslovaquie, où les communistes tchèques leur confient l'expatriation des Allemands des Sudètes.

L'organisation désastreuse de Nuremberg

Le procès de Nuremberg a déjà fait couler beaucoup d'encre, suffisamment pour que l'on ne s'y réfère plus avec le moindre respect. Mais en Espagne, Alberto Ruiz Gallardón, ministre de la Justice, pour satisfaire les demandes des associations juives, a proposé de criminaliser la négation de faits "prouvés par les Tribunaux de Nuremberg". En octobre 2012, quelques jours avant de présenter les modifications de la réforme du code pénal au Conseil des ministres, M. Gallardón a rencontré le président de l'American Jewish Committee, David Harris, et le président des Communautés juives d'Espagne, Isaac Querub, qui lui ont fait part de leur satisfaction. Comme on pouvait s'y attendre, les milieux juridiques dotés d'un minimum de décorum professionnel ont qualifié la proposition d'"'extravagante" et ont estimé que la référence aux crimes prouvés à Nuremberg était "exagérée et inutile". Il faut certainement beaucoup d'inaptitude et d'ignorance ou beaucoup d'impudence pour accorder une quelconque valeur juridique à la sinistre mascarade de Nuremberg. Quelle que soit la manière dont on l'envisage, Nuremberg a été une farce macabre, une vendetta consommée par la juiverie internationale, une de plus depuis 1933, lorsque ses dirigeants ont déclaré la "guerre sainte" contre l'Allemagne, alors qu'Hitler n'avait encore pris aucune mesure contre les juifs allemands. Des auteurs tels que Douglas Reed, Louis Marschalko, Joaquín Bochaca et d'autres n'hésitent pas à qualifier ce qui s'est passé dans la ville bavaroise de "vengeance talmudique".

Lorsqu'en 1939, Roosevelt, Baruch et compagnie décident de fabriquer la bombe atomique, leur première intention est de la lancer sur l'Allemagne. Puis, comme nous l'avons vu, les plans d'extermination se succèdent chez les dirigeants juifs : Theodore N. Kaufman (l'*Allemagne doit périr*), Henry Morgenthau (plan Morgenthau), Frederick A. Lindemann (idéologue de la terreur aérienne), Dwight D. Eisenhower (les camps de la mort génocidaires), et les vengeurs salués par Michel Bar-Zohar. Tous avaient l'intention d'infliger le plus de dommages possibles au peuple allemand, à la nation allemande dans son ensemble. Dès l'après-guerre, comme nous venons de le voir, une troupe de Juifs impitoyables a entrepris de torturer et d'assassiner des centaines de milliers d'Allemands dans les camps de prisonniers en Pologne. Il restait encore un spectacle pour la galerie, une parodie de justice déguisée en principes éthiques élevés et en valeurs morales supérieures : les procès de Nuremberg.

Pendant ce temps, il ne faut pas oublier que toute la population des Sudètes, de la Prusse orientale, de la Poméranie et de la Silésie était persécutée, arrêtée, internée dans des camps et déportée dans les conditions décrites ci-dessus, entraînant la mort de plus de deux millions de personnes (Alfred M. de Zayas donne le chiffre de 2 211 000 et Gerhard Ziemer celui de 2 280 000). Dans le même temps, les membres du NSDAP, au nombre d'environ treize millions, sont politiquement persécutés en Allemagne. Pour avoir appartenu à un parti politique, tout citoyen peut être arrêté et interrogé avant de se retrouver dans une "prison démocratique".

Nahum Goldmann, qui fut à la fois président du Congrès juif mondial et de l'Organisation sioniste mondiale, se vante dans ses mémoires que le Tribunal de Nuremberg est né de l'idée du CJM, l'organisation qu'il présidait, ce qui est confirmé par diverses sources. Le WJC n'a pas seulement été le père de la créature, il a également joué un rôle d'ombre important tout au long du procès. Nahum Goldmann avait déjà fait allusion au projet de procès dans son discours d'ouverture de la conférence panaméricaine du Congrès juif mondial à Baltimore en 1941. Entre 1942 et 1943, le CJM se consacre à l'étude minutieuse et à l'affinement du projet, qui est présenté au gouvernement américain. Naturellement, Roosevelt et son entourage de conseillers sionistes l'accueillent avec enthousiasme. Dès la conférence de Téhéran, en novembre 1943, les trois grands discutent du sujet. Dans *Memories : The Autobiography of Nahum Goldman*, ce leader sioniste écrit ce qui suit :

"Le Congrès juif mondial a créé l'Institut des affaires juives, où un travail préliminaire a été effectué avec deux objectifs principaux : s'assurer que les criminels nazis n'échappent pas au châtiment et obtenir une compensation maximale de la part de l'Allemagne vaincue. C'est au sein de cet institut qu'est née l'idée de punir les criminels nazis, idée qui a été reprise par de grands juristes américains, notamment le juge de la Cour suprême Robert H. Jackson, et mise en œuvre lors des procès de Nuremberg. L'idée de poursuivre et de condamner des chefs militaires pour crimes contre l'humanité était tout à fait nouvelle dans la justice internationale. De nombreux juristes, incapables de voir au-delà des concepts de la jurisprudence conventionnelle, hésitaient ou s'y opposaient fermement. Le principe selon lequel on ne peut être condamné pour un crime non prévu par la loi au moment où il a été commis et le fait que les subordonnés ne peuvent être punis pour avoir obéi aux ordres d'un supérieur sont apparus comme des contre-arguments. Mais ces arguments ont été dépassés par l'importance de punir les crimes monstrueux commis par les nazis contre les Juifs et les Gentils. Il fallait établir que la souveraineté nationale ne justifie pas la violation des principes les plus fondamentaux de l'humanité et que l'obéissance à un supérieur n'est pas un prétexte acceptable pour les crimes individuels et de masse. De ce point de vue, le procès de Nuremberg a été un événement capital dans l'histoire de la morale et de la justice internationale. Non seulement ils ont prouvé leur mérite en traduisant en justice les principaux criminels nazis, mais ils ont également servi d'avertissement et de moyen de dissuasion efficace pour l'avenir. Sous la direction de Jacob et Nehemiah Robinson, le Congrès juif mondial a consacré tous ses efforts intellectuels et moraux aux travaux préparatoires de ces procès, et c'est l'un des triomphes de l'administration Roosevelt que d'avoir accepté ces principes avec conviction malgré les réticences de certains cercles alliés influents, en particulier en Angleterre".

Deux officiers juifs de l'armée américaine, le colonel Murray C. Bernays, éminent avocat new-yorkais, et le colonel David "Mickey" Marcus, sioniste fanatique, ont joué un rôle décisif dans l'organisation des procès de Nuremberg. Selon l'ADL (Anti-Defamation League), Bernays, né en Lituanie et naturalisé juif américain, a planifié l'ensemble du cadre juridique et procédural. Il a proposé de juger non seulement des personnes privées, mais aussi des organisations telles que les SS, le NSDAP et la Gestapo. L'historien Robert Conot le considère comme "l'esprit influent qui a ouvert la voie à Nuremberg". Le second, Marcus, était un des principaux responsables de la politique américaine dans l'Allemagne occupée. Ayant été nommé à la tête de la section des crimes de guerre, c'est lui qui a sélectionné la quasi-totalité des juges, procureurs et avocats des procès militaires de Nuremberg (TMN). Arthur Robert Butz le retrouve et révèle dans *The Hoax of the Twentieth Century* qu'à la fin de l'année 1947, Marcus avait quitté l'armée américaine et agissait en tant que commandant suprême des forces juives à Jérusalem.

En janvier 1945, Roosevelt a nommé le juge Samuel I. Rosenman, l'un des sionistes juifs les plus en vue du Brain Trust, comme son représentant personnel pour les crimes de guerre. Après la conférence de Yalta, Rosenman s'est rendu en Angleterre afin d'entamer les négociations qui devaient aboutir à la mise en place d'un système juridique couvrant les procédures des tribunaux de Nuremberg. Le résultat fut l'accord de Londres ("London Agreement"), qui devait servir de base à l'ouverture des procès. À la mort de Roosevelt, le 12 avril 1945, Rosenman travaille dans la capitale anglaise. Truman lui demande de se rendre à San Francisco, où se tient la Conférence des Nations Unies. Le juge Jackson et Rosenman y rédigent un document qui sera présenté et approuvé lors de la Conférence. Cet accord prévoyait la création d'un Tribunal militaire international (TMI) chargé de juger les principaux dirigeants nazis. En juin 1945, Jackson et Rosenman sont de retour à Londres où, en compagnie de Murray C. Bernays, ils ont préparé le terrain pour la création du TMI. Après avoir accompli sa mission, Bernays est rentré aux États-Unis en novembre 1945 et a quitté l'armée.

L'accord de Londres a donc précédé l'ouverture des procès et a été rendu public le 8 août 1945, mais les détails des sessions n'ont été connus que quatre ans plus tard. Ce n'est qu'à ce moment-là que les désaccords et les préoccupations de certains négociateurs sont apparus clairement. Conscients de leurs propres crimes, les vainqueurs se demandent quelle serait la réponse du Tribunal si la défense allemande soulevait la question des guerres d'agression et des crimes commis par d'autres nations. Il est logiquement envisagé que le Tribunal ait à connaître de la terreur aérienne américaine et britannique contre des villes sans défense. D'autre part, il n'était pas clair comment le personnel militaire ou les individus pouvaient être légalement accusés et condamnés pour des actes qui n'étaient pas considérés comme des crimes en vertu de la loi existante. Plus tard, William O. Douglas, juge à la Cour suprême des États-Unis, a écrit : "Je pensais à l'époque et je pense encore aujourd'hui que les procès de Nuremberg étaient cyniques. La loi a été créée ex post facto".[16]

En outre, il est sarcastique que l'Union soviétique cherche à siéger au sein de la future cour internationale, puisqu'elle a participé à la partition de la Pologne et lancé des guerres d'agression contre la Finlande et d'autres États, et qu'elle devrait donc figurer parmi les accusés et non parmi les juges. La délégation britannique a également envisagé la possibilité que les avocats des accusés soutiennent que l'occupation de la Norvège était en état de légitime défense, étant donné qu'il existe des preuves que la Grande-

---

[16] Ex post facto est un terme juridique qui fait référence à une loi qui modifie le statut juridique d'un acte commis avant la promulgation de cette loi. En d'autres termes, il s'agit d'une loi qui a un caractère rétroactif afin de rendre criminel un acte qui ne l'était pas au moment où il a été commis.

Bretagne avait planifié à l'avance l'invasion du pays scandinave. En résumé, les États-Unis, la Grande-Bretagne et l'URSS, vainqueurs de la guerre, après avoir recouru à la terreur atomique, mal absolu de nature satanique, après avoir assassiné des millions de civils par des bombardements de saturation en Europe et au Japon, après avoir commis des crimes innommables de toutes sortes, ont fait semblant d'ignorer leurs atrocités et se sont érigés en champions de la morale et de la justice.

Le juge Jackson a trouvé la formule pour surmonter tous ces écueils : une clause insérée dans les statuts limiterait le champ d'action du Tribunal, qui ne pourrait examiner que les actes accomplis par les accusés. En d'autres termes, la critique et/ou la discussion des actions des vainqueurs sont formellement interdites. Lorsque la défense des accusés cherchait à présenter certains faits, la réponse du président du tribunal était invariablement : "Nous ne sommes pas intéressés par ce que les Alliés ont pu faire". C'est ainsi que fut établi un corpus juridique qui devint l'Acte constitutif du TMI (Tribunal militaire international), lequel ouvrit ses sessions le 20 novembre 1945 et les clôtura, après quatre cent sept sessions, le 30 septembre 1946.

Entre autres aberrations juridiques, l'article 9 stipule que prétendre suivre les ordres n'est pas une excuse. En d'autres termes, les soldats et les officiers étaient censés désobéir à leurs commandants, ce qui est impensable dans n'importe quelle armée du monde, et encore moins en temps de guerre. Un autre article, l'article 19, précise que "le tribunal "n'est pas lié" par des règles techniques de preuve... et accepte tout élément de preuve qu'il estime avoir une valeur probante". Sur cette base, les déclarations les plus obscures et les "preuves" les plus douteuses fournies par les commissions d'"enquête" soviétiques et américaines ont été acceptées comme valables. Un exemple significatif est le document USSR-54, un rapport détaillé d'une commission d'enquête soviétique qui "prouve" que les Allemands ont assassiné des milliers d'officiers polonais dans la forêt de Katyn. Pour compléter les "preuves", les Soviétiques ont produit trois témoins qui ont "confirmé" que l'Allemagne était responsable du massacre. Il est généralement admis aujourd'hui que certains des documents les plus importants présentés à Nuremberg étaient frauduleux.

Il convient de préciser que le principal procès qui s'est tenu à Nuremberg après la guerre contre les dirigeants nazis, celui qui a attiré l'attention des médias du monde entier, est connu sous le nom de TMI ("Tribunal militaire international"). Dès ce procès, les Alliés ont accusé les Juifs d'avoir été exterminés, bien qu'aucune autre preuve n'ait été présentée, à l'exception de déclarations sous serment et de témoignages. Entre 1946 et 1949, les Américains ont mené douze autres procès en divers endroits de leur zone d'occupation. Ces procès sont connus sous le nom de NMT ("Nuremberg Military Tribunal"). Dans ces procès, un responsable principal est choisi pour présenter les douze affaires, parmi lesquelles les camps de concentration (Oswald Pohl), les Einsatzgruppen (Otto Ohlendorf), l'affaire I. G. Farben (Karl Krauch), etc.

Lors du procès principal, bien que de nombreuses personnes aient été contraintes, par des méthodes persuasives, de signer des déclarations sous serment et de témoigner contre leurs supérieurs, la plupart des dirigeants nazis n'ont pas été torturés, car ils étaient trop en vue et l'on considérait qu'ils devaient comparaître en bon état devant le tribunal et la presse internationale. Julius Streicher, rédacteur en chef du journal *Der Stürmer*, fait exception à la règle. Dans le chapitre 8, nous avons déjà vu que Streicher a été torturé par des soldats noirs et juifs qui lui crachaient dans la bouche et le forçaient à avaler les crachats. Il a été fouetté et battu sur les parties génitales et sur tout le corps en toute impunité, car le tribunal a ignoré la plainte de son avocat, Hans Marx.

Dans les autres procès (NMT), la torture était monnaie courante. Mark Weber, directeur de l'Institute for Historical Review, dans un essai complet et bien documenté intitulé *The Nuremberg Trials and the Holocaust*, cite plus d'une demi-douzaine de sources confirmant, par exemple, ce qui s'est passé à Dachau. Une commission d'enquête de l'armée américaine, à laquelle participaient le juge Edward van Roden de Pennsylvanie et le juge Gordon Simpson de la Cour suprême du Texas, a conclu que les accusés de Dachau avaient été brutalement torturés par des coups, des passages à tabac sur les testicules (ruinés dans cent trente-sept cas), des dents cassées, des allumettes brûlées sous les ongles, des mois d'isolement, des privations de nourriture et des menaces ou des représailles contre les familles. Les petits procès se déroulent à Dachau, sous la supervision de la Section des crimes de guerre, dont le chef est le sioniste Marcus, futur général d'Israël. Un journaliste qui a assisté aux audiences du tribunal de Dachau, choqué par ce qui se passait au nom de la justice, a quitté son poste et a finalement témoigné devant une sous-commission d'enquête du Sénat américain que les interrogateurs les plus brutaux avaient été trois juifs allemands.

Dans *After the Reich*, Giles MacDonogh révèle qu'il y avait également de nombreux Juifs parmi les interrogateurs en Grande-Bretagne. Parmi l'équipe d'interrogateurs et de chasseurs de nazis se trouvait Robert Maxwell, le célèbre magnat de la presse et agent du Mossad. Maxwell, juif d'origine slovaque, s'appelait en réalité Ján Ludvik Hoch. Selon MacDonogh, l'unité d'enquête sur les crimes de guerre était composée de nombreux Juifs allemands et autrichiens qui pouvaient interroger les accusés dans leur propre langue. Il cite notamment Peter A. Alexander, employé de banque à Vienne ; le major Frederick Warner, qui avait été Manfred Werner à Hambourg ; le lieutenant-colonel Bryant (en fait Breuer) ; Peter Jackson (anciennement Jacobus), responsable de l'arrestation du commandant d'Auschwitz Rudolf Höss ; Anton Walter Freud, petit-fils de Sigmund Freud, qui a capturé et interrogé le Dr Bruno Tesch, dont la société fabriquait le fameux gaz Zyklon B ; Fred Pelican (né Friedrich Pelikan) ; le sergent Wieselmann...

Joseph Halow, un jeune reporter de l'armée qui a rendu compte des procès de Dachau en 1947, rappelle dans l'article "Innocent at Dachau", publié dans le *Journal of Historical Review*, que les enquêteurs américains qui ont présenté les cas devant les tribunaux militaires de Dachau étaient "des réfugiés juifs d'Allemagne qui haïssaient les Allemands". Parmi les interrogateurs les plus brutaux figurait le lieutenant William R. Perl, un juif sioniste né à Prague qui avait immigré aux États-Unis en 1940 et s'était engagé dans l'armée américaine. Perl était un protégé du dirigeant sioniste Vladimir Jabotinsky et avait participé à l'intensification de l'immigration illégale de Juifs en Palestine. Il était assisté dans son équipe d'interrogateurs par d'autres Juifs aussi impitoyables que lui, notamment Frank Stein, Harry W. Thon, Morris Ellowitz..... Hallow rapporte le cas de Gustav Petrat, un soldat de vingt-quatre ans qui servait de garde à Mauthausen et qui, après avoir été sauvagement battu, a fini par signer un faux rapport contre lui, comme on le lui avait demandé, et a été pendu en 1948.

Un cas scandaleux et tragicomique à Dachau est relaté par Freda Utley dans *The High Cost of Vengeance* (1949) ainsi que par Arthur R. Butz dans son ouvrage précité : Joseph Kirschbaum, enquêteur juif de l'équipe de Perl, fait comparaître devant la cour de justice de Dachau un témoin juif du nom d'Einstein qui affirme que l'accusé Menzel a tué son frère. À la stupéfaction générale, Menzel reconnaît la victime présumée, assise tranquillement dans la salle d'audience, et avertit le tribunal. Kirschbaum, mis au pied du mur, crie avec colère au témoin : "Comment pourrais-je conduire ce porc à la potence si tu es assez stupide pour faire comparaître ton frère devant le tribunal". Selon l'écrivain nationaliste hongrois Louis Marschalko, auteur de *Les conquérants du monde* (1958), sur les trois mille fonctionnaires qui ont participé à la farce de Nuremberg, deux mille quatre cents étaient juifs.

Le colonel qui dirigeait la section des crimes de guerre à Dachau était un autre Juif, A. H. Rosenfeld. L'un des stratagèmes mis en œuvre par Rosenfeld était le simulacre de procès ("mock trial"). Lorsqu'un prisonnier refusait de coopérer, il était emmené dans une pièce où des enquêteurs en uniforme de l'armée américaine étaient assis autour d'une table noire. Au centre de la table se trouvait un crucifix ; sur les côtés, deux bougies. Il n'y avait aucun autre éclairage. Dans cette atmosphère lugubre, le "tribunal" a procédé à la mise en scène de la farce, qui s'est terminée par un simulacre de condamnation. Une fois "condamné", le prisonnier se voit promettre que s'il coopère avec les accusateurs et fournit des preuves, il pourra être gracié. Lorsque le colonel Rosenfeld a quitté son poste en 1948, il a été interviewé par un journaliste qui lui a demandé si les histoires de faux procès, au cours desquels de fausses condamnations à mort ont été prononcées, étaient vraies. Sa réponse fut la suivante : "Oui, bien sûr. Sinon, nous n'aurions pas pu faire chanter ces oiseaux.... C'était un truc, et ça a marché comme sur des roulettes".

Frederick John Partington Veale soutient dans *Advance to Barbarism* que si la culpabilité des nazis était si évidente, l'issue des procès aurait été la même si les vainqueurs avaient invité des juristes internationaux prestigieux de pays non belligérants : Suisses, Suédois, Portugais, Espagnols, Argentins, qui auraient sans doute accepté d'affronter les enquêtes et de présider des tribunaux composés de juges neutres. L'hypocrisie de Nuremberg est dénoncée par des juristes intègres qui, bien que recrutés par l'armée américaine, condamnent par écrit la vengeance judiciaire en cours. L'un des juges de l'affaire I. G. Farben a osé dénoncer le fait qu'il y avait "trop de Juifs dans le processus". Harlam Fiske Stone, de la Cour suprême des États-Unis, a exprimé sa déception quant à la manière dont le juge Jackson avait accepté de conduire le procès de Nuremberg. Mark Weber le cite en ces termes : "Jackson dirige sa foule de lyncheurs à Nuremberg. Je me fiche de ce qu'il fait aux nazis, mais je déteste qu'on prétende qu'il dirige un tribunal selon la common law". Le juge américain Charles F. Wennerstrum, de la Cour suprême de l'Iowa, s'insurge publiquement contre la parodie de justice qui se déroule en Allemagne. Dans des textes publiés en février 1948 dans le *Chicago Tribune,* un journal appartenant à des Gentils, il écrit :

"Si j'avais su il y a sept mois ce que je sais aujourd'hui, je ne serais jamais venu ici.

Il est évident que le vainqueur d'une guerre n'est pas le meilleur juge des crimes de guerre. Quels que soient les efforts déployés, il est impossible de convaincre la défense, ses avocats et ceux qu'elle représente que le tribunal tente de représenter l'ensemble de l'humanité plutôt que le pays qui a désigné ses membres. Ce que j'ai dit sur le caractère nationaliste des tribunaux s'applique à l'accusation. Les grands idéaux annoncés comme le motif de la création de ces tribunaux ne se sont pas concrétisés. Le processus n'a pas réussi à maintenir l'objectivité, loin de la vindicte, loin des convictions et des ambitions personnelles. Il n'a pas cherché à établir des précédents qui auraient pu aider le monde à éviter de futures guerres. L'atmosphère qui règne ici est malsaine. Il fallait des linguistes. Les Américains sont particulièrement mauvais linguistes. Les avocats, les fonctionnaires, les interprètes et les chercheurs qui ont été embauchés sont devenus américains depuis peu et leur formation est imprégnée des haines et des griefs européens (allusion claire aux immigrants juifs).

[...] La plupart des preuves présentées lors des procès étaient documentaires et provenaient de l'énorme quantité de dossiers saisis. La sélection était faite par l'accusation. La défense n'avait accès qu'aux documents que l'accusation considérait comme pertinents pour l'affaire. Notre tribunal a introduit une règle de procédure selon laquelle, lorsque l'accusation présentait un résumé d'un document, le document entier devait être mis à la disposition de la défense pour qu'elle puisse tester les preuves. L'accusation a protesté avec véhémence. Le général Taylor a mis le tribunal à l'épreuve et a convoqué une réunion de tous les juges présidents dans le but d'annuler cette règle. Ce n'était pas l'attitude d'un officier conscient que la justice doit être rendue par les tribunaux.

Le fait que l'accusation se soit appuyée sur des rapports auto-incriminants signés par des accusés incarcérés pendant plus de deux ans et demi et interrogés en l'absence de leurs avocats est également contraire à la conception américaine de la justice. Deux ans et demi de prison sont une forme de pression en soi.

L'absence de recours me donne le sentiment d'un déni de justice.

[...] Ils devraient aller à Nuremberg. Ils y verraient un tribunal où quatre-vingt-dix pour cent des gens s'intéressent à l'accusation. Le peuple allemand devrait être mieux informé sur les procès et les accusés devraient avoir le droit de faire appel devant les Nations unies".

Suite à la publication de ces propos, le général Taylor a accusé le juge de tenir des propos "subversifs pour les intérêts et la politique des Etats-Unis". Il nous semble cependant évident que Wennerstrum évite de mentionner les Juifs dans ses critiques afin d'éviter de nouveaux ennuis. Il savait évidemment qu'ils prédominaient dans toutes les accusations et qu'ils étaient animés d'une haine aveugle et d'un désir immodéré de vengeance qui, comme le souligne le juge, n'avaient rien à voir avec la justice. Quant à la remarque de Wennerstrum sur les tonnes de documents, Arthur R. Butz, Mark Weber et d'autres sources confirment que les Alliés ont minutieusement examiné l'Allemagne à la recherche de tout document pouvant être utilisé pour incriminer le régime national-socialiste. Les archives gouvernementales ont été entièrement mises à sac. Les documents du NSDAP et des organisations apparentées, ceux des industries et des entreprises privées, ceux des institutions officielles et privées ont également été saisis. Les archives confisquées du ministère des Affaires étrangères représentent à elles seules près de 500 tonnes de papier. Plus d'un million de pages de documents sur la politique juive du Troisième Reich ont été envoyées aux États-Unis et se trouvent dans les archives nationales. Le plus important est qu'aucun document confirmant l'existence d'un programme d'extermination n'a été trouvé dans toute cette masse d'informations.

De cette énorme quantité de documents, l'état-major "américain" ne sélectionna que deux mille documents qu'il considérait comme les plus incriminants pour le procès de Nuremberg. Seule l'accusation avait accès aux documents allemands détenus par les Alliés, et les avocats de la défense ne pouvaient pas sélectionner leurs propres documents. L'historien Werner Maser, dans *Nuremberg : A Nation on Trial* (1979), note qu'à Nuremberg "des milliers de documents qui pouvaient apparemment incriminer les Alliés et disculper les accusés ont disparu". Cet auteur affirme que d'importants documents spécifiques réclamés par les défenseurs n'ont pas été trouvés. "Il est clair, dit Maser, que les documents ont été confisqués, cachés à la défense ou même volés en 1945. L'un des documents d'une importance capitale qui a été caché aux avocats des accusés est le supplément secret au pacte germano-soviétique qui divisait l'Europe de l'Est en deux sphères d'influence. Pour couronner le tout, l'"Association des persécutés du nazisme" a lancé une campagne de propagande et a réussi à faire interdire aux anciens détenus des camps de concentration de témoigner pour les avocats de la défense.

Au tribunal qui, à partir du 20 novembre 1945, jugea les principaux dirigeants nazis, les États-Unis étaient représentés par le juge Robert H. Jackson et dix assistants. Le procureur général de la Grande-Bretagne était l'Attorney General Sir Hartley Shawcross, assisté du Lord Chancellor Jowitt et de onze assistants. La France était représentée par Robert Falco, avocat à la Cour d'appel, et le professeur André Gros, spécialiste du droit international. L'Union soviétique était représentée par le général Iona T. Nikitchenko, vice-président de la Cour suprême de Moscou, qui était assisté de deux assistants. Le verdict est prononcé le 30 septembre 1946. Douze accusés : Göring, Ribbentrop, Keitel, Kaltenbrunner, Rosenberg, Frick, Frank, Streicher, Sauckel, Jodl, Seyss-Inquart et Martin Bormann (par contumace) sont condamnés à mort. Hess, Funk et Räder sont condamnés à la prison à vie. Schirach et Speer sont condamnés à vingt ans de prison, Neurath à quinze ans, Dönitz à dix ans, Hans Fritzsche, Hjalmar Schacht, le représentant de la haute finance internationale, et Franz von Papen, qui n'est jamais devenu membre du NSDAP, sont acquittés.

La vedette du TMI de Nuremberg n'était pas l'un des hiérarques nazis, mais le colonel SS Rudolf Höss, le témoin de l'accusation qui, le 5 avril 1946, a signé une déclaration sous serment, ou affidavit écrit en anglais, à partir de laquelle l'histoire de l'extermination de millions de Juifs à Auschwitz a été fondée. Rudolf Franz Ferdinand Höss, après avoir été torturé par des fonctionnaires britanniques, a signé une confession dans laquelle il s'incriminait lui-même et admettait que deux millions et demi de personnes avaient été assassinées à Auschwitz dans les chambres à gaz du camp de travail. La déclaration de Höss au tribunal de Nuremberg a marqué le point culminant du procès, et sa confession est considérée comme le document clé de l'Holocauste et la preuve la plus importante présentée sur le programme d'extermination tant vanté. L'ouvrage d'Arthur Robert Butz, *The Hoax of the Twentieth Century*, fournit des preuves et des arguments qui permettent de conclure que Höss a menti pour sauver sa peau. Nous reviendrons ultérieurement sur cet aveu surprenant.

Le principal accusé devant le TMI de Nuremberg était Hermann Göring, qui avait été pendant de nombreuses années le numéro deux du Reich. Göring a nié avec véhémence l'existence d'un programme d'extermination pendant la guerre : "La première fois que j'ai entendu parler de cette terrible extermination, c'était ici, à Nuremberg". Selon lui, la politique allemande consistait à expulser les Juifs, et non à les tuer. Pour autant qu'il le sache, Hitler n'avait pas non plus connaissance d'une politique d'extermination. Plus des trois quarts du personnel qui a envahi Nuremberg : juristes enrôlés dans l'armée américaine, journalistes, interprètes, traducteurs et divers fonctionnaires étaient juifs. Leur présence est écrasante. A une occasion, Göring les reconnaît sur l'une des estrades de l'assistance et, ne pouvant se retenir, les montre du doigt en disant : "Regardez-les, personne ne peut dire que nous les avons tous exterminés ! Göring, Ribbentrop et Rosenberg insistent tous sur le fait que le tribunal n'a aucune légitimité ni autorité et que les Britanniques et les Américains sont également coupables d'avoir enfreint le droit international. Lorsqu'on montre aux accusés un film soviétique sur les atrocités allemandes, Göring, parfois consterné par certaines images, ricane, baille et dit que les Russes n'ont pas vraiment une réputation de moralité. Ses moqueries sont déjà imparables lorsque le film montre des images du massacre d'officiers polonais dans les fosses de Katyn.

Le général Alfred Jodl, chef des opérations du haut commandement des forces armées et l'un des plus proches conseillers militaires d'Hitler, n'a jamais perdu son sang-froid et s'est comporté comme le soldat qu'il était. Interrogé sur le prétendu plan d'extermination des Juifs, il déclare : "Je peux seulement dire, en pleine conscience de ma responsabilité, que je n'ai jamais, ni par des allusions, ni par des paroles prononcées ou écrites, entendu parler d'une extermination des Juifs.... Je n'ai jamais eu d'informations privées sur l'extermination des Juifs. Je donne ma parole, aussi sûre que je suis assise ici, que j'ai entendu toutes ces choses pour la première fois à la fin de la guerre".

Un autre condamné à mort est Ernst Kaltenbrunner, qui dirigeait depuis le début de 1943 le RSHA (Reichssicherheitshauptamt), le département de la haute sécurité du Reich, qui comprenait la Gestapo (Geheime Staatspolizei), la police secrète d'État, le SD (Sicherheitsdienst), le service de sécurité, et la Kripo (Kriminalpolizei), la police criminelle. En février 1944, un décret d'Hitler ordonne que toutes les fonctions de renseignement politique et militaire soient reprises par le RSHA. Mark Weber commente dans l'essai cité ci-dessus que Kaltenbrunner savait que tout ce qu'il dirait serait condamné. Weber reproduit la déclaration de Kaltenbrunner au tribunal : "Le colonel commandant la prison britannique où j'étais détenu m'a dit que je serai pendu de toute façon, quelle que soit l'issue du procès. Comme j'en suis parfaitement conscient, tout ce que je veux faire, c'est clarifier certaines choses fondamentales qui ne sont pas correctes ici". À un moment donné de l'interrogatoire, il est accusé d'avoir personnellement ordonné le gazage des prisonniers : "Les témoins, les uns après les autres, par le biais de témoignages et de déclarations sous serment", lui rappelle l'accusateur, "ont déclaré que les morts par chambre à gaz ont été exécutées sur les ordres généraux ou spécifiques de Kaltenbrunner". La réponse de Kaltenbrunner, qui, avec Papen et Seyss-Inquart, allait régulièrement à la messe, fut : "Montrez-moi l'un de ces hommes ou l'un de ces ordres. C'est tout à fait impossible." L'accusateur insiste : "Pratiquement tous les ordres venaient de Kaltenbrunner." Réfutation : "C'est absolument impossible." Avant de mourir sur la potence, Ernst Kaltenbrunner a fait ses adieux à ce monde en prononçant les mots suivants : "J'ai aimé ma patrie et le peuple allemand de tout mon cœur. Bonne chance à l'Allemagne !"

Un cas particulièrement indignant démontrant les abus de Nuremberg est celui de Rudolf Hess, le prisonnier de Spandau, qui, après avoir risqué sa vie pour obtenir la paix avec l'Angleterre, fut condamné à la prison à vie et mourut malade dans sa cellule exiguë le 17 août 1987 à l'âge de quatre-vingt-treize ans. Le régime carcéral auquel il était soumis était tristement célèbre, puisqu'il n'avait droit qu'à une visite de 15 minutes par mois et que sa correspondance était même censurée. L'historien britannique A. J. P. Taylor, auteur de *The Origins of the Second World War*, a déclaré au fils de Hess : "Hess est venu dans ce pays en 1941 en tant qu'ambassadeur de la paix. Il est venu avec l'intention de rétablir la paix entre la Grande-Bretagne et l'Allemagne. Il a agi de bonne foi. Il est tombé entre nos mains et a été injustement traité comme un prisonnier de guerre. Après la guerre, nous aurions dû le libérer. Au lieu de cela, le gouvernement britannique l'a remis au TMI pour qu'il soit condamné.... Aucun crime contre Hess n'a jamais pu être prouvé". Inhumé dans la ville bavaroise de Wunsiedel, le 20 juillet 2011, la communauté évangélique "chrétienne" a refusé à ses proches de prolonger le bail de sa tombe pour éviter qu'elle ne devienne un lieu de pèlerinage. Son corps a été incinéré et ses cendres ont été jetées à la mer.

Après avoir entendu sa condamnation à mort, Joachim von Ribbentrop a insisté sur le fait que son avocat n'avait pas pu exercer normalement ses droits et qu'il n'avait pas été autorisé à défendre et à expliquer la politique étrangère de l'Allemagne. Ribbentrop a rappelé à la Cour qu'ils avaient présenté une demande de remise de preuves qui avait été refusée. Il a également déclaré que la moitié des trois cents documents présentés par sa défense n'avaient pas été admis, sans que l'on sache pourquoi ils avaient été refusés. Ni la correspondance entre Hitler et Chamberlain, ni les rapports d'ambassadeurs ou les procès-verbaux diplomatiques n'ont été acceptés. Ribbentrop souligne que seule l'accusation a eu accès aux dossiers du Foreign Office et que la défense a été privée de ce droit. Enfin, il s'est indigné de l'utilisation partiale de documents à charge sélectionnés par l'accusation qui, en revanche, a sciemment retenu des rapports et documents à décharge et les a refusés à la défense.

Les exécutions des dirigeants nazis et des généraux de l'armée allemande ont eu lieu le 16 octobre 1946, jour où les Juifs célèbrent la fête de "Hoshanah Rabbah", c'est-à-dire le "jour du jugement juif" pour les nations. Douglas Reed écrit dans *The Controversy of Zion* qu'en choisissant cette date, les dirigeants occidentaux ont donné à la fin de la Seconde Guerre mondiale l'apparence d'une vengeance exercée spécifiquement au nom des Juifs. Le texte qui suit est un extrait de Reed, tiré de l'ouvrage précité :

"Certains actes symboliques avaient évidemment pour signification d'établir la paternité ou la nature de la vengeance. Ces actes du plus haut symbolisme ont été la reproduction, après presque trente ans, d'actes similaires accomplis pendant la révolution en Russie : la vantardise talmudique laissée sur le mur de la salle où les Romanov ont été exécutés et la canonisation de Judas Iscariote. Après la Seconde Guerre mondiale, les dirigeants nazis ont été pendus le jour du Jugement dernier juif en 1946, de sorte que leur exécution a été présentée à la communauté juive sous la forme de la vengeance de Mordekhaï sur Haman et ses fils. Ensuite, dans le village bavarois d'Oberammergau, où le célèbre jeu de la Passion était joué depuis trois siècles, les acteurs des rôles principaux ont été jugés par un tribunal communiste pour "activités nazies". Ceux qui jouaient Jésus et les apôtres ont été déclarés coupables ; le seul acteur acquitté fut celui qui jouait Judas. Ces choses n'arrivent pas par hasard, et la vengeance sur l'Allemagne, comme la précédente sur la Russie, a ainsi reçu le cachet d'une vengeance talmudique...".

Dans le deuxième chapitre, il a été indiqué que le bourreau qui, le 21 janvier 1973, a guillotiné le roi Louis XVI était un franc-maçon juif du nom de Samson. Comme le rappelle Douglas Reed dans la citation ci-dessus, les assassins de la famille du tsar Nicolas II étaient également juifs. Il est significatif que, là encore, les hommes de main qui ont exécuté les condamnés du TMI de Nuremberg étaient juifs. *Le magazine Stag* (vol. 3, n° 1, décembre 1946) a révélé que le bourreau en chef, le sergent américain John Clarence Woods, était juif. Woods était assisté par Joseph Malta, qui, selon certaines sources, était également juif. Woods expliqua à la presse qu'il avait fait durer l'agonie des dirigeants nazis le plus longtemps possible, et Malta déclara cinquante ans plus tard, en 1996, que cela avait été un plaisir. Il a déjà été noté au chapitre 8 que ces bourreaux ont bâclé la pendaison des hiérarques nazis dans le but délibéré de prolonger leur agonie. La corde se resserra autour du cou de Ribbentrop pendant près de vingt minutes avant que l'ancien ministre des Affaires étrangères du Reich n'expire. Le général Alfred Jodl, qui, comme le général Keitel, criait : "Alles für Deutschland. Deutschland über alles" ("Tout pour l'Allemagne. L'Allemagne avant tout !"), a mis quinze minutes à mourir. Julius Streicher est condamné à mort sans avoir commis aucun crime : son crime est d'éditer un journal, *Der Stürmer*, qui attaque durement les Juifs. Son agonie dura quatorze minutes et, alors qu'il se dirigeait vers la potence, il déclara : "C'est la fête de Pourim de 1946".

Pendant Pourim, les Juifs célèbrent l'un des grands vengeurs de leur histoire. Selon le Livre d'Esther, le juif Mordekhaï réussit à gagner la volonté du roi Assuérus de Perse (probablement Xerxès) sur sa nièce Esther sans révéler son origine raciale. Une fois la reine perse déplacée et devenue reine, Esther accusa le premier ministre Haman, qui avait dénoncé l'existence d'un peuple dispersé dans les provinces qui n'acceptait pas les lois de l'empire comme les autres peuples. Haman, ennemi juré des Juifs, et ses dix fils sont pendus. Mordekhaï prend sa place de premier ministre et ordonne le massacre de tous les ennemis des Juifs, de l'Inde à l'Éthiopie, soit 75 000 personnes selon le Livre d'Esther. Le roi devint ainsi le symbole historique d'un dirigeant fantoche aux mains des Juifs. Le précepte de célébrer et de se souvenir de la fête de Pourim à travers toutes les générations, dans toutes les familles et dans toutes les villes a été respecté pendant vingt-cinq siècles. C'est un devoir religieux de boire jusqu'à l'ivresse pour commémorer le massacre historique, et cela se fait dans les synagogues du monde entier. Ainsi, alors que pour le christianisme, la plus grande fête est la naissance du Christ, dont le plus grand enseignement est "aimez-vous les uns les autres", la plus grande fête du judaïsme est Pourim, une fête de la haine et de la vengeance.

Outre les douze procès secondaires (NMT) organisés par le gouvernement américain entre 1946 et 1949, les Britanniques ont également tenu des procès à Lunebourg et à Hambourg, et les Américains eux-mêmes à Dachau. Par la suite, des procès liés à l'Holocauste ont eu lieu en Allemagne de l'Ouest, aux États-Unis et en Israël, où s'est tenu à Jérusalem, en 1961, le célèbre procès qui a condamné à mort Adolf Eichmann, enlevé à Buenos Aires en 1960. En ce qui concerne les TMN, il convient de souligner que la torture a été utilisée à maintes reprises pour obtenir des déclarations sous serment et des témoignages. Mark Weber, dans "The Nuremberg Trials and the Holocaust", un article publié en 2002 dans le *Journal of Historical Review*, résume certains de ces cas. Il mentionne, par exemple, le cas de Josef Kramer, commandant des camps de Bergen-Belsen et d'Auschwitz-Birkenau, et d'autres accusés dans le procès dit de Belsen, mené par les Britanniques. Certains d'entre eux ont été torturés sans pitié, au point qu'ils ont même demandé à être tués.

Les volumes 12 et 14 du tribunal militaire de Nuremberg contiennent l'affaire numéro 12, "Wilhelmstrasse", également connue sous le nom de procès des ministres ou des États-Unis contre Weizsäcker, l'homme politique qui a incarné l'affaire en tant que figure de proue. Dans ce procès, les dépositions des principaux témoins de l'accusation ont été obtenues par la torture physique et psychologique. L'avocat américain Warren Magee a pu obtenir la transcription du premier interrogatoire de Friedrich Gaus avant le procès. De manière surprenante, malgré les protestations exaspérées de Robert Kempner, le procureur juif, le juge autorisa l'avocat Magee à lire le document de l'interrogatoire, au cours duquel Kempner avait menacé de livrer Gaus aux Soviétiques et de le faire pendre. Gaus a supplié l'interrogateur de penser à sa femme et à ses enfants, mais Kempner lui a assuré qu'il ne pourrait être sauvé qu'en témoignant au tribunal contre ses anciens collègues. Après quatre semaines d'isolement, de plus en plus désespéré, Gaus accepte. Mark Weber, qui s'appuie sur plusieurs sources pour raconter cet épisode, écrit : "Au moment où Magee a fini de lire la transcription irréfutable, Gaus était assis, les deux mains sur le visage, complètement écrasé". Lors du procès de la Wilhelmstrasse, il a été demandé à Hans Lammer, chef de la chancellerie du Reich entre 1933 et 1945 et conseiller juridique d'Hitler, s'il croyait toujours qu'il n'y avait jamais eu de programme d'extermination des Juifs. Sa réponse a été la suivante : "Oui, je le crois. En tout cas, je n'ai jamais entendu parler d'un tel programme. Le programme n'a pas pu exister..... Je n'ai jamais entendu parler de meurtres de masse et les cas dont j'ai entendu parler étaient des allégations, des rumeurs.... Le fait que des cas individuels se soient produits dans une partie ou une autre, la fusillade de Juifs pendant la guerre dans une ville ou une autre, j'ai lu et entendu quelque chose à ce sujet. C'est tout à fait possible.

Un autre cas révélateur de la perversion qui a encadré les procès est celui du général SS Oswald Pohl, qui dirigeait pendant la guerre le WVHA (Wirtschafts-Verwaltungshaupamt), le Bureau principal de l'administration économique, un vaste organisme dont la fonction était de superviser les différents aspects économiques du travail des SS, principalement liés à la disponibilité et au travail des prisonniers dans les camps de concentration. Les commandants des camps rendent compte à l'Inspection des camps de concentration, dirigée par le général Glücks, qui rend compte à Pohl, lequel transmet ensuite les rapports à Himmler. Pohl est capturé en 1946 et emmené à Nenndorf, où des soldats britanniques l'attachent à une chaise et le battent jusqu'à ce qu'il perde connaissance. Les coups sont répétés et il finit par perdre plusieurs dents. Il est ensuite remis aux Américains, qui l'interrogent pendant plus de six mois, à raison de séances de quatre heures. Au total, Pohl a subi quelque 70 séances d'interrogatoire sans jamais avoir droit à un avocat ou à une quelconque assistance. Il n'a jamais été accusé de quoi que ce soit de précis et on ne lui a jamais expliqué pourquoi il était interrogé. Son procès, United States v. Oswald Pohl, est l'affaire des camps de concentration, numéro 4, et figure dans les volumes 5 et 6 du NMT.

En novembre 1947, Oswald Pohl est condamné à mort par un tribunal militaire américain. Après avoir appris sa condamnation, il a décrit le traitement émotionnel auquel il a été soumis dans un rapport publié en Allemagne. Mark Weber, qui cite ce rapport, note qu'à Nuremberg, les Américains ne l'ont pas soumis à des tortures physiques comme les Britanniques, mais à des tortures psychologiques plus brutales. Les interrogateurs américains, pour la plupart juifs, ont accusé Pohl d'avoir assassiné 30 millions de personnes et d'en avoir condamné 10 millions à mort. Les accusateurs juifs savaient qu'ils mentaient et ne cherchaient qu'à briser sa résistance. "Comme je ne suis pas émotionnellement fort", écrit Pohl, "ces intimidations diaboliques ont eu un effet, et les interrogateurs ont obtenu ce qu'ils voulaient : non pas la vérité, mais suffisamment de déclarations pour répondre à leurs besoins". Pohl a été contraint de signer des déclarations sous serment auto-incriminantes qui ont été utilisées contre lui lors du procès. "À la suite des violents sévices physiques subis à Nenndorf et de mon traitement à Nuremberg, j'étais émotionnellement un homme complètement brisé", affirme Pohl dans son rapport. "J'avais 54 ans et, pendant trente-trois ans, j'avais servi mon pays sans déshonneur et je n'étais conscient d'aucun crime". Pohl est pendu le 7 juin 1951. Dans son dernier plaidoyer devant le tribunal, il a exprimé sa foi dans le fait qu'un jour, l'hystérie aveugle céderait la place à une juste compréhension.

Bien qu'au XXIe siècle il y ait encore des incompétents qui, comme le ministre Ruiz Gallardón, continuent dans leur ignorance à faire appel à la parodie de justice de Nuremberg, la plupart des juristes savent que ce qui s'est passé est inouï, inacceptable, aux antipodes de la Justice. Déjà à l'époque, tant en Europe qu'en Amérique, de nombreuses voix s'élevaient pour dénoncer et déplorer ce qui se passait en Allemagne. Le 5 octobre 1946, dans un discours prononcé dans l'Ohio, le sénateur Robert A. Taft, réputé être la conscience du Parti républicain, dénonce l'esprit de vengeance qui règne à Nuremberg. La vengeance, dit-il, n'est presque jamais la justice. La pendaison des onze condamnés sera une tache sur notre histoire que nous regretterons longtemps". Le 28 novembre 1947, John Rankin, membre du Congrès du Mississippi, a prononcé ces mots devant le Congrès américain : "En tant que représentant du peuple américain, je tiens à dire que ce qui se passe à Nuremberg, en Allemagne, est une honte pour les États-Unis....". Des représentants d'une minorité raciale, deux ans et demi après la guerre, sont à Nuremberg non seulement en train de pendre des soldats allemands, mais aussi de juger des hommes d'affaires allemands au nom des États-Unis". Le 15 juin 1949, un autre membre du Congrès, Lawrence H. Smith, représentant du Wisconsin, a déclaré à la Chambre : "Les procès de Nuremberg sont si révoltants que nous devrions avoir honte à jamais de cette page de notre histoire".

Le tableau complet de l'immoralité et de l'effronterie de Nuremberg est donné par Mark Lautern dans *Das letzte Wort über Nürnberg* (*Le dernier mot sur Nuremberg*). Il écrit que dans les intervalles entre les sentences ou les exécutions, les Juifs, qui dominaient la scène et étaient omniprésents, échangeaient des cigarettes américaines, de la porcelaine, de l'argent, de l'or, des fourrures et des œuvres d'art. L'un était spécialiste en horlogerie, un autre faisait de la contrebande d'œuvres d'art. *Das letzte Wort über Nürnberg* est actuellement indisponible, mais c'est une source pour Louis Marschalko dans *Les conquérants du monde*, d'où est extraite la citation suivante de Lautern :

"Mais ce n'est pas seulement le marché noir qui a transformé les environs du tribunal de Nuremberg en un repaire de l'Europe. La dégradation morale qui y a pris naissance est encore plus horrible. Les orgies que les employés étrangers organisaient dans des appartements privés et des hôtels suscitaient souvent l'indignation dans tout le quartier. Le nombre de jeunes femmes employées par le Tribunal ne cesse de croître. Parmi elles, des Allemandes et des étrangères, attirées par le maelström de la dépravation et de la corruption. L'incontinence sexuelle et la perversion la plus dégoûtante prédominent dans ces milieux. Des scandales illimités, prouvés par des preuves abondantes, ont alimenté pendant des années certains journaux et magazines".

Propagande, dénazification, punition et pillage

Des dizaines de milliers de prisonniers sont morts dans les camps de concentration allemands à la fin de la guerre en raison de la famine et des épidémies qui ont ravagé l'ensemble du territoire du Reich. La population allemande elle-même est victime des difficultés engendrées par l'effondrement progressif du pays : les villes sont détruites, les ressources énergétiques sont rares, la faim et les maladies ravagent la population. Dans ces conditions, il devient impossible de nourrir les prisonniers qui, dans les camps de travail, avaient ingéré quelque mille cinq cents calories avant l'effondrement. Il ne s'agit pas de chercher des justifications à l'existence des camps. Il est certes condamnable que des personnes soient arrêtées pour des motifs raciaux ou idéologiques et emprisonnées dans des camps de concentration ou de travail ; mais les Américains ont fait exactement la même chose avec leurs citoyens d'origine japonaise, qui ont été internés dans des centres d'internement sordides. À la fin de la guerre, ils ont même emprisonné leur meilleur écrivain, Ezra Pound, pour avoir dénoncé les véritables responsables de la catastrophe mondiale, une histoire à laquelle nous pourrions consacrer plus d'attention si nous en avions la place. Les Britanniques ont également emprisonné des personnes qui sympathisaient avec le fascisme ou le national-socialisme. Les persécutions idéologiques et les crimes commis en France après la guerre mériteraient également un chapitre à part.

Il serait absurde de nier les crimes commis par l'une des parties dans la conflagration la plus sanglante et la plus meurtrière qu'ait connue l'humanité. Il ne fait aucun doute que les nazis ont commis des atrocités et qu'il y avait parmi eux des fanatiques de la pire espèce. Ils ont montré leur pire visage dans la guerre contre l'Union soviétique. Les Einsatzgruppen, par exemple, ont abattu en masse les partisans qui se battaient avec acharnement contre l'armée allemande, y compris les Juifs, les Gentils et les civils des deux sexes qui leur servaient de couverture. Après l'invasion de l'Union soviétique en 1941, Hitler lui-même a averti que la guerre en Russie ne serait pas menée selon les règles de la guerre traditionnelle et a donné à Himmler le pouvoir d'"agir de manière indépendante sous sa propre responsabilité". Les activités des partisans ne prévoient pas non plus la moindre restriction, et eux aussi liquident sans ménagement les soldats qui tombent entre leurs mains. Nous reviendrons plus tard sur les Einsatzgruppen.

Comme nous l'avons vu tout au long de ces pages, les États-Unis, la Grande-Bretagne et l'URSS avaient commis des crimes innommables qui les délégitimaient à tout point de vue. Malgré cela, la première chose que les vainqueurs ont faite a été d'organiser une campagne de propagande qui les a exonérés de toute responsabilité et a tout mis sur le dos de l'Allemagne. Dès le départ, ils ont cherché à créer un sentiment de culpabilité au sein du peuple allemand, ce qu'ils ont pleinement réussi à faire et qui perdure encore aujourd'hui. Les Alliés se présentent comme des libérateurs, des démocrates exemplaires, des défenseurs des droits de l'homme, et commencent à rééduquer les vaincus pour leur faire admettre que le national-socialisme est l'idéologie la plus perverse qui ait jamais existé. Des panneaux d'affichage représentant des squelettes, des os calcinés, des prisonniers pendus en uniforme et des enfants affamés sont apparus dans les villes allemandes de la zone d'occupation américaine. Au-dessus de l'image, on peut lire la question suivante : "Qui est coupable ? Une seconde affiche contenait la réponse : "Cette ville est coupable, vous êtes coupables". L'étape suivante est celle des films de propagande enregistrés dans des camps de concentration comme Belsen ou Buchenwald, où de nombreux prisonniers sont morts de faim et de maladie et où beaucoup de survivants ne sont plus que des squelettes vivants.

Alors que dans certains camps, les prisonniers continuaient à mourir quotidiennement, les Alliés, au lieu d'évacuer immédiatement les survivants pour alléger leurs souffrances, transformèrent les camps en un spectacle touristique macabre pour les journalistes, les députés, les sénateurs et les curieux plus ou moins morbides. Les citoyens allemands sont contraints de visiter Buchenwald, dont les principales attractions sont le crématorium, les fameux abat-jour fabriqués en théorie à partir de peaux tatouées, les têtes réduites, etc. Tout cela était censé être l'œuvre d'Ilse Koch, l'épouse du commandant du camp, Karl Koch. Les corps des morts étaient laissés à la disposition des visiteurs pendant des jours. Il y avait même une visite guidée des camps de concentration.

Ce qui est scandaleux, c'est qu'alors que les libérateurs se présentaient comme un exemple de respect de la dignité de la vie humaine, au lieu de montrer l'exemple, ils avaient leur propre route des camps, les camps de la mort d'Eisenhower, où, dans la même région, ils ont gardé des millions de prisonniers de guerre allemands à l'air libre, dont ils ont réussi à affamer, congeler et épidémiquer près d'un million jusqu'à ce que mort s'ensuive. Dans le même temps, des centaines de camps fonctionnaient en Pologne et en Tchécoslovaquie, où des dizaines de milliers de civils allemands devaient mourir et étaient traités comme des animaux. De plus, comme nous l'avons vu, les sauveurs du peuple allemand et les champions des droits de l'homme ont permis que des millions d'Allemands de souche soient chassés de chez eux et déportés dans des conditions inhumaines. En revanche, les camps des alliés communistes ont continué à fonctionner comme si de rien n'était. Pendant des décennies, des millions d'êtres humains y sont morts sans que personne ne se souvienne jamais de ces morts. Il est significatif qu'il n'existe pratiquement aucune photo du goulag soviétique et de ses victimes.

Tout en cherchant à rééduquer la population, le JCS 1067 a imposé la destruction plutôt que la construction, ce qui a entraîné un traitement inhumain des personnes. Bien que le plan Morgenthau ait été officiellement abandonné, son esprit et ses politiques sont restés en vigueur pendant longtemps après la guerre. L'appartenance au NSDAP était un obstacle insurmontable qui empêchait les citoyens de trouver du travail et de vivre en paix. Des centaines de milliers de personnes se sont retrouvées en prison, car la célèbre directive 1067 du JCS, fruit des plans de vengeance de Morgenthau, prévoyait des mesures punitives à l'encontre de ceux qui avaient été nationaux-socialistes. Sur les quelque 13 millions de membres que comptait le NSDAP, 8 millions faisaient encore partie du parti à la fin de la guerre. Cette adhésion massive doit être considérée comme le résultat des politiques sociales que les nazis ont promues en Allemagne. Nous avons déjà vu que le chômage, qui avait tourmenté les classes ouvrières pendant des décennies, avait été résorbé ; que des logements avaient été mis à la disposition de la population pour stimuler et récompenser la natalité ; que les taux d'intérêt bancaires avaient été pratiquement supprimés ; que le tourisme et les voyages pour les classes ouvrières avaient été encouragés ; bref, que les conditions sociales avaient été créées pour permettre une reconnaissance majoritaire de la politique du NSDAP.

Afin d'exclure les nazis de la vie publique, treize millions de questionnaires ("Fragebogen") ont été imprimés, comprenant douze pages et 133 questions auxquelles devaient répondre les personnes à la recherche d'un emploi pour survivre. Aucun groupe n'échappe au filtre du "Fragebogen". Selon le degré d'appartenance ou de sympathie pour le parti ou une organisation apparentée, il était déterminé si le sujet était "coupable", "engagé", "modérément engagé", "sympathisant"..... Un médecin, par exemple, ne pouvait pas exercer sa profession s'il avait appartenu au NSDAP. La plupart des fonctionnaires avaient appartenu au parti, de sorte que l'épuration de l'administration a mis en péril son fonctionnement. Le questionnaire comprenait des questions telles que le vote de 1932, la confiance dans la victoire de l'Allemagne, les cicatrices sur le corps, etc. Les questionnaires avertissaient que "toute fausse information entraînerait des poursuites devant les tribunaux du gouvernement militaire". Ce n'est qu'après avoir renvoyé le formulaire rempli et vérifié par les autorités d'occupation que l'on pouvait entrer sur le marché du travail, à condition d'avoir passé la sélection. Dans le cas contraire, il n'était pas possible de travailler ni d'obtenir une carte de rationnement. Le pire, c'est que l'on pouvait être considéré comme un criminel pour avoir été national-socialiste et être envoyé en prison. En fonction de vos qualifications, vous receviez différentes cartes de rationnement et pouviez prétendre à certains emplois.

Concernant le rationnement alimentaire, Victor Gollancz rapporte par exemple qu'en mars 1946, la population de Hambourg ne recevait que 1 050 à 1 591 calories par jour, soit quatre tranches de pain sec, trois pommes de terre de taille moyenne, trois cuillères de flocons d'avoine, une demi-tasse de lait écrémé, une tranche de viande restante et une pincée de matière grasse. La mortalité infantile est dix fois plus élevée qu'en 1944. En février 1946, 257 enfants sont nés à Dortmund, dont 46 sont morts. Giles MacDonogh écrit : "Des hommes politiques et des soldats comme Sir Bernard Montgomery ont insisté pour qu'aucune nourriture ne soit envoyée de Grande-Bretagne. La famine était une punition. Montgomery a déclaré que les trois quarts des Allemands étaient encore des nazis". Dans la volonté d'imposer une culpabilité collective, même ceux qui s'étaient opposés au nazisme ont payé les conséquences de la politique vindicative imposée à l'ensemble des Allemands.

En Bavière, le général Patton a nommé Fritz Schäffer, connu pour être antinazi, au poste de ministre-président, mais il a finalement été démis de ses fonctions parce que Schäffer ne détestait pas tous les nazis. On a déjà vu que Patton lui-même était tombé en disgrâce parce qu'il ne partageait pas les politiques de haine et de vengeance qui découlaient du JCS 1067. MacDonogh explique que dans la Ruhr, "tous les ingénieurs des mines ont été licenciés par les nazis. Des explosions ont alors fait des centaines de morts - y compris des Anglais - et le général Templer a conclu que le gouvernement militaire agissait comme des imbéciles". Selon cet auteur, en septembre 1946, 66 500 nazis avaient été emprisonnés dans la zone américaine et 70 000 dans la zone britannique. En Rhénanie-du-Nord-Westphalie, deux millions et demi de cas ont été examinés et de nombreux hommes et femmes ont été enfermés pendant des années dans des conditions terribles. Au sujet des Russes, MacDonogh écrit : "Ils croyaient fermement à la culpabilité collective et pensaient que tout Allemand pouvait mériter une punition, voire la mort. Ils mettaient les Allemands au travail et leur donnaient le strict minimum pour survivre. Ils ont enquêté sur un demi-million de cas dans leur région".

Lorsque l'on sait que les Alliés étaient incapables de rendre digne la vie de la population et qu'ils n'avaient aucune envie de la nourrir, leur prétention à venir en Allemagne en tant que libérateurs est vraiment choquante. Victor Gollancz, qui note qu'à Belsen les prisonniers recevaient 800 calories, rapporte dans *In Darkest Germany* (1947) qu'au début de l'année 1946, les autorités britanniques en Allemagne ont proposé d'abaisser la ration quotidienne à 1 000 calories. Les Américains fournissent alors 1 270 calories, alors que les Français sont déjà à 950. Dans l'ouvrage cité ci-dessus, Gollancz raconte sa visite à Hambourg, une ville qui, après avoir été totalement détruite par des bombardements criminels par saturation, ne disposait d'aucun logement pour accueillir la population, si bien que soixante-dix mille personnes vivaient dans des abris et des caves dans des conditions épouvantables. Beaucoup d'Allemands, écrit MacDonogh, étaient d'abord prêts à voir dans les Alliés des anges libérateurs, mais ils furent vite déçus de constater que ces soldats très humains arrivaient chargés de propagande et de haine à l'égard de la population civile.

Dans le même temps, les rédempteurs du peuple allemand se sont livrés à des vols comme rarement auparavant dans l'histoire. Tous les gouvernements ont participé au pillage du pays. Même la famille royale britannique n'hésite pas à garder le yacht de Göring, le *Carin II,* pour son propre plaisir. Il est à noter que le gros des forces anglo-américaines n'est entré dans Berlin que le vendredi 6 juillet 1945, laissant aux Soviétiques plus de deux mois d'avance pour piller la capitale du Reich. Les communistes, experts en vol conscient depuis la révolution bolchevique, ont planifié l'opération non seulement à Berlin, mais dans toute leur zone d'occupation, en véritables experts. Deux millions et demi d'œuvres d'art de toutes sortes, dont 800 000 tableaux de Rubens, Fra Angelico, Luca Signorelli, Zurbarán et Murillo, ont été expédiés en Russie. En outre, quelque cinq millions de tonnes d'équipements et de matériaux de toutes sortes, provenant principalement du démantèlement d'usines, ont été saisis. Le vol de précieux secrets militaires, scientifiques et industriels, ainsi que de brevets d'invention allemands, a été d'une grande importance. Joaquín Bochaca, qui dans *Los crímenes de los buenos* fournit des chiffres et des données intéressants sur le pillage de l'Allemagne, donne le chiffre de 346 000 brevets confisqués. Bochaca souligne que la servitude du gouvernement de la République fédérale d'Allemagne s'est manifestée de manière écrasante des années plus tard, lorsqu'il a été contraint de reconnaître une dette astronomique à l'égard d'Israël, un État qui n'existait même pas.

PARTIE 2 - ÉCHEC DU PLAN DU GOUVERNEMENT MONDIAL BASÉ SUR LE MONOPOLE DE LA VIOLENCE ATOMIQUE

"Notre programme d'après-guerre dépend entièrement de notre capacité à terroriser le monde avec la bombe atomique. Ces mots du secrétaire d'État Edward Stettinius adressés à l'agent soviétique Alger Hiss, qui agissait en tant que conseiller de Roosevelt à la conférence de San Francisco, sont tout à fait révélateurs. Prononcés en avril 1945, quelques mois avant que Truman n'ordonne le largage de la première bombe atomique sur Hiroshima, ils révèlent clairement que le projet américain était de préserver son monopole nucléaire afin d'imposer un gouvernement ou une fédération internationale qu'ils garderaient grâce à leur monopole de la violence atomique. Pour atteindre cet objectif, il était indispensable d'obtenir l'accord des autres puissances, en particulier de l'URSS, qui connaissait dès le départ, grâce à son réseau d'agents, dont Dexter White et Alger Hiss, les plans des Américains.

Si l'homme fort de l'Union soviétique avait été Trotski, l'agent des banquiers illuminati, tout aurait été plus facile, car celui qui était chargé de présenter le plan du gouvernement mondial fondé sur le monopole de la terreur atomique était Bernard Baruch, le juif tout-puissant qui avait fait libérer Lev Davidovich Bronstein lors de son arrestation au Canada, le banquier dont Trotski rêvait qu'il prenne le contrôle des finances de la Russie : "Ce dont nous avons besoin ici, c'est d'un organisateur comme Bernard Baruch", a déclaré Trotsky. Mais c'est Staline qui dirige l'URSS, l'homme qui a persécuté tous les trotskistes, qui a ordonné l'assassinat de Trotski et qui exerce le pouvoir d'une main de fer. Comme c'était le cas depuis la mort de Lénine, l'affaire du monopole nucléaire a montré que Staline était un personnage incontrôlable.

L'un des premiers à appeler publiquement au gouvernement mondial tant annoncé est Emery Reves, un juif d'origine hongroise qui, dès 1945, publie *Anatomie de la paix*, un livre qui sera traduit en vingt-cinq langues et publié dans trente pays, dans lequel il appelle à la fin de la souveraineté des États en faveur d'un gouvernement international ou mondial. Ce "pacifiste" était convaincu que l'existence de nations souveraines était contraire à la paix et garantissait de futures guerres. Selon lui, les États-nations sont un anachronisme qu'il faut dépasser : "Nous ne pouvons pas avoir de démocratie", disait-il, "dans un monde de nations indépendantes". Bientôt, Albert Einstein, un autre "pacifiste" qui avait remis à Roosevelt la lettre appelant à la fabrication de la bombe atomique, s'empresse dans une interview d'applaudir le projet, qu'il qualifie de "réponse politique à la bombe atomique".

Le 1er février 1946, *le Bulletin of the Atomic Scientists*, la publication des scientifiques qui ont fait entrer le monde dans l'ère nucléaire, publie le projet de Fédération mondiale des révolutions : "Si la Russie ou d'autres pays ne peuvent être persuadés d'adhérer immédiatement à la Fédération, celle-ci doit être créée en tout état de cause par les nations qui sont disposées à accepter le projet", indique l'article. Le 15 février 1946, *le Bulletin* publie un autre article insistant sur le fait que les scientifiques qui ont fabriqué la bombe considèrent qu'un gouvernement mondial est nécessaire. Dans son numéro du 1er mars 1946, *le Bulletin* annonce la parution du livre *One World or None*, écrit précisément par les scientifiques juifs, socialistes internationaux pour la plupart, qui ont fabriqué ou encouragé la fabrication des bombes à l'uranium et au plutonium.

Il est clair que les partisans du fameux Nouvel Ordre Mondial utilisent les scientifiques pour habiller d'idées pacifistes et humanitaires leur projet de longue date de contrôle absolu de la planète. De leur côté, les scientifiques juifs qui avaient demandé à Roosevelt de construire la bombe atomique pour l'utiliser contre l'Allemagne cherchaient à redorer leur blason et à montrer qu'ils étaient conscients du danger. Ils se sont donc hypocritement prêtés au jeu et, comme s'ils n'étaient responsables de rien, ils appellent maintenant les politiques à mettre en œuvre le vieux projet des Illuminati afin d'éviter l'Armageddon biblique, c'est-à-dire la fin du monde annoncée dans l'Ancien Testament et dans l'Apocalypse. En réalité, ils agissaient en équipe. Une fois de plus, sous le couvert d'idées progressistes et philanthropiques, la nécessité de créer un gouvernement mondial pour l'ensemble de l'humanité et de supprimer les États et les sentiments patriotiques dépassés a été présentée. À ce stade, il est intéressant, avant de poursuivre, de réfléchir aux moments historiques dans lesquels nous avons rencontré la même idée tout au long du récit que nous avons produit.

Les origines du projet se trouvent dans le Talmud. On a déjà vu au chapitre 3 que le sioniste Michael Higger a dédié à l'Université hébraïque de Jérusalem son ouvrage *L'utopie juive*, publié en 1932. Il y expose le projet sioniste de domination du monde, qui sera réalisé lorsque "tous les trésors et les ressources naturelles du monde seront en possession des justes (juifs), conformément à la prophétie d'Isaïe". L'idée de financer et de diriger le Mouvement révolutionnaire mondial (MRM) pour prendre le contrôle des ressources et des richesses du monde est née chez les Rothschild dès la fin du XVIIIe siècle. Leur agent Adam Weishaupt (Spartacus) a fondé l'Ordre bavarois des Illuminati le 1er mai et a adopté comme symbole la pyramide avec l'œil qui voit tout. L'abolition des gouvernements, de la propriété privée, de l'héritage, des religions, du patriotisme et de la famille étaient les objectifs de la secte pour le "Novus Ordo Seclorum" ou Nouvel Ordre Mondial. Les Illuminati ont inculqué à leurs adeptes que le bonheur universel serait atteint par l'abolition des nations et l'union de l'humanité dans une société internationale. L'union des Illuminati et des Frankistes de Jakob

Frank, parrainés par les banquiers juifs à l'origine du MRM, a précédé la parution du *Manifeste communiste* (Karl Marx et Moses Hess étaient issus de familles frankistes), rédigé par Marx pour la Ligue des Justes ("Bund der Gerechten"), une organisation secrète des Illuminati.

Comme nous l'avons vu, les objectifs du communisme coïncident avec ceux de Weishaupt, mais ils sont désormais explicitement concrétisés. Le prolétariat et la force doivent être utilisés par les banquiers internationaux pour conquérir le monde : la dictature mondiale du prolétariat doit être réalisée en renversant l'ordre établi par la terreur et la violence : la fin justifie les moyens. Lorsqu'en 1860, Adolphe Crémieux, Grand Maître du Grand Orient de France, fonde l'Alliance israélite universelle, il annonce dans le manifeste fondateur que le temps approche "où toutes les richesses et tous les trésors du monde seront la propriété des enfants d'Israël". Dans *les Protocoles des Sages de Sion*, le projet de gouvernement mondial est à nouveau concrétisé et détaillé : "Lorsque nous aurons frappé notre grand coup, nous dirons à tous les peuples : tout allait très mal pour vous, vous êtes tous épuisés de souffrances. Nous allons abolir la cause de vos tourments, à savoir : les nationalités, les frontières, la diversité des monnaies". Bref, l'idée d'une "fraternité universelle", d'un "roi invisible", d'une "unification de l'humanité", d'une Société des Nations visant à l'unité du monde sont des clichés maintes fois répétés par les idéologues juifs et sionistes. "Nous aurons un gouvernement mondial, qu'ils le veuillent ou non. La seule question est de savoir si nous y parviendrons par la conquête ou par le consentement". Ces paroles du banquier illuminati Paul Warburg, grand architecte de la Réserve fédérale, prononcées le 17 février 1950 devant le Sénat américain, sont une preuve supplémentaire que derrière l'idée se cachent les conspirateurs habituels.

Bernard Baruch présente un plan de gouvernance mondiale

Deux juifs, Bernard Baruch et David Lilienthal, ce dernier en contact avec Dean Acheson, le sous-secrétaire d'Etat, sont les auteurs du plan de gouvernement mondial que le gouvernement américain tente d'imposer à Staline. Baruch, qui selon l'*Encyclopaedia Judaica* avait servi à Versailles comme conseiller économique personnel du président Wilson et avait été conseiller de cinq présidents américains, fut chargé par Truman de le présenter à l'UNAEC (United Nations Atomic Energy Commission). Le plan avait été élaboré à l'avance et discuté dans les pages du *Bulletin of the Atomic Scientists*, une publication bimensuelle fondée fin 1945 par deux scientifiques juifs, Eugene Rabinowitch et Hyman H. Goldsmith, et dont Baruch et Lilienthal étaient les rédacteurs en chef. Robert Oppenheimer, le "Dark Prince", publie le 1er juin 1946 dans le numéro 12 du *Bulletin* un article intitulé "The International Control of Atomic Energy", dans lequel il commente le projet de Baruch, son mentor. Oppenheimer, le "destructeur de mondes", annonce la réunion de la Commission des Nations unies, soutient la création d'une Autorité pour le développement atomique, préconise que les pays cèdent une partie de leur souveraineté et lance un appel aux États-Unis pour qu'ils acceptent de perdre "la position monopolistique de l'avantage technique dans le domaine de l'énergie atomique". Comme on le sait, Oppenheimer avait été étroitement surveillé par le FBI en raison de ses relations avec le parti communiste. Il était donc favorable à une solution de compromis et de convergence avec l'URSS.

Enfin, le 14 juin 1946, Baruch présente le plan à l'UNAEC. Dans ses remarques introductives, il présente le dilemme : le choix est entre la paix dans le monde et la destruction du monde. "La science a arraché à la nature un secret si grand dans ses potentialités que nos esprits reculent devant la terreur qu'il engendre". Selon le plan Baruch, l'Autorité pour le développement atomique devait superviser le développement et l'utilisation de l'énergie, diriger les installations nucléaires capables de produire des bombes et inspecter les recherches menées à des fins pacifiques. La possession illégale de la bombe atomique est interdite. Les pays contrevenants et ceux qui s'opposent aux inspections seront sanctionnés de manière appropriée. Un Conseil de sécurité serait chargé de punir et d'imposer des sanctions aux pays qui violeraient les termes du plan. Un point très important concerne le droit de veto. Le plan Baruch prévoyait que les membres du Conseil de sécurité de l'ONU perdraient leur droit de veto pour toutes les questions relatives aux sanctions contre les pays engagés dans des activités interdites. Ce n'est qu'une fois le plan mis en place que les États-Unis entameront le processus de destruction de leur arsenal nucléaire.

Pendant ce temps, les Américains poursuivent leur projet d'essais nucléaires sur l'atoll de Bikini. Deux semaines seulement après la présentation du projet à l'UNAEC, l'opération Crossroads est lancée. Elle prévoit plusieurs détonations atomiques d'une puissance de 21 kilotonnes chacune. La première, "Able", est réalisée le 1er juillet 1946, la seconde, "Baker", le 25 juillet. Une troisième, "Charlie", était prévue, mais fut annulée en raison de l'énorme contamination radioactive générée par "Baker".

Une deuxième réunion de l'UNAEC a eu lieu le 19 juin, au cours de laquelle Andrei Gromyko, ambassadeur aux Etats-Unis et représentant aux Nations Unies, a présenté la proposition de l'URSS. Gromyko exprime que son pays n'est pas prêt à renoncer à son droit de veto au Conseil de sécurité, qui, selon l'ambassadeur soviétique, est déjà très favorable aux Etats-Unis. Gromyko, qui devait sans doute avoir des informations sur l'opération Crossroads, a fait valoir que pour que le plan soit crédible, les sanctions annoncées dans le rapport de Baruch devaient être imposées immédiatement. Le rapport préconise également l'échange d'informations scientifiques. En outre, ils n'étaient pas disposés à autoriser des inspections internationales de leurs installations. Dès le départ, les communistes ont compris que ce plan permettait aux Etats-Unis de maintenir leur monopole nucléaire. La presse soviétique le dénonce comme "une tentative d'établir la domination atomique mondiale de l'Amérique". Le 1er juillet 1946, le jour même du premier essai sur l'atoll de Bikini, *The Bulletin*, devenu une plate-forme de débat sur le Gouvernement mondial et le contrôle de l'énergie atomique, reproduit les textes de Baruch et Gromyko devant l'UNAEC.

Depuis l'émergence de la secte bavaroise des Illuminati, la conspiration visant à établir le gouvernement mondial imaginé par Adam Weishaupt s'est diversifiée et structurée en différentes tendances. Parmi les principales, on peut citer le communisme, le sionisme, l'impérialisme britannique (utilisé dès le départ comme outil de pouvoir mondial par les Rothschild), le socialisme fabien, etc. Le dénominateur commun, l'élément transversal, est que la conspiration pour établir le gouvernement mondial a un dénominateur commun, le dénominateur commun du gouvernement mondial. Le dénominateur commun, l'élément transversal qui les imprégnait tous était les Juifs. Le communisme, la faction la plus authentique de la conspiration, n'a pas soutenu le plan Baruch en 1946. Le communisme était apparemment devenu avec Staline un communisme national expansionniste contrôlé depuis Moscou et avait échappé au contrôle initial de l'époque de Lénine et de Trotsky. Comme on l'a dit, si Trotski avait vaincu Staline dans sa lutte pour le pouvoir en Russie, deux idéologies théoriquement parallèles auraient paradoxalement convergé après la Seconde Guerre mondiale et le gouvernement mondial aurait enfin été établi par consensus, car les judéo-bolcheviks avaient été un instrument très efficace de la conspiration des banquiers juifs internationaux. En URSS, cependant, Staline était toujours aux commandes, et il était parvenu au pouvoir en fournissant à ses ennemis trotskystes le même remède qu'ils avaient utilisé pour éliminer leurs adversaires. En réalité, le problème n'est pas insoluble : il s'agit de mettre au pouvoir un nouveau Trotski. A cette fin, tant en Russie que dans les pays occupés d'Europe de l'Est, la lutte pour le pouvoir va bientôt commencer. Le problème n'est pas le communisme, mais le communisme dirigé par Staline. "Les Staline vont et viennent, avait dit Krivitsky à son ami Reiss, mais l'Union soviétique perdurera.

Les socialistes fabiens, dont Bertrand Russell, H.G. Wells, Arnold Toynbee... étaient parmi les partisans du gouvernement mondial. Le 1er octobre 1946, Bertrand Russell publie dans *The Bulletin* un long article de trois pages intitulé "La bombe atomique et la prévention de la guerre". Il y constate que les négociations avec Staline sont dans l'impasse et que l'accord avec l'Union soviétique se complique. Russell indique clairement que le monopole de la violence nucléaire doit être la prérogative exclusive du gouvernement mondial :

"Il est absolument clair qu'il n'y a qu'un seul moyen d'empêcher définitivement les grandes guerres, et c'est l'établissement d'un gouvernement international ayant le monopole de forces armées puissantes. Quand je parle d'un gouvernement international, j'entends un gouvernement qui gouverne réellement, et non pas une façade amicale comme la Société des Nations ou une prétention comme les Nations Unies telles qu'elles sont actuellement constituées. Un gouvernement international, s'il veut être capable de préserver la paix, doit avoir les seules bombes atomiques, la seule usine pour les produire, la seule force, les seuls navires de guerre, et, en général, tout ce qu'il faut pour le rendre irrésistible. Son personnel atomique, ses escadrilles aériennes, ses équipages de navires de guerre et ses régiments d'infanterie doivent être solidement composés d'hommes de différentes nationalités ; il ne doit pas y avoir de possibilité de développement d'un sentiment national dans une unité plus grande qu'une compagnie. Chaque membre de la force armée internationale doit être soigneusement formé à la loyauté envers le gouvernement international."

Russell avait manifestement à l'esprit la pensée politique de Machiavel sur la nécessité que le monopole de la violence soit entre les mains du prince : "Le monopole de la force armée est l'attribut le plus nécessaire d'un gouvernement international". Sur un ton loin d'être conciliant, Russell a conseillé aux Américains et aux Britanniques de ne pas se laisser prendre pour des partisans de la paix à tout prix s'ils n'obtenaient pas la coopération du gouvernement soviétique après avoir clairement indiqué que leur objectif était la coopération internationale. À un moment donné", écrit-il, "après avoir achevé leur projet de gouvernement international, ils devraient le proposer au monde et s'assurer un soutien maximal..... Si la Russie acceptait volontiers, tout irait bien. Dans le cas contraire, il faudrait presser l'ours, jusqu'à risquer la guerre, car dans ce cas, les Russes seraient presque certainement d'accord. Si la Russie n'accepte pas la formation du gouvernement international, il y aura tôt ou tard la guerre. Il est donc sage d'exercer toutes les pressions nécessaires".

Fin 1946 est créée aux États-Unis l'Atomic Energy Commission (AEC), qui prend en charge toutes les questions nucléaires et instaure un contrôle civil des usines de fabrication d'armes atomiques. Toujours fin 1946, Staline rejette définitivement le plan Baruch au motif qu'il implique une soumission à Washington. Dès lors, les relations entre les deux pays se détériorent et la guerre froide commence peu après. Le rejet du plan Baruch n'impliquait cependant pas nécessairement, loin s'en faut, le renoncement au Gouvernement mondial que l'on tentait d'imposer à l'humanité depuis si longtemps, même si, à tout le moins, une bonne occasion de le réaliser avait été perdue.

Les scientifiques qui ont fabriqué la bombe atomique partageaient avec les politiciens et les magnats juifs du Brain Trust le même désir d'écraser l'Allemagne nazie. Lorsque Einstein a proposé la bombe au président américain dans une lettre, il l'a fait avec l'idée qu'elle serait utilisée contre l'Allemagne. C'était également l'intention de Roosevelt, Baruch,

Morgenthau, Rosenman, etc. en lançant le projet Manhattan. Outre leurs sentiments anti-allemands, la plupart des physiciens juifs, y compris Einstein, étaient sionistes, ce qui signifie que leur allégeance à l'un ou l'autre État était très relative, voire inexistante. Nombre d'entre eux, comme Oppenheimer, étaient favorables à une autorité mondiale fondée sur des principes internationalistes qui transcendaient les idées d'allégeance nationale. Certains étaient engagés dans le communisme et restaient prêts à travailler pour lui. Ce sont d'ailleurs des scientifiques juifs qui ont aidé l'URSS à fabriquer sa bombe atomique.

Oppenheimer sera finalement accusé d'espionnage au profit de l'Union soviétique, ce qu'il a pu faire grâce à la position privilégiée qu'il occupait en tant que membre du Conseil consultatif général de la Commission de l'énergie atomique (AEC), dont le premier président était David Lilienthal. L'une des premières tâches de Lilienthal en tant que président de l'AEC fut de nommer les membres du Conseil consultatif. Le premier choix se porte sur son ami Oppenheimer, qui sera également nommé directeur du prestigieux Institute for Advanced Study de l'université de Princeton, où Albert Einstein règne en maître.

Le 4 janvier 1947, son plan ayant finalement échoué, Bernard Baruch démissionne de son poste de représentant américain à la Commission de l'énergie atomique des Nations unies. Il est remplacé par un autre juif considéré comme anticommuniste, Lewis Lichtenstein Strauss, un homme que Felix M. Warburg avait introduit à la banque Kuhn Loeb & Co. où il avait fait fortune. Bien qu'il ait été membre du comité exécutif de l'American Jewish Committee, il semble qu'il ne soit pas sioniste, mais partisan de l'assimilation des Juifs dans les pays où ils vivent. Strauss prend rapidement connaissance des activités communistes d'Oppenheimer et un lent processus d'éloignement s'amorce entre les deux hommes.

Les doutes sur la loyauté d'Oppenheimer envers les Etats-Unis, apparus dès 1942, ont été complètement dissipés en mars 1947 : le FBI a appris avec certitude qu'Oppenheimer informait l'URSS et a rapporté ses activités à David Lilienthal et Lewis Strauss. Tous deux étaient des amis d'Oppenheimer et ne voulaient pas croire les rapports selon lesquels il était un infiltré. Les membres du Conseil de l'AEC ne voulant pas non plus douter de sa loyauté, ils décidèrent, à l'été 1947, de le maintenir à la présidence du Conseil consultatif général. Néanmoins, Lewis Strauss devient méfiant et ses relations avec le Prince Noir se détériorent. La rupture d'Oppenheimer avec Edward Teller, le physicien juif qui avait continué à Los Alamos à travailler sur une nouvelle version de la bombe à fusion nucléaire : la bombe thermonucléaire, ou bombe H, qu'ils appelaient la "Super", fut un événement important. En tant que président du Conseil de l'AEC, Oppenheimer recommande au gouvernement de ne pas dépenser d'argent pour ce projet. En juillet 1947, les États-Unis possédaient treize bombes à fission nucléaire et l'URSS poursuivait la fabrication de sa propre bombe. Oppenheimer essayait apparemment d'empêcher Teller de réussir à fabriquer une bombe atomique plus puissante et plus destructrice, ce qui aurait fait pencher la balance en faveur des États-Unis.

En 1949, Lewis Strauss est convaincu qu'Oppenheimer n'essaie pas seulement de boycotter ou de retarder la production de la bombe à hydrogène, mais qu'il a violé la sécurité nationale. Les rumeurs de déloyauté d'Oppenheimer se multiplient et le gouvernement décide alors de nommer Strauss à la présidence de l'AEC, en remplacement de David Lilienthal, proche allié d'Oppenheimer. La méfiance se manifeste à plusieurs niveaux : le sénateur Joseph McCarthy a entamé une enquête sur les relations d'Oppenheimer avec les communistes et les officiers de l'armée de l'air réclament son remplacement. Finalement, en décembre 1953, la commission mixte de la Chambre des représentants sur l'énergie atomique envoie une lettre au FBI et à l'AEC déclarant qu'entre 1939 et 1942, Oppenheimer a espionné pour le compte de l'Union soviétique et que depuis 1942, il est un agent qui, sous la direction des Soviétiques, a influencé l'armée, les questions d'énergie atomique, le renseignement et la diplomatie aux États-Unis. Avant que le Sénat n'entame une nouvelle enquête, Lewis Strauss exigea la démission d'Oppenheimer de son poste de président du Conseil consultatif général de l'AEC. Devant le refus d'Oppenheimer, Strauss ordonne un procès, qui se déroule du 5 avril au 6 mai 1954. Oppenheimer finit par prendre sa retraite à Princeton, où Einstein préside l'Institute for Advanced Study, un groupe de réflexion financé par les Rothschild à travers l'une de leurs nombreuses fondations secrètes. L'affaire Oppenheimer s'inscrit dans un vaste complot d'espionnage en faveur de l'URSS, dont tout ce qui touche à la bombe atomique intéresse aujourd'hui.

Les juifs communistes livrent les secrets de la bombe atomique à l'URSS

À la fin de la Seconde Guerre mondiale, les Américains estimaient qu'il faudrait sept à dix ans aux Soviétiques pour fabriquer leur propre bombe atomique. Cela signifiait que les États-Unis pouvaient, pendant cette période, disposer d'un monopole nucléaire inatteignable. Lorsque l'on apprit que l'URSS avait fait exploser sa première bombe nucléaire le 29 août 1949, sous le nom de code "Joe" en l'honneur de Josef Staline, ce fut une grande surprise pour certains. La bombe russe était une réplique exacte de "Fat Man", la bombe au plutonium testée dans le désert du Jour des morts et larguée le 9 août 1945 sur Nagasaki. De nombreuses voix commencent à dénoncer l'existence de traîtres, agissant de l'intérieur, qui complotent contre les États-Unis.

Il est prouvé que l'invasion d'espions soviétiques dans l'administration de FDR a atteint des sommets stupéfiants au cours de ses trois mandats. Les cas les plus pertinents d'agents communistes - Alger Hiss,

Harry Hopkins, Harry Dexter White - ont déjà été mentionnés et feront l'objet d'une attention particulière dans les pages suivantes. Alger Hiss, membre de la délégation américaine à Yalta, y était soutenu par Dean Acheson, l'un des moteurs de la reconnaissance de l'URSS en 1933. Acheson, compagnon de Dexter White à Bretton Woods, sous-secrétaire d'État de 1945 à 1947 et secrétaire d'État de 1949 à 1953, a ignoré à plusieurs reprises les rapports du FBI signalant l'infiltration de communistes au sein du département d'État. Roosevelt lui-même a méprisé les efforts des dénonciateurs au sein de l'administration.

En 1940, alors que l'URSS avait attaqué ses voisins d'Europe de l'Est, Martin Dies, un député démocrate du Texas qui a présidé la commission des activités anti-américaines de la Chambre des représentants de 1938 à 1945, a averti Roosevelt que des milliers de communistes et de sympathisants communistes figuraient sur les listes de paie du gouvernement. Roosevelt lui a répondu : "Je ne crois pas plus au communisme que vous, mais il n'y a pas de problème avec les communistes dans ce pays. Plusieurs de mes meilleurs amis sont des communistes..... Je ne vois pas les communistes comme une menace actuelle ou future ; en fait, je considère la Russie comme notre meilleur allié pour les années à venir. Comme je vous l'ai dit lorsque vous avez commencé vos recherches, vous devriez vous limiter aux nazis et aux fascistes. Bien que je ne croie pas au communisme, la Russie se porte beaucoup mieux et le monde est beaucoup plus sûr sous le communisme que sous les tsars". Il est absurde qu'au lieu de tenir compte de l'avertissement du président de la commission chargée d'enquêter sur l'espionnage communiste pour le compte de l'Union soviétique, Roosevelt, le dirigeant mondial qui prétendait défendre les valeurs de liberté, de démocratie et de droits de l'homme, ait justifié le totalitarisme communiste de l'URSS, un régime sanguinaire qui avait éliminé plus de personnes en une seule semaine que les tsars pendant tout le XIXe siècle. Les propos de Roosevelt ne peuvent être compris que si l'on considère que le communisme est un instrument de la Puissance cachée et qu'il est un agent de cette Puissance qui a lancé le MRM (Mouvement révolutionnaire mondial), a implanté le communisme en Russie et va l'imposer en Chine, comme nous le verrons dans ce chapitre.

L'instabilité des premières années d'après-guerre au Département d'Etat, ministère réputé conservateur, montre que le projet de voir les Etats-Unis détenir seuls le leadership mondial grâce au monopole de la terreur atomique n'était pas unanime. Edward Stettinius, qui avait pris ses fonctions le 1er décembre 1944, est remplacé en juin 1945 par James F. Byrnes. Quelques semaines plus tard, le sous-secrétaire d'État Joseph Grew, un vétéran du corps diplomatique qui a tenté d'éviter la guerre avec le Japon, démissionne après deux mois d'attaques de la presse qui le qualifie de réactionnaire et exige sa démission. Le remplaçant de Grew est Dean Acheson, un "progressiste" qui devient la figure dominante du département et entraîne le départ de tous les alliés de Grew. Bien que certaines sources décrivent Acheson comme antisoviétique, il encouragea une politique de conciliation avec Moscou et travailla en étroite collaboration avec Alger Hiss jusqu'en 1946, date à laquelle Hiss fut contraint de démissionner après avoir été démasqué en tant qu'espion soviétique. Byrnes n'est pas resté longtemps secrétaire d'État non plus. Comme l'écrit Truman dans *Years of Decisions* (Vol. 1 de ses Mémoires), Byrnes lui annonce qu'il en a "assez de ménager les Soviétiques". Byrnes, favorable à l'éviction de Hiss du Département, à l'enterrement définitif du plan Morgenthau pour l'Allemagne, et de plus en plus opposé à Staline, menace à plusieurs reprises de démissionner. Finalement, le 21 janvier 1947, la Maison Blanche accepte sa démission. Byrnes quitte l'administration avec dépit et Truman le remplace par George C. Marshall. Dans l'administration de Truman, comme dans celle de Roosevelt, il y a donc beaucoup d'"'amis" de l'Union soviétique, où Beria manœuvre dans l'ombre pour remplacer Staline. Parmi les partisans de la convergence avec le communisme et du partage de la technologie nucléaire avec l'URSS figure Robert Oppenheimer, qui n'a jamais caché son intérêt pour une convergence avec l'URSS. L'extension du communisme à toute l'Asie, avec la Chine comme acteur clé, fait partie des plans des internationalistes. Le transfert des secrets atomiques à l'Union soviétique doit être considéré dans ce contexte.

Les documents "Venona", décryptés en 1948, ont confirmé la véracité des affirmations du FBI sur l'espionnage soviétique du programme atomique. Publiés en 1995 par la NSA (National Security Agency), ils montrent que le Kremlin a reçu des informations sur le projet secret de bombe atomique britannico-américain dès 1941. "Venona" est le code donné aux communications secrètes des espions soviétiques interceptées par les Etats-Unis. Outre ces documents, d'autres sources permettent aujourd'hui d'affirmer que Beria a non seulement reçu des informations sur le projet Manhattan et les recherches menées à Los Alamos, mais aussi sur les travaux menés par les Britanniques. Dans *Les secrets de Venona*, Herbert Romerstein, un auteur juif qui ne peut cacher un certain relent trotskiste, confirme que les premières informations reçues par les Soviétiques sur le projet atomique provenaient de Londres le 25 septembre 1941. Il s'agit d'un rapport sur une réunion tenue neuf jours plus tôt par le British Uranium Committee. La source de l'information était un agent dont le nom de code était "List". Romerstein, citant les *Tâches spéciales* de Pavel Sudoplatov comme source, note que "List" était en fait John Cairncross, le secrétaire privé de Lord Hankey, qui présidait le Comité britannique de l'uranium. Cairncross, dont certains auteurs affirment qu'il était le "cinquième homme" du groupe de Cambridge, nie dans ses mémoires être la source qui a informé Moscou.

Avant d'aller plus loin, il convient de préciser que le célèbre groupe d'espionnage de Cambridge était composé de cinq agents : Donald Maclean, Guy Burgess, Kim Philby, Anthony Blunt et un cinquième homme. En 1994,

Roland Perry a publié un livre intitulé *The Fifth Man*, dans lequel il affirme catégoriquement que le cinquième agent des "Cambridge Five" n'était pas Cairncross, mais Nathaniel Mayer Victor Rothschild (1910-1990), plus connu sous le nom de troisième Lord Rothschild, un agent triple qui aurait travaillé pour le MI5 britannique, le KGB et le Mossad. Burgess et Maclean ont été découverts en 1959, Philby, dont le nom de code dans Venona était "Stanley", a été découvert en 1963. En 1979, c'est Margaret Thatcher elle-même qui dénonce au Parlement que Blunt est un espion soviétique. Anthony Blunt, le quatrième homme, aurait été recruté par le MI5 en 1940 et était conservateur de la collection de peintures royales et conseiller personnel de la reine, ce qui lui valait le titre de Sir to the Crown. Dans les années 1960, Blunt avait l'habitude de passer les vacances de Noël dans la maison de Victor Rothschild à Cambridge. Selon des documents du MI5 rendus publics en 2002, Moura Budberg, une vieille connaissance dans ce travail, a révélé dès 1950 que Blunt était communiste, mais il a été ignoré. Le livre de Roland Perry fournit des informations très intéressantes sur les activités de Victor Rothschild, au sujet duquel il écrit ce qui suit :

> "Le troisième Lord Rothschild a été camouflé en cinquième homme grâce à sa position puissante au sein de l'establishment. L'immense richesse de sa dynastie bancaire l'a ancré dans l'élite du pouvoir plus que tout autre membre du Groupe des Cinq. C'était une couverture parfaite qui lui servait de protection. Il semblait incarner l'establishment britannique du XXe siècle et il était impensable qu'il puisse être un traître. Cependant, un examen plus approfondi a montré qu'il avait d'autres loyautés.... Rothschild était plus fidèle à son héritage juif qu'à quoi que ce soit d'anglais. Il l'a prouvé par son dévouement prolongé aux affaires de sa race.... Il n'a jamais été plus attaché à son pays natal et à son ordre établi. En effet, lorsqu'il dut choisir entre sa race et son pays, il opta plus d'une fois pour la race".

Étant donné que le Mouvement révolutionnaire mondial était financé par des membres de la dynastie Rothschild depuis la création des Illuminati de Weishaupt, il est tout à fait cohérent qu'un Rothschild se soit consacré à la tâche de consolider et d'étendre le communisme, l'un des deux systèmes contrôlés par le Pouvoir occulte.

Parmi les membres de la délégation britannique qui ont travaillé avec Oppenheimer sur le projet Manhattan se trouvaient deux physiciens juifs très proches de Victor Rothschild, Rudolf Peierls et Otto Frisch. Tous deux travaillaient à Birmingham. Le premier affirmait que la réaction nucléaire en chaîne était possible, de sorte que l'expérience de Fermi à Chicago en 1942 aurait été en partie la démonstration ou la confirmation des théories de Peierls. Le second a conçu le premier mécanisme de détonation de la bombe atomique en 1940. Tous deux bénéficient du soutien de Sir Mark Oliphant, un autre juif d'origine australienne, professeur de physique à l'université de

Birmingham. Au printemps 1941, Oliphant autorise ses collègues à engager Klaus Fuchs, qui est alors un agent travaillant en Angleterre pour les services de renseignements militaires soviétiques (GRU).

Les origines de Fuchs sont controversées : certaines sources affirment qu'il était juif, d'autres le nient au motif que son père, Emil Fuchs, était un théologien protestant. Membre du parti communiste depuis 1930, Fuchs avait quitté l'Allemagne après l'arrivée d'Hitler au pouvoir et s'était installé en Angleterre, d'où il avait été envoyé aux Etats-Unis pour travailler sur la bombe atomique. Klaus Fuchs n'a été identifié comme espion qu'en septembre 1949, lorsque les Britanniques l'ont arrêté après avoir reçu des rapports du FBI basés sur l'analyse des documents Venona. Peierls, Frisch et Fuchs ont soumis un mémorandum sur les propriétés radioactives de la bombe et sa faisabilité, qui a été remis par Oliphant au gouvernement britannique. Selon Roland Perry, le MI5 a reçu une copie du document et Victor Rothschild l'aurait transmis à Beria par l'intermédiaire d'un agent nommé Krotov qui travaillait à l'ambassade britannique.

Comme nous l'avons raconté, les soupçons sur la déloyauté de Julius Robert Oppenheimer ont été constants presque dès sa nomination au poste de directeur scientifique du projet Manhattan. Le premier rapport du FBI sur Oppenheimer est daté du 28 mars 1941. Il indique qu'à l'automne 1940, il avait participé à une réunion au domicile de Haakon Chevalier, marxiste notoire, à laquelle assistaient d'éminents communistes tels qu'Isaac Folkoff et William Schneiderman. Le premier, appelé "Uncle" dans Venona, avait été l'un des fondateurs du Parti communiste californien et servait de liaison avec les services de renseignement soviétiques. Le second, connu sous le nom de code "Nat", était considéré comme un dirigeant du parti communiste californien. Le FBI a enregistré de nombreuses références à Oppenheimer dans lesquelles il est mentionné à plusieurs reprises comme un membre secret du parti communiste. L'un de ces rapports indique : "En décembre 1942, Julius Robert Oppenheimer a fait l'objet d'une discussion entre Steve Nelson (un juif nommé Steve Mesarosh qui avait participé à la Brigade Lincoln pendant la guerre civile espagnole) et Bernadette Doyle, secrétaire à l'organisation du parti communiste du comté d'Alameda, en Californie. Steve Nelson a ensuite rapporté que le Dr Hannah Peters lui avait rendu visite pour lui dire que le Dr Oppenheimer ne pouvait pas être actif au sein du parti en raison de son travail sur un projet spécial...". En mai 1943, une référence similaire précise les mêmes circonstances : Bernadette Doyle informe à nouveau un agent soviétique, John Murra, que Mme Oppenheimer et son mari étaient des "camarades" et que Robert Oppenheimer travaillait sur un projet spécial au Berkeley Radiation Laboratory. Doyle dit à Murra qu'Oppenheimer "était membre du parti, mais qu'il devait le retirer des listes de diffusion dont il s'occupait et qu'il ne devait pas être mentionné du tout".

Dès le 10 mars 1942, Beria avait suggéré à Staline la création d'un comité de la bombe atomique composé de scientifiques, d'hommes politiques et de responsables du renseignement. Pavel Sudoplatov, vétéran du NKVD, est chargé de coordonner les données et les rapports envoyés par les agents des Etats-Unis, d'Angleterre et du Canada. Dans *Special Tasks* (1994), cité plus haut, Sudoplatov, nommé en février 1944 par Beria à la tête du département "S", qui réunissait les services de renseignement du NKVD et de l'armée (GRU) afin de sécuriser le projet de bombe atomique soviétique, affirme qu'Oppenheimer leur a fourni des informations secrètes sur la mise au point de la bombe atomique. Selon cette source, les informations leur sont parvenues par l'intermédiaire de Lisa Zarubina, l'épouse du "rezident" Vassiliy Zarubin, qui a d'abord opéré depuis le consulat de San Francisco, puis depuis Washington.[17] Zarubina, une juive née en Bessarabie dont le vrai nom était Liza Rozensweig, se rendait fréquemment en Californie et était en contact direct avec l'épouse d'Oppenheimer, Kitty.[18] Jerrold et Leona Schecter affirment également dans *Sacred Secrets* qu'Elizabeth Zarubin a pu obtenir des informations importantes sur les secrets de la bombe atomique.

Le 26 avril 1996, deux ans après la publication du livre de Sudoplatov, un article basé sur des sources du SVR, le successeur du KGB, a été publié dans le journal *Pravda*, confirmant que des documents obtenus d'Oppenheimer et d'autres scientifiques occidentaux se trouvaient toujours dans les archives secrètes soviétiques. *Venona Secrets* reproduit l'extrait suivant de l'article :

> "Ce n'est un secret pour personne que des informations de première main sur l'expérience de réaction nucléaire menée en 1942 par le physicien italien E. Fermi à Chicago ont été obtenues par l'intermédiaire de scientifiques proches d'Oppenheimer. La source de ces informations était un ancien membre du Comintern, G. Kheifitz, notre "Rezident" en Californie et ancien secrétaire de N. Krupskaya (l'épouse de Lénine). C'est lui qui a informé Moscou du fait que le développement de la bombe

---

[17] Un "rezident" était un espion qui résidait dans un pays étranger pendant de longues périodes et qui était chargé des opérations de renseignement d'une "Rezidentura", nom soviétique d'une organisation dirigée par un ou plusieurs rezidents. Il y avait quatre Rezidenturas aux Etats-Unis, trois légales et une illégale. Les trois légales opéraient à partir de l'ambassade soviétique à Washington et des consulats de New York et de San Francisco.

[18] Cette espionne soviétique, qui a travaillé entre 1923 et 1928 à la Rezidentura de Vienne, était également connue sous le nom de Lisa Gorskaya et parlait le yiddish, le roumain, le russe, l'allemand, le français et l'anglais. En 1929, elle travaille en Turquie avec Yakov Blumkin, le terroriste juif qui, sur ordre de Trotski, a assassiné Wilhelm Mirbach, l'ambassadeur d'Allemagne en Russie, le 6 juillet 1918, afin d'inciter l'Allemagne à reprendre la guerre. Comme nous l'avons déjà raconté dans un autre chapitre, Blumkin a vendu en Turquie des manuscrits hassidiques volés à la librairie centrale de Moscou pour financer Trotski. L'une des secrétaires juives du physicien Leó Szilárd, auteur de la lettre proposant à Roosevelt la fabrication de la bombe atomique, avait été recrutée par la Tsarubine.

nucléaire était une réalité pratique. A cette époque, Kheifitz avait établi des contacts avec Oppenheimer et son entourage. En fait, la famille d'Oppenheimer, en particulier son frère, avait des liens avec le parti communiste américain, alors illégal, sur la côte ouest. L'un des lieux de rencontres et de contacts illégaux était la maison de la socialiste Madame Bransten à San Francisco. C'est précisément là qu'Oppenheimer et Kheifitz se sont rencontrés. Pour nos services de renseignement, les personnes qui sympathisaient avec les communistes étaient extrêmement précieuses pour établir des contacts.... Le salon de Madame Bransten fonctionne de 1936 à 1942. Les Soviétiques l'ont financé. Kheifitz a contribué à l'acheminement des fonds nécessaires à son financement".

Comme la plupart des agents impliqués dans l'espionnage atomique, Gregory Kheifitz était juif, tout comme Louise Rosenberg Bransten. Tous deux étaient amants. Kheifitz a dirigé la Rezidentura de San Francisco de 1941 à juillet 1944. Son nom de code était "Kharon". En 1948, il est arrêté par le KGB lors de la campagne contre le Comité juif antifasciste, qui sera étudiée plus tard dans le cadre de l'assassinat de Staline. Louise Bransten, riche communiste californienne, avait divorcé de Richard Bransten, riche écrivain et éditeur communiste qui avait hérité d'une entreprise d'importation de café fondée par son père, Morris J. Brandenstein. Richard Bransten deviendra plus tard un scénariste à succès de Hollywood. En 1947, Louise a épousé un autre communiste juif, Lionel Berman, et a été rebaptisée Louise Berman. Le salon de Madame Bransten", mentionné dans la citation, a servi de couverture à Kheifitz pour recruter des agents.

Le code Venona n'a été déchiffré qu'en avril 1948, mais le FBI enquêtait depuis le début des années 1940 sur l'infiltration de communistes dans le laboratoire de Berkeley, l'un des centres liés au projet Manhattan. L'enquête initiale, appelée COMRAP ("Commintern Apparatus"), a finalement abouti à un mémo qui, en 1944, comptait près de 600 pages et contenait quelque 400 noms. Au fur et à mesure qu'il prenait de l'ampleur, le FBI a décidé de créer un nouveau dossier pour l'espionnage atomique, CINRAD ("Communist Infiltration of the Radiation Laboratory"). En 1942, le FBI disposait de suffisamment de preuves de la déloyauté d'Oppenheimer pour créer un dossier exclusif à son sujet.

Une autre source très importante d'informations et de matériel sur les travaux menés à Los Alamos était le susmentionné Klaus Fuchs, qui, dit-on, travaillait en Angleterre pour le GRU (service de renseignement militaire soviétique), bien que son travail d'espionnage aux États-Unis ait été dirigé par le NKVD. Fuchs est arrivé en Amérique en septembre 1943 en tant que membre d'une mission britannique envoyée pour travailler sur "Enormous" (le projet de bombe atomique). Son contact était un communiste juif nommé Harry Gold, qui avait été recruté par Jacob Golos, un autre agent juif qui, jusqu'à sa mort en 1943, était l'amant d'Elisabeth Bentley.[19] Rappelons que Bentley et Whittaker Chambers sont les transfuges qui ont révélé au FBI l'étendue et la complexité de l'espionnage soviétique aux États-Unis. Harry Gold, "Gus", et Klaus Fuchs, "Rest" et aussi "Charles", se sont rencontrés pour la première fois le 5 février 1944 à New York, plus précisément à Manhattan. D'autres contacts ont eu lieu le 25 février et le 11 mars 1944. A ces deux occasions, Fuchs a remis à Gold des documents concernant son travail sur "Enormous". Lors de la réunion du 11 mars, le dossier comptait cinquante pages. Le coursier Harry Gold rencontrait occasionnellement Fuchs chez la sœur du physicien, qui vivait à Cambridge, dans le Massachusetts.

En juin 1944, Fuchs a remis à Gold un document intitulé "Fluctuations et performances d'une usine de diffusion", copié à partir d'un texte original daté du 6 juin. Le patron de Harry Gold était le lieutenant-colonel du NKVD Semyon Semyonov (né Aba Taubman), un autre juif connu du FBI sous le nom de Semen Semenov dont le nom de code était "Twen". À partir d'août 1944, Klaus Fuchs travaille à Los Alamos sous les ordres de Hans Bethe, le physicien juif qui dirige la division de physique théorique de Los Alamos et qui est présent dans le désert du Jour des morts lors de l'essai Trinity. Après les génocides atomiques perpétrés sur les populations d'Hiroshima et de Nagasaki, Fuchs a continué à travailler et à espionner à Los Alamos, où Edward Teller travaillait sur la bombe à hydrogène.

En 1946, la loi McMahon ou loi sur l'énergie atomique a été adoptée aux États-Unis, interdisant le transfert d'informations sur la recherche nucléaire, même à la Grande-Bretagne. Cela n'a pas empêché Fuchs de continuer à fournir des documents importants à l'URSS sur l'opération Crossroads à l'atoll de Bikini. De fin 1947 à 1949, il remet à Alexander Feklissov, l'agent du NKVD qui a repris le réseau d'espionnage de Semyon Semyonov, les principales études théoriques pour la création de la bombe à hydrogène, qui doit aider les Soviétiques à construire leur propre bombe à fusion, neutralisant ainsi l'avantage de la "Super".

---

[19] Jacob Golos, juif trotskiste d'origine ukrainienne, avait participé à la révolution de 1905 en Russie, dirigée par Trotski et Parvus. En 1910, il est arrivé à San Francisco et, en 1919, il a été l'un des fondateurs du parti communiste des États-Unis. En 1926, il retourne en URSS, mais il est rappelé par ses camarades américains et retourne en Amérique où, en 1933, il travaille pour le NKVD. Elisabeth Bentley le rencontre en 1938 et, en plus de devenir sa maîtresse, accepte de travailler comme espionne soviétique. Cependant, dès septembre 1939, Pavel Fitin, chef du département des affaires étrangères du NKVD pendant la Seconde Guerre mondiale, signale à Beria que, parmi toutes les organisations trotskystes, l'organisation américaine est la plus puissante en termes d'effectifs et de financement. Le même rapport prévient que Jacob Golos, l'un des espions les plus importants des États-Unis, n'est pas digne de confiance. Comme sa connaissance du réseau était étendue, Fitin recommanda qu'on lui ordonne de revenir pour l'arrêter. Avant la fin de l'année, Pavel Fitin insiste auprès de Beria sur les activités trotskistes de Golos, qui est citoyen américain et n'a pas accepté l'"invitation" à retourner à Moscou.

En 1948, le FBI a confirmé que Fuchs était membre du parti communiste et a commencé à le relier aux contacts de sa sœur Kristel avec un agent soviétique dont le nom de code était "Gus". En 1947, le FBI avait également découvert que le mari de Kristel, Robert Heineman, était communiste depuis 1936. En 1949, les agents du FBI étaient déjà certains que Klaus Fuchs, qui avait déjà quitté les États-Unis, était "Rest", et ils se sont donc rendus à Londres avec des photographies d'espions présumés pour l'interroger. En mai 1950, Fuchs identifie Harry Gold et les Américains, bien que le 5 octobre 1944 les Soviétiques aient changé son nom de code en "Arno", apprennent enfin l'identité de l'espion appelé "Gus" dans Venona. Cela permet l'arrestation de Harry Gold. Ses déclarations ont conduit à l'arrestation de Julius et Ethel Rosenberg, deux autres célèbres espions juifs.

Dans son autobiographie *My Silent War*, Kim Philby, qui s'était réfugié en Union soviétique après avoir été démasqué, regrette que Fuchs n'ait pas réussi à se taire. Fuchs n'a pas seulement avoué son rôle dans l'affaire", écrit Philby, "mais il a aussi identifié son contact aux États-Unis, Harry Gold. Par l'intermédiaire de Gold, qui était également bavard, la chaîne est inexorablement arrivée jusqu'aux Rosenberg, qui ont été dûment électrocutés". Les Rosenberg sont les seuls espions juifs à avoir été condamnés à la chaise électrique. Klaus Fuchs a été condamné à quatorze ans, mais n'a passé que neuf ans en prison et a fini ses jours dans l'Allemagne communiste. Harry Gold a été condamné à trente ans de prison en 1951, mais a été libéré en 1965.

Les déclarations de Harry Gold ont permis d'identifier David Greenglass, qui travaillait sur le projet Manhattan à Los Alamos. Fils d'immigrants juifs originaires de Russie et d'Autriche, il avait épousé Ruth Printz, également d'origine juive, en 1942. La même année, ils ont tous deux rejoint la Ligue des jeunes communistes. Greenglass était le frère d'Ethel, membre depuis 1936 de la YCLUSA (Young Communist League USA), où elle avait rencontré Julius Rosenberg, le leader de l'organisation, et l'avait épousé en 1939. L'arrestation de David Greenglass, le 15 juin 1950, est le déclencheur d'une série d'arrestations. Les Rosenberg, alarmés par les conséquences prévisibles de l'interrogatoire de Harry Gold, envisagent de quitter le pays. Julius Ronsenberg tente de convaincre les Greenglasses de fuir et leur offre même 4000 dollars, mais le temps leur manque. Le 17 juin, Rosenberg est arrêté, suivi par sa femme Ethel.

Après avoir présenté ces quatre personnages, voyons maintenant l'étendue de leurs activités d'espionnage. En 1942, Semyon Semyonov recrute au sein du NKVD Julius Rosenberg, qui travaille déjà comme ingénieur inspecteur pour l'Army Signal Corps au laboratoire de Fort Monmouth. Des projets militaires secrets liés à l'électronique, aux radars, aux missiles guidés, aux systèmes antiaériens, etc. y faisaient l'objet de recherches. L'espionnage à Fort Monmouth a fait l'objet d'une enquête en 1953 par le vilipendé Joe McCarthy, un patriote inscrit sur la liste noire de l'histoire parce qu'il a osé dénoncer la conspiration, ce qui l'a conduit à affronter le pouvoir caché qui se cachait derrière. Dans *Blacklisted by History. The Untold Story of Senator Joe McCarthy*, un ouvrage de M. Stanton Evans qui justifie la figure du sénateur "chasseur de sorcières", explique en détail le complot d'espionnage à Fort Monmouth (New Jersey), où Julius Rosenberg, Morton Sobell, Joel Barr, Al Sarant et Aaron Coleman, tous juifs, faisaient partie d'un réseau d'espions soviétiques et/ou sionistes. La façon dont la carrière de Joe McCarthy a pris fin sera abordée dans une autre partie de ce chapitre. Lorsque Semyonov a été rappelé à Moscou en 1944, Julius Rosenberg a fait rapport à Alexander Feklissov, à qui il a remis des centaines de rapports classés "top secret". En 1945, l'armée découvre l'affiliation communiste de Julius Rosenberg et il est renvoyé de Fort Monmouth, mais aucune autre mesure n'est prise.

Selon les documents interceptés de Venona, Julius Rosenberg, dont le nom de code était "Liberal", devint lui-même le chef d'un réseau d'espionnage. En plus de recruter sa femme et son beau-frère, Julius recommande Ruth Greenglass, "une fille intelligente et maligne". David Greenglass travaillant à Los Alamos, il est chargé de mettre la main sur le schéma d'une lentille devant servir à faire exploser la bombe. Greenglass devait sortir le schéma de la lentille explosive du laboratoire et le remettre à J. Rosenberg. *Les secrets de Venona* reproduisent le message suivant de décembre 1944, émis par la Rezidentura de New York, qui a pu être déchiffré en 1948 :

> Osa" (Ruth Greenglas) est revenue d'un voyage chez "Kalibr" (David Greenglass). Kalibr' a exprimé sa volonté d'aider à expliquer le travail effectué au Camp 2 (Los Alamos) et a indiqué qu'il avait déjà réfléchi à la question. Kalibr' affirme que les autorités du camp prennent ouvertement toutes les mesures de précaution nécessaires pour éviter que des informations sur "Enormous" ne tombent entre les mains des Russes. Cela provoque un grand mécontentement parmi les travailleurs progressistes.... A la mi-janvier, "Kalibr" sera à "Tiro" (New York). Le "libéral" (Julius Rosenberg), évoquant son ignorance du problème, exprime le souhait que notre homme rencontre "Kalibr" pour l'interroger personnellement. Il nous assure que "Kalibr" sera très heureux de cette rencontre. Pensez-vous qu'une telle rencontre soit souhaitable ? Si ce n'est pas le cas, je me verrai dans l'obligation de rédiger un questionnaire et de le remettre à 'Liberal'. Faites-lui savoir si vous avez des questions qui nous intéressent en priorité".

Malgré les mesures de sécurité accrues à Los Alamos évoquées dans le texte, Greenglass a donc obtenu le diagramme des lentilles essentielles qui ont provoqué l'explosion de la bombe.

Deux autres agents juifs du cercle Rosenberg sont Mike et Ann Sidorovich. Mike Sidorovich, après avoir participé à la guerre civile espagnole dans la Brigade Lincoln, était rentré aux États-Unis en février 1939. Il avait auparavant travaillé pour les services de renseignements soviétiques et avait exprimé sa volonté de reprendre contact avec le NKVD. En octobre 1944, Rosenberg lui recommande, ainsi qu'à sa femme Ann, également une amie proche, de rejoindre le groupe d'espionnage. La Rezidentura de New York les signale à Moscou. Le rapport, outre le fait qu'il mentionne le séjour de Mike en Espagne et son inactivité politique pendant trois ans, indique que Julius Rosenberg et Sidorovich sont amis depuis l'enfance. Ann Sidorovich serait une couturière qui pourrait ouvrir un magasin comme couverture. On a demandé à Moscou si Mike Sidorovich, dont le nom de code était "Linza", devait être utilisé pour aider Rosenberg ou "Yakov", le nom de code de William Perl, un autre agent juif important des Soviétiques dont le vrai nom de famille était Mutterperl.

Dans un premier temps, lors de l'autorisation du projet, Moscou a affecté le couple Sidorovitch à l'entourage de Rosenberg, mais peu après, la Rezidentura de New York les a envoyés à Cleveland, dans l'Ohio, où vivait William Perl. Mike Sidorovich étant photographe, il aide Rosenberg à photographier les documents volés. Les Rosenberg avaient prévu qu'Ann Sidorovich se rende au Nouveau-Mexique pour recueillir les données atomiques que David Greenglass avait dérobées au laboratoire. Cependant, peut-être parce qu'ils ont finalement été affectés à Perl, elle n'a pas pu faire le voyage et Julius Rosenberg a utilisé Harry Gold comme messager. C'est cette circonstance qui a conduit en 1950, après le témoignage de Klaus Fuchs et de Harry Gold lui-même, à ce que le FBI prenne contact avec le cercle Rosenberg. Lors du procès, qui s'est ouvert le 6 mars 1951, Gold a avoué avoir rencontré Greenglass dans son appartement d'Albuquerque et lui avoir donné des informations sur le projet de bombe.

Julius Rosenberg a servi de lien direct entre les services de renseignements soviétiques et le chef du parti communiste américain, Earl Browder. En outre, il recrutait continuellement de nouveaux agents pour ses supérieurs. En 1944, alors qu'il travaille encore dans l'Army Signal Corps, il est envoyé pour dix jours à Washington, où il en profite pour rendre visite à Max Elitcher, un ami juif avec lequel il partage une idéologie communiste. Il avait pensé à lui pour photographier des documents, car il était un excellent photographe. Lorsque le code Venona est déchiffré en 1948, Elitcher est identifié. En 1951, il est présenté comme premier témoin à charge : après s'être mis d'accord avec le procureur sur les meilleures conditions pour lui, il fait un témoignage très préjudiciable non seulement à Julius Rosenberg, mais aussi à Morton Sobell, qui s'était réfugié au Mexique avec sa femme Helen, juive comme lui, dont le nom de jeune fille était Levitov. Du Mexique, ils ont tenté de passer en Europe, mais le 16 août 1950, ils ont été arrêtés par des hommes armés qui les ont remis au FBI à la frontière. Alexander Feklissov, le patron soviétique de Rosenberg, a confirmé dans *The Man behind the Rosenbergs* (1999) que Morton Sobell, ingénieur en électronique, avait été recruté comme espion soviétique au cours de l'été 1944. Max Elitcher a accusé Sobell d'avoir microfilmé des informations secrètes pour Rosenberg, ce qui lui a valu une condamnation à trente ans de prison, dont il a purgé près de dix-huit ans, la plupart du temps à Alcatraz.

Le juge qui a condamné les Rosenberg et Morton Sobell, Irving R. Kaufman, était également juif. Voici, tiré des *Secrets de Venona*, un extrait de la sentence prononcée le 5 avril 1951 :

"Je considère que votre crime est pire qu'un meurtre..... Je pense que leur conduite consistant à mettre la bombe atomique entre les mains des Russes des années avant qu'ils ne puissent la fabriquer, comme l'avaient prédit nos meilleurs scientifiques, a déjà, à mon avis, provoqué l'agression communiste en Corée, qui a fait plus de 50 000 morts, et qui sait si des millions d'innocents ne paieront pas le prix de leur trahison. En effet, par leur déloyauté, ils ont sans aucun doute modifié le cours de l'histoire au détriment de notre pays. Personne ne peut dire que nous ne vivons pas dans un état de tension permanent. Chaque jour, nous avons des preuves de leur trahison partout, car les actions de la défense civile de notre pays visent à nous préparer à une attaque atomique".

Un autre groupe de communistes juifs a pratiqué l'espionnage atomique pour le compte de l'Union soviétique sans jamais être arrêté. Parmi eux se trouvait le plus jeune agent, Theodore Hall, un jeune homme de dix-neuf ans dont le vrai nom était Theodore Alvin Holtzberg. Grâce à ses compétences en mathématiques acquises à l'université de Harvard, Hall a été l'un des jeunes scientifiques recrutés pour travailler sur le projet Manhattan à Los Alamos, où il a participé à des expériences avec le dispositif d'implosion "Fat Man" et a également aidé à calculer la masse d'uranium de "Little Boy". Son nom de code dans Venona était "Mlad", lexème russe pour le mot "jeune". Il arrive à Los Alamos en 1944. En novembre, il part en permission à New York, où il partage un appartement avec Saville Sax, un autre jeune juif membre de la LJC ("Ligue des jeunes communistes"). Selon Herbert Romerstein, lorsque Hall explique à son collègue le type de travail qu'il effectue, Sax le convainc de transmettre à l'URSS des informations sur les expériences menées à Los Alamos. Pour entrer en contact avec les services secrets soviétiques, ils envisagent de s'offrir à Earl Browder, le chef du parti communiste, qui est en fait très impliqué dans l'espionnage soviétique aux États-Unis. La secrétaire de Browder se méfiait d'un adolescent qui lui proposait des secrets importants et, craignant qu'il ne s'agisse d'un agent du FBI, l'a refusé. Finalement, le contact a été établi par l'intermédiaire de Sergey Kurnakov, "Bek", qui était à la fois correspondant du *Daily Worker* et agent de renseignement soviétique. La Rezidentura de New York informa Moscou de l'affaire et Kurnakov devint d'abord un coursier pour Ted Hall, qui lui transmettait l'information par l'intermédiaire de Saville Sax.

Hall et Sax remettent à Kurnakov des rapports et des listes du personnel travaillant sur le projet de la bombe atomique. Parmi les amis de Hall à Los Alamos figure Samuel Theodore Cohen, un jeune juif d'origine autrichienne qui travaille sur l'étude du comportement des neutrons à "Fat Man". Des années plus tard, Sam Cohen sera considéré comme le père de la bombe à neutrons. En mars 1945, le NKVD confirme à la Rezidentura de New York que les rapports de "Mlad" sont reçus avec grand intérêt. En mai de la même année, la Rezidentura envoie à Moscou un nouveau rapport dans lequel Hall révèle les sites expérimentaux et les noms des responsables de chaque groupe de recherche. Seul Oppenheimer y figure sous un nom de code : "Veksel". En 1950, le FBI soupçonne Ted Hall d'être impliqué dans l'espionnage soviétique, mais bien qu'il ait été interrogé en mars 1951, il n'a pas été possible de l'inculper. En 1962, Ted Hall et sa famille s'installent en Angleterre. Ce n'est que lorsque la National Security Agency a publié les documents Venona en 1995 que l'on a appris que Saville Sax et Theodore Hall avaient été des agents soviétiques. Trois ans plus tôt, en 1992, la parution en Russie de documents sur l'espionnage atomique avait révélé que "Charles" et "Mlad" avaient alerté l'URSS sur l'essai Trinity. Dans Venona, ces noms de code correspondaient à Fuchs et Hall.

Le destinataire des rapports remis par Hall à Sax n'est plus Kurnavov, remplacé par un autre agent de la Rezidentura de New York, Anatoli Jacob Yakovlev, alias "John" selon le FBI, qui l'avait identifié dans le cadre des affaires Fuchs, Gold et Greenglass. Sax lui-même renonça à son rôle de coursier et la tâche fut reprise par une légendaire espionne communiste, Lona Cohen, de son nom de jeune fille Leontina Petka, fille de juifs polonais ayant émigré aux États-Unis. Lona avait épousé en 1941 Morris Cohen, un autre juif d'origine russe né à New York. Morris Cohen avait été membre du Lincoln Battalion et était connu sous le nom d'Israel Altman, nom qui figurait sur le passeport volé qu'il avait utilisé pour entrer en Espagne. Cohen avait été recruté par le NKVD alors qu'il se remettait, dans un hôpital de Barcelone, de blessures reçues en 1937 sur le front d'Aragon. Lona se rendait régulièrement au Nouveau-Mexique à la recherche de rapports qui lui étaient fournis par "Perseus", qui n'a pas pu être identifié, bien qu'il ait été suggéré qu'il s'agissait de Ted Hall lui-même. La National Security Agency n'a jamais identifié qui se cachait derrière "Volunteer" et "Lesley". On sait aujourd'hui qu'il s'agit de Morris et Lona Cohen.

PARTIE 3 - L'IMPOSITION DE L'ÉTAT SIONISTE EN PALESTINE

Dans les pages précédentes, nous avons constaté qu'après la Seconde Guerre mondiale, le monde était un lieu de turbulences où les nations, épuisées par la catastrophe qu'elles avaient vécue, tentaient de reprendre leur souffle. Une idéologie totalitaire, dont la brutalité était évidente depuis son triomphe en Russie, dominait la moitié de l'Europe et la moitié du monde, et devait prendre pied en Chine et dans d'autres pays d'Asie. Dans ces conditions, les anciennes colonies se préparent à profiter de la "vacance du pouvoir" pour se rebeller contre les métropoles et lutter pour leur indépendance. L'explosion des bombes atomiques a radicalement changé non seulement les conditions de la guerre, mais aussi celles de la paix. Le fait que l'on produise une super-bombe capable d'anéantir toute forme de vie en une seconde sur 130 kilomètres carrés autour de ground zero et de brûler gravement les hommes et les animaux sur 750 kilomètres carrés donne une idée de la nouvelle situation créée sur la planète. C'est dans ces circonstances internationales que les sionistes ont finalement réussi à imposer au monde l'État d'Israël en Palestine.

Le plan de partage de la Palestine, la résolution 181, adoptée par 33 voix contre 13 et 10 abstentions, divise la Palestine en six régions : trois d'entre elles (56% de la superficie totale) formeront l'État juif ; les trois autres, avec l'enclave de Jaffa (43,35%), formeront l'État arabe. Jérusalem et ses environs (0,65%) devaient être une "zone internationale" administrée par l'ONU. La première injustice flagrante du plan de partage est que les Juifs ne possèdent que 6,6% des terres qui leur sont allouées. Dans l'État arabe, qui comprend 552 villages arabes et 22 villages juifs, il y a 725 000 Arabes et seulement 10 000 Juifs. Dans l'État juif proposé, 498 000 Juifs devaient vivre dans 183 villages et 497 000 Arabes dans quelque 274 villages. Le partage, comme on peut le constater, est profondément biaisé en faveur des Juifs, à qui sont attribuées les meilleures terres, et ne peut que conduire à l'affrontement, ce qui est exactement ce que les sionistes ont prévu et préparé.

Les pressions sionistes, tant à l'intérieur qu'à l'extérieur des Nations unies, ont été sans précédent. Aux États-Unis, la coercition exercée sur les membres du Congrès et les sénateurs ainsi que la campagne de propagande dans les médias ont battu tous les records. Comme d'habitude, ceux qui ont essayé de défendre les droits du peuple palestinien ont été accusés d'antisémitisme, comme si les Palestiniens n'étaient pas des sémites. Le chantage et la corruption ont été utilisés non seulement contre des individus, mais aussi contre des nations, puisque des micros ont été placés dans les délégations des pays afin de connaître à l'avance le sens du vote et de pouvoir exercer des pressions et du chantage sur ceux qui allaient voter contre le plan de partage. Finalement, dans la nuit du 29 novembre 1947, le vote a lieu. Alors qu'à Tel Aviv, les sionistes accueillent la nouvelle de la partition avec euphorie, en dansant et en chantant, dans le monde arabe, c'est l'explosion de colère dans toutes les capitales de la Ligue arabe. À Damas, les délégations américaine et soviétique sont attaquées. À Jérusalem aussi, les scènes de violence se multiplient. Le Haut Comité arabe appelle à une grève générale de trois jours, émaillée d'incidents. En vain, car bien qu'il ne soit proclamé que le 15 mai 1948, l'État d'Israël naît bel et bien en novembre 1947.

Quelques événements historiques avant 1936

Tout au long de ce livre, certaines des clés permettant de comprendre comment l'usurpation des terres du peuple palestinien s'est produite ont été fournies. Dans le premier chapitre, il a été expliqué que les sionistes ne sont pas des Juifs séfarades ou sépharades (sémites), mais qu'ils sont pour la plupart ashkénazes ou ashkénazes (descendants des Khazars), et qu'aucun de leurs ancêtres n'est donc originaire de Palestine. On a également constaté que les prophéties et les rêves messianiques de certains kabbalistes ont incité certains Juifs, en particulier des Hassidim, à se rendre en Palestine dès le XVIIIe siècle. Quoi qu'il en soit, leur nombre n'était pas significatif : au début du 19e siècle, il n'y avait que quelques milliers de Juifs en Terre Sainte. On a également parlé de la demande des Rothschild d'acheter la Palestine au sultan ottoman et du nationalisme pro-sioniste de Moses Hess, professeur de Karl Marx, dont l'ouvrage *Rome et Jérusalem* est considéré comme la genèse théorique du sionisme.

L'idée que les Rothschild utilisent leur fortune pour restaurer un royaume juif en Palestine prend de l'ampleur après l'affaire de Damas. Progressivement, cette dynastie bancaire, outre le financement de projets à Jérusalem et ailleurs, s'engage et commence à promouvoir la fondation de colonies en Palestine, en collaboration avec Zadok Kahn et Michael Erlanger, membres du Comité central de l'Alliance israélite universelle, célèbre pour avoir été fondée par le Grand Maître Adolphe Isaac Crémieux. L'une des premières colonies est "Rishon le Zion", située au sud de Jaffa. En 1895, Theodor Herzl, correspondant à Paris de la *Neue Freie Presse* de Vienne, insiste auprès des Rothschild sur le fait que le seul moyen de résoudre le problème juif est de quitter l'Europe et de fonder leur propre État. En février 1896, Herzl publie *Der Judenstaat (L'État juif)*, qui suscite immédiatement un grand intérêt. Le livre défend la thèse selon laquelle si la Palestine était choisie comme lieu d'installation des Juifs, ceux-ci formeraient une sorte de muraille contre l'Asie : "nous serions la sentinelle avancée de la civilisation contre la barbarie". En juin 1896, Herzl se rend à Constantinople pour rencontrer le sultan Abdul Hamid II, qui refuse de le recevoir. Dans son *Journal*, Herzl note la réponse que lui fait le sultan :

"L'empire ne m'appartient pas, il appartient au peuple turc. Je ne peux en céder aucune partie. Peut-être que le jour où l'empire sera partagé, ils auront la Palestine gratuitement. Mais c'est notre cadavre qui sera partagé". Dans ces conditions, Herzl réussit à convoquer le premier congrès sioniste le 29 août 1897, auquel participent quelque deux cents délégués venus du monde entier.

Face à l'organisation croissante du sionisme, l'un des problèmes auxquels le mouvement de résistance nationale en Palestine a été confronté dès le début a été la structure quasi-féodale de la société palestinienne, dans laquelle les grandes familles étaient incapables de s'organiser politiquement et de converger en un front national unifié. Cependant, jusqu'à l'émergence du sionisme, les Palestiniens, malgré la collaboration des propriétaires terriens avec les autorités ottomanes et la hiérarchie sociale dominante, étaient bien soudés et les Juifs non sionistes qui vivaient parmi eux, principalement à Jérusalem, étaient bien intégrés et acceptés par la société palestinienne dans toute sa diversité. Jérusalem, Haïfa, Gaza, Saint-Jean d'Acre, Nazareth, Jaffa, Jéricho, Naplouse, Hébron étaient des villes prospères. Les collines étaient soigneusement travaillées par le système des terrasses et les agrumes, les olives, les céréales et autres produits de l'agriculture palestinienne étaient connus et appréciés dans le monde entier. Les manufactures, les textiles et l'artisanat complétaient l'activité commerciale. Au départ, les Palestiniens ont imprudemment toléré les premières implantations sionistes, mais au début du XXe siècle, ils ont commencé à prendre conscience du danger et le rejet a eu lieu.

En 1903, malgré l'opposition des Turcs et des Palestiniens au sionisme, il y a une trentaine de colonies juives en Palestine, dont la plupart sont subventionnées par Edmond de Rothschild. Les Palestiniens commencent à considérer les colons sionistes comme des "étrangers indésirables" et l'opposition grandit avec le temps. En 1904, Israël Zangwill, un socialiste fabien qui prône un gouvernement mondial dans lequel sa race jouerait un rôle déterminant, lance un slogan qui deviendra populaire : il réclame "une terre sans peuple à un peuple sans terre". Ce nationaliste juif, par ailleurs internationaliste et favorable à la suppression des autres nationalismes, a ainsi établi l'un des mythes sur lesquels le sionisme s'est appuyé pour justifier le vol de la terre aux Palestiniens, un peuple dont les ancêtres, les Cananéens, l'avaient habitée bien avant que les premiers Hébreux ne fassent sentir leur présence en Canaan. Les sionistes ont depuis cultivé cette idée afin de présenter la Palestine comme un endroit isolé et désolé dont on pouvait s'emparer en toute sécurité. Cela signifie qu'ils ont nié dès le départ l'identité palestinienne, leur statut de nation et, bien sûr, toute légitimité sur la terre qu'ils habitaient et possédaient. Ralph Schönman, un auteur juif qui dénonce le sionisme, écrit ce qui suit dans *The Hidden History of Zionism (L'histoire cachée du sionisme)* à propos de cet objectif :

"Ce qui distingue le sionisme des autres mouvements coloniaux, c'est la relation entre les colons et le peuple à conquérir. L'objectif déclaré du mouvement sioniste n'est pas seulement d'exploiter les Palestiniens, mais de les disperser et de les déposséder. Il s'agit de remplacer la population indigène par une nouvelle communauté de colons, d'éradiquer les agriculteurs, les artisans et les habitants de la Palestine et de les remplacer par une toute nouvelle population active composée de colons. En niant l'existence des Palestiniens, le sionisme vise à créer le climat politique nécessaire à leur extirpation, non seulement de leur terre, mais aussi de l'histoire".

En 1908 est fondé le journal antisioniste *Al-Karmal* et en 1911 naît à Jaffa un parti antisioniste, le Parti national, dont l'objectif est de s'opposer aux sionistes, non pas parce qu'ils sont juifs, mais parce qu'ils sont des étrangers motivés par un projet de colonisation. C'est ainsi que survient la Première Guerre mondiale. Les Britanniques tentent d'obtenir le soutien du chérif de La Mecque, Hussein, le seul prince arabe descendant du Prophète qui puisse émettre une fatwa justifiant une guerre sainte contre la Turquie. Lord Herbert Kitchener, commissaire britannique en Égypte, promet par écrit au chérif Hussein que la Grande-Bretagne garantira son aide contre toute intervention étrangère. Après concertation entre Hussein et les nationalistes arabes de Syrie et de Palestine, des négociations anglo-arabes s'engagent et sont consignées dans huit lettres entre Hussein et Sir Henry MacMahon, le haut-commissaire au Caire. Cette correspondance s'est déroulée entre juillet 1915 et janvier 1916. Comme on le sait, convaincu de la fiabilité des promesses britanniques, le chérif Hussein appelle le 5 juin 1916 les Arabes à la révolte, événements qui ont été connus du grand public occidental grâce à l'épopée du célèbre Lawrence d'Arabie, qui a fait l'objet d'un film.

Quelques mois plus tôt, au printemps 1916, Georges Picot, représentant du ministère français des Affaires étrangères, et Sir Mark Sykes, du Foreign Office, ont élaboré un projet d'accord secret divisant le Proche-Orient en cinq zones. Connu sous le nom d'accord Sykes-Picot, il est ratifié le 6 mai 1916 par Paul Cambon, ambassadeur de France à Londres, et Edward Grey, secrétaire d'État au Foreign Office. Les frontières tracées par les diplomates européens réduisaient la portée des promesses faites au chérif Hussein et allaient façonner l'avenir du monde arabe. En décembre 1916, le gouvernement de Herbert Henry Asquith, premier ministre depuis avril 1908, tombe. Nous renvoyons le lecteur au chapitre 7, où nous avons raconté comment, alors que la paix était sur le point d'être conclue avec l'Allemagne, David Lloyd George, secrétaire d'État à la guerre, soutenu par une campagne médiatique contre Asquith, a manœuvré pour isoler le Premier ministre et prendre le contrôle du gouvernement après avoir conclu un accord avec une délégation de sionistes américains pour faire entrer les États-Unis dans la guerre. Le 7 décembre 1916, Lloyd George devient Premier ministre du

Royaume-Uni et Lord Balfour est nommé ministre des Affaires étrangères. Les sionistes ont reçu l'assurance que la Grande-Bretagne lancerait une campagne de conquête de la Palestine. Le 2 novembre 1917, la célèbre *déclaration Balfour* est adoptée.

Dans le chapitre 8, nous avons également vu comment la conférence de San Remo d'avril 1920 a établi le mandat britannique pour la Palestine, qui a été confirmé en juillet 1922 par le Conseil de la Société des Nations. Il convient de rappeler que la résolution de San Remo était considérée par les sionistes comme obligeant les Britanniques à leur céder la souveraineté sur la Palestine. Lord Curzon, opposé en 1917 à la déclaration Balfour, était à San Remo le secrétaire du Foreign Office et défendit vigoureusement la deuxième partie du texte, qui faisait référence à la nécessité de garantir les droits des Arabes et des chrétiens, que les diplomates britanniques et français qualifiaient de minorités alors qu'ils constituaient en réalité l'essentiel de la population de la Palestine, puisqu'en 1920, les Juifs ne représentaient qu'une très faible minorité. Tout ceci a été traité de manière assez détaillée dans la première partie du chapitre 8, nous nous contenterons donc de reproduire intégralement le texte de la *déclaration Balfour*, en réalité une lettre du secrétaire du Foreign Office à Lord Rothschild :

"Cher Lord Rothschild,
J'ai le plaisir de vous transmettre, au nom du gouvernement de Sa Majesté, la déclaration suivante de sympathie pour les aspirations sionistes juives, soumise et approuvée par le Cabinet.
Le gouvernement de Sa Majesté considère favorablement l'établissement en Palestine d'un foyer national pour le peuple juif et fera tout son possible pour faciliter la réalisation de cet objectif, étant entendu que rien ne sera fait qui puisse porter atteinte aux droits civils et religieux des communautés non juives en Palestine, ainsi qu'aux droits et au statut politique dont jouissent les juifs dans tout autre pays.
Je vous serais reconnaissant de bien vouloir porter cette déclaration à l'attention de la Fédération sioniste".

Le 19 novembre 1917, Lord Balfour a reconnu dans une interpellation parlementaire qu'il n'y avait eu "aucune information officielle aux Alliés à ce sujet". Malgré cela, Balfour déclare, je cite : "Le gouvernement de Sa Majesté pense que la déclaration en question sera approuvée par eux". Cependant, quelques semaines plus tard, en décembre 1917, Stéphen Pichon, ministre français des affaires étrangères, expose à la Chambre des députés la position française d'"internationalisation de la Palestine", ce qui semble ignorer la *déclaration Balfour*. Pichon considère que la domination turque doit être remplacée par "un régime international fondé sur la justice et la liberté" et non par une administration britannique ou française. Cette position provoque une réaction immédiate des sionistes. Nahum Sokolov, secrétaire général du Congrès sioniste mondial, basé à Londres, se rend immédiatement à Paris à la tête d'une importante délégation. Le baron Rothschild prend également contact avec G. Clemenceau, qui vient d'entamer son second mandat de Premier ministre français le 16 novembre.

Le 9 février 1918, Sokolov a un entretien avec Pichon, qui aboutit à un communiqué annonçant que la Grande-Bretagne et la France sont entièrement d'accord sur toutes les questions concernant l'installation des Juifs en Palestine. Le 14 février 1918, Pichon écrit une lettre à Sokolov pour lui réitérer son soutien à la Déclaration. En décembre 1918, c'est Clemenceau lui-même qui propose à Lloyd George de renoncer aux "droits" de la France en Palestine en échange d'une solution au problème de la Rhénanie et de la reconnaissance par la Grande-Bretagne de "l'influence exclusive de la France sur la Syrie". Le 31 août 1918, le président américain Woodrow Wilson a envoyé une lettre au rabbin Stephen Wise pour approuver la déclaration. La tragédie du peuple palestinien, toujours inachevée, commence à se dérouler. En 1949, Arthur Koestler, alors sioniste ayant assisté à la proclamation de l'État d'Israël, dans l'essai *Analyse d'un miracle : naissance d'Israël*, écrit à propos de la *déclaration Balfour* : "C'est un document par lequel une nation promet solennellement à une autre nation le territoire d'une troisième nation ; bien que la nation à laquelle la promesse est faite n'était pas une nation, mais une communauté religieuse et que le territoire, au moment où il est promis, appartenait à une quatrième nation, la Turquie". Les commentaires seraient superflus si Koestler n'utilisait pas le substantif miracle : il n'y a manifestement pas eu de miracle, mais une démonstration indubitable que les sionistes étaient capables d'imposer leur volonté jusqu'à des extrémités inconcevables.

Après la conférence de San Remo, le mandat britannique sur la Palestine débute. À la demande de Chaim Weizmann, un juif sioniste membre du parti libéral, Herbert Samuel, est nommé haut-commissaire. Il arrive le 1er juillet 1920 et commence à prendre des mesures pour encourager la colonisation sioniste : création du Fonds national juif, octroi du monopole de l'électricité au sioniste Rosenberg, octroi de pouvoirs à l'Organisation sioniste pour encourager l'immigration juive, etc. Les protestations palestiniennes contre l'immigration juive sont continuelles et, le 1er mai 1921, de violentes émeutes antisionistes et antibritanniques éclatent à Jaffa pendant plusieurs jours. Bichara Khader, dans *Les fils d'Agénor*, cite diverses sources pour quantifier le nombre de victimes des incidents et donne le bilan suivant : 157 morts et 705 blessés du côté palestinien et une centaine de morts du côté juif, des chiffres qui donnent une idée de la tension provoquée par la politique d'Herbert Samuel. La violence des émeutes fait réagir le gouvernement britannique qui publie, le 3 juin 1922, un document connu sous le nom de "Manifeste blanc", qui nuance les aspirations des sionistes et annonce des restrictions à l'immigration.

Les Palestiniens tentent de s'organiser politiquement et tiennent pas moins de sept congrès entre 1919 et 1928. Le premier, tenu le 15 février à

Jérusalem, avait approuvé le rejet de la *déclaration Balfour*, l'union avec la Syrie et la pleine indépendance palestinienne dans le cadre de l'unité arabe. Cependant, l'inefficacité de cette forme d'opposition politique est vite apparue en raison des rivalités et de la diversité des positions exprimées. Cette situation a été favorisée par la capacité des Britanniques à créer un courant dit "modéré" au sein du mouvement palestinien. En conséquence, le mouvement national palestinien n'a pas réussi à se structurer correctement et s'est retrouvé dans l'impasse.

Pendant ce temps, l'immigration clandestine se poursuit. Le sionisme sait que seule l'immigration permet de transformer un pays peuplé d'Arabes en un État juif. De 1920 à 1932, 118 378 nouveaux immigrants débarquent en Palestine.[20] La période la plus faste se situe entre 1924 et 1926, avec la fameuse "Aliyah" des Juifs polonais victimes de la politique antisémite de la Pologne. En 1931, selon le recensement de cette année-là, la Palestine comptait 1 035 821 habitants, dont 759 712 musulmans, 174 006 juifs, 91 938 chrétiens et 10 101 personnes non classées. Le pourcentage de Juifs est passé de 11% en 1922 à 17,7%. Cependant, les choses ne se passent pas comme prévu, car beaucoup de ces immigrants ne trouvent pas les conditions de vie suffisamment stimulantes pour s'installer, si bien qu'entre 1924 et 1931, près d'un tiers des immigrants entrés en Palestine la quittent après y avoir séjourné un certain temps. En fait, en 1927, il y a eu plus de départs que d'arrivées.

Les émeutes et les affrontements se sont intensifiés en 1928, lorsque les sionistes, afin de modifier le statu quo de l'accès au Mur occidental, ont tenté d'acheter des terres et des biens immobiliers dans les environs. Les Palestiniens réagissent et, à l'initiative du Conseil suprême musulman de Hajj Amin al-Husseini, fondent le "Comité pour la défense de la mosquée Al-Aksa". De leur côté, les Juifs, lors d'un congrès à Zurich en 1929, soulignent l'importance du mur des lamentations et défilent en août dans les rues de Jérusalem. Les Palestiniens répondent une semaine plus tard par une nouvelle manifestation. Le 23 août, de graves émeutes éclatent enfin et s'étendent de Jérusalem à Jaffa, Haïfa et Safed. Les colonies sionistes sont attaquées et les hostilités se poursuivent pendant une semaine. Le nombre de morts et de blessés dans les deux camps donne une idée de la gravité de l'émeute : 133 Juifs ont été tués et 339 blessés ; les Palestiniens ont été tués à 116 reprises et 232 blessés. Les femmes palestiniennes, qui cherchent à résister à l'immigration et à la colonisation, tiennent leur premier congrès national le 26 octobre de la même année.

Cette situation explosive conduit les Britanniques à créer une commission d'enquête, dite "Commission Shaw", dont le rapport conclut que la cause des troubles est la peur des Arabes d'être dépossédés de leurs terres

---

[20] Les chiffres donnés ci-dessous sont tirés de l'ouvrage précité de Bichara Khader, *The Sons of Agenor*, qui s'inspire lui-même principalement de l'ouvrage de Mark Tessler, *A History of the Israeli-Palestinian Conflict* (1994).

et d'être dominés par les Juifs sionistes. Par ailleurs, Sir Henry Hope Simpson, un expert envoyé par Londres pour évaluer les faits sur le terrain, présente un rapport dans lequel il conclut que les travailleurs palestiniens font l'objet de discriminations et que les organisations sionistes utilisent des méthodes "diaboliques" pour faire entrer des immigrants juifs en Palestine. En 1930, les manifestations reprennent et les autorités décrètent l'état d'urgence à Naplouse.

Le gouvernement britannique, sur la base du rapport de la Commission Shaw et du mémorandum de Hope Simpson, publie un nouveau Livre blanc le 21 octobre 1930. Il déclare que le gouvernement de Sa Majesté a "un double engagement, envers le peuple juif d'une part, et envers la population non juive d'autre part". Les sionistes réagissent avec indignation. En signe de protestation, Chaim Weizmann démissionne de la présidence de l'Organisation sioniste et de l'Agence juive. Felix Warburg démissionne de son poste de président du comité administratif de l'Agence. Malgré cela, Weizmann fait pression sur le Premier ministre Ramsay Mac Donald qui, le 31 février, lit à la Chambre des représentants une déclaration adressée à Weizmann dans laquelle il annule de fait le Livre blanc. L'un des passages se lit comme suit : "Aucune suspension ou interdiction de l'immigration juive, sous quelque forme que ce soit, n'est prescrite ou envisagée par le gouvernement de Sa Majesté....". La déclaration du gouvernement de Sa Majesté n'implique pas l'interdiction de l'acquisition de terres par les Juifs...". Les Arabes considèrent cette déclaration comme "le livre noir", puisqu'elle répudie de fait le livre blanc.

En tout état de cause, l'atmosphère en Palestine n'incite pas les Juifs européens à quitter les pays dans lesquels ils vivent et à quitter leurs maisons. Les chiffres montrent que l'immigration a complètement stagné entre 1928 et 1931. Malgré tous les efforts des organisations sionistes, seuls 16 445 Juifs sont entrés en Palestine sur l'ensemble de ces quatre années. C'est grâce à l'accord de Haavara, signé entre les nazis et les sionistes le 25 août 1933, que la Palestine connaît un essor démographique et économique considérable. Comme nous l'avons vu au chapitre 8, Hitler a facilité le transfert des richesses de dizaines de milliers de Juifs allemands vers la Palestine, jetant ainsi les bases de la création du futur État d'Israël. Entre 1933 et 1936, années de collaboration "nazie" maximale, 178 671 Juifs ont immigré en Palestine. On estime qu'entre 60 000 et 80 000 d'entre eux sont venus d'Allemagne et sont donc entrés en Palestine dans des conditions optimales. Ignorant probablement la portée de l'accord de Haavara, Jamal Husseini, le fondateur du parti arabe palestinien, dans une interview à Londres en mai 1937, a déclaré, je cite :

"Les sionistes ont beaucoup à remercier Hitler. Le sionisme a subi un revers majeur après les soulèvements de 1929 et en 1931, en fait, plus de Juifs quittaient la Palestine qu'ils n'y entraient. Il faut dire que la révolution nazie a sauvé le sionisme. Une résurgence du judaïsme a commencé en Allemagne et de jeunes Juifs se sont dirigés vers la Palestine. Un journal sioniste a clairement déclaré qu'un gouvernement nazi dans chaque pays européen aiderait énormément le sionisme".

La lutte pour la terre est décisive durant ces années. Les sionistes comptaient sur le soutien britannique sur le terrain pour entamer la conquête d'"une terre sans peuple pour un peuple sans terre". Mais le sophisme sioniste se heurte d'emblée à une réalité tenace : le peuple palestinien existe, possède la terre, est pleinement conscient de sa valeur et ne veut pas s'en séparer. Les dirigeants sionistes ont concentré une grande partie de leurs efforts sur la multiplication des colonies de peuplement. Le Fonds national juif a alloué d'importantes sommes d'argent à l'achat de zones rurales, et l'appareil administratif britannique a fait tout ce qu'il pouvait pour les sionistes. Cependant, les résultats finaux de cette politique d'accaparement des terres sont un échec. En 1922, les sionistes possédaient 71 colonies, soit l'équivalent de 594 000 dunums (59 400 hectares). En 1931, ils possèdent cent dix colonies et 1 068 000 dunums. Plus de 85% des terres ont été achetées à de grands propriétaires terriens, à des absents ou à des résidents, ce qui a entraîné l'expulsion de 20 000 familles d'agriculteurs palestiniens. Néanmoins, au moment de la partition en novembre 1947, les sionistes ne possédaient que 6,6% de la superficie totale de la Palestine, soit 15% des terres arables.

La situation entre 1936 et novembre 1947

La perte de terres et l'oppression continue par les Britanniques et les sionistes ont fait prendre conscience au peuple palestinien du sort qui l'attendait. Le 13 septembre 1933, de graves émeutes éclatent à Jérusalem et sont brutalement réprimées. En signe de protestation, les dirigeants arabes manifestent le 13 octobre et les Britanniques font à nouveau preuve d'une violence excessive, faisant 32 morts et 97 blessés, dont le dirigeant octogénaire Musa Jazem al-Husseini. La révolte s'étend à tout le pays dès le lendemain. Finalement, en novembre 1935, les dirigeants de cinq partis arabes forment un front uni pour négocier avec le Haut Commissaire britannique, à qui ils proposent la création d'un conseil législatif avec un président britannique, nommé par Londres. Ce conseil aurait pour fonction de conseiller et d'assister les autorités britanniques. C'est également en novembre 1935 que survient la révolte du cheikh Izzidim al-Kassam, un dirigeant arabe convaincu que seule une "révolution armée" peut libérer la Palestine du colonialisme anglo-sioniste. Al-Kassam avait formé des poches de résistance et fondé une organisation secrète de musulmans, principalement des paysans et des ouvriers, qui s'engageaient à donner leur vie pour la patrie. Cette entité était organisée de telle sorte qu'elle disposait d'une section pour l'achat d'armes, d'une unité d'entraînement, d'un groupe d'espionnage et d'un département de propagande. Le 12 novembre, les "fedayeen" (miliciens ou combattants) décident de lancer une action révolutionnaire et prennent position dans le village de Yabed, près du port de Haïfa. L'armée britannique les traite bien et, le 21 novembre, Izzidim al-Kassam est tué avec d'autres fedayins. Sa figure est devenue un symbole de la résistance palestinienne et aujourd'hui, une cellule militaire islamiste de Gaza porte son nom. Les brigades Izzidim al-Kassam sont unanimement reconnues parmi les groupes de résistance palestiniens.

Le printemps 1936 voit le rejet de la proposition de conseil législatif suggérée par les Palestiniens. Le Parlement britannique s'incline à nouveau devant les protestations des sionistes et rejette le projet de loi. C'est dans ce contexte que se produit le grand soulèvement populaire qui durera trois ans, jusqu'en 1939. La désobéissance civile et l'insurrection armée sont les formes adoptées par la révolte. Le 15 avril 1936, deux Juifs sont assassinés et la situation commence à se dégrader rapidement. Des affrontements quotidiens s'étendent à tout le territoire. Les nationalistes de Naplouse forment un Comité national, auquel se joignent les six principaux partis palestiniens. Le 25 avril, ce comité devient le Haut Comité arabe, présidé par le mufti Hajj Amin al-Husseini. Le Comité décrète une grève générale pour contraindre les Britanniques à accepter les revendications palestiniennes. Un congrès se tient le 7 mai, auquel participent 150 délégués représentant tous les secteurs de la population. Il est alors décidé de cesser de payer les impôts et d'entériner la grève générale dans toute la Palestine, qui durera six mois.

Comme d'habitude, les Britanniques réagissent avec une extrême sévérité et déclenchent une campagne de répression. Les personnes considérées comme des organisateurs ou des sympathisants de la grève sont arrêtées. Dans tout le pays, des maisons sont démolies à l'explosif. Le 18 juin 1936, une grande partie de la ville de Jaffa est détruite par les autorités britanniques, laissant 6 000 personnes sans abri. De nombreuses maisons ont également été détruites dans les communautés entourant la ville. La loi martiale est déclarée le 30 juillet. À la fin du mois d'août 1936, des groupes armés clandestins en provenance des pays arabes voisins commencent à pénétrer en Palestine. On peut dire que la révolte a pris des allures de révolution sociale, révélant la frustration et le désarroi des classes inférieures de la population. L'influence des notables, dans les classes moyennes et dans les classes moyennes de la population, a été un facteur important de la révolte. L'influence des notables, qui s'affaiblit face à la spontanéité du soulèvement, principalement mené par la paysannerie, n'est pas en mesure de réorienter la situation avant six mois. Alarmés par l'ampleur et la durée de la grève, les Britanniques invitent à Londres les plus éminents dirigeants arabes du Moyen-Orient pour tenter de trouver des médiateurs avec le Haut Comité arabe. Finalement, le 11 octobre 1936, le Comité lance un appel au calme et ordonne la fin de la grève dès le lendemain. Un mois plus tard, le

11 novembre, le commandement général de la révolution arabe dans le sud de la Syrie et de la Palestine publie un communiqué appelant à "la fin des hostilités, afin de ne pas empoisonner l'atmosphère des pourparlers en cours sur lesquels la nation place tous ses espoirs".

Afin de comprendre ce qui s'est passé, la Grande-Bretagne envoie en Palestine, à la fin de l'année, une commission d'enquête présidée par Lord Peel. Ce n'est que sous la pression des souverains arabes de la région que les Palestiniens acceptent d'exposer leurs griefs devant la commission dite Peel, qui produit un document publié le 7 juillet 1937. Ce document analyse les quinze premières années du mandat. Il tire essentiellement deux conclusions sur les causes de la révolte : le désir d'indépendance nationale du peuple palestinien et la crainte que les sionistes n'établissent une colonie sur leurs terres. Le rapport Peel détaille également d'autres facteurs sous-jacents : la propagation du sentiment nationaliste en dehors de la Palestine ; l'augmentation de l'immigration juive à partir de 1933 ; la capacité des sionistes à influencer l'opinion publique britannique et à obtenir le soutien du gouvernement ; le manque de confiance dans les intentions de Londres ; la crainte de voir se poursuivre les achats de terres à des propriétaires terriens absentéistes, ce qui entraînerait l'expulsion des paysans qui avaient travaillé la terre ; les tergiversations britanniques quant à la prise en compte de la souveraineté palestinienne. Enfin, le rapport de la commission Peel résume les revendications en trois points : arrêt immédiat de l'immigration sioniste ; arrêt et interdiction du transfert de la propriété des terres arabes aux colons sionistes ; mise en place d'un gouvernement démocratique contrôlé par les Palestiniens. Un autre aspect important était la recommandation, pour la première fois, d'une partition de la Palestine afin de parvenir à un règlement définitif. La commission Peel attribue 85% du territoire à l'État arabe et ne propose à l'État juif que les zones côtières au nord de Tel-Aviv et les collines de Galilée.

Un mois plus tard, le 20e congrès sioniste se tient à Zurich. Le sionisme ayant envisagé que le futur État juif englobe l'ensemble de la Palestine, il ne veut en principe rien savoir des propositions de la commission Peel. En 1938, un an après la publication du rapport Peel, David Ben Gourion devait présenter au Conseil mondial du Poale Zion, l'ancêtre du Parti travailliste, un rapport reflétant ses véritables intentions : "Les limites des aspirations sionistes comprennent le sud du Liban, le sud de la Syrie, toute la Cisjordanie et le Sinaï". Cependant, Chaim Weizmann assure le Congrès que l'idée de partition est "un pas dans la bonne direction" pour commencer. Ben Gourion décide alors de soutenir la stratégie de Weizmann et le Congrès autorise des pourparlers avec le gouvernement britannique.

Au même moment, les combats reprennent en Palestine et le 26 septembre, le commissaire britannique du district de Galilée, Andrews, accusé de préparer le transfert de la population arabe de la région, est assassiné. Les autorités britanniques réagissent en dissolvant le Haut Comité arabe et ses organisations locales. Plusieurs de ses membres sont arrêtés et d'autres se réfugient à Damas, où se trouve la direction politique de la révolution. La situation devient à nouveau explosive et, à la fin de l'année 1937, Londres décide d'envoyer 20 000 soldats supplémentaires pour faire face à la révolte.

Ralph Schönman dénonce l'intégration des forces sionistes dans les services de renseignement britanniques, qui commencent alors à s'appuyer sur les sionistes comme bras armés. A partir d'octobre 1938, dix-sept bataillons d'infanterie britannique s'emparent de la vieille ville de Jérusalem et une répression impitoyable commence : pendaisons, punitions collectives, destructions massives de centres de population, arrestations, bombardements de villages d'insurgés. La révolution, écrit Bichara Khader, est noyée dans le sang. À la fin de l'année 1938, on estime à 2000 le nombre de personnes condamnées à de longues peines de prison. Dans la seule prison d'Acre, 148 Arabes sont pendus. Cinq mille maisons ont été détruites et près de cinquante mille personnes ont été arrêtées". Fin 1938, Londres juge l'idée d'un partage de la Palestine irréalisable et la rejette définitivement. Elle propose alors une conférence à laquelle elle invite des représentants de l'Agence juive, des Palestiniens et des Arabes des États voisins.

La conférence de Londres, présidée par Neville Chamberlain, s'ouvre le 7 février 1939 et se termine fin mars. Les positions restant irréconciliables, le gouvernement Chamberlain expose ses résolutions dans un autre Livre blanc préparé par Sir Malcolm MacDonald et publié en mai, qui inclut la demande arabe de création d'un État pour les Arabes et les Juifs dans un délai de dix ans. Le Livre blanc de MacDonald fixe un plafond d'immigration de 75 000 personnes en cinq ans, après quoi l'immigration juive sera soumise à l'accord de la majorité arabe. La réaction de Churchill a déjà été évoquée dans le chapitre précédent : après avoir rencontré Chaim Weizmann, il a protesté devant le Parlement au nom du sionisme international et a accusé le gouvernement Chamberlain de violer la promesse faite dans la *déclaration Balfour*.

Un nouveau congrès sioniste se tient à Genève le 16 août 1939, au cours duquel Weizmann et Ben Gourion dénoncent avec indignation la trahison britannique. Fin 1939, alors que la Seconde Guerre mondiale a déjà commencé, les dirigeants sionistes annoncent une contre-offensive pour établir l'État juif, quitte à entrer en conflit avec les Britanniques. Aux États-Unis, la publication du Livre blanc exaspère, comme on pouvait s'y attendre, les sionistes, qui "forcent" Roosevelt à protester verbalement. Mais si le sionisme rejette le Livre blanc de MacDonald, qu'il considère également comme un "livre noir", les Palestiniens ne le voient pas non plus d'un bon œil, estimant que dix ans, c'est trop long pour la création de l'Etat arabe. De plus, ils ne font plus confiance aux Britanniques.

Comme, en 1941, il semblait que l'Allemagne pouvait gagner la guerre, les deux parties envisagèrent de se tourner vers Hitler pour obtenir de l'aide. Face à l'hésitation et à l'indécision de Londres, le sionisme révisionniste entreprend de combattre les Britanniques. Fin 1940, une rencontre a lieu à Beyrouth, où le gouvernement de Vichy est encore aux commandes, entre Otto von Hentig, chef du département Orient du ministère allemand des Affaires étrangères, et Naftali Lübentschik, membre du groupe Stern, créé par Abraham "Yair" Stern. Lübentschik propose de créer un front contre la Grande-Bretagne. Un document daté du 11 janvier 1941, "Proposition de l'Organisation militaire nationale (Irgoun Zvai Leumi) concernant la solution de la question juive en Europe et la participation de l'ONM (Organisation militaire nationale) à la guerre aux côtés de l'Allemagne", est transmis par l'ambassade du Reich en Turquie. L'Irgoun, issu d'une scission de la Haganah, avait été créé en 1931 par Jabotinsky, le fondateur du sionisme révisionniste. Le groupe Stern (Lehi) prétend représenter la véritable essence de l'Irgoun. Les sionistes ayant déjà signé l'accord de Haavara avec les nazis, les termes du document reprennent les idées qui ont déjà permis la collaboration en 1933 : il appelle à l'évacuation des masses juives d'Europe pour s'installer en Palestine, constate les intérêts communs et la possibilité d'entente, et propose de lier le futur Etat juif au Reich par un traité. Les Allemands étant indécis, en décembre 1941, après la prise du Liban par les Britanniques, Stern envoie Nathan Yalin-Mor en Turquie, mais les services secrets britanniques ont déjà été alertés et il est arrêté en chemin.

De son côté, Amin al-Husseini, le mufti de Jérusalem en exil, envoie une lettre à Hitler le 20 janvier 1941 pour lui demander son aide contre l'Angleterre, "cet ennemi acharné et rusé de la vraie liberté des peuples". Le 28 novembre 1941 a lieu l'entrevue entre le Führer et le mufti, qui déclare à Hitler que les Arabes seront "les amis naturels de l'Allemagne parce qu'ils ont les mêmes ennemis qu'elle, en particulier les Anglais, les Juifs et les communistes". Al Husseini demande à l'Allemagne de faire une déclaration publique en faveur de l'indépendance et de l'unité de la Palestine, de la Syrie et de l'Irak, car "cela serait très utile à des fins de propagande sur les peuples arabes". Hitler, qui ne voyait pas l'opportunité d'une telle déclaration, après avoir été le principal collaborateur des sionistes de 1933 jusqu'au déclenchement de la guerre, après avoir fécondé la Palestine avec de riches juifs allemands par l'accord de Haavara, proclama cyniquement son opposition au foyer national juif en Palestine qui, dit-il au mufti, était "un centre, sous la forme d'un État, au service de l'influence destructrice des intérêts juifs".

En février 1942, les Britanniques découvrent la cachette d'Abraham Stern à Tel Aviv et le tuent. De nombreux membres de l'organisation sont alors arrêtés. Isaac Shamir remplace Stern à la tête du Lehi et est l'un des responsables de la réponse préparée pour les Britanniques. Le 6 novembre 1944, des membres du Lehi assassinent au Caire Lord Moyne, ministre d'État pour le Moyen-Orient et ami proche de Churchill. Lors du procès, les assassins ont affirmé avoir tué Lord Moyne en raison de la politique à l'égard des Juifs exposée dans le Livre blanc de MacDonald. Cet attentat devait marquer le début de la campagne de terreur contre la Grande-Bretagne pour provoquer son départ de Palestine. Les autorités britanniques lancent des avis de recherche avec les photos et les noms d'une douzaine de terroristes de l'Irgoun et du Lehi, dont Menachem Beguin, futur premier ministre d'Israël de 1977 à 1983 et lauréat du prix Nobel de la paix en 1978, et Isaac Shamir, cerveau de la tentative d'assassinat de Lord Moyne, qui deviendra également premier ministre d'Israël de 1983 à 1984 et de 1986 à 1992.

Pendant les années de guerre mondiale, les dirigeants sionistes ont clairement indiqué ce qu'ils avaient l'intention de faire avec le peuple palestinien. Ralph Schönman cite, par exemple, les propos du chef du département de la colonisation de l'Agence juive, Joseph Weitz, l'homme le plus responsable de l'organisation des colonies, qui écrivait en 1940 : "Il doit être clair pour nous qu'il n'y a pas de place pour les deux peuples dans ce pays. Nous n'atteindrons pas notre objectif si les Arabes restent dans ce petit pays. Il n'y a pas d'autre issue que de transférer les Arabes d'ici vers les pays voisins. Tous. Il ne doit pas rester un village ou une tribu". Avec ces idées en tête, ils s'arment pour procéder à la conquête de la Palestine par la force le moment venu. En juin 1945, dès la fin de la guerre en Europe, les sionistes s'empressent d'adresser une pétition à la Grande-Bretagne pour la création de l'État d'Israël. En août 1945, la Conférence sioniste mondiale se tient à Londres, où ils demandent qu'"une décision immédiate soit prise pour faire de la Palestine un État juif". Elle demande que l'Agence juive reçoive "les pleins pouvoirs pour transférer en Palestine autant de Juifs qu'elle le jugera nécessaire".

Dans ce contexte, le gouvernement Attlee n'a que deux alternatives : soit abandonner la décision prise par le Parlement en 1939, soit renoncer au mandat et se retirer de Palestine. La seconde option était le souhait du sionisme, car elle lui permettait d'expulser les autochtones, qui n'étaient pas armés. Le problème se pose avec la nomination d'Ernest Bevin comme ministre des Affaires étrangères, un syndicaliste qui avait été ministre du Travail pendant la guerre et qui jouissait d'un prestige national. Il semble que le monarque lui-même, George VI, ait demandé au Premier ministre Attlee de le nommer à ce poste, car il le considérait comme le meilleur homme et le politicien le plus fort dans les circonstances de l'après-guerre. Bien que membre du parti travailliste, Bevin était anticommuniste. Douglas Reed, dans *The Controversy of Zion*, un ouvrage que nous avons souvent cité, écrit ce qui suit à propos de Bevin :

"C'était un homme robuste, avec l'énergie et l'air de la campagne dans ses os et ses muscles et le courage traditionnel dans son sang ; mais même lui a été psychiquement brisé en quelques années par la férocité d'une diffamation incessante. Il ne s'est pas laissé intimider spirituellement. Il s'est rendu compte qu'il avait affaire à une entreprise essentiellement conspiratrice, une conspiration dont la révolution et le sionisme étaient des parties liées, et il a peut-être été le seul parmi les hommes politiques de ce siècle à utiliser le mot conspiration, dont la définition dans le dictionnaire s'appliquait clairement à l'affaire. Il déclara sans ambages à M. Weizmann qu'il ne se laisserait pas contraindre ou persuader d'agir dans un sens contraire aux intérêts de la Grande-Bretagne. Weizmann n'avait pas reçu de tels avertissements, à un niveau aussi élevé, depuis 1904, et son indignation, qui s'est manifestée à travers l'organisation sioniste mondiale, a donné lieu au mauvais traitement continu de M. Bevin qui s'en est suivi".

Bevin ne partage pas les projets sionistes et annonce qu'il n'accepte pas l'approche selon laquelle les Juifs doivent être expulsés d'Europe. Naturellement, la puissance du sionisme international est capable de ruiner la politique du nouveau ministre britannique des Affaires étrangères et une campagne est lancée sur tous les fronts : comme d'habitude, Bevin est accusé d'antisémitisme ; Churchill, de l'opposition conservatrice, l'accuse de nourrir des "sentiments antijuifs" ; la Ligue anti-diffamation invente un nouveau terme diffamatoire : le "bévinisme".

L'offensive sioniste se forge aux Etats-Unis, où se succèdent des présidents juifs. Roosevelt, entouré de communistes et/ou de sionistes, avait dès 1938 conçu l'idée d'expulser les Arabes de la Terre Sainte. Ses conseillers juifs avaient même calculé que l'opération pourrait coûter au contribuable quelque 300 millions de dollars. Roosevelt, champion du monde de la démocratie, n'eut aucun mal à affirmer à ses collaborateurs que la Palestine devait appartenir exclusivement aux Juifs et qu'il ne devait plus y avoir d'Arabes. Le 24 juillet 1945, peu avant que Churchill ne perde les élections, Harry S. Truman, le nouveau président américain, écrit à Churchill pour lui dire que l'opinion publique américaine est opposée à la limitation de l'immigration juive en Palestine. Le 16 août 1945, Truman est interrogé sur l'attitude de son gouvernement à ce sujet. "La position américaine, répondit-il, est que nous voulons laisser entrer autant de Juifs que possible en Palestine. Quelques jours plus tard, le 31 août, le président américain suggère dans une lettre au Premier ministre Attlee que le gouvernement britannique accorde 100 000 visas aux Juifs d'Autriche et d'Allemagne. Cependant, Truman lui-même admet dans *Years of Trial and Hope* qu'en septembre 1945, il a reçu une note du département d'État conseillant aux États-Unis de "s'abstenir de soutenir une politique tendant à encourager l'immigration de masse en Palestine pendant la période intérimaire".

Entre-temps, après la guerre, l'immigration clandestine s'est déroulée à grande échelle et a atteint des niveaux sans précédent. Des centaines de milliers de Juifs de Russie et d'Europe de l'Est (Khazars) sont acheminés par les organisations sionistes vers la Terre Sainte. Là, de plus en plus préparés au grand moment, les sionistes disposent déjà d'une véritable armée, la

Haganah, et d'une multitude de milices, dont le Palmach, la force d'élite de la Haganah, l'Irgoun et le Stern. Outre le harcèlement de la population palestinienne affaiblie et sans leadership politique, ces milices multiplient les sabotages et les attentats à la bombe. Le 28 janvier 1946, les Britanniques adoptent une législation extraordinaire pour tenter d'endiguer la terreur sioniste. En vain, car les actions terroristes non seulement ne diminuent pas, mais se multiplient : entre le 16 et le 17 juin, le Palmach et le Stern font sauter neuf ponts et attaquent des entrepôts ferroviaires à Haïfa.

Face à cette nouvelle vague de terreur, les militaires britanniques passent à l'attaque : ils occupent les bureaux de l'Agence juive, saisissent d'importants documents secrets, perquisitionnent et arrêtent quelque 2 700 suspects, dont des dirigeants sionistes. C'est dans ce contexte qu'a lieu le célèbre attentat à la bombe contre l'hôtel King David à Jérusalem, qui servait de quartier général à l'armée. Le 22 juillet 1946, des terroristes de l'Irgoun, dont le chef était Menahem Beguin, le futur prix Nobel de la paix, ont fait exploser 350 kilos d'explosifs depuis le sous-sol, détruisant les sept étages de l'aile sud de l'hôtel. Cet attentat brutal a fait 91 morts.

L'un des plus célèbres propagandistes de la terreur sioniste contre les Britanniques et les Palestiniens, Ben Hecht, journaliste, romancier, dramaturge, réalisateur, producteur et auteur de quelque soixante-dix scénarios, qui lui ont valu d'être surnommé le "Shakespeare d'Hollywood", a fait paraître dans les principaux journaux américains une pleine page de publicité adressée "aux terroristes de Palestine". Le texte disait : "Les Juifs d'Amérique sont avec vous. Vous êtes leurs champions... Chaque fois que vous faites sauter un arsenal britannique ou un train britannique ou que vous dévalisiez une banque britannique ou que vous attaquez avec vos armes et vos bombes les traîtres et les envahisseurs britanniques de votre terre, les Juifs d'Amérique font une petite fête dans leur coeur. Ce sioniste fervent a tellement indigné le gouvernement londonien par son apologie du terrorisme que ses ouvrages ont été boycottés en Angleterre. Douglas Reed dénonce dans *The Controversy of Zion* la haine de ce juif fanatique pour Jésus-Christ, ce qui laisse supposer qu'il était talmudiste. "L'une des choses les plus excellentes jamais faites par le peuple, écrit Hecht, a été la crucifixion du Christ. Intellectuellement, c'était un acte splendide. Mais ils n'ont pas tout à fait bien compris. Vous savez, ce que j'aurais fait, c'est de l'envoyer à Rome pour nourrir les lions. Ils n'auraient jamais pu faire un sauveur avec de la viande hachée".

Alors que Bevin cherche une solution pour sauver la face et défendre les intérêts de la Grande-Bretagne au Moyen-Orient, où elle ne contrôle que le canal de Suez après avoir perdu sa position en Égypte, Truman reprend ses pressions : le 4 octobre 1946, il insiste pour que la Grande-Bretagne permette l'accueil de 100 000 Juifs en Terre sainte. Le président américain ajoute que son pays est prêt à contribuer à l'établissement d'un "commonwealth juif en Palestine". Bevin est irrité par les pressions répétées de Truman, qui interviennent à un moment où il tente de réunir Juifs et Arabes autour d'une table afin de parvenir à un compromis. En résumé, le plan présenté par Bevin est le suivant : La Palestine serait divisée en deux cantons et la Grande-Bretagne serait la puissance mandatée pour cinq années supplémentaires. Au cours des deux premières années, quatre mille Juifs seraient autorisés à immigrer chaque mois (96 000 en deux ans). Après cette période, aucune autre entrée ne sera autorisée sans consultation avec les Arabes, bien que la décision finale soit prise par un haut-commissaire britannique et le Conseil de tutelle de l'ONU.

Les efforts de Bevin et l'avenir du Royaume-Uni au Moyen-Orient ont été condamnés en Suisse. Le terrorisme comme moyen de mettre fin au mandat britannique en Palestine a été approuvé lors du 22e congrès sioniste à Genève en décembre 1946. Par la suite, les dirigeants sionistes ont cédé l'initiative et le contrôle des événements aux chefs terroristes des trois groupes armés jusqu'à ce que le premier objectif, à savoir pousser les Britanniques hors de Palestine, ait été atteint. Le Congrès désigne David Ben Gourion comme chef et coordinateur de toutes les activités armées de l'Agence juive. Les embuscades s'intensifient et des centaines de soldats sont tués de diverses manières. La situation est intenable. Le 14 février 1947, Juifs et Palestiniens rejettent catégoriquement la dernière proposition de Bevin qui, déçu, finit par se rendre. Le 18 février, il annonce au Parlement de Londres : "Le gouvernement de Sa Majesté a été confronté à un conflit de principes irréconciliables.... Nous avons décidé de demander aux Nations unies de proposer une solution". Le 23 février 1947, un grand débat sur la Palestine a lieu à la Chambre des communes. Bevin déclare publiquement que l'attitude des États-Unis a conduit à l'échec de leur politique et reproche amèrement au président Truman son obstination à exiger l'entrée de 100 000 Juifs en Terre sainte avant que la question ne soit pleinement réglée.

Le 28 avril 1947, l'Assemblée générale des Nations unies est convoquée en session extraordinaire pour examiner la demande britannique de transfert du dossier palestinien. Par la résolution 106, l'Assemblée crée l'UNSCOP (Comité spécial des Nations unies pour la Palestine), qui commence ses travaux le 26 mai. La Grande-Bretagne prévient qu'elle se retirera de la Palestine si d'autres puissances, faisant clairement allusion aux Etats-Unis, rendent son administration impossible. Le 8 août 1947, le général Marshall, nouveau secrétaire d'État depuis le début de l'année, informe le gouvernement qu'un retrait britannique "provoquerait une lutte sanglante entre Arabes et Juifs". Une semaine plus tard, le 15 août, le sous-secrétaire d'État Robert A. Lovett met en garde contre le danger d'une consolidation du sentiment anti-américain parmi les peuples arabes et musulmans. Le fait que 1948 soit une année électorale aux États-Unis a incité Robert Hannegan, l'un des directeurs de campagne de Truman, à recommander au président, le 4 septembre 1947, de faire une déclaration politique et de répondre aux menaces britanniques en demandant l'admission de 150 000 sionistes en

Palestine. Selon Hannegan, cette nouvelle demande "aurait une grande influence et un grand effet sur la collecte de fonds pour le Comité national du Parti démocrate".

Un nouveau personnage allait soudain devenir le principal critique de la politique américaine en faveur du sionisme. Le 17 septembre 1947, James Forrestal, un riche banquier qui avait servi son pays par patriotisme pendant la guerre, a quitté son poste de secrétaire à la marine pour devenir le premier secrétaire américain à la défense. Forrestal mène en coulisses une bataille qui lui coûtera la vie. Le 29 septembre 1947, Forrestal, en tant que secrétaire d'État à la défense, demande au président, lors d'une réunion du cabinet, que la question de la Palestine ne mette pas en jeu les intérêts nationaux et qu'elle soit retirée de la campagne électorale. La réponse de Truman est venue lors de la réunion suivante du Cabinet, le 6 octobre. Il rejette la suggestion de Forrestal en ces termes : "M. Hannegan a soulevé la question de la Palestine. Il a dit que de nombreuses personnes qui avaient contribué à la campagne démocrate faisaient pression et exigeaient des garanties de la part de l'administration quant au soutien définitif de la position juive sur la Palestine". A partir de ce moment, Forrestal comprit que Truman était déterminé à capituler devant les pressions des sionistes, qui estimaient que les Etats-Unis n'en faisaient pas assez à l'Assemblée générale des Nations Unies pour obtenir le vote d'autres pays en faveur du partage de la Palestine.

Alors que Forrestal menait une bataille perdue d'avance, tant au sein du parti démocrate qu'à la Maison Blanche, la date du vote approchait. Chaim Weizmann était sans aucun doute un très haut responsable du sionisme, le plus haut, mais au-dessus de lui se trouvaient les grands pontes des États-Unis : Bernard Baruch, Henry Morgenthau, Felix Frankfurter et d'autres, dont le soutien était la plus grande garantie du succès de ses efforts. D'autres Juifs puissants évoluent au sein du Parti démocrate, notamment le sénateur Herbert Lehman, dont le père a été l'un des fondateurs de la société bancaire Lehman Brothers. Lehman avait été le premier directeur général de l'UNRRA entre 1943 et 1946 et avait utilisé cette agence de l'ONU pour faire passer des Juifs d'Europe de l'Est en Palestine. Le 19 novembre 1947, Weizmann demande au président Truman que les États-Unis soutiennent l'inclusion du Néguev (où ils prévoient de construire plus tard la centrale nucléaire de Dimona) dans le territoire sioniste, car cette région est considérée comme très importante. Dans son autobiographie, *Trial and Error*, Weizmann écrit : "Il m'a promis qu'il informerait immédiatement la délégation américaine".

En bref, la puissance du sionisme aux États-Unis était inarrêtable et Truman s'est avéré être un président exemplaire et discipliné. Tous ceux qui, au sein des départements d'État ou de la Défense, s'opposent, comme Forrestal, aux desseins des sionistes pour des raisons économiques, stratégiques ou militaires, sont accusés d'antisémitisme. Alfred Lilienthal, ami juif du peuple palestinien devenu très tôt un critique implacable du sionisme et de l'Etat d'Israël, dénonce dans *What Price Israel* (1953) le chantage économique exercé pour faire taire les opinions divergentes et le lynchage moral de ceux qui ne sont pas d'accord avec les sionistes. Ce qui est arrivé à James Forrestal en est le meilleur exemple.

Le secrétaire à la défense, officiellement "suicidé", a écrit des passages très intéressants dans le *journal de Forrestal* sur les méthodes de contrôle et de manipulation des gouvernements par le sionisme. Forrestal a été témoin de la lutte clandestine menée de l'automne 1947 au printemps 1948 pour obtenir la création de l'État sioniste en Palestine. Comme mentionné plus haut, le 29 septembre 1947, Forrestal, qui disposait d'informations secrètes fournies par l'Intelligence Service, demanda à Truman de résister aux pressions sionistes sur la Palestine. Forrestal, en conflit avec des ennemis très puissants, soumet le 21 janvier 1948 un mémorandum analysant les conséquences de la soumission au sionisme sur la politique étrangère américaine. Le 3 février 1948, Forrestal déjeune avec Baruch. Dans son journal, il écrit : "J'ai déjeuné avec B. M. Baruch. Il m'a conseillé de ne pas me mêler de cette affaire, car j'avais déjà été identifié, à un degré qui n'était pas dans mon propre intérêt, par mon opposition à la politique des Nations unies sur la Palestine. Il s'agit là d'un exemple d'intimidation à haut niveau.

Douglas Reed raconte dans *The Controversy of Zion* l'expérience qu'il a vécue lors d'un voyage aux États-Unis au début de l'année 1949. Il constate avec stupéfaction que la presse et la radio lancent des "attaques empoisonnées" contre le secrétaire à la Défense. Le 9 janvier 1949, on apprend que Truman "acceptera la démission de Forrestal dans la semaine". Le 11 janvier, on insiste sur le fait que la démission "a déjà été acceptée". En réalité, tout cela faisait partie de la campagne de pression. Finalement, le 31 mars, Truman le démet de ses fonctions. Admis à l'hôpital naval de Bethesda le 2 avril, Forrestal, selon la version officielle, se suicide le 21 mai 1949. Par "coïncidence", le jour même où il devait partir parce qu'il avait été révoqué, il s'est jeté d'une fenêtre du dixième étage. Parmi ses effets personnels, on trouve un album des attaques des journaux à son encontre. Ce n'est qu'en 2004 que le rapport sur sa mort a été révélé, mais ses proches ont immédiatement déclaré qu'il avait été assassiné, le suicide étant un acte inacceptable pour lui. Lors de ses funérailles, Truman l'a décrit comme "une victime de la guerre".

De la partition (29/11/1947) à la proclamation d'Israël (14/5/1948)

Au début de cette troisième partie du chapitre, nous avons déjà détaillé le résultat du vote du 29 novembre 1947, le partage des terres et les chiffres de la population des deux Etats envisagés. Deux jours plus tard, le 1er décembre, se tient la première réunion de l'administration Truman, au cours de laquelle le sous-secrétaire d'Etat Robert Lovett avoue que "jamais de sa vie il n'avait été autant sous pression que ces trois derniers jours". Lovett a expliqué que le vote favorable du Liberia avait été obtenu par l'intermédiaire de la Firestone Rubber and Tire Company, qui détenait la concession de ces matières premières dans le pays. Le représentant de la société a été chargé de faire pression sur le gouvernement libérien, qui prévoyait de voter contre, pour qu'il modifie son vote. On sait que les pressions ont consisté en un chantage.

Le 21 janvier 1948, James Forrestal, désireux de soutenir la résistance du Département d'Etat à la politique de Truman, a soumis un mémorandum analysant les dangers d'une politique erronée : "Il n'y a guère de segment de nos relations étrangères qui soit plus important ou plus dangereux", écrit Forrestal, "pour la sécurité des Etats-Unis que nos relations au Moyen-Orient". Ailleurs dans le texte, il met en garde contre la nécessité d'éviter "des dommages permanents à nos relations avec le monde islamique". Au département d'État, le sous-secrétaire Lovett, après avoir lu le rapport de Forrestal, a entrepris de présenter un autre mémo qui avait été préparé par le personnel de planification du département. Dans ce document, le président est informé que le plan de partition n'est pas réalisable et que les États-Unis ne s'engagent pas à le soutenir s'il ne peut être mis en œuvre sans recours à la force. Il était également indiqué qu'il était contraire aux intérêts américains de fournir des armes aux sionistes tout en les refusant aux Arabes. Robert Lovett a ajouté que le département d'État était "sérieusement embarrassé et désavoué par les activités de Niles à la Maison Blanche après qu'il se soit adressé directement au président sur les questions palestiniennes". Par la suite, le sous-secrétaire s'est plaint que Niles l'avait appelé de la Maison Blanche "en exprimant l'espoir que l'embargo sur les ventes d'armes aux sionistes serait levé". David K. Niles, juif né en Russie, avait été le conseiller de Roosevelt pour les affaires juives. Lui et le juge Samuel Rosenman, déjà cité, sont les principaux responsables des actions de Truman qui ont placé Bevin et le gouvernement de Londres dans une position intenable, comme l'a dénoncé Byrnes, l'ancien secrétaire d'État.

La note que James Forrestal a écrite dans son journal le 3 février 1948 mérite d'être retranscrite en détail, car ce jour-là il a reçu la visite du fils de Roosevelt et a ensuite déjeuné avec l'omnipotent Bernard Baruch. Extrait de la première édition de *The Forrestal Diaries*, il se lit comme suit :

> Visite aujourd'hui de Franklin D. Roosevelt, Jr. qui est venu défendre vigoureusement l'État juif de Palestine et a déclaré que nous devrions soutenir la "décision" (les guillemets dans le terme sont de Forrestal) des Nations unies.... J'ai souligné qu'aucune "décision" n'avait encore été prise par les Nations unies, qu'il s'agissait seulement d'une recommandation de l'Assemblée générale, que toute mise en œuvre de cette "décision" par les États-Unis n'entraînerait probablement pas la nécessité d'une mobilisation partielle, et que je pensais que les méthodes

qui avaient été utilisées par des personnes extérieures au pouvoir exécutif du gouvernement dans le but de faire chanter et de contraindre d'autres nations à l'Assemblée générale constituaient un scandale. Il exprima son ignorance sur ce dernier point et revint à son exposé général du cas des sionistes.

Il n'a pas proféré de menaces, mais il a dit très clairement que les fanatiques de cette cause agissaient en croyant qu'ils pouvaient faire échouer la politique du gouvernement sur la Palestine. J'ai répondu que je n'avais pas le pouvoir de faire de la politique, mais que je manquerais à mes devoirs si je n'indiquais pas ce que je pensais des conséquences d'une politique particulière qui pourrait mettre en danger la sécurité de mon pays. Je lui ai dit que je m'efforçais seulement de retirer cette question de la politique, c'est-à-dire que les deux partis devraient se mettre d'accord pour ne pas se disputer les votes sur cette question. Il m'a répondu que c'était impossible, que la nation était déjà trop compromise et que, de plus, le parti démocrate avait tout à perdre et les républicains tout à gagner d'un tel accord. Je lui ai dit que j'étais obligé de lui répéter ce que j'avais dit au sénateur McGrath en réponse à la remarque de ce dernier selon laquelle notre incapacité à soutenir les sionistes pourrait signifier la perte des États de New York, de Pennsylvanie et de Californie - que je pensais qu'il était temps que quelqu'un se demande si ce n'était pas les États-Unis que nous risquions de perdre.

J'ai déjeuné avec B. M. Baruch. Après le déjeuner, la même question s'est posée à lui. Il prit le parti de me conseiller de ne pas être trop actif sur cette question particulière, car j'avais déjà été identifié, dans une mesure contraire à mes intérêts, par mon opposition à la politique des Nations Unies sur la Palestine. Il a dit que lui-même n'approuvait pas les actions des sionistes, mais il a immédiatement ajouté que le parti démocratique ne pouvait que perdre s'il essayait de changer la politique de notre gouvernement, et il a dit qu'il était injuste de laisser les Britanniques armer les Arabes et que nous ne fournirions pas un équipement similaire aux Juifs".

On peut se demander qui a identifié le secrétaire Forrestal pour son opposition à la politique palestinienne. Suite à l'avertissement de Baruch, une campagne de diffamation de la presse contre le secrétaire à la défense a été progressivement orchestrée. Les attaques atteignirent des niveaux extrêmes d'inclémence et, en l'espace d'un an, James Forrestal fut démis de ses fonctions au sein du gouvernement. Il ne fait guère de doute, comme indiqué plus haut, que sa mort, en avril 1949, est un assassinat.

Les actions concertées des départements d'État et de la Défense ont été concrétisées par une déclaration de Warren Austin, ambassadeur des États-Unis auprès des Nations unies. Le 24 février 1948, il déclare : "Les États-Unis ne pensent pas que la force doive être utilisée pour soutenir une recommandation de l'Assemblée générale". Il ajoute ensuite que la partition ne semble pas être une option viable. Le 25 février, le *New York Post* publie un article du rabbin Baruch Korff dans lequel il affirme que les propos d'Austin relèvent de "l'antisémitisme pur et simple". Les organisations sionistes organisent rapidement une campagne massive de lettres et de télégrammes : quelque 100 000 lettres de protestation parviennent à la Maison Blanche.

En mars 1948, la violence en Palestine a continué à s'intensifier, montrant clairement que les avertissements du département d'État sur l'impossibilité de mettre en œuvre le plan de partage étaient fondés. Le 19 mars, l'ambassadeur Austin annonce un changement dans la politique américaine. Constatant que la résolution de l'Assemblée ne pouvait être mise en œuvre pacifiquement, il a proposé de suspendre la proposition de partage, d'organiser une trêve et de mettre en place une "tutelle" des Nations unies après la fin du mandat. Telle était la proposition du Département d'État dans son mémorandum de janvier. Les sionistes sont furieux : en plus d'être antisémites, certains accusent les États-Unis d'être des "tricheurs diaboliques". Mais dans le même temps, ils décident d'intensifier les actions terroristes sur le terrain.

En avril 1948, Ernest Bevin, secrétaire au Foreign Office, mène un combat solitaire contre l'opposition conservatrice et la majorité du parti travailliste, dont les membres ne le soutiennent pas. Dans ces conditions, Bevin décide de se laver les mains et de jeter l'éponge. La fin du mandat britannique est initialement fixée au 1er août 1948, mais en avril, les sionistes apprennent par leurs contacts à Londres que les Britanniques envisagent un retrait anticipé et décident de passer à l'action. Le 9 avril 1948 a lieu le célèbre massacre de Deir Yassin, un village situé à moins de cinq kilomètres à l'ouest de Jérusalem. Ce massacre est entré dans l'histoire comme le premier d'une série d'actions génocidaires perpétrées tout au long de l'année 1948. Deir Yassin fait partie de la mémoire collective du peuple palestinien en raison de son importance et de l'effet psychologique qu'il a eu, car, comme prévu, il a réussi à terroriser les Arabes et a déclenché la fuite massive des habitants de la zone que l'ONU avait attribuée aux Juifs. Paul Eisen, un ami juif du peuple palestinien et allemand qui lutte courageusement contre le sionisme, a fondé l'association "Deir Yassin Remembered" pour honorer la mémoire des victimes du massacre.

Au petit matin du 9 avril, le village a été attaqué par des commandos terroristes de l'IZL (Irgun Zwa'i Leumi) et du Lehi (Groupe Stern), dirigés par Menahem Begin et Benzion Cohen. Ils ont tué 254 hommes (dont beaucoup étaient âgés), femmes (dont certaines étaient enceintes) et enfants. Les hommes adultes travaillaient la terre lorsque les criminels sont entrés dans le village. Quelques hommes blessés ont été arrêtés et, les yeux bandés, menottés et les vêtements ensanglantés, ils ont été embarqués dans des camions et emmenés à Jérusalem, où ils ont défilé dans les rues sous les applaudissements et les huées des sionistes de la ville. Après le défilé, ils ont été ramenés à Deir Yassin, alignés contre un mur et assassinés. Jacques de

Reynier, responsable de la Croix-Rouge internationale, a été informé de ce qui se passait à Deir Yassin et a demandé à rencontrer le commandant du détachement de l'Irgoun, qui lui a raconté que les villageois avaient reçu l'ordre d'évacuer leurs maisons 24 heures à l'avance par haut-parleurs. Ceux qui ne l'ont pas fait "ont eu le sort qu'ils méritaient". Ce haut responsable de la Croix-Rouge se rend immédiatement au village avec une ambulance et une camionnette. Ralph Schönman reproduit le récit de Jacques de Reynier dans *L'histoire cachée du sionisme :*

"... J'ai atteint le village avec mon convoi et les tirs ont cessé. La bande (Irgoun) portait des uniformes et des casques. C'étaient tous des jeunes gens, certains même des adolescents, des hommes et des femmes armés jusqu'aux dents : revolvers, mitrailleuses, grenades à main et aussi des coutelas à la main. Une belle jeune femme aux yeux criminels m'a montré le sien, encore imbibé de sang, qu'elle exhibait comme un trophée.... J'ai essayé d'entrer dans une maison. Une douzaine de soldats m'ont encerclé avec leurs mitraillettes pointées sur mon corps. Leur officier m'interdit de bouger. Les morts, s'il y en avait, me seraient apportés, m'a-t-il dit. Furieux comme jamais dans ma vie, j'ai dit à ces criminels ce que je pensais de leur conduite et je les ai menacés de tout ce qui me venait à l'esprit, puis je les ai écartés et je suis entré dans la maison. La première pièce était sombre, tout était en désordre, mais il n'y avait personne. Dans la seconde, au milieu des meubles cassés et de toutes sortes de débris, j'ai trouvé des corps, froids. Le "nettoyage" avait été fait à la mitrailleuse et à la grenade. Il a été achevé à l'aide de couteaux, tout le monde a pu le constater. Même chose dans la pièce voisine, mais alors que je m'apprêtais à partir, j'ai entendu quelque chose comme un soupir. J'ai regardé tout autour, j'ai tourné les corps, et j'ai finalement découvert un petit pied, encore chaud. C'était une fillette d'une dizaine d'années, mutilée par une grenade, mais encore vivante.... Partout, c'est le même spectacle. Il y avait environ quatre cents personnes dans le village, une cinquantaine en avait réchappé. Les autres avaient été délibérément assassinées de sang-froid....

De retour dans mon bureau, j'ai reçu la visite de deux messieurs en civil qui m'attendaient depuis une heure. Il s'agissait du commandant du détachement de l'Irgoun et de son adjoint. Ils avaient préparé un papier qu'ils voulaient que je signe. Il s'agissait d'une déclaration selon laquelle j'avais été reçu très courtoisement par eux et que j'avais obtenu toutes les facilités demandées pour l'accomplissement de ma mission et que je les remerciais pour l'aide que j'avais reçue. Comme je leur ai fait part de mes doutes et que j'ai commencé à discuter avec eux, ils m'ont dit que si je tenais à ma vie, je ferais bien de signer immédiatement. Il ne me restait plus qu'à les convaincre que je ne tenais pas du tout à ma vie".

L'Irgoun a pris des photos des personnes assassinées et les a distribuées à la population arabe avec une inscription au dos : "Ceci vous arrivera si vous ne disparaissez pas". Le nettoyage racial était l'objectif principal, car un futur État juif ethniquement pur était prévu. Le massacre de Deir Yassin a eu l'effet escompté. En moins de deux semaines, 150 000 Arabes ont quitté leurs villages et ont fui vers la Jordanie et Gaza. Ce sont les premiers réfugiés palestiniens. Cette fuite massive, qui s'amplifiera plus tard de manière scandaleuse, est due à la structure hiérarchique et patriarcale de la société arabe. Christian Zentner écrit dans *Les guerres d'après-guerre :* "L'asservissement du paysan au propriétaire et du Bédouin aux familles des cheikhs a déterminé l'exode massif des Arabes, car la fuite d'une famille entraînait avec elle des centaines, voire des milliers de personnes. Lenni Brenner rapporte dans *The Iron Wall : Zionist Revisionism from Jabotinsky to Shamir* les déclarations, les vantardises et les fanfaronnades de Begin sur les effets du massacre :

> "Une légende de terreur s'est répandue parmi les Arabes qui paniquaient à la seule évocation de nos soldats de l'Irgoun. Cela valait une demi-douzaine de bataillons pour les forces israéliennes. Dans tout le pays, les Arabes paniquèrent au-delà de toute mesure et commencèrent à fuir pour sauver leur vie. Cette fuite massive s'est rapidement transformée en une ruée incontrôlable. Sur les 800 000 Arabes qui vivaient dans l'Israël d'aujourd'hui, il n'en reste qu'environ 165 000. L'importance politique et économique de cet événement ne peut être surestimée".

Le 12 avril, des guérilleros arabes, voulant venger le massacre de Deir Yassin, attaquent une colonne de véhicules qui, tôt le matin, partent de la nouvelle partie de Jérusalem en direction du Mont Scopo, où les sionistes ont la clinique Hassada et l'Université juive. Entre la nouvelle partie, largement habitée par les Juifs, et le mont Scopo se trouve la vieille ville arabe. La bande entre la vieille ville et le mont Scopo et les terres environnantes appartiennent également aux Arabes, de sorte que le convoi doit inévitablement traverser le territoire arabe. Un véhicule blindé de la Haganah sert d'escorte et ouvre la voie. Il est suivi d'une ambulance portant l'étoile rouge de David, de deux bus blindés, d'une deuxième ambulance et de trois camions chargés de nourriture et de médicaments pour l'hôpital. Un deuxième véhicule d'escorte blindé fermait la colonne. A un endroit étroit de la route, au pied de la colline, l'assaut a été donné avec des grenades, des fusils et des cocktails Molotov. Les autocars sont incendiés et les occupants qui tentent de sortir sont abattus par les assaillants, de plus en plus nombreux à mesure que les Arabes du vieux quartier de Jérusalem et des villes voisines viennent se venger et s'en prennent aux médecins et infirmières du convoi. Soixante-dix-sept d'entre eux ont été tués ou portés disparus. Parmi eux, le directeur de l'hôpital, un professeur de psychologie de l'université et trois professeurs.

Le 19 avril, les sionistes entament leur campagne d'occupation et de nettoyage ethnique des villes palestiniennes avec la prise de Tibériade. Le

20 avril, face à la passivité des troupes britanniques, ils décident de passer à l'action à grande échelle, en utilisant les troupes de la Haganah, qui, contrairement à l'Irgoun, est organisée militairement et constitue une véritable armée. L'objectif est la ville portuaire de Haïfa, qui compte 158 000 habitants, en majorité arabes. La Haganah attaque depuis le quartier juif du mont Carmel, qui surplombe la ville. Les Arabes n'ont pas de forces armées dans la ville et seuls les Britanniques peuvent les défendre, mais ils ont reçu l'ordre de ne pas intervenir dans les combats. En conséquence, il n'y eut pratiquement aucune résistance et, deux jours plus tard, les Arabes décidèrent de demander aux Britanniques de négocier la reddition de Haïfa. Le commandant des forces britanniques sert d'intermédiaire entre les sionistes et les Palestiniens. Alors que dans presque toutes les villes conquises par les sionistes, la population autochtone est évacuée, à Haïfa, malgré le fait que le port ait été attribué à l'Etat juif dans le plan de partage, près d'un quart des habitants peut rester dans la ville. Quoi qu'il en soit, le nombre de réfugiés arabes ne cesse de croître et atteint trois cent mille avant la proclamation unilatérale de l'État sioniste.

Quelques jours plus tard, le 25 avril, la Haganah attaque la zone où s'est déroulée l'embuscade contre le convoi médical, c'est-à-dire la région située entre le mont Scopo et le quartier juif de Jérusalem. En l'espace de trois heures, l'ensemble du territoire passe sous contrôle juif. Comme, selon le plan de partage, il appartenait aux Arabes, des unités de la Légion arabe jordanienne, des troupes professionnelles formées et entraînées par des officiers britanniques, attaquèrent les sionistes, mais furent vaincues et perdirent trois chars d'assaut. Compte tenu du symbolisme et de l'importance de Jérusalem, la ville trois fois sainte, les Britanniques reçoivent finalement l'ordre d'intervenir. Trois compagnies équipées de pièces d'artillerie, de mortiers et de mitrailleuses sont lancées dans la bataille. Finalement, après de violents combats, la Haganah est contrainte d'évacuer le secteur qu'elle occupait. Les Britanniques décident de déclarer la région à l'est de Jérusalem zone militaire et en interdisent l'accès aux Juifs et aux Palestiniens.

Le même jour, le 25 avril, la ville de Jaffa est également attaquée. L'accord de partage de l'ONU prévoyait que l'État arabe devait disposer d'au moins un port. La ville portuaire de Jaffa était donc d'une importance vitale pour les Palestiniens. Tel Aviv, construite au cours de la décennie précédente par les Juifs, était proche de Jaffa. Les sionistes, faisant fi de la résolution de l'ONU, ont donc entrepris de conquérir la ville, qui a résisté jusqu'au 12 mai 1948. La chute de Ramla, près de Jaffa, a été racontée à la première personne. À Ramla, située tout près de Lod et à seize kilomètres au sud-est de Jaffa, vivait Jalil Wazir, alors âgé de douze ans. Connu sous le nom d'Abu Jihad, Wazir était l'un des cofondateurs du Fatah avec Yasser Arafat et, pendant de nombreuses années, le chef adjoint de l'OLP. Le journaliste Alan Hart, auteur de *Arafat A Political Biography* (1989), a interviewé Abu Jihad avant son assassinat.[21] Le texte qui suit est extrait de cette interview qui figure dans le livre de Hart :

> Je me souviens, comme si c'était hier, du jour où les forces sionistes ont attaqué Jaffa", m'a dit Abu Jihad. Les Arabes de la ville nous ont envoyé des voitures et des camions à Ramla. Au secours de Jaffa", criaient-ils, "au secours de Jaffa". Je me souviens des hommes et des femmes de Ramla qui montaient dans les véhicules. Un homme portait un très vieux fusil et plusieurs couteaux et bâtons. À cette époque, nous nous aidions les uns les autres. Nous savions que les Juifs pourraient venir à Ramla et à Lod s'ils s'emparaient de Jaffa. Et c'est exactement ce qui s'est passé. En une nuit, ils ont encerclé Ramla, ce qu'ils ont fait sans difficulté, car les Jordaniens se sont retirés sans combattre. Nous étions seuls et encerclés. Notre peuple ne pouvait pas se battre, il n'avait rien pour le faire. Le commandant et une délégation municipale ont rendu visite aux commandants juifs. Notre commandant leur a dit : "Très bien, vous pouvez entrer dans la ville, mais vous ne devez pas faire de mal à la population ni faire de prisonniers, et vous devez permettre aux gens de rester dans leurs maisons et de vivre leur vie normalement".

Naturellement, les sionistes avaient l'intention de faire exactement le contraire. Ainsi, lorsqu'ils constatent que les habitants de Ramla et de Lod ne fuient pas, ils soumettent les deux villes à des tirs d'artillerie. Une tempête d'obus s'abat sur Ramla. La maison de Wazir, dans le quartier chrétien de Ramla, est détruite. Au milieu des explosions, lui et sa famille se dirigent vers l'église catholique, où hommes, femmes et enfants passent deux jours entiers blottis les uns contre les autres. Lorsque les Juifs sont entrés dans la ville, Jalil Wazir est monté au sommet de l'église : "J'ai vu de mes propres yeux les soldats juifs tirer sur les femmes et les enfants qui étaient encore dans la rue. Je ne peux pas l'oublier. Ensuite, j'ai vu les soldats entrer dans nos maisons à coups de pied, briser les portes et tirer. Parfois, ils poussaient les gens dehors et les tuaient. Dans l'église, les gens pleuraient. Ils disaient : "Deir Yassin, Deir Yassin". Nous étions sûrs que nous allions être tués en masse".

Lorsque les soldats sont entrés dans la rue de l'église, le prêtre est sorti à leur rencontre avec un drapeau blanc et est revenu avec les Juifs, qui ont commencé à séparer les gens. Tous les hommes âgés de 14 à 50 ans sont emmenés dans des camps de détention. Seuls les hommes, les femmes et les enfants les plus âgés sont restés dans la ville et ont été autorisés à rentrer chez eux. Deux jours plus tard, ils ont reçu l'ordre par haut-parleur de quitter

---

[21] Le Fatah, né en 1957, est la plus importante et la plus influente des organisations de libération qui ont donné naissance à l'OLP (Organisation de libération de la Palestine), fondée en 1964. De 1957 à 1965, le Fatah est constitué d'un réseau de cellules secrètes et clandestines. Arafat (Abou Amar) et Wazir (Abou Jihad) étaient les deux organisateurs du réseau. Abou Jihad a été assassiné en Tunisie par un commando israélien en avril 1987.

leurs maisons et de se rassembler en divers points le long de la route, où ils ont passé trois jours à attendre les bus qui les emmèneraient à Ramallah. Le deuxième jour, les anciens ont reçu l'ordre de commencer à marcher vers Ramallah. Le troisième jour, les bus sont arrivés et dans l'un d'eux, Khalil Wazir est monté avec trois frères, dont l'un était un bébé, trois sœurs, sa mère, sa grand-mère et sa tante. Cependant, le supplice n'était pas encore terminé, avec quinze kilomètres à parcourir pour atteindre la ville, les gens ont été forcés de descendre et de marcher le reste du chemin :

"Nous avons donc commencé à marcher. Nous devions marcher lentement. Certaines femmes étaient trop âgées et malades et devaient s'arrêter toutes les quelques minutes pour reprendre leur souffle et se reposer. D'autres femmes, plus aptes à marcher, étaient épuisées de porter leurs enfants dans les bras. La nuit, les Juifs nous ont attaqués avec leur artillerie et leurs bombes de mortier. Au début, nous nous sommes cachées derrière des rochers. Puis, quand nous avons vu que l'attaque continuait, nous avons tous commencé à pleurer et à paniquer... et nous avons dû courir et courir vers Ramallah. Je ne peux pas oublier ce qui s'est passé. Certaines mères ont abandonné leurs enfants, elles étaient trop épuisées pour les porter. Même ma tante a dit à ma mère de laisser certains de ses enfants derrière elle. Ma mère en avait trois sur elle. Ma tante lui a dit : "Tu ne peux pas courir avec trois enfants sur le dos. Ils te tueront. Laisse-en deux derrière toi et nous t'enverrons de l'aide quand nous serons à Ramallah. Ma mère a refusé. Puis elle a dit : "Jalil, penses-tu que tu pourrais prendre une de tes sœurs et t'enfuir ? J'ai dit : "Oui", et je l'ai fait. Certains enfants ont été abandonnés parce qu'il n'y avait personne pour les prendre. D'autres sont restés sur place parce que leur mère est morte. Jusqu'à aujourd'hui, je n'ai pas pu l'oublier".

Quelque 60 000 personnes ont été expulsées dans les caravanes de réfugiés qui ont été dirigées vers Ramallah depuis différentes parties de la Palestine. D'autres localités ont connu le même sort que Ramallah et Lod. Safad est occupée le 8 mai, où quelque 10 000 Arabes sont soumis à un nettoyage ethnique, laissant la ville aux mains d'un peu plus d'un millier de Juifs, et le 12 mai, le jour même de la reddition de Jaffa, la ville arabe de Bissan tombe également. Au milieu de l'orgie de terreur sioniste et inconscients du désastre humanitaire qu'elle provoquait, les Britanniques, en violation de leurs obligations, annoncèrent le 14 mai 1948 qu'ils mettaient fin à leur mandat en Palestine. Comme convenu à l'ONU, après le retrait britannique, qui devait avoir lieu le 1er août, une commission serait chargée de faire respecter le partage convenu. Après la prise de contrôle par l'ONU, des élections seraient organisées dans les deux États, puis l'ONU remettrait le pouvoir aux gouvernements respectifs.

Proclamation unilatérale d'indépendance et guerre de conquête

Avant que les Britanniques n'annoncent leur désengagement du mandat de Palestine, les sionistes ont déjà occupé la plupart des villes arabes et expulsé leurs habitants. Le 14 mai, le jour même où Sir Allan Cunningham, le dernier Haut Commissaire britannique, quittait la Terre Sainte à bord du croiseur *Euryalus*, la Haganah lançait l'assaut sur St John's à Acre, qui tomba le 17. Dès le départ, les faits montrent donc que les sionistes n'ont jamais eu l'intention de se soumettre aux plans de l'ONU. Dans *The Fatal Triangle : The United States, Israel and Palestine*, Noam Chomsky cite les propos de Béguin, qui déclarait en 1948 : "Le partage de la patrie est illégal. Il ne sera jamais reconnu. La signature de l'accord de partage par les institutions et les individus est invalide. Elle n'engagera pas le peuple juif. Jérusalem était et sera toujours notre capitale. Eretz Israël sera rendue au peuple d'Israël. Tout Eretz Israël sera rendu au peuple d'Israël. Et pour toujours".

Mais pour violer impunément la résolution 181, il fallait la complicité ou la passivité des nations qui avaient gagné la guerre mondiale. Une fois de plus, ce qui s'est passé aux États-Unis montre à quel point les lobbyistes juifs ont exercé un pouvoir réel. Le 13 mai 1948, le président Truman reçoit une lettre de Chaim Weizmann annonçant qu'à zéro heure le 15 mai, le gouvernement provisoire de l'État juif entrera en fonction. La lettre indiquait qu'on s'attendait à ce qu'il soit rapidement reconnu. Le texte de la lettre est reproduit par Weizmann lui-même dans *Trial and Error*. Il suit un extrait cité dans *Les fils d'Agénor* de Bichara Khader :

"... Le leadership que le gouvernement américain a exercé sous votre inspiration a rendu possible l'établissement d'un Etat juif.... C'est pour ces raisons que je souhaite vivement que les Etats-Unis, qui, sous votre direction, ont tant fait pour trouver une solution juste, reconnaissent rapidement le gouvernement provisoire de l'Etat juif. Le monde, je pense, trouvera particulièrement approprié que la plus grande démocratie existante soit la première à accueillir le dernier-né de la famille des nations".

Le président de B'nai Brith, Frank Goldman, se présente à la Maison Blanche le matin du 14 mai 1948 et est reçu par Truman. En 1947, les membres de la loge new-yorkaise, dont le président était Lester Gutterman, avaient versé individuellement 50 000 dollars à la Haganah. Après la proclamation de l'indépendance, le B'nai Brith a envoyé à Haïfa des navires chargés de fournitures d'une valeur de 4 millions de dollars. Goldman avait manifestement l'intention de s'assurer que Truman n'échouerait pas. Le visiteur suivant ce matin-là est Eliahu Epstein, le représentant de l'Agence juive à Washington, qui remet au président la notification officielle de la proclamation d'Israël le jour même à 18h01 (heure américaine).

L'après-midi du 14 mai 1948, le Conseil national juif se réunit dans la grande salle du musée de Tel Aviv. Les membres de l'Agence juive sont assis sur une tribune. Au-dessus de leurs têtes se trouve un grand portrait encadré de Theodor Herzl. Le président du Conseil, David Ben Gourion, se lève et toutes les personnes présentes chantent "Hatikwah", le chant de l'espoir, qui sera désormais l'hymne d'Israël. Ben Gourion lit ensuite la déclaration d'indépendance, qui se termine par ces mots : "Nous, membres du Conseil national, représentants du peuple juif de Palestine et du mouvement sioniste international, nous sommes réunis en assemblée solennelle. Sur la base de la loi nationale et historique du peuple juif et de la résolution des Nations unies, nous proclamons la fondation de l'État juif en Terre sainte, dont le nom sera Israël". Le Comité exécutif de l'Agence juive devient le premier gouvernement du nouvel État.

Onze minutes après la proclamation, soit à 18h11 heure américaine, Charlie Ross, attaché de presse du président, lit le communiqué laconique signé par Harry Solomon Truman : "Ce gouvernement a été informé qu'un État juif a été proclamé en Palestine et que la reconnaissance a été demandée par le gouvernement provisoire de cet État. Les Etats-Unis reconnaissent le gouvernement provisoire comme l'autorité de facto de ce nouvel Etat d'Israël". La reconnaissance intervient donc sans délai, comme l'avait demandé Weizmann. La réunion au musée de Tel Aviv se poursuit lorsque les sionistes reçoivent la nouvelle. Il s'agit d'une démonstration de rapidité sans précédent qui n'a jamais été égalée à ce jour. Les délégués américains à l'ONU, qui n'avaient pas été informés, ne pouvaient pas le croire, car ils avaient soumis un projet de tutelle internationale pour la Palestine qui était en cours d'examen par l'Assemblée générale. Après quelques instants de confusion, ils ont contacté la Maison Blanche et ont reçu la confirmation que la nouvelle était vraie. Quelques mois plus tard, lorsque Chaim Weizmann rendit visite au président américain en tant que premier président de l'État d'Israël, Truman reconnut que cette reconnaissance était "la chose la plus fière de sa vie".

Le 15 mai 1948, des troupes syriennes, libanaises, irakiennes et jordaniennes pénètrent en Palestine. C'est le début de la première guerre israélo-arabe (1948-1949). Le secrétaire général de la Ligue arabe, fondée en mars 1945, envoie un télégramme aux Nations unies pour exprimer son étonnement face à la décision des sionistes, contraire à la loi. Il dénonce la prise de possession par les Juifs de la quasi-totalité de la Palestine et justifie l'intervention : "Les Etats arabes ont été obligés d'intervenir pour assurer la paix et la sécurité, pour rétablir l'ordre en Palestine et aussi pour combler le vide laissé par les Britanniques". En réalité, les troupes étaient censées protéger les secteurs cédés aux Arabes selon le plan de partage et n'ont fait qu'envahir ces territoires. Cependant, la préparation et l'équipement des soldats étaient très médiocres. De plus, il leur manque un commandement central qui puisse coordonner leurs actions. La Syrie et le Liban viennent d'accéder à l'indépendance et leurs armées ne comptent que 8000 hommes. Le roi Farouq d'Égypte dispose de plus de troupes, mais celles-ci sont peu professionnelles et également mal équipées. Seule la Légion arabe du roi Abdallah de Transjordanie constitue une force militaire véritablement bien armée et organisée, ayant été entraînée par les Britanniques, qui en assurent encore le commandement. Son général est John Glubb, "Pacha". Les commandants et les officiers sous ses ordres sont également britanniques. Seule la Légion arabe résiste, les autres armées arabes sont vaincues sur tous les fronts par la Haganah. Les Arabes ignoraient les tactiques d'infanterie les plus élémentaires, ils chargeaient en masse en tirant avec de vieux fusils à pointe et agissaient sottement, car ils allaient au-devant des tirs ennemis parce qu'ils portaient une sourate du Coran bénie par le mufti.

L'affrontement le plus important entre la Haganah et la Légion arabe a lieu à Jérusalem. Le plan de partage avait laissé un couloir entre la Ville Sainte et la mer afin que les Arabes et les autorités internationales qui y résidaient puissent sortir librement vers la côte. Les sionistes marchent sur Jérusalem et attaquent le quartier arabe par la route de Tel Aviv, mais non seulement ils échouent dans leur tentative de prendre la Vieille Ville, mais ils perdent aussi le quartier juif niché dans cette vieille partie de Jérusalem. C'est une défaite douloureuse, car pour la première fois dans l'histoire, tous les Juifs sans exception sont expulsés de la partie historique de la ville. Le quartier juif est occupé par les troupes de la Légion arabe et ses habitants, au nombre de 2000, sont contraints de partir. Les Juifs quittent la ville le 28 mai 1948 par la porte de Sion et sont emmenés en captivité en Transjordanie, sous la surveillance de la Croix-Rouge.

Le 29 mai, alors que les derniers Juifs quittent la vieille ville de Jérusalem, la proposition de cessez-le-feu présentée par le Conseil de sécurité est acceptée. Les opérations de guerre sont suspendues pendant une période de quatre semaines, au cours de laquelle une commission de médiation tente de mettre fin aux hostilités. Pendant la trêve, aucune nouvelle troupe ne doit entrer en Palestine et aucun matériel de guerre ne doit être acheminé. Le non-respect des termes de l'armistice entraînerait des sanctions appropriées. Le comte suédois Folke Bernadotte, membre de la famille royale suédoise et fonctionnaire de la Croix-Rouge suédoise internationale pendant de nombreuses années, a été nommé président de la commission de médiation de l'ONU. Folke Bernadotte a annoncé le 7 juin que la trêve commencerait le 11 juin à 6 heures du matin.

Le choix de Bernadotte fut bien accepté par les sionistes, car à la fin de la Seconde Guerre mondiale, en tant que représentant de la Croix-Rouge, il avait intercédé auprès de Himmler en faveur de milliers de Juifs, ce qui lui avait valu un prestige international. Comme James Forrestal, le comte Bernadotte a tenu un journal qui a été publié après sa mort. Il y note qu'après avoir accepté sa mission de paix, il s'est arrêté à Londres sur le chemin de la Palestine et a rendu visite à Nahum Goldman, alors vice-président de l'Agence juive et représentant de l'État sioniste, qui lui a assuré que "l'État d'Israël était désormais en mesure d'assumer l'entière responsabilité des actions du gang Stern et des membres de l'Irgoun". Conforté par ces propos, Bernadotte arrive en Egypte où il rencontre le Premier ministre, Nokrashi Pacha, qui lui dit "reconnaître l'étendue du pouvoir économique juif, puisqu'il contrôle le système économique de nombreux pays, dont les Etats-Unis, l'Angleterre, la France, l'Egypte elle-même et peut-être même la Suède". Bernadotte ne note dans son journal aucune objection à la référence à son pays. Nokrashi Pacha lui dit également que les Arabes "ne s'attendent pas à pouvoir échapper à cette domination", mais ajoute qu'ils ne peuvent accepter qu'on veuille y parvenir par la force et le terrorisme et qu'ils résisteront.

Les sionistes acceptent le cessez-le-feu avant les Arabes, bien qu'ils n'aient pas l'intention de respecter l'accord. La trêve leur permet de renforcer leurs contingents de manière décisive, car des milliers de Juifs bien entraînés arrivent d'Europe et n'ont pas besoin de formation militaire. En outre, la Tchécoslovaquie envoie d'importantes quantités d'armes, une contribution décisive qui a commencé en mars, après le coup d'État communiste de Prague qui, en février 1948, avait renversé sans effusion de sang le gouvernement Benedict. Le coup d'État avait été orchestré par des communistes juifs agissant sous la direction de Lavrenti Beria. L'homme fort de la conspiration était le juif Rudolf Slansky (Rudolf Salzmann), secrétaire général du parti communiste tchécoslovaque, le criminel qui, en 1945, avait accueilli Benes avec des torches vivantes suspendues aux réverbères.

Il convient de noter que les Juifs les plus importants qui ont pris le pouvoir à Prague après le coup d'État de février 1948 ont été arrêtés en novembre 1951 et dans les mois qui ont suivi. Accusés d'être des sionistes, ils ont été jugés en novembre 1952 et exécutés sur ordre de Staline. Comme lors des procès de Moscou dans les années 1930, les médias occidentaux qualifient de farce le procès qui s'ouvre le 20 novembre 1952 et accusent Staline d'antisémitisme pour avoir purgé les Juifs des appareils du parti communiste en Europe de l'Est. En réalité, dès qu'ils ont pris le contrôle du gouvernement tchécoslovaque, Slansky et compagnie se sont empressés d'envoyer des cargaisons d'armes aux sionistes de Palestine. Outre Slansky, les communistes juifs suivants sont arrivés au pouvoir sous la protection de Beria : Vladimir Clementis, ministre des Affaires étrangères, dont le rôle est primordial dans les opérations de contrebande d'armes vers les Israéliens ; Bedrich Reicin, nommé vice-ministre de la Défense ; Bedrich Geminder, bras droit de Slansky et figure de proue du Comintern ; Josef Frank, adjoint de Slansky et secrétaire général adjoint du parti communiste ; Rudolph Margolius, vice-ministre du Commerce extérieur ; Stefan Rais, ministre de la Justice en avril 1950 ; Artur London, vice-ministre des Affaires étrangères ; André Simone (en réalité Otto Katz), chef du service de presse du ministère des Affaires étrangères, un propagandiste qui en est venu à utiliser une vingtaine de pseudonymes et dont le rôle dans la guerre civile espagnole a déjà été évoqué ; Otto Fischl, vice-ministre des finances, qui avoua lors du procès de Prague qu'il était un nationaliste juif et qu'il collaborait avec les services secrets israéliens ; Ludwig Frejka (en réalité Ludwig Freund), conseiller économique de Klement Gottwald, président de la République ; Evzen Löbl, vice-ministre ; Vavro Hajdu, également vice-ministre ; et beaucoup d'autres personnes qui occupèrent des postes moins importants. Plus tard, en septembre, les sionistes au pouvoir en Tchécoslovaquie formeront une brigade de Juifs tchèques qui sera déplacée en Palestine.

Contrairement aux Juifs, les Arabes hésitent à accepter la trêve, convaincus qu'elle est dans l'intérêt d'Israël. En outre, en juin, le nombre de fugitifs et de personnes déplacées palestiniens s'élevait à plus de 600 000, qui souhaitaient ardemment une défaite sioniste pour pouvoir rentrer chez eux. En Jordanie et en Égypte, on affirme que ce sont les Juifs qui doivent être contraints de se conformer aux décisions de l'ONU et de permettre aux expulsés de rentrer chez eux. Enfin, une décision du gouvernement britannique contraint les Arabes à accepter la trêve de l'ONU : les Britanniques annoncent qu'ils retirent leurs officiers de la Légion arabe. Dans son ouvrage *Post-war Wars*, Christian Zentner cite le commandant Glubb Pacha : "Le retrait des officiers britanniques a porté un coup sévère à la Légion. Parmi eux se trouvaient les chefs d'état-major, deux chefs de brigade et quatre chefs de régiment, ainsi que tout le commandement de l'artillerie. Et comme l'artillerie avait été organisée trois mois plus tôt, il n'y avait pas d'officiers jordaniens capables de les remplacer. Les officiers britanniques ont été la colonne vertébrale de l'édifice jusqu'en 1948, sans eux tout s'effondrerait....". Finalement, les Arabes cèdent et les combats cessent plus ou moins.

Malgré l'interdiction expresse des Nations unies, les communistes juifs de Tchécoslovaquie ont vendu aux sionistes non seulement des armes légères, mais aussi de l'artillerie, des chars et même des avions, tant de chasse que de bombardement. Les livraisons comprenaient des armes capturées aux Allemands à la fin de la guerre mondiale, telles que des fusils 98 K, des mitrailleuses d'assaut M 42, des bombes antichars et des chasseurs M-109. Le matériel a été transporté par avion de la Tchécoslovaquie à la Palestine, avec une escale dans le territoire grec dominé par le général Markos, chef de la guérilla communiste qui luttait contre la guerre civile en Grèce. Le matériel est également envoyé en Yougoslavie, dont les dirigeants sont les communistes juifs Tito et Pijade, et de là, il est acheminé par bateau jusqu'aux ports de Haïfa et de Tel-Aviv. Ainsi, bien armés, lorsque les hostilités reprennent le 9 juillet 1948, les sionistes lancent une offensive de dix jours qui les mène de victoire en victoire : Nazareth, la ville natale de

Jésus-Christ, est conquise et toute la Galilée est aux mains des Juifs. Le 19 juillet, le comte Bernadotte met tout en œuvre pour obtenir une nouvelle trêve, car non seulement la population civile fuit en désordre, de plus en plus terrifiée par l'épuration ethnique pratiquée par les Juifs, mais aussi les troupes arabes, incapables de faire face à la Haganah. Le 29 juillet, le médiateur suédois réussit à faire cesser à nouveau les combats pour quatre semaines.

Le délégué de l'ONU et la commission qu'il préside, composée de représentants français, américains et belges, sont déterminés à faire respecter par les Israéliens la résolution de l'ONU, à savoir : les frontières de l'Etat sioniste seront celles prévues dans la "recommandation" du 29 novembre 1947 ; Jérusalem sera internationalisée sous le contrôle de l'ONU ; l'ONU devra réaffirmer et garantir le droit des Arabes expulsés à retourner dans leurs foyers. Au cours du mois d'août, les discussions entre le médiateur suédois et les dirigeants sionistes s'enveniment. Les Juifs, en désaccord avec le comte Bernadotte, commencent par manifester avec des haut-parleurs devant le bâtiment de la délégation de l'ONU, puis ils placardent des affiches et des tracts contre le représentant de l'ONU et sa commission de négociation, et enfin, le 17 septembre 1948, ils l'assassinent dans une rue de Jérusalem. Lorsque l'une des parties assassine le médiateur, la personne à qui l'on doit le plus grand respect et la plus grande considération en raison de la difficulté de sa mission, il n'y a pas grand-chose à dire face au choc et à la déception d'une violation aussi grave. Le fanatisme tribal des criminels est cependant apparu clairement à l'opinion internationale. De plus, dans ce cas, il y a une circonstance aggravante : le comte Folke Bernadotte avait sauvé quelque vingt mille Juifs des mains des nazis, ce qui démontre l'estime que le noble suédois avait pour le peuple juif.

Le 17 septembre vers 17 heures, trois voitures de l'ONU ont quitté le siège du gouvernement avec l'intention de traverser Jérusalem. Alors que les trois véhicules roulaient sur la route de Katamon à Rehaviah, une "jeep" avec quatre hommes en plus du chauffeur a bloqué la route. Les assassins, portant des uniformes de l'Afrika Korps, sautent à terre et tirent avec leurs armes automatiques sur les trois voitures. L'un des terroristes se dirige vers la voiture dans laquelle se trouve le comte Bernadotte. Sur le siège avant se trouvent le colonel Begley, qui conduit la jeep, et le capitaine Cox, délégué belge. Derrière eux se trouvent l'assistant de Bernadotte, le général suédois Lundström, assis à la fenêtre par laquelle le tireur s'est approché, au milieu le colonel français Serot, et de l'autre côté le comte Bernadotte. Les coups de feu tuèrent le colonel Serot sur le coup. Le comte Bernadotte, grièvement blessé par des coups de feu à la tête, est décédé dès son arrivée à l'hôpital. Les trois voitures de la délégation sont criblées de balles. Il s'avéra plus tard que la jeep utilisée par les criminels avait été volée quelque temps auparavant par les terroristes du Stern Gang.

Le général Lundström, qui s'en sort indemne, déclare le lendemain, 18 septembre, que "les assassinats délibérés de deux hauts fonctionnaires internationaux constituent une violation de la trêve d'une extrême gravité et une page noire de l'histoire de la Palestine pour laquelle les Nations unies exigeront une justification complète". Le général Lundström s'est trompé : aucune exigence n'a été formulée à l'égard des sionistes. Les mécanismes de pression qui fonctionnaient en coulisse depuis la *déclaration Balfour* ont une fois de plus fonctionné à la perfection. L'assassinat du médiateur de l'ONU n'a pas la moindre répercussion : les sionistes ignorent les propositions du comte Bernadotte : ils conquièrent et conservent les territoires qu'ils veulent, refusent le droit au retour des Palestiniens dans leurs foyers et proclament qu'ils ne permettront pas l'internationalisation de Jérusalem.

Le Times of London va jusqu'à rendre le médiateur suédois responsable de ce qui s'est passé, car la proposition d'internationaliser Jérusalem "a sans doute incité certains Juifs à tuer le comte Bernadotte". Bien entendu, les sionistes ont continué à accuser d'antisémitisme tous ceux qui défendaient la cause arabe, ce qui était le plus grotesque des sarcasmes, puisque les vrais sémites étaient les Palestiniens et que les sionistes étaient très majoritairement des juifs ashkénazes (descendants des Khazars). L'impunité des sionistes est une constante depuis : l'État d'Israël n'a jamais respecté une seule résolution de l'ONU et, depuis 1948, il a agi de manière ininterrompue en dehors du droit international, sans le moindre problème.

Quant aux terroristes qui ont assassiné le médiateur international, deux membres du Stern, Yellin et Shmuelevitz, ont été condamnés quatre mois plus tard à huit et cinq ans de prison par une cour de justice spéciale. Lors de la lecture de la sentence, le président du tribunal a déclaré qu'"il n'y avait aucune preuve que l'ordre de tuer le comte Bernadotte avait été donné par la direction". En d'autres termes, comme d'habitude, les terroristes ont agi seuls. Dans *The Controversy of Zion*, Douglas Reed écrit ce qui suit sur ce qui est arrivé aux condamnés : "Les deux hommes (selon l'Agence télégraphique juive), "compte tenu du fait que le Conseil d'État devait approuver une amnistie générale, n'ont guère prêté attention au processus judiciaire" et, quelques heures après avoir été condamnés, ont été libérés pour être escortés en triomphe à une réception populaire".

Le successeur de Bernadotte est un diplomate américain, Ralph Bunche, qui proteste par obligation et sans grande énergie : l'élection présidentielle est sur le point d'avoir lieu et les votes et l'argent juifs sont essentiels pour Truman. De plus, les États-Unis président le Conseil de sécurité. Dans ces circonstances, les sionistes reprennent leur guerre de conquête et s'emparent de Beersheba, ville qui devait faire partie de l'Etat arabe selon le plan de partage. Le Conseil de sécurité ordonne un cessez-le-feu le 22 octobre 1948 et le retrait des Juifs sur les positions existantes le 14, une semaine avant l'offensive. Naturellement, les Israéliens, tout en acceptant le cessez-le-feu, ignorent l'ordre de retrait et poursuivent impunément leur politique du fait accompli. En février 1949, ils reprennent leurs attaques contre les forces égyptiennes. Entre mars et avril, les États arabes sont contraints d'accepter un armistice qui scelle leur défaite. Les Juifs ont conquis 1300 km2 destinés aux Palestiniens, dont quatorze villes et 313 villages, dont les habitants ont fui en masse pour éviter le nettoyage ethnique annoncé après le pogrom de Deir Yassin : "ceci vous arrivera, si vous ne disparaissez pas". Les 56% du territoire accordés à l'Etat juif alors que les sionistes ne possédaient que 6,6% des terres sont devenus 74% de la superficie totale de la Palestine.

Après la fin de la première guerre israélo-arabe, les Palestiniens ont compris que ce qui s'était passé était une catastrophe, "al-Nakba", et ils l'ont répété jusqu'à aujourd'hui. La Palestine politique a disparu de la carte, le roi Abdallah de Transjordanie ayant annexé la Cisjordanie, la rive gauche du Jourdain, aujourd'hui appelée Cisjordanie, et la bande de Gaza ayant été prise en charge par l'administration militaire égyptienne. Entre novembre 1947 et décembre 1951, quelque 850 000 Palestiniens, soit les trois quarts de la population totale, sont devenus des réfugiés, dont l'aspiration inaliénable au retour a donné naissance au deuxième grand concept de l'épopée du peuple palestinien, "al-Awda", le droit au retour, symbolisé par la transmission de génération en génération d'une clé de la maison que leurs ancêtres ont dû laisser derrière eux lorsqu'ils ont été expulsés par les Juifs sionistes. Ces exilés se sont installés dans des camps de réfugiés au Liban, en Jordanie, en Syrie, en Cisjordanie et à Gaza, où ils ont survécu dans le dénuement. En novembre 1948, les Nations unies lancent un programme d'aide aux réfugiés palestiniens, remplacé le 8 décembre 1949 par la résolution 302, qui crée l'Office de secours et de travaux des Nations unies (UNRWA), chargé de distribuer des rations alimentaires et de scolariser les enfants.

Assassinats et nettoyage ethnique

Le plan Dalet (plan D) a été activé au début du mois d'avril 1948 et visait à saisir, nettoyer et détruire les villages arabes dans les zones désignées par le commandement. La première zone choisie fut les villages ruraux des montagnes de Jérusalem et fut mise en œuvre entre avril et mai 1948. Il s'agit de l'opération "Najson", menée par des unités du Palmach, qui servira de modèle pour l'avenir. La brigade Alexandroni est chargée d'attaquer les villages côtiers. La brigade Golani a reçu l'ordre de nettoyer la Galilée orientale le 6 mai. En 2008, le livre *La limpieza étnica de Palestina*, d'Ilan Pappé, exilé d'Israël en 2007 en raison du boycott qu'il a subi pour sa critique du sionisme et sa défense des droits du peuple palestinien, a été publié en espagnol. Nous conseillons au lecteur intéressé de lire l'œuvre du professeur Pappé, que certains de ses détracteurs ont accusé d'être "un juif qui se déteste parce qu'il est juif", une calomnie courante que les juifs qui conservent leur dignité et placent leur statut d'êtres humains au-dessus de l'appartenance ethnique doivent souvent endurer.

Le cas d'Ilan Pappé étant très significatif, il convient d'expliquer l'origine de son ostracisme académique en Israël. Il la raconte lui-même dans son article "Israeli academic boycott : the 'Tantura case'". À la fin des années 1980, Pappé a donné un cours à l'université de Haïfa sur le conflit israélo-palestinien. Ce cours a suscité l'intérêt de l'étudiant Teddy Katz qui, encouragé par le professeur Pappé, a décidé d'entreprendre des recherches sur le sort du village de Tantura le 23 mai 1948. En 1998, Katz a présenté sa thèse de maîtrise à l'université de Haïfa, qui concluait que 225 Palestiniens avaient été tués à Tantura : vingt ont été tués pendant la bataille, les autres ont été exécutés après la reddition du village. Il a obtenu une note très élevée de 97% (le professeur Pappé note qu'il lui aurait donné 100%).

Fin janvier 2000, le quotidien *Ma'ariv* a interviewé Katz et quelques vétérans de la brigade d'Alexandroni, alors que d'autres confirmaient les données de la recherche, refusaient d'admettre le massacre, portaient plainte pour diffamation et demandaient une indemnisation d'un million de shekels. "Si vous faites des recherches sur l'histoire d'Israël, écrit le professeur Pappé, en contradiction avec le récit sioniste, vous subissez des représailles. Les pressions exercées par l'université et par sa propre famille ont provoqué chez Katz une dépression qui a failli lui coûter la vie. Il accepte finalement de signer une lettre d'excuses dans laquelle il revient sur ses déclarations et admet qu'il n'y a pas eu de massacre à Tantura, mais il le regrette rapidement. L'enquête confirme l'épuration ethnique et le juge Pilpel classe l'affaire. Cependant, l'université a demandé l'annulation de la qualification et a accusé l'étudiant d'avoir fabriqué les preuves et le professeur Pappé de l'avoir soutenu.

Après trois jours et trois nuits à écouter les enregistrements du jeune Katz, les témoignages et les preuves, Pappé s'est rendu compte qu'il ne pouvait pas défendre les événements monstrueux de Tantura. Il a décidé d'en faire un résumé et de le publier sur le site web de l'université. Il propose également d'en discuter avec d'autres experts, mais l'université considère que son rôle n'est pas de rechercher la vérité mais de défendre le sionisme, et rejette la proposition. Le professeur Pappé a ainsi découvert que son université avait systématiquement manipulé l'histoire. Ainsi, poursuit-il, soumis à un boycott de fait, je suis devenu un paria dans ma propre université. Amis et collègues ont annulé les invitations à des cours et à des séminaires qui m'avaient été envoyées avant que n'éclate l'affaire Tantura, qui a révélé la nature brutale du nettoyage ethnique d'Israël en 1948". L'engagement et la détermination d'Ilan Pappé à faire connaître les faits lui ont valu d'être déclaré "persona non grata".

Malheureusement, il n'existe pas de thèses universitaires permettant, comme dans le cas de Tantura, de documenter avec une rigueur absolue les massacres perpétrés par les sionistes. Certains auteurs, comme Ralph

Schönman, déjà cité, ont cependant publié des témoignages ou des informations parues dans les médias israéliens. Le 28 octobre 1948 a eu lieu le massacre d'Al-Dawayima, à quelques kilomètres à l'est d'Hébron. L'horreur du massacre a été révélée par les déclarations d'un soldat ayant participé aux événements, publiées dans le journal hébraïque *Davar*, édité par la Fédération générale des travailleurs de la terre d'Israël. Le soldat a affirmé qu'entre quatre-vingts et cent personnes avaient été tuées ; cependant, d'autres sources suggèrent que le nombre était plus élevé. Dans *The Hidden History of Zionism*, Schönman publie cet extrait du témoignage du soldat :

"... Ils ont tué entre quatre-vingts et cent Arabes, hommes, femmes et enfants. Pour tuer les enfants, ils leur ont cassé la tête avec des bâtons. Il n'y avait pas une maison sans cadavres... Un commandant a ordonné à un soldat d'emmener deux femmes à l'intérieur d'un bâtiment qu'il s'apprêtait à dynamiter.... Un autre soldat s'est vanté d'avoir violé une femme arabe avant de lui tirer une balle dans la tête. Une autre femme arabe, accompagnée de son nouveau-né, a été forcée de nettoyer les lieux pendant deux jours, avant d'être abattue avec son bébé. Des commandants polis et bien élevés, considérés comme des "gentils", sont devenus des criminels de droit commun, et ce non pas dans le feu de l'action, mais comme méthode d'expulsion et d'extermination. Moins il restait d'Arabes, mieux c'était".

Il existe également un rapport sur ce massacre daté du 14 juin 1949, soumis par le Congrès des réfugiés arabes de Ramallah au Comité technique de la Commission de conciliation des Nations unies pour la Palestine. Ce rapport indique que la population d'Al-Dawayima était d'environ six mille personnes, car environ quatre mille personnes s'y étaient réfugiées avant le massacre. Ce document étant disponible, il est reproduit dans sa quasi-totalité :

"La raison pour laquelle on sait si peu de choses sur ce massacre, qui fut à bien des égards plus brutal que celui de Deir Yassin, est que la Légion arabe (l'armée qui contrôlait cette région) craignait que si la nouvelle se répandait, elle aurait le même effet sur le moral des paysans que Deir Yassin, c'est-à-dire qu'elle provoquerait une nouvelle vague de réfugiés. Afin d'aider les délégations arabes réunies à Lausanne, un bref compte-rendu du massacre est présenté ici. Ce rapport est tiré d'une déclaration faite sous serment par Hassan Mahmoud Ihdeib, le Mukhtar (chef) d'Al-Dawayima. J'ai personnellement interrogé le Mukhtar et je l'ai trouvé raisonnable et calme, sans exagération.
Il rapporte qu'une demi-heure après la prière de midi, le vendredi 28/10/48, il a entendu le bruit de coups de feu dans la partie ouest du village. En enquêtant, il a vu une troupe d'une vingtaine de véhicules

blindés s'approcher du village de Qubeida - sur la route d'Al-Dawayima -, une deuxième troupe s'approcher de Beit Jibril, et d'autres véhicules armés s'approcher de Mafkhar-Al-Dawayima. Le village ne comptait que vingt gardes, postés du côté ouest.

Lorsque les véhicules se sont trouvés à un demi-kilomètre du village, ils ont ouvert le feu avec leurs armes automatiques et leurs mortiers et ont avancé sur le village dans un mouvement semi-circulaire, l'encerclant ainsi par l'ouest, le nord et le sud. Une section de véhicules blindés pénètre dans le village en tirant avec leurs armes automatiques. Les soldats juifs en sortent et se dispersent dans les rues du village en tirant à l'aveugle sur tout ce qui bouge. Les villageois ont commencé à fuir le village, les plus âgés se réfugiant dans la mosquée et les autres dans une grotte voisine appelée Iraq El Zagh. La fusillade a duré une heure.

Le lendemain, le Mukhtar a rencontré les villageois et a accepté de retourner au village cette nuit pour connaître le sort de ceux qui étaient restés. Il rapporte que dans la mosquée se trouvaient les corps d'une soixantaine de personnes, pour la plupart des hommes âgés qui s'y étaient réfugiés. Son père en faisait partie. Il a vu un grand nombre de corps dans les rues, des corps d'hommes, de femmes et d'enfants. Puis il se rendit à la grotte d'Iraq El Zagh. Il trouva à l'entrée de la grotte les corps d'environ quatre-vingt-cinq personnes, toujours des hommes, des femmes et des enfants.

Le Mukhtar a recensé les villageois et a constaté que 455 personnes manquaient à l'appel, dont 280 hommes et le reste des femmes et des enfants.

Il y a eu d'autres victimes parmi les réfugiés, dont le nombre n'a pas pu être déterminé par Mukhtar.

Le Mukhtar rapporte expressément que la population n'a pas été forcée de se rendre et que les troupes juives n'ont rencontré aucune résistance.

Il est inutile de mentionner que cette attaque brutale et non provoquée a eu lieu pendant la trêve".

Il ne servirait à rien de citer des cas et de raconter les mêmes faits encore et encore. Le nettoyage ethnique s'est poursuivi non seulement en 1948 et 1949, mais aussi tout au long des années qui ont suivi. Au début des années 1950, les camps de réfugiés de Gaza ont été le théâtre de divers massacres. Au cours de la même décennie, des massacres ont également été perpétrés dans des villages de Cisjordanie. Parmi ceux-ci, le plus connu est celui de Qibya, où, en octobre 1953, soixante-quinze civils, hommes, femmes et enfants, ont été assassinés de sang-froid dans leurs maisons pendant la nuit. Le principal responsable est Ariel Sharon, le futur premier ministre d'Israël, qui a commencé à se forger une réputation de meurtrier. Les massacres de Sabra et Chatila, les camps de réfugiés du Sud-Liban, où le 16 septembre 1982, au moins 2400 personnes, toutes des femmes, des enfants et des personnes âgées, ont été exterminées sur ordre de Sharon, comptent parmi les crimes les plus connus à l'échelle internationale de

Sharon. En 2001, un tribunal belge a donné raison à une vingtaine de survivants, et en Europe, plusieurs comités ont organisé la Campagne pour la justice pour les victimes de Sabra et Chatila. Comme toujours, les crimes des sionistes sont restés impunis, Ariel Sharon n'ayant jamais été jugé.

Schönman fournit une liste des villages arabes détruits par Israël dans tous les districts de Palestine, liste établie par Israël Shahak, président de la Ligue israélienne pour les droits civils et humains et auteur de *Jewish History, Jewish Religion,* un livre maintes fois cité. Ces chiffres donnent une idée de l'ampleur de la "al-Nakba". Avant 1948, il y avait au total 475 villages en Palestine, dont il ne restait plus que 90 en 1988, soit 385 villages détruits, rasés, car le gouvernement israélien a entrepris une destruction systématique. Parfois, des arbres ont été plantés par la suite sur les sites des villages ou des hameaux afin d'effacer toute trace de leur existence ; souvent, un nouveau village a été construit à l'endroit où se trouvait le village arabe. Shahak rapporte que la liste est incomplète car il est impossible de trouver de nombreuses communautés arabes. En effet, les données officielles israéliennes donnent le nom de "tribus" à plus de quarante villages bédouins, un stratagème qui leur permet de réduire le nombre de communautés palestiniennes établies de façon permanente. Quelque 93% des terres de l'État d'Israël sont aujourd'hui contrôlées par l'administration foncière israélienne, régie par les directives du Fonds national juif. Pour vivre sur la terre, la louer ou la travailler, il faut prouver sa filiation juive depuis au moins quatre générations. Même pour travailler dans un kibboutz (communauté agricole), la pureté raciale doit être prouvée. Dans le cas de travailleurs saisonniers chrétiens liés à des femmes juives cherchant à devenir membres d'un kibboutz, ils doivent se convertir au judaïsme. Les candidats chrétiens à l'adhésion au kibboutz par conversion", écrit le professeur Shahak, "doivent promettre de cracher lorsqu'ils passeront devant une église ou une croix à l'avenir".

Le golem nucléaire sioniste

Dès le départ, les sionistes ont décidé que l'État juif, érigé sur une terre usurpée au peuple palestinien, devait posséder la bombe atomique. Roland Perry confirme dans *Le cinquième homme* que, quelques mois après la proclamation d'Israël, Victor Rothschild a participé à la création d'un département spécial de physique nucléaire dans un institut scientifique de Rehovot, où Chaim Weizmann avait créé en 1934 l'Institut Sieff, qui deviendra en novembre 1949 l'Institut Weizmann des sciences. Selon Perry, son objectif était de fabriquer l'arme atomique pour Israël. Ce projet est devenu le secret le mieux gardé et le souhait le plus ardent des fondateurs du nouvel État.

Perry affirme que Victor Rothschild était pleinement impliqué dans l'espionnage atomique par ses contacts avec des physiciens juifs travaillant dans la recherche nucléaire et fait état de plusieurs voyages du troisième baron Rothschild aux États-Unis, où il a rencontré en 1947 Lewis Lichtenstein Strauss, le président de la Commission de l'énergie atomique (AEC), avec lequel il entretenait une amitié personnelle. Lewis Strauss organise un dîner en son honneur, auquel il invite des scientifiques et des militaires. Rothschild aborde le sujet de l'échange d'informations sur les secrets atomiques, qui inquiète les Américains, désireux de conserver le plus longtemps possible leur monopole nucléaire. Strauss, selon Perry, ne permet pas à Rothschild d'accéder aux informations de l'AEC, bien que les Soviétiques les obtiennent parfois par le biais de leur réseau d'espionnage.

Victor Rothschild a essayé de se tenir au courant de tous les développements de la recherche nucléaire afin de transmettre des informations à l'Institut Weizmann, où le réacteur nucléaire de Dimona, dans le désert du Néguev, était déjà envisagé. Sous le couvert d'une préoccupation pour la dissémination et les dangers des armes nucléaires", écrit Perry, "il a pu maintenir le contact avec les scientifiques concernés dans le monde entier". Il a entamé ce processus officiel et légitime à la fin de la Seconde Guerre mondiale, devenant un expert en dommages collatéraux, ce qui lui a permis de superviser le projet Manhattan. Il a continué dans les années 1950, assistant même à des conférences sur le contrôle des armes nucléaires organisées par des scientifiques atomiques britanniques". Rothschild informait les dirigeants des services de renseignement israéliens, dont il faisait partie en tant qu'agent secret du Mossad, sur les scientifiques susceptibles d'être utiles, sur l'emplacement de la technologie nécessaire et sur la manière de l'obtenir et de la financer.

L'heure de la bombe atomique a sonné lors de la crise de Suez. En Égypte, après la défaite dans la guerre contre les Juifs, une série d'événements conduit le colonel Gamal Abdel Nasser à devenir président de la République. Le 23 juillet 1952, une révolution de palais sans effusion de sang, menée par un groupe d'officiers, dépose le roi Farouq, qui part en exil. Le 18 juillet 1953, la République est proclamée, avec le général Mohamed Naguib comme premier président. En novembre de la même année, le colonel Nasser, que Naguib avait nommé vice-président, déposa le général et devint l'homme fort de la révolution égyptienne, rédigeant lui-même une constitution le désignant comme "Raïs" (chef). En 1956 arrive le moment de la grande décision. Le 26 juillet, dans un discours de trois heures, Nasser annonce à la radio la nationalisation du canal de Suez et de ses installations techniques. Les biens de la société anglo-française qui l'exploite sont confisqués et des indemnités sont versées. Une société d'État égyptienne gérera cette importante voie d'eau, la plus grande source de revenus du pays, qui était jusqu'à présent exploitée par une société étrangère. Le peuple égyptien a droit aux bénéfices de l'exploitation du canal et l'Égypte peut payer la construction du barrage d'Assouan.

En Grande-Bretagne et en France, la réaction a été la même que d'habitude. La presse britannique qualifie Nasser de "Hitler du Nil". Comme on le sait, il est devenu courant de transformer en nouvel Hitler (le monstre par excellence) quiconque s'oppose aux desseins des puissances qui ont gagné la guerre. En France, la décision de Nasser a été comparée à l'entrée des troupes hitlériennes sur le Rhin. Le ministre français des Affaires étrangères, Christian Pineau, se précipite à Londres pour trouver une stratégie commune. Anthony Eden, le Premier ministre britannique, demande aux États-Unis de faire pression sur l'Égypte pour que Nasser renonce aux nationalisations. Français et Britanniques envisagent immédiatement une intervention militaire. La France, en plus des livraisons d'armes habituelles, envoie en urgence deux douzaines de chasseurs-bombardiers modernes Mystère à Israël. La réponse américaine n'étant pas à la hauteur des espérances, la France et la Grande-Bretagne décident d'agir de leur côté.

L'Égypte fait appel à ses droits de souveraineté sur le canal et, puisqu'elle est toujours en guerre avec Israël, soutient qu'elle n'a aucune raison d'autoriser des navires ennemis à emprunter le canal, comme les Britanniques l'ont fait avec les navires allemands pendant la Seconde Guerre mondiale. Les démarches de l'ONU n'aboutissent pas et, le 14 septembre 1956, les techniciens occidentaux quittent leur poste et sont remplacés par des pilotes égyptiens. Outre l'importance économique du canal de Suez, par lequel transite le pétrole, il y a le rôle politique que Nasser, leader panarabiste, peut jouer et doit être renversé. Depuis son accession au pouvoir en Égypte, Israël envisage de mener une guerre préventive et d'occuper la bande de Gaza, d'où opèrent les fedayins palestiniens.

Entre 1948 et 1956, le Conseil de sécurité a condamné à plusieurs reprises les agressions d'Israël contre ses voisins, avec lesquels il entretient une tension permanente. Le 10 octobre 1956, les sionistes ont lancé une attaque inattendue contre la Jordanie, qui a fait de nombreuses victimes. La Grande-Bretagne ayant conclu un pacte d'alliance et de soutien mutuel avec la Jordanie, le roi Hussein, craignant une offensive israélienne de grande envergure, demande l'aide des Britanniques. La Jordanie n'a obtenu de Londres, par l'intermédiaire de son délégué au Conseil de sécurité des Nations unies, qu'une condamnation d'Israël en tant que nation agressive. Le roi Hussein a alors envisagé d'autoriser l'entrée de troupes irakiennes en Jordanie pour faire face à une éventuelle guerre avec Israël et était également disposé à unir ses forces à celles de l'Égypte.

C'est dans ces circonstances que les sionistes décident de proposer de faire la guerre pour la France et la Grande-Bretagne. Shimon Peres, alors à la tête du ministère de la Défense, dont le chef de cabinet est Moshe Dayan, rencontre fréquemment les ministres du gouvernement de Guy Mollet, un socialiste qui a longtemps été vice-président de l'Internationale socialiste. Son principal interlocuteur est Maurice Bourgès-Maunoury, ministre de la

Défense, auquel il a accès par l'intermédiaire d'Abel Thomas , directeur général du ministère de l'Intérieur, où Bourgès-Maunoury a été ministre avant de devenir ministre de la Défense. Les tractations de Peres avec Bourgès-Maunoury aboutissent au résultat escompté, la France s'engageant à fournir à Israël le premier réacteur nucléaire de Dimona en échange de l'attaque d'Israël contre l'Égypte.

L'année suivante, pour une brève période de trois mois et demi, entre le 13 juin et le 30 septembre 1957, Bourgès-Maunoury devient premier ministre de la France et a l'occasion de respecter son engagement envers Peres, puisque son ministre des affaires étrangères, Christian Pineau, signe un accord top secret avec Shimon Peres et Asher Ben-Nathan, un agent du Mossad au sein du ministère israélien de la défense. Par cet accord, les Français s'engagent à fournir à Israël un puissant réacteur de 24 mégawatts, l'assistance technique nécessaire à son fonctionnement et de l'uranium. Ce pacte secret n'était connu que d'une douzaine de personnes, dont, selon Perry, Victor Rothschild. Le document en petits caractères prévoyait la livraison d'équipements qui devaient permettre aux Israéliens de produire des armes à combustible nucléaire. La même année, en 1957, des ingénieurs français ont commencé la construction d'un chantier souterrain de six niveaux dans le désert du Néguev, où le réacteur de deux étages devait être installé. Quant à Bourgès-Maunoury, après avoir quitté la présidence du Conseil des ministres, il devient ministre de l'Intérieur.

Le 14 octobre 1956, le général Maurice Challe et le ministre du Travail Albert Gazier, mandatés par le Premier ministre Guy Mollet, arrivent secrètement à Londres par avion et rencontrent le Premier ministre Eden, à qui ils expliquent les plans qu'ils ont échafaudés avec les sionistes. Il s'agit de savoir comment les Britanniques réagiraient si Israël attaquait l'Égypte. L'ambassadeur britannique à Paris avait déjà informé le gouvernement britannique que la France avait fourni soixante-quinze jets Mystère à Israël, ce qui lui permettrait de dominer l'espace aérien du Proche-Orient. Londres, sans savoir exactement de quoi il s'agit, comprend que quelque chose de très important se trame entre les Français et les Israéliens. Le plan prévoit qu'Israël pénètre rapidement dans le Sinaï afin d'atteindre le canal de Suez. La France et la Grande-Bretagne présentent alors aux deux parties un ultimatum exigeant le retrait des troupes de la région. L'Égypte n'acceptant pas, Londres et Paris auraient le prétexte d'occuper militairement le canal afin de le préserver de l'instabilité de la guerre. Ils apparaissent ainsi aux yeux de l'opinion publique comme des artisans de la paix cherchant à protéger une voie d'eau d'intérêt international. Les Etats-Unis ne sont pas informés, mais les services secrets américains informent le président Eisenhower, le 15 octobre, que les Israéliens ont mobilisé leurs troupes et disposent de plus d'avions Mystère que les douze officiellement fournis par la France.

Pour faire diversion, Israël maintient une offensive dialectique contre les Jordaniens par le biais de la presse, désignant ainsi la Jordanie comme le futur théâtre de la guerre. Au même moment, l'attention du monde se porte sur la Hongrie où, le 23 octobre, le peuple hongrois a entamé une rébellion contre la tyrannie communiste, qui sera réprimée dans le sang et le feu par les troupes soviétiques. Dans ces conditions, la "campagne du Sinaï" débute dans la nuit du 29 au 30 octobre 1956. Outre la supériorité aérienne, les Israéliens disposent de 250 000 hommes contre 75 000 Égyptiens. L'attaque prend de court les Égyptiens, qui s'attendent à l'offensive sur la Jordanie. Dans le reste du monde, la déception est grande aux États-Unis, tenus à l'écart. Le 30 octobre, un télégramme de Guy Mollet est reçu à Washington, expliquant que la Grande-Bretagne et la France ont lancé un "appel solennel" à Israël et à l'Egypte pour qu'ils retirent leurs troupes de la zone du canal et mettent fin aux hostilités. Peu après, un message du Premier ministre britannique Eden arrive à Washington. Il contient le mot "ultimatum" de douze heures aux deux parties et l'annonce que des troupes franco-britanniques occuperont la zone du canal.

Le 31 octobre, des bombardiers britanniques décollent de Chypre au crépuscule et attaquent les bases aériennes égyptiennes, dont les appareils sont presque entièrement détruits au sol. D'autres vagues de bombardiers attaquent Le Caire, Alexandrie, Port-Saïd et Ismaïlia. Le 1er novembre, l'Égypte rompt ses relations diplomatiques avec la Grande-Bretagne et la France. Le 2 novembre, l'Assemblée générale se réunit à New York. Eisenhower s'abstient bien sûr de condamner les Juifs pour leur agression contre l'Égypte, mais les Américains présentent une proposition de cessez-le-feu, appelant au retrait des troupes israéliennes et à la prise de dispositions pour la reprise du trafic maritime dans le canal. La proposition est adoptée par 65 voix contre 5, l'URSS votant pour. Après la démonstration de force en Hongrie, il aurait été absurde de chercher à condamner les deux alliés des États-Unis à l'ONU. Dans l'après-midi du 4 novembre, la Hongrie est entièrement occupée et la péninsule du Sinaï est aux mains des Israéliens, y compris Charm El-Cheikh, à l'extrémité sud de la péninsule, et l'île de Tiran, à l'entrée du golfe d'Aqaba. La bande de Gaza, remplie de réfugiés palestiniens, est pour la première fois entièrement occupée.

Comme si le cessez-le-feu ne s'appliquait pas à eux et ne concernait que les Égyptiens et les Israéliens, les Britanniques et les Français, affirmant qu'ils ne pouvaient laisser un vide militaire pendant la formation d'une force de l'ONU, se préparent à intervenir comme prévu. Le 5 novembre, Londres et Paris déploient des troupes aéroportées dans la région et s'emparent de Port-Saïd. Le 6 novembre, d'autres troupes britanniques en provenance de Malte débarquent à Port-Saïd et les Français occupent Port-Fuad. Les forces conjointes commencent à avancer sur la rive ouest du canal. Les Israéliens observent les combats de l'autre côté sans intervenir, car ils ont déjà atteint leurs objectifs. Cependant, les Soviétiques et les Américains ont compris qu'ils avaient une occasion idéale de mettre fin à l'influence franco-britannique au Moyen-Orient et jouent leurs cartes dans la crise pour prendre leur place dans l'avenir.

Moscou avertit Eden, Mollet et Ben Gourion qu'elle est prête à utiliser "tous les moyens disponibles" pour mettre fin à l'agression, ce qui fait clairement référence aux armes nucléaires. Boulganine, président du Conseil des ministres, propose à Eisenhower d'agir à l'unisson pour "expulser les agresseurs", mais le président américain rejette cette option au motif que l'ONU se prépare déjà à envoyer des troupes pour garantir la paix. Le 6 novembre, l'URSS hausse le ton de ses menaces et, par la voix de Khrouchtchev, déclare qu'elle attaquera les pays agresseurs à la roquette. Les services de renseignement américains constatent que de nombreux avions de chasse soviétiques se dirigent vers la Syrie via la Turquie, théoriquement dans le but d'intervenir dans le conflit. Conscient de la gravité de la situation, Eisenhower déclare au Comité de défense nationale : "Si les Soviétiques attaquent la France et la Grande-Bretagne, nous devrons entrer en guerre". Constatant que Washington ne les soutiendra pas dans leur entreprise, les Français et les Britanniques sont contraints d'interrompre leurs opérations contre les forces égyptiennes. Le 7 novembre, une paix tendue s'installe sur le canal de Suez.

Finalement, la France et la Grande-Bretagne ont mal calculé l'ampleur de leur aventure et lorsque le corps expéditionnaire de l'ONU, composé de soldats indonésiens, indiens, brésiliens, colombiens et scandinaves, se présente, ils doivent se retirer d'Égypte. L'échec est patent et Nasser, malgré la défaite, sort vainqueur, puisqu'il a réussi à faire nationaliser le canal. Les conséquences de cette débâcle sont multiples : le Premier ministre Eden est contraint de démissionner et la Grande-Bretagne est plongée dans une grave crise politique. Le canal de Suez, bloqué par les navires coulés, est fermé pendant une demi-année, entraînant une pénurie pour les pays européens et une hausse des prix du pétrole. Les trusts pétroliers américains en profitent et augmentent leurs ventes en Europe. Nasser devient un héros pour les Arabes et un exemple de résistance pour les autres pays. L'URSS est perçue par l'opinion publique arabe comme une véritable amie et peut jeter les bases de son influence future.

Un autre gagnant de la crise de Suez a été Israël. Bien qu'étant à l'origine de l'agression, il refuse dans un premier temps de se retirer du Sinaï et de la bande de Gaza. Ce n'est qu'en mars 1957 que la pression des Américains, qui menacent d'un boycott économique, parvient à faire fléchir les sionistes. Pour leur faire accepter la décision de l'ONU, comme l'avaient fait les Français et les Britanniques, il faut leur offrir des compensations, dont l'ouverture du golfe d'Aqaba, que les Égyptiens bloquent au niveau du détroit de Tiran. Ils ont ainsi pu faire du port d'Eilat, leur débouché sur la mer Rouge à Aqaba, l'un des plus modernes de la région. L'ONU a garanti le libre accès au port d'Eilat et a établi un point de contrôle avec des troupes de l'ONU à Scharm El-Sheikh, un point clé du Golfe.

Mais la plus grande réussite de l'État sioniste a été la création de son Golem nucléaire, dont l'existence constitue aujourd'hui une menace indéniable pour le monde entier, car il s'agit d'un élément de destruction massive entre les mains d'un État suprématiste où la haine raciale est à la base de l'éducation. Selon la loi juive, seul le sacrifice d'un Juif est un péché, les Gentils peuvent donc être abattus comme des animaux. La loi talmudique affirme avec force que seul le Juif est humain et que les non-Juifs sont des bêtes à forme humaine. Plus d'un demi-siècle après sa fabrication, le Golem nucléaire sioniste existe toujours dans la clandestinité, sans être contrôlé par la communauté internationale. Assimiler la puissance nucléaire israélienne au Golem est une métaphore utilisée pour désigner le danger d'un monstre incontrôlé.

La légende du Golem est actuellement très populaire parmi les Israéliens. Il est probable que Mary Shelley, l'auteur de *Frankenstein*, l'ait eue à l'esprit lorsqu'elle a écrit son célèbre roman. Ses origines remontent au XVIe siècle, lorsque le rabbin Judah Loew créa le Golem pour défendre la communauté juive de Prague contre les attaques car, comme partout en Europe, les Juifs tchèques étaient accusés de pratiquer des crimes rituels et il était demandé à l'empereur de les expulser. Le rabbin Loew a fabriqué une figurine en argile et lui a glissé dans la bouche un parchemin contenant le nom secret de Dieu. C'est ainsi que naquit le Golem, un automate d'une force énorme qui obéissait à son créateur. Pendant le sabbat, le rabbin retirait le parchemin de sa bouche et l'immobilisait. Un jour de sabbat, il oublia de le faire et se rendit à la synagogue. Les voisins arrivent bientôt, terrifiés par le Golem enragé qui est en train de tout démolir. Lorsque Loew arrive à sa maison, il la trouve en ruines, ses animaux ont été abattus dans la cour. Le rabbin réussit à hypnotiser le monstre et à extraire le rouleau de sa bouche. Le Golem tomba et Loew ne l'encouragea plus jamais. Selon la légende, le Golem est toujours conservé dans le grenier de la synagogue de Prague.

Le monde a appris qu'Israël fabriquait des bombes atomiques depuis un quart de siècle grâce au témoignage de Mordechai Vanunu, le technicien nucléaire israélien qui, après s'être converti au christianisme, a révélé en 1986 au *Sunday Times de Londres* le secret que les élites politiques connaissaient depuis John F. Kennedy. Vanunu a été enlevé par le Mossad à Rome, jugé et condamné à dix-huit ans de prison, dont onze à l'isolement. Après avoir purgé sa peine, il a tenté de quitter le pays, mais n'a pas été autorisé à le faire. Le 22 avril 2004, il a demandé un passeport et l'asile politique à la Norvège. Le 11 novembre 2004, trois semaines après avoir déclaré à *al-Hayat*, un journal en langue arabe basé à Londres, qu'il pensait que John F. Kennedy avait été assassiné parce qu'il avait essayé d'empêcher Israël de fabriquer des armes nucléaires, il a été arrêté par la police israélienne dans les locaux de l'église anglicane de Jérusalem, où il vivait depuis sa libération. Depuis lors, il est confiné dans un appartement et ne peut quitter le pays.

En février 2015, après avoir feint l'ignorance pendant plus de cinq décennies, le ministère américain de la Défense a finalement rendu public un rapport secret de 1987 de l'Institute for Defense Analyses confirmant qu'Israël possède des bombes atomiques. Alors que tous les pays ont été obligés de signer le traité de non-prolifération nucléaire (TNP), ce qui signifie qu'ils sont soumis à des inspections régulières de l'Agence internationale de l'énergie, Israël ne l'a jamais signé et, par conséquent, son Golem nucléaire n'a jamais été inspecté, personne ne sait quelle est sa puissance destructrice, quelles sont ses dimensions. Depuis que Vanunu a averti de l'existence du monstre et du danger qu'il représentait pour le monde, Israël a agi dans ce domaine, comme dans tous les autres, en dehors du droit international. Seul le président Kennedy a osé s'opposer au sionisme, et nous savons comment cela s'est terminé : le 22 novembre 1963, il a été assassiné à Dallas.

Avner Cohen, professeur spécialisé dans la stratégie politique et l'histoire nucléaire d'Israël, a publié en 1998 *Israël et la bombe,* un ouvrage qui lui a causé de nombreux problèmes. Depuis, cet ouvrage est une référence incontournable. Cohen démontre amplement que le président Kennedy a confronté David Ben Gourion et lui a fait comprendre qu'il ne consentirait en aucun cas à ce qu'Israël devienne un État nucléaire. Le livre de Cohen laisse entendre que l'État sioniste ne serait probablement pas une puissance nucléaire aujourd'hui si Kennedy avait été encore en vie. Le 16 juin 1963, JFK a envoyé une lettre à Ben Gourion qui, selon le professeur israélien, contenait un message explicite et inhabituellement dur : la menace qu'une solution insatisfaisante sur la question nucléaire compromettrait l'engagement et l'assistance du gouvernement américain à l'égard d'Israël. Depuis la mort de Kennedy, aucun autre président américain n'a plus jamais exercé la moindre pression sur le programme nucléaire israélien.

Étant donné qu'à ce jour, personne n'a jamais pu voir le Golem nucléaire sioniste ni avoir le moindre contrôle sur lui, il est clair que le monde est virtuellement pris en otage par une menace inacceptable. La crainte qu'un fanatique talmudique, ivre de haine raciale, prenne le pouvoir à Tel-Aviv et active le monstre est réelle et permanente. Martin van Creveld, juif né à Rotterdam, professeur jusqu'en 2007 à l'Université hébraïque de Jérusalem puis à l'Université de Tel Aviv, expert en histoire et théorie militaires, a fait des déclarations extrêmement inquiétantes au prestigieux hebdomadaire néerlandais *Elsevier* en septembre 2003. L'interview a eu lieu à Jérusalem et a été menée par Ferry Biedermann. L'interviewer a posé une question sur un plan de déportation de tous les Palestiniens et Martin van Creveld a répondu que c'était tout à fait possible. Les deux questions et réponses suivantes ont suivi :

"Biedermann : Pensez-vous que le monde autoriserait ce type de nettoyage ethnique ?

Creveld : Cela dépend de qui le fait et de la rapidité avec laquelle cela se produit. Nous disposons de plusieurs centaines d'ogives et de missiles nucléaires et nous pouvons les lancer contre des cibles dans toutes les directions, peut-être même contre Rome. La plupart des capitales européennes sont des cibles pour notre armée de l'air.

Biedermann : Israël deviendrait-il alors un État voyou ?

Creveld : Permettez-moi de citer le général Moshe Dayan. Israël doit être comme un chien enragé, trop dangereux pour être dérangé". Je pense que tout cela serait futile à ce stade. Nous essaierons d'empêcher que les choses n'aillent jusqu'à cet extrême si possible. Nos forces armées ne sont toutefois pas les trentièmes plus puissantes du monde, mais les deuxièmes ou troisièmes plus puissantes. Nous avons la capacité d'emporter le monde avec nous. Et je peux vous assurer que cela se produira avant qu'Israël ne tombe".

Bien entendu, malgré l'hypothèse exécrable de Creveld selon laquelle Israël envisage les capitales européennes comme des cibles possibles, le plus grand risque concerne les pays arabes et musulmans du Moyen-Orient et du Proche-Orient, dont la plupart ont subi les conséquences des politiques agressives de l'État sioniste depuis 1948. Israël Shahak, dont nous tenons les opinions en haute estime, confirme qu'Israël ne cherche pas la paix et ne l'a jamais cherchée. En 1997, le professeur Shahak a publié le livre *Open Secrets : Israeli Foreign and Nuclear Policies*, dans lequel il met en garde contre le mythe des différences supposées entre les partis sionistes laïques. Shahak affirme que le lobby israélien aux États-Unis soutient les politiques expansionnistes d'Israël afin de s'imposer dans tout le Moyen-Orient. Shahak souligne que la politique nucléaire d'Israël constitue un danger réel que peu osent imaginer.

PARTIE 4 - AUX ÉTATS-UNIS, LES "SORCIÈRES". EN CHINE ET EN CORÉE, LE COMMUNISME

"Je pense que la conspiration communiste n'est qu'une branche d'une conspiration beaucoup plus vaste". C'est par ces mots de Bella Dodd, membre du comité national du parti communiste américain jusqu'à sa défection en 1949, que Willard Cleon Skousen commence son ouvrage *The Naked Capitalist* (1962). Bella Dodd a publié *School of Darkness* en 1954, dans lequel elle reconnaît que les objectifs du communisme sont la conquête du pouvoir et la destruction de la civilisation chrétienne, bien que des millions d'idéalistes naïfs soient convaincus que son but est d'aider les pauvres. Cleon Skousen a travaillé au FBI sous la direction d'Edgar Hoover (directeur du FBI de 1935 à 1972) pendant les années où l'on a découvert l'ampleur de la pénétration communiste dans l'administration. John Edgar Hoover a signalé l'ampleur de la conspiration au président Truman en lui soumettant plusieurs mémos. Skousen confirme dans son livre que le directeur du FBI s'étonnait que, malgré ses rapports, l'administration Truman ne réagisse pas.

En février 1950, alors que la Chine est déjà tombée dans le giron du communisme et que l'Union soviétique dispose de sa propre bombe atomique grâce à la traîtrise et à l'espionnage, le sénateur Joseph "Joe" McCarthy entre en scène et entame une lutte titanesque pour dénoncer la profonde pénétration communiste au sein de l'administration. On peut dire que McCarthy a succédé à Martin Dies, président pendant sept ans de la commission du Congrès sur les activités anti-américaines, à qui Roosevelt avait conseillé d'oublier les communistes et de se concentrer sur les nazis et les fascistes. Joe McCarthy (1912-1957), patriote honnête et engagé, figure aujourd'hui sur le fumier de l'histoire de son pays. L'historiographie officielle a réussi à salir son nom et utilise le terme "maccarthysme" pour désigner une période sombre de l'histoire des États-Unis. Joe McCarthy est présenté dans le monde entier comme un hystérique qui a déclenché une "chasse aux sorcières", une "croisade anticommuniste", sans preuves. Cependant, les documents Venona et d'autres recherches prouvent sans l'ombre d'un doute que la conspiration communiste était de grande envergure et que le sénateur McCarthy avait raison. Il devrait être rayé de la liste noire de l'histoire et réhabilité comme un héros qui a eu le courage de s'opposer à des forces occultes puissantes qu'il ne pouvait pas imaginer lui-même.

Les défections d'Elizabeth Bentley et de Whittaker Chambers, les deux espions communistes, ont permis au FBI de commencer à démêler l'écheveau de l'espionnage communiste aux États-Unis. Chambers, dont la défection en 1938 est liée aux luttes entre trotskistes et staliniens, et Elisabeth Bentley, qui, en août 1945, s'est offerte au FBI pour servir d'agent double, ont témoigné en 1948 devant la commission des activités anti-américaines du Congrès et leurs témoignages ont déclenché la persécution et l'arrestation de nombreux agents communistes. Certains des personnages et des événements qui seront évoqués dans cette quatrième section du chapitre sont déjà apparus au cours de notre travail, mais nous allons maintenant leur donner la place qu'ils méritent, afin que leur véritable dimension puisse être mieux comprise. Harry Dexter White, Alger Hiss et Harry Hopkins ont occupé des postes de confiance au sein des gouvernements Roosevelt et Truman, à tel point qu'il est difficile de croire que leurs actions n'étaient pas connues de leurs supérieurs. Le cas le plus incroyable est celui de Dexter White, économiste juif d'origine lituanienne qui avait rejoint le département du Trésor en 1934 sous la direction de Jacob Viner, un autre économiste juif qui était le conseiller personnel de Henry Morgenthau.

Harry Dexter White à la tête du Fonds monétaire international

L'étude du plan Morgenthau a mis en évidence le rôle décisif joué dans son élaboration par Dexter White et son équipe de communistes juifs. Il a également été souligné que le plan Morgenthau de désindustrialisation de l'Allemagne visait en fin de compte à créer un vide économique en Europe susceptible d'être exploité par l'Union soviétique. Le rôle de White dans les années décisives de l'après-guerre et la découverte de ses activités d'espionnage pour le compte du communisme seront maintenant abordés. Le 30 avril 1946, près de six mois après avoir été informé par le FBI que Harry Dexter White était un agent communiste, le président Truman lui a envoyé une lettre le félicitant pour les services rendus à la nation et pour sa confirmation par le Sénat en tant que directeur exécutif du Fonds monétaire international. Dans cette lettre, Truman dit regretter son départ du département du Trésor. Mon regret est tempéré", écrit-il, "par le fait que vous ne quittez le Trésor que pour assumer de nouvelles fonctions au Fonds monétaire international.... À ce poste, vous serez en mesure de poursuivre le travail que vous avez si habilement commencé à Bretton Woods.... Je suis sûr que dans vos nouvelles fonctions, vous ajouterez du mérite à votre carrière déjà distinguée au Trésor".

Sept ans et demi plus tard, le 6 novembre 1953, le procureur général des États-Unis Herbert Brownell Jr. déclarait publiquement dans un discours prononcé à Chicago que l'ancien président Truman avait nommé Harry Dexter White à un poste de la plus haute importance en sachant pertinemment que White était un agent communiste. Naturellement, cette allégation a fait grand bruit. Afin de se défendre contre l'allégation du procureur général, Truman est apparu le 16 novembre dans un programme télévisé diffusé simultanément à l'ensemble du pays par les quatre principales sociétés de télévision du pays. Le lendemain, 17 novembre,

Brownell comparaît devant la commission d'enquête du Sénat américain et explique l'accusation portée contre Truman le 6 novembre. Le même jour, J. Edgar Hoover, directeur du Federal Bureau of Investigation (FBI), comparaît également devant la commission présidée par le sénateur Joe McCarthy et présente un rapport détaillé sur la question. Brownell et Hoover ont tous deux été extrêmement sévères à l'égard de l'ancien président Truman et ont formulé des récriminations fondées à son encontre. Le procureur général Brownell a également répondu le 17 novembre 1953 au discours télévisé de l'ancien président Truman à la nation. Brownell a présenté un rapport à la sous-commission sénatoriale sur la sécurité intérieure. Un extrait de ce discours est donné par Léon de Poncins dans *Secrets d'Etat*. Le texte suivant est tiré de cet ouvrage :

"Depuis avril 1953, cette sous-commission a tenu une série d'auditions dans le but d'exposer les plans des agents communistes infiltrés dans le gouvernement des États-Unis. Le travail de cette sous-commission a rigoureusement documenté le résultat de la pénétration réussie de l'espionnage communiste au sein de notre gouvernement pendant la Seconde Guerre mondiale et par la suite..... Depuis l'entrée en fonction de la nouvelle administration, le ministère de la Justice s'est attaché à nettoyer le gouvernement. L'un des problèmes les plus importants et les plus vitaux consiste à éliminer toutes les personnes dont la loyauté est douteuse et à empêcher toute nouvelle infiltration communiste au sein du gouvernement des États-Unis. Parmi d'autres discours et articles, j'ai prononcé un discours à Chicago le 6 novembre dans lequel j'ai discuté publiquement du problème de l'infiltration communiste du gouvernement et des mesures prises par l'administration Eisenhower pour traiter ce problème. Dans ce discours, j'ai fait référence à l'affaire Harry Dexter White et à la manière dont elle a été traitée par l'administration Truman sur la base des faits établis et des rapports du département de la justice.

Il a été dit que j'ai fait allusion à la possibilité que l'ancien président américain ait été déloyal. Je n'avais pas l'intention de tirer cette conclusion.... J'ai spécifiquement dit que je pensais que l'ignorance des preuves dans l'affaire White était due au refus de faire face à l'affaire de la part des non-communistes occupant des postes à responsabilité et à l'illusion persistante que le communisme au sein du gouvernement des États-Unis était une fausse piste, et que la manière dont les faits avérés concernant la déloyauté de White ont été ignorés est typique de l'aveuglement dont a souffert l'ancienne administration dans cette affaire. Lorsque cette sous-commission aura terminé son enquête, je pense qu'elle conclura, comme je l'ai fait, qu'il y a eu un refus de la part de M. Truman et d'autres personnes de son entourage de faire face aux faits et de croire que l'espionnage communiste dans les hautes sphères du gouvernement n'était qu'un mirage. Et je pense qu'elle conclura que cette attitude a pu causer de graves dommages à notre nation.

L'administration Truman a été informée au moins dès décembre 1945 que deux réseaux d'espionnage opéraient au sein du gouvernement.... White a pris ses fonctions et est devenu le directeur exécutif américain du Fonds monétaire international le 1er mai 1946. Qu'est-ce que la Maison Blanche savait de ses activités d'espionnage avant cette date ? Le 4 décembre 1945, le FBI a transmis au brigadier général Harry H. Vaughan, assistant militaire du président, un rapport sur les aspects généraux de l'espionnage soviétique aux États-Unis.... Il s'agissait d'un rapport secret et très important de quelque soixante et onze pages. Il couvre l'ensemble du sujet de l'espionnage soviétique aux États-Unis pendant et après la Seconde Guerre mondiale. Il cite de nombreux noms et décrit de nombreuses organisations d'espionnage soviétiques. Harry Dexter White et le réseau d'espionnage dont il faisait partie figuraient parmi les personnes décrites dans le rapport. Aucune personne responsable qui l'a lu ne peut nier que le résumé constituait un avertissement adéquat du risque posé par la nomination de White au Fonds monétaire international ou par son maintien au gouvernement.

Des copies de ce rapport ont été envoyées à un groupe de fonctionnaires du gouvernement et de l'administration Truman, dont le procureur général. Il serait difficile de comprendre comment, quelles que soient les circonstances, un document portant sur des questions aussi sensibles et dangereuses aurait pu ne pas être porté à l'attention du président. En outre, j'ai ici une lettre de J. Edgar Hoover au général Vaughan datée du 8 novembre 1945. Comme vous le savez, le général Vaughan a déclaré devant cette sous-commission qu'en accord avec M. Truman, lorsque le FBI disposait d'informations jugées importantes pour le président, il les lui transmettait. Vaughan a déclaré qu'il savait qu'un tel rapport avait été soumis au président

Le procureur général a ensuite lu la lettre dans laquelle le chef du FBI attirait l'attention de Vaughan sur l'importance du rapport qui l'accompagnait. Le document énumère les noms des espions qui occupent des postes à responsabilité au sein du gouvernement. Parmi eux, Harry Dexter White, Gregory Silvermaster, George Silverman, Frank Coe, Laughlin Currie, Victor Perlo, Maurice Halperin. Tous, sauf Laughlin Currie, sont juifs et seront dénoncés en 1948 par Wittaker Chambers, qui confirme l'exactitude des informations contenues dans le mémo de 1945 à la Maison Blanche. Ce document indique que Dexter White a agi depuis 1942 comme un espion. Edgar Hoover nota que si White était nommé directeur du Fonds monétaire international, il pourrait exercer une grande influence sur toutes les questions relatives à la finance internationale, ajoutant qu'il ne pouvait pas le surveiller car les bureaux du Fonds monétaire international étaient considérés comme un territoire neutre et que, par conséquent, les agents du FBI ne pouvaient pas y pénétrer. Herbert Brownell signale que des rapports manuscrits de Dexter White aux Soviétiques ont été retrouvés à l'automne 1948 et sont en possession du ministère de la Justice. Le procureur général a terminé son intervention en évoquant l'apparition de l'ancien président Truman sur les grandes chaînes de télévision :

"...Cependant, à la lumière du discours de M. Truman à la télévision hier soir, il semble maintenant admis que le 6 février 1946, le jour où la nomination de White a été confirmée par le Sénat, M. Truman avait lu le plus important des rapports auxquels j'ai fait référence, et que peu après, bien qu'il ait eu le droit légal de demander que la nomination soit révoquée, il l'a signée et lui a permis d'entrer en fonction à partir du 1er mai en pleine connaissance des faits mentionnés par le FBI. Il est évidemment extraordinaire d'apprendre de la bouche de M. Truman, à la lumière de ses dernières déclarations, qu'il a signé la nomination de M. White dans l'idée qu'elle pourrait contribuer à son arrestation.... Il me semble encore plus extraordinaire de savoir que M. Truman était conscient en 1946 qu'un réseau d'espionnage opérait au sein de sa propre administration, alors que pendant tant d'années depuis lors, il a dit exactement le contraire au peuple américain. Il me semble que cette explication de la nomination de M. White - à savoir qu'il a été nommé et autorisé à rester en fonction pendant plus d'un an pour aider le FBI à l'attraper en tant qu'espion - soulève plus de questions qu'elle n'en résout".

L'ensemble de la presse américaine a suivi en détail les auditions de ces hauts fonctionnaires devant la sous-commission de la sécurité intérieure du Sénat et a entièrement couvert leurs déclarations dans ses éditions. Les textes reproduits par Leon de Poncins dans *State Secrets* sont régulièrement repris de sources journalistiques. Ainsi, par exemple, l'édition parisienne du *New York Herald Tribune* rapporte le 19 novembre 1953 la déclaration d'Edgar Hoover de la veille. Le directeur du FBI a confirmé que dès le début du mois de novembre 1945, Elisabeth Bentley et Whittaker Chambers s'étaient ralliés à la dénonciation de Harry Dexter White et que les enquêtes avaient pu prouver que les informations des deux transfuges communistes étaient correctes. Hoover a affirmé que lorsqu'ils ont appris que, malgré son mémorandum, le nom de White avait été transmis au Sénat pour confirmation de sa nomination au poste de directeur exécutif du FMI, ils ont décidé de soumettre au président Truman un nouveau document de 28 pages contenant les informations consolidées des déclarations de Bentley et de Chambers, qui a été remis au général Vaughan le 4 février 1946. Le directeur du FBI a déclaré à la sous-commission qu'entre le 8 novembre 1945 et le 24 juillet 1946, sept communiqués sur des activités d'espionnage dans lesquels le nom de White était particulièrement mentionné avaient été transmis à la Maison Blanche. Au cours de la même période, deux rapports sur l'espionnage soviétique ont été transmis au département du Trésor et six autres sur le même sujet ont été envoyés à l'Attorney General. Hoover a également évoqué Virginius Frank Coe, un autre homme de Morgenthau et

White au département du Trésor, qui fut secrétaire du FMI de juin 1946 à décembre 1952. Le directeur du FBI a rappelé que Frank Coe avait invoqué le cinquième amendement et refusé de répondre aux questions de la sous-commission concernant White, ce qui avait entraîné son renvoi du FMI.[22]

L'une des copies du rapport d'Edgar Hoover s'est également retrouvée entre les mains du secrétaire d'État James F. Byrnes qui, comme il l'a raconté plus tard, est allé voir Truman le jour même où il a lu le rapport, lui a fait part de sa consternation et lui a demandé ce qu'il comptait faire. Selon Byrnes, le président lui aurait répondu qu'il était lui aussi choqué par ces informations. Byrnes suggère de retirer la nomination, même si elle a déjà été confirmée par le Sénat. Truman aurait pu soit rejeter la nomination, soit exiger la démission de White. Byrnes a suggéré les deux possibilités, mais le président n'a pas suivi son conseil.

Les cas de Harry Dexter White et de Frank Coe sont extrêmement significatifs, car ils confirment les propos de Bella Dodd et ce que nous avons avancé dans ce travail sur la véritable nature du communisme international en tant qu'instrument des banquiers illuminati. Dexter White n'était pas simplement un espion communiste, mais l'agent d'une conspiration plus vaste dont l'objectif était l'établissement d'un pouvoir mondial ou international. Si ce n'est pas le cas, comment expliquer que White ait été l'un des fondateurs de la Banque mondiale et, dans une large mesure, le père du Fonds monétaire international, car c'est lui qui, dès 1942, a rédigé le premier projet de cet organisme financier. Ces deux institutions ont été approuvées lors de la conférence de Bretton Woods et constituent les piliers sur lesquels le système économique a été construit. La forme et les fonctions du FMI ont été déterminées en 1944 à Bretton Woods, où White était l'économiste qui, grâce à la puissance politique et économique des États-Unis, a pu imposer son plan à celui de Keynes. C'est White qui a plaidé pour que le FMI soit une institution basée sur le dollar. La preuve que Dexter White n'était pas un agent de Staline mais de la puissance cachée qui cherchait à contrôler l'Union soviétique après la guerre, c'est qu'il a insisté pour que l'URSS fasse partie du FMI, même si ses principes économiques allaient à l'encontre de la liberté commerciale et financière. Bien que Keynes et d'autres se soient opposés à la participation de l'Union soviétique à la conférence de Bretton Woods, White a réussi à la faire inviter. Staline, cependant, a prouvé une fois de plus qu'il n'était pas l'homme que les financiers internationaux voulaient à la tête de l'URSS, car un an plus tard, il a décidé que son pays ne rejoindrait pas le Fonds monétaire international.

---

[22] Le cinquième amendement de la Constitution américaine prévoit que nul ne peut être contraint de témoigner contre lui-même, non seulement lors d'un procès, mais aussi lors d'un interrogatoire de police. Cependant, invoquer le cinquième amendement devant une commission d'enquête du Congrès ou du Sénat et refuser de répondre équivaut à reconnaître son implication dans l'affaire en question, ce qui a souvent des répercussions politiques.

Les documents Venona démontrent pleinement que Harry Dexter White était ce que l'on appelle dans les milieux professionnels un "agent d'influence". Il faisait partie du cercle de Nathan Gregory Silvermaster, un économiste juif d'origine russe qui était avec White à Bretton Woods et dirigeait un groupe d'espions qui opéraient principalement au sein du département du Trésor et du Conseil de guerre économique. Elisabeth Bentley, qui avait déjà informé le FBI en 1945 que Dexter White était un agent soviétique, a témoigné en 1948 devant la commission de la Chambre des représentants que White transmettait des informations aux Soviétiques par l'intermédiaire de Silvermaster. Les documents de Venona établissent que White, dont les noms de code "Lawyer", "Richard" et "Jurist" ont changé au fil du temps, a transmis des informations pendant la Seconde Guerre mondiale aux services de renseignements soviétiques, dont l'homme de confiance était Lavrenti Beria, l'agent juif qui succéderait de préférence à Staline. Silvermaster, "Robert", utilise le pouvoir et l'influence de White au Trésor pour infiltrer d'autres agents soviétiques, dont Harold Glasser, "Rouble", qui opère au sein d'un autre réseau d'espionnage dont le chef est un autre communiste juif, Victor Perlo, de sorte que Silvermaster demande que Glasser soit réaffecté à son groupe. Le 31 mars 1945, le secrétaire d'État Stettinius invite White à rejoindre la délégation américaine à San Francisco pour la conférence de fondation des Nations unies. White transmet alors des informations sur les discussions de la délégation américaine.

Le 19 juin 1947, Harry Dexter White a démissionné de son poste d'administrateur du FMI. Le président Truman lui écrit une lettre dans laquelle il lui exprime sa haute appréciation et son estime pour son travail et ajoute qu'il "n'hésitera pas à faire appel à lui de temps à autre pour obtenir de l'aide". Peu après, le 15 août 1947, White a été interrogé pour la première fois par le FBI. Il admet alors qu'il connaît Silvermaster depuis 1934. Il reconnaît qu'en tant qu'employés du gouvernement, ils étaient collègues et qu'ils se rencontraient fréquemment chez Silvermaster, où ils jouaient d'un instrument : Silvermaster, à la guitare ; sa femme Helen, au piano ; William Ullman, un autre fonctionnaire du Trésor qui vivait avec les Silvermaster, jouait de la batterie ; et White, de la mandoline. White déclare que Silvermaster ne lui a jamais demandé d'informations confidentielles et que "ce serait une surprise et un grand choc d'apprendre que Silvermaster est impliqué dans l'espionnage". En août 1947, la NSA (National Security Agency) n'a pas encore déchiffré le code Venona, dont les interceptions confirmeront la véracité des révélations d'Elisabeth Bentley. Enfin, le 13 août 1948, Harry Dexter White témoigne devant la House Un-American Activities Committee (HUAC) et nie les accusations de Chambers et de Bentley. Peu après son témoignage, White est victime d'une crise cardiaque et meurt le 16 août 1948.

Les cas de Harry Hopkins et Alger Hiss

Harry Hopkins, marié à une immigrante hongroise d'origine juive, Ethel Gross, avec laquelle il a eu trois enfants, est décédé le 29 janvier 1946. De son vivant, sa loyauté envers les États-Unis n'a pas été suspectée. Nommé par Franklin D. Roosevelt pour administrer le programme Lend-Lease, un instrument qui permet de fournir une aide militaire et économique massive aux Alliés, Hopkins devient un personnage tout-puissant pendant la guerre. Il est particulièrement significatif que l'aide à l'URSS par le biais du programme Prêt-Bail ait été fournie sans condition grâce à l'intervention de Hopkins, l'homme de confiance du président Roosevelt qui a vécu à la Maison Blanche du début de 1940 jusqu'en décembre 1943. Son cas semble être un cas de sorcière, car il est absurde d'accepter que Hopkins ait pu faire ce qu'il a fait pour le communisme et l'URSS sans éveiller les soupçons de qui que ce soit. Sans doute cela aurait-il été impossible sans le soutien constant de Roosevelt. Il faudrait savoir dans quelle mesure le "Big Boy" (comme certains communistes américains surnommaient FDR) était au courant de toutes les manœuvres et actions de son bras droit.

Ce n'est que récemment que l'on a conclu que Harry Hopkins était un agent soviétique. Le fait qu'il soit mort en 1946 sans avoir été découvert signifie que ses activités sont simplement passées à l'histoire. Il convient de noter que, bien qu'ils aient été décryptés en 1948, les documents Venona n'ont été rendus accessibles que lorsque la NSA a commencé à les publier en 1995. C'est à partir de cette date que plusieurs historiens et chercheurs ont commencé à écrire à leur sujet, et il est surprenant de constater que la plupart d'entre eux s'accordent à dire que Harry Hopkins était l'agent "19". L'unanimité n'est pas absolue : John Earl Haynes et Harvey Klehr, auteurs de *Venona : Decoding Soviet Espionage in America,* estiment que le "19" était Laurence Duggan du Département d'Etat. Leur thèse étant minoritaire, nous nous en tiendrons aux conclusions de Herbert Romerstein et Eric Breindel dans *The Venona Secrets*, qui sont partagées par l'historien militaire Eduard Mark et M. Stanton Evans, entre autres auteurs ayant publié des ouvrages sur Venona à l'époque.

En tout état de cause, il est pertinent de connaître quelques informations très intéressantes avant d'examiner les données qui désignent Hopkins comme l'agent "19". Le 1er février 1943, la société Chemator Incorporation reçoit à New York une commande du gouvernement soviétique pour 100 kilos d'oxyde d'uranium, 100 kilos de nitrate d'uranium et 11 kilos d'uranium métal. L'entreprise avait déjà fourni de petites quantités de produits chimiques à l'URSS dans le cadre du programme Lend-Lease. C'était la première fois que les Soviétiques avaient l'intention d'acheter de l'uranium, et la société a donc demandé l'autorisation aux autorités. En mars, les Soviétiques ont commandé des tonnes d'uranium. Près de sept ans plus tard, le 5 décembre 1949, peu après que les communistes eurent fait exploser leur première bombe atomique, le major George Racey Jordan, qui avait participé à l'expédition de l'uranium vers l'Union soviétique, d'abord depuis Newark (New Jersey), puis depuis Great Falls (Montana), a témoigné devant l'HUAC (House Un-American Activities Committee), qui enquêtait sur l'expédition d'uranium vers l'URSS dans le cadre de l'affaire de l'espionnage atomique. Jordan confirme les livraisons d'uranium et témoigne que Harry Hopkins lui a demandé par téléphone d'accélérer les livraisons. Deux jours plus tard, le 7 décembre 1949, le lieutenant général Leslie Groves, responsable du projet Manhattan, a également témoigné devant l'HUAC. Le général Groves a déclaré au Congrès qu'il s'était plaint aux cadres travaillant sur le programme de prêt-bail, qui lui ont répondu que "nous étions soumis à une forte pression pour mettre en œuvre le programme de prêt-bail, apparemment pour donner aux Russes tout ce qu'ils pouvaient concevoir. La pression était forte pour que nous leur donnions ces matières d'uranium. Nous ne voulions pas que ce matériel soit expédié", a insisté Groves, "mais ils (les dirigeants) sont revenus à la charge". Comme chacun sait, Hopkins, ami et conseiller de FDR, dirigeait le programme Prêt-Bail.

En 1952, le major Jordan publie *From Major Jordan's Diaries, qui* contient sa déclaration à l'HUAC. Jordan accuse Hopkins d'avoir agi contre les intérêts américains pour aider les Soviétiques, à qui il a transmis des secrets nucléaires. Le livre affirme qu'en 1943, Harry Hopkins a secrètement envoyé un avion en Russie avec des valises noires contenant des documents relatifs à la bombe atomique. Le major Jordan réitère dans son témoignage devant la commission du Congrès plusieurs livraisons d'uranium commandées par Hopkins sans être consignées dans des documents écrits. Selon les experts, les mélanges d'uranium raffiné expédiés en URSS étaient largement suffisants pour produire une explosion atomique. Malgré la parution de ce livre et le scandale qu'il a provoqué, personne n'a pensé à l'époque que Hopkins était un agent soviétique. Il est très difficile d'expliquer comment il est possible qu'en 1943, en plein processus de fabrication de la bombe atomique, alors que le FBI se méfiait d'Oppenheimer et d'autres scientifiques travaillant à Los Alamos, Hopkins ait pu procéder à la livraison d'uranium aux Soviétiques malgré les objections des autorités militaires. Ce seul fait aurait dû suffire à lui retirer sa confiance. Néanmoins, Hopkins est resté indispensable à Roosevelt, avec qui il était à Yalta, et, s'il n'était pas mort, à Truman, qu'il a aidé à préparer la conférence de Potsdam.

Selon les documents de Venona, le juif Isaac Akhmerov, "résident illégal" aux États-Unis pendant la Seconde Guerre mondiale, était le contact de Harry Hopkins. Akhmerov, agent de l'OGPU depuis 1930, s'était rendu aux États-Unis après avoir servi en Chine en 1934. Sa femme Elena l'a rejoint, mais en 1936, Akhmerov a rencontré Helen Lowry, petite-fille d'Earl Browder, le leader du parti communiste américain, qui avait été recrutée par les services de renseignements soviétiques. Helen a été chargée d'aider

Akhmerov dans une maison à Washington qui devait servir de lieu de rencontre sûr. En 1939, ils se sont mariés. Helen, l'ancienne épouse d'Isaac Akhmerov, retourne à Moscou, où elle devient secrétaire de l'ominipotent Beria, chef suprême de la police et des services secrets (NKVD) à partir de 1938. Les jeunes mariés sont rappelés à Moscou au cours de l'été de la même année, où Helen obtient la citoyenneté soviétique. En septembre 1941, peu après le premier voyage de Hopkins à Moscou, ils sont tous deux renvoyés aux États-Unis. Isaac Akhmerov rétablit la rezidentura illégale et devient l'espion en chef de cette organisation d'agents secrets. En décembre 1945, Helen et Isaac Akhmerov retournent en URSS.

L'un des messages déchiffrés que les chercheurs considèrent comme décisif pour établir que Harry Hopkins travaillait pour les Soviétiques a été émis par Akhmerov depuis New York le 29 mai 1943. Il y révèle que le "19" a rendu compte de discussions entre Roosevelt et Churchill auxquelles il a assisté. L'historien militaire Eduard Mark appelle cette rencontre entre le président américain et le premier ministre britannique la "conférence du Trident". Il s'agissait d'une conférence secrète, car les archives officielles du département d'État ne contiennent aucune trace des discussions. De manière significative, seuls les rapports soviétiques sont disponibles. Eduard Mark soutient de manière convaincante que personne d'autre que Hopkins ne pouvait bénéficier d'une confiance suffisante de la part de Roosevelt pour assister à une réunion secrète, en tête à tête, avec Churchill.

En tout état de cause, Hopkins n'avait pas besoin de dissimuler ses relations avec les Soviétiques, car sa position de leader dans les relations officielles avec l'URSS lui permettait d'avoir de nombreuses rencontres légales en tête-à-tête. Depuis 1942, il entretenait publiquement des contacts intimes avec le général A. I. Belyaev, président de la Commission d'achat du gouvernement soviétique. Deux messages Venona envoyés de Washington à Moscou en mars et avril 1943 contenaient des messages de Hopkins que Belyaev avait transmis à ses supérieurs. Hopkins était en contact régulier avec Andrei Gromyko qui, en août 1943, remplaça Litvinov en tant qu'ambassadeur de l'URSS aux États-Unis. Après Yalta et la mort de Roosevelt, Truman envoie Hopkins à Moscou en mai 1945 pour rencontrer Staline. Le sous-secrétaire d'État Charles Bohlen, considéré comme un diplomate proche de Hopkins, rédige un compte rendu de la rencontre. Au lieu d'insister sur la tenue d'élections libres en Pologne, comme le voulaient prétendument les États-Unis, Hopkins a déclaré à Staline que "les États-Unis souhaitaient une Pologne amie de l'Union soviétique et souhaitaient en fait des pays amis le long des frontières soviétiques". Staline lui répond : "Si c'est le cas, nous pouvons facilement nous comprendre en ce qui concerne la Pologne".

Quant au cas d'Alger Hiss, protégé du juge de la Cour suprême Felix Frankfurter, FDR a été averti avant la Seconde Guerre mondiale qu'il était un espion important pour l'Union soviétique. L'information provenait de

Whittaker Chambers, qui avait fait défection depuis 1938. Roosevelt a rejeté ces allégations et n'a même pas voulu enquêter à leur sujet. En 1948, Chambers a témoigné devant la commission du Congrès et il est alors devenu définitivement clair que l'un des hommes les plus éminents du département d'État, le conseiller de confiance du président Roosevelt à Yalta, qui a joué un rôle important dans la création de l'ONU, était un agent communiste. La question de savoir si Alger Hiss était juif ou non n'est pas tranchée. Dans l'un des enregistrements utilisés contre le président Richard Nixon dans l'affaire du Watergate, Nixon déclare : "Les seuls non-Juifs dans la conspiration communiste étaient Chambers et Hiss". Beaucoup pensent que Hiss l'était. Il l'était peut-être en partie, mais pas dans un sens religieux. Les seuls non-Juifs. Tous les autres étaient juifs. Et l'enfer s'est déchaîné sur nous."

Dans *Blacklisted by History*, l'ouvrage précité sur la lutte du malheureux sénateur McCarthy, M. Stanton Evans écrit : "Si White et Oppenheimer étaient la preuve de l'indifférence à l'égard des normes de sécurité, l'affaire Alger Hiss l'était encore plus. Il s'agit, bien entendu, de la plus célèbre de toutes les affaires d'espionnage. C'est aussi l'affaire qui a démontré la volonté de l'administration Truman non seulement d'ignorer la sécurité dans les services de renseignement, mais aussi de harceler les témoins qui la fournissaient". Cette attitude de l'administration a été reprise par la presse, qui a commencé à lancer une campagne assimilant finalement la persécution des espions et des agents communistes à une chasse aux sorcières. Cependant, l'immobilisme n'était pas partagé par tous les membres du gouvernement. Au début de 1946, après avoir reçu des rapports continus du FBI basés sur les témoignages de Chambers et de Bentley, le secrétaire d'État Byrnes se rend compte que Hiss devait être écarté de son département, ce qui entraîna la démission de l'espion soviétique. Cependant, lorsqu'au cours de l'été 1948, les déclarations des deux transfuges ont été rendues publiques, la Maison Blanche et le ministère de la Justice, au lieu d'attaquer et de discréditer Hiss, se sont tournés vers le harcèlement de Chambers.

La stratégie contre Chambers a été consignée dans un mémo de la Maison Blanche signé par George Elsey, assistant du président Truman. Le 16 août 1948, Elsey adresse à Clark Clifford, conseiller de Truman introduit à la Maison Blanche par Samuel Rosenman, le rapport contenant les lignes directrices convenues lors d'une réunion avec l'Attorney General Tom C. Clark. Il suggère que le ministère de la Justice "mette tout en œuvre pour établir si Whittaker Chambers est coupable de parjure". Le point suivant demandait d'"enquêter sur l'internement de Chambers dans un établissement psychiatrique". En d'autres termes, il était suggéré d'enquêter pour savoir si Chambers avait été interné dans un établissement psychiatrique. Le 20 août, le FBI a rejeté la thèse de l'aliénation mentale de Chambers. Dans une lettre adressée à l'Attorney General Clark, Edgar Hoover déclare : "En ce qui concerne Whittaker Chambers, rien n'indique dans les dossiers du "Bureau" ou dans les archives du bureau de New York que Chambers ait jamais été interné". Malgré tout, les efforts visant à discréditer Chambers et à porter des accusations contre lui ont persisté ; mais en novembre 1948, il a produit devant l'HUAC des documents et des microfilms qui constituaient des preuves irréfutables que Hiss mentait. Ces documents ont joué un rôle déterminant dans l'envoi ultérieur d'Alger Hiss en prison.

Néanmoins, les efforts pour sauver Hiss et condamner Chambers n'ont pas cessé : le procureur général adjoint, Alexander Campbell, a réagi au témoignage de Chambers devant la commission du Congrès en envoyant une note indiquant : "Il serait souhaitable qu'une enquête immédiate soit menée afin de vérifier si Chambers a commis un parjure. À cet égard, des copies photostatiques de ces documents devraient être obtenues, ainsi qu'une copie du témoignage de Chambers". Stanton Evans indique que d'autres notes de ce type sont entrées en possession de Hoover. Il les a retrouvées dans différents volumes du dossier Hiss-Chambers du FBI. Une autre, datée du 2 décembre 1948, insistait sur le fait que le ministère de la Justice souhaitait "une enquête immédiate du 'Bureau' pour déterminer si Chambers avait commis un parjure". Après avoir donné des instructions à ses agents, Hoover a noté dans la marge : "Je ne comprends pas pourquoi tant d'efforts sont déployés pour incriminer Chambers afin de disculper Hiss". Plus tard, il a encore fait remarquer : "Je me demande pourquoi ils n'agissent pas aussi contre Hiss." Stanton Evans ne peut s'empêcher un aparté sarcastique et écrit : "C'était - c'est - une excellente question."

La commission du Congrès était présidée par Robert Stripling, qui avait le soutien d'un républicain qui deviendrait président des États-Unis quelques années plus tard, Richard Nixon, "assassiné" par la presse dans le cadre du Watergate. Tous deux étaient déterminés à faire éclater la vérité.[23]

[23] L'administration Nixon a tenté de faire pression sur Israël pour qu'il se conforme aux résolutions de l'ONU et se retire des territoires occupés pendant la guerre des Six Jours. Après la guerre du Kippour en 1973, le roi Feisal d'Arabie saoudite a décrété un embargo sur les livraisons de pétrole aux États-Unis, au Canada et aux Pays-Bas en représailles de leur soutien à Israël. Nixon a compris que permettre au lobby juif de diriger la politique étrangère allait à l'encontre des intérêts de son pays et, au début de 1974, il a défendu un compromis conclu avec Yasser Arafat en vue d'un accord de paix. Il envoie sur place le général Vernon Walters, qui revient à Washington convaincu que les Palestiniens acceptent la formule du mini-État et veulent vivre en paix avec Israël. Le secrétaire d'État Kissinger a fait échouer les pourparlers et a empêché Walters d'avoir des contacts avec l'OLP à l'avenir. En juin de la même année, peu après que Kisinger eut saboté le dialogue entre Nixon et l'OLP, le président américain se rendit au Moyen-Orient. La visite de Nixon en Arabie Saoudite s'est terminée par ce que les diplomates ont considéré comme un message sensationnel. Dans son discours d'adieu, Feisal a fait une référence inattendue aux problèmes de Nixon dans le Watergate et à la politique intérieure, rompant ainsi avec la coutume qui veut qu'un dirigeant d'un pays ne s'immisce jamais dans les affaires intérieures d'un autre. Voici les paroles exactes du roi, extraites du communiqué officiel du ministère saoudien de l'information : "Ce qui est important, c'est que nos amis

Lorsque Stripling et Nixon ont découvert les plans de l'administration, ils ont protesté avec indignation et ont averti qu'une telle attitude était scandaleuse. Truman et compagnie ont donc dû démissionner. Le sénateur Joe McCarthy découvrit des années plus tard, dans le cadre de ses enquêtes, que le département d'État disposait d'informations défavorables sur Hiss dès 1946, ce qui confirmait les allégations de Chambers. Le 16 décembre 1948, Alger Hiss, accusé de parjure, plaide non coupable. Son premier procès est annulé le 10 juillet 1949. Il est rejugé et reconnu coupable de faux témoignage le 20 janvier 1950 et condamné à une peine de cinq ans de prison. Hiss a été libéré en novembre 1954. Malgré toutes ces preuves, Truman a continué à défendre l'espion communiste jusqu'au bout. En 1956, *U.S. News & World Report* reprend une interview télévisée de l'ancien président dans laquelle Truman insiste sur le fait que Nixon a enquêté sur "un faux-fuyant". L'intervieweur lui pose la question suivante : "Croyez-vous que Hiss était un espion communiste ? Sa réponse a été : "Non, je ne le crois pas".

Venona a prouvé que Chambers n'avait pas menti et que Hiss avait menti. Selon Chambers, à l'automne 1936, un nouvel agent soviétique est apparu sur la scène et lui a donné des ordres. Cet individu s'est présenté sous le nom de "Peter", bien que Chambers ait appris plus tard de Walter Krivitsky, qui, comme nous le savons, s'est enfui aux États-Unis à la fin de 1938, que Peter était en fait Boris Yakovlevich Bukov, connu sous le nom de Boris Bykov et aussi de "Sasha", un Juif qui avait travaillé avec Krivistsky au sein du GRU (Service de renseignement militaire), de sorte qu'il est très probable qu'il était trotskiste. À l'arrivée de Bykov, Chambers n'avait reçu des documents qu'à trois reprises, mais avec le nouvel agent, qui souhaitait rencontrer personnellement certains des infiltrés au sein de l'administration Roosevelt, les livraisons furent accélérées. Au printemps 1937, Alger Hiss se rendit à New York pour rencontrer Bykov. Chambers vint chercher Hiss près de la gare de Brooklyn Bridge et ils se rendirent en train à Brooklyn, où ils rencontrèrent Bykov près du Prospect Theatre. Tous trois prennent le métro puis un taxi pour s'assurer qu'ils ne sont pas suivis et se rendent dans le quartier chinois de Manhattan, où ils mangent au restaurant Port Arhur.

---

américains soient assez intelligents pour vous soutenir, pour vous épauler, Monsieur le Président, dans vos nobles efforts, presque sans précédent dans l'histoire de l'humanité, efforts dont l'objectif est d'assurer la paix et la justice dans le monde..... Et quiconque s'oppose à vous, que ce soit dans votre pays ou à l'étranger, ou qui s'oppose à nous, vos amis dans cette partie du monde, n'a manifestement qu'un seul but en tête, celui de provoquer la division du monde, la polarisation malavisée du monde, de créer une discorde qui ne conduira jamais à la tranquillité et à la paix dans le monde". Nixon aurait dit à son interlocuteur qu'il était prêt à expliquer à son peuple qu'Israël et ses amis américains contrôlaient la politique étrangère. Le 9 août, Richard Nixon démissionne sous la pression du scandale du Watergate et le 25 mars 1975, le roi Feisal est assassiné. Les Saoudiens ont interrogé Ibn Musa'ed, l'assassin, pendant dix semaines et sont connus pour avoir découvert qu'il avait une petite amie en Amérique qui était un agent du Mossad, qui a disparu sans laisser de traces après l'assassinat.

L'anglais de Bykov étant médiocre, il s'exprime en allemand et Chambers traduit ses propos pour Hiss, qui s'engage à augmenter la diffusion des documents du Département d'Etat. Chambers a expliqué au FBI comment fonctionnait la transmission des documents : les soirs prévus à l'avance, il rendait visite à Hiss à son domicile de la 30e rue, où Hiss sortait les documents d'une valise à fermeture éclair, les mettait dans une autre valise à fermeture éclair et les emmenait à son appartement, où il photographiait ou microfilmait les documents avec un appareil photo Leica et d'autres équipements fournis par Bykov. Les originaux étaient rendus à Hiss et les microfilms et photocopies étaient remis à Bykov. Certains de ces documents conservés par Chambers ont été fournis au FBI lors de sa défection.

Un message de la Wahington Rezidentura envoyé à Moscou le 30 mars 1945 a été décodé par la NSA en 1969. Il montre qu'Alger Hiss, "Ales", était alors en contact avec Isaac Akhmerov, le président illégal à qui Harry Hopkins transmettait également des informations. Ce message confirme que Hiss est resté lié au renseignement militaire (GRU) alors que tous les autres espions infiltrés ont été transférés au NKVD. Après la conférence de Yalta, où Hiss a agi en tant que conseiller spécial du président Roosevelt et a reçu de nombreuses informations militaires, il s'est rendu à Moscou avec le secrétaire d'État Stettinius, où il aurait été officiellement décoré par Vyshinsky. La femme d'Alger Hiss, Priscilla, et son frère Donald, également fonctionnaire au département d'État, étaient eux aussi des espions soviétiques. Alger Hiss est décédé en 1996. Le 30 décembre 1996, Herbert Rommerstein et Eric Breindel, auteurs de *The Venona Secrets*, ont publié dans *The New Republic* un article intitulé "Hiss : Still Guilty" dans lequel ils apportent de nouvelles preuves de la culpabilité d'Alger Hiss.

"Une immense conspiration" : la capitulation de la Chine face au communisme

Parmi les événements les plus marquants des années décisives de l'après-guerre, la reddition de la Chine au communisme est peut-être le plus significatif. Le 14 juin 1951, Joe McCarthy prononce un long discours devant le Sénat, dans lequel il dénonce amèrement les événements d'octobre 1949. En voici un bref extrait, très significatif de l'indignation et de la perplexité du sénateur :

> "Comment expliquer notre situation actuelle si nous ne pensons pas que des hommes haut placés dans ce gouvernement se sont concertés pour nous précipiter dans le désastre ? Ce doit être le fruit d'une grande conspiration, d'une conspiration d'une ampleur telle qu'elle éclipse toutes les entreprises de ce genre dans l'histoire. Une conspiration d'une infamie si noire que, lorsqu'elle sera enfin dévoilée, ses auteurs mériteront à jamais la malédiction de tous les honnêtes gens..... Que

penser de cette série ininterrompue de décisions et d'actions qui ont contribué à la stratégie de la défaite ? On ne peut les attribuer à l'incompétence. Si Marshall était simplement stupide, les lois de la probabilité indiqueraient qu'une partie de ses décisions aurait servi les intérêts de ce pays...".

Pour expliquer de manière adéquate ce qui s'est passé en Chine, il est nécessaire de remonter au mois de mai 1919 et de se placer à l'hôtel Majestic à Paris. Dans le chapitre 8, il a été expliqué que dans le cadre de la Conférence de la Paix, le colonel Mandell House a organisé une réunion au cours de laquelle a été conçue la création d'une série d'organismes mondiaux liés à la Table Ronde, la société secrète fondée par Alfred Milner à laquelle appartenaient les Rothschild et les Astor, parmi d'autres familles illuminati. Des représentants de Morgan, Rockefeller et d'autres banquiers internationaux envoyés en Europe ont ensuite créé le RIIA (Royal Institute or International Affairs) et le CFR (Council on Foreign Relations). Le lecteur se souviendra que les élites financières ont également conçu l'IPR ("Institute of Pacific Relations"), dont la fonction principale était la conduite des affaires dans la région du Pacifique. L'IPR a finalement vu le jour en 1925, sous l'égide des capitalistes de Wall Street, et ses objectifs incluaient la diffusion de l'idéologie communiste, même si, en théorie, il devait être un forum de discussion sur les problèmes asiatiques et leurs relations avec l'Occident. L'IPR, association privée ne payant pas d'impôts, était principalement financée par Morgan, Rockefeller et d'autres banques et sociétés de Wall Street. L'IPR se dote de deux organes d'expression : le trimestriel *Pacific Affairs,* dont le rédacteur en chef est le crypto-juif Owen Lattimore, et *Far Eastern Survey,* publié par l'American Council de l'IPR, dont le secrétaire exécutif est Frederick Vanderbilt Field, dit "le millionnaire communiste". En 1937, un autre organe de presse voit le jour, *Amerasia,* un mensuel dont le rôle est de premier ordre. Le projet *Amerasia,* approuvé par l'IPR, appartient au communiste juif Philip Jacob Jaffe et à Vanderbilt Field lui-même. La politique américaine en Chine a finalement été imposée par l'IPR, comme on le verra dans les pages qui suivent.

Dans son célèbre ouvrage *Tragedy and Hope, l'*initié Carroll Quigley reconnaît que l'IPR est responsable du basculement de la Chine dans le camp communiste et se réfère à l'enquête menée à ce sujet en 1951 par la Senate Internal Security Subcommittee (SISS), créée le 21 décembre 1950, qui était l'équivalent au Congrès de la House Un-American Activities Committee (HUAC). Quigley explique que la SISS a cherché à démontrer que la Chine était tombée aux mains du communisme en raison de l'action délibérée d'un groupe d'universitaires spécialistes de l'Extrême-Orient, contrôlés et coordonnés par l'Institute of Pacific Relations (Institut des relations avec le Pacifique). À ce stade, Quigley laisse entendre que ces agents n'auraient pas fait grand-chose sans le soutien dont ils bénéficiaient, ajoutant : "L'influence des communistes sur l'IPR est bien établie, mais le parrainage de Wall Street est moins connu". Il explique que l'IPR était composé de dix conseils nationaux indépendants basés dans autant de pays concernés par les affaires du Pacifique. Le siège de l'IPR et son conseil américain étaient situés à New York, où ils travaillaient en étroite collaboration. Entre 1925 et 1950", révèle Quigley, "chacun a dépensé quelque deux millions et demi de dollars, fournis principalement par les fondations Rockefeller et Carnegie. Les déficits financiers annuels ont été supportés par des "anges financiers, presque tous liés à Wall Street". En outre, des particuliers ont contribué assidûment à l'octroi de sommes importantes pour couvrir les frais de recherche, de voyage et autres.

Dans cette optique, un bref aperçu du processus historique en Chine qui a commencé au début du 20ème siècle est nécessaire pour mieux comprendre le résultat final. La haine de l'étranger a été le moteur du processus révolutionnaire. La présence humiliante, tout au long du XIXe siècle, de puissances telles que la Grande-Bretagne, la France, la Russie, le Japon et l'Allemagne a incité les révolutionnaires nationalistes à commencer à se battre dans les villes. Sun Yat-sen, médecin traqué par la police impériale, s'est réfugié à l'étranger et a jeté les bases du KMT (Kuomintang) à partir des États-Unis et de Londres. Pendant la Première Guerre mondiale, les Alliés obtiennent de la Chine qu'elle déclare la guerre à l'Allemagne en 1917, en échange de promesses qu'elle n'a pas tenues. Le 4 mai 1919, des étudiants manifestent à Pékin devant les ambassades étrangères et mettent le feu à plusieurs bâtiments. Pendant ce temps, l'Internationale communiste envoie des agents en Chine pour tenter de ramener le mouvement nationaliste révolutionnaire sur la voie du communisme.

Un Front uni s'est d'abord organisé entre le Parti communiste chinois, fondé en juillet 1921, et les nationalistes du Kuomintang (Parti national du peuple) de Sun Yat-sen, qui était franc-maçon et marié à une Chinoise d'origine juive, Soong Ching-ling, de l'ethnie juive chinoise des Tiao Kiu Kiaou.[24] Connue sous le nom de Madame Sun Yat-sen, Soong Ching-ling a

---

[24] Pour en savoir plus sur les Tiao-Kiu Kiaou, il existe un ouvrage que l'on peut lire en anglais : *Chinese communism and Chinese Jews*, d'Itsvan Bakony, qui à son tour s'inspire principalement d'une autre source : *The History of the Jews in China*, de S. M. Perlmann. L'*Enciclopedia Judaica Castellana* et l'*Encyclopédie juive* fournissent également des données intéressantes, selon lesquelles les Juifs chinois occupaient une place importante dans l'agriculture, le commerce, la magistrature et l'armée. Selon ces sources, la présence des Juifs en Chine remonte à des temps immémoriaux. Marco Polo évoque la puissante influence commerciale et politique des Juifs en Chine. Au cours du XIXe siècle, les Juifs Tiao-Kiu Kiaou se sont engagés dans le commerce de l'opium à Shanghai et à Honk Kong, en collusion avec les Britanniques et le banquier juif Elias David Sassoon. Tout porte à croire que leur collaboration avec les communistes a été très importante, car nombre de leurs dirigeants étaient des Tiao-Kiu Kiaou. Jean Lombard écrit dans *La face cachée de l'histoire moderne* que les juifs chinois ont travaillé au développement de la franc-maçonnerie et des sociétés secrètes chinoises. Selon cet auteur, "Mao lui-même et

travaillé en étroite collaboration avec Mao après l'instauration du communisme. Le secrétaire et bras droit de Sun Yat-sen était également un juif nommé Morris Cohen. C'est le quatrième congrès de l'Internationale communiste (novembre/décembre 1922) qui a proposé l'alliance entre communistes et nationalistes. Lénine envoya comme ambassadeur en Chine Adolf Abramovich Joffe, le juif qui avait dirigé la délégation soviétique aux négociations de paix de Brest-Litovsk avec Trotsky. Comme on le sait, Joffe, un trotskiste convaincu, s'est suicidé en 1927 pour protester contre l'expulsion de Trotski du parti. Le 26 janvier 1923, Sun Yat-sen et Adolf A. Joffe publient à Shanghai la déclaration qui scelle une alliance de collaboration pour la période 1924-27. À l'époque, certains Chinois issus des classes aisées venaient au communisme par le biais d'un nationalisme radical. Joffe est rejoint par un autre Juif, Jacob Borodin (Grusenberg), qui devient conseiller politique du Kuomintang, qu'il tente de bolcheviser. Lors du premier congrès du Kuomintang, en janvier 1924, de nombreux communistes sont placés à des postes avantageux au sein du parti. Après la mort de Sun Yat-sen en 1925, Borodin choisit comme successeur Chiang Kai-shek, qui, comme Sun Yat-sen, était un franc-maçon de haut niveau et avait également épousé une Tiao Kiu Kiaou de la famille Soong, sœur de l'épouse de Sun Yat-sen. La période de coalition a été marquée par des controverses et des dissensions entre les deux partis.

Après un séjour à Moscou en 1927, Tchang Kaï-chek en vint à la conclusion que les Soviétiques avaient l'intention d'utiliser le jeune parti communiste chinois comme instrument de leur politique étrangère. Les hostilités débutent le 12 avril 1927 par un coup d'État anticommuniste de Tchang Kaï-chek et, le 28 avril, par la prise d'assaut de l'ambassade d'URSS à Pékin. Des milliers de membres du PCC accusés d'être déloyaux envers la Chine sont liquidés. Heinz Neumann, un autre trotskiste juif qui représentait le Comintern en Espagne et qui sera purgé par Staline en 1937, organise une rébellion communiste à Nanjing qui échoue. Le Front uni est définitivement brisé. Les internationalistes trotskistes ayant dès le début attaché une grande importance au triomphe du communisme en Chine, ces événements de 1927 servent de déclencheur à Trotski pour lancer une campagne contre Staline et tenter de reconquérir le pouvoir. Trotski, Zinoviev et d'autres dirigeants juifs de l'opposition trotskiste ont accusé Staline d'incompétence et ont mené une conspiration contre lui qui a échoué et s'est terminée, comme nous l'avons déjà mentionné, par l'enfermement de Trotski à Alma Ata en 1928.

Une longue guerre civile va s'ouvrir en Chine qui se terminera par le triomphe de Mao Tsé-toung en 1949. Dans un discours prononcé le 1er août 1927 lors du plénum du Comité central, Staline l'annonce en ces termes : "Passons maintenant à la deuxième étape de la révolution en Chine. Alors

---

certains de ses collaborateurs au sein du Parti communiste et de l'Armée rouge passent pour des Tiao-Kiu-Kiaou".

que la première étape était caractérisée par le fait que la révolution était principalement dirigée contre l'impérialisme étranger, le trait distinctif de la deuxième étape est que la révolution sera désormais dirigée directement contre les ennemis intérieurs." Cependant, les conseillers soviétiques doivent quitter le pays, le PCC perd toutes les villes et ne reste que clandestinement dans les campagnes. Dans la province natale de Mao, le Hunan, il avait organisé des ligues paysannes au nom du parti communiste et du Kuomingtang. On peut dire que si Tchang Kaï-chek a liquidé le communisme urbain, Mao Tsé-toung a réussi à sauver le communisme paysan. À la fin de l'année 1929, la Grande-Bretagne, les États-Unis et la France ont reconnu le nouveau gouvernement nationaliste de Tchang Kaï-chek.

Au cours des années 1930, de nombreux agents de l'Internationale communiste travaillant subrepticement pour les trotskystes internationalistes, dont beaucoup étaient américains, sont entrés en Chine. Simultanément, les activités des communistes chinois se sont développées aux États-Unis, la plus célèbre d'entre elles étant Chi Chao-ting, mariée à une communiste juive américaine nommée Harriet Levine, qui était une cousine de Philip Jaffe. Chi a écrit des articles pour le *Daily Worker* sous le pseudonyme de R. Doonping, dans lesquels il accusait Chiang Kai-shek d'être un contre-révolutionnaire qui avait trahi la révolution chinoise en 1927. Chi Chao-ting a ensuite obtenu un doctorat en économie à l'université de Columbia et a travaillé pour le comité central du parti communiste des États-Unis. Il a également été très actif au sein de l'American Friends of Chinese People, une organisation qui encourageait l'aide aux communistes et avait une publication, *China Today*, à laquelle Madame Sun Yat-sen contribuait. Parmi les communistes américains les plus en vue de l'organisation figuraient Frederick Vanderbilt Field, Philip Jaffe, Thomas A. Bisson, Max Granich, Owen Lattimore, Anna Louise Strong et Grace Hutchins. À l'exception de Vanderbilt Field, tous étaient juifs. En 1936, Chi Chiao-ting était déjà membre du secrétariat international de l'IPR à New York et collaborait à *Far Eastern Survey* et *Pacific Affairs*. En 1937, il devient associé d'*Amerasia*. Chen Han-seng et Hsu Yung-ying sont deux autres communistes chinois très actifs au sein de l'Institut des relations avec le Pacifique et de ses publications, qui ont par la suite occupé des postes importants en Chine communiste.

En Chine, le généralissime Chian Kai-shek lance au début des années 1930 des campagnes d'anéantissement successives contre les communistes de Mao, qui ne trouvent de répit que grâce à l'invasion japonaise de la Mandchourie. En octobre 1934, après des défaites successives, les paysans soldats de Mao entament la légendaire "longue marche" pour éviter d'être encerclés et anéantis. Pendant un an, les forces commandées par Mao Tsé-toung marchent presque sans interruption, harcelées et poursuivies par des centaines de milliers de soldats du Kuomingtang. Elles ont parcouru plus de dix mille kilomètres à pied, une distance deux fois plus longue, par exemple, que celle qui sépare Lisbonne de Moscou. Ils ont traversé dix-huit chaînes de montagnes, vingt-quatre rivières, plusieurs déserts et marécages. Les instructeurs politiques laissent des soviets dans les villes et villages traversés et forment des unités de guérilla. Sur les cent mille hommes qui composaient les forces de Mao, quatre-vingt mille sont morts de faim, de froid et d'épuisement, quand ils n'ont pas été noyés dans les rivières ou jetés dans les ravins. Selon Christian Zentner, Mao a également dû surmonter des ennemis internes, des camarades qui ont tenté de le tuer, parce qu'il n'était pas l'homme choisi par Staline, qui cherchait à le remplacer par quelqu'un en qui il avait davantage confiance. À Moscou, Mao Tsé-toung n'a jamais été considéré comme le chef du parti. Tout porte à croire que l'homme de Staline à l'époque aurait été Chang Kuo-tao, chef de la Quatrième Armée, officiellement supérieur à Mao au sein du PCC, qu'il a tenté à plusieurs reprises d'éliminer au cours de la "longue marche". Ce fait est hautement significatif, car les communistes américains ont misé dès le début sur Mao Tsé-toung, qui selon Jean Lombard était un Tiao Kiu Kiaou.

En octobre 1936, Moscou conclut qu'un nouveau front uni entre le Kuomingtang et le PCC est nécessaire pour vaincre les Japonais, l'ennemi extérieur. Le Parti communiste américain et Mao Tsé Toung lui-même partageaient cette idée, mais pas Tchang Kaï-chek, pour qui les Japonais étaient un moindre mal et qui considérait comme prioritaire de vaincre les communistes, l'ennemi intérieur qui cherchait à l'éliminer, lui et son système. Dans un mémorandum daté du 18 mai 1954 et intitulé *Potentialities of Chinese Communist Intelligence Activities in the United States*, John Edgar Hoover, le directeur du FBI, révèle qu'en juin 1937, d'importants communistes juifs américains liés à l'IPR ont rendu visite à Mao à Yenan. Parmi eux, Philip Jacob Jaffe, Agnes Jaffe, Thomas A. Bisson et Owen Lattimore. Dans une lettre, Mao fait savoir à Earl Browder, le dirigeant communiste des États-Unis, qu'il obtient des informations sur les affaires américaines auprès de "divers amis américains et d'autres sources".

Fait significatif, au printemps 1941, l'un de ces "amis américains" de Mao, le professeur Lattimore, devait être nommé par Roosevelt conseiller du dirigeant nationaliste Chiang Kai-shek à Chungking, la capitale de la Chine libre en temps de guerre. L'IPR a ainsi établi un contact stratégique de premier ordre dans un endroit particulièrement sensible : Owen Lattimore a évidemment entendu et vu tout ce qui pouvait être intéressant dans le développement de la stratégie pour le triomphe de Mao et du communisme en Chine. Conseiller de Tchang Kaï-chek, Lattimore se rendait sporadiquement à San Francisco pour diriger l'Office of War Information (OWI) Pacific Coast.

Finalement, à la fin de l'année 1937, il fut secrètement convenu d'établir le deuxième front uni afin de s'opposer aux Japonais. Les communistes auraient promis quatre choses au Kuomintang : ils renonçaient à la réorganisation agraire qu'ils menaient ; ils garantissaient qu'ils ne renverseraient pas le Kuomintang par la force ; ils acceptaient de nouveaux gouvernements régionaux démocratiques dans les territoires frontaliers où des soviets avaient été mis en place ; ils acceptaient de transformer l'Armée rouge en une armée révolutionnaire nationale. Pendant cette nouvelle période du Front Uni, *China Today* et les American Friends of the Chinese People dirigent toute leur artillerie de propagande contre le Japon et cessent leurs attaques contre Tchang Kaï-chek. En décembre 1937, le China Relief Council est créé aux États-Unis afin d'organiser la collecte de fonds pour des projets d'aide à la Chine. Philip Jaffe et Chi Chao-ting, tous deux membres de l'IPR et d'*Amerasia*, figurent parmi les directeurs du Conseil.

La période du deuxième front uni a été marquée aux États-Unis, selon le mémorandum d'Edgar Hoover, par l'infiltration du gouvernement Roosevelt par des agents travaillant à la réalisation d'objectifs communistes en Chine. Edgar Hoover mentionne Lauchlin Currie, Michael Greenberg, Harry Dexter White, Solomon Adler et le groupe *Amerasia* qui, selon le rapport du FBI, ont eu accès à des documents gouvernementaux classifiés. Une mention spéciale est à nouveau faite de Chi Chao-ting, qui a théoriquement agi pendant cette période au nom du gouvernement de Chiang Kai-shek, qu'il représentait en 1944 à la conférence de Bretton Woods.

Après l'attaque japonaise sur Pearl Harbour, les choses ont commencé à changer en Chine et la méfiance a de nouveau marqué les relations entre Chiang Kai-shek et les communistes, qui ont su profiter de la guerre pour se renforcer. Pour Tchang Kaï-chek, conseillé par Owen Lattimore, le stratège de l'IPR, il était clair que, tout comme la Pologne avait été un casus belli pour la Grande-Bretagne en 1939, la Chine avait été un casus belli pour les Américains, qui l'avaient soutenue pour contenir la conquête japonaise. En 1944, cependant, les forces communistes de Mao Tsé-toung et de Chou En-lai disposaient d'une base de pouvoir indépendante dans leur fief de Yenan, commandaient leurs propres armées et se préparaient au moment décisif. Par ailleurs, deux agents communistes qui se font passer pour de hauts fonctionnaires américains, le diplomate John Stewart Service et Solomon Adler, proche de Harry Dexter White au Trésor, ont rejoint Owen Lattimore à Chungking. Pour compléter le trio, Chi Chao-ting a été placé à côté du ministre des Finances du Kuomintang. Tous sont censés être en Chine pour aider les nationalistes, mais en réalité ils détestent Tchang Kaï-chek et travaillent dans l'ombre au triomphe du communisme. A Chungking, Solomon Adler, John Stewart Service et Chi Chao-ting vivaient dans la même maison. Dans le cadre de l'affaire IPR en Chine, Elisabeth Bentley témoignera devant le SISS le 14 août 1951 que Solomon Adler était membre du groupe de Silvermaster et qu'elle servait de messager entre eux. Bentley a confirmé que Harry Dexter White recevait également des informations d'Adler.

Dans le Journal de Morgenthau : Chine, on trouve un message de Solomon Adler à Harry Dexter White, qui en a manifestement discuté avec le secrétaire au Trésor Henry Morgenthau, puisque ce dernier a consigné la conversation dans son journal. Le communiqué a été rédigé en février 1945 et Adler y affirme qu'il ne faut soutenir Tchang que s'il tente réellement de promouvoir un gouvernement de coalition avec Mao. Selon lui, le moyen d'y parvenir est d'utiliser le pouvoir du Trésor et de retirer l'aide financière à Tchang, en particulier un crédit de 200 millions de dollars en or précédemment promis. Santon Evans reproduit des extraits du texte de Solomon Adler adressé à Dexter White dans *Blacklisted by History :*

> "Il semble que le Trésor n'ait pas d'autre choix que d'adopter une politique négative à l'égard de la Chine. Nous devrions continuer à envoyer le moins d'or possible en Chine. En effet, cet or ne sera pas utilisé efficacement pour lutter contre l'inflation.... Nous devrions être fermes et lents dans l'approbation des dépenses de l'armée en Chine. Il n'y a pas lieu d'avoir mauvaise conscience à cet égard, car les Chinois nous trompent à la moindre occasion..... Nous devons refuser les demandes chinoises de biens dans le cadre de prêts et de baux dans le domaine civil, sous prétexte de lutter contre l'inflation.... Nous devons surveiller de près les fonds chinois aux États-Unis".

Ces mots montrent certainement les plans que le Trésor s'apprêtait à adopter en février 1945. Stanton Evans commente : "Cette stratégie, exposée par un agent communiste à un autre agent communiste, allait devenir en quelques mois la politique officielle des États-Unis à l'égard de la Chine". L'auteur cite les mots qu'Henry Morgenthau a écrits dans son journal : "J'adore ces lettres d'Adler". Evans ajoute : "White s'assurait que le secrétaire au Trésor Morgenthau voyait les mémos d'Adler et certains rapports du Stewart Service. Morgenthau transmettait le message à la Maison Blanche, où il avait un accès direct à FDR, son voisin de longue date dans la vallée de l'Hudson à New York. Comme Lauchlin Currie, membre de l'équipe de la Maison Blanche, recevait des rapports actualisés de Service, chaque mémo pouvait être cité comme une confirmation de l'autre".

En ce qui concerne la lutte contre les Japonais, les rapports qui parviennent à Washington sont très différents selon les sources. Alors que le diplomate Stewart Service rapporte que seuls les communistes combattent les Japonais et que Tchang Kaï-chek ne fait rien, le général Albert Wedemeyer affirme exactement le contraire. Wedemeyer, un expert militaire qui s'était rendu en Chine pour commander la lutte contre le Japon pendant de nombreux mois, publia des années plus tard le livre *Wedemeyer Reports* (1955). Selon cette source, les communistes chinois ont très peu contribué à la lutte contre les Japonais et n'ont été d'aucune aide : "Aucune force communiste chinoise - écrit Wedemeyer - n'a combattu dans aucune des batailles importantes de la guerre sino-japonaise". Sur la base de rapports qui lui ont été transmis par son service de renseignement, le général écrit dans l'ouvrage précité : "J'ai appris que Mao Tsé-toung, Chou En-lai et d'autres dirigeants communistes chinois n'étaient pas intéressés par la lutte contre les Japonais, car leur principale préoccupation était d'occuper le territoire que les forces nationalistes avaient évacué lors de leur retraite".

Au printemps 1945, l'ambassadeur américain à Chungking, le général Patrick Hurley, qui avait été secrétaire à la guerre de 1929 à 1933, a fait savoir à ses supérieurs à Washington qu'il ne faisait pas confiance à un diplomate sous ses ordres, John Stewart Service, et a demandé qu'il soit rappelé de l'ambassade. À la fin de l'année 1944, John Stewart Service est retourné aux États-Unis après un congé de deux mois. Au cours de sa visite, outre Lauchlin Currie et Dexter White, il rencontra des personnes qui avaient été surveillées par le FBI, telles que Grace Granich, une communiste d'origine juive qui avait été la secrétaire d'Earl Browder ; Andrew Roth, un juif d'origine hongroise qui avait été un enquêteur de l'IPR et était lieutenant à la Division Extrême-Orient du Département du renseignement naval ; Rose Yardumian, une autre femme juive d'origine arménienne responsable du bureau de l'IPR à Washington et une vieille amie des Lattimore. En l'absence de John Service, l'ambassadeur Hurley a eu le temps de lire les dépêches et les communiqués envoyés par le diplomate qui était censé travailler pour lui, et il ne les a pas appréciés du tout. Voici l'un d'entre eux, reproduit par fragments par M. Stanton Evans, particulièrement contraire à la ligne officielle de l'ambassade :

"Nos relations avec Tchang Kaï-chek se poursuivent apparemment sur la base de l'hypothèse irréaliste qu'il est la Chine et qu'il est nécessaire à notre cause..... Dans les circonstances actuelles, le Kuomintang dépend de l'aide américaine pour sa subsistance. Mais nous ne dépendons pas du tout du Kuomintang. Nous n'en avons pas besoin pour des raisons militaires.... Nous n'avons pas à craindre l'effondrement du gouvernement du Kuomintang..... Nous n'avons pas besoin de soutenir le Kuomintang pour des raisons de politique internationale..... Nous n'avons pas besoin de soutenir Chiang en pensant qu'il représente des groupes pro-américains ou pro-démocratiques.... Nous n'avons pas besoin de nous sentir reconnaissants envers Chiang.... Il se peut qu'il y ait une période de confusion, mais les avantages éventuels d'un effondrement du Kuomintang l'emporteront".

Lorsque John Service revient à Chungking à la fin du mois de janvier 1945, Pat Hurley a déjà décidé qu'il ne voulait pas de lui à l'ambassade. En plus de manifester son hostilité, l'ambassadeur annonce qu'il a demandé son remplacement. Au printemps, Washington accède à cette demande et, sans cérémonie d'adieu, Service est renvoyé aux États-Unis. Le 12 avril, il est à Washington, où Andrew Roth le met en contact avec Philip Jacob Jaffe, rédacteur en chef du journal pro-communiste *Amerasia*. La rencontre entre les deux hommes a lieu à l'hôtel Statler. Depuis quelques semaines, Jaffe faisait l'objet d'une étroite surveillance : écoutes téléphoniques, pose de micros et suivi de ses déplacements. Comme si la première rencontre avec Granich, Roth et Yarmudian n'avait pas suffi, après cette rencontre, Service commence à apparaître dans les dossiers du FBI. Le 11 mai 1945, le FBI envoie à la Maison Blanche un mémorandum de quatre-vingts pages relatif à l'affaire *Amerasia*. Il contient les mouvements d'avril de Philip Jacob Jaffe, John Service, Andy Roth, Mark Gayn (un autre juif dont le vrai nom était Julius Ginsberg) et Emmanuel Larsen (du Département d'Etat). Lors de sa déclassification, le dossier *Amerasia* comptait plus de douze mille pages. En juin, le FBI a arrêté John Service et d'autres fonctionnaires du département d'État pour espionnage, mais Lauchlin Currie a fait en sorte qu'il ne soit finalement pas inculpé.

Le 24 avril 1945, Mao Tsé-toung, dans un rapport présenté au septième congrès national du parti communiste chinois, a évoqué la nécessité d'éliminer les agresseurs japonais à l'extérieur et le Kuomintang à l'intérieur. Mao a souligné la reprise de la guerre civile. À partir de là, on peut voir plus en détail comment Mao Tsé-toung a pu vaincre Tchang Kaï-chek et proclamer la République populaire de Chine. On peut dire que le sabotage par Harry Dexter White et Solomon Adler du prêt d'or évoqué plus haut a été l'élément déclencheur du plan. En 1951, Freda Utley a publié *The China Story*, dans lequel elle analyse la politique américaine en Chine depuis 1945. Elle fait référence à un discours prononcé à Washington le 11 avril 1950 par le colonel L. B. Moody, du corps d'artillerie. Moody a accusé le gouvernement américain d'avoir continuellement refusé d'apporter une aide militaire à Tchang Kaï-chek. Le 16 juillet 1951, Moody a publié un long article dans le magazine *The Freeman*, détaillant les efforts déployés dans l'ombre pour refuser l'aide militaire. Au cours de l'été 1945, ce spécialiste de l'armée a inspecté un surplus de munitions destiné à être livré au KMT (Kuomintang). Le colonel Moody affirme que les fonctionnaires qui manipulaient ce matériel se sont donné beaucoup de mal pour s'assurer qu'il n'était pas livré. Les munitions étaient sous le contrôle de l'Administration économique fédérale, le successeur du Conseil de guerre économique. Lorsque les fournitures devaient être livrées à Tchang, écrit Moody, "la FEA a fait tout ce qu'elle pouvait pour bloquer ou retarder l'envoi de ce matériel essentiel, probablement par l'intermédiaire de fonctionnaires de l'ambassade". Selon le colonel, sur les 153 000 tonnes de munitions, Chiang n'en a reçu que deux pour cent, "le reste a été déversé dans l'océan ou éliminé d'une autre manière". Les fusils capturés aux Allemands, qui étaient censés être destinés au général, ont été mis sur écoute. "Un petit lot a été envoyé, note Moody, mais le projet a été annulé sur ordre de Washington.

A l'automne 1945, John Carter Vincent est nommé directeur du Bureau des affaires d'Extrême-Orient. Ce diplomate, comme John Stewart Service avant lui, va jouer un rôle décisif. Sa nomination coïncide avec la démission de Patrick Hurley, l'ambassadeur américain en Chine, qui, depuis l'épisode Service, était devenu un obstacle aux plans visant à saper Chiang et à favoriser les communistes. Pat Hurley commence à voir que davantage d'agents du Foreign Service sont impliqués dans la stratégie, mais ses commentaires sont considérés comme des divagations et il est lui-même qualifié de vantard et de fanfaron. Peu habitué à être maltraité et confronté à une campagne évidente visant à le discréditer, l'ambassadeur Hurley démissionne à la fin du mois de novembre 1945. Il est remplacé par le célèbre général George Marshall, l'homme qui a soudainement perdu la mémoire le 6 décembre 1941 et qui ne sait plus où il était pendant les douze heures qui ont précédé l'attaque japonaise sur Pearl Harbour.

Il faut savoir que Staline s'était engagé à Yalta à déclarer la guerre au Japon trois mois après la défaite de l'Allemagne. Il s'agissait en fait d'un beau cadeau de Roosevelt, qui invitait les Soviétiques à prendre pied en Mandchourie, dont les ports et les voies ferrées étaient d'une importance vitale. Après le largage de la bombe atomique sur Hiroshima, Moscou ordonne le lancement de l'opération au Manchukuo (Mandchourie), l'État satellite du Japon. C'est une guerre éclair, dans le plus pur style allemand, qui permet à l'armée soviétique de remporter en trois semaines l'une de ses plus brillantes victoires. Logiquement, cette reddition de la Mandchourie à Staline favorise l'établissement du communisme en Chine.

Il existe différentes interprétations de ce qui s'est passé après la défaite japonaise. Comme le Kuomintang n'avait pas de troupes en Mandchourie, cinquante mille marines américains ont débarqué en Chine et des avions américains ont transporté les soldats de Tchang Kaï-chek en Mandchourie pour participer à la capitulation des Japonais, qui se sont rendus aux Soviétiques. Il devient alors évident que Mao n'est pas l'homme de Moscou, car Staline, qui a été impitoyable dans son occupation de la moitié de l'Europe, accepte de céder l'importante zone industrielle de la Mandchourie à Tchang Kaï-chek et permet au Kuomintang d'occuper les villes clés du nord de la Chine. Il semble évident que s'il avait fait confiance à Mao Tsé-toung, il n'aurait jamais agi de la sorte.

En novembre 1945, grâce aux déclarations d'Elisabeth Bentley et de Whittaker Chambers, le FBI a pu établir que, de manière surprenante, les parallèles convergeaient : tous les réseaux d'espionnage sur lesquels ils enquêtaient semblaient être interconnectés. Le 27 novembre, le FBI présente au président Truman un nouveau mémorandum de 50 pages sur l'espionnage soviétique aux États-Unis, qui rassemble des informations sur COMRAP ("Comintern Apparatus"), CINRAD ("Communist Infiltration of the Radiation Laboratory") et *Amerasia*. Ce rapport deviendra célèbre des années plus tard lorsque Richard Nixon le lira en partie devant les commissions d'enquête. Parmi les noms qui apparaissent dans cet aperçu de l'infiltration communiste, citons : Oppenheimer, Silvermaster, Hiss, Currie,

Bransten, Kheifitz, White, Service, Adler, Glasser... parmi d'autres moins pertinents.

Le 20 décembre 1945, soi-disant en mission pour amener Mao et Tchang à accepter de former un gouvernement d'union, le général Marshall arrive en Chine, où il est reçu par le général Wedemeyer. En septembre 1945, l'ambassadeur américain, Patrick Hurley, avait négocié une première rencontre entre Mao Tsé-toung et Tchang Kaï-chek. La lutte ou la coalition étaient donc les deux seules options possibles lorsque les Japonais ont capitulé. Mais entre-temps, tout avait changé en faveur des communistes : en 1937, le PCC comptait quarante mille membres ; en 1945, un million et demi. En termes de soldats réguliers, il est passé de quatre-vingt mille à plus de neuf cent mille. En 1937, les communistes chinois dominaient un territoire de douze mille kilomètres carrés avec deux millions d'habitants ; en 1945, leur domaine était dix fois plus grand avec plus de 95 millions d'habitants. Néanmoins, Tchang Kaï-chek est convaincu qu'il peut vaincre le communisme avec l'aide de ses alliés américains. Cependant, la menace de couper l'aide à Tchang Kaï-chek s'il ne s'allie pas aux communistes revient à mettre le manche de la poêle à frire dans les mains de Mao qui, pour empêcher Tchang d'être aidé par ses supposés alliés américains, n'a plus qu'à empêcher la formation du gouvernement d'union.

Le principal mentor du général Marshall en Chine fut John Carter Vincent, un diplomate qui était un dirigeant de l'IPR infiltré au Département d'Etat, un collègue d'Owen Lattimore et un proche allié de John Stewart Service et de Lauchlin Currie. En novembre 1945, avant que Marshall ne se rende en Chine, Vincent lui remet un mémorandum sur la situation qui, avec deux autres rapports signés par Truman lui-même, lui sert de guide. Il s'agissait de l'acceptation par Tchang Kaï-chek de l'accord avec "les soi-disant communistes" (termes de Vincent). Dès le départ, il était clair que si Tchang n'acceptait pas l'approche, les Etats-Unis suspendraient leur aide au généralissime : "Une Chine désunie par la guerre civile", disait Truman dans une lettre, "ne peut pas être considérée de manière réaliste comme un endroit approprié pour l'aide américaine". Pour couronner le tout, Solomon Adler figurait parmi les principaux conseillers économiques et financiers de Marshall. L'attitude de Truman dans l'affaire Dexter White s'est répétée avec Solomon Adler, qui avait été représentant du Trésor en Chine en 1944. Le FBI savait qu'à Chungking, Adler avait vécu avec Chi Chao-ting et John Stewart Service dans la même maison. Malgré les rapports répétés d'Edgar Hoover selon lesquels il était un agent communiste, le président Truman l'a non seulement maintenu au Trésor, mais l'a promu, a augmenté son salaire et l'a nommé à des postes clés. En 1946, il est conseiller du général Marshall. En 1947, il est chargé de fournir au général Wedemeyer des informations sur la Chine. De décembre 1947 à février 1948, il discute avec le département d'État des questions d'aide technique et financière à Tchang Kaï-chek. Naturellement, en tant qu'homme de main de la conspiration communiste internationale visant à étrangler Tchang, il conseille d'interrompre l'aide aux nationalistes chinois.

Ce n'est qu'en mai 1950, après l'entrée en scène du sénateur Joseph McCarthy, que Solomon Adler, sa mission accomplie, jugea prudent de quitter le Trésor et de se rendre en Angleterre, d'où il s'enfuit en Chine afin de travailler pour le régime communiste qu'il avait contribué à mettre en place. Service, Vincent, Adler, Currie, Lattimore n'étaient que la partie émergée de l'iceberg. Stanton Evans cite l'historien Maochun Yu qui, sur la base de son étude des sources chinoises, écrit : "Lorsque George Marshall était en Chine, la pénétration communiste dans les médias américains était endémique. De nombreuses dactylos et interprètes chinoises employées par l'OSS et l'OWI (Office of War Information) étaient des agents secrets travaillant pour Yenan. Comme l'ont révélé de récents documents publiés en Chine, ils volaient des documents, organisaient des activités secrètes, fournissaient des données incorrectes et alimentaient les agences de renseignement américaines en Chine avec des informations falsifiées."

Néanmoins, durant les premiers mois de 1946, les nationalistes du KMT gagnaient la guerre et ne comprenaient pas pourquoi les Américains essayaient de les forcer à pactiser avec les communistes au lieu de les aider à les vaincre. La première décision de Marshall fut d'ailleurs de demander une trêve, ce que les communistes acceptèrent logiquement puisqu'ils étaient en train de perdre. Un autre auteur chinois cité par Stanton Evans, le communiste Jung Chang, dans un texte intitulé "Saved by Washington" écrit ce qui suit :

"Marshall devait rendre un service monumental à Mao. Alors que Mao était dos au mur dans ce que l'on peut appeler son Dunkerque à la fin du printemps 1946, Marshall a exercé une pression forte et décisive sur Tchang pour qu'il mette fin à la persécution des communistes dans le nord de la Mandchourie.... Le "diktat" de Marshall a probablement été la décision la plus importante qui ait influencé l'issue de la guerre civile. Les rouges qui ont vécu cette période, de Biao aux retraités de l'armée, disent en privé que la trêve a été une erreur fatale de la part de Tchang".

En juillet 1946, Marshall appuie sur l'accélérateur afin d'atteindre l'objectif qui lui a été fixé. Le général avertit Chiang que ses ordres sont de parvenir à "la paix et l'unité" et que si les combats ne cessent pas, il devra suspendre l'aide au KMT. Insouciant du fait que personne ne faisait pression sur les communistes, toute la responsabilité de la poursuite de la guerre civile était rejetée sur le camp nationaliste. Joe McCarthy évoquera ces moments en 1951. Selon le sénateur, le général Wedemeyer avait préparé un plan sensé et intelligent qui aurait permis à la Chine de rester un allié précieux, mais il a été saboté, ce que McCarthy a considéré comme de la haute trahison. Dans un discours prononcé le 14 mars 1951, il déclare que le général Marshall, désormais malade et affaibli, a en fait été dupé par les conspirateurs :

"Lorsque Marshall a été envoyé en Chine avec des ordres secrets du Département d'État, les communistes étaient alors enfermés dans deux zones et menaient une bataille perdue d'avance ; mais grâce à ces ordres, la situation a radicalement changé en faveur des communistes. En application de ces ordres, comme nous le savons, Marshall a saisi toutes les armes et munitions de nos alliés en Chine. Il a forcé le passage en Mandchourie à travers les montagnes de Kalgan contrôlées par les nationalistes afin de permettre aux communistes d'accéder à l'équipement et aux vastes quantités d'armes capturées aux Japonais. Il n'est pas nécessaire d'expliquer au pays comment Marshall a tenté de forcer Tchang Kaï-chek à former un gouvernement de coalition avec les communistes".

L'embargo sur les armes a débuté à l'été 1946 et a été décisif. Non seulement les nationalistes ne pouvaient plus acheter d'armes et de munitions, mais ils ne pouvaient plus non plus recevoir les cargaisons déjà achetées. Pour que le blocus soit complet, l'embargo a été coordonné avec les Britanniques, qui constituaient l'alternative la plus probable pour les nationalistes. Cette politique s'est poursuivie jusqu'au début de l'été 1947, bien qu'elle ait été poursuivie par des méthodes clandestines dans les mois qui ont suivi. Freda Utley explique dans *The China Story* que Tchang Kaï-chek a tenté pendant un an de faire lever l'embargo afin d'acheter des munitions qui ne pouvaient être vendues à personne d'autre, car elles avaient été fabriquées pendant la Seconde Guerre mondiale selon des exigences convenues à l'avance. Selon cet auteur, le département d'État a d'abord autorisé le gouvernement chinois à acheter des munitions pour une durée de trois semaines, et une autre petite subvention a été accordée aux nationalistes lorsqu'en 1947, les marines américains quittant la Chine ont reçu l'ordre de laisser des munitions de calibre 30 mm pour une durée de six jours. Freda Utley cite à nouveau le colonel Moody, qui estimait qu'en décembre 1947, les munitions détenues par le gouvernement nationaliste étaient suffisantes pour combattre pendant un peu plus d'un mois.

Au début de 1948, l'inquiétude suscitée par la situation en Chine a incité le Congrès américain à réclamer une aide économique de 125 millions de dollars, censée atténuer l'urgence militaire de Tchang Kaï-chek. Une fois de plus, les agents de la conspiration ont pu manœuvrer dans l'ombre pour retarder l'aide. Le 5 avril, l'ambassadeur chinois à Washington fait la première demande de respect de la loi votée par le Congrès. Pendant deux mois, les Chinois plaident en vain pour pouvoir passer leurs commandes de ravitaillement sur les fonds prévus à cet effet. Les munitions demandées ne peuvent être obtenues qu'à partir des "stocks" gouvernementaux, mais Truman n'autorise d'abord que les transactions commerciales. Le général Claire Chennault, qui a longtemps commandé l'armée de l'air en Chine, a déclaré qu'une première livraison avait été autorisée en avril, mais qu'elle n'avait atteint Shanghai qu'en décembre. L'amiral Oscar Badger, qui, à l'été 1948, faisait partie d'un groupe d'observateurs américains en Chine du Nord, confirma le témoignage du général Chennault. Les forces du KMT savaient que le Congrès avait voté l'aide et l'attendaient avec impatience pour pouvoir engager des batailles décisives. Malheureusement, non seulement la livraison a été retardée, mais seulement dix pour cent de ce qui était attendu est arrivé. L'amiral Badger ajoute qu'en outre, le matériel fourni était défectueux à bien des égards. Pour les forces du KMT, c'était la goutte d'eau qui faisait déborder le vase", a déclaré l'amiral Badger.

Au début de l'année 1949 est survenu l'épisode définitif qui a prouvé que le Grand Maître Truman était totalement impliqué dans le jeu de la conspiration. Le président Truman, Dean Acheson, membre du nouveau secrétaire d'État du CFR (Council on Foreign Relations), et d'autres personnalités bien placées au sein de l'administration ont décidé, malgré l'approbation du Congrès, de suspendre toute aide militaire à Tchang Kaï-chek. Pour justifier cette décision, ils ont fait valoir que la cause du KMT était déjà perdue. Lorsque le sénateur républicain Arthur Vandenberg apprit ce qui était envisagé, il menaça de le dénoncer publiquement. Afin d'éviter tout débat, Truman annule l'ordre ; mais Acheson, rapporte Stanton Evans, donne des instructions à ses subordonnés du département d'État : "Il est souhaitable que les expéditions soient retardées dans la mesure du possible et que cela se fasse sans ordre formel".

En fin de compte, toutes les mesures et astuces visant à provoquer la défaite du gouvernement nationaliste de Tchang ont porté leurs fruits, et les forces du KMT ont été contraintes de quitter le continent et de débarquer à Formose. Cependant, au lieu de mettre fin à la lutte contre lui, Acheson était déterminé à poursuivre le généralissime pour le liquider définitivement. Dès que les communistes de Mao Tsé-toung ont pris le pouvoir en octobre 1949, une conférence s'est tenue au département d'État, au cours de laquelle Philip Jessup, membre du conseil de direction de l'IPR et également membre du CFR, a été l'orateur principal. Il a été décidé que la chute de la Chine n'était pas la fin du processus, mais simplement le début. Il a été convenu qu'il fallait s'attendre à de nouvelles avancées communistes dans la région et que la politique recommandée aux États-Unis était de se tenir à l'écart et de les laisser se produire. Plus précisément, les "experts" de l'Asie ont recommandé que les communistes de Mao soient autorisés à envahir Formose. À la mi-novembre, Acheson conseilla à Truman de reconnaître le nouveau régime de Pékin et de se dissocier complètement de Tchang Kaï-chek sur Formose. Ces directives politiques étaient publiques, mais d'autres manœuvres anti-Chiang n'ont été connues que des décennies plus tard. Ainsi, au département d'État, un certain nombre de plans ont été élaborés pour faire le travail de Mao et obtenir le départ de Tchang de Formose : une intervention militaire a été envisagée, et même un coup d'État contre le généralissime a été envisagé.

Stanton Evans révèle dans *Blacklisted by History* que ces machinations clandestines contre le leader anticommuniste n'étaient pas nouvelles et que, pendant la Seconde Guerre mondiale, des plans avaient déjà été élaborés pour l'éliminer. Plus précisément, il désigne le général Joseph Stilwell, surnommé "Vinegar Joe", comme la figure centrale. Stilwell, assisté par nul autre que John Service, faisait partie de l'état-major de Chiank Kai-shek pendant la Seconde Guerre mondiale. Selon Frank Dorn, l'assistant de Vinegar Joe, le général lui a ordonné en 1944 d'élaborer un plan pour faire disparaître Chiang de la scène en l'assassinant. Dorn écrit que le général Stilwell lui a dit que "le grand garçon (Roosevelt) en avait assez de Chiang et de ses crises de colère". Frank Dorn suppose que l'idée est peut-être venue de Harry Hopkins. Stanton Evans écrit que l'ensemble du complot aurait pu être remis en question s'il n'avait pas été confirmé en 1985 par Eric Saul, archiviste de l'OSS. Selon Eric Saul, il existe une trace du plan dans les archives de cette unité (qui a précédé la CIA), mais il n'a pas été exécuté parce que l'ordre n'est pas arrivé.

Quant au projet de renverser Tchang par un coup d'État à Formose, des rapports écrits du département d'État le confirment : le candidat à la tête du coup d'État était un dissident du KMT, un général du nom de Sun Li-jen. À la mi-janvier 1950, Acheson déclare que ni Formose ni la Corée ne figurent dans ses plans de défense. Toujours au début de l'année, Philip Jessup effectue une tournée en Asie afin de recueillir des informations précises. Il se rend à Tokyo et à Taipei. À son retour, il rendit compte de sa visite à Tchang. Ses propos sont rapportés dans *Foreign Relations of the United States* : "La maison du généralissime est située en altitude dans les montagnes, à environ vingt minutes de route du centre de Taipei. Il y avait une guérite avec une sentinelle à l'un des nombreux virages de la route de montagne, et nous avons vu quelques soldats dans les environs, mais pas de présence militaire importante". Nul doute que ces observations pourraient s'avérer extrêmement utiles si l'on envisageait de se débarrasser de Tchang par une action commando.

Tout ce qui a été dit jusqu'à présent confirme l'existence de la "vaste conspiration" dénoncée par le sénateur Joseph McCarthy. Entre 1945 et 1950, une série d'agents au service des intérêts des financiers de l'ombre du communisme international ont réussi à faire passer la Chine aux mains de Mao Tsé-toung. Si l'on avait agi contre eux en 1945, comme le conseillaient les rapports fournis par le FBI de John Edgar Hoover, la catastrophe en Chine aurait probablement pu être évitée. Le fait que Solomon Adler, au lieu d'être purgé, ait été envoyé en Chine avec le général Marshall en 1946 est un épisode crucial. Le rôle de Chi Chao-ting en tant qu'agent maoïste infiltré dans le KMT (Kuomintang) jusqu'à sa chute en 1949 est également crucial. Comme Solomon Adler, Chi s'est réfugié à Pékin une fois sa mission achevée. Lauchlin Currie est le troisième personnage qui aurait dû être démasqué en 1945 mais qui ne l'a pas été. Les déclarations d'Elisabeth

Bentley, confirmées par les documents Venona, placent Currie dans le cercle des Silvermaster et indiquent clairement qu'il était l'un des agents communistes les plus importants au sein du gouvernement, son portefeuille pour la Chine et son influence à la Maison Blanche étant d'une importance capitale. À ces trois principaux capitaines, le sénateur McCarthy joindra en 1950 plus d'une douzaine d'autres noms importants qui, rémunérés par le gouvernement fédéral, ont travaillé en étroite collaboration avec eux pour établir le communisme en Chine.

L'affaire *Amerasia*, bien qu'elle remonte à l'ère Roosevelt, est celle qui a le plus compromis et exposé Truman, car tout s'est déroulé sous son nez et avec son approbation. *Amerasia* était un magazine mensuel lié à l'IPR, fondé en 1937 par Philip Jaffe et Frederick Vanderbilt Field. Il présentait des analyses et des informations pertinentes sur la situation en Asie et en Amérique. C'est au début des années 1950 que, grâce à la persévérance du sénateur McCarthy, l'enquête sur l'espionnage et les fuites de documents secrets livrés à l'*Amérique* par divers services gouvernementaux, en particulier le département d'État, a été approfondie. Enfin, bien plus tard, en 1970, la sous-commission de la sécurité intérieure du Sénat a publié un rapport en deux volumes, *The Amerasia Papers : A Clue to the Catastrophe of China (Les papiers d'Amerasia : un indice de la catastrophe chinoise)*. M. Stanton Evans commence le chapitre 28 de son précieux ouvrage sur Joseph McCarthy par ces mots sur l'importance de l'enquête menée par le sénateur du Wisconsin :

"Si McCarthy n'avait rien fait d'autre pendant sa période faste et turbulente au Sénat, son rôle dans l'éclatement du scandale *Amerasia* mériterait les éloges d'une nation reconnaissante. Non seulement en raison de l'importance intrinsèque de l'affaire, mais aussi parce qu'elle a ouvert la voie à d'autres révélations impensables provenant des recoins les plus sombres de la guerre froide.

Et il ne fait aucun doute que c'est McCarthy qui a porté le fardeau - en martelant constamment l'affaire, en déterrant les rapports de sécurité sur le Service et en faisant pression sur les gens d'*Amerasia* et leurs complices. Hoover et ses agents connaissaient les faits - ils en savaient bien plus que McCarthy - mais ils devaient mener leur combat en coulisses, dans une guerre secrète de rapports de combat. Ces efforts internes ne suffisent pas à empêcher le comité Tydings (anti-McCarthy) et le ministère de la Justice de Truman de colporter une fausse version de l'histoire. C'est McCarthy qui suscitera la colère de l'opinion publique et le tollé nécessaire pour que les problèmes de sécurité implicites dans l'affaire soient révélés et qu'il y soit remédié de manière appropriée.

Il ne s'agit pas seulement de l'affaire Service-Jaffe et des documents échangés entre eux, ni même de la sale liste des crimes fédéraux commis par les techniciens d'*Amerasia*. La signification profonde de l'affaire réside dans tout ce qui se cache derrière et qu'il faudrait découvrir pour que l'affaire soit rendue publique. En s'attaquant à *Service/Amerasia*, McCarthy n'a fait qu'effleurer les bords visibles d'une immense toile - bien plus longue que nous ne le savions - qui s'étendait à travers le gouvernement fédéral et avait des objectifs plus vastes que les documents parvenus à Jaffe, aussi importants soient-ils".

Il a également fallu attendre 1950 pour que Joe McCarthy dénonce devant le Sénat le rôle joué par l'IPR dans la chute de la Chine. Lorsqu'un organisme aussi respecté est attaqué par le sénateur McCarthy, ses ennemis sont choqués. Le sénateur Clinton Anderson s'interroge avec incrédulité : "Le sénateur McCarthy a-t-il l'intention de donner l'impression qu'en 1935 et 1936, l'Institute of Pacific Relations était sous contrôle communiste ?" Bien que l'IPR n'ait été exposé publiquement que dans les années 1950, le FBI savait dès 1945 que le groupe *Amerasia* travaillait main dans la main avec l'IPR, qui lui servait de couverture. Le 6 juin 1945, avec l'autorisation de l'Attorney General qui a ordonné l'enquête, les agents d'Edgar Hoover ont perquisitionné le siège d'*Amerasia* et ont trouvé près de 1 800 documents étiquetés "top secret" qui avaient été volés dans les dossiers du gouvernement. Dans ses premiers discours au Sénat, McCarthy a souligné que des membres éminents de l'IPR étaient liés à *Amerasia* et les ont associés à la sinistre politique américaine en Chine.

Les recherches sur l'IPR ont mis en avant la figure éminente d'Edward C. Carter, ancien responsable de la YMCA (Young Men's Christian Association), une association qui cherche à diffuser les valeurs chrétiennes, évidemment opposées à l'athéisme communiste. Membre de l'IPR depuis sa fondation en 1925, Carter a été secrétaire général de l'organisation de 1933 à 1946 et vice-président de 1946 à 1948. Après avoir fait l'objet d'enquêtes de la part de McCarthy, il est établi que Frederick Vanderbilt Field et Joseph Barnes sont devenus ses plus proches collaborateurs. Il est bientôt rejoint par Owen Lattimore, qui devient rédacteur en chef de la revue phare de l'IPR, *Pacific Affairs*. En dépit de ses prétendues racines chrétiennes, Carter s'est fait remarquer pour ses services rendus au communisme, une idéologie qui s'est opposée au christianisme partout où elle s'est implantée. Selon le journal communiste *Daily Worker*, Carter était pendant la guerre président du Comité national pour l'aide médicale à l'URSS ; selon le FBI, il présidait le Fonds russe de secours en cas de guerre et était également président du conseil d'administration de l'Institut russo-américain, une organisation que le bureau du procureur général des États-Unis avait classée comme subversive. Louis Budenz, rédacteur en chef du *Daily Worker*, a témoigné devant des commissions d'enquête que Carter était membre du parti communiste.

En 1951, la sous-commission sénatoriale sur la sécurité intérieure (SISS) présidée par Pat McCarran a saisi les dossiers de l'IPR grâce aux investigations du sénateur McCarthy, qui a découvert que les dossiers se trouvaient dans une ferme d'Edward Carter en Nouvelle-Angleterre. Ces documents comprennent la correspondance entre les hauts fonctionnaires de l'IPR et les membres de l'administration, ainsi que des mémorandums, des procès-verbaux de réunions et des rapports d'accords avec des représentants du gouvernement. Les conclusions provisoires du SISS ont établi que le parti communiste américain et les responsables soviétiques considéraient l'IPR comme un instrument de politique communiste, de propagande et de renseignement militaire, utilisé pour orienter la politique américaine en Extrême-Orient en faveur des objectifs communistes.

Le sénateur McCarthy a souligné le rôle de premier plan joué par Owen Lattimore, membre du CFR et du Conseil de l'IPR, dans la ruine de la cause nationaliste de Chiang Kai-shek et le renforcement des communistes de Yenan. Joe McCarthy a prétendu que Lattimore disposait d'un bureau au département d'État qui lui donnait accès aux plus hauts niveaux de l'exécutif. Dans les dossiers du FBI, où Lattimore était considéré comme un communiste depuis mai 1941, les thèses du sénateur du Wisconsin ont été pleinement confirmées. La plupart des entrées du registre du "Bureau" portent l'inscription "Owen Lattimore, Espionage-R". Le "R" de l'intitulé signifie "russe". En 1948, les hommes d'Edgar Hoover ont interrogé Alexander Barmine, un ancien officier de renseignement soviétique, qui les a informés que le général Berzin, chef du renseignement militaire (GRU) purgé en 1938 après son séjour en Espagne, lui avait dit qu'Owen Lattimore était un agent soviétique chargé de mettre en place une couverture commerciale pour l'espionnage soviétique en Chine. La déclaration d'Alexander Barmin, citée par M. Stanton Evans, figure dans les dossiers du FBI :

> "L'informateur se souvient que Berzin lui a alors dit.... Nous avons déjà l'organisation. Berzin lui a dit que l'organisation s'appelait l'"Institut des relations avec le Pacifique" et qu'elle était la base du réseau en Chine.... À ce moment-là, Berzin a mentionné le fait que les deux hommes les plus prometteurs et les plus brillants que les services secrets militaires soviétiques avaient dans l'IPR étaient Owen Lattimore et Joseph Barnes".

Philip Jessup, l'un des principaux agents pro-communistes de l'IPR, dont il présidait le comité d'enquête, a également été inculpé par le sénateur McCarthy. À la demande du secrétaire d'État Acheson, Jessup a organisé et dirigé une conférence d'experts sur l'Extrême-Orient afin de discuter de l'orientation à donner à la politique américaine après la débâcle en Chine. Quelques mois plus tôt, en mars 1949, il était devenu un personnage important du département d'État, ayant été nommé ambassadeur itinérant. Jessup, à qui Dean Acheson a confié la conduite de la politique chinoise, a présidé le comité qui a rédigé le "Livre blanc", présenté en août 1949. Dans ce document, les Etats-Unis se lavent les mains de la Chine, renoncent à défendre la liberté du peuple chinois et déclarent les communistes vainqueurs de la guerre civile. Lorsque le Livre blanc est publié, les combats se poursuivent et les forces de Tchang Kaï-chek contrôlent encore le sud de la Chine. Louis A. Johnson, le secrétaire à la défense qui a remplacé le "suicidaire" James Forrestal le 28 mars 1949, et le général Claire Chennault soutiennent que le document portera le coup de grâce aux nationalistes et demandent à ce qu'il ne soit pas publié.

Le général Albert C. Wedemeyer, dernier commandant en chef américain sur le théâtre d'opérations chinois, avoue dans *Wedemeyers Reports* qu'il avait assuré au généralissime Chiang Kai-shek que son pays aiderait les nationalistes chinois à établir une forme de gouvernement démocratique après la guerre. L'ambassadeur américain en Chine, John Leighton Stuart, écrit le 17 mars 1948 qu'en désespoir de cause, tous les groupes reprochent à l'Amérique son obstination à exiger des changements structurels et des réformes plutôt que de fournir l'aide promise, dont "la survie des institutions démocratiques dépendait". Freda Utley reproduit quelques mots de l'ambassadeur écrits le 31 mars 1948 : "Les Chinois ne veulent pas devenir communistes ; cependant, ils voient la marée du communisme avancer irrésistiblement. Au milieu de ce chaos et de cette paralysie, le généralissime apparaît comme la seule force morale capable d'agir". La panique du peuple chinois à l'idée d'être livré à une dictature communiste telle que celle subie par les Russes a été mise en garde à plusieurs reprises par Leighton Stuart : "Nous recommandons donc, écrit-il le 10 août 1948, que les efforts américains soient dirigés vers la prévention de la formation d'un gouvernement de coalition, que nos meilleurs moyens soient utilisés à cette fin et, si possible, que l'aide au gouvernement actuel soit augmentée". Dans son ouvrage *Fifty Years in China* (1955), John Leighton Stuart dénonce la responsabilité du département d'État dans la "grande catastrophe" et rejette le Livre blanc comme étant sans valeur historique parce qu'il déforme la réalité. De même, Kenneth Colegrove, professeur de sciences politiques à la Northwestern University, a eu des mots très durs pour Dean Acheson et son Livre blanc : "l'un des documents les plus faux jamais publiés par un pays".

Les crimes et les atrocités du communisme en Chine pourraient faire l'objet d'une longue littérature, car ils sont sans équivalent. Robert Conquest, le soviétologue britannique cité tout au long de ce livre, évalue le coût humain du communisme en Russie entre 35 et 45 millions de vies, une estimation que les auteurs du *Livre noir du communisme* évaluent à 20 millions. Malgré leur ampleur, ces chiffres sont doublés ou triplés en Chine. Le professeur Richard L. Walker, de l'université de Caroline du Sud, estime à 64 millions le nombre de victimes du régime de Mao Tsé-toung. Dans ce cas, le chiffre coïncide avec celui du *Livre noir*, qui est de 65 millions. Il suffit de considérer que pendant la seule campagne du Grand Bond en avant, entre 1958 et 1961, la Chine a connu une famine qui a fait entre 18 et 32,5 millions de morts. Le parti communiste, dirigé par Mao Tsé-toung, s'est lancé dans une campagne sociale, économique et politique visant à transformer le pays en une société socialiste par le biais de la collectivisation agraire et de l'industrialisation. Les fermes privées sont interdites et, comme en Russie, ceux qui s'y opposent sont considérés comme des contre-révolutionnaires. Le Grand Bond en avant est devenu une catastrophe sans précédent qui a tué des dizaines de millions de personnes. L'historien néerlandais Frank Dikötter affirme que la base de la campagne était la violence et la terreur, qui ont conduit au plus grand massacre de masse de l'histoire. La révolution culturelle allait suivre. Zeng Yi, un écrivain dissident chinois, explique dans son ouvrage *Scarlet Memorial : Tales of Cannibalism in Modern China* (1996) que pendant les années de la révolution culturelle, les dirigeants communistes chinois ont demandé aux masses de démontrer leur conscience de classe en mangeant les organes et la chair de leurs ennemis. Or, selon le grand écrivain Lu Xun, le cannibalisme était l'une des pires pratiques de la civilisation chinoise. Le banquier illuminati David Rockefeller, dont le clan a collaboré depuis la fin du XIXe siècle avec les Rothschild et d'autres banquiers juifs à la conspiration communiste, dans des déclarations au *New York Times* publiées le 10 août 1973, a qualifié le régime de terreur de Mao de "l'un des plus importants et des plus réussis de l'histoire de l'humanité".

Et plus de la même chose en Corée

Contrairement aux prévisions et aux souhaits de Staline, Mao Tsé-toung a remporté la plus longue guerre civile de l'histoire moderne en Chine. Jusqu'en 1948, Moscou n'avait entretenu de relations diplomatiques et d'accords de coopération qu'avec la Chine de Tchang Kaï-chek, de sorte que le PCC avait reçu de l'aide non pas de l'URSS, mais de ses amis américains. Les agents de Staline au sein des communistes chinois avaient signalé des tendances antisoviétiques chez les maoïstes et Staline n'avait aucun contrôle sur ce qui se passait en Chine, même si, naturellement, aucune des deux parties n'était intéressée par une rupture. Malgré la méfiance mutuelle, Mao se rendit à Moscou au début de l'année 1950 pour signer un traité d'amitié sino-soviétique. Dans sa biographie *Staline. Breaker of Nations*, Robert Conquest raconte qu'au cours de cette visite, le dirigeant chinois a demandé la bombe atomique, ce que Staline a refusé. Néanmoins, Mao reconnaît verbalement Staline comme le leader du communisme mondial et, selon Conquest, dans un geste de bonne volonté, Staline dénonce son principal agent au sein du Politburo du PCC, Kao Kang, l'homme de Beria, dont Staline commençait alors à se méfier, comme nous le verrons à la fin de ce chapitre. Il est significatif que Kao Kang soit resté au Politburo sans problème. De nombreux textes sur les "relations avec le Comité central du Parti communiste chinois" ont été trouvés dans les documents saisis à Beria après son arrestation. Il s'agit pour la plupart de rapports rédigés par Beria lui-même ou envoyés par Kao Kang, qui avait commencé sa collaboration avec Beria à l'hiver 1940 et l'avait poursuivie jusqu'à l'arrestation de son patron à l'été 1953. Kao se serait suicidé au début de l'année 1954, bien qu'une autre version suggère qu'il a été arrêté et abattu.

En janvier 1950, le secrétaire d'État Acheson annonce que la Corée, Formose et d'autres territoires de la région ne font plus partie du périmètre de défense des États-Unis, ce qui constitue à tout le moins une invitation à la propagation du communisme. À Potsdam, il avait été convenu de diviser la péninsule coréenne en deux zones le long du 38e parallèle, le nord étant occupé par l'Armée rouge et le sud par les États-Unis. Au nord, un régime communiste sous la tutelle de Moscou avait été consolidé, et au sud, un régime anticommuniste ou capitaliste. En mars 1950, Kim Il Sung, le dirigeant communiste nord-coréen qui voue une profonde admiration à Staline, se rend à Moscou. Il demande l'autorisation d'envahir la République de Corée, c'est-à-dire la péninsule méridionale, et sollicite le soutien de ses plans de conquête. Une réunion du Politburo, à laquelle participe Kim Il Sung, est convoquée et le plan est approuvé.

Le 25 juin, à 4 heures du matin, les communistes nord-coréens franchissent le 38e parallèle et lancent l'attaque. Malgré d'incroyables désaccords, le général américain Douglas MacArthur, basé à Tokyo, se porte au secours des Sud-Coréens. MacArthur réussit à stopper l'attaque surprise dans les faubourgs de Séoul et lance une contre-offensive générale dans une manœuvre stratégique qui démontre son génie militaire. Bien que Truman ait strictement interdit aux bombardiers américains d'attaquer des cibles en Corée du Nord et toute action militaire au-delà du 38e parallèle, l'Armée rouge nord-coréenne a été sévèrement battue et s'est repliée vers le nord dans le chaos et le désordre. Quelque 150 000 soldats communistes sont capturés. Le 29 septembre, le général MacArthur rétablit le gouvernement sud-coréen à Séoul. Le 4 octobre 1950, l'Assemblée plénière des Nations unies décide que les troupes de l'ONU (Sud-Coréens, Américains, Britanniques et une brigade turque nouvellement arrivée) "poursuivront leur progression vers le nord dans le cadre d'une action de police contre les agresseurs... afin de rétablir un seul État coréen". Le 19 octobre, Pyongyang, la capitale de la Corée du Nord, est attaquée et, à la mi-novembre, les Américains atteignent le fleuve Yalu, frontière entre la Corée et la Mandchourie. Les communistes nord-coréens ont été vaincus et leur armée détruite.

Le 19 novembre, des milliers de communistes chinois commencent à traverser le Yalu pour entrer en Corée. Dès que MacArthur prend connaissance des mouvements massifs de troupes en Mandchourie - près de 900 000 combattants sont mobilisés - il propose de détruire tous les ponts sur le fleuve Yalu par des bombardements aériens intensifs afin de rendre l'invasion pratiquement impossible. Stupéfait, le général MacArthur reçoit un ordre l'empêchant de détruire les ponts et d'attaquer les bases chinoises au-delà du fleuve Yalu. Cet ordre émane de l'ineffable général Marshall, qui vient d'être nommé, le 21 septembre 1950, secrétaire à la Défense. MacArthur proteste avec indignation et signale que les reconnaissances aériennes montrent que l'invasion est totale. Les biographes et les auteurs qui ont écrit sur le célèbre général américain rapportent de nombreux textes et déclarations de colère. MacArthur parle d'un chef d'escadron mortellement blessé : "Il ne restait plus qu'un moignon d'un bras et sa bouche était écumante de sang. Il m'a murmuré à l'oreille : "De quel côté se trouvent vraiment Washington et l'ONU ? Le même jour, MacArthur déclare au général Hickey, son chef d'état-major : "C'est certainement la première fois dans l'histoire militaire qu'on interdit à un commandant de troupe d'utiliser des armes pour défendre ses soldats et ses positions".

Le 28 novembre, les armées des Nations unies fuient vers le sud : la brigade turque est engloutie par la marée rouge, la brigade britannique est presque anéantie et les Américains, poursuivis de près, effectuent la plus longue retraite de leur histoire militaire. Le 29 novembre, le général MacArthur propose l'intervention des forces nationalistes chinoises. Depuis Formose, Chiang Kai-shek plaide en faveur d'une intervention pour libérer son pays, mais on l'empêche de faire quoi que ce soit. Les conditions météorologiques compliquent encore la situation : à la mi-décembre, des tempêtes de neige rendent les déplacements difficiles et les températures chutent à moins 35 degrés Celsius. Selon certains historiens américains, il n'y a pas eu de guerre plus frustrante dans l'histoire des États-Unis que la guerre de Corée. Le général MacArthur n'est pas autorisé à annoncer au peuple américain que le pays est engagé dans une nouvelle guerre et que l'ennemi est la Chine rouge. Les pertes en soldats américains sont lourdes, le commandant de la huitième armée, Walton Walker, étant tué au combat. Lorsque les premiers rapports sur les pertes de l'armée parviennent au pays, le député Joseph W. Martin écrit à MacArthur pour savoir directement pourquoi tant de soldats meurent alors que la guerre est censée être gagnée. Le 20 mars 1951, le général écrit de Tokyo au membre du Congrès et lui expose franchement son point de vue. "Il semble extrêmement difficile pour certains", dit MacArthur dans un passage, "de comprendre que c'est ici, en Asie, que les conspirateurs communistes ont décidé de jouer leurs cartes maîtresses pour la conquête mondiale..."

Le 6 avril 1951, le député Martin, lors d'un débat sur la guerre de Corée, lit à haute voix la lettre du général MacArthur dans son intégralité devant l'ensemble de la Chambre des représentants. Le 11 avril, Truman, furieux, oblige l'état-major interarmées à démettre MacArthur de son commandement pour des raisons militaires. L'argument avancé dans le texte était que la confiance dans sa stratégie avait été perdue. La réaction de l'opinion publique et du Congrès à la nouvelle du renvoi du général est foudroyante, et une grande controverse s'ensuit, avec de graves accusations contre Truman, dont la cote de popularité est en baisse. Après onze années passées hors du pays, Douglas MacArthur retourne immédiatement à

Washington. Le 19 avril 1951, il fait sa dernière apparition publique devant le Congrès, où il prononce un discours d'adieu, interrompu trente fois par des ovations.

Quant à la guerre, elle dura encore deux ans et fit plus d'un million de morts. En 1953, après la mort de Staline, un armistice est signé qui maintient la division du pays en deux Etats avec une frontière très similaire à celle qui existait en 1950, avant la première invasion des Nord-Coréens. Ce qui n'a jamais été dit, c'est que Jessup, Lattimore, Jaffe et d'autres stratèges de l'Institute of Pacific Relations infiltrés dans le département d'État et l'administration avaient à l'origine envisagé que l'ensemble de la péninsule coréenne soit envahi par le communisme. Cette idée avait été implicitement acceptée dans le Livre blanc et dans la déclaration de Dean Acheson confirmant que la Corée et Formose n'entraient pas dans le champ d'action des États-Unis.

Les "sorcières" et les "sorciers" complotent contre McCarthy

Le sénateur McCarthy et beaucoup d'autres en Amérique et dans le monde ne comprenaient pas comment il était possible qu'après avoir lutté contre le Japon pour maintenir la liberté de la Chine, 600 000 000 de personnes puissent être livrées sans vergogne au bloc communiste. Depuis des années, les membres du Congrès et les sénateurs avaient pris conscience de la gravité de la situation. Le fait que des communistes susceptibles de nuire à la sécurité nationale soient protégés à des postes élevés de l'administration et que, malgré des allégations répétées, rien ne se passe, suscite un tollé général. L'entrée en scène de Joe McCarthy en février 1950 et sa décision de dénoncer des individus ont donc été accueillies favorablement par ceux qui ont compris la gravité de la trahison et qui ont exigé que les traîtres rendent des comptes et soient punis.

Cependant, la tâche que le sénateur s'était fixée était celle de géants, et il n'était qu'un homme avec toutes les limites et les faiblesses de l'être humain. En 1953, le directeur du FBI, J. Edgar Hoover, après avoir assisté pendant trois ans au combat titanesque du sénateur du Wisconsin, le décrit dans un rapport à la presse : "McCarthy est un ancien Marine. Il était boxeur amateur. Il est irlandais. Combinez tout cela et vous obtenez un individu vigoureux qui ne se laissera pas abattre.... C'est certainement un homme controversé. Il est sérieux et honnête. Il a des ennemis. Partout où l'on s'attaque à des subversifs, quels qu'ils soient, on court le risque d'être la victime des critiques les plus féroces et les plus vicieuses qui soient". Deux touches supplémentaires à ajouter à cette description : pendant son temps dans la marine, il était dans le Pacifique et était officier de renseignement. Il a effectué deux douzaines de missions en photographiant des cibles depuis le siège arrière de bombardiers en piqué ou en tant que mitrailleur de queue sur des bombardiers réguliers.

Parmi ses ennemis immédiats, le président Truman s'est empressé de qualifier de mensonges les accusations de McCarthy. Il en va de même pour d'éminents hommes politiques, le département d'État, les médias, toutes sortes de soi-disant experts, d'universitaires et de divers leaders d'opinion. Pendant plus de trois ans, Joe McCarty a été une sorte de Quichotte américain qui, contrairement à l'ingénieux noble de La Mancha, n'était pas un peu fou, mais lucidement sain d'esprit. Ses nombreux adversaires tentèrent de falsifier la réalité et dirent qu'il voyait des sorcières là où se trouvaient des troupeaux de judéo-marxistes perfides. McCarthy, comme l'immortel personnage de Cervantès, était un idéaliste, un homme intègre qui rêvait de "réparer les torts" et de découvrir la vérité, un rêve impossible qui allait tourner au pire des cauchemars. Bien que notre espace soit déjà limité, nous évoquerons son combat pour démasquer les ennemis de l'Amérique et de la civilisation chrétienne.

Tout commence le 9 février 1950, un jeudi, à Wheeling (Virginie-Occidentale). Au Republican Women's Club, une série de conférences du sénateur Joseph McCarthy, homme politique quasi inconnu de la minorité républicaine du Sénat, est programmée ce mois-là. Son exposé sur l'infiltration du département d'État par une cinquantaine de communistes n'a guère retenu l'attention ; mais le *Wheeling Intelligencer* local l'a publié en première page, de sorte que la toute-puissante Associated Press a envoyé une brève note à ses clients et, quelques jours plus tard, plusieurs journaux ont repris l'histoire pour leurs lecteurs. Le 20 février, McCarthy prononce un discours devant le Sénat et, tout en persistant dans sa dénonciation, fait allusion à une lutte entre le communisme athée et la civilisation chrétienne occidentale. McCarthy critique la négligence du président Truman dans le scandale *Amerasia* et cite notamment le John Stewart Service. Sans citer de noms, il évoque 81 cas d'infiltrations communistes au sein du Département d'Etat et d'autres départements. Ainsi, par exemple, le n° 1 était un employé du sous-secrétariat d'État. En ce qui concerne le cas n° 28, il a déclaré : "Cet individu travaille au département d'État en tant qu'agent du service extérieur depuis 1936". Au cours du débat, certains sénateurs ont demandé à McCarthy de fournir les noms associés aux numéros. Il a répondu qu'il était prêt à se présenter devant une commission d'enquête et à révéler l'identité de chaque numéro, estimant qu'il n'était pas correct de les rendre publics sur le parquet du Sénat. C'est ainsi qu'est née la commission Tydings, qui a ouvert ses séances publiques le 8 mars 1950. C'est ainsi que débute l'ère McCarthy dans la politique américaine.

Dès le début, les séances ont tourné au harcèlement du sénateur McCarthy, qui a été tenté de perdre son sang-froid alors qu'il a été interrompu agressivement plus d'une centaine de fois au cours de sa présentation. Au lieu de s'intéresser à l'enquête sur les allégations, il est rapidement apparu que la principale préoccupation était d'interroger le sénateur, ce qui a suscité l'indignation de certains républicains. Lassé de voir son collègue harcelé, un sénateur a protesté de la sorte :

"Pourquoi ne pas traiter le sénateur du Wisconsin de manière normale et lui permettre de faire son rapport comme il l'entend, au lieu de le soumettre à un contre-interrogatoire avant qu'il n'ait eu l'occasion de dire ce qu'il avait à dire ? Je pense que le sénateur du Wisconsin devrait bénéficier de la courtoisie que l'on accorde à tous les sénateurs et à tous les témoins, à savoir procéder à sa déclaration à sa manière et ne pas la voir mise en pièces avant qu'il n'ait eu l'occasion de prononcer une seule phrase ininterrompue..... Je ne comprends pas ce qui se joue ici...".

Enfin, McCarthy a déclaré qu'il présentait des pistes, des extraits et des noms de suspects qui devaient faire l'objet d'un suivi et d'une enquête, comme le demandait le Sénat. Les sénateurs Tydings, Green et McMahon, quant à eux, voient les choses exactement à l'inverse : c'est McCarthy qui doit prouver ses accusations. Ils agiraient comme une sorte de jury chargé de juger les preuves présentées. En d'autres termes, ils renoncent à enquêter sur les cas signalés. En tout état de cause, McCarthy a fourni plus de preuves que prévu et a souvent associé les noms qu'il a présentés, par exemple John Stewart Service, à *Amerasia* et à l'IPR, un organisme dont il voulait faire comprendre qu'il constituait un problème pour la sécurité des États-Unis et qu'il devait faire l'objet d'un examen minutieux.

Après cette première session, les auditions ont commencé. La dynamique est la suivante : McCarthy présente ses accusations, la commission convoque l'accusé qui nie tout en bloc, dénonce le sénateur du Wisconsin comme une crapule ou un rustre, et présente un tas d'appuis de personnalités éminentes qui déclarent toutes que l'accusé est un patriote et un fonctionnaire honnête. La commission accepte alors, sans exception, les déclarations comme des "faits" et considère les réponses comme des réfutations concluantes. Les cas de Philip Jessup et d'Owen Lattimore peuvent servir d'exemples. De retour d'Asie, Jessup a présenté à la sous-commission un résumé détaillé de ses antécédents et de sa carrière. Il a ensuite mentionné les personnes compétentes qui ont fait confiance à ses décisions et a montré son indignation face aux accusations absurdes de McCarthy. Du point de vue de la commission présidée par Tydings, cela suffit amplement à rendre un verdict favorable à Jessup. Owen Lattimore est traité avec une courtoisie démesurée. Il demande s'il peut lire sans être interrompu et Tydings lui donne l'assurance qu'il peut le faire. Lattimore se lance dans la rédaction d'un énorme rapport d'environ dix mille mots, contenu dans une trentaine de pages, dont la lecture a duré deux heures et demie. Contrairement au sénateur McCarthy, Lattimore n'est interrompu que par les attentions du président : "Docteur, dit Tydings avec sollicitude, si à un moment donné vous souhaitez vous reposer une minute, votre exposé est long, n'hésitez pas à me le demander". Après avoir terminé son soliloque sur sa vie, sa carrière et ses écrits, Lattimore se lance dans une attaque féroce contre McCarthy.

Quelques jours plus tard, Louis Budenz comparaît devant la commission. Cette procédure n'a pas été planifiée par Tydings, mais par McCarthy, qui a eu l'occasion de contre-attaquer en citant à comparaître ce témoin qui avait été membre du Politburo du PC américain et rédacteur en chef du *Daily Worker*. Budenz avait fait défection en octobre 1945, à peu près en même temps qu'Elisabeth Bentley. Ses informations étaient exhaustives, car il savait très bien qui était qui dans l'organisation. Les membres démocrates qui écoutaient tranquillement les monologues de Jessup et Lattimore sont stupéfaits. Budenz a témoigné que des membres de la direction du PC lui avaient assuré que Lattimore était un agent du parti et qu'il devait être traité comme tel dans le *Daily Worker*. Il a rappelé le travail de propagande et les services rendus par Lattimore. Cette déclaration a suscité une levée de boucliers. Les chiffons de soie avec lesquels les sénateurs démocrates avaient préservé Lattimore et Jessup devinrent des gants de boxe. Malgré la tempête de questions sceptiques et insultantes qui s'abat sur le témoin, la déclaration de Budenz est dévastatrice.

McCarthy, surnommé "Tail-gunner Joe" par la presse, bénéficie néanmoins du soutien de l'opinion publique, comme le montrent les sondages, et est une personnalité populaire. Il ne tarde pas à déterrer le scandale *Amerasia*, qui avait été enterré à deux reprises avant son arrivée. L'affaire implique des crimes, des vols de documents officiels, des parjures, des dissimulations et d'autres délits liés à la sécurité. Sous Sessions, l'intention du Département de la Justice était de l'enterrer une troisième fois. Le sénateur Tydings a commencé par considérer l'affaire comme une bagatelle. Cependant, le FBI était au courant de la complicité du ministère de la Justice dans des affaires antérieures visant à enterrer tout le scandale et disposait d'écoutes téléphoniques et d'autres documents pour le prouver. En tout état de cause, le Bureau est un organe de la Justice qui a l'obligation de se taire dans les affaires publiques sur des sujets controversés, puisqu'il agit sur ordre du bureau de l'Attorney General. Toutefois, si ses agents sont appelés à comparaître devant le Sénat, la subordination, la culture du silence et la discrétion traditionnelle du FBI ne les obligent pas à se parjurer pour protéger des fonctionnaires du Département qui ont commis des crimes.

Cette situation est source de conflits, car on tente de museler les hommes d'Edgar Hoover pour continuer à étouffer l'affaire. Pour minimiser l'affaire, les preuves sont rejetées et les documents jugés sans importance. Deux hauts fonctionnaires, John Peurifoy du Département d'Etat et Peyton Ford, assistant de l'Attorney General Howard McGrath, se chargent d'alimenter les journaux avec ces arguments. Peurifoy ne tarde pas à aller plus loin en publiant un communiqué de presse accusant McCarthy d'être un menteur compulsif et attribuant à Hoover des propos incitant à ne pas se préoccuper de l'affaire Amerasia. Lorsqu'il apprend qu'on lui attribue des propos qu'il n'a pas tenus, le directeur du FBI proteste auprès de l'Assistant Attorney General, qui ne bronche pas, et Edgar Hoover adresse sa protestation par écrit à Howard McGrath. Les témoignages devant la sous-commission sénatoriale attribuant des non-dits et des rapports au directeur du FBI ont fortement irrité Hoover.

L'idée selon laquelle il s'agit d'une tempête dans une théière gagne du terrain dans la presse, ce qui suscite la réaction du républicain Bourke Hickenlooper. Ce dernier, membre de la sous-commission sénatoriale, a publié un communiqué de presse insistant sur le fait qu'un grand nombre des documents récupérés à *Amerasia* concernaient des questions militaires et stratégiques qui auraient pu influencer la guerre dans le Pacifique ou être d'une grande valeur pour les communistes de Yenan dans leur lutte pour le contrôle de la Chine. Hickenlooper a décrit certains documents particulièrement importants, comme, par exemple, la localisation des unités navales dans le Pacifique en novembre 1944 ou les messages de Roosevelt à Chiang Kai-shek. Les réponses et contre-réponses dans les journaux montrent clairement que le ministère de la Justice a l'intention d'étouffer l'affaire. Après des auditions longues et répétées sur *Amerasia*, Millard Tydings et compagnie sont déterminés, fin juin 1950, à rédiger un rapport qui mettra un terme à une affaire qui ne fait que commencer. Le 7 juillet, la dernière réunion a lieu et le 17 juillet, la sous-commission a rédigé le rapport qui a été remis au Sénat.

Parallèlement aux séances publiques du Sénat, une frénésie d'activités se déroulait en coulisses, en dehors des caméras, pour s'assurer que les allégations de McCarthy soient classées sans autre conséquence. En théorie, les dossiers du département d'État pourraient confirmer bon nombre des questions soulevées par les allégations du sénateur du Wisconsin, mais de nombreuses personnes souhaitaient qu'ils restent inaccessibles, ce qui allait être une source de conflits et de disputes. En mars 1948, l'administration Truman avait refusé au Congrès l'accès à des données que le gouvernement voulait garder secrètes, prétendument pour des raisons d'État. McCarthy considère cette "loi du silence" comme une dissimulation de crimes et insiste pour que les dossiers demandés soient demandés. Étant donné que la résolution 231 du Sénat, qui régit le fonctionnement de la sous-commission, stipule explicitement que les dossiers doivent être obtenus et étudiés par la sous-commission, le bras de fer entre le Sénat et l'administration Truman s'éternise pendant plusieurs mois. McCarthy a fait valoir que si ses allégations concernant la situation désastreuse de la sécurité de l'État étaient fausses, le président pouvait facilement le prouver en remettant les dossiers. Le 4 mai, Truman a annoncé qu'il refusait au Sénat l'accès aux documents demandés, ce qui a conduit à une "impasse". Après de nombreux va-et-vient, il a été convenu que la divulgation serait restreinte et que seuls certains documents seraient mis à disposition. McCarthy et son équipe ont fait allusion à des rumeurs selon lesquelles les documents étaient en train d'être dépouillés. Le 21 juin, Tydings a annoncé que le FBI l'avait informé que tous les documents recueillis par le Bureau concernant la loyauté des personnes faisant l'objet d'une enquête se trouvaient toujours au département d'État, et que certains d'entre eux étaient examinés par la commission. Le sénateur McCarthy a demandé par écrit au directeur du FBI de confirmer l'affirmation de Tydings. Edgar Hoover demande à Mickey Ladd, un agent en qui il a confiance, si la vérification annoncée par Tydings a été faite. Le lendemain, Ladd répond : "Nous n'avons pas examiné les archives du département d'État dans le dossier.... Nous n'avons jamais fait de commentaire de ce type au sénateur Tydings". En conséquence, Hoover, dans un geste inhabituel, écrivit une lettre de réponse au sénateur McCarthy le 10 juillet 1950, publiée intégralement par Stanton Evans dans *Blacklisted by History*, la source première des lignes que nous venons d'écrire :

> "Mon cher sénateur :
> J'ai reçu votre lettre du 27 juin 1950 dans laquelle vous demandez si le Bureau a examiné les 81 dossiers de loyauté que les membres de la commission Tydings ont examinés et si cet examen par le FBI a révélé que les dossiers sont complets et que rien n'en a été retiré.
> Le Federal Bureau of Investigation n'a pas procédé à une telle enquête et n'est donc pas en mesure de dire si les dossiers du Département d'Etat sont complets ou incomplets.
> Pour votre information, le Federal Bureau of Investigation a fourni à M. Ford, à sa demande, un dossier de tous les documents de loyauté sur les 81 cas en question fournis au département d'État. Pour votre information, je joins une copie de la lettre de M. Ford au sénateur Tydings, que j'ai obtenue du procureur général.
> Je vous prie d'agréer, Monsieur le Président, l'expression de mes sentiments distingués.
> J. Edgar Hoover".

Selon nous, le fait que Joe McCarthy ait écrit au directeur du FBI indique qu'il se méfiait de Tydings et des mesures que l'administration Truman pourrait prendre pour "nettoyer" les dossiers du département d'État. Cette lettre montre que Hoover et McCarthy étaient sur la même longueur d'onde. Bien entendu, le Bureau était parfaitement au courant de l'existence de la conspiration que le sénateur tentait de révéler au public, puisqu'il enquêtait sur ce sujet depuis plus de dix ans. Le 22 mars 1947, le président Truman avait signé l'ordre exécutif 9835, connu sous le nom de "Loyalty Order", qui créait le LRB (Loyalty Review Board), un conseil censé enquêter sur l'influence des communistes au sein du gouvernement fédéral et l'éradiquer. L'objectif était de faire taire les voix critiques accusant les démocrates d'être laxistes à l'égard des communistes. Quelque trois millions de personnes ont fait l'objet d'une enquête, mais seuls 300 fonctionnaires ont été licenciés. En réalité, tout cet attirail était destiné à atténuer le discrédit de Truman dans la perspective des prochaines élections et, dans le même temps, à limiter le rôle du FBI afin d'éviter ce que l'on appelle une "chasse aux sorcières".

Alors que la lutte de McCarthy contre l'administration Truman s'envenime, les soupçons selon lesquels le département d'État "nettoie" les dossiers de personnes qui auraient dû être expulsées se confirment. Par exemple, McCarthy réussit à se procurer le procès-verbal d'une réunion du LRB tenue le 14 février 1951, qui discutait des cas de loyauté au sein du département d'État, y compris celui de John Stewart Service, et de ce qu'il convenait d'en faire. Au cours des discussions, certains membres ont clairement exprimé leur inquiétude quant à l'élimination de nombreux suspects par le département. Le président du LRB, M. Bingham, a déclaré à propos de l'échange de vues sur la question : "Je pense qu'il est juste de dire que le département d'État, comme vous le savez, a le pire bilan de tous les départements en ce qui concerne les actions de la Commission de la loyauté..... Il n'a jugé personne coupable en vertu de notre législation. Il n'a condamné personne en vertu de nos règles. C'est le seul département à avoir agi de la sorte". Ces mots sont sans équivoque, car ils n'émanent pas de McCarthy ou d'un membre républicain du Conseil, mais du président du LRB créé par Truman.

Tout fonctionnaire faisant l'objet d'une enquête avait la possibilité de démissionner. S'il le fait, l'enquête est immédiatement arrêtée et la procédure n'a aucune conséquence. Souvent, un employé qui avait démissionné d'un service était ensuite embauché dans un autre service. Joe McCarthy s'indignait à juste titre de cette farce. Je pense que nous devrions savoir," proteste le sénateur McCarthy, "combien de ceux qui ont démissionné ont obtenu un poste dans un autre département. Prenons le cas de Meigs (Peveril Meigs avait été le troisième cas de McCarthy devant le Sénat). Alors qu'il faisait l'objet d'une enquête, il a démissionné du département d'État. Il s'est engagé dans l'armée et a trouvé un emploi. Je ne sais pas s'il avait accès à des documents classifiés. Son conseil de loyauté a ordonné, à l'issue d'une audience, qu'il soit blanchi des accusations portées contre lui. Je me demande combien de cas analogues à celui-ci existent". Pendant trois ans, toutes sortes de chicaneries visant à entraver le travail du sénateur McCarthy ont été la norme ; mais en 1952, après une période de vingt ans de mandats démocrates, il y a eu la victoire électorale des républicains qui, théoriquement, était censée changer quelques choses.

Dans les premiers mois de 1953, le sénateur Joseph McCarthy, facilement réélu dans le Wisconsin, semble avoir trouvé sa voie. Dans ces nouvelles circonstances, McCarthy devient président de la commission sénatoriale des opérations gouvernementales et de la sous-commission permanente d'enquête (PSI). En outre, il conserve son siège à la commission sénatoriale des crédits, qui contrôle les budgets des départements exécutifs. Certains de ses ennemis les plus acharnés, comme William Benton, le sénateur du Connecticut qui, en 1951, a présenté une résolution visant à expulser McCarthy du Sénat, et Millard Tydings lui-même n'ont pas réussi à se faire réélire. Le nouveau président américain, Eisenhower, avait placé Richard Nixon, qui avait soutenu McCarthy pendant les années de lutte acharnée avec les démocrates, comme colistier à la vice-présidence. Cela laissait présager que le sénateur pouvait compter sur un soutien important. Mais tout ne sera pas aussi simple qu'il y paraît, car la garde du président comprend un certain nombre de conseillers influents qui méprisent McCarthy. Il ne faut pas oublier qu'Eisenhower, "le terrible juif suédois", le responsable des camps de la mort, l'homme de Morgenthau et de Baruch, était un domestique qui faisait partie de la cabale internationale des conspirateurs.

Mais si McCarthy avait des ennemis parmi les républicains, il comptait parmi ses amis démocrates les frères Kennedy, fidèles et solides partisans. L'entente entre Robert Kennedy et Joe McCarthy est telle que Bob lui demande de parrainer son premier fils. Joseph "Joe" Patrick Kennedy, patriarche du clan, souhaite que son fils Robert soit le principal conseiller de McCarthy au sein de la nouvelle commission qu'il préside ; mais par erreur, pour éviter les habituelles accusations d'antisémitisme, McCarthy annonce le 2 janvier 1953 que Roy M. Cohn, juif de 26 ans, sera le principal conseiller de la sous-commission permanente d'enquête (Permanent Subcommittee on Investigations - PSI). Cohn, fils d'Albert Cohn, juge à la Cour suprême de New York, admet qu'il a été nommé par le sénateur McCarthy parce qu'il est juif. Une rumeur grandissante, manifestement répandue par eux-mêmes, veut que McCarthy déteste les Juifs. Naïvement, il veut éviter que ces calomnies n'entravent son travail. En même temps, le fait que Joseph Kennedy soit considéré comme un antisémite a dû contribuer à l'élection.

La campagne de presse en faveur de Cohn a été menée par George Sokolsky, un chroniqueur juif influent que Cohn appelait "rabbin", et Richard Berlin, le président juif de la Hearst Corporation, tous deux prétendument anticommunistes. La plupart des médias écrits et audiovisuels mènent une campagne intense contre le sénateur du Wisconsin, qui a besoin d'une couverture médiatique. Finalement, McCarthy vend son âme au diable, car en échange de la nomination de Cohn, il bénéficie du soutien des journaux du groupe Hearst. Le sénateur républicain Everett Dirksen confirme : "Cohn a été mis dans le Comité par les journaux de Hearst, et Joe n'ose pas perdre ce soutien. Cohn, un homosexuel mort du sida en 1986, a fait entrer dans l'équipe un autre jeune héritier milliardaire juif, G. David Shine, qui avait évité le service militaire et la guerre de Corée. Shine s'étant porté volontaire pour travailler gratuitement, McCarthy ne s'opposa pas à son intégration dans l'équipe. Cette signature s'avérera décisive pour la suite des événements. Pour mieux comprendre à quel point les démarches de McCarthy étaient erronées, il convient d'ajouter que Bob Kennedy et Roy Cohn avaient une profonde inimitié qui frisait le mépris. Il suffit de dire que lorsque Robert Kennedy est devenu procureur général au début des années 1960, il a essayé de mettre Cohn en prison.

Il n'est pas possible de suivre en détail les méandres des événements qui ont entraîné la chute de McCarthy. Nous ne relaterons que quelques-uns des épisodes que ceux qui complotaient contre lui ont utilisés pour précipiter sa défaite amère. Parmi les principaux ennemis de McCarthy figurait Maurice Rosenblatt, un juif sioniste qui agissait en tant qu'agitateur de lobby et était un agent des "sorciers" qui dirigeaient les opérations dans les coulisses. Dès le début des années 1940, ce soi-disant militant de gauche avait été le catalyseur d'une mobilisation contre le HCUA (Congressional Committee on Un-American Activities) présidé par Martin Dies. Rosenblatt prend ensuite la tête d'un groupe appelé "Coordinating Committee for Democratic Action", qui accuse de fascisme tous ceux qui critiquent la politique pro-communiste de Roosevelt. A l'époque de McCarthy, Rosenblatt réapparaît à la tête du NCEC (National Committee for an Effective Congress), un groupe qu'il fonde en 1948 et dont la thèse principale concernant le sénateur du Wisconsin est que Joe McCarthy est un nouvel Hitler qu'il faut éliminer avant qu'il ne puisse répandre le fascisme aux Etats-Unis. Avec l'avènement de l'administration républicaine en 1953, le NCEC accède à la Maison Blanche par l'intermédiaire de Paul G. Hoffman, un autre juif qui était un ami proche et un conseiller d'Eisenhower. Hoffman, l'administrateur en chef du plan Marshall, épousa plus tard Anna Rosenberg, une juive d'origine hongroise qui avait occupé diverses fonctions sous Roosevelt et qui, entre 1950 et 1953, fut sous-secrétaire à la défense sous Truman, une nomination très critiquée par le sénateur McCarthy. Maurice Rosenblatt a trouvé en Paul Hoffman un collègue important, juste à côté du président.

En juin 1953, McCarthy, dans une tentative d'apaisement entre Bob Kennedy et Roy Cohn, nomme Joseph Brown Matthews, dit J. B. Mathwes, directeur de recherche du PSI, le Permanent Subcommittee on Investigation qu'il préside. Matthews, engagé depuis des années sur de nombreux fronts communistes, se désenchante du parti et devient l'un des plus célèbres experts anticommunistes. En 1938, devant la commission Dies, il fait état des activités de nombreuses organisations secrètement contrôlées par le parti et devient l'exemple même du transfuge communiste collaborateur. Quelques mois avant d'être signé par McCarthy, Matthews avait écrit un article pour *The American Mercury* intitulé "Reds in Our Churches", qui, fatalement, fut publié peu après sa nomination. Les ennemis de McCarthy voient dans cet article l'occasion de provoquer une crise au sein de l'équipe du sénateur et lancent une véritable campagne. L'article commence par ces mots : "Le plus grand groupe de soutien à l'appareil communiste aux États-Unis aujourd'hui est composé de prêtres protestants". Il dénonce ensuite des groupes bizarres, tels que le "People's Institute of Applied Religion", qui promeut le marxisme dans les églises rurales, et le magazine *The Protestant*, qui se spécialise dans la vitupération anticatholique féroce et la propagande rouge à peine voilée.

Rosenblatt et compagnie ont immédiatement commencé leur campagne par l'intermédiaire de journalistes, d'activistes libéraux et de membres du clergé. Tous sont scandalisés par le tandem Matthews-McCarthy, qu'ils accusent d'être des fanatiques anti-protestants. La puissance du groupe de Rosenblatt est démontrée par l'ampleur des attaques dans la presse et par la réaction qu'il parvient à orchestrer parmi les sénateurs démocrates de la sous-commission de McCarthy. La force des groupes de pression est telle qu'ils parviennent même à amener le président Eisenhower à attaquer le sénateur McCarthy, qui se retrouve bientôt acculé et n'a d'autre choix que de renvoyer Matthews. Les propos d'Eisenhower ont été conçus par ses conseillers pour faire le plus de dégâts possible. Stanton Evans rapporte le récit journalistique de Joseph Alsop, qui a révélé à l'époque ce qui s'est passé à la Maison Blanche. Eisenhower a enfin rompu les hostilités avec le sénateur Joseph McCarthy", écrit Alsop, "par une déclaration décisive dénonçant les calomnies contre les ecclésiastiques protestants perpétrées par l'enquêteur favori de McCarthy, J. B. Matthews". Alsop a ajouté que le véritable intérêt de la déclaration résidait dans un fait de contexte essentiel : "La Maison Blanche a vigoureusement recherché l'occasion, et même créé l'occasion, de porter ce coup sévère au sénateur du Wisconsin".

L'un des journalistes prestigieux qui travaillait étroitement avec le NCEC de Rosenblatt était Drew Pearson, celui-là même qui, des années plus tôt, avait saisi l'incident de Patton avec un soldat juif dans un hôpital pour accuser le général d'antisémitisme. Pearson, un larbin qui, selon certaines sources, était un crypto-juif, a écrit plusieurs colonnes empoisonnées. Dans l'une d'elles, il affirmait que Matthews et McCarthy étaient tous deux catholiques, ce qui était faux, Matthews étant protestant, et qu'ils étaient tous deux engagés dans une attaque aveugle contre les églises protestantes du pays et dans la fomentation délibérée de la haine religieuse pour des raisons politiques. Les retombées de cette affaire ont été très graves pour le PSI présidé par McCarthy, car les membres démocrates de la sous-commission ont exigé des excuses supplémentaires. Lorsque l'affaire dégénère en une confrontation avec McCarthy et ses collègues républicains, ceux-ci décident de boycotter les sessions jusqu'à la fin de l'année. Robert Kennedy quitte également les débats, mais revient plus tard en tant que conseiller des sénateurs démocrates. En fin de compte, la stratégie des "lobbyistes" est payante : McCarthy, un bigot qui non seulement persécute les communistes mais calomnie et discrédite l'Eglise protestante, voit son combat dénaturé, le président Eisenhower se montre partial à son égard et le sénateur du Wisconsin est mis à mal aux yeux de l'opinion publique.

Un autre chapitre de la lutte inégale que notre Quichotte américain a menée contre ses puissants ennemis a vu le jour à Fort Monmouth, un laboratoire de recherche du Corps des transmissions de l'armée. L'épisode commence lorsque McCarthy, au printemps 1953, reçoit un appel énigmatique lui proposant d'importants documents de sécurité. McCarthy rencontre le mystérieux informateur, un officier de renseignement, qui lui remet une note confidentielle sur une enquête secrète que le FBI a confiée à l'armée. Cette enquête allait devenir l'une des plus longues et des plus complexes, et poser d'innombrables problèmes. Le document est un condensé d'un rapport daté de janvier 1951. Le sujet était la violation de la sécurité à Fort Monmouth, un laboratoire de l'armée situé à Eatontown, dans le New Jersey. Plus tard, lors d'une séance du Sénat, il a été révélé que le FBI avait enquêté sur trente-quatre travailleurs de l'installation, dont la plupart étaient juifs. Les enquêtes ont duré de l'été 1953 au printemps 1954, date à laquelle elles ont été soudainement interrompues en raison des accusations incroyables portées par l'armée à l'encontre de McCarthy pour activités illicites.

Il a déjà été mentionné dans les pages sur l'espionnage atomique qu'en 1945, l'armée avait renvoyé Julius Rosenberg de Fort Monmouth après avoir découvert qu'il était communiste. Les autres membres du cercle d'agents soviétiques et/ou sionistes avaient continué à travailler et à espionner dans le laboratoire. Les enquêtes de McCarthy ont confirmé que Monmouth avait été pendant des années une fuite d'informations et une débâcle sur le plan de la sécurité. L'équipe du sénateur a notamment découvert que le complexe et ses installations connexes étaient hautement liés à la sécurité et que l'indolence et l'irresponsabilité aux plus hauts niveaux de l'armée avaient été scandaleuses. Les enquêtes ont révélé de graves négligences dans le traitement des documents officiels. Parmi les principaux agents infiltrés encore au laboratoire lorsque les audiences du PSI (Permanent Subcommittee on Investigations) ont commencé, l'équipe de Joe McCarthy a nommé Aaron Coleman, un communiste juif qui est resté dans l'établissement jusqu'en septembre 1953. Lorsqu'il est finalement licencié, des documents classifiés provenant de Fort Monmouth sont retrouvés à son domicile. Les 8 et 19 décembre 1953, il comparaît devant la sous-commission et malgré de multiples preuves de ses relations avec Julius Rosenberg (condamné à mort) et Morton Sobell (condamné à trente ans de prison) et de ses activités d'espionnage, il n'est jamais inculpé par la justice. Un autre agent juif, Nathan Sussman, qui avait espionné pour Julius Rosenberg, a témoigné lors des audiences du PSI que Coleman, Rosenberg, Sobell, Al Sarant et Joel Barr, tous juifs liés au laboratoire de Fort Monmouth, étaient des agents communistes.

Au début de l'enquête de McCarthy, Fort Monmouth était depuis dix ans un nid d'agents communistes. Six autres Juifs accusés par McCarthy d'être communistes sont Jack Okun, Barry Bernstein, Samuel Simon Snyder, Joseph Levitsky, Harry Hyman et Ruth Levine. Le premier, Jack Okun, était le colocataire d'Aaron Coleman et avait été expulsé de Fort Monmouth pour des raisons de sécurité en 1949. Bien qu'il ait eu accès aux documents que Coleman conservait dans la maison, Okun a fait appel avec succès de la décision et le Loyalty Review Board (LRB) a autorisé sa réadmission au Pentagone et sa démission a été acceptée par la suite. C'est l'un des revirements dans les affaires de sécurité qui a alerté McCarthy et ses collaborateurs. Il en va de même pour Barry Bernstein, haut fonctionnaire au laboratoire des transmissions d'Evans, où il occupait un poste particulièrement sensible avec une habilitation secrète. En 1951, Bernstein avait été interrogé à Monmouth pour des raisons de sécurité et, après avoir été examiné par un conseil de sécurité de la Première armée, il avait été suspendu de ses fonctions. Il fait immédiatement appel auprès du Pentagone, la décision est renversée et il est réintégré ; mais, contrairement à Okun, il ne démissionne pas et est toujours à son poste lorsque débutent les auditions du maccarthysme. Le troisième cas est celui de Snyder, qui, à la fin de 1952, avait été expulsé du laboratoire des transmissions par un conseil régional de la Première armée. Lui aussi avait réussi à obtenir du Pentagone sa réintégration, puis avait démissionné.

Les auditions devant la sous-commission présidée par McCarthy ont montré que de nombreux éléments du groupe Rosenberg-Sobell se trouvaient encore à Monmouth au début des années 1950. Joseph Levistsky avait travaillé au laboratoire des signaux, puis au laboratoire fédéral des télécommunications, où il avait eu accès à des projets classifiés de l'armée. Lorsque McCarthy lui a demandé s'il faisait partie de la conspiration communiste alors qu'il manipulait des informations sensibles pour le gouvernement, Levistsky a plaidé le cinquième amendement. Samuel Snyder a également invoqué le cinquième amendement. Il faut savoir que lorsqu'une personne incriminée invoque le cinquième amendement, cela signifie qu'elle ne peut pas répondre aux accusations sans s'incriminer elle-même. En d'autres termes, l'invocation du cinquième amendement était considérée comme un signe de culpabilité, même si le défendeur ne pouvait pas être inculpé dans le cadre d'une procédure pénale. Harry Hyman a travaillé avec Levitsky jusqu'en 1951 au FTL (Federal Telecommunications Lab). Il avait été identifié comme agent communiste par deux personnes, Lester Ackerman et John Saunders, tous deux anciens communistes. Voici, tiré de *Blacklisted by History*, un exemple de la manière dont les interrogatoires étaient menés :

> "McCarthy : Avez-vous déjà discuté d'espionnage avec des membres du parti communiste ?
> Hyman : Je refuse de répondre pour les raisons indiquées ci-dessus (cinquième amendement).
> McCarthy : Avez-vous déjà remis des secrets gouvernementaux à quelqu'un que vous connaissiez comme étant un agent d'espionnage ?
> Hyman : Je refuse de répondre pour les mêmes raisons.
> McCarthy : Avez-vous passé 76 appels au Laboratoire fédéral des télécommunications de Lodi, dans le New Jersey, entre le 24 janvier 1952

et le 21 octobre 1953, dans le but de recevoir des informations classifiées et de les transmettre à un ou plusieurs agents d'espionnage ?
Hyman : Je refuse de répondre pour les mêmes raisons".

Cette session a eu lieu le 25 novembre 1953. Le sénateur McCarthy a posé de nombreuses questions relatives à l'espionnage et a fait référence à des centaines d'appels téléphoniques à des installations militaires et scientifiques. À chaque fois, Hyman a invoqué le cinquième amendement. Ruth Levine, qui avait travaillé pendant une dizaine d'années à la CTF, où elle avait accédé à un poste élevé avec une habilitation secrète, est une autre personne soupçonnée d'avoir enfreint les règles de sécurité. Lorsque les auditions de Joe McCarthy ont commencé, Levine était toujours employée, bien que plusieurs témoins aient déclaré qu'elle faisait partie d'une cellule communiste opérant au sein de la CTF. Elle aussi, comme ses collègues, refuse les questions et plaide le fameux cinquième.

McCarthy est initialement soutenu par Robert Stevens, nommé secrétaire à l'Armée par Eisenhower le 4 février 1953. Stevens est un anticommuniste qui, dès sa prise de fonction, organise une réunion d'information sur le programme de loyauté et de sécurité de l'armée. Il cherche d'abord à savoir quelles mesures ont été prises pour empêcher les personnes déloyales d'infiltrer l'institution et ce qui a été fait pour découvrir et expulser les suspects. Il prend d'abord contact avec Edgar Hoover, le directeur du FBI, et lui demande conseil. Il envoie ensuite un télégramme au sénateur McCarthy et lui propose son aide dans l'enquête qu'il a entreprise. Le 10 février 1953, McCarthy annonce qu'il existe des preuves évidentes d'espionnage à Fort Monmouth. Stevens ordonne au général Kirke B. Lawton, le commandant du poste : "Coopérez ! Faites en sorte qu'ils puissent interroger qui ils veulent.

Le général Lawton était arrivé à Fort Monmouth en 1951 et avait identifié des problèmes de sécurité, mais n'avait pas agi de manière efficace, de sorte que sa volonté de coopérer était sincère. Le 15 octobre 1953, il a comparu en session exécutive (non publique) devant la sous-commission sénatoriale. Voici un extrait de sa conversation avec McCarthy, reproduit par Stanton Evans :

"McCarthy : Diriez-vous que depuis votre entrée en fonction, et plus particulièrement au cours des six derniers mois, vous vous êtes efforcé d'éradiquer les risques de sécurité accumulés au sein du corps des transmissions et que vous avez mis un nombre considérable d'entre eux en attente ?
Lawton : C'est une question à laquelle je répondrai par l'affirmative, mais ne revenez pas en arrière de six mois.... Des résultats efficaces ont été obtenus au cours des deux dernières semaines. J'ai travaillé pendant vingt et un mois pour essayer d'obtenir ce qui a été obtenu au cours des deux dernières semaines.

McCarthy : Diriez-vous qu'au cours des dernières semaines, vous avez obtenu des résultats plus efficaces ?

Lawton : Absolument, plus qu'au cours des quatre dernières années.

McCarthy : Pouvez-vous nous dire pourquoi ce n'est qu'au cours des deux ou trois dernières semaines que vous avez pu obtenir des résultats efficaces ?

Lawton : Oui, mais je ferais mieux de ne pas le dire. Je sais très bien, mais je travaille pour M. Stevens".

Bien qu'il ne s'agisse pas d'une audition publique, un ennemi de McCarthy, John Gibbons Adams, l'avocat général de l'armée considéré comme "les gens de Mme Rosenberg" (proches du sous-secrétaire à la Défense Anna Rosenberg), assiste à l'audition et informe Stevens que Lawton a reconnu devant le PSI que McCarthy a fait plus en deux semaines qu'en deux ans. Ces remarques ne plaisent pas au secrétaire Stevens, et encore moins à ses supérieurs, qui cherchent à harceler McCarthy au motif qu'il s'en prend de manière injustifiée à l'armée. Le travail d'infiltration des ennemis de McCarthy consiste à provoquer des changements dans les positions de ceux qui, au sein de l'armée, soutiennent l'enquête. Ainsi, le secrétaire Stevens, qui voulait sans doute nettoyer Monmouth et collaborer avec le sénateur du Wisconsin, se retrouve bientôt pris dans le conflit et soumis à des pressions de plus en plus fortes de la part de ses supérieurs. Le général Lawton avait fait preuve, lors des auditions, de la plus grande volonté d'aider la sous-commission, si bien qu'une semaine après sa comparution en octobre, il fut félicité par McCarthy, qui le remercia pour la position qu'il prenait. Lawton répondit : "Oui, mais cette position me coûtera ma promotion. Et j'aurai de la chance si je reste encore longtemps à Fort Monmouth."

Ses paroles sont prophétiques, car sa promotion est effectivement rejetée et, dans l'année qui suit, il est relevé de son commandement. Après son discours du 15 octobre, le général, en plus d'avoir été réprimandé pour avoir coopéré et parlé plus que nécessaire, avait été pressé par John G. Adams d'achever sa purge à Fort Monmouth. G. Adams pour qu'il termine sa purge à Fort Monmouth. Plus tard, lors de l'une des auditions McCarthy en avril 1954, le général Lawton expliqua qu'il avait reçu un appel d'Adams en octobre 1953 dans lequel ce dernier disait : "J'espère que vous voyez clairement que vous devez retirer certains cas dont vous avez recommandé le renvoi en raison de risques pour la sécurité". La réponse de Lawton fut : "Je ne le ferai pas. Laissez le secrétaire en prendre la responsabilité. Il est donc clair qu'un bras de fer s'est engagé entre les militaires. À la fin de l'année 1953, Robert Stevens commença à rectifier la situation, déclarant que l'armée n'était pas au courant d'un quelconque espionnage à Fort Monmouth à l'époque...[25]

Un deuxième général, Ralph W. Zwicker, un vétéran de la Seconde Guerre mondiale qui commandait Camp Kilner, une autre installation de l'armée dans le New Jersey, devait servir d'outil pour mettre un terme aux enquêtes du sénateur McCarthy sur les infiltrations communistes et les diriger contre lui. Le comportement et l'indignité de Zwicker contrastent avec l'attitude honnête adoptée par le général Lawton. Fin janvier 1954, un membre de la commission McCarthy, George Anastos, téléphone au général Zwicker pour lui demander des informations sur une affaire de sécurité au Camp Kilner impliquant un employé du Medical Corps. Zwicker a dû hésiter au début, car il a répondu qu'il rappellerait lui-même, ce qu'il a fait une heure plus tard. Le général donne à Anastos le nom du suspect, un communiste juif nommé Irving Peress, et ajoute qu'il travaille comme dentiste. Le lendemain, le général Zwicker téléphone à nouveau pour confirmer que le docteur Peress, qui avait obtenu le grade de capitaine pendant la guerre de Corée, a été promu major et devrait être libéré avec tous les honneurs. Il s'est avéré que ce dentiste était un organisateur de groupes communistes qui s'était parjuré lorsqu'il s'était engagé dans l'armée, en signant une déclaration dans laquelle il jurait qu'il n'avait aucun lien avec le communisme.

McCarthy est scandalisé d'apprendre que, ayant appris que Peress faisait partie d'une cellule communiste, la Maison Blanche a ordonné sa promotion au grade de major et l'accélération de sa mise à la retraite. Lors de sa comparution devant la sous-commission permanente du Sénat, le 30 janvier 1954, Peress invoque à plusieurs reprises le cinquième amendement pour éviter de répondre à des questions telles que : "Avez-vous recruté des militaires à Camp Kilner pour le parti communiste ? Avez-vous organisé des réunions du parti communiste à votre domicile avec des militaires à Camp Kilner ? Existe-t-il une cellule communiste à Camp Kilner dont vous êtes membre ? Avez-vous organisé une cellule communiste à Camp Kilner ? Il est évident que le fait de refuser de répondre pour ne pas s'incriminer après

---

[25] Se débarrasser de Lawton devient un objectif. Seule la crainte que le sénateur McCarthy n'expose au public le harcèlement du général et ne provoque une réaction indésirable retient ceux qui veulent se débarrasser de lui. Pour tenter de soumettre Lawton alors qu'il commande à Fort Monmouth, on lui demande de ne plus assister aux séances de McCarthy et de ne plus collaborer avec lui. Comme on l'avait fait avec Ezra Pound ou James Forrestal, on tente de le faire passer pour un malade. Il subit un examen médical, sans préciser de quelle maladie il s'agit, et est envoyé à l'hôpital Walter Reed. Les personnes qui lui ont rendu visite n'ont vu aucun signe de mauvaise santé. Le secrétaire Stevens, quant à lui, rapporte dans ses déclarations que le général Lawton est resté à la tête de Monmouth afin de tenir McCarthy à distance. Dès le printemps 1954, l'équipe du sénateur du Wisconsin a été informée que si le général comparaissait devant le PSI, il serait puni par la perte des avantages auxquels il avait droit pour son service dans l'armée. Finalement, au cours de l'été 1954, il a été démis de ses fonctions à Fort Monmouth et s'est retiré du service actif à la fin du mois d'août.

avoir signé une déclaration sous serment niant son appartenance au parti communiste est la preuve qu'il est un parjure.

C'est ce qu'a compris le sénateur McCarthy, qui a rapidement écrit une lettre, remise en mains propres au Pentagone, demandant que la décharge honorable de Peress soit annulée et qu'il soit maintenu dans l'armée afin de pouvoir être traduit devant une cour martiale. Le secrétaire Stevens étant en déplacement en Asie, la lettre est parvenue à John G. Adams, l'avocat général de l'armée. En 1983, Adams publie un livre, *Without Precedent*, dans lequel il affirme avoir précipité la chute de McCarthy. Selon ses propres termes, voici sa réaction à la réception de la lettre du sénateur : "J'ai décidé de ne pas faire ce que McCarthy demandait et de laisser partir le dentiste. Bref, au diable McCarthy". Ainsi, le 2 février 1954, un jour après avoir reçu la lettre, le général Zwicker signe la radiation d'Irving Peress de l'armée avec tous les honneurs.

Exaspéré, McCarthy redouble d'efforts pour découvrir comment il a pu être aussi effronté. Plus d'une personne au sein de l'armée partage l'opinion selon laquelle l'affaire Peress est une source d'embarras qui montre à quel point il est facile de se soustraire à la sécurité. Le 13 février, James Juliana, l'un des enquêteurs de McCarthy, se rend au camp Kilner pour rencontrer Zwicker, qui lui dit s'être opposé à la libération honorable de Peress. Juliana en est revenue convaincue que le général partageait ses critiques quant au laxisme de l'armée dans le traitement des affaires de sécurité. Il est alors décidé que Zwicker doit se présenter à une audience exécutive le 18 février afin de découvrir qui a ordonné à Peress de s'en tirer à bon compte et par la grande porte. Le sénateur McCarthy se présente épuisé et irritable, sa femme ayant eu un accident de voiture et n'ayant pas dormi de la nuit. Ses assistants voulaient reporter l'audition, ce qui, compte tenu de la tension qui y régnait, aurait été préférable.

La veille, le 17 février, le conseiller général Adams avait rendu visite au général Zwicker et lui avait demandé, peut-être en le soudoyant, de ne pas révéler le nom de la personne qui avait ordonné la retraite honorable de l'agent communiste. John Adams raconte lui-même cette rencontre dans *Without Precedent*, sans toutefois entrer dans les détails : "Nous tenions à faire comprendre à Zwicker, écrit Adams, que ni les noms ni d'autres détails de sécurité ne devaient être révélés. À la surprise générale, alors que l'on s'attendait à un témoin bien informé et coopératif, Zwicker s'est montré évasif, s'est disputé verbalement avec McCarthy, a modifié son témoignage trois ou quatre fois et a refusé de répondre aux questions concernant la carrière bizarre d'Irving Peress et son renvoi grotesque. Tout cela exaspère le sénateur McCarthy, qui ne peut accepter les déclarations d'ignorance du général, qui se parjure en affirmant qu'il ne sait rien des liens de Peress avec les communistes, puisqu'il a lui-même révélé à George Anastos, fin janvier, qu'il était au courant de l'affaire...[26]

Particulièrement irritable en raison de la fatigue accumulée, McCarthy est trahi par ses nerfs et affronte le général Zwicker comme s'il s'agissait d'un procureur accusateur. Ce fut une grave erreur, peut-être celle que ses ennemis attendaient. McCarthy a demandé à Zwicker s'il pensait qu'un général qui couvrait sciemment un agent communiste devait être démis de ses fonctions. Zwicker a répondu qu'il ne pensait pas qu'il s'agissait d'une raison suffisante pour démettre un général de ses fonctions. L'ancien Marine a réagi avec colère et a déclaré : "Alors, Général, vous devriez être démis de vos fonctions. Un homme qui a eu l'honneur d'être promu général et qui prétend qu'il protégerait un autre général qui a hébergé des agents communistes ne mérite pas de porter l'uniforme, mon général". C'était la munition dont avaient besoin ceux qui cherchaient à liquider le sénateur du Wisconsin. Immédiatement, la presse fait grand cas de la sévérité de McCarthy à l'égard de Zwicker. Il aurait notamment "insulté l'uniforme" et accusé un général décoré en temps de guerre de "protéger les subversifs".

À partir de ce moment, la campagne finale de destruction de Joe McCarthy commence et il ne peut plus reprendre son travail. Une série ininterrompue d'accusations est portée contre lui et les membres de son équipe, qui doivent consacrer tout leur temps et leur énergie à réfuter ou à démentir le flot continu d'allégations. Dans la presse, le flux de propagande à travers le pays est déjà un crescendo régulier qui ne cessera que lorsque McCarthy sera censuré et réprimandé par ses propres collègues du Sénat. Le secrétaire d'État Stevens n'a pas autorisé le général Zwicker ou d'autres militaires à continuer à témoigner.

Paul Hoffman, dans la résidence californienne duquel le président Eisenhower passe ses vacances, ce qui donne une idée de l'étroite amitié entre les deux Juifs, téléphone à Stevens pour le féliciter de sa décision, félicitation bien sûr partagée par Eisenhower, dont Hoffman est le plus

---

[26] Des documents publiés en 1955 par une commission du Congrès, la commission McClellan, démontrent le parjure du général Zwicker, qui s'était exprimé par écrit dans des termes très proches de ceux de McCarthy. Le 21 octobre 1953, Zwicker avait écrit au commandant général de la première armée : "Cet officier (Peress) a refusé de signer le certificat de loyauté, et a refusé de répondre aux questions concernant son affiliation à des organisations subversives en faisant appel au privilège constitutionnel..." Zwicker déclare que la présence de Peress dans l'armée "est clairement en contradiction avec les intérêts de la sécurité nationale". Quelques jours plus tard, le 3 novembre, lorsque Zwicker apprend la promotion de Peress, il envoie une seconde lettre à la Première Armée, insistant sur le fait que Peress est un agent communiste : "Une enquête achevée le 15 avril 1953 a établi que cet officier était un communiste connu et actif dans le Queens (New York)". Ces mots ont été écrits seulement trois mois avant qu'il ne jure devant Joe McCarthy qu'il ne savait rien des relations de Peress avec le communisme. Il n'est donc pas surprenant que les collègues de McCarthy aient pensé que Zwicker serait un témoin utile et que le sénateur, perplexe, ait été exacerbé par le changement d'avis du général.

proche conseiller. Dans l'entourage du président, John Adams est chargé de recueillir des informations sur le comportement de Roy Cohn et de David Shine, les deux Juifs que Sokolsky et le groupe Hearst ont placés aux côtés du sénateur McCarthy. La mission est justifiée par le fait que lors de l'enquête à Fort Monmouth, Cohn est entré en conflit avec l'armée à cause de son partenaire romantique. L'homosexualité était un sujet tabou dans l'armée à l'époque. La relation entre les deux et le comportement erratique de Cohn seront utilisés pour déstabiliser davantage McCarthy et provoquer sa rupture définitive avec l'armée.

Le 21 janvier 1954, John Adams avait tenu une réunion dans le bureau de l'Attorney General, Herbert Brownell, à laquelle assistait notamment le chef de cabinet d'Eisenhower, Sherman Adams, un franc-maçon de haut rang. Un briefing sur l'enquête Monmouth y a eu lieu, au cours duquel le conseiller Adams a accusé Cohn d'essayer de profiter de Shine et d'avoir même menacé l'armée en utilisant sa position dans l'équipe d'enquête du sénateur McCarthy. Sherman Adams demande au conseiller de présenter un rapport écrit, ce qu'il fait le lendemain. Le texte qu'il rédige, dont il divulgue des extraits à la presse, fournit une chronologie des événements concernant les activités de Cohn et le traitement par Shine des opinions et des actions de McCarthy.

Le 10 mars, sur la base de ce rapport, l'armée a formulé publiquement une série d'accusations, dont l'essentiel portait sur Cohn qui, avec l'accord de McCarthy, aurait utilisé son pouvoir au sein de la sous-commission sénatoriale pour s'attirer les faveurs de Shine. Ce fut la genèse d'une série d'auditions entre avril et juin 1954 au cours desquelles McCarthy dut se défendre contre les allégations de l'armée qui, sur la base de la chronologie présentée par le conseiller Adams et le secrétaire Stevens, l'accusait, ainsi que Cohn, de lobbying malhonnête. McCarthy se défend en arguant que l'armée tente de paralyser l'enquête au sein de l'armée et de discréditer le PSI qu'il préside. Les audiences sont retransmises à la télévision et quelque vingt millions de personnes assistent quotidiennement au spectacle. Pendant la durée des auditions, qui ont produit quelque trois mille pages de transcriptions imprimées, le sénateur McCarthy a été écarté de la présidence du PSI. Il fut remplacé temporairement par le républicain Karl Mundt.

Joe McCarthy est attristé de constater que le secrétaire Stevens, qui l'avait initialement soutenu, agit sous les ordres de l'entourage d'Eisenhower. Stevens témoigne pendant quatorze jours et explique les accusations portées par l'armée contre McCarthy-Cohn, mais il ne convainc pas en justifiant les prétendues menaces contre l'armée attribuées aux deux hommes. Au cours des auditions, le sénateur Everett Dirksen, membre de la sous-commission McCarthy, a déclaré que l'avocat général John Adams et Gerald Morgan, un collaborateur d'Eisenhower, l'avaient approché le 22 janvier 1954 sous prétexte de supprimer une partie de l'enquête McCarthy. Dirksen affirme qu'Adams lui a mentionné que l'armée avait un dossier sur

Cohn et Shine et qu'il l'a menacé en disant que le dossier pourrait être très préjudiciable s'il était diffusé en première page des journaux. A ce moment-là, John Adams a compris qu'il n'avait pas à être le bouc émissaire d'Eisenhower et a révélé que des membres de l'équipe d'Eisenhower lui avaient ordonné de compiler la chronologie sur Cohn et Shine lors d'une réunion dans le bureau du procureur général, la veille de sa visite à Dirksen.

Il était donc clair que la Maison-Blanche était impliquée dans la conspiration contre McCarthy et dans la dissimulation de la subversion au sein du gouvernement. Le 17 mai, dans le but évident d'empêcher une enquête sur son propre rôle, Eisenhower publia un ordre revendiquant pour lui-même un principe constitutionnel selon lequel le président pouvait interdire à ses subordonnés de révéler toute information au Congrès. Le 27 mai, McCarthy a fait une allusion exagérée au "gag order" d'Eisenhower et a exhorté les fonctionnaires fédéraux à fournir toute information sur la corruption ou la subversion au sein du gouvernement. À propos du "gag order", il rappelle : "Le serment que chaque membre du gouvernement prête pour protéger et défendre le pays contre tous les ennemis, étrangers et nationaux, l'emporte de loin sur n'importe quel ordre de sécurité présidentiel". La réponse de la Maison Blanche intervient le lendemain. Le secrétaire de presse d'Eisenhower publie une déclaration à la presse, comparant à nouveau McCarthy à Hitler. Une comparaison qui séduit un certain nombre d'éditorialistes de premier plan qui l'utiliseront désormais à leur tour.

C'est alors qu'entre en scène Joseph Welch, un personnage histrionique dont la performance parfaitement mesurée et calculée était exactement ce dont les médias avaient besoin pour achever le harcèlement et la démolition du sénateur McCarthy. Joe Welch, avocat de l'armée, est entré dans l'histoire grâce à ses superbes prestations, retransmises à la télévision. Les talents de comédien de ce célèbre acteur se sont confirmés en 1959 lorsqu'il a joué le rôle d'un juge dans *Anatomie d'un meurtre*, un film hollywoodien réalisé par Otto Preminger. Selon Stanton Evans, "Welch a traité l'ensemble comme un mélodrame dans lequel les faits et la raison étaient indubitablement secondaires par rapport à l'image et à l'impression. Une grande partie de ce qu'il a dit et fait était liée à sa conception du procès comme un feuilleton". Au mépris de la vérité, par exemple, Welch a menti sans se décourager devant les caméras de télévision et a déclaré qu'une partie du rapport du FBI donnant les noms de plus de trente subversifs opérant à Fort Monmouth était "une copie conforme de rien du tout" et, en dépit du fait que le directeur du Bureau Edgar Hoover avait déclaré avoir rédigé le rapport, Welch a fait allusion au document comme étant une "parfaite contrefaçon". À une autre occasion, il a accusé McCarthy d'avoir produit une photo trafiquée comme preuve. Il s'agissait d'une photo authentique de Shine, Stevens et du colonel Jack Bradley, qui avait été recadrée et agrandie pour la rendre plus claire. Les médias ont accepté la version de Welch et ignoré les explications de McCarthy.

Le 9 juin 1954, McCarthy a fait allusion à un avocat du cabinet de Welch, Fred Fisher, qui avait été membre de la National Lawyers Guild, une organisation que le bureau du procureur général des États-Unis avait considérée comme un bastion du parti communiste. Fisher, en plus d'être communiste, était probablement sioniste : il est mort des années plus tard à Tel Aviv, où il était allé donner une conférence parrainée par l'Association du barreau israélien. La contre-attaque de Welch fut un assaut qui a été maintes fois reproduit dans des livres et des vidéos :

> "Jusqu'à cet instant, Sénateur, je ne pense pas avoir pleinement compris votre cruauté et votre folie. Fred Fisher est un jeune homme qui a étudié à la Harward Law School, qui est entré dans mon cabinet et qui entame une brillante carrière avec nous.... Je n'aurais jamais imaginé que vous puissiez être aussi irresponsable et cruel que de blesser ce garçon..... Je crains qu'il ne porte à jamais la cicatrice dont vous l'avez inutilement marqué. S'il était en mon pouvoir de vous pardonner votre cruauté inconsidérée, je le ferais. Je me considère comme un gentleman, mais votre pardon devra venir de quelqu'un d'autre".

McCarthy tente d'approfondir les antécédents de la National Lawyers Guild et de répliquer par un "tu quoque" plus fort pour faire référence aux allégations et aux dommages que Welch lui-même avait tenté d'infliger à la réputation de ses collaborateurs. Welch a refusé d'écouter et a insisté pour que les insultes soient adressées à Fisher :

> "Ne continuons pas à assassiner ce garçon, Monsieur le Sénateur. N'avez-vous plus aucun sens de la décence, après tout ? N'avez-vous plus aucun sens de la décence ?"

Après avoir traité le sénateur d'indécent devant les caméras de télévision qui retransmettaient l'audience, Welch a fondu en larmes et a été applaudi par le public du Sénat. En sortant de la salle d'audience, Welch pleure à nouveau devant les caméras des photographes de presse. Les journaux s'accordent à souligner la grande humanité de Joe Welch, un homme choqué par la bassesse de McCarthy, dont on n'aurait jamais attendu qu'il soit aussi mesquin que de ruiner la carrière de Fisher par ses accusations. Le fait que les accusations du sénateur soient fondées n'intéresse pas les médias : la radio, la télévision et les journaux, traditionnellement aux mains de propriétaires juifs obéissant au pouvoir royal, ont conspiré pour faire tomber McCarthy et ne s'arrêteront pas tant qu'ils n'y seront pas parvenus. Scott Speidel, de la Florida State University, dans un article intitulé "How the Jewish Marxists in America Destroyed Joe

McCarthy", estime que la presse "n'a pas déversé autant de haine sur un personnage public depuis Adolf Hitler".

L'étape suivante des comploteurs anti-McCarthy consistait à obtenir une condamnation du Sénat afin de le discréditer définitivement et de ruiner à jamais sa carrière politique et sa réputation. Les démocrates ne suffisent pas à cette fin, car il est souhaitable, aux yeux du public, de faire appel à des sénateurs républicains qui voteront contre lui afin d'éviter de donner l'impression qu'il s'agit d'un combat partisan. Les premiers choisis sont Arthur Watkins, sénateur républicain de l'Utah, qui présidera une commission sénatoriale spéciale chargée d'étudier les accusations portées contre McCarthy, et Ralph Flanders, sénateur du Vermont, qui, dans une attaque sauvage contre son collègue sur le parquet du Sénat, l'avait accusé, ainsi que Cohn et Shine, d'être un trio d'homosexuels. Flanders n'avait pas hésité non plus à faire des rapprochements entre McCarthy et Hitler, ce qui était devenu un lieu commun. Quelques jours après avoir asséné ces diatribes au martyr McCarthy, Flanders a dressé une liste de trente-trois accusations spécifiques à son encontre, qui allaient constituer la base de sa censure. Certaines de ces accusations sont si bizarres que certains républicains lui demandent d'où elles viennent. Sans la moindre pudeur, Flanders avoua qu'elles lui avaient été données par le NCEC (National Committee for an Effective Congress), dont l'alma mater était le juif sioniste Maurice Rosenblatt, ennemi déclaré du sénateur du Wisconsin et l'un des principaux agitateurs contre lui. Rosenblatt avait extrait les documents du NCEC et Flanders s'était contenté de les lire au Sénat. C'est ainsi que commença la route vers le calvaire de McCarthy, qui devait se terminer par le vote qui le crucifia le 2 décembre 1954.

Ainsi, les auditions sénatoriales contre McCarthy ont été menées sous le contrôle des républicains, bien que certains sénateurs du parti soient toujours avec lui et ne soutiennent pas la censure. Pendant les années où Joe McCarthy a tenu tête à Truman, il pouvait au moins compter sur le soutien d'une majorité de sénateurs de son parti ; mais avec un président républicain à la Maison Blanche qui s'opposait à lui, la scission s'était produite. Le pilier du NCEC dans l'entourage d'Eisenhower était une fois de plus Paul Hoffman, qui agissait comme une courroie de transmission voilée entre le comité de Rosenblatt et la Maison Blanche, dont l'influence a été décisive dans le rejet.

Le leadership du NCEC dans la campagne de censure de McCarthy est si effronté qu'il prend en charge les dépenses financières de Flanders et de sa compagnie. Stanton Evans reproduit un budget de l'organisation couvrant les dépenses du 25 juin au 10 août 1954, d'un montant de 23 650 dollars, dont 3500 dollars de publicité dans trois journaux de Washington. Ce même auteur écrit ce qui suit à propos du lien entre Rosenblatt et Hoffman : "Dans les coulisses, Hoffman avait soutenu l'effort de Rosenblatt par des contributions financières. Au milieu de la bataille contre la censure, cependant, il a publiquement montré sa connexion en soulignant le lien politique entre le NCEC et la Maison Blanche. Peu après que Flanders a présenté sa résolution contre McCarthy, le NCEC a rédigé et Hoffman a signé un télégramme très médiatisé appelant à soutenir la motion de censure".

On peut affirmer qu'à la fin du mois de septembre, de nombreux partisans de McCarthy ont jeté l'éponge, considérant que le combat était perdu d'avance. Bien que certains de ses amis les plus fidèles, les sénateurs William Jenner, Herman Welker et quelques autres, aient dénoncé ce qui se passait, ses collègues du Sénat l'ont expulsé de leur propre commission en novembre. Enfin, le 2 décembre 1954, le Sénat le condamne pour "conduite contraire aux traditions du Sénat". Le résultat du vote est de 67 à 22. Le fait que parmi les votes de condamnation, 22 aient été exprimés par des républicains a permis de soutenir que les deux partis avaient censuré le sénateur du Wisconsin, qui est devenu une personne à éviter.

McCarthy a été enfermé pendant quatre ans dans une lutte à mort qu'il n'a jamais pu gagner. Ses ennemis étaient deux présidents américains, l'empire médiatique universel et, en fin de compte, la tyrannie secrète qui finançait le communisme depuis sa création et dont les lobbies couvraient l'ensemble du spectre politique et économique. Joseph McCarthy meurt à l'âge de quarante-huit ans, le 2 mai 1957, trente mois après avoir été censuré. Il aurait cherché le faux refuge de la boisson. Selon certains, le vide et l'exclusion auxquels il était soumis ont sapé sa volonté de vivre. D'autres affirment qu'il a bu jusqu'à la mort. Dans les décennies qui ont suivi, les falsificateurs de la réalité, au service du Pouvoir Occulte, se sont chargés de jeter son nom dans les poubelles de l'histoire, là où sont placés ceux qui ont osé dénoncer les manipulations et les crimes qu'une cabale de conspirateurs exerce sur l'humanité.

PARTIE 5 - LE CONTRÔLE DU COMMUNISME BERIA ET L'ASSASSINAT DE STALINE

La figure de Staline, Iosif Vissarionovich Dzhugashvili, est l'une des plus impressionnantes de l'histoire. Au cours de ses presque trente années de pouvoir impitoyable en Russie, il s'est révélé être un redoutable policier d'une ruse et d'une malice incommensurables, qui savait se débarrasser de tous ceux qui tentaient de le mettre hors d'état de nuire. Sa capacité à affronter le trotskisme et ce qu'il représentait, sa ténacité à éliminer systématiquement ses ennemis, son intelligence à manœuvrer et à résister en dictateur absolu sont étonnantes quand on sait que, sauf dans les années de la guerre mondiale, il a été confronté aux forces globales du Pouvoir caché qui cherchaient à le remplacer par l'un de leurs agents. Même si l'historiographie officielle l'ignore, Staline savait que l'opposition trotskiste avait l'intention de profiter de la montée en puissance d'Hitler pour provoquer une guerre avec l'Allemagne et reprendre le contrôle de l'URSS. Trotski n'hésite pas à déclarer publiquement qu'en cas de guerre, lui et l'opposition écarteront Staline du pouvoir et organiseront ensuite la défense qui permettra la victoire finale.[27]

Le fait que parmi tous les grands assassins du communisme - Trotski, Lénine, Yagoda, Kaganóvich, Beria, Mao Tsé-toung et tant d'autres - seul Staline soit critiqué aux yeux de l'opinion internationale est extrêmement révélateur. Yagoda, Kaganóvich et Beria, trois juifs qui comptent parmi les plus grands criminels de tous les temps, ne sont même pas connus du grand public. Trotski et Lénine, dont les crimes n'enlèvent rien à ceux de leurs coreligionnaires, restent des figures emblématiques et respectées dans les milieux prétendument progressistes du monde entier. Quant aux terribles massacres perpétrés par Mao Tsé-toung en Chine, ils ne sont ni rappelés ni dénoncés. Seuls les crimes de Staline sont exposés avec une certaine régularité par les médias, dont la propagande s'est concentrée pendant

---

[27] Isaac Deutscher, écrivain et historien polonais d'origine juive considéré comme trotskiste, a écrit des biographies de Staline et de Trotski. Dans *Staline*, il écrit : "Dans la crise suprême de la guerre, les dirigeants de l'opposition, s'ils étaient encore en vie, auraient pu agir avec la conviction, vraie ou fausse, que Staline conduisait la guerre de manière incompétente et fatale. Trotsky n'avait-il pas prévu une telle action contre Staline dans sa "thèse Clemenceau" ? Imaginons un instant que les dirigeants de l'opposition aient survécu et assisté à la défaite de l'Armée rouge en 1941 et 1942, avec Hitler aux portes de Moscou et des millions de soldats emprisonnés par les Allemands, avec un peuple en proie à une dangereuse crise morale comme celle qui s'est produite à l'automne 1941, à un moment où l'avenir des Soviets était en jeu et où l'autorité de Staline était au plus bas. Il est possible qu'ils aient alors tenté de renverser Staline". C'est précisément ce plan qui a été exposé lors des procès de Moscou. C'était l'idée initiale lorsque les banquiers juifs de Wall Street ont financé Hitler.

soixante-dix ans sur l'exposition jusqu'à l'épuisement du mal intrinsèque du nazisme et de la souffrance inégalée des Juifs.

L'élimination de nombreux juifs trotskistes qui, depuis la mort de Lénine, avaient été progressivement écartés du pouvoir, a constitué une extraordinaire démonstration de force de la part de Staline, le seul "méchant" du communisme international. Les procès de Moscou, qualifiés par la presse mondiale de "procès-spectacle", ont démontré à ceux qui voulaient voir la réalité qu'il y avait eu toutes sortes de manœuvres pour déloger Staline du Kremlin. Après la Seconde Guerre mondiale, la question de son remplacement à la tête de l'URSS a progressivement refait surface, d'autant qu'il est apparu clairement qu'il n'avait aucune intention de céder son pouvoir omnipotent à qui que ce soit. Lorsque Staline se rend compte que, comme avant la guerre, des agents juifs complotent à nouveau dans l'ombre pour se débarrasser de lui, il s'en tient à ses anciennes méthodes et reprend la politique d'arrestation et d'assassinat de ses opposants. Les accusations d'antisémitisme fusent de toutes parts. Mais les propos de Heinz Galinsky, président de la communauté juive de Berlin, posent le problème en termes justes : "Contrairement à l'antisémitisme nazi, déclare Galinsky, l'action communiste contre les Juifs n'est pas de nature raciale, mais de nature politique". En d'autres termes, Staline n'a pas persécuté les Juifs parce qu'ils étaient Juifs, mais parce que ceux qui cherchaient à le détruire étaient des Juifs travaillant pour les forces occultes qui avaient financé le communisme depuis le début.

Après la Seconde Guerre mondiale, les intrigues pour succéder à Staline, menées par certains dirigeants du Comité central et du Politburo, ne tardent pas à commencer. La figure de proue de cette conspiration est Lavrenti Beria, un Géorgien comme Staline. En tant que commissaire du peuple aux affaires intérieures, poste qu'il occupe depuis le 25 novembre 1938, il contrôle la police et les services secrets, le NKVD, ce qui lui donne les moyens de prendre le pouvoir après la disparition tant attendue de l'incombustible maître du Kremlin. Presque tous les spécialistes, comme on le verra, s'accordent à dire qu'il est le principal suspect dans l'assassinat de Staline. Avant de décrire la lutte qui s'est déroulée, il est indispensable de revenir sur la figure de Beria, l'un des assassins de masse les plus brutaux et les plus impitoyables du communisme.

Lavrenti Pavlovich Beria

Lorsque Staline décida d'en découdre avec les Juifs sionistes et/ou trotskistes qui remettaient en cause son leadership dans les pays d'Europe "libérés" par l'Armée rouge, il commença également à se méfier des Juifs qui occupaient encore des postes de premier plan en URSS même. Adburahman Avtorkhanov, spécialiste de la période stalinienne, écrit dans *Staline assassiné. Le complot de Béria*, que Staline était convaincu que des espions sionistes s'infiltraient partout et les considérait comme des conspirateurs potentiels. Selon cet auteur, Staline étudiait les arbres généalogiques des membres du Parti communiste jusqu'à la deuxième, voire la troisième génération, en essayant de découvrir des Juifs parmi leurs ancêtres. C'est ainsi qu'il a découvert que la mère de Beria était répertoriée comme juive géorgienne. Puisque, comme on l'a dit, chez les Juifs, c'est la mère qui confère l'ethnicité, Lavrenti Beria était donc juif. Sa mère, Tekle, née à Uria Sopeli, un village habité par des Juifs, l'a mis au monde le 29 mars 1899 à Merkheuli, un village d'Abkhazie, une région de Géorgie habitée par les Mingréliens, une ancienne tribu caucasienne.

À l'âge de seize ans, Beria fait un voyage en train de huit cents kilomètres de la mer Noire à la mer Caspienne, jusqu'à la ville cosmopolite de Bakou, où il étudie à l'École supérieure de mécanique et de construction, connue sous le nom de "Technicum". C'est là qu'il entre en contact avec des étudiants révolutionnaires marxistes qui appellent au renversement du tsar, comme Vsevolod Merkulov, avec qui il se lie d'amitié et qui devient l'un de ses hommes de confiance, Mir Djaffar Bagirov et Evgeny Dumbadze, qu'il assassinera des années plus tard ; mais en même temps, il devient un confident de l'Ojrana, la police secrète tsariste. Thaddeus Wittlin indique dans *Commissar Beria* que lorsque le gouvernement provisoire dirigé par le prince Lvov a été formé en Russie en février 1917, "Beria a jugé plus sage d'être en bons termes avec les deux parties et a commencé à jouer avec deux cartes", c'est-à-dire qu'à l'âge de dix-huit ans, alors qu'il se comportait comme un adulte, il a commencé à travailler à la fois pour l'Ojrana et pour les conspirateurs bolcheviques, dont les dirigeants considéraient Beria comme l'un d'entre eux.

Après la révolution d'octobre, suite à la déclaration de Lénine garantissant le droit à l'autodétermination, l'Azerbaïdjan, la Géorgie et l'Arménie, les trois pays du Caucase, se proclament indépendants. Mais les Soviétiques ne tardent pas à réagir en Azerbaïdjan, dont les puits de pétrole de la Caspienne sont exploités par des compagnies internationales, et créent à Bakou, le 25 avril 1918, le Conseil des commissaires du peuple, appelé Commune de Bakou, qui tente d'imposer la dictature du prolétariat dans tout le pays. Staline déclare que Bakou sera "la forteresse du pouvoir soviétique en Transcaucasie". C'est alors que survient la réaction des nationalistes mussavatistes, soutenus par les Britanniques. Les combats dans la capitale sont extrêmement violents et les batailles se déroulent rue par rue. Fin juillet 1918, le gouvernement bolchevique de Bakou cesse d'exister. Rapidement, des régiments britanniques sous le commandement du général Lionel Charles Dunsterville entrent à Bakou et occupent la ville, dont le port est le centre de l'emporium pétrolier. Les 26 commissaires de la Commune de Bakou sont emprisonnés. Un gouvernement provisoire, s'intitulant "Dictature de la Caspienne centrale", est formé, qui, aux mains des mussavatistes azéris, durera jusqu'en avril 1920. C'est au cours de ces années que Beria entre en contact à Bakou avec les services de renseignements britanniques, pour lesquels il travaille à partir de 1919.

Nikita Khrouchtchev a confirmé à plusieurs reprises que Beria était un agent britannique. Tant A. Avtorkhanov, déjà cité, qu'Anton Kolendic, auteur de *Les derniers jours. De la mort de Staline à celle de Beria (mars-décembre 1953)*, évoquent les circonstances dans lesquelles Khrouchtchev a révélé publiquement l'appartenance de Beria à l'espionnage britannique. Kolendic reproduit les propos tenus par Khrouchtchev lors du dîner de clôture du 22e congrès du PCUS, qui s'est tenu en 1961 à Moscou et au cours duquel il a été réélu secrétaire général du parti. A cette occasion, Khrouchtchev a donné sa version de l'arrestation de Beria lors de la réunion du Politburo dans la nuit du samedi 21 au dimanche 22 juin 1953 : "J'ai vu beaucoup de choses dans ma vie, a déclaré le secrétaire général, mais je n'oublierai jamais cette nuit blanche et épuisante...". La suite est tirée du livre de Kolendic, dans lequel Khrouchtchev raconte, lors du dîner d'octobre 1961, comment, en 1953, il a accusé Beria devant ses camarades du Politburo d'avoir travaillé pour les Britanniques :

> "-... C'est pourquoi, camarades, je propose que nous abordions tout d'abord la discussion sur le cas du camarade Beria....
> Tous ont approuvé, certains bruyamment, d'autres par des applaudissements, d'autres encore par des hochements de tête...
> Beria, seul, est troublé, surpris, simplement pris au dépourvu. Assis à côté de moi, il me saisit amicalement le bras en murmurant :
> - Mais qu'est-ce qui t'arrive, Nikita, quel esprit maléfique t'anime ? Que signifient ces plaisanteries ?
> J'ai repoussé son bras et, d'une voix forte, pour que tout le monde entende, je lui ai répondu :
> - Soyez attentifs, vous comprendrez !
> J'ai ensuite déclaré :
> - Ce qui se passe aujourd'hui à Berlin-Est, le fait que Lavrenti Beria ait trahi et vendu les intérêts de l'Union soviétique, n'est pas un hasard, ni même une simple erreur. Non, c'est Beria ! Je voudrais tout d'abord vous rappeler le plénum du Comité central de 1937. Ce jour-là, un membre du Comité central, le camarade Grisha Kaminski, avait apporté la preuve que Beria, alors candidat au Politburo, avait travaillé pour l'espionnage britannique et collaboré avec les groupes mussavatistes, et que son cas ne relevait donc pas du parti, mais du procureur général de la République. Que s'est-il passé, camarades ? Au lieu d'ouvrir une enquête, Beria a été élu au Politburo et Grisha Kaminski a disparu après le plénum sans laisser de traces. On n'a plus jamais entendu parler de lui.

La collaboration simultanée de Beria avec les Soviétiques et les nationalistes mussavatistes était probablement une exigence de son travail pour les services secrets britanniques. Dans *Staline assassiné*, Avtorkhanov confirme la relation de Beria avec les nationalistes azéris et rappelle que déjà dans le Rapport secret au 20e Congrès du PCUS, qui ne faisait pas partie des rapports et résolutions officiels publiés par le Congrès parce qu'il avait été présenté à huis clos le 25 février 1956, Khrouchtchev avait fait état de la dénonciation de Beria par le commissaire du peuple à la santé, Grisha Kaminsky. A cette occasion, Khrouchtchev a été plus précis et a révélé que, dès la fin du plénum du Comité central, Kaminsky a été arrêté et fusillé.

Fin 1919, les Britanniques quittent la région et laissent l'Azerbaïdjan aux mains des mussavatistes, reconnus comme le seul gouvernement légal du pays. Les Soviétiques ne veulent rien savoir du droit de Lénine à l'autodétermination des peuples et, dès que les Britanniques sont partis et que les nationalistes se retrouvent sans leur protection, ils commencent à préparer un coup d'État. Le 20 avril 1920, à l'aube, la XIe armée soviétique, commandée par Kirov et son aide de camp, le komandarm Gekher, entre à Bakou et s'empare de la ville. Le même jour, les membres du gouvernement de la République nationale d'Azerbaïdjan sont arrêtés et exécutés dans la cour de la prison de Bailov. Les soldats rouges ont carte blanche pour agir contre la bourgeoisie.

Dans *Commissar Beria*, Thaddeus Wittlin écrit : "Bientôt, les fenêtres et les portes des maisons des riches furent brisées, les couvents démolis et saccagés. Les religieuses sont forcées de danser nues avant d'être violées et fusillées. De nombreuses maisons de la bourgeoisie et des classes aisées ont été saccagées, et leurs femmes ont également été violées". Dans la nuit du 20 au 21 avril, les flammes des maisons incendiées illuminent la capitale et, à l'aube, les corps de ses habitants, tués à la baïonnette ou à l'arme blanche, gisent carbonisés dans les ruines. Beria, fidèle à son principe de solidarité avec le pouvoir, joue un rôle central dans la répression déclenchée par ses amis bolcheviks. Ayant été en contact avec les nationalistes en tant qu'agent britannique, il est en mesure de fournir des listes noires de personnes ayant collaboré avec le gouvernement azerbaïdjanais.

Cette terreur, qui a duré six jours, est entrée dans l'histoire sous le nom de "Semaine d'anéantissement de la bourgeoisie". Tous les officiers de l'armée nationale d'Azerbaïdjan ont été arrêtés et emprisonnés. Les officiers ont également été enlevés à leur domicile, embarqués dans des camions et conduits en prison. La prison de Bailov était tellement surpeuplée, écrit T. Wittlin, qu'il n'y avait même pas de place pour s'asseoir par terre. Hommes, femmes et enfants, jeunes et vieux, sains et malades, devaient se tenir debout, entassés les uns sur les autres. Non seulement les cellules, mais aussi les couloirs et les chambres, les toilettes, la buanderie, les réserves et l'infirmerie étaient pleins. Tous ces lieux étaient transformés en cellules de masse". Bientôt, cependant, la prison est évacuée. Les détenus sont emmenés par bateau sur l'île de Nargen, où commencent les massacres, exécutés par des pelotons de mitrailleuses qui, sans discrimination d'âge ou de sexe, tirent sur des groupes de cent ou deux cents personnes alignées près de fossés préalablement ouverts, dans lesquels tombent les cadavres. Deux petits bateaux à vapeur font deux ou trois voyages par jour entre le port et l'île. L'opération, dirigée par Serge Ordzhonikidze, est menée par le Komsomol (Jeunesse communiste) de Bakou, dont les principaux dirigeants sont Dumbadze, Bagirov et Dekanozov, assistés de Lavreni Beria, que T. Les listes et autres documents préparés par Lavrenti Beria - dit Wittlin - contenaient les noms et adresses, ainsi que les charges présumées contre les personnes que Beria considérait et décrivait comme des ennemis du régime soviétique".

Beria n'a jamais cru en Dieu ou en Marx. Les spécialistes s'accordent à le décrire comme un homme froid, calculateur et dépourvu d'idéologie. En fait, alors que l'incertitude quant à l'issue finale persistait dans le Caucase, Beria s'est progressivement rapproché des détenteurs du pouvoir ; mais à partir de mai 1920, sa place est devenue évidente et il est devenu communiste pour de bon. Lors du dîner d'octobre 1961 mentionné plus haut, Khrouchtchev dira de lui : "Beria n'a jamais été un communiste, mais un carriériste calculateur et égoïste qui a vu dans notre parti le moyen idéal de réaliser ses projets de mégalomane, de criminel et d'espion". Quoi qu'il en soit, Beria entame en mai 1920 une carrière qui, en trente-trois ans, fera de lui l'homme le plus redouté et le plus puissant d'URSS après Staline. C'est Ordjonikidze qui, voyant le talent de Beria à l'époque des massacres sur l'île de Nargen, lui offre un poste de tchékiste avec le grade de chef adjoint de la Section des opérations secrètes, poste assorti de la direction de la prison de Baïlov, où il installe son bureau.

Il y a acquis de l'expérience en tant qu'interrogateur et tortionnaire. Des témoignages de cette période montrent comment il procédait avec les jeunes filles pendant les interrogatoires : en plus de les gifler, il les forçait à s'allonger face contre terre, à enlever leurs chaussures et à relever leurs jupes jusqu'à ce que leurs sous-vêtements soient découverts. Beria mettait un pied sur le cou de la victime et utilisait une cravache pour lui fouetter les fesses et les jambes. Son biographe, Taddeus Wittlin, qui a rencontré en 1941-1942 une femme torturée par Beria dans le camp de détention de Vorkuta, écrit ce qui suit :

"Le fouet des filles excitait Beria sexuellement, et pas seulement parce qu'elles étaient à moitié nues devant lui. Il ne fait aucun doute qu'une fille à moitié nue est un excitant pour un jeune homme de 21 ans, comme l'était Lavrenti Beria à l'époque. Mais ce n'est pas la raison principale pour laquelle Beria était affecté : après quelques coups de fouet, le corps de la victime devenait violet, commençait à saigner par endroits et, finalement, lorsque la jeune fille ne pouvait plus supporter la douleur, il fallait obéir à l'appel de la nature. La vue des excréments n'était pas agréable, pas plus que leur odeur. La véritable raison du plaisir de Beria était la jeunesse de la victime. Plus la fille était abandonnée, jeune et innocente, plus elle était désirable et excitante et, par conséquent, plus le plaisir de Beria était grand. Bien qu'étant un homme mûr, fort et doté d'une volupté animale, Beria avait vécu une vie austère et spartiate, et jusqu'alors ses expériences sexuelles avaient été limitées".

En quelques mois, en récompense de son travail à la prison de Bailov, Anastas Mikoyan et Ordjonikidze, ses amis les plus puissants, proposent la promotion de Beria au poste de chef du département des opérations secrètes et de vice-président de la Tchéka d'Azerbaïdjan. Sa progression se poursuit en 1921 et, en juillet, après la chute de la Géorgie aux mains des Soviétiques, Staline ordonne personnellement à Ordjonikidze de nommer Beria, qu'il avait rencontré à Tiflis, à la tête de la Tcheka géorgienne. Ce n'est toutefois qu'en novembre 1922 qu'il s'installe dans la capitale géorgienne, où le quartier général de la Tchéka est installé dans la prison d'État de la rue Olginskaya. Il emporte avec lui les dossiers et documents les plus importants de ses archives secrètes. Il est rapidement confronté à l'hostilité de nombreux Géorgiens à l'égard du régime soviétique : les réseaux mencheviks, les dockers de Batoumi, les milliers d'ouvriers des mines de charbon et de manganèse de Chiatura, les officiers de l'ancienne armée nationaliste et les groupes indépendantistes sont au cœur du mouvement nationaliste et antibolchevique. Beria commence par arrêter discrètement des intellectuels et des dirigeants de l'opposition. Dans un premier temps, il avait autorisé les activités des opposants afin de les vaincre et de s'en attribuer le mérite.

Au printemps 1923, à Soukhoumi, la capitale de l'Abkhazie, Beria tue pour la première fois une personne d'une balle dans la tempe. L'épisode est longuement relaté dans *Commissar Beria*. La victime était un épicier nommé Ierkomoshvili, pour lequel la mère de Beria avait travaillé. Lui et sa femme avaient aidé Tekle financièrement pour que leur fils, qu'ils appelaient "Lara", puisse étudier à Bakou. Au lieu de leur témoigner de la gratitude, Beria éprouve de la haine et du ressentiment à leur égard. Il décide alors d'accuser le commerçant d'activités antisoviétiques et l'emprisonne. Convaincue que "son cher garçon" libérerait son mari, Maro Ierkomoshvili s'est présentée pour intercéder. Beria interroge le marchand en présence de sa femme Maro. Après avoir giflé la femme et lui avoir donné deux coups de poing au visage devant lui, il ordonne au garde d'emmener à nouveau le prisonnier. Beria descend ensuite à la cave. Selon le récit de T. Vittlin, "il ordonne au policier qui l'accompagne de rester à l'extérieur et entre dans la cellule. Il sort le pistolet de son étui. Il a sorti le pistolet de son étui, l'a armé, l'a posé sur la tempe du vieil homme et a appuyé sur la gâchette. Il est ensuite sorti. Cette première exécution était paradigmatique, car Beria exécutait toujours ses victimes avec le plus grand calme et sans la moindre excitation ou émotion, comme s'il s'agissait d'un acte sans importance et sans conséquence.

Beria dispose d'informations sur les préparatifs d'un soulèvement organisé par un comité national clandestin dirigé par le général nationaliste Valiko Dzugheli. La date étant fixée au 25 août 1924, il ordonne deux jours plus tôt l'arrestation du général Dzugheli. Dans cette perspective, le colonel Cholokashvili attaque la caserne de l'Armée rouge le 24. De nombreux pêcheurs, paysans et étudiants se joignent aux patriotes et des combats éclatent dans la capitale et dans d'autres grandes villes. À Tbilissi, les troupes soviétiques abandonnent les casernes et quittent la ville. Mais en l'espace de dix jours, les rebelles commencent à céder et ceux qui n'ont pas fui vers la Turquie sont capturés. Les camps de prisonniers, dont beaucoup sont blessés, se remplissent rapidement et Beria, dont les interrogatoires servent à continuer d'accumuler des données et des noms pour ses fameuses archives, commence à ordonner des exécutions, qui durent plusieurs mois. Des camions remplis de condamnés quittaient la prison d'État la nuit. Ils sont conduits dans une clairière à la périphérie de Tbilissi, où ils sont fusillés par groupes de cinquante, voire de cent, près de fossés préparés à l'avance. *Le Livre noir du communisme* donne le chiffre de 12 578 personnes fusillées du 29 août au 5 septembre 1924. Beria assiste fréquemment à ces exécutions sommaires et veille à ce que les morts soient enterrés. Au printemps 1925, les meurtres de masse prennent fin. Beria, seigneur de la vie et de la mort, est devenu l'homme le plus redouté de Géorgie.

Les ouvrages d'Anton Kolendic et de Thaddeus Wittlin sur la vie privée de Beria, sujet tabou qui n'a jamais fait l'objet de reportages, offrent quelques aperçus sur le fait qu'il était un criminel dans tous les sens du terme. Ce dernier raconte dans *Commissar Beria* comment il a choisi sa femme Nina. À la mort de Tekle dans le village de Merkheuli, au cours de l'été 1929, Beria se rend en Abkhazie dans son train de luxe spécial, composé de trois voitures Pullman : l'une servait de wagon-lit, l'autre comportait un bar et un restaurant, et la troisième était un salon entièrement équipé. Sur le chemin du retour vers Tbilissi, le train est garé sur une voie de garage à la gare de Soukhoumi, où Beria s'est arrêté quelques jours pour s'occuper de ses affaires. Comme il vivait dans le train, une belle jeune fille de seize ans l'aborda dans l'aérogare centrale, convaincue que le tout-puissant chef de la Tchéka, son compatriote, pourrait intercéder en faveur de son frère récemment arrêté. Beria l'invite à monter dans le luxueux compartiment du wagon-lit et lui demande de se déshabiller. Après l'avoir giflée, il l'a violée. Il l'a ensuite enfermée et s'est rendu au wagon-restaurant pour dîner et boire de la vodka. À son retour, il a passé toute la nuit avec elle. À l'aube, avant de partir, il a commandé un petit-déjeuner pour deux. Les jours où il est resté en ville, il a gardé sa jeune prisonnière dans le train. Finalement, il décida de l'emmener avec lui à Tiflis et d'en faire sa femme.

Anton Kolendic écrit que la vie privée de "l'épée de la révolution", surnom que lui avait donné Staline lui-même, "était particulièrement bien protégée et tenue secrète. Personne ne pouvait y pénétrer et personne n'avait le courage de le faire". Ce n'est qu'après l'arrestation de Beria, en juin 1953, que certains osent dénoncer ses coups bas. Khrouchtchev raconte que quelques jours après l'arrestation de Beria, Malenkov lui confie que le chef de sa garde s'est adressé à lui en ces termes : "Je viens d'apprendre que Beria a été arrêté. Je dois vous dire qu'il a violé ma belle fille, une jeune fille de quinze ans. Un après-midi, il est sorti faire une course. Un type l'a accostée et l'a forcée à partir. Un type l'a accostée et l'a forcée à se rendre chez Beria. Il l'attendait et l'a persuadée de manger quelque chose avec lui. Il l'a fait boire et quand elle s'est endormie, il l'a violée". Rapidement, des témoignages similaires commencent à affluer, relatant des viols de jeunes filles et de femmes que Beria, toujours de la même manière, nourrissait, faisait boire et violait. Il faut exclure que Malenkov et Khrouchtchev aient inventé une série de calomnies contre l'ennemi déchu, car, comme l'écrit Kolendic, "un dossier a été constitué avec plus de deux cents rapports individuels sur les dépravations, les perversions et les relations intimes avec des filles, des jeunes femmes et des femmes". Dans tous les cas, les témoignages font état de propos très durs qui se terminent généralement par le même argument : "Jusqu'à présent, je n'osais rien dire à personne, encore moins me plaindre ou accuser, parce que...".

Alors que les faits montrent que Staline s'est imposé comme le successeur de Lénine, Beria élabore méthodiquement sa stratégie pour s'attirer ses faveurs. En l'honneur du dictateur soviétique, il nomme le fils qu'il a eu avec Nina Joseph. Bien qu'il déteste Staline, qu'il considère comme un homme grossier et vulgaire qui empeste le tabac noir bon marché, il n'hésite pas à se comporter de manière servile et minable pour gagner sa confiance. En novembre 1931, le comité central de Moscou le nomme premier secrétaire du parti communiste géorgien. Beria se rend dans la capitale pour remercier personnellement Staline de sa confiance. Comme le questionnaire qu'il doit remplir lui demande de préciser depuis combien de temps il est membre du parti, Staline lui suggère d'indiquer la date de 1917. Dès lors, Beria devient un exécutant de la politique du Kremlin dans le Caucase. Pour plaire à Staline, il projette alors un panégyrique de Staline : *Early Writings and Activities of Stalin : On the History of the Bolshevik Organisations in Transcaucasia,* un ouvrage qui fait de Staline un héros de la révolution et un dieu du communisme, dans lequel la vérité historique est la chose la moins importante.

Au cours des années 1930, Beria jette donc les bases de son ascension à la tête du NKVD, qui succède en 1934 à la Tchéka, du GPU et de l'OGPU. L'assassinat de Kirov, les procès de Moscou et la purge du trotskysme et de l'Armée rouge sont les événements qui mettent à l'épreuve sa loyauté envers Staline. Beria décide alors de procéder à une nouvelle purge en Transcaucasie afin de montrer au chef suprême qu'il peut compter sur lui pour liquider les indésirables. Lors de la chute de Yagoda, il avait aspiré à prendre sa place et la nomination de Yezhov le déçut, mais il fut patient et attendit sa chance. Yezhov n'ignore pas que, tant que Beria reste à l'affût, son poste de commissaire à l'intérieur et de directeur de la police secrète n'est pas assuré, et il lui tend plusieurs pièges pour le liquider, mais il n'y parvient pas. Le 28 juillet 1938, Staline appelle Beria en personne et, sans autre explication, lui ordonne de se présenter à Moscou. Beria en vient à soupçonner que Iejov est derrière l'affaire et qu'il pourrait être arrêté. Il sait que Iejov le déteste et qu'il figure sur sa liste noire. Il pense qu'il pourrait avoir préparé une dénonciation contre lui qui pourrait servir à convaincre Staline de la nécessité de se débarrasser de lui. Preuve de sa méfiance, il donne l'ordre à Bogdan Kobulov, l'un de ses plus proches collaborateurs, de détruire ses dossiers secrets s'il ne revient pas.

À son arrivée à Moscou, le général Alexandre Poskrebyshev, secrétaire personnel de Staline et chef de la section spéciale du département secret du secrétariat du parti, l'attend à la gare de Kazan. Poskrebyshev, qui faisait partie de ce que l'on appelle le "cabinet secret", jouissait de la plus grande confiance du dictateur, qui l'avait parfois utilisé pour éliminer des personnalités sans procès. Beria n'est pas tout à fait rassuré jusqu'à ce qu'il comprenne que sa destination est le Kremlin. Là, Staline lui annonce qu'il a décidé de le transférer à Moscou pour le placer à la Loubianka aux côtés du commissaire Iejov. Son poste est celui de commissaire adjoint, ce qui fait de lui le numéro deux du commissariat. Le fait que le patron l'ait choisi comme adjoint de celui qui avait tenté de l'éliminer est interprété par Beria comme un signe d'approbation. Staline l'a sans doute fait sortir de Tiflis pour qu'il devienne le remplaçant de Yezhov. Le 25 novembre 1938, Beria devient le nouveau commissaire aux affaires intérieures et chef du NKVD. Yezhov est nommé commissaire aux transports par eau, un pas en arrière dans sa carrière qui témoigne de sa disgrâce.

La première chose que Beria fait en tant que nouveau chef du NKVD est une purge radicale de l'appareil de la Tchéka : tous les collaborateurs et de nombreux fonctionnaires agissant sous les ordres de Yezhov, dont les jours sont également comptés, sont arrêtés. Des milliers d'anciens tchékistes sont fusillés ou envoyés dans des camps de travail. La politique de destruction de ses opposants et de placement de ses partisans aux postes clés lui permet de mettre tout le pays sous son contrôle en peu de temps. Au fur et à mesure de son accession au pouvoir, Beria démontre sa capacité à organiser et à optimiser le travail et la production des prisonniers sous le contrôle de l'Administration supérieure des camps de travail forcé, GULAG ("Glavnoye Uprovlenye Lagerey"). L'objectif était pour l'État communiste d'utiliser l'esclavage de millions de ses propres citoyens pour produire au coût le plus bas possible. Il a fixé des normes spécifiques pour chaque brigade de travailleurs et est allé jusqu'à établir quatorze types d'aliments. La pire cuisine, la première, est celle des punis, qui reçoivent un morceau de pain et un bol de soupe aqueuse. Les "champions" du travail méritent le meilleur repas, le quatorzième. Certes, le système fonctionne parfaitement. Avec des millions d'esclaves travaillant pour un peu de nourriture dans les mines et les forêts, construisant des routes, des canaux, des chemins de fer et des tunnels, la productivité s'est non seulement améliorée, mais a augmenté de manière significative.

Le pouvoir du commissaire Beria s'accroît progressivement dans tous les domaines. En tant que commandant en chef des divisions spéciales des forces du NKVD, il dispose d'une armée très forte et disciplinée, équipée des armes les plus modernes, y compris des avions et des chars. Il était également à la tête de la section des missions spéciales, qui disposait d'un réseau d'espions déployés dans le monde entier. Il était en fin de compte responsable du "Groupe mobile", utilisé pour assassiner et kidnapper les transfuges, les trotskystes et autres ennemis de l'URSS à l'étranger.[28] À l'intérieur du pays, il persécute et élimine les intellectuels qui dérangent : en plus d'être le censeur de la presse, il est le dictateur de toute la culture offerte au peuple : le théâtre, la littérature, les arts sont sous son contrôle et sa supervision.

Thaddeus Wittlin explique que Beria ne vivait pas seulement pour son travail, mais qu'il s'adonnait aussi à tous les plaisirs qu'il pouvait se procurer. Ses agents à l'étranger lui envoyaient des photographies et des films pornographiques qu'il gardait sous clé dans son bureau de la rue Katchalov à Moscou. Avec son assistant, le colonel Sarkisov, il se rend parfois dans sa "Packard" noire jusqu'à la rue Dostoïevski, où se trouve un lycée portant le nom du grand écrivain. Arrêté près du Théâtre de l'Armée, Beria observe, derrière les rideaux de la voiture, les jeunes filles qui sortent du bâtiment. Ses préférées, écrit Wittlin, étaient "des filles de quatorze à quinze ans, un peu dodues, au visage rond, aux joues roses, aux yeux innocents, au teint lisse et aux lèvres pleines". Après avoir choisi sa proie, le colonel allait chercher la jeune fille, qui était placée sur la banquette arrière du véhicule. Arrivée à la Loubianka, la voiture s'arrêtait dans la cour, à côté de l'entrée menant aux bureaux de Beria. Wittlin, qui s'appuie probablement sur le dossier susmentionné contenant plus de 200 cas documentés, raconte

---

[28] Deux assassinats peu connus méritent d'être mentionnés : celui de Georges Agabekov et celui d'Evgeny Dumbadze. Ce dernier, après avoir été tchékiste à Tiflis, s'est enfui en France dans la désillusion et a publié en 1930 à Paris ses Mémoires, "Na Sluzhee Cheka i Kominterna" (Au service de la Tchéka et du Komintern). Dans ce livre, il décrit Beria comme un criminel sanguinaire et génocidaire. Dumbadze a été retrouvé mort dans son modeste appartement de la capitale française. Selon la version officielle, il s'est suicidé en inhalant du gaz provenant de sa cuisine. Toujours en 1930, Agabekov, qui avait été chef de la section orientale de l'OGPU, publia un livre en russe qui fut traduit en anglais, en français et en allemand sous le titre *OGPU. La terreur secrète russe*. Nous avons localisé deux exemplaires publiés en 1931 par Brentano's Publishers à New York, tous deux au prix d'environ 300 euros, raison pour laquelle nous ne les avons pas achetés. Nous pouvons cependant affirmer qu'Agabekov décrit les méthodes d'espionnage soviétiques à l'Est, en France, aux Etats-Unis et en Allemagne. Quant à Beria, il le décrit comme un policier borné qui ne connaissait pas grand-chose au parti communiste. Les hommes de Beria traquent le transfuge à Bruxelles, où il vit avec un faux passeport, et l'assassinent.

différentes variantes des actions du commissaire dégénéré. Examinons de plus près quelques exemples :

"Il a expliqué à la petite fille qu'elle devait se déshabiller et satisfaire ses désirs physiques de la manière qui lui plaisait et qu'il lui a expliquée en détail. Si elle ne le faisait pas, ses parents seraient arrêtés le soir même et envoyés dans des camps de travail au fin fond de la Russie, et il en irait de même pour ses frères et sœurs. Le sort de ses proches dépend d'elle. Elle laisse quelques secondes à l'enfant pour prendre une décision. Lorsque la fillette cède et s'agenouille devant lui, nue, il la force à commettre un acte de sodomie. Beria observait le visage baigné de larmes de la fillette et prenait un plaisir particulier à imposer de tels actes de perversion sexuelle à une enfant innocente. Parfois, il n'était pas satisfait et, extrêmement excité, il jetait la victime à terre et tombait sur elle pour la violer et détruire sa virginité.
D'autres fois, au lieu d'emmener la jeune fille à son bureau de la Loubianka, il l'emmenait chez lui, rue Katchalov. Là, il l'invitait à boire un verre de vin. Il la faisait boire et, lorsque la jeune fille devenait somnolente sous l'effet de l'alcool, Beria la possédait. La présence de sa femme dans la maison n'arrête pas Beria dans ses excès. La maison était spacieuse, comportait de nombreuses pièces et deux entrées, et sa femme avait l'ordre strict et précis de n'entrer en aucun cas dans le bureau de son mari".

Beria était accro à la vodka et au cognac, ce qui lui valait une grande armoire remplie de bouteilles. Selon Wittlin, "plus il se sentait puissant, plus il prenait plaisir à boire, d'autant plus qu'il avait la chance, quelle que soit la quantité bue, de rester toujours sobre et de se rendre compte de ce qu'il disait ou faisait. Jamais, en état d'ivresse", ajoute le biographe, "il ne lui est échappé un seul mot dont il ait eu à se repentir". En d'autres termes, au lieu d'obscurcir son esprit, la vodka l'éclaircissait et lui permettait de poser des questions avec plus d'acuité et de clarté. Sur ses techniques d'interrogatoire, Wittlin fournit de nombreuses informations. En plus d'une poigne de fer, Beria gardait dans ses tiroirs toute une série de bites et de matraques de toutes tailles. Dans l'une des poches de sa veste, il portait souvent l'un de ces instruments avec lequel il pouvait tuer un homme d'un seul coup. La main dans l'une des poches de sa veste", écrit l'auteur, "Beria se plaçait derrière le détenu à une distance de deux ou trois pas. Avec une rapidité fulgurante, il sortait de sa poche sa main armée d'une sorte de petite matraque spéciale et, avec la précision de l'abatteur le plus expérimenté, frappait le prisonnier derrière l'oreille droite. L'homme tombe mort sur le coup. Comme les ordonnances spécifiaient que les exécutions secrètes devaient se faire d'une balle dans la nuque, lorsque Beria quitta la cellule, il ordonna à un soldat d'entrer et de tirer une balle dans la tête de la victime. Wittlin ajoute que

Beria gardait chez lui un mannequin avec lequel il s'entraînait à frapper avec la plus grande précision.

A partir de mars 1939, Beria est membre du Politburo. C'est alors qu'il décide de convaincre Staline de la nécessité de se débarrasser de Yezhov, le "nain sanglant". Contraint de démissionner de son poste de commissaire aux transports par eau, Yezhov, après avoir été jugé en secret, est fusillé en avril 1940. La même année, Beria commet certains de ses crimes les plus connus, comme le massacre de Polonais dans la forêt de Katyn et l'élimination de milliers de nationalistes dans les républiques baltes. Le meurtre de soldats rouges battant en retraite devant les Finlandais est moins connu. Le chapitre 10 ayant déjà relaté le rôle de Beria dans le massacre des officiers polonais ainsi que la terreur déclenchée en Estonie par des agents juifs agissant sous ses ordres, il reste maintenant à expliquer brièvement comment il a organisé les "détachements barrières" pour empêcher la retraite des soldats fuyant devant l'ennemi.

En tant que membre du Haut Conseil de défense, Beria demande à Staline de persuader les généraux de lui remettre des unités distinctes de l'Armée rouge, qui seront intégrées à ses Forces de sécurité. Les militaires acceptent à contrecœur cette demande et Beria invente un slogan : "Le soldat soviétique ne recule jamais". Il décide alors de créer des unités d'infâme mémoire, chargées d'abattre traîtreusement et sans sommation les soldats qui battent en retraite ou se rendent à l'ennemi. La méthode criminelle de Beria fut appliquée pour la première fois sur le front finlandais par les troupes spéciales du NKVD qui, aussi incroyable que cela puisse paraître, assassinèrent leurs propres compatriotes qui tentaient de se mettre à l'abri des embuscades des patriotes finlandais.

Plus tard, pendant la guerre contre l'Allemagne, la peine de mort par pendaison publique a été instituée tant à l'arrière qu'au front. Face à l'alternative d'une corde autour du cou provenant des mains des tchékistes ou d'une balle dans la poitrine provenant des lignes allemandes, c'est cette dernière qui était généralement choisie. Au sein du Conseil suprême de défense, Staline demande que soient formulés les principes de l'attitude à adopter à l'égard des soldats russes capturés par les Allemands. Beria déclare clairement que "seuls les traîtres, les espions et les ennemis de l'Union soviétique peuvent se rendre aux fascistes". Cela signifiait que tous ceux qui se rendaient à l'ennemi méritaient la mort. Sur la suggestion de Beria, Staline signe un ordre qui est lu dans toutes les unités. Il proclame que tout soldat fait prisonnier sera considéré comme un déserteur, puni par une cour martiale et exécuté s'il réintègre l'Armée rouge.

Les militaires n'ont jamais pardonné à Beria ces crimes contre ses propres soldats. Anton Kolendic cite les paroles indignées du général Georgy Zhukov à Malenkov et Vorochilov lors de la réunion du Politburo à l'automne 1953 : "Savez-vous que sur 1 700 000 de nos hommes, sur nos soldats faits prisonniers pendant la guerre et qui sont revenus vivants de captivité, vous en avez tué plus d'un million ? Quant aux familles des soldats, toute la famille de celui qui passe à l'ennemi est menacée d'arrestation et de déportation. C'est ainsi que les unités de Beria ont arrêté et déporté des centaines de milliers de parents d'officiers et de soldats faits prisonniers. Beria adresse également une circulaire aux unités de garde des centaines de camps de travail forcé, ordonnant qu'en cas d'évacuation de la zone, tous les détenus soient exécutés à la mitrailleuse.

Capable de tous les doubles jeux, ce personnage méphistophélique, pervers et impitoyable, mais en même temps extrêmement rusé et intelligent, a été pendant les années de la Seconde Guerre mondiale l'interlocuteur privilégié des conspirateurs internationaux alliés au communisme qui, comme nous l'avons vu tout au long de ce livre, opéraient principalement aux Etats-Unis et en Grande-Bretagne. Il existe des documents prouvant que Beria était un agent des Britanniques, mais on ignore l'étendue de sa complicité avec les services de renseignements étrangers pendant les quinze années où il a été l'homme fort de l'Union soviétique.

Son étroite collaboration avec Allen Dulles est bien connue : entre 1941 et 1945, il était le chef des services secrets américains en Europe, et ses contacts étaient donc officiels. Tant Allen Dulles (futur directeur de la CIA) que son frère John Foster Dulles (futur secrétaire d'État) ont fait partie du groupe restreint qui, en 1919, à l'hôtel Majestic à Paris, a aidé le "colonel" Edward Mandell House à créer les organisations de la Table ronde, la société secrète fondée par Cecil Rhodes et les Rothschild. Par conséquent, tous deux appartiennent au CFR (Council on Foreign Relations). Associés à Morgan et Rockefeller, deux des banquiers qui ont financé le communisme, les frères Dulles font partie de la conspiration.

En tant que chef de l'ensemble des services secrets, de l'espionnage et du contre-espionnage, Beria supervisait toute la diplomatie de l'URSS, y compris les ambassadeurs, car ses agents opéraient dans les ambassades, les chambres de commerce et les consulats. En tant que chef de la propagande, les partis communistes aux États-Unis, en Grande-Bretagne et en France suivaient ses instructions. Beria avait un accès secret aux personnes les plus influentes, qui misaient certainement sur lui pour succéder à Staline. Il était le destinataire ultime des informations fournies par Harry Dexter White, Alger Hiss, Harry Hopkins et d'autres agents doubles infiltrés dans les hautes sphères de l'administration américaine, qui travaillaient en fin de compte pour les conspirateurs qui avaient provoqué la guerre mondiale.

En tant que responsable du développement de l'énergie atomique, Beria recevait des rapports de R. Oppenheimer, de K. Fuchs, de N. Bohr, de Bruno Pontecorvo, un physicien italien d'origine juive qu'il a aidé en 1949 à s'enfuir en Russie via la France et la Finlande, ainsi que d'autres physiciens et espions juifs qui, comme nous l'avons vu, travaillaient pour le communisme international. Le "Cercle de Cambridge" était également en contact étroit avec Beria. L'un des "Cinq de Cambridge", Kim Philby, officier supérieur des services secrets britanniques, lui a transmis de précieuses informations détaillées. Agent double au service de Londres et de Moscou, Philby est ensuite devenu chef du service de contre-espionnage aux États-Unis et a été l'un des organisateurs de la CIA. Deux autres membres du groupe, Guy Burgess et Donald McLean, s'enfuient en 1951 en URSS avec l'aide de Beria. Sans oublier le "cinquième homme", Victor Rothschild. Dans *Le cinquième homme*, Roland Perry révèle le nom de l'agent que Beria a utilisé comme agent de liaison pour les cinq espions britanniques : Yuri Modin. Dans ce livre, Perry affirme qu'en 1947, Beria, poussé par Staline à obtenir plus d'informations sur la bombe atomique, a même envoyé des lettres au physicien juif Niels Bohr, lui demandant des rapports sur les dernières recherches. Bohr lui a répondu que les Américains lui en refusaient l'accès.

La lutte pour le pouvoir et le contrôle des partis communistes et des pays communistes

Le 8 février 1945, lors de la conférence de Yalta, Beria assiste à un dîner à la villa Koreiz au cours duquel il est présenté à Roosevelt, Churchill et aux autres membres des délégations américaine et britannique invités par Staline. Il n'est pas revu dans les jours qui suivent. Six mois plus tard, à Potsdam, les Américains et les Britanniques participant à la conférence de paix sont très enthousiastes. Il était largement admis que Beria ferait partie de la représentation soviétique, et plus d'un souhaitait rencontrer ce personnage, largement pressenti comme le successeur de Staline. Cependant, Beria ne s'est pas présenté, ce qui a surpris tout le monde, car personne n'ignorait qu'il était l'homme le plus puissant de l'URSS.

Après la fin de la Seconde Guerre mondiale, Beria est promu au rang de maréchal de l'Union soviétique. En mars 1946, il est décidé que les commissariats du peuple seront rebaptisés ministères, à l'instar des pays occidentaux, et Beria devient ministre de l'Intérieur, ministre de la Sécurité d'État et vice-président du Conseil des ministres de l'URSS. Fidèle à sa stratégie consistant à se présenter comme un admirateur loyal et soumis de Staline, Beria avait préparé une édition des œuvres complètes du dictateur et avait rassemblé des discours, des rapports, des lettres et même des télégrammes du grand dirigeant afin de publier les *Œuvres complètes de Staline* en plusieurs volumes. Le premier volume paraît le 2 novembre 1946. En apparence, tout semblait indiquer que Beria acceptait le leadership incontesté du grand Staline, mais nous verrons plus loin comment il prenait discrètement des mesures et déplaçait ses innombrables pièces pour devenir le nouveau dirigeant de l'Union soviétique dès que l'occasion se présenterait.

Les premiers désaccords entre les dirigeants du Politburo surviennent à propos de la Yougoslavie de Josip Broz Tito et de Moshe Pijade, les deux Juifs qui avaient été soutenus par Churchill et Roosevelt à la conférence de

Yalta. Jules Moch, juif et ancien ministre socialiste de Léon Blum, dont il était le neveu, après avoir séjourné en Yougoslavie à l'invitation de Tito, qu'il considérait comme un ami proche, a publié en 1953 *Yougoslavie, terre d'expérience*, un ouvrage éclairant sur les événements de Yougoslavie. Moch révèle que Staline, malgré les demandes, a refusé d'envoyer des armes, de l'argent ou de l'aide à Tito pendant la guerre. Selon Moch, Staline, qui accusera plus tard Tito de trotskisme, était favorable au retour du roi Pierre, mais Churchill et Roosevelt ont progressivement abandonné le général Draza Mihailovic et les patriotes qui combattaient les Allemands. Au contraire, ils aident Tito dès le début. À Yalta, Staline demande ce qui empêche la formation d'un gouvernement unifié en Yougoslavie. C'est Molotov qui, lors de la réunion des ministres des Affaires étrangères à la villa Vorontsov le 10 février 1945, demande, sur instruction de Staline, que des télégrammes soient envoyés à Tito et à Subasic, premier ministre du gouvernement monarchiste en exil, pour qu'ils se hâtent de mettre en œuvre l'accord conclu à Yalta pour la formation d'un gouvernement d'unité.

Gueorgui Malenkov est le premier à avertir le Politburo que Tito, Pikhade et le juif bulgare Traycho Kostov sont des "chevaux de Troie" que les internationalistes trotskistes ont l'intention d'introduire dans l'orbe communiste que Staline aspire à contrôler depuis Moscou ; Mais Andrei Zhdanov, le beau-père de Staline, depuis que son fils Youri a épousé sa fille Svetlana Aliluyeva, met en doute les accusations de Malenkov et n'accepte pas la thèse selon laquelle ils seraient des trotskistes ou des agents de l'impérialisme anglo-américain. Ces deux hommes, Malenkov et Zhdanov, étaient les principaux candidats à la succession de Staline. Il était donc clair pour Beria que, s'il voulait atteindre le sommet, il devait profiter des différences entre les deux favoris pour se débarrasser d'eux. Tout au long de la guerre, Malenkov a été le premier secrétaire pratique du PCUS, en phase avec Staline. Lors du plénum du Comité central de mars 1946, Malenkov remplace Zhdanov, qui avait occupé ce poste sans interruption depuis 1934, au poste de secrétaire du Comité et devient membre du Politburo, ce qui semble renforcer sa position vis-à-vis de Staline.

Le soviétologue A. Avtorkhanov affirme dans *Staline assassiné* que Zhdanov, qui selon certaines sources était juif et s'appelait en réalité Liphshitz, a rédigé un rapport sur le maréchal Joukov, protégé de Malenkov, qui lui a permis de regagner la confiance de Staline et de retrouver son poste de secrétaire du Comité central en juillet 1946. Selon cet auteur, le rapport sur Joukov, commandant en chef des troupes terrestres et plus haut responsable de la défense après Staline, accusait le maréchal d'aspirer à devenir le Bonaparte russe. Cette calomnie dérange profondément le dictateur, qui a lu des thèses similaires dans la presse occidentale et se méfie déjà de ce militaire, devenu un héros pour le peuple russe pendant la guerre. Zhdanov réussit non seulement à obtenir de Staline l'envoi de Malenkov au Turkestan, mais aussi à faire du général Khosif Shikin, l'un de ses plus proches collaborateurs, le chef de la section militaire du Comité central, au détriment de Joukov. Deux autres de ses protégés occupent également des postes importants. Le premier, Nikolaï Voznesensky, est nommé adjoint de Staline au gouvernement. Le second, Aleksei Kuznetsov, devient secrétaire du Comité central pour la sécurité et l'armée. Ces manœuvres et la perte d'influence de Malenkov inquiètent Beria, qui prône le retour à Moscou de Malenkov, qui n'a pas été écarté du Politburo, et tente de déployer son pouvoir contre Zhdanov et son groupe.

Dans cette lutte pour le pouvoir, le projet de Staline de soumettre tous les pays d'Europe sous l'influence de l'URSS à ses diktats et à l'influence de Moscou a joué un rôle décisif. Dans *La Révolution permanente*, Trotsky avait écrit que "le national-socialisme de Staline a dégradé l'Internationale communiste". C'est à nouveau cette question qui a servi de déclencheur à la révolte contre Staline et son projet de soviétisation de l'Europe de l'Est. Au début de 1947, Tito et Georgi Dimitrov, le communiste bulgare qui avait été secrétaire de l'Internationale communiste entre 1934 et 1943, tiennent une réunion secrète dans la ville slovène de Bled. Ils signent un protocole prévoyant la fédération de la Bulgarie et de la Yougoslavie, à laquelle l'Albanie pourrait se joindre ultérieurement. Le président de la future Union des républiques socialistes slaves du Sud serait Dimitrov, Tito présiderait le Conseil des ministres et Kostov serait adjoint à la présidence. Dès que le plan est connu, Moscou s'y oppose. L'Armée rouge ayant occupé la Bulgarie, Dimitrov a apparemment accepté la réprimande. Tito, quant à lui, ne donne aucun signe de vie. Les discussions sur le sujet au sein du Politburo révèlent une fois de plus les désaccords entre Zhdanov et Malenkov. Pour Malenkov, le camarade Jdanov ne semble pas avoir compris que ce sont les puissances occidentales elles-mêmes qui ont reconnu à Yalta que ces pays européens entraient dans la sphère d'influence de l'URSS.

Une conférence des dirigeants des partis communistes européens se tient à Szklarska Poreba (Pologne) du 22 au 27 septembre 1947. Les représentants soviétiques étaient Zhdanov et Malenkov, qui portaient la proposition de création du Cominform (Bureau d'information des partis communistes et ouvriers), l'organisation qui devait remplacer l'Internationale communiste (Comintern), dissoute par Staline pendant la Seconde Guerre mondiale. Officiellement, le Cominform est créé le 5 octobre 1947 et son siège est fixé à Belgrade. Outre les partis du bloc communiste, le Parti communiste français et le Parti communiste italien en sont les membres fondateurs. La tâche confiée à Cominform est de coordonner l'activité des partis communistes sur la base d'accords mutuels. Il est également convenu que le bureau d'information publiera un *bulletin*. Dès le mois d'octobre, Pavel F. Iudin, un juif parfaitement en phase avec Beria, se rend à Belgrade pour organiser la publication du journal en quatre éditions : russe, anglais, français et serbo-croate. Le titre du bulletin est *"Pour une paix durable, pour une démocratie populaire"*.

Mais ce n'est pas tout. Mauricio Karl (Carlavilla), dans *Malenkov*, ouvrage publié à Madrid en 1954, apporte une information très significative qui ne figure dans aucun des ouvrages que nous avons étudiés. Selon ce soviétologue espagnol, aujourd'hui oublié, Zhdanov avait emmené Josif Shikin, le général qui avait remplacé Joukov à la section militaire du Comité central, en Pologne en tant qu'observateur. Selon Carlavilla, Zhdanov reçut l'ordre, au milieu de la conférence, d'envoyer Shikin à Moscou de toute urgence. Le général prend l'avion et revient le lendemain avec un plan militaire qui prévoit l'intégration des armées des pays satellites dans l'Armée rouge, ce qui revient à priver les forces armées nationales de leur indépendance. Après la lecture du document en séance plénière, Zhdanov demande son approbation, mais l'un des deux représentants yougoslaves, Edvard Kardelj, dit Kardayl, également connu sous les noms de "Sperans" et "Kristof", juif d'origine hongroise qui fut ministre des Affaires étrangères de Yougoslavie entre 1948 et 1953, fait valoir qu'en tant que délégués, ils ne sont pas autorisés à signer un quelconque accord militaire et suggère d'ajourner la séance jusqu'à ce que des instructions soient données dans un sens ou dans l'autre. Toujours selon Carlavilla, le second Yougoslave, Milovan Djilas, se rendit à Belgrade avec le projet de proposition et revint le soir même avec la réponse de Tito et de Pijade. "J'ai le regret d'annoncer, annonce Kardelj, que le comité central du parti communiste yougoslave n'approuve pas le protocole militaire proposé et nous ordonne de ne pas le signer.

Bien que le refus de la Yougoslavie de signer le protocole militaire constitue un sérieux revers, Zhdanov, principale force motrice de l'idée du Cominform, accède en novembre 1947 à la troisième place du Politburo, occupée depuis janvier 1946 par Beria, qui recule à la cinquième place. Comme le numéro deux est Molotov, un homme de la vieille garde qui ne compte pas parmi les successeurs possibles de Staline, il faut comprendre que Zhdanov est le grand favori. Malenkov, qui en janvier 1946 occupait la quatrième place, avait été rétrogradé à la neuvième. La création du Cominform coïncide pratiquement avec le lancement du plan Marshall, qui n'exclut pas l'URSS, et encore moins les soi-disant démocraties populaires d'Europe de l'Est. Staline rejette toutefois l'aide, car il comprend que l'objectif réel est la domination politique et économique de l'Europe. Pour lui, il s'agit de financer et de renforcer le communisme dans les pays d'Europe de l'Est, mais au profit des intérêts impérialistes américains et au détriment du pouvoir que Moscou souhaite exercer sur eux. Naturellement, Staline voit dans le projet de fédération balkanique porté par Dimitrov et Tito un élément de la stratégie visant à saper son autorité sur les partis et les pays communistes.

Le 21 janvier 1948, Dimitrov, bien qu'averti par Moscou, insiste lors d'une conférence de presse à Sofia sur le fait que la fédération des Balkans est souhaitable et nécessaire. *La Pravda*, sous le contrôle de Zhdanov, rapporte les propos du leader bulgare avec des commentaires qui semblent approuver l'idée. Malenkov ne manque pas l'occasion de dénoncer Zhdanov et d'avertir Staline que le projet a été conçu comme un contrepoids à la puissance de l'URSS et que la ligne adoptée par Zhdanov conduit au renforcement des tendances kétrifuges en Europe de l'Est. Le 28 février, la *Pravda* publie une déclaration éditoriale, rédigée selon Avtokhanov par Staline, dans laquelle ce dernier précise que le fait d'avoir publié la conférence de presse de Sofia n'implique en aucun cas que le journal accepte les vues du camarade Dimitrov : "Il est possible", avait déclaré Dimitrov à propos du grand projet, "qu'au début la fédération comprenne la Yougoslavie, la Bulgarie et l'Albanie et que, plus tard, la Roumanie, la Pologne, la Tchécoslovaquie et peut-être la Hongrie s'y joignent".

Outre le plan Marshall, l'autre grand dossier qui coïncide avec la création du Cominform est le vote de l'ONU sur le partage de la Palestine. Malgré le soutien de l'URSS à cette résolution, Staline est rapidement accusé d'antisémitisme. Quelques faits permettent de contextualiser cette accusation. Depuis le triomphe de la révolution d'Octobre, Lénine, Trotski, Zinoviev, Kamenev et compagnie ont décidé d'exécuter les antisémites : le simple fait de posséder un exemplaire des *Protocoles des Sages de Sion* pouvait entraîner une condamnation à mort. Pendant la lune de miel prolongée avec le gouvernement sioniste de Roosevelt, Staline, conseillé par Beria, autorise la création d'un Comité juif antifasciste, présidé par Solomon Mikhoels, directeur du célèbre théâtre yiddish de Moscou, qui se rend à plusieurs reprises à Londres et à New York. Les Juifs vivant à l'étranger, notamment aux États-Unis et en Angleterre, envoient de l'argent et toutes sortes d'aides. Beria place comme vice-présidents du Comité Viktor Alter et Henrik Ehrlich, deux Juifs polonais qui dirigeaient avant la guerre le "Bund" (Union générale des travailleurs juifs de Pologne). À la tête du Comité juif antifasciste se trouvent également Solomon Lozovsky, un sioniste avoué qui, en 1936, avait organisé les travailleurs de Barcelone, et Polina Zhemchúzhina, l'épouse juive de Molotov. Des centaines d'intellectuels juifs se livrent à une intense activité de propagande au sein du Comité. Parmi les plus éminents, citons Ilya Ehrenburg, les poètes Samuel Marshak et Peretz Markish, le pianiste Emile Guilels, Vassili Grossman et le physicien Piotr Kapitza, l'un des pères de la bombe atomique soviétique. En février 1944, Mikhoels et d'autres signent une lettre proposant à Staline la création d'une république juive autonome en Crimée, alors que les Juifs disposent déjà d'un "État national" au Birobidzhan en URSS. Il est indéniable que l'activisme juif dans les milieux journalistiques, littéraires et artistiques était prédominant. Au début de l'année 1945, la publication du *Livre noir* des atrocités nazies contre les Juifs, un ouvrage de Peretz Markish parrainé par le Comité juif antifasciste, dont les éditeurs étaient Ilya Ehrenburg et Vassili Grossman, a été interdite. La raison de cette interdiction était la vision biaisée des faits historiques : l'argument principal était que l'invasion allemande de l'URSS n'avait eu d'autre but que l'anéantissement des Juifs. Tout au long des années 1946 et 1947, les tendances sionistes et nationalistes du Comité juif antifasciste sont plus qu'évidentes, comme en témoignent les pressions exercées sur Staline pour qu'il vote en faveur de la création de l'État d'Israël.

Une fois l'État sioniste créé en Palestine, les choses changent brusquement, car Staline commence à se rendre compte que, tant en Russie que dans les pays européens, de nombreux Juifs travaillent contre lui. Convaincu de l'existence d'un "complot sioniste", il ne fait bientôt plus confiance aux membres de la vieille garde qui sont mariés à des juives, et ils ne sont pas rares. Le 19 décembre 1947, plusieurs membres du Comité juif antifasciste sont arrêtés et une enquête est ouverte qui durera quatre ans, jusqu'en août 1952. Parmi les personnes arrêtées figure Mikhoels, que Staline tenait en haute estime et qu'il avait distingué en 1946 en lui décernant l'Ordre de Lénine. Le dictateur a accumulé des preuves que le Comité juif antifasciste présidé par Mikhoels était un centre d'espionnage américain. Après l'arrestation du célèbre acteur juif, une campagne de presse internationale s'est déclenchée, comme à l'accoutumée, pour exiger sa libération. Peu après sa sortie de prison, le 13 janvier 1948, il meurt dans un accident de voiture : "Malheureusement, avouera Beria en 1953 avant son exécution, à sa sortie de prison, Mikhoels était tellement perturbé qu'il s'est mis à boire et a trouvé la mort dans un accident de voiture". Cette déclaration niant l'assassinat confirme presque à coup sûr que Beria, obéissant aux ordres de Staline, a été contraint d'organiser l'accident pour prouver sa loyauté. Les documents publiés à l'occasion du 22e Congrès du PCUS contiennent des déclarations de responsables de la Sécurité qui révèlent les préparatifs et l'exécution de l'"accident de voiture". Staline ordonne l'organisation de funérailles nationales, comme il sied à un artiste titulaire de l'Ordre de Lénine.

Au début de l'année 1948, le soi-disant "complot sioniste" et la dissidence de certains partis communistes européens préoccupent le dictateur de l'URSS. Malenkov et Molotov conviennent que Tito et Pikhade doivent être rappelés à l'ordre et conçoivent le projet de les inviter à Moscou. L'invitation est lancée, mais les dirigeants yougoslaves se doutent du pire et ne l'acceptent pas. Cependant, le mardi 10 février 1948, deux délégations de Bulgares et de Yougoslaves se présentent au Kremlin et sont reçues par Staline en personne. La source des discussions est *Conversations avec Staline*, de Milovan Djilas, qui a assisté à la réunion. Du côté soviétique, outre Staline, Molotov, Zhdanov, Malenkov et Sushlov ont participé. Les Bulgares étaient Dimitrov, Kolarov et Kostov. Les représentants yougoslaves étaient Kardelj, Bakaric et Djilas lui-même.

Le premier à prendre la parole est Molotov, qui critique vivement la Bulgarie et la Yougoslavie pour avoir conclu des alliances et envisagé de se fédérer sans même les avoir consultées. Staline s'interrompt pour avertir Dimitrov qu'à l'étranger, Moscou est interprétée comme approuvant ce qu'il dit lors de ses conférences de presse. A titre d'exemple, il relate un entretien avec des visiteurs polonais à qui il avait posé la question suivante : "Que pensez-vous de la déclaration de Dimitrov ?" La réponse fut qu'il s'agissait d'une proposition raisonnable. "Ils pensaient, dit Staline, que Dimitrov avait fait cette déclaration avec le plein accord du gouvernement soviétique. Le ton des accusations monte d'un cran et Molotov ajoute qu'ils sont au courant de contacts entre la Bulgarie et la Roumanie en vue de former une fédération. Dimitrov s'excuse, disant qu'ils n'ont parlé qu'en termes généraux. Staline s'indigne à nouveau : "C'est faux, car des accords ont été conclus en vue d'une union douanière et d'une coordination des plans industriels". S'appuyant sur l'accusation de Staline, Molotov demande : "Et pourriez-vous nous expliquer ce que signifient une union douanière et une coordination des plans économiques, si ce n'est la création d'un seul État ?" Dimitrov tente de s'excuser en reconnaissant son erreur : "Nous nous sommes peut-être trompés, mais même ces erreurs en politique étrangère sont instructives pour nous." Selon Djilas, Staline, sur un ton de rejet violent et sarcastique, l'intimide : "Ah, vous êtes instructif !".

Au même moment, Beria, qui ne manquait jamais une occasion de profiter de la situation, décida que le moment était venu d'agir à son tour. Les dirigeants tchécoslovaques, les francs-maçons Benes et Masaryk, ne se sentent pas non plus à l'aise dans le Cominform conçu par Staline. Beria y voit l'occasion de prouver son efficacité au grand patron en les écartant définitivement du Cominform et en plaçant au pouvoir des hommes en qui il a confiance. Au cours de ce même mois de février 1948, il organise en Tchécoslovaquie une conspiration qui est entrée dans l'histoire sous le nom de "Putsch de Prague". Alors qu'à Yalta, il avait été décidé de livrer la Tchécoslovaquie à l'Armée rouge, le 6 mai 1945, des chars américains apparaissent dans la banlieue de Prague. Le général Patton diffuse un message depuis son quartier général annonçant que ses forces blindées prendront la ville le lendemain. Des milliers de femmes se préparent à accueillir les Américains avec des fleurs. Enfin, comme nous le savons, le 9 mai, les soldats rouges sont entrés, suivis par les forces de la police secrète de Beria. Ainsi, l'occupation nazie a été suivie par l'occupation communiste. Plus tard, à la conférence de Potsdam, l'expulsion de deux millions et demi d'Allemands a été acceptée. L'instrument de Beria pour la "solution finale" des Allemands des Sudètes était le chef des communistes tchèques, le juif Rudolf Slansky, de son vrai nom Rudolf Salzman. En février 1948, Beria l'utilise à nouveau pour réaliser le coup d'État. Le moment est venu de se débarrasser des deux francs-maçons, Benes (le président) et Masaryk (le ministre des affaires étrangères), que les communistes ont laissé prospérer pendant près de trois ans.

Slansky, secrétaire général du parti communiste, s'entoure d'une clique de Juifs dont les noms et les fonctions ont déjà été cités dans la troisième partie de ce chapitre. Leur priorité immédiate est de fournir des armes aux sionistes qui mènent leur guerre de conquête en Palestine. Le fait que les ports de la Yougoslavie de Tito et de Pijade aient été utilisés pour expédier d'importantes cargaisons depuis la Tchécoslovaquie prouve une fois de plus que Staline ne voyait pas des visions lorsqu'il dénonçait le "complot sioniste", mais qu'il énonçait des faits réels. En 1951, Staline finit par ordonner l'arrestation de quatorze communistes tchèques, dont onze étaient juifs. Nous commenterons plus loin les déclarations de certains de ces Juifs, qui furent condamnés à mort lors de leur procès en 1952. Quant au sort de Benes et de Masaryk, le premier avait facilité la tâche de Slansky/Salzman et resta en Tchécoslovaquie, où il mourut en septembre de la même année. Masaryk a connu un sort pire. Le 9 mars 1948, il rendit visite à Benes pour lui annoncer qu'il avait l'intention de s'enfuir à Londres le lendemain, ce qu'il n'était pas autorisé à faire. Beria est informé de l'entretien et, le soir même, deux de ses "gorilles" rendent visite à Masaryk dans son bureau du palais de Czernin, la résidence du ministre des affaires étrangères, et le tuent. Il semble qu'ils aient tenté de le noyer dans la baignoire de la salle de bains. Après avoir perdu connaissance, il a été jeté par la fenêtre dans la cour. Officiellement, il s'est suicidé en se jetant par la fenêtre, mais le problème de cette version est qu'il n'a pas oublié de la fermer.

Pour tenter de redresser la situation créée par les projets de fédération soutenus par la Yougoslavie, qui impliquent la Bulgarie, la Roumanie et peut-être l'Albanie, il est décidé de convoquer tous les chefs de gouvernement à une nouvelle réunion du Cominform, dont le siège reste toutefois à Belgrade. Des négociations informelles s'engagent et Tito, qui ne veut pas quitter son pays, met en avant un "rapport sur la situation internationale" présenté à la première conférence par Zhdanov, selon lequel les affaires étrangères relèvent de la compétence des ministres des affaires étrangères. Après l'échec de ces contacts avec les Yougoslaves, le premier acte de rupture vient du Politburo de l'URSS qui informe Tito, le 20 mars 1948, que l'Union soviétique retire ses techniciens militaires et ses experts civils de Yougoslavie en raison du "manque d'hospitalité et de confiance" du gouvernement yougoslave. Il s'ensuit un échange de communiqués pleins de récriminations mutuelles qui ne font que souligner les divergences. Dans une lettre datée du 27 mars, les Soviétiques accusent les Yougoslaves d'être des trotskistes et leur rappellent que Trotski a été un renégat au service du capitalisme international. Tito écrit personnellement une lettre le 13 avril pour déplorer le ton et le contenu du texte envoyé par le PCUS.

Enfin, au cours de la deuxième quinzaine de juin 1948, la deuxième conférence Cominform se tient à Bucarest. Selon Carlavilla, un projet d'assassinat de Tito par Malenkov, peut-être averti par un membre du Politburo, peut-être Zhdanov, est tombé à l'eau à ce moment-là. En Roumanie, sous la pression soviétique, les délégations présentes acceptent de condamner le régime de Tito pour avoir rompu avec l'orthodoxie soviétique. Traycho Kostov, qui avait reçu Tito à Sofia quelques mois plus tôt, avait convenu avec l'ambassadeur yougoslave, le colonel Obrad Cicmil, que la Bulgarie soutiendrait la thèse du Cominform pour des raisons tactiques. Le colonel Cicmil l'informe que la presse yougoslave va lancer une campagne de presse contre lui pour rendre plus crédible son opposition à Tito. La Yougoslavie est expulsée et le siège du Bureau d'information est transféré à Bucarest. Le Politburo décrète, lors de la réunion du Cominform, le début du blocus de Berlin, qui commence le 24 juin 1948. Ces événements témoignent de la méfiance entre les vainqueurs de la guerre et de la fin de la lune de miel entre l'URSS et ses alliés occidentaux.

Dès lors, la lutte pour le pouvoir et pour le contrôle des partis communistes s'intensifie et culmine avec l'assassinat de Staline au début du mois de mars 1953. La première victime est Zhdanov, décédé le 31 août 1948. Membre du parti depuis 1913 et du comité central depuis 1930, sa position après avoir évincé Malenkov semblait imbattable ; mais Beria, qui utilisait la tactique de dire du bien de lui devant Staline, et Malenkov surent exploiter toutes ses erreurs dans l'affaire yougoslave, qui déstabilisèrent tellement le dictateur qu'il envisagea même une intervention militaire. Dès le 29 juin 1948, après l'expulsion de la Yougoslavie du Cominform, les premiers indices de la disgrâce de Jdanov, dont les amis et collègues du Kominform sont accusés de "titisme", apparaissent dans la *Pravda*. Zhdanov lui-même se serait opposé à l'expulsion de la Yougoslavie. Cela irrite Staline, qui le remplace par Malenkov au poste de deuxième secrétaire du Comité central, c'est-à-dire d'adjoint de Staline. Deux mois plus tard, le cœur de Zhdanov, qui n'avait jamais présenté le moindre symptôme auparavant, subit une attaque soudaine. Aucune autopsie n'est pratiquée et quatre médecins de grand prestige : Yegorov, Vinogradov, Mayorov et Vasilenko signent l'acte de décès. Il ne fait guère de doute aujourd'hui que Beria est à l'origine de la disparition de Zhdanov, mort empoisonné. Comme à l'accoutumée, le 2 septembre, les assassins défilent aux funérailles, se recueillant devant le cercueil entouré de fleurs.

Après l'élimination de Zhdanov, tous ses partisans et collaborateurs sont progressivement tombés, ce qui prouve une fois de plus que sa mort n'était pas une coïncidence. Dans sa biographie de Beria, Thaddeus Wittlin explique parfaitement la situation : "Beria était trop intelligent pour entreprendre une action aussi importante avec le seul accord de Staline ; il y avait d'autres personnes encore très puissantes et il devait leur demander de se tenir à ses côtés. Le plus important était Malenkov. Bien que Beria déteste Malenkov, qu'il considère comme son rival, il lui demande de se joindre à lui et de participer au complot. Il n'est pas difficile de le convaincre. Malenkov, qui avait été vaincu par Zhdanov, était son ennemi". La purge des hommes de Zhdanov est organisée par Viktor Abakomov qui, sur les instructions de Beria, prépare ce qui est entré dans l'histoire comme "l'affaire de Leningrad". Parmi les personnes arrêtées et envoyées en prison ou dans des camps de concentration figurent, parmi beaucoup d'autres, les hommes que Zhdanov avait placés à des postes importants : Nikolaï Voznesensky, membre du Politburo et chef de la Commission de planification de l'État ; son frère Alexei, recteur de l'université de Leningrad ; Aleksei Kuznetsov, secrétaire du Comité central pour la sécurité et l'armée ; le lieutenant-général Josif Shikin....

Début septembre 1948, Golda Meyersohn arrive à Moscou. Cette célèbre sioniste devait être l'ambassadrice d'Israël auprès de l'URSS. Elle est accueillie par une foule de Juifs en liesse. Quelque dix mille personnes assistent à un office à la synagogue chorale de Moscou, autour de laquelle se pressent des milliers de Juifs soviétiques qui crient "le peuple d'Israël est vivant". Le 8 novembre, Polina, membre éminent du Comité juif antifasciste et épouse de Molotov, lui réserve un accueil diplomatique chaleureux. Robert Conquest écrit dans sa biographie de Staline que ces manifestations publiques et privées de sionisme et de sentiment juif ont été la goutte d'eau qui a fait déborder le vase pour le dictateur. Le 20 novembre 1948, le Politburo ordonne la dissolution du Comité juif antifasciste. Ses publications, dont la principale est le journal yiddish *Einikait,* sont interdites et nombre de ses membres arrêtés. Une campagne de presse est lancée, accusant les Juifs d'être des "cosmopolites sans racines" voués à la destruction des valeurs du pays. Afin de révéler l'identité de ce groupe de soi-disant conspirateurs internationaux, accusés de ne pas comprendre la culture russe, les noms juifs originaux ont commencé à apparaître entre parenthèses à côté des faux noms russes qu'ils avaient adoptés.

Fin 1948, Staline exige de Beria l'arrestation de Polina Molotov, qui est arrêtée le 21 janvier 1949 sous l'accusation d'avoir "perdu des documents contenant des secrets d'État". Le fait que Polina Zhemchúzhina était une fervente sioniste ne fait aucun doute. Avant la Seconde Guerre mondiale, elle s'était rendue aux États-Unis en tant que directrice du Soviet Union Cosmetic Trust. L'épouse de Roosevelt, sioniste comme elle, l'avait reçue à la Maison Blanche, où elles avaient passé tout un après-midi ensemble. Polina avait un frère en Amérique, Samuel Carp, qui avait quitté la Russie en 1911 et était devenu multimillionnaire, en grande partie grâce aux bénéfices tirés du commerce avec l'Union soviétique. Staline se méfie profondément de Polina et de ses activités : il la considère comme une bourgeoise sioniste et une ennemie du peuple. Après l'arrestation de sa femme, Molotov, qui s'est rendu auprès de Staline et a accepté l'arrestation de Polina, n'a été qu'un éphémère ministre des affaires étrangères, remplacé par Andrei Vyschinsky. Molotov n'est cependant pas complètement mis à l'écart et est nommé vice-président du Conseil des ministres.

Pour continuer à bénéficier de la confiance du patron tout en travaillant dans l'ombre à son remplacement, Béria, instrument indispensable du dictateur pour toutes les questions de répression et de sécurité, ne peut que se soumettre et obéir aux directives du grand Staline, qu'il est censé considérer comme le chef incontesté de l'URSS. Staline était convaincu que la révolte des partis communistes européens était liée au complot sioniste, de sorte que les deux questions étaient liées et se renvoyaient l'une à l'autre. Tout au long de l'année 1949, cela devient de plus en plus évident, comme on le verra, puisque les leaders de la dissidence dans tous les pays sont juifs. Dans *Les derniers jours. De la mort de Lénine à celle de Beria*, Anton Kolendic consacre le chapitre 12, intitulé "Quelques archives de Beria", au cas de la Bulgarie. Après l'arrestation de Beria en juin 1953, ses archives ont été saisies et des documents écrits par Staline ont été retrouvés, dont certains concernent l'affaire Georgi Dimitrov et Traycho Kostov. Ces textes montrent le déroulement de la crise bulgare, depuis le départ de la Yougoslavie du Cominform en juin 1948 jusqu'au procès de Traycho Kostov en juin 1949.

La crise bulgare

Avant la conférence Cominform de Bucarest, Malenkov annonce à Kostov, vice-président du Conseil des ministres et secrétaire général du comité central du parti communiste bulgare, qu'il représentera son pays à la réunion Cominform qui doit mettre un terme aux ambitions de Tito et de la Yougoslavie. Traycho Kostov se sent ainsi renforcé et, le samedi 26 juin 1948, lors de la session extraordinaire du Politburo bulgare, il lance une attaque sans merci contre Dimitrov, qu'il rend responsable de toutes les erreurs commises par le parti depuis sa fondation en 1919. Il l'accuse de "poursuivre personnellement, malgré les avertissements formels du camarade Staline, la politique obsolète et compromettante, voire ouvertement antisoviétique, de collaboration avec Tito et ses agents impérialistes, comme en témoigne le télégramme ouvertement amical envoyé la veille à Tito". L'attitude abjecte du juif Kostov est évidente, car c'était une indignité évidente que de faire appel à un télégramme strictement personnel pour accuser son compatriote d'être un "titoïste".[29] Kostov avait la réputation d'être un homme politique brillant et ambitieux ; cependant, ses actions ont révélé sa duplicité et montré qu'il était capable de trahir ses camarades les plus proches pour son profit personnel. La stupéfaction des camarades bulgares est totale, car c'est la première fois que Dimitrov, grande figure de la défunte Internationale (Comintern) et leader de la classe ouvrière bulgare, est ouvertement attaqué. Traycho Kostov, conscient de l'existence d'agents soviétiques au sein du Politburo bulgare, tente de se cacher derrière Dimitrov pour prouver sa loyauté envers Moscou. Quelques jours plus tard, au début du mois de juillet, une session plénière du comité central du parti

---

[29] Kolendic explique dans une note de bas de page que le 16 juin 1948, le président Tito avait envoyé un télégramme à Dimitrov, qui fêtait ses soixante-six ans, pour le féliciter à l'occasion de son anniversaire. Le 25 juin, Dimitrov avait répondu : "Je vous remercie de tout cœur pour vos félicitations".

communiste bulgare se tient, au cours de laquelle la résolution du Cominform contre la Yougoslavie est acceptée à l'unanimité.

La santé de Dimitrov n'est pas au beau fixe, ce qui explique peut-être que les attaques de Kostov lors de la session du Politburo et les critiques formulées à son encontre lors de la réunion du Comité central l'aient accablé au point qu'il tombe malade. Dès que Staline apprend sa maladie, il ordonne que "Dimitrov soit transporté d'urgence dans un sanatorium afin d'assurer son traitement. Évitez tout souci et toute activité. Laissez-le se soigner et se reposer. Dimitrov est transféré à Moscou et Traycho Kostov commence alors à préparer la convocation d'un congrès du parti afin d'en prendre le contrôle total. Néanmoins, Dimitrov reçoit un long rapport officiel signé par Kostov, que Georgi Tchankov, membre du Politburo bulgare, apporte personnellement à Moscou. Avec l'autorisation de ses médecins traitants, Dimitrov décide de s'envoler pour Sofia où, pendant la première quinzaine de décembre 1948, il travaille sans relâche sur les documents du congrès et, surtout, sur le rapport général qui doit définir l'orientation de la Bulgarie.

Avant le retour de Dimitrov en Bulgarie, Kostov avait envoyé à Staline un télégramme signé au nom du gouvernement bulgare par lui-même en tant que président en exercice. Il y demandait une aide exceptionnelle sous la forme de crédits sans intérêts, d'un prêt à long terme et de la livraison urgente de matières premières et de biens de consommation au-delà de toute attente afin de stabiliser la situation en Bulgarie. En marge de ce télégramme, Staline écrit : "Pourquoi la solution choisie a-t-elle été rejetée ? C'est l'occasion de la mettre en œuvre sans problème." La réponse officielle parvient au gouvernement bulgare par l'intermédiaire de l'ambassade soviétique à Sofia : "En réponse à votre demande d'assistance exprimée dans le premier télégramme, le gouvernement de l'URSS est prêt à vous donner satisfaction et attend du gouvernement de la République populaire de Bulgarie qu'il envoie une délégation plénipotentiaire dans les plus brefs délais." Traycho Kostov exulte, mais il doit bientôt tempérer son euphorie, car les rapports de Dmitri Ganev, chef de la délégation bulgare à Moscou en novembre 1948, indiquent que les Russes font marche arrière. Selon Ganev, Anastas Mikoyan, vice-président du Conseil des ministres qui dirigeait l'équipe de négociation russe, manquait à l'appel. Ganev écrit dans un rapport : "Le bruit court au ministère qu'il n'y aura pas de traité, parce que notre gouvernement, comme celui de la Yougoslavie, trahira l'Union soviétique et passera dans le camp des impérialistes". Avant le début du congrès, le 12 décembre 1948, Kostov envoie une note sombre insistant sur la nécessité de hâter la signature du traité économique et commercial pour 1949.

Le congrès a débuté par un discours de six heures de M. Dimitrov, qui a lu son rapport aux délégués. Traycho Kostov, réélu secrétaire du parti, a ensuite pris la parole. Sous les applaudissements et les acclamations, il a présenté son rapport sur le nouveau programme du parti communiste bulgare. Pavel Iudin participe au congrès en compagnie de Mikhail Sushlov, le délégué officiel de l'Union soviétique. Les deux hommes rédigent un rapport dans lequel ils constatent "... des manifestations dirigées contre l'Union soviétique sous forme d'applaudissements frénétiques en faveur de Traycho Kostov, particulièrement motivés par ses déclarations antisoviétiques habilement masquées". Ces dénonciations décident définitivement Moscou à rompre avec les dirigeants bulgares. Le 13 janvier 1949, par l'intermédiaire de Mikhaïl Bodrov, nouvel ambassadeur soviétique à Sofia, Staline adresse à Dimitrov une lettre personnelle dans laquelle il lui demande "... de rétablir l'ordre à Sofia, de remplacer les responsables de la détérioration des relations... et en premier lieu le trotskiste éhonté de longue date Troycho Kostov...."

Dimitrov convoque immédiatement le Politburo, qui se réunit à sa résidence. Après avoir lu la lettre de Staline, le premier à prendre la parole est Vulko Tchervenkov, un stalinien marié à la sœur de Dimitrov, Elena, qui n'est pas seulement ministre de la culture mais aussi un agent de Moscou infiltré dans le gouvernement. Dimitrov l'interrompt brutalement en disant qu'il y a des gens plus âgés et plus intelligents, et donne la parole à Vasil Kolarov, le ministre des affaires étrangères qui avait été son collaborateur pendant les années où il présidait le Comintern. Kolarov, troublé, hésite, mais finit par dire que tout le monde est d'accord avec le camarade Staline, même si la question doit peut-être être étudiée et expliquée aux camarades soviétiques. Le ministre de l'économie, Petko Kunin, demande une réunion du Conseil des ministres, proposition qui est acceptée, et défend la position de Kostov sur le traité économique. Cependant, l'avertissement de Staline n'a pas été ignoré et il a été décidé de suspendre le camarade Kostov en tant que secrétaire du parti communiste bulgare. Sur proposition de Kolarov, Tchervenkov assume provisoirement le poste en attendant la décision finale qui sera prise par le plénum du Comité central.

Le lendemain, 14 janvier, Dimitrov convoque une réunion extraordinaire du Conseil des ministres, qui se concentre sur les relations avec l'URSS et le problème du refus de Moscou de signer le traité économique et commercial pour 1949. Beria disposant d'une source d'information au sein du Conseil en la personne de Tchervenkov, Staline lui demande un rapport sur les discours des ministres. Il apprend ainsi les déclarations antisoviétiques de Kunin, ministre de l'Économie, et d'Ivan Stefanov, ministre des Finances. Le Conseil demande à Dimitrov d'intervenir d'urgence auprès du camarade Staline pour éviter l'effondrement de tous ses plans. Dimitrov envoie alors un télégramme au dictateur, le suppliant d'intervenir personnellement pour que le traité soit signé. Anton Kolendic, dans le chapitre précité de son ouvrage sur les archives Beria, regrette qu'il n'y ait aucune trace des discussions du Politburo sur ce télégramme du gouvernement bulgare. De manière surprenante, Ganev téléphone à Dimitrov pour lui annoncer que les Russes ont cédé. Le 18 janvier 1949 à Moscou, Mikoyan et Ganev signent solennellement le "Traité sur le commerce et la coopération économique et commerciale pour 1949".

Malgré le succès de la signature de l'accord, la situation de Traycho Kostov, directement accusé par Staline d'être un trotskiste, n'a pas changé. Tchervenkov, soutenu par Kolarov, Vladimir Poptomov et Georgi Damianov, forme une commission chargée d'examiner le travail et les activités de Kostov, qui se prononce contre lui et propose de le démettre de toutes ses fonctions au sein du parti et du gouvernement. Le rapport de cette commission est lu devant le Politburo, devant lequel Kostov fait une autocritique qui est acceptée par la majorité. Il est alors décidé de confier le jugement sur l'avenir de Traycho Kostov au plénum du Comité central, une décision qui signifie une défaite pour Tchervenkov et les pro-russes. Le 11 février 1949, Dimitrov préside le plénum du Comité central, dont la question centrale est l'affaire Kostov. Petko Kunin déclara plus tard que Dimitrov avait souffert d'une crise de foie dans la matinée et que, juste avant le plénum, les médecins lui avaient administré une grande quantité d'opium pour calmer la douleur, de sorte qu'il avait assisté à la session drogué.

Naturellement, toute l'attention s'est portée sur le discours de Kostov, qui a été largement applaudi, comme à l'accoutumée. Viennent ensuite ses principaux détracteurs, Vulko Tchervenkov et un autre membre du Comité central, Tsola Dragoitcheva, qui, comme Tchervenkov, était un agent de Moscou. Tous deux figurent dans les documents secrets de Beria sous les noms de code "Spartacus" et "Sonia". Dragoitcheva se lance dans une attaque en règle contre Kostov, qu'elle accuse bruyamment d'être "un traître, un ennemi, un élément antisocial". Des protestations bruyantes et un tumulte considérable ont été organisés, de sorte qu'au milieu des sifflets des manifestants, Dimitrov a retiré la parole à la camarade Dragoitcheva. Finalement, le plénum du Comité a décidé à une large majorité d'annuler la décision provisoire du Politburo de sanctionner Kostov et l'a confirmé dans ses fonctions au sein du parti et du gouvernement.

Fortement contusionné après cette rencontre mouvementée, Georgi Dimitrov souffre le soir de vertiges et de nausées, si bien que les médecins russes qui s'occupent de lui concluent qu'il faut le ramener en URSS pour y poursuivre le traitement qu'il a entamé avant de rentrer en Bulgarie. Le 12 février, il embarque à bord d'un avion soviétique pour Moscou, d'où il ne reviendra jamais, décédant le 2 juillet 1949. Le 3 juillet, *la Pravda* annonce qu'il est mort "près de Moscou, au centre de soins intensifs de Barvikha, des suites d'une longue et douloureuse maladie (foie, diabète)". Naturellement, toutes sortes de spéculations ont été encouragées par la presse occidentale et, bien qu'il n'y ait aucune preuve, il a été considéré comme acquis que Dimitrov n'était pas mort de mort naturelle. Dans ce cas, cependant, la maladie existait, et il ne serait donc pas tout à fait déraisonnable d'accepter la version officielle.[30]

Après le départ de Dimitrov, Kostov reprend ses fonctions de président du Conseil des ministres. Cependant, une résistance ouverte à ses décisions se fait jour au sein du secrétariat du parti et du Politburo, dont la plupart des réunions sont boycottées. Lors d'une réunion du Politburo, Vulko Tchervenkov lui crie au visage qu'il ne travaillera ni ne collaborera avec lui, car il est "un ennemi et un agent de l'étranger". Le 10 mars 1949, Staline et Molotov signent une longue lettre au nom du gouvernement soviétique, adressée au président du Conseil des ministres en exercice de Bulgarie, à savoir Kostov. Cette lettre, pleine d'accusations, d'avertissements et de menaces, a été remise à Vasil Kolarov par l'ambassadeur soviétique Bodrov. Dans cette lettre, Staline critique sévèrement les Bulgares pour leur antisoviétisme, regrette que des manifestations antisoviétiques soient autorisées et qu'au sein du gouvernement et du parti résident "des éléments ennemis, antisoviétiques et des espions impérialistes tels que Kostov, Kunin, Stefanov et d'autres". Face à la position de plus en plus indignée et intransigeante de Moscou, il est décidé de convoquer un nouveau plénum extraordinaire du Comité Central pour le 26 mars afin de forcer la démission des personnes dénoncées par le camarade Staline.

Le plénum du Comité est présidé par Kolarov et Tchervenkov, qui tiennent en main la lettre de Staline contenant les accusations nominales. À cette occasion, il est finalement décidé d'exclure Kostov du Politburo et de le démettre de ses fonctions de vice-ministre, de président du Conseil des ministres et de président du Comité économique et financier. Une fois exclu du parti et des agences gouvernementales, Kostov est nommé directeur de la Bibliothèque nationale. Enfin, le 20 juin 1949, il est arrêté en même temps que Kunin et Stefanov. Sur les instructions de Staline, qui exigeait une déclaration écrite de Kostov lui-même, Beria ordonna à ses hommes de main de le torturer comme il se doit. Une fois qu'il eut rédigé et signé de longs aveux, les préparatifs du procès commencèrent, qui, à la demande expresse

---

[30] Ce n'était pas la première fois que Staline retenait Dimitrov à Moscou. Lorsque les troupes soviétiques sont entrées en Bulgarie le 8 septembre 1944, malgré les demandes du Comité central et de Dimitrov lui-même, Staline, prétextant que la situation en Bulgarie n'était pas encore consolidée et qu'il craignait pour la vie du camarade Dimitrov, n'a pas permis au célèbre communiste bulgare de rentrer chez lui. Les raisons de son refus étaient, bien entendu, tout autres : ne faisant déjà pas entièrement confiance à Dimitrov, Staline l'a gardé quelques mois afin d'établir un réseau d'agents russes et bulgares du NKVD en Bulgarie. Enfin, le 6 décembre 1945, quinze mois après la formation du gouvernement, Dimitrov arrive à Sofia. Il est accompagné de son irremplaçable secrétaire depuis 1938, le juif Jakob Mirov-Abramov. Selon Ivan Karaivanov, haut fonctionnaire de l'Internationale communiste, avant de devenir le secrétaire de Dimitrov, Mirov-Abramov avait d'abord été secrétaire de Trotski, puis de Zinoviev et de Kamenev. Cet étrange personnage aurait servi de lien entre Yagoda et Trotski.

de Staline, selon une note adressée à Beria et Abakuomov, devait être public et "si possible, en présence de journalistes étrangers et occidentaux".

Viktor Abakuomov était un fonctionnaire expérimenté du GPU qui avait travaillé avec Yagoda et Yezhov avant de devenir le bras droit de Beria. Il arrive à Sofia début novembre 1949 avec pour mission d'organiser le procès. Il étudie les documents et entend les témoins et les accusés. Le procès se tient en décembre dans la grande salle du Club de l'Armée. Les trois principaux chefs d'accusation retenus contre Kostov sont : la capitulation devant les fascistes bulgares en 1942, l'espionnage pour le compte des services de renseignement britanniques et l'organisation d'un complot avec les dirigeants yougoslaves en vue de la création d'une fédération antisoviétique. Devant la presse internationale, Kostov est apparu comme un héros en niant les accusations et la plupart des déclarations qu'il avait lui-même rédigées et signées et qui figuraient dans l'acte d'accusation, lu intégralement devant le tribunal. Après avoir reconnu que le document de quelque trente mille mots contenant sa biographie politique avait été écrit de sa propre main, il a nié devant le tribunal les faits contenus dans l'acte d'accusation.

En 1934, Kostov, chef des cadres du secrétariat des Balkans, rencontre pour la première fois à Moscou Tito, alors connu sous le nom de "Walter". Dans un fragment de sa déclaration de signature, il écrit ce qui suit à propos de sa relation avec le futur maréchal Tito de Yougoslavie :

"La position du parti communiste yougoslave était toujours difficile. Sa direction était confrontée à de fortes luttes entre factions. Il s'agissait de soutenir une nouvelle direction du parti à l'intérieur du pays. Le choix de Bela Kun et de Valetsky, qui n'avaient pas encore été démasqués comme trotskystes, revenait à Tito. A cette époque, il est connu sous le pseudonyme de "Walter". Le choix de Bela Kun et de Valetsky n'était pas fortuit, car d'après ce que j'ai pu personnellement vérifier à partir des documents dont je disposais et des dossiers du parti concernant "Walter" - Tito, celui-ci avait adopté des positions trotskystes. En 1934, Tito m'a parlé de ses idées trotskystes et m'a expliqué ses préoccupations..... Il m'a avoué sa haine de la direction du PCUS par Staline. Ce n'est que grâce au soutien de Bela Kun et de Valetsky et aux rapports favorables que j'ai faits que Tito a pu se rendre en 1934 en Yougoslavie et y occuper une position de premier plan".

Dans un autre fragment de la déclaration écrite, Kostov fait référence à une visite de Kardelj, le juif d'origine hongroise qui était l'un des confidents de Tito. En novembre 1944, Kardelj a expliqué à Kostov la grande stratégie de Tito pour l'Europe de l'Est. Ce sont les mots écrits par Kostov sur l'acte d'accusation :

"Kardelj m'a informé de manière strictement confidentielle que, pendant la guerre, les Britanniques et les Américains avaient fourni des armes et des munitions aux partisans yougoslaves à la stricte condition qu'à la fin de la guerre, Tito maintienne la Yougoslavie en dehors de l'URSS et ne permette pas à l'Union soviétique d'établir son influence en Yougoslavie ou dans le reste des Balkans. Sur cette base, un accord formel a été conclu pendant la guerre entre les Britanniques et les Américains et Tito".

La source de ces citations est un magazine numérique, *Revolutionary Democracy* (revolutionarydemocracy.org), qui est publié deux fois par an, en avril et en septembre, à New Delhi. Fondée en avril 1995, la revue comptait XXI volumes en avril 2015. Les textes cités sont extraits d'un document intitulé "Traycho Kostov et les plans de Tito pour l'Europe de l'Est". Ce document révèle qu'en 1946, Kostov s'est rendu à Belgrade et a rencontré Tito, qu'il n'avait pas vu depuis 1934. Dans sa déclaration signée, il écrit ce qui suit à propos de cette rencontre :

"Je n'avais pas vu Tito depuis douze ans et j'ai été très impressionné par le changement remarquable qu'il avait subi. Il était pompeux dans son uniforme militaire et ses doigts étaient recourbés. Au cours de notre rencontre, Tito n'a cessé de se mettre en valeur et, par son apparence et sa façon de parler, il se donnait des airs de grand personnage. Tito m'a salué comme un vieil ami, mais il s'est néanmoins comporté de manière arrogante, me faisant comprendre qu'il n'était pas le même Tito qu'il y a douze ans..... Il m'a remercié pour les services que je lui avais rendus à Moscou et a admis que, sans cela, il n'aurait pas pu atteindre la position qu'il avait atteinte en Yougoslavie.

Selon les aveux écrits de Kostov, le plan prévoyait que la Bulgarie rejoigne la fédération des peuples slaves en tant que septième république, ce qui en ferait la plus grande et la plus peuplée de la fédération. Les Britanniques et les Américains avaient promis à Tito qu'ils utiliseraient la presse, comme d'habitude, pour justifier leur non-respect des accords de Yalta. On s'attendait à ce que l'URSS finisse par se résigner au fait accompli de la Fédération. Malgré le refus de Kostov de reconnaître les faits contenus dans l'acte d'accusation, les témoins qui comparaissent confirment l'un après l'autre ce qu'il a écrit. Le deuxième accusé, Ivan Stefanov, ministre des Finances, s'est indigné en s'adressant à Kostov en ces termes : "Je suis profondément étonné que le principal organisateur de cette conspiration, celui qui est responsable de ma présence devant ce tribunal aujourd'hui, n'ait pas le courage de reconnaître sa culpabilité pour les crimes qu'il a commis". Se levant, Stefanov enlève ses lunettes et, regardant Kostov en face, ajoute : "Il semble que Traycho Kostov veuille rester un traître et qu'il veuille prouver sa lâcheté jusqu'au bout". Les autres accusés sont également furieux contre Kostov et lui reprochent de les avoir entraînés dans la conspiration et de les avoir ensuite trahis. Ils l'accusent tous et font des comptes rendus détaillés et à charge de ses activités. Après sa condamnation, Kostov, réalisant qu'il avait été le seul condamné à mort, a envoyé une lettre au Politburo dans laquelle il admettait que sa longue déclaration écrite était correcte et demandait la clémence. Voici quelques-uns de ses propos :

> "Je plaide coupable de l'accusation formulée par le tribunal et confirme pleinement les dispositions écrites de ma propre main au cours de l'enquête. Réalisant au dernier moment l'inconvenance de ma conduite devant le tribunal populaire... regrettant sincèrement mon attitude, due à une excitation extrême de mes nerfs et à l'égoïsme morbide d'un intellectuel... je vous prie de révoquer ma condamnation à mort si vous le jugez possible et de la commuer en une stricte réclusion à perpétuité....".

Selon un communiqué du gouvernement bulgare, Kostov a été exécuté le 16 décembre 1949, deux jours après la fin du procès. Sur les dix autres accusés également jugés, quatre ont été condamnés à la prison à vie.

Puisque les documents saisis après la chute de Beria contiennent les rapports que le NKVD possédait sur Kostov, il convient de prendre quelques minutes supplémentaires avant de quitter le cas bulgare. Dans les directives écrites à Lev E. Vlodzimirski, chef de la section d'enquête sur les affaires spécialement importantes du ministère de l'Intérieur, Beria se réfère à plusieurs reprises à des déclarations, informations et accusations contre Kostov transmises par "Sonia" et "Spartacus". Le pseudonyme "Spartacus" a été utilisé par Vulko Tchervenkov depuis son travail clandestin pour le GPU dans les années 1930 et il l'a conservé pendant sa longue collaboration en tant que membre de l'appareil de propagande du Comintern et pendant toute la guerre. Les rapports de "Spartacus" sur Traycho Kostov remontent donc aux années précédant la Seconde Guerre mondiale. "Sonia" est le deuxième agent soviétique qui, dès avant la guerre, a envoyé à Vlodzimirski, alors directeur spécial des affaires secrètes, des rapports dévastateurs sur Kostov. Anton Kolendic déclare dans son livre qu'il a appris que "Sonia" était Tsola Dragoitcheva grâce à l'édition de 1978 des mémoires anti-yougoslaves de T. Dragoitcheva, dans lesquelles il est clair que "Sonia" était son pseudonyme clandestin. En 1983, ces mémoires ont été publiées en français à Montréal sous le titre *De la défaite à la victoire (Mémoire d'une révolutionnaire bulgare)*. Kolendic affirme qu'entre 1945 et 1947, il a eu l'occasion de parler avec Kostov de Tsola Dragoitcheva, qu'il appelait "le portefeuille". Membre du comité central du parti, Tsola était la maîtresse d'un chauffeur qui travaillait à l'ambassade soviétique de Sofia. Le comité central du parti communiste bulgare dirigé par Kostov l'utilise comme agent de liaison. Lorsque le deuxième gouvernement du Front patriotique a été formé en 1945-46. Tsola Dragoitcheva en fait partie.

Sur la base de rapports parus dans "Sonia" et "Spartacus", Vlodzimirsky attire dans une lettre l'attention de Beria sur le passé trotskiste de Traycho Kostov et son implication dans la politique antisoviétique, l'espionnage et le "complot titoïste". En ce qui concerne le passé trotskiste, il faut remonter à 1934-1935, lorsque Kostov et Tchervenkov travaillaient dans l'appareil du Comintern dirigé par Dimitrov et Kolarov. Dimitrov avait confié à Kostov un poste de responsabilité dans la section balkanique de l'Internationale, ce qui nécessitait l'approbation du GPU, avec lequel Kostov travaillait nécessairement. Le GPU lui demande alors de "compléter" l'acte d'accusation contre deux membres du comité central du parti communiste bulgare, Vasil Tanev et Blagoi Popov, les deux communistes bulgares qui avaient été arrêtés avec Dimitrov pour l'incendie du Reichstag et jugés au procès de Leipzig en 1933-1934. Après de longues négociations avec les nazis, le gouvernement soviétique avait obtenu leur libération et, après les avoir reçus à Moscou avec tous les honneurs, leur avait accordé, ainsi qu'à Dimitrov, la citoyenneté soviétique. En 1935, le GPU découvre qu'ils sont trotskystes et convoque Traycho Kostov pour "compléter" les preuves que les deux hommes préparent l'assassinat de Dimitrov ; mais Kostov ne complète aucune accusation et ne fabrique aucune preuve contre les deux communistes bulgares. Cela ne les a pas sauvés, car "Spartacus" (Vulko Tchervenko) et Vladimir Poptomov ont présenté des preuves contre eux et ont témoigné que Tanev et Popov "... avaient créé une faction trotskiste, avaient publiquement accusé Dimitrov et avaient menacé de le tuer". Condamnés à quinze ans de prison, tous deux disparaissent sans laisser de traces dans le camp sibérien de Krasny. Le GPU commence alors à constituer un dossier sur Kostov : son comportement a suscité la méfiance, et il est marqué dans le dossier comme trotskiste. Lorsque Dimitrov en prend connaissance, il l'éloigne de Moscou et, sous prétexte d'une "mission urgente", l'envoie dans la Bulgarie tsariste pour y travailler clandestinement. En résumé, il existe dans les archives du GPU une documentation contenant de nombreuses accusations de trotskisme à l'encontre de Kostov, qui a été utilisée lors du procès qui l'a condamné à mort.

Coup d'État manqué en Hongrie

Nous avons longuement évoqué la crise bulgare, mais nous ne pouvons passer sous silence le coup d'État manqué en Hongrie, dont les préparatifs ont coïncidé avec les événements en Bulgarie. Le principal protagoniste était à nouveau un juif sioniste du nom de Laszlo Rajk (en fait Reich). John Gunzberg, dans *Behind Europe's Curtain*, écrit que les Hongrois plaisantaient en disant que Rajk était entré au gouvernement parce qu'il fallait quelqu'un qui puisse signer les documents le jour du sabbat, ce qui sous-entendait qu'il était le seul non-Juif. Gunther cite Rakosi, Gerö, Farkas, Vas, Vajda, Revai et d'autres Juifs qu'il appelle "moscovites". Cependant, la judéité de Laszlo Rajk est confirmée par l'auteur juif Howard M. Sachar dans *Israel and Europe : an appraisal in history* (1999). Le même auteur confirme également que Traycho Kostov était également juif. Notre source d'information pour les lignes qui suivent est "L'incroyable histoire de Laszlo Rajk", un ouvrage qui provient de *Démocratie révolutionnaire*, la publication numérique citée quelques paragraphes plus haut. Quoi qu'il en soit, pour le lecteur désireux d'en savoir plus, le document complet du procès Rajk est disponible sur internet en pdf, sous le titre *László Rajk et ses complices devant le Tribunal du Peuple*.

Quelques semaines après l'expulsion de la Yougoslavie du Cominform, dans la nuit du 10 juillet 1948, le corps de Milos Moich, jeune Hongrois d'origine yougoslave, est retrouvé dans son appartement de Budapest par une amie. Moich agonise dans une mare de sang, mais avant de mourir, il a le temps de révéler à la femme le nom de son assassin, Zivko Boarov, attaché de presse à l'ambassade de Yougoslavie. L'arrestation de Boarov par la police a donné lieu à une longue enquête qui a permis d'élucider un complot de grande envergure. Les pistes mènent à Laszlo Rajk, ministre hongrois des affaires étrangères, au commandant en chef de l'armée, le général George Palffy, au chef du parti communiste hongrois, Tibor Szony, également juif, et à Lazar Brankov, diplomate à la légation yougoslave. Le ministre de l'intérieur de Tito, Aleksandar Rankovic, juif d'origine autrichienne dont le vrai nom était Rankau, est arrivé par leur intermédiaire.

Tout n'est pas uniforme dans la Yougoslavie de Tito, qui n'hésite pas à éliminer ceux qui s'opposent à la rupture avec Moscou. Des centaines de dissidents sont liquidés, dont Arso Jovanovic, un général partisan de premier plan, assassiné alors qu'il tentait de passer en Roumanie. Ceux qui, à l'intérieur de la Yougoslavie, étaient d'accord avec les déclarations du Cominform étaient appelés "informbirovtsi" ("Cominformiens") et étaient internés en masse dans des camps de concentration. Le camp principal était Goli Otov (l'île nue). Selon l'analyste indépendant Vladimir Dedijer, environ 32 000 personnes ont été internées dans ce seul camp. Le nombre de décès dans l'ensemble des camps par exécution, épuisement, famine, épidémie ou suicide n'a pas été établi.

L'un de ceux qui ont adopté la résolution du Cominform est Milos Moich qui, depuis la fin de la guerre, travaillait en Hongrie comme agent de la police secrète de Rankovic (UDBA). Moich commet l'erreur de se confier à Andras Szalai, agent secret et membre de la section de propagande du parti communiste, qui souhaite lui révéler les plans de Tito pour la Hongrie. Szalai alerte immédiatement l'ambassadeur yougoslave, Karl Mrazovich. La suite des événements est connue par la déclaration du bourreau de Moich, Zivko Boarov, qui a témoigné au procès de Rajk. Boarov a expliqué que lorsque l'on a appris que Moich avait l'intention de dénoncer Tito et les activités de l'UDBA, le diplomate Lazar Brankov en a informé Belgrade. Le ministre de l'intérieur Rankovic a ordonné que Moich soit contraint de franchir la frontière et, si cela n'était pas possible, qu'il soit liquidé. Vous trouverez ci-dessous un extrait de son témoignage au procès :

> Brankov, raconte Boarov, m'a ordonné de le faire et m'a dit que comme j'étais un Serbe et proche de Moich, j'avais les meilleures chances de succès. J'ai d'abord refusé. Brankov et Blasich (premier secrétaire de la légation yougoslave) m'ont alors emmené voir l'ambassadeur Mrazovich et lui ont dit que je refusais de faire le travail. Mrazovich a répété l'ordre et m'a ordonné de l'exécuter. Je n'ai pas osé désobéir. Mrazovich m'a remis son propre revolver.
> Je me suis donc rendu à l'appartement de Moich le soir du 10 juillet après m'être assuré qu'il était seul. Nous avons eu une longue conversation. J'ai essayé de le persuader de renoncer à ses intentions et de lui faire accepter un entretien avec Brankov à l'ambassade. S'il acceptait, je savais que nous pourrions lui faire passer la frontière. Je ne voulais pas utiliser mon arme sur lui, mais Moich a refusé toutes mes avances. J'ai alors commencé à le menacer et à lui dire que je jouais avec sa vie. Une bagarre a alors éclaté et, à un moment donné, j'ai perdu la tête et j'ai tiré sur lui avec le revolver de Mrazovich. Je suis retourné à l'ambassade et j'ai informé Brankov, car le ministre Mrazovich était déjà parti pour la Yougoslavie".

Un an s'est écoulé entre les événements décrits par Boarov et les arrestations de Laszlo Rajk, Tibor Szonyi et du général Palffy. Rajk est arrêté à son domicile le 30 mai 1949 et Palffy le 18 juillet. Avant de s'attaquer à ces personnalités importantes, la police conclut à la préparation d'un coup d'Etat qui devait être déclenché par l'arrestation et l'assassinat de deux dirigeants staliniens juifs, Matyas Rakosi, secrétaire général du Parti communiste, et Ernö Gerö, "Pedro" en Espagne pendant la guerre civile, où il a joué un rôle important dans l'élimination des trostkystes. Selon les plans des comploteurs, si la conspiration réussissait, Rajk et Palffy devaient devenir les nouveaux hommes forts de la Hongrie.

Le vrai nom de famille du général Palffy était Österreicher et il a changé de nom en 1934. Comme le rapporte Ithiel de Sola Pool dans *Satellite Generals. A Study of Military Elites in the Soviet Sphere*, Palffy était marié à une juive, Katalin Sármány. Bien que détesté dans les milieux militaires, il organise à la fin de la guerre le département politique du ministère de la défense et entame sa carrière au sommet. En 1945, il est promu major à colonel et, en 1946, colonel à général. En 1947, il est une personnalité de l'élite militaire, issue de l'Académie militaire de Ludovika. Les militaires qui n'avaient pas pu progresser sous le régime précédent en raison de leurs origines juives ont gravi les échelons entre 1947 et 1948. En février 1948, Palffy est promu lieutenant général et devient inspecteur général de l'armée et ministre de la Défense. Palffy s'entoure alors d'une coterie d'amis juifs ou mariés à des femmes juives, parmi lesquels le général de corps d'armée

Kalman Revai, qui succède brièvement à Palffy comme inspecteur général de l'armée, le général de corps d'armée Laszlo Solym, chef d'état-major de 1948 à 1950, le général Gustav Illy, homosexuel, inspecteur de l'instruction entre 1947 et 1949, le général Istvan Beleznay, marié à une femme juive. En réalité, tous sont des hommes relativement jeunes, des opportunistes qui se sont mis au service des communistes pour faire une carrière vertigineuse.

Comme Lavrenti Beria ou Otto Katz, Laszlo Rajk est un Juif typique qui aspire avant tout au pouvoir et évolue indépendamment des idéologies. Froid comme l'acier, c'est un aventurier politique capable de jouer plusieurs rôles. Comme Katz, sans idéal ni loyauté, il ne se sent lié qu'au sionisme, l'idéologie des nationalistes juifs du monde entier. En 1931, après avoir été arrêté pour avoir distribué de la propagande communiste, il accepte de devenir un espion de la police à l'université de Budapest. C'est à partir de ce moment-là que commence sa carrière, dans laquelle il peut jouer différents rôles d'agent double ou triple, selon les besoins. Le chef de la police hongroise, Sombor-Schweinitzer, l'envoie en Espagne en 1937, soi-disant pour faire un rapport sur les communistes hongrois combattant dans le bataillon Rakosi. Il est arrivé à Paris avec de faux papiers qui faisaient de lui un communiste tchèque et, de France, il est entré en Espagne, où il a réussi à devenir commissaire politique du bataillon Rakosi. Fait curieux, Rajk est accusé d'être un trotskiste et exclu du parti communiste. En 1939, après avoir déserté le bataillon, il s'enfuit en France, mais est arrêté. Les Français le livrent aux Allemands, qui l'internent d'abord au camp de concentration de Saint-Cyprien, puis aux camps de Gurs et du Vernet. Devant le tribunal qui le jugea et le condamna, Rajk reconnut avoir eu pendant son internement des contacts étroits avec des trotskystes hongrois et yougoslaves et cita notamment Vukmanovich, dit "Tempo", devenu premier ministre de Macédoine, et Mrazovich, l'ambassadeur yougoslave à Budapest qui avait remis le pistolet à Boarov.

Interné en France, Rajk reçoit la visite d'un agent communiste infiltré aux côtés d'Allen Dulles au sein de l'OSS (Office of Strategic Services), le fameux Noel H. Field, une figure de l'ombre, un agent double ou triple, probablement trotskiste. Field lui dit qu'il a reçu des instructions de ses supérieurs pour l'aider à rentrer chez lui. En août 1941, Laszlo Rajk est de retour en Hongrie, où il rend compte à Peter Hain, le chef de la police politique, de sa mission en Espagne et de son séjour en France. Afin que les communistes ne le soupçonnent pas, il est décidé de l'emprisonner pendant un certain temps. Ainsi, Rajk, dont l'extraordinaire talent d'acteur lui permet de tromper les deux camps, est considéré comme l'un des meilleurs membres du parti communiste et devient, en mai 1945, secrétaire organisateur du parti communiste dans le district du Grand Budapest.

En contact avec le lieutenant-colonel Kovach de la délégation militaire américaine, il collabore en même temps avec les services de renseignements américains. Rajk est alors chargé d'organiser une faction au sein du parti communiste qui servira à diviser le parti et à arracher la majorité à Rakosi. Le 20 mars 1946, Laszlo Rajk devient ministre de l'Intérieur, un poste crucial qui lui permet de placer des agents britanniques et américains au sein du ministère, recrutés en Suisse par Allen Dulles et Noel Field. Rajk place ainsi le juif Tibor Szonyi à la tête du département des cadres, un poste clé puisqu'il lui permet d'aller placer ses hommes au bureau du Premier ministre, au ministère des Affaires étrangères, aux départements de la presse et de la radio et, bien sûr, au ministère de l'Intérieur lui-même.

Par l'intermédiaire de Lazar Brankov, qui, sous le couvert de son poste à l'ambassade, était le chef des services de renseignements yougoslaves en Hongrie, Rajk fournissait à Tito des informations sensibles en sa qualité de ministre de l'intérieur. Selon son témoignage au procès, c'est au cours de l'été 1947 qu'il a rencontré pour la première fois le ministre yougoslave de l'Intérieur, Rankovic. Rajk était en vacances à Abbazia, une ville croate sur la côte adriatique. Une femme blonde d'une trentaine d'années, parlant le hongrois, contacte Rajk pour lui annoncer que son homologue yougoslave souhaite lui parler et lui rendra visite à Abbazia. Quelques jours plus tard, Rankovic arrive et la femme sert d'interprète entre les deux. Le ministre yougoslave déclare qu'il est venu le voir sur ordre direct de Tito. Au cours de l'entretien, la future collaboration entre les deux ministres de l'Intérieur se dessine. Laszlo Rajk, avec la coopération de Szonyi, a commencé à placer dans l'armée et la police des personnes "convenables" qui soutiendraient un éventuel coup d'État.

Fin 1947, Tito et Rankovic se rendent en Hongrie pour signer un pacte d'amitié, ce qui permet d'étoffer le développement de la conspiration. Rajk organisa une chasse et planifia une rencontre privée avec Rankovic dans le train dans lequel ils se rendaient au terrain de chasse. L'interprète était Brankov. Rankovic a souligné qu'en lui révélant le plan, il suivait les instructions de Tito. Au cours du procès, le juge a demandé à Rajk de raconter les détails du plan. En résumé, le plan consistait à organiser plusieurs fédérations entre la Yougoslavie et d'autres pays afin de briser la dépendance des démocraties populaires à l'égard de Moscou et de remplacer l'influence de Staline par celle de Tito. Selon Rajk, Rankovic a précisé qu'une grande fédération serait construite sous la direction de Tito. Lorsque le juge s'est enquis des modalités de la prise de pouvoir en Hongrie, l'échange suivant a eu lieu :

"Rajk : La tâche en Hongrie était de renverser le régime démocratique du peuple. Arrêter, bien sûr, les membres du gouvernement et à l'intérieur de celui-ci...
Judge : Quels étaient les principaux ennemis ?
Rajk :... et à l'intérieur de ce groupe, les plus dangereux, selon Rankovic, devaient être éliminés s'il n'y avait pas d'autre choix.
Juge : Citez les noms de ces personnes.
Rajk : Il pensait que les premiers noms étaient Rakosi, Gerö et Farkas.

Juge : Les avez-vous mentionnés spécifiquement ?

Rajk : Il les a mentionnés et m'a dit que je serais responsable de la mise en œuvre de l'ensemble du programme en Hongrie et, dans ce contexte, il m'a expliqué comment Tito évaluait la situation et les forces sur lesquelles on pouvait compter.

Juge : Avez-vous promis une aide à la Yougoslavie ?

Rajk : Oui, il soulignait qu'il pouvait compter sur le soutien d'un regroupement adéquat de forces ; mais il considérait qu'il était absolument important que, dans les actions politiques, dans l'organisation des forces, je dépende de mon propre soutien interne.

Au printemps 1948, Rajk rencontre Selden Chapin, le diplomate américain qui a été ministre plénipotentiaire en Hongrie de 1947 à 1949. Il lui demande s'il peut confirmer que, comme Rankovic le lui a dit, Washington approuve le plan de Tito. A propos de cet entretien, Rajk a témoigné au procès : "Chapin a hésité un peu avant de me faire une déclaration, finalement il l'a fait et a dit qu'il était au courant de ce plan et que les Etats-Unis n'auraient pas d'objection à la mise en oeuvre de la politique yougoslave". Ainsi, avec l'aide du général Palffy, qui travaillait dans l'armée exactement comme il le faisait dans la police, Rajk a élaboré le plan. Mais dès cette époque, il est soupçonné, comme en témoigne le fait qu'après un voyage à Moscou en août 1948, Rajk cesse brusquement d'être ministre de l'Intérieur et devient ministre des Affaires étrangères, poste qui le détache de la police secrète et de la politique intérieure hongroise.

Les ministres des affaires étrangères des pays satellites sont conditionnés et doivent se soumettre à la politique du Kremlin. C'est peut-être pour cette raison qu'en août 1948, Brankov a dit à Rajk que Rankovic voulait le voir d'urgence. Comme Rajk ne pouvait pas se rendre à Belgrade, c'est Rankovic qui a dû retourner en Hongrie. La rencontre secrète a lieu dans la propriété d'un propriétaire terrien nommé Antal Klein. L'ambassadeur yougoslave à Budapest, Mrazovich, fait office d'interprète. C'est la maîtresse de Mrazovich, Georgina, une amie de Klein et la fille d'un haut fonctionnaire de la ville nommé Gero Tarsznyas, qui a organisé ce qui était censé être une chasse, comme l'a raconté au tribunal Antal Klein, qui a témoigné de sa grande indignation et de son agacement face à l'utilisation dont il avait fait l'objet.

La réunion secrète a eu lieu au début du mois d'octobre 1948. L'ambassadeur Mrazovic avait invité Georgina, qui était présente au domaine et a également fait une déclaration précieuse, puisqu'elle et Antal Klein ont identifié Rajk devant le tribunal. Le propriétaire Klein a déclaré que Mrazovich était arrivé dans sa propriété accompagné de Laszlo Rajk, qui portait un manteau de feutre vert et des lunettes noires. Voici le moment de l'identification au tribunal :

"Juge : Quel rôle Laszlo Rajk a-t-il joué dans cette prétendue chasse ?

Klein : Je ne connais pas Laszlo Rajk. Je ne connais pas cet homme ; je ne l'ai jamais vu auparavant. Maintenant que j'ai été amené devant lui par les autorités, je reconnais en lui l'homme qui était présent à l'époque avec Mrazovich, avec le manteau de feutre vert et les lunettes.
Juge : Le reconnaissez-vous maintenant ?

Le vieux propriétaire se retourne, jette un regard furieux à l'ensemble de la cour, puis regarde chacun des accusés en face. Un large sourire se dessine sur le visage de Rajk. "C'est lui", s'écrie Antal Klein en pointant un doigt tremblant vers lui. Lorsqu'il quitte la salle d'audience, toujours apparemment indigné de ne pas avoir été présenté et d'avoir conduit un groupe de conspirateurs dans sa calèche jusqu'à sa réserve de chasse, son malaise n'est que trop évident.
Le général Palffy, qui commandait les gardes-frontières, a facilité le passage de la voiture du ministre yougoslave de l'intérieur Aleksandar Rankovic, qui est entré dans le pays sans contrôle et attendait Rajk et Mrazovich à la maison du garde, déjà dans la zone de chasse de la propriété. Georgina, qui était avec Mrazovich et Rajk, qui ne lui a pas été présenté, et Klein. Elle a raconté au juge la rencontre entre les conspirateurs :

"Lorsque nous sommes arrivés à la cabane du garde forestier, j'ai vu un homme en tenue de chasseur qui attendait là, armé d'un fusil. C'était un homme de taille moyenne, âgé d'une quarantaine d'années. Mrazovich m'a demandé de rester dans la maison et de préparer le déjeuner. J'ai été surpris qu'il ne me présente à aucun des deux hommes. Ils ont ensuite discuté, marchant de long en large dans les environs de la maison du garde et s'éloignant parfois. J'ai entendu l'un des hommes parler une langue slave. À plusieurs reprises, ils se sont approchés suffisamment près pour que je puisse les entendre. Je suis sûr que ce n'était pas du russe, peut-être du serbe. L'homme au manteau vert parlait hongrois et Mrazovich traduisait entre eux. Je pouvais comprendre certains mots de la conversation lorsqu'ils étaient près de moi, par exemple, Mrazovich parlait de la Yougoslavie et disait qu'il fallait agir.... Ils ont ensuite parlé d'un certain Palffy, qui devait être nommé ministre de la défense. J'ai également entendu les noms des ministres Rakosi et Farkas mentionnés à plusieurs reprises. Lorsqu'ils ont fini de parler, ils sont entrés dans la hutte et ont pris une collation.
Juge : Venez ici, s'il vous plaît. Reconnaissez-vous la personne sur cette photo comme étant celle que vous attendiez à la maison du gardien ? Regardez-la.
Georgina : Oui, je la reconnais.
Juge : Êtes-vous sûr ?
Georgina : Oui.
Juge : J'ai vérifié que cette photo sur laquelle le témoin reconnaît la personne en question est une photo de Rankovich, qui est maintenant incluse dans la documentation".

Il convient de noter que la réunion dans la propriété d'Antal Klein a eu lieu peu après la démission de Laszlo Rajk de son poste de ministre de l'intérieur et quelques mois après l'expulsion de la Yougoslavie du Cominform. Ces deux faits expliquent pourquoi Tito a jugé nécessaire d'exécuter le coup d'État le plus rapidement possible. Rankovich annonce donc à Rajk que Tito est prêt à lui fournir une aide directe supplémentaire. Une fois à Budapest, Rajk rencontre le général Palffy et lui dit que tout doit être prêt pour l'occupation des lieux vitaux. D'après ce qu'il a déclaré au tribunal, à la fin de 1948, tout était prêt, et deux assassins expérimentés étaient même arrivés de Yougoslavie et avaient commencé à étudier les habitudes et les mouvements de Rakosi, Gerö et Farkas, dont l'arrestation devait être le signal du déclenchement du coup d'État. Le général Palffy évoque devant le tribunal le colonel Korondy, chargé de former trois petits groupes d'une douzaine d'hommes chargés d'arrêter les trois dirigeants et de les tuer en cas de résistance. Il était nécessaire que les trois soient à Budapest, aussi un jour de réunion du Politburo ou du Conseil des ministres fut-il envisagé : les trois pouvaient être arrêtés à leur retour chez eux après les sessions. Voici un extrait du témoignage de Palffy :

"Palffy : J'ai expliqué oralement à Rajk les grandes lignes de mon plan. En substance, le coup d'État devait être initié par dix bataillons de l'armée et unités de police. À Budapest, ces forces devaient occuper certains lieux clés, en premier lieu le siège du Parti communiste, le ministère de la Défense et le ministère de l'Intérieur, la station de radio et les bureaux du *Szabad Nep* (journal du parti), les gares ferroviaires, les travaux publics et certains quartiers où une résistance pourrait se manifester. Simultanément, immédiatement après l'occupation, les petits groupes devaient arrêter les trois hommes politiques mentionnés ci-dessus. Je commandais l'ensemble des forces armées et le colonel Korondy commandait les unités de police. Tel était mon plan général. Rajk l'approuva. J'ai ensuite reçu l'ordre de le détailler.
Juge. De qui s'agit-il ?
Palffy : de Rajk..."

Le fait que la judéité de Laszlo Rajk, qui était également franc-maçon, ne soit révélée que par Howard M. Sachar dans l'ouvrage précité, nous invite à raconter, pour en finir avec les citations du procès, le moment où le juge s'est enquis de son nom, ce qui a indigné Rajk, qui a interprété que le magistrat essayait d'insinuer qu'il était juif :

"Juge : Comment votre grand-père écrivait-il son nom ?
Rajk : Mon grand-père, d'origine saxonne, a épelé son nom Reich.
Juge : Votre grand-père s'appelait Reich. Comment est-il devenu Rajk ? Légalement ?

Rajk : Oui, légalement. Je ne peux pas donner la date exacte à laquelle cela a été légalisé. Sur mon certificat de baptême, il est déjà écrit avec un "a", c'est-à-dire que Reich est devenu Rajk. Je ne vois pas en quoi cela peut présenter le moindre intérêt pour le tribunal. À cet égard, je tiens à ajouter que je suis véritablement aryen. La loi aryenne de Hongrie..."

Le juge ne le laissa pas continuer et le coupa brusquement en disant qu'il n'était pas intéressé par le fait qu'il soit aryen ou non, mais qu'il voulait seulement savoir comment il avait changé de nom et s'il l'avait fait légalement. Rajk, qui savait que le nom de famille Reich était l'un de ceux fréquemment adoptés par les Juifs désireux de cacher leur race, comprit que le juge faisait allusion à son origine.

En bref, Laszlo Rajk a été écarté du ministère de l'Intérieur parce que Rakosi, avant même l'expulsion de la Yougoslavie du Cominform, avait compris que Staline était mécontent de son inaction et craignait d'être lui-même soupçonné de déloyauté. Selon certaines sources, à la fin de 1947, Staline aurait déclaré publiquement à Rakosi qu'il était aveugle, car il ne voyait pas ce qui se passait sous son nez. Confronté au choix entre Tito et Staline, Rakosi (en réalité Rosenkranz) pensa à se sauver et décida de rester fidèle à Moscou. Néanmoins, en février 1949, Rajk devient secrétaire général du Front populaire pour l'indépendance. Lors de la célébration du 1er mai, il se tient à la tribune à côté de Rakosi, rien n'indique donc que son arrestation et celle de ses collègues, qui a lieu le 30 mai 1949, est imminente. Depuis qu'il a cessé d'être ministre de l'Intérieur, Rajk est surveillé et, malgré sa popularité croissante, Rakosi, pris entre le marteau et l'enclume, procède à la purge contre Rajk et ses complices, accusés d'espionnage pour le compte des puissances occidentales afin de séparer la Hongrie de la sphère socialiste.

Le 15 juin 1949, il est annoncé que Laszlo Rajk a été démis de ses fonctions de ministre des Affaires étrangères et exclu du Politburo et du parti communiste pour avoir été "titoïste", "trotskiste" et "nationaliste". Le 10 septembre 1949, les accusations sont publiées dans la presse mondiale et le 16 septembre 1949, accusés d'avoir organisé un complot visant à placer la Hongrie sous le contrôle des États-Unis et d'avoir reçu une aide militaire de la Yougoslavie, Laszlo Rajk, le général George Palffy, Tibor Szonyi et leurs complices comparaissent devant le tribunal. Le 22 septembre 1949, Laszlo Rajk, Tibor Szonyi et Andras Szalai ont été condamnés à mort par des tribunaux civils. Le Yougoslave Lazar Brankov est condamné à la prison à vie. En outre, un tribunal militaire condamne Palffy, Korondy et deux autres officiers à la peine maximale. La sentence est exécutée à la mi-octobre. Après le procès de Rajk, quatre-vingt-quatorze autres personnes ont été arrêtées et quinze autres condamnées à mort.

Dans des pays comme la Roumanie et l'Albanie, des procès ont également eu lieu en 1949 contre les soi-disant "fractions trotskystes pro-yougoslaves", mais il n'entre pas dans le cadre de ce travail de leur consacrer de l'attention. En novembre 1949, après que les agents titoïstes ou trotskystes en Bulgarie et en Hongrie eurent été maîtrisés, Staline convoqua une nouvelle réunion du Cominform à Budapest, qui fut présidée par Súslov. Le titre du rapport principal est : "Le parti communiste yougoslave, aux mains des assassins et des espions". Il accuse Tito d'agir contre le communisme au profit des États-Unis d'Amérique. Dans un article publié le 21 août 1949, Staline lui-même avait dénoncé les crimes du régime de Tito contre les citoyens de l'URSS et menacé en ces termes : "Le gouvernement soviétique estime nécessaire de déclarer qu'il n'a pas l'intention d'accepter une telle situation et qu'il sera contraint de recourir à d'autres moyens plus efficaces... pour défendre les droits et les intérêts des citoyens soviétiques en Yougoslavie et pour rappeler à l'ordre les sbires fascistes qui se croient tout permis".

Il ne fait aucun doute que le soutien des Américains, plus qu'évident pour Staline, a été décisif pour empêcher une intervention militaire contre Tito et Pijade. En août 1949, Tito lui-même s'adresse aux militaires et aux membres du parti à Skopje et réaffirme sa volonté de résister à une invasion de l'Armée rouge. "À première vue, il peut sembler que nous sommes seuls, mais ce n'est pas le cas. Le 4 septembre 1949, *Borba*, le journal du parti, consacre une page entière aux commentaires de Dean Acheson, secrétaire d'État américain, et de Hector McNeil, diplomate du Foreign Office, confirmant que l'Occident soutient les efforts du maréchal Tito pour maintenir et défendre l'indépendance de la Yougoslavie.

En 1951, paraît le livre *Tito and Goliath*, écrit par l'éditeur et diplomate américain Hamilton Fish Armstrong et publié à Londres par Victor Gollancz. Il analyse le conflit entre Tito et Staline d'un point de vue favorable à la position yougoslave. Hamilton F. Armstrong, ami personnel de Tito qui a vécu à Belgrade en 1949 et 1950 les moments forts de la confrontation avec Moscou, partage dans cet ouvrage les thèses du traducteur de Marx en serbo-croate, Moshe Pijade, qu'il considère comme "le chef intellectuel du Parti communiste yougoslave et le premier estatega dans sa lutte contre les bolcheviks". De 1928 à 1972, Armstrong est rédacteur en chef de *Foreign Affairs*, la revue du Council on Foreign Relations (CFR), ce qui le place dans la sphère de la Table ronde. Le titre de son ouvrage, dont nous possédons la première édition, est déjà très significatif : il est clair que le crypto-juif Tito est considéré comme un nouveau David qui défie le géant philistin Goliath (Staline). Début septembre 1949, Pijade dénonce l'attitude de Staline à l'égard de la Yougoslavie, comparable à "l'attitude raciste" d'Hitler à l'égard des petites nations.

Pour Hamilton Fish Armstrong, Zhdanov représentait les partisans d'une "communauté communiste internationale dirigée par l'URSS, certes, mais non dans la crainte et la soumission aux desseins de Staline, mais animée d'une ferveur révolutionnaire". Le problème reste donc entier. Il ne s'agit pas de condamner le communisme, mais de dénoncer le nationalcommunisme de Staline, puisqu'il prétend que le contrôle et la pureté de l'orthodoxie doivent s'exercer depuis Moscou et non depuis les bureaux des banquiers internationaux qui l'ont initialement financé. Aussi, parce qu'il s'agit de reprendre le contrôle du communisme international, Roosevelt demande à Martin Dies, président du Comité des activités américaines, de cesser d'enquêter sur les communistes et de se concentrer sur les nazis. Ainsi, comme nous l'avons vu, lorsque le sénateur McCarthy a pris la relève de Dies et a tenté d'exposer la profondeur des tentacules du communisme au sein de l'administration, il a été mis en pièces par la presse.

Comme dans les années 1930, lors des procès de Moscou, la presse internationale a commencé à développer la thèse selon laquelle les procès contre les Juifs Laszlo Rajk et Traycho Kostov étaient des "procès-spectacles", des procès-spectacles au cours desquels des dissidents communistes ayant lutté contre la dictature stalinienne ont été condamnés. Pendant toute la durée de la Seconde Guerre mondiale, Staline a bénéficié d'une immunité absolue : il n'y avait aucun problème à ce qu'il attaque la Pologne, la Finlande et d'autres pays, et qu'il élimine les Polonais à Katyn.... Il n'y a pas eu non plus de problème à Yalta, ni à Potsdam, où le nettoyage ethnique de millions d'Allemands a été autorisé, comme nous l'avons expliqué. En 1949, cependant, les plans avaient mal tourné et, comme dans les années 1930, lorsque Hitler a été financé pour réinstaller Trotski à Moscou après une guerre qui devait se terminer par un match nul, le problème était à nouveau Staline.

Après que la honteuse parodie de Nuremberg ait été internationalement acclamée comme un modèle de justice, les procès Rajk et Kostov ont servi à défendre un autre communisme, celui de Tito et de Pijade, par opposition à "l'impérialisme autoritaire" de Staline. L'expression, citée par Armstrong dans *Tito et Goliath*, est de Moshe Pijade, qui se veut l'idéologue de la véritable orthodoxie communiste et fait la distinction entre les objectifs du communisme international et les objectifs nationaux de la Russie. En d'autres termes, au lieu de renforcer la puissance nationale de l'Union soviétique, la mission des pays satellites était de servir la cause de la révolution communiste internationale, et ils devaient donc constituer la base de la propagande idéologique pour la marche du communisme vers l'ouest. Hamilton Fish Armstrong l'exprime en ces termes : "Il y a dans tout cela quelque chose qui rappelle les grandes controverses qui ont divisé les bolcheviks dans les premières années. Il y avait, comme à l'époque, un désaccord entre ceux qui étaient des révolutionnaires internationaux et ceux qui étaient déterminés à construire le socialisme dans un seul pays d'abord".

Lors du premier anniversaire de l'expulsion de la Yougoslavie du Cominform, *Borba*, l'organe du parti communiste yougoslave, a insisté sur le fait que la Yougoslavie de Tito était sur la véritable voie du marxisme : "La vérité sur la lutte entre le Cominform et la Yougoslavie", *a déclaré*

Borba, "et sur les principes pour lesquels notre parti se bat, grandit chaque jour dans le mouvement ouvrier international et il n'y a pas de raison de penser qu'elle ne triomphera pas". Peu après, en août de la même année 1949, Tito insistait à Skopje sur le fait que "la majorité des peuples progressistes du monde entier" était avec eux. Ce sont ces affirmations et ces arguments qui semblent convaincre la plupart des auteurs, car dans presque tous les ouvrages que nous avons consultés, les références aux procès des "Titoïstes" se caractérisent par une sympathie pour les accusés et une condamnation sans réserve de Staline. Le premier à adopter cette position est Armstrong lui-même, car *Tito et Goliath* a peut-être été le premier ouvrage à offrir une analyse détaillée de ce qui se préparait dans ces années décisives.

Reprenant les arguments de Moshe Pijade, Armstrong critique le procès Kostov sur la base d'un texte publié par Pijade le 27 janvier 1950 dans un bimensuel, *Yugoslav Fortnightly,* selon lequel Moscou aurait été impliqué dans les négociations sur l'union de la Bulgarie et de la Yougoslavie. Armstrong, en accord avec l'article de Pijade, se plaint que le procès n'ait pas mentionné qu'à la fin de 1944, une réunion entre Soviétiques, Bulgares et Yougoslaves a eu lieu à Moscou, où un projet de traité rédigé par Kostov sur une union hypothétique des deux pays a été présenté. L'homme de Belgrade à cette réunion est Moshe Pijade lui-même. Le représentant soviétique, Vyshinsky, propose de commencer par un traité de coopération politique, économique et militaire. Il annonce que l'URSS va en rédiger les grandes lignes et demande à Pijade de présenter les siennes lors de la prochaine réunion, qui a lieu le 27 janvier 1945. Selon Pijade, les trois délégations se mirent alors d'accord sur un texte final, auquel la Grande-Bretagne s'opposa. Quoi qu'il en soit, toujours selon Pijade, avant que les délégués ne quittent Moscou, il a été convenu qu'ils se retrouveraient en février à Belgrade pour signer les documents. La réunion n'a cependant pas eu lieu, la Grande-Bretagne ayant opposé son veto à la fédération. Armstrong écrit que, malgré le veto britannique, "la porte n'était pas fermée à l'idée d'une fédération encore plus large, qui pourrait intégrer l'Albanie". Armstrong lui-même, cependant, reconnaît volontiers que les Soviétiques ont alors décidé de reporter tout traité d'amitié bulgaro-yougoslave. Pour Hamilton Fish Armstrong, ces contacts pendant la guerre sont des preuves "fracassantes" qui invalident le procès et les accusations contre Kostov. Nous ne pouvons évidemment pas partager ce point de vue, car, comme nous l'avons vu, la position de la Yougoslavie de Tito et de Pijade en 1949 était un défi incontestable à la prétendue autorité de l'URSS.

Pour conclure ces pages sur la lutte pour le contrôle des partis et des pays communistes, qui nous ont pris plus de temps que prévu, nous allons maintenant nous pencher sur un entretien de 1950 entre Tito et l'auteur de *Tito et Goliath*, qui renforce la thèse selon laquelle les conspirateurs qui avaient financé la révolution d'octobre 1917 cherchaient à reprendre le contrôle. Armstrong note que les communistes yougoslaves avaient pensé à la Chine de Mao Tsé-toung, le leader communiste imposé par l'"Institut of Pacific Relations" (IPR) dans leur recherche d'alliés potentiels :

"Presque toutes les conversations que j'ai eues avec des dirigeants yougoslaves, écrit Armstrong, que ce soit à Belgrade ou à l'étranger, ont tôt ou tard débouché sur la Chine, et l'espoir est toujours que Staline violera tôt ou tard les intérêts nationaux de la Chine de manière si flagrante que les communistes chinois ne pourront pas le tolérer, profiteront du fait qu'ils sont physiquement capables de le rejeter et coopéreront alors tacitement ou peut-être ouvertement avec le parti communiste yougoslave. Les arguments qu'ils avancent à cet effet ne sont pas déraisonnables".

En d'autres termes, en 1950, il existait en Yougoslavie l'espoir de former un axe contre le Cominform avec un point d'appui à Belgrade. Plus loin, le texte se poursuit comme suit :

"De nombreux experts chinois nient l'existence de différences politiques ou pratiques entre le communisme chinois et le communisme russe. Tito estime que ces opinions ne tiennent pas compte du fait que le stalinisme n'est pas ce qu'il appelle le communisme et il ne croit pas que de nombreux Chinois l'appelleraient communisme s'ils en faisaient l'expérience. Tito soutient que les communistes chinois sont sûrs d'être différents des communistes staliniens simplement parce qu'ils sont en position de le faire. Son propre cas montre, souligne-t-il, qu'il existe des différences marquées dans l'idéologie et la pratique dans le monde communiste et que ce qui les fait apparaître, c'est le refus stalinien de reconnaître le droit à l'autonomie des partis communistes et des Etats communistes".

Au cours de leurs entretiens, Tito a rappelé à Armstrong que, dans les années 1930, Mao Tsé-toung avait de très mauvaises relations avec les Soviétiques et que, pendant un certain temps, il y a eu deux comités centraux au sein du parti communiste chinois, l'un basé à Moscou et l'autre dirigé par Mao en Chine. Tito a souligné le fait que Mao a non seulement réussi à éviter les tentatives de Moscou de le mettre sur la touche, mais qu'il a pu organiser ses armées communistes sans l'aide de Staline. Ce que ni Tito ni Armstrong ne disent, bien sûr, c'est que cela n'a été possible que parce que Roosevelt et Truman, poussés par les conspirateurs de l'IPR, ont retiré leur aide à Tchang Kaï-chek et soutenu les communistes de Mao Tsé-toung.

L'antisémitisme paranoïaque de Staline.

Malgré les tensions et les divergences d'opinion au cours de l'année 1949, le dictateur de l'URSS semble avoir consolidé son emprise sur le pouvoir après avoir opéré une rupture nette. En plus d'imposer la domination de Moscou sur les pays satellites, l'Union soviétique devient cette année-là la deuxième puissance nucléaire du monde. Le 21 décembre 1949, jour du soixante-dixième anniversaire de Staline, Beria, qui préside la Commission de l'énergie atomique depuis 1946, a réussi à présenter à son patron l'exploit tant attendu. Pour célébrer l'anniversaire du général, la journée est déclarée fériée et, le soir, une représentation de gala est organisée au théâtre Bolchoï, à laquelle Staline assiste en compagnie de sa fille Svetlana. Les membres du Politburo et l'ensemble du corps diplomatique étaient présents dans les loges d'honneur. Au cours du dîner de gala qui suivit au Kremlin, des télégrammes de félicitations provenant du monde entier furent lus. Le maréchal Beria se leva et prononça un discours plein d'enthousiasme pour le travail de son chef bien-aimé. "Toute la vie du camarade Staline, affirme Beria, est inséparablement liée à la grande lutte pour la création et le renforcement du Parti communiste et la victoire de la révolution prolétarienne pour le bien-être des travailleurs et la victoire du communisme. Dehors, la foule rassemblée près des murs du Kremlin regarde avec stupéfaction l'image du grand leader apparaître dans le ciel. Beria avait préparé ce nouveau cadeau pour le "Père du peuple" : une diapositive de Staline en uniforme militaire, casquette et insignes du grade de généralissime fut projetée par un puissant projecteur antiaérien sur un nuage noir recouvrant la Place Rouge. C'est comme une apparition du Dieu supposé du communisme international.

Il semble donc que Beria, pour conserver la confiance de Staline, soit resté le fidèle exécutant de ses desseins. L'une des questions qui mettait ses capacités à l'épreuve de façon répétée était le "complot sioniste" qui, depuis l'assassinat de Solomon Mikhoels en janvier 1948, n'avait fait que s'amplifier. Après la dissolution du Comité juif antifasciste en novembre 1948 et l'arrestation de Polina Molotov en janvier 1949, la spirale des arrestations de Juifs, en particulier à Leningrad et à Moscou, s'est poursuivie tout au long de l'année 1949. L'un des membres les plus en vue du Comité juif, Solomon Lozovsky, a été arrêté cinq jours après l'épouse de Molotov, le 26 janvier 1949. Il a déjà été dit au chapitre 9 que Lozovsky, dirigeant de l'Union syndicale internationale rouge avec Andreu Nin, était l'un des trois Juifs qui s'étaient rendus en Espagne en 1936 pour organiser les cellules communistes et préparer la création d'un comité révolutionnaire. Plus tard, avec d'autres sionistes américains, il encourage Roosevelt à entrer en guerre. L'arrestation de Lozovsky, président du Sovinformburo (agence de presse soviétique) entre 1945 et 1948, a eu un grand retentissement international.

Un autre événement important se produit le 7 juillet 1949, lorsque trois juges juifs du tribunal de Leningrad, Achille Grogorievich Leniton, Ilia Zeilkovich Serman et Rulf Alexandrovna Zevina, sont arrêtés et accusés d'avoir pris des positions contre-révolutionnaires et antisoviétiques. Condamnés à dix ans de camp de concentration, ils font appel sans succès, la Cour suprême portant la peine à vingt-cinq ans, estimant que le tribunal de Leningrad n'avait pas tenu compte du fait que les condamnés "avaient affirmé la supériorité d'une nation sur les autres nations de l'Union soviétique". Il s'agit là d'une allusion claire à la suprématie juive.

L'instruction du dossier contre les accusés du Comité juif antifasciste a duré plus de deux ans, au cours desquels s'est déroulée une lutte souterraine dans laquelle Staline, comme on le verra plus loin, a tenté d'arracher le contrôle des services de sécurité au tout-puissant Beria. Cette situation retarde inévitablement l'ouverture du procès, un procès à huis clos qui ne s'ouvrira qu'en mai 1952. Sur les quinze accusés, treize sont condamnés à mort. Seule Lina Solomonovna Stern est finalement épargnée. Cette juive d'origine lettone avait été introduite dans l'entourage de Staline par Anna Alliluyeva, sœur de la seconde épouse de Staline, qui avait été mariée à Stanislaw Redens, un chef de la Tchéka que Beria détestait. Polina Molotov, dont l'arrestation avait servi à Beria pour affaiblir la position de Molotov, cultivait un groupe de confidents et d'amis juifs comprenant, outre Lina Stern, Zinaida Boukharine, épouse de Nikolaï Boukharine, purgé par Staline en 1938, et Miriam Svanidze, qui avait été mariée au beau-frère de Staline exécuté en 1941, Alexandre Svanidze, frère de la première épouse de Staline, Ekaterina "Kato" Svanidze. Lassé par les machinations de ce groupe de femmes juives, Staline ordonne leur arrestation et Beria n'hésite pas à accuser Lina Stern de "cosmopolitisme", tout en se vengeant d'Anna Alliluyeva et de Stanislaw Redens, qu'il considère comme des ennemis.[31]

Une campagne internationale contre Staline est organisée avec la plus grande habileté et il est couvert d'accusations d'antisémitisme. D'une manière générale, l'idée que Staline s'est comporté en "paranoïaque" s'est imposée, l'historiographie officielle jugeant absurde sa méfiance à l'égard des Juifs. Thaddeus Wittlin prétend qu'il les détestait, mais le dictateur "antisémite" avait une maîtresse juive, Rosa Kaganóvich. Un fils de Lavrenti Beria, Sergo, affirme que Staline a eu avec elle un enfant nommé Yura. L'épouse d'Alexandre Poskrebyshev, son secrétaire personnel de toujours, était une juive nommée Bronislava Solomonovna Metallikova, qui, accusée de trotskisme, a été exécutée en 1941. Un coup d'œil au Politburo montre qu'en plus de Beria et Kaganóvich, qui étaient juifs, Molotov, Vorochilov et

---

[31] Au sujet de Stanislaw Redens, qui, selon certaines sources, était également juif, T. Wittlin fournit des informations intéressantes dans *Commissar Beria*. Wittlin le décrit comme "l'un des chefs les plus cruels et les plus brutaux du NKVD". Yezhov l'a placé à côté de Beria à Tbilissi en tant que commandant en second afin de l'espionner. Comme on l'a dit, Iejov souhaitait éliminer Beria, car il voyait en lui son pire ennemi. Comme Redens, marié à Anna Alliluyeva, est un parent du dictateur, Beria agit de manière très diplomatique dans ses relations avec le couple. Il met à leur disposition une luxueuse villa dans la station thermale de Sochi et une confortable maison avec jardin dans la capitale. Lorsqu'il découvrit que Stanislaw Redens aimait la vodka et les filles", écrit Thaddeus Wittlin, "il le présenta à certains de ses amis célibataires qui partageaient les mêmes goûts. Inutile de dire que ces types étaient des agents de Beria". Il tente ainsi de discréditer Redens afin qu'il soit rappelé à Moscou le plus rapidement possible.

Andreyev étaient mariés à des femmes juives, et que leurs enfants étaient donc juifs. Dans *Plot Against the Church*, Maurice Pinay, pseudonyme utilisé par un groupe de prêtres catholiques opposés au concile Vatican II, affirme que Malenkov était également juif. Selon cette source, il serait le fils de Maximilien Malenk, un nom de famille considéré comme juif. De plus, et là d'autres auteurs sont d'accord, Malenkov était marié à une sœur de Nikita Khrouchtchev, Pearl-Mutter, qui était connue sous le nom de "camarade Schemschuschne". Certaines sources indiquent que Khrouchtchev était également juif et que son nom complet était Nikita Salomon Khrouchtchev. Dans *Staline Assassiné*, A. Avtorkhanov écrit que Staline "a découvert que Khrouchtchev avait une fille dont la mère était juive". Avtorkhanov ajoute que "la propre fille de Malenkov avait épousé un juif". Certes, si Staline avait dû se méfier des Juifs qui évoluaient autour de lui, il n'en aurait jamais fini, puisqu'il en était entouré. En réalité, Staline s'est rendu compte que, inexorablement, derrière chaque manœuvre contre sa politique ou son leadership, il y avait un ou plusieurs Juifs, ce qui explique peut-être pourquoi Avtorkhanov conclut que l'antisémitisme de Staline était "pragmatique".

Il a été démontré tout au long de ce travail que dès l'arrivée au pouvoir de Staline, ses principaux ennemis étaient les Juifs trotskistes et internationalistes, qu'il a tenté d'éliminer, souvent avec l'aide d'autres Juifs qui, ne serait-ce que par intérêt personnel ou pour des raisons stratégiques, l'ont soutenu. Staline n'ignore pas que les Juifs ont joué un rôle de premier plan dans la révolution bolchevique. On a déjà vu que presque tous les membres du premier gouvernement communiste de 1918 étaient juifs. En outre, tous les commissariats sont dès le départ occupés par des Juifs venus de l'étranger. Au Commissariat de l'Intérieur et au Commissariat des Affaires étrangères, ils occupent tous les postes importants. Il en va de même pour les commissariats à l'économie, à la justice, à l'instruction publique, à l'armée, à la santé, au commerce extérieur, etc..

Bien que les historiens officiels continuent à ne pas prêter attention à cette réalité, qu'ils éludent ou fuient comme s'il s'agissait d'une anecdote, il existe des chercheurs qui osent dire la vérité. Alexandre Soljenitsyne, l'un d'entre eux, a dénoncé ce qui s'est passé en Russie avec ces mots prémonitoires : "Il faut comprendre que les dirigeants bolcheviques qui ont pris le pouvoir en Russie n'étaient pas des Russes. Ils haïssaient les Russes. Ils haïssaient les chrétiens. Guidés par la haine ethnique, ils ont torturé et massacré des millions de Russes sans le moindre remords. Ce n'est pas une exagération. Le bolchevisme a commis le plus grand massacre d'êtres humains de tous les temps. Le fait que la majorité du monde soit indifférente ou ignorante de ce crime énorme est la preuve que les médias mondiaux sont entre les mains des responsables".

À ces médias dénoncés par Soljenitsyne, il faut ajouter une pléthore d'auteurs et de propagandistes qui, parmi les innombrables criminels communistes, n'ont retenu que l'"antisémite" Staline. Ce sont ces médias et ces historiens qui ont présenté Tito, Rajk, Slansky et d'autres meurtriers communistes comme des victimes innocentes du dictateur du Kremlin. La plupart des sources considèrent comme un fait anecdotique et sans intérêt le fait que ce sont les Juifs qui ont été à l'avant-garde des mouvements anti-staliniens dans tous les pays d'Europe de l'Est ; pourtant, les faits prouvent à l'envi qu'il s'agit d'une règle générale et non d'une coïncidence. En Yougoslavie, aux côtés des juifs Tito, Pijade, Rankovic et Kardelj, il y avait Josef Wilfan, un autre juif de Sarajevo, qui était le conseiller économique du maréchal. Le représentant yougoslave à l'ONU était Alexander Bebler, un autre juif d'origine autrichienne. Dans *Les conquérants du monde*, l'auteur hongrois Louis Marschalko, qui se trompe en considérant Laszlo Rajk comme un gentil sacrifié par les Juifs fidèles à Staline, explique en détail comment le pouvoir en Hongrie est tombé entre les mains de criminels juifs, qu'ils soient sionistes, internationalistes ou staliniens, qui ont persécuté et éliminé les Hongrois mal considérés pour une raison ou pour une autre.

En Pologne, comme dans les autres pays d'Europe de l'Est, les hommes du NKVD de Beria prennent le contrôle et le massacre commence. Comme nous l'avons expliqué au début de ce chapitre, Beria confie la répression à des "vengeurs" juifs, qui dirigent les camps de concentration et s'attaquent aux Allemands destinés à être transférés à l'Ouest. Au moment de la création du Cominform, le pouvoir en Pologne est entre les mains de trois hommes : deux Juifs, Jakub Berman et Boleslaw Bierut, et Wladyslaw Gomulka, marié à une Juive. Berman est membre du Politburo et chef des organes de sécurité polonais ; Bierut préside le comité central du parti communiste. Tous deux, selon Gomulka, étaient des "bourgeons" du NKVD, c'est-à-dire des "bourgeons" de Beria. Quant à Gomulka, premier ministre du gouvernement polonais au moment de la réunion du Cominform de juin 1948 en Roumanie, il semble qu'il se soit montré solidaire des délégués de Tito lors de la première réunion d'octobre 1947 et qu'il se soit opposé à Bucarest à l'expulsion des Yougoslaves. Il est alors pointé du doigt comme titoïste ou trotskiste par les journaux *Glos Ludu, Nowe Drogi* et *Pravda* qui dénoncent "la bande trotskiste du camarade Gomulka". Une lutte s'engage qui aboutit à l'emprisonnement de Gomulka en 1951. Le fait que Bierut et Berman étaient tous deux des agents de Beria confère au procès de Varsovie un intérêt supplémentaire.

Gomulka lui-même donne une version des faits dans un mémoire intitulé *Mes quatorze années*. On sait par ces textes que Staline se méfiait de Beria, comme il se méfiait de ses deux hommes de main à Varsovie. Le soviétologue Avtorkhanov paraphrase dans *Staline assassiné* quelques fragments de la version donnée par Gomulka dans ses mémoires. Staline a conçu un plan pour arrêter Berman et Gomulka afin de les forcer à témoigner contre Beria et Bierut. Staline veut savoir dans quelle mesure Beria conspire contre lui avec l'aide de ses protégés juifs en Pologne. Dans un texte reproduit par Avtorkhanov, Gomulka l'explique ainsi :

"Bierut avait très peur de Berman, car il craignait qu'au cours d'un procès ou de l'enquête, Berman puisse dire les choses les plus compromettantes. Ainsi, par exemple, que Beria aurait fomenté à un moment donné un complot contre Staline, et que Bierut aurait été impliqué dans ce prétendu complot. Je dois dire que je ne suis pas absolument certain que c'est exactement ce qui s'est passé, mais c'est ainsi que l'histoire m'a été racontée. Quoi qu'il en soit, Bierut était constamment sur ses gardes et surveillait de près Berman, tout comme moi-même à l'époque, puisque j'ai été le premier à comparaître devant le tribunal. Le scénario était le suivant... Bierut a déterminé les choses aussi longtemps qu'il le pouvait, allant même jusqu'à envoyer de fausses informations à Moscou, par exemple que j'étais mortellement malade.... Bierut a ainsi réussi à resserrer l'étau au maximum et, finalement, c'est la mort de Staline qui nous a tous épargné ce mauvais pas".

On pourrait penser, en toute logique, que le vétéran Gomulka en savait beaucoup plus qu'il ne le laisse entendre. Avec cette citation, qui affirme sans équivoque que la mort de Staline était providentielle, il est temps d'entrer dans le récit de l'assassinat du dictateur. La capacité d'intrigue de Beria, son ambition sans limite, son hypocrisie extrême, son insensibilité aux sentiments d'autrui, le placent au même niveau que Staline lui-même, voire le surpassent. Sa fille Svetlana Aliluyeva a écrit dans *20 lettres à un ami* : "Je considère que Beria était plus rusé, plus fourbe, plus prudent, plus effronté, plus déterminé et plus ferme dans ses actions, et par conséquent plus fort que mon père". La manœuvrabilité de Beria était telle, écrit Avtorkhanov, que "toutes les machinations et tous les interrogatoires finissaient entre ses mains, car ses créatures étaient interrogées, qui étaient interrogées par d'autres de ses créatures".

La lutte ouverte entre Staline et Beria

Écrire sur la lutte clandestine de Staline contre Beria au cours des trois dernières années de sa vie est peut-être la tâche la plus difficile à laquelle nous ayons été confrontés dans le cadre de notre travail. Cela est dû aux contradictions, aux omissions intentionnelles et à la partialité évidente de certaines des sources disponibles. Anton Kolendic propose des textes écrits par Beria après son arrestation et avant son exécution, qui méritent peu de crédit, mais sont parfois utiles. Les textes de Nikita Khrouchtchev, l'homme qui a pris le pouvoir en URSS après la disparition de Staline et de Beria, ne peuvent pas non plus être acceptés sans réserve. Quant à certains auteurs, la plupart ne veulent pas courir le risque d'être accusés d'antisémitisme et certains vont jusqu'à nier l'évidence. Ainsi, dans sa biographie de Staline, Robert Conquest affirme absurdement que les onze Juifs sionistes exécutés en 1952 après le procès de Prague, tous agents de Beria, étaient des staliniens chevronnés et de fervents antisionistes ("needless to say", écrit-il en anglais, "they were veteran Stalinists and fervent-anti-Zionists"). Nous pensons que la position la plus juste est celle de Nicolas Werth qui, dans le chapitre du *Livre noir du communisme* intitulé "La dernière conspiration", admet que la complexité des faits est telle que l'état actuel des connaissances sur ce qui s'est passé ne permet pas de démêler la vérité, et qu'il faut donc attendre l'accès "aux archives présidentielles, où les dossiers les plus secrets et les plus sensibles ont été conservés".

Nous allons donc essayer de présenter des faits crédibles. L'un d'entre eux, pour commencer, est la crainte mutuelle que Staline et Beria ont commencé à éprouver l'un pour l'autre, de sorte que leur querelle visait, entre autres, à sauver la vie de l'autre. Khrouchtchev et la fille de Staline s'accordent à dire que ce dernier craignait que Beria ne tente de l'assassiner. Selon T. Wittlin, Beria avait introduit ses espions dans les cercles les plus proches du "big boss". Il cite notamment une Géorgienne, Alexandra Nakashidze, qui avait été sa maîtresse à Tbilissi. Cette femme, agent des forces de sécurité avec le grade de commandant, a été placée comme femme de ménage dans l'appartement privé de Staline au Kremlin, où elle surveillait ce qui se passait dans le cercle personnel du dictateur. Usant de ses charmes, elle finit par séduire Vasily "Vasia" Staline, le fils du dictateur. Le biographe de Beria affirme que Staline, à la fin de sa vie, se méfiait de certains de ses plus proches collaborateurs. Craignant d'être assassiné", écrit Wittlin, "il ne mangeait qu'à son domicile de Blizhny, dans la banlieue de Moscou, à Kuntsevo. Mais bien que la nourriture soit préparée pour lui par sa vieille cuisinière Matriona Petrovna et servie par sa femme de chambre et gouvernante Valentina Istomina, "Valechka", et que toutes deux lui soient fidèles et l'aiment, Staline exige que chaque plat, et même chaque morceau de pain qui lui est servi, soit examiné par un médecin au préalable".

Quant à Beria, lorsque Staline veut purger le Parti communiste géorgien, qu'il contrôle par l'intermédiaire de son ethnie mingrélienne, il ne doute pas qu'il s'agit d'une manœuvre contre lui, puisque Staline entend le faire sans lui et sans Viktor Abakuomov, chef de la Sécurité d'État (MGB) depuis le 7 mai 1946 et bras droit de Beria. Les soupçons à l'égard d'Abakuomov et de Beria se sont accrus à la suite de l'arrestation du médecin juif Jacob Etinger en novembre 1950. Un enquêteur de la Sécurité d'État, Mikhail Ryumin, a informé Beria des liens d'Etinger avec le Comité juif antifasciste. Ryumin avait découvert que le docteur Etinger avait traité Zhdanov et le général Scherbakov (commissaire politique de l'armée décédé en mai 1945) avec l'intention de les liquider. Abakuomov, qui avait organisé la disparition de Zhdanov avec Beria, en informe son patron qui lui aurait ordonné d'arrêter l'enquête. Ryumin le dénonce à Staline qui, à l'été 1951, décide d'agir et déclenche les événements qui culmineront en 1952.

Le 12 juillet 1951, Staline ordonne l'arrestation de Viktor Abakomov, Nikolai Selivanovsky, Mikhail Likhachev, Mikhail Belkin et Georgiy Uthekin. Ces arrestations étaient clairement dirigées contre l'inattaquable Beria. Le 9 août 1951, Staline nomme Semyon Ignatiev nouveau ministre de la sécurité d'État. Avec cette nomination, le ministère de la sécurité d'État devient indépendant du ministre de l'intérieur, c'est-à-dire de Beria. Abakuomov est arrêté pour avoir obéi à Beria et ignoré les ordres de Staline. Selon Nicholas Werth, il est d'abord accusé "d'avoir délibérément fait disparaître Jacob Etinger", qui est mort en prison. En outre, ajoute Werth, Abakuomov est accusé d'avoir "empêché le démasquage d'un groupe criminel de nationalistes juifs infiltrés dans les hautes sphères du ministère de la sécurité d'État". En octobre 1951, Staline ordonne à Beria d'arrêter le lieutenant général Nahum Isaakovich Eitingon, l'organisateur de l'assassinat de Trotski qui avait recruté en Espagne Caridad Mercader, Africa de las Heras et Carmen Brufau, les célèbres agents hispaniques du NKVD. La sœur d'Eitingon, Sofia, qui était médecin, et d'autres Juifs qui, comme lui, étaient des fonctionnaires de la sécurité d'État, ont également été arrêtés et accusés de faire partie d'un complot sioniste visant à s'emparer du pouvoir en URSS. Abakoumov a été associé à une vaste "conspiration juive-sioniste" reliant le Comité juif antifasciste à l'affaire dite des "blouses blanches", officiellement les "médecins assassins", qui sera abordée plus en détail ultérieurement. Le procès d'Abakoumov, lié aux crimes précédemment reprochés à Lauvrenti Beria, s'est ouvert à Leningrad le 12 décembre 1954, bien après la mort de Staline et de Beria. Le 19 décembre 1954, il est exécuté.

En Géorgie, parallèlement à toutes ces arrestations en 1951, l'"affaire Mingrelian" donne lieu à une purge sans précédent de tous les amis personnels de Beria et de tous les militants de sa région d'origine. Des centaines de secrétaires du parti dans les villes et les districts sont épurés. Sous l'accusation de "nationalisme bourgeois", Ignatiev, sur ordre direct de Staline, procède à l'arrestation des dirigeants du Comité central et du gouvernement géorgien. Candide Charkviani, premier secrétaire du Parti communiste placé à la tête du pays par Beria en 1939, contrôlait la police secrète dans le Caucase depuis que son chef était parti à Moscou pour diriger le Commissariat aux affaires intérieures. Charkviani est enlevé de nuit sur le chemin du retour. La purge à Tiflis se poursuit pendant plusieurs mois et Ignatiev fait arrêter le ministre de la Justice de la République, B.I. Shoniya, le procureur général, A.M. Rapaya, et le deuxième secrétaire du Comité central, Mikhail Ivanovich Baramiya, l'un des membres les plus fidèles de la "bande à Beria". Ces faits constituent un sérieux avertissement et alertent définitivement Beria qui commence à penser que Staline lui réserve le même sort qu'à Menzhinsky, Yagoda et Yezhov, ses trois prédécesseurs au pouvoir. D'ailleurs, il s'est lui-même débarrassé de Yezhov après avoir pris sa place au Commissariat à l'Intérieur.

Une autre atteinte aux positions de Beria est la purge de ses hommes en Tchécoslovaquie, pays qu'il considérait comme son fief personnel depuis le "putsch de Prague". Peu après l'arrivée d'Ignatiev à la tête du ministère de la Sécurité d'État, une vague d'arrestations a commencé, parmi lesquelles les chefs de la police secrète tchèque, qui relevaient jusqu'alors directement de Beria. Staline a beau être qualifié d'"antisémite paranoïaque", les faits prouvent une fois de plus que la plupart des officiers de haut rang arrêtés étaient non seulement juifs, mais aussi sionistes, comme en témoigne l'aide précieuse qu'ils ont apportée durant l'été 1948 à leurs collègues partis à la conquête de la Palestine. Staline et Ignatiev ont agi avec une telle rapidité que les personnes arrêtées se sont senties abandonnées et trahies par leur protecteur, qu'elles considéraient comme responsable de leur déchéance. Comme nous avons sous la main *Les neuf vies d'Otto Katz*, le livre de Jonathan Miles cité plus haut, nous pouvons apporter quelques précisions sur le déroulement des événements.

Grâce à cet ouvrage, nous savons qu'André Simone (Otto Katz), communiste-sioniste parmi les agents les plus polyvalents de son époque, avait passé plusieurs semaines à Belgrade avec Tito et Pijade et s'était également rendu dans la Bulgarie de Traycho Kostov. En mars 1947, André Marty, qui pendant la guerre civile espagnole avait démasqué de nombreux trotskystes opérant dans les Brigades internationales, écrivit une lettre dénonçant le fait qu'Otto Katz, un homme sans racines autres qu'ethniques qui servait de propagandiste en chef au gouvernement Slansky, avait travaillé pour les services secrets britanniques. Marty l'associe aux milieux trotskystes. Des conseillers soviétiques se rendent en Tchécoslovaquie et Katz est surveillé. Jonathan Miles écrit qu'"il commença à être isolé du parti, cessa d'être invité aux conférences en tant que conseiller et perdit son poste de rédacteur étranger de *Rudé Pravó*". Les services de renseignements militaires soviétiques informent leurs collègues tchécoslovaques du StB (State Security) qu'ils veulent un rapport de Katz pour étayer le dossier d'un autre suspect, Karel Sváb. Le 27 janvier 1950, Katz admet lors de sa déposition qu'il a commis de nombreuses erreurs, mais affirme qu'il a toujours été loyal envers le Parti et la Russie. En mai 1950, son dossier est mis en suspens et, bien qu'il ait exprimé le souhait de se rendre en Allemagne, il est affecté à la radio.

Au début de l'année 1951, avant la nomination d'Ignatiev, l'atmosphère politique à Prague était devenue de plus en plus tendue. Cela s'explique peut-être par le fait que ce sont les services de renseignements militaires soviétiques qui ont lancé les enquêtes. Certains dirigeants du StB sont purgés et, en février, deux hauts fonctionnaires juifs sont arrêtés pour la première fois : Vladimir Clementis, ministre des Affaires étrangères, et Artur London, son vice-ministre. Un autre vice-ministre juif, Evzen Löbl, arrêté auparavant, fournit lors des interrogatoires les preuves dont Ignatiev a besoin pour ordonner l'arrestation de Rudolf Slansky (Salzmann), secrétaire général du parti communiste et chef du gouvernement tchèque, qui est arrêté le 24 novembre 1951. On se souviendra que ce juif a été l'un des principaux protagonistes du nettoyage ethnique de millions d'Allemands des Sudètes et que ses actes criminels en 1945 sont innombrables. Les premiers jours de 1952 ont vu l'arrestation de deux autres Juifs, Rudolph Margolius, vice-ministre du commerce extérieur, et Ludwig Frejka (Freund), qui conseillait le président de la République, Klement Gottwald, sur les questions économiques. Au total, comme nous le savons déjà, quatorze hauts fonctionnaires ont été arrêtés, dont onze juifs. Le dernier à être arrêté, le 9 juin 1952, est André Simone (Otto Katz), qui apprend qu'Artur London et Evzen Löbl ont témoigné contre lui.

Le président Gottwald, qui a compris dès la présidence de la République qu'il n'avait d'autre choix que de collaborer avec Staline, se rend à Moscou pour discuter des détails du procès de Prague, qui débute le 20 novembre 1952 et qui est retransmis à la radio pendant les huit jours qu'il dure. Mercenaires" et "sale bande de vipères" sont parmi les qualificatifs qui sont adressés à l'auditoire. Les quatorze prisonniers sont accusés d'être "des trotskystes, des titoïstes, des sionistes et des traîtres bourgeois-nationalistes qui, sous la direction des agences d'espionnage occidentales, agissent au service des impérialistes américains". Freda Margolius a écrit une lettre à Gottwald pour demander la peine maximale pour son mari, ce qui, selon Jonathan Miles, a pétrifié la presse étrangère, à la seule exception du journal communiste *L'Humanité*, qui a qualifié son attitude d'"admirable". Comme d'habitude, le procès de Prague a été disqualifié à l'époque et l'est encore aujourd'hui comme un "procès-spectacle". Aucun des nombreux procès par lesquels Staline a démasqué ses ennemis n'a jamais mérité la moindre crédibilité. Ils ont toujours été truqués, parodiés, inventés, etc, etc.

Cependant, Slansky (Salzmann) a admis devant le tribunal qu'en 1928, il avait rejoint une faction trotskiste, qu'en 1930, il avait été recruté par les services secrets américains et que, pendant la guerre, il avait également travaillé pour les services secrets britanniques. Il a également révélé que, par l'intermédiaire de Moshe Pijade et de l'agent britannique Konni Zilliacus, il avait pris contact et collaboré avec les Titoïstes. Slansky a établi un lien entre les loges maçonniques et les organisations sionistes et a corroboré le fait que le président Beneš était un grand maître de la franc-maçonnerie et un agent impérialiste. Il a reconnu avoir personnellement placé les treize autres accusés dans les positions qu'ils occupaient au moment de leur arrestation. Lorsque le juge lui a demandé de détailler l'infiltration de sionistes à des postes importants, il a déclaré qu'une fois au pouvoir, "les sionistes plaçaient à leur tour d'autres sionistes dans les secteurs de la vie politique et économique....". Les sionistes opérant en Tchécoslovaquie faisaient partie d'une conspiration internationale dirigée par les sionistes américains". Voici un passage dans lequel Slansky exprime son point de vue sur le pouvoir du sionisme aux États-Unis :

"Le mouvement sioniste dans le monde est, en fait, dirigé et gouverné par les impérialistes, en particulier les impérialistes américains par l'intermédiaire des sionistes américains. En effet, les sionistes américains, qui, comme dans d'autres pays, sont les sionistes les plus puissants financièrement et les plus influents politiquement, font partie des cercles de pouvoir impérialistes en Amérique".

Nous proposons ici quelques extraits du témoignage d'Otto Katz et le lecteur pourra se faire une idée des déplacements de cet agent multiple tout au long de sa fantastique carrière. Poursuivi sous le nom d'André Simone, Otto Katz est présenté comme un "globe-trotter rusé, un espion sans attaches". Après avoir plaidé coupable des faits qui lui étaient reprochés, le juge lui a demandé d'expliquer ses erreurs. Katz reconnaît avoir travaillé pour les services de renseignement français, britanniques et américains et avoir espionné la Tchécoslovaquie. Miles reproduit cette question dans son livre, qui donne lieu à une réponse très intéressante :

"Procureur : Quand et comment avez-vous été lié au service d'espionnage français ?
Katz : En septembre 1939, j'étais en contact avec le ministre français Mandel à Paris.... Mandel a maintenu son propre service d'espionnage avec le soutien de quelques magnats capitalistes juifs et français".

Nous avons déjà vu que Mandel, que Paul Reynaud a nommé en 1940 ministre de l'Intérieur pour une brève période, s'appelait en fait Jeroboam Rothschild (bien qu'il n'appartienne pas à la famille bancaire) et qu'il a changé son nom en Louis George Rothschild. Il était l'un des plus grands bellicistes d'Europe. Sa position en faveur de la guerre était si flagrante que certains hommes politiques français l'ont accusé de placer sa judéité au-dessus des intérêts de la France. Il est très intéressant d'apprendre que, soutenu par des capitalistes juifs, il est allé jusqu'à créer son propre service de renseignement, pour lequel il a recruté en 1939 Otto Katz, qui avait déjà mis fin à ses raids et missions en Espagne. Le procureur demande alors : "Quand avez-vous signé votre engagement de collaborer avec l'Intelligence Service britannique ?" Katz entre alors dans tous les détails et donne les noms des deux personnes qui lui ont proposé le poste à Paris : Paul Willert et Noël Coward, qui lui ont demandé de signer un document en trois exemplaires, Willert lui ayant dit qu'il était d'usage que chaque agent s'engage par écrit. Tous deux ont confirmé à l'auteur des *Neuf vies d'Otto Katz* que tout ce que Katz avait déclaré au tribunal était absolument vrai.

À un autre moment de l'interrogatoire, Katz a expliqué comment son coreligionnaire David Schönbrunn, à New York, l'avait fait "chanter" pour qu'il travaille pour l'espionnage américain. Ce passage mérite d'être cité dans son intégralité :

Katz : "...Schönbrunn, menaçant de révéler au parti communiste tchécoslovaque mes liens avec Mandel, m'a contraint à travailler pour les services d'espionnage américains....".
Le président du tribunal : Qui était Schönbrunn ?
Katz : fils d'un capitaliste juif qui avait immigré aux États-Unis avant la Première Guerre mondiale. En 1946-47, Schönbrunn est au service de l'Overseas News Agency, organe des capitalistes juifs américains, financé entre autres par le célèbre belliciste Bernard Baruch. Cette agence est l'un des liens les plus importants entre les sionistes américains et les nationalistes juifs aux États-Unis et coopère étroitement avec le département d'État."

L'Overseas News Agency (ONA) a été lancée le 14 juillet 1940 en tant qu'émanation de la Jewish Telegraph Agency (JTA), qui avait été fondée en Europe par Jacob Landau. En 1921, la JTA a transféré son siège de Londres à New York. Jonathan Miles explique que l'OSS (Office of Strategic Services, prédécesseur de la CIA) a recruté Katz par l'intermédiaire de l'ONA et révèle que Jacob Landau avait rendu visite à Otto Katz au Mexique pour qu'il travaille pour le mouvement sioniste en rédigeant des rapports sur l'Allemagne.

Katz a informé le tribunal qu'au printemps 1947, il s'était entretenu avec Slansky dans son bureau et lui avait expliqué ses relations avec les agences susmentionnées. Il a ensuite mis en cause Clementis et déclaré que le ministre des Affaires étrangères lui avait remis des documents et l'avait payé pour son travail risqué. Clementis lui-même a confirmé avoir divulgué à Katz des rapports secrets de politique étrangère et des documents confidentiels sur les accords entre l'URSS et ses satellites. Clementis a précisé qu'il avait remis à Katz 60 000 couronnes sur les fonds du ministère et qu'à une autre occasion, le montant avait été de 50 000 couronnes. Le procureur a profité de l'occasion pour noter que Clementis avait financé ses activités d'espionnage avec des fonds publics. Oui, dit Katz, Clementis a financé mes activités d'espionnage.

Finalement, lors du "procès spectacle", les Juifs sionistes révèlent un à un leurs liens. Bedrich Geminder, le principal collaborateur de Slansky, avoue qu'il évolue régulièrement dans les milieux sionistes allemands. Otto Fischl, le vice-ministre des finances, avoue avoir été un agent de la Gestapo et avoir collaboré avec les nazis en Tchécoslovaquie pendant la guerre. En ce qui concerne ses liens avec le sionisme, Fischl a déclaré qu'en tant qu'agent des services secrets israéliens, il avait recruté de nombreux sionistes pour Slansky. Il a également admis que, depuis le ministère des finances, il avait négocié avec Israël des accords commerciaux qui favorisaient clairement l'État sioniste. Fischl, surnommé en Israël "le Himmler juif" afin d'induire en erreur et de dissimuler ses véritables actions, a avoué avoir facilité le déboursement de 6 milliards de couronnes pour aider les émigrants juifs. Bedrich Reicin, qui avait été vice-ministre de la défense, a admis qu'en tant qu'agent de la Gestapo, il avait trahi des dirigeants communistes et que les nazis l'avaient autorisé à s'enfuir à Moscou en guise de récompense, où il avait pris contact avec le groupe de Slansky. Ludwik Frejka (Freund), qui avait été chef du département économique du président Gottwald, a affirmé avoir été un agent secret des États-Unis et a révélé qu'il avait utilisé sa position pour saboter les relations économiques entre l'Union soviétique et la Tchécoslovaquie. Evzen Löbl et Rudolf Margolius ont témoigné que, depuis le ministère du commerce, ils avaient tenté de relier l'économie tchécoslovaque à l'Ouest. Tous deux ont admis avoir travaillé pour l'espionnage américain, bien que le premier ait expliqué qu'il avait également travaillé pour les services secrets britanniques, autrichiens et israéliens et qu'il avait collaboré avec des politiciens de l'État juif pour saper les relations entre Prague et Moscou.

Le 27 novembre 1952, le président du tribunal, Jaroslav Novák, se lève pour lire le verdict. Sur les quatorze accusés, Artur London, Vavro Hajdu et Evzen Löbl sont condamnés à la prison à vie ; les onze autres sont condamnés à mort. Le juge Novák a justifié le verdict en déclarant que la peine maximale était due à "la profondeur de leur trahison de la confiance du peuple, l'ampleur de leur méchanceté et de leur infamie, et les dommages exceptionnels causés à notre société par leurs actes criminels....". Les accusés sont à ce point des ennemis du peuple travailleur qu'il est nécessaire de les rendre inoffensifs en les extirpant de la société humaine". Les actes de solidarité d'artistes et d'intellectuels juifs dans certains pays européens ne servent à rien, Slansky et compagnie sont pendus le 3 décembre. Le Parlement israélien (Knesset), outre sa "profonde horreur", s'inquiète du sort des trois millions et demi de Juifs vivant derrière le rideau de fer. Le Premier ministre Ben Gourion parle de "la plus noire des tragédies noires". La police de Tel Aviv a dû protéger la délégation tchèque, qui a été attaquée par des manifestants en colère.

L'indignation à l'égard de Staline et la campagne internationale contre son "antisémitisme paranoïaque" n'ont cessé de croître, surtout après que vingt-cinq autres Juifs ont été condamnés à mort en URSS quelques mois avant le procès de Prague. Le procès des membres du Comité juif antifasciste s'est tenu à huis clos à Moscou entre le 11 et le 18 juillet 1952. Il s'agissait d'un procès secret qui mettait fin à une procédure entamée au début de l'année 1949. Le 12 août, condamnés pour espionnage et trahison, treize membres du Comité sont exécutés, parmi lesquels, outre Solomon Lozovsky déjà cité, une douzaine de soi-disant intellectuels, principalement des écrivains et des scientifiques. Dix autres Juifs, les "ingénieurs saboteurs" de l'usine automobile de Staline, ont également été exécutés en même temps qu'eux. Le *Livre noir du communisme* indique que la synthèse du Comité juif antifasciste a donné lieu à 125 condamnations, dont 25 à la peine de mort et une centaine à des peines d'emprisonnement dans des camps de concentration.

Dans le cadre du complot judéo-sioniste, l'affaire des blouses blanches, qui éclate également à l'automne 1952, sera décisive. Staline avait probablement l'intention de l'utiliser contre Beria, mais c'est Beria qui a su en profiter pour finalement assassiner Staline. Abakoumov avait déjà été arrêté et remplacé par Ignatiev pour avoir ignoré les ordres du dictateur d'arrêter les médecins du Kremlin. Dans *Les deniers jours*, Anton Kolendic se réfère au rapport de Nikita Khrouchtchev au 20e Congrès, dans lequel il consacre quelques mots à l'arrestation des médecins. Selon Khrouchtchev, au Politburo, Staline a distribué les attestations avec les aveux de culpabilité des médecins et a dit à ses collègues : "Vous êtes aveugles comme des chatons. Que se passerait-il sans moi ? Le pays ferait naufrage parce que vous ne savez pas reconnaître vos ennemis".

Kolendic oppose dans son livre les textes que Beria a écrits pendant sa détention aux versions proposées par Khrouchtchev. En combinant ces textes avec d'autres sources, nous allons maintenant essayer de résumer brièvement comment s'est déroulée l'arrestation des médecins du Kremlin, qui, une fois de plus, étaient presque tous juifs. En 1952, deux cent trente-six personnes sont bénéficiaires des services médicaux du Kremlin qui, outre les professeurs en chef des services, emploient environ quatre cents personnes, médecins, infirmières, pharmaciens, personnel technique et d'entretien. Parmi eux se trouvait une jeune radiologue, le Dr Lydia Timachuk, ancien agent de la Sécurité d'État. Selon Beria, elle était une "sek-sot" (Sekretny Sotroudnik), c'est-à-dire une collaboratrice secrète de Ryumin, l'adjoint d'Ignatiev, qui dirigeait la section d'enquête spéciale pour les affaires contre la sécurité de l'État. Manifestement rancunier, Beria écrit que le Dr Timachuck est "terriblement ambitieuse et une vraie pute qui, pendant sa nuit de travail, peut parader jusqu'à trois amants". Lydia Timachuk avait écrit à Staline après la mort de Zhdanov pour se plaindre d'avoir été mal soigné par les docteurs Yegorov, Vasilenko et Mayorov. Il s'est avéré par la suite que ces mêmes médecins avaient soigné le dirigeant bulgare Georgi Dimitrov. Le dictateur aurait conservé la lettre dans ses dossiers pour un usage ultérieur.

En ce qui concerne Ryumin, avec qui le Dr Timachuck a travaillé en étroite collaboration, il faut dire que Staline le tenait en haute estime et le considérait comme "un homme honorable et un communiste". Ryumin considérait les Juifs comme une nation d'espions et avait donc rompu tout contact avec eux au sein de la Sécurité d'État (MGB). Après l'arrestation d'Abakoumov, Staline a ordonné une enquête sur la corruption et la mauvaise gestion au sein du MGB, qui a conduit à l'expulsion de plusieurs de ses dirigeants. Staline a ordonné l'arrestation de tous les colonels et généraux juifs du MGB. Selon A. Kolendic, le docteur M.G. Kogan a refusé une demande de Ryumin, le chef de la sécurité du Kremlin, pour que Lydia

Timachuk devienne "médecin-chef". Lorsqu'il a annoncé la nouvelle au médecin, il lui a dit que c'était de la "cuisine juive" et a ajouté que la "racaille juive s'était confortablement installée au Kremlin et faisait la loi". Nous donnons maintenant la parole à Kolendic, dont le texte est le suivant :

"Lydia confie alors qu'elle a récemment entendu les frères Kogan, tous deux professeurs et chefs de service à l'hôpital, chuchoter sur le diagnostic du maréchal Kóniev, le malade dont ils s'occupaient. Elle affirme avoir clairement entendu B.B. Kogan dire à son jeune frère....va faire traîner le diagnostic et nous l'enverrons rencontrer Zhdanov". En bon professionnel du contre-espionnage, Ryumin ordonne immédiatement à Lydia de rédiger un rapport avec tous les détails et de continuer à creuser l'affaire. Quelques jours plus tard, Lydia a rédigé un long rapport qu'elle a remis à Ryumin".

Beria déclare avoir lu le rapport et le qualifie de "ramassis d'inepties qu'un chien n'aurait pas avalé s'il avait été beurré". En conséquence, Ryumin a reçu l'ordre de faire expulser le "médecin hystérique" du Kremlin et de l'envoyer exercer la médecine dans un camp de femmes. Lydia Timachuk écrit une lettre du camp à Iosif Vissarionovitch Staline lui-même. Le second commandant du camp avait une sœur qui travaillait à la datcha de Staline, et c'est par ce biais que la lettre est parvenue au dictateur. Dans ce texte, le médecin dénonce "la toute-puissance des criminels et des assassins qui préparent de nouveaux attentats contre le chef même du peuple, le bien-aimé Staline". Dans cette lettre, le Dr Timachuk reprend toutes les accusations contenues dans le premier rapport à Ryumin. Il semble que cette lettre ait été reçue par Staline à l'insu de Beria. En outre, il avait également reçu une autre lettre d'accusation écrite par le maréchal Ivan Stepanovich Koneyev, un héros de guerre qui venait d'être nommé vice-ministre de la Défense de l'URSS. Estimant avoir "de terribles preuves en main", Staline présente au Politburo le texte de Koneviev, dans lequel le maréchal dénonce qu'un groupe de médecins juifs de l'hôpital du Kremlin tente de l'empoisonner et affirme savoir que "ce groupe d'espions américains et anglais a déjà assassiné de nombreux dirigeants, Zhdanov et d'autres, et s'apprête à tuer le chef suprême lui-même, Staline".

Dans la citation qui précède le paragraphe précédent, on peut voir que le Dr Timachuk avait rapporté à Ryumin que les frères Kogan essayaient de se débarrasser du maréchal, qui était à l'hôpital. Naturellement, Beria a lié les lettres de Koniev et de Timachuk et a tenté de les discréditer tous les deux. Comme il avait traité le médecin de "grande pute", il poursuit dans la même voie et soutient que Timachuk bécotait Koniev et que c'est elle qui avait éveillé les soupçons du maréchal. Selon d'autres sources, Lydia Timachuk elle-même aurait également assuré à Staline que les "assassins médicaux" voulaient tuer le maréchal Kóniev et lui aurait dit personnellement "qu'il était de son devoir, en tant qu'officier et membre du parti, d'aider à démasquer les bandes d'espions étrangers". Khrouchtchev confirme également dans ses écrits que Koneyev a envoyé une longue lettre à Staline dans laquelle il affirmait "qu'il était empoisonné avec les mêmes drogues que celles utilisées pour tuer Zhdanov" et révèle qu'après l'arrestation de Beria en juin 1953, le maréchal Ivan Stepanovich Koneyev a été chargé d'enquêter sur l'affaire de l'assassin de Staline.

Enfin, le 7 novembre 1952, le médecin juif Miron Vovsi, ancien thérapeute en chef de l'Armée rouge, est arrêté pour son implication dans le traitement inapproprié du dirigeant bulgare Dimitrov. Le docteur Mirov était un cousin de Solomon Mikhoels, le dirigeant disparu du Comité juif antifasciste. Au cours de son interrogatoire, Mirov a fait une série de révélations qui allaient déclencher les arrestations que Staline souhaitait depuis longtemps. Mirov avoue que Mikhoels a agi sous la direction d'agents anglo-américains. À cette époque, la lutte entre Staline et Beria est à son apogée. Il n'est donc pas facile de comprendre tous les événements qui se déroulent.

L'une d'entre elles, par exemple, est la révocation de Ryumin de son poste au MGB. Le 13 novembre 1952, le Comité central l'a démis de ses fonctions, à la surprise générale, au motif qu'il était "inapte au poste". On ne sait pas si Staline le savait ou s'il en a donné l'ordre, mais tout porte à croire qu'il s'agit d'une manœuvre désespérée de Beria, dont la situation est de plus en plus compromise. Le 14 novembre, Ignatiev est victime d'une crise cardiaque et ne peut reprendre le travail qu'en janvier 1953. Après l'arrestation de Mirov, les arrestations et les interrogatoires des médecins juifs du Kremlin, dont les frères Kogan, Rapoport, Feldman, Grinstein et d'autres, se poursuivent, mais Beria réussit à placer l'un de ses plus proches collaborateurs, Sergo (Sergei) Goglidze, à la tête de l'enquête. Ce tchékiste avait la particularité d'avoir été le chef des services de sécurité de trois commissaires à l'intérieur. Il était devenu l'homme de confiance de Beria en 1938, lorsque, chef du NKVD en Géorgie, il avait trahi Yezhov et prévenu Beria qu'il avait l'ordre de l'arrêter. Beria a alors persuadé Staline d'annuler l'ordre. Goglidze sera exécuté en même temps que son patron en décembre 1953.

Au cours des interrogatoires, qui comprennent des passages à tabac sur ordre de Staline, les médecins avouent l'un après l'autre leur culpabilité et leurs contacts avec le "Joint" (American Joint Distribution Committee), une organisation internationale de nationalistes juifs qui finance le sabotage et l'espionnage en Union soviétique.[32] Le 13 janvier 1953, un rapport de

---

[32] De même qu'il a été établi, grâce aux archives occidentales, que Staline avait raison lorsqu'il a accusé Trotski d'être un agent étranger, il peut être établi que l'accusation d'"antisémitisme paranoïaque" faisait partie d'une campagne visant à dissimuler la vérité. Le "Joint Distribution Committee" était une organisation sioniste internationale créée en 1914. Elle mène à l'échelle internationale des activités économiques et de propagande en faveur de la communauté juive. Le siège de l'organisation était situé à New York, mais

l'agence de presse *Tass* fait état du démantèlement par les organes de sécurité de l'État d'un "groupe terroriste de médecins dont l'objectif était d'abréger la vie d'un certain nombre de fonctionnaires en Union soviétique au moyen de traitements médicaux nocifs". Tous les médecins, à l'exception des professeurs V. N. Vinogradov et P. I. Yegorov, étaient juifs. Les informations indiquent que les médecins travaillaient pour deux réseaux d'information étrangers. Tous les médecins juifs au service des Américains ont été recrutés par "l'organisation internationale juive bourgeoise-nationaliste Joint". La nouvelle est publiée simultanément dans la *Pravda* et les *Izvestia*, les deux principaux journaux soviétiques. "Un groupe d'espions et de sales assassins, se cachant sous le masque de professeurs de médecine, a été découvert il y a quelque temps par les organes de sécurité de l'État", peut-on lire dans la *Pravda*. Le soviétologue Avtorkhanov pense que l'article de la *Pravda* a été écrit par Staline, car il contient toutes les caractéristiques stylistiques de la prose du dictateur. Le texte se termine ainsi :

> "Le peuple soviétique stigmatise avec la colère de l'indignation cette bande criminelle d'assassins et leurs maîtres étrangers. Il écrasera comme des reptiles répugnants ces misérables mercenaires qui se sont vendus aux dollars et aux livres sterling. Quant aux inspirateurs de ces mercenaires meurtriers, vous pouvez être assurés d'avance qu'ils ne seront pas oubliés et qu'ils n'échapperont pas au châtiment, et qu'on trouvera les moyens de les découvrir et de les faire participer à la sentence sévère."

La campagne s'est poursuivie pendant plusieurs jours. Sans doute pour encourager les gens, le 21 janvier 1953, un décret du Présidium du Soviet Suprême de l'URSS est publié, honorant le Dr Timachuk de la plus haute distinction : "En raison de l'aide qu'elle a apportée à votre gouvernement dans la lutte contre les médecins criminels", dit le texte, "il a été décidé de décerner au Dr Timachuk Lydia Fedosseievna l'Ordre de Lénine". Le 31 janvier, l'éditorial de *la Pravda* insiste sur la nécessité "d'éduquer les travailleurs dans un esprit de haute vigilance politique" et fait allusion aux "poursuites pénales engagées ces dernières années contre des bandes d'espions et d'éléments subversifs en Bulgarie, en Hongrie, en Tchécoslovaquie, en Pologne et dans d'autres pays de démocratie populaire". Il répète qu'il est nécessaire de "démanteler en URSS une bande d'ignobles espions et d'abjects assassins". Le 6 février, le journal rapporte que la Sécurité d'État a arrêté des groupes d'espions dans différentes régions du pays. Le 11 février, Lydia Timachuk envoie une lettre à la rédaction de la *Pravda* pour remercier collectivement les lecteurs du "grand nombre de

---

elle avait des représentants dans presque tous les pays. Parmi ses principaux dirigeants, Jüri Lina cite Paul Warburg. À partir de 1938, le "Joint" commence ses manœuvres en URSS. Jüri Lina, citant l'*Encyclopaedia Judaica*, indique que l'illuminati Felix Warburg était président de l'American Joint Distribution Committee.

télégrammes et de félicitations" qu'elle a reçus pour sa dénonciation des "ennemis du peuple soviétique". Le 18 février, la *Pravda* invite la population de toutes les régions du pays à "démasquer les ennemis du peuple".

La plupart des auteurs s'accordent à dire que l'"affaire des blouses blanches", tout comme le procès de Prague, s'inscrivait dans le cadre de la lutte à mort que Staline menait contre Beria, dont la négligence dans la surveillance du complot avait été révélée au grand jour. Tous deux étaient des maîtres inégalés dans l'art de la conspiration et de l'assassinat. Ils étaient de véritables virtuoses dans l'art de gagner la confiance de la victime choisie avant de lui porter le coup de grâce au moment le plus inattendu. Tous deux avaient sans doute compris qu'ils se trouvaient face à l'ennemi le plus redoutable de tous ceux qu'ils avaient affrontés au cours de leur carrière criminelle. Avtorkhanov note qu'au cours de la campagne lancée par la *Pravda*, ils ont tous deux tué deux ennemis qui ont été officiellement tués naturellement. Selon cet auteur, Beria aurait ainsi coûté la vie au général Sergueï Kossynkine, commandant en chef du Kremlin et responsable de la sécurité de Staline. Le 17 février, *les Izvestia* rapportent la mort "prématurée" de ce général que Staline avait choisi parmi sa garde personnelle pour occuper le poste de la plus haute confiance. Kossynkine, jeune homme en excellente santé, était fanatiquement dévoué à Staline et ne dépendait pas du tout de Beria, qu'il méprisait profondément. Selon Avtorkhanov, le jeune général "avait visiblement sous-estimé les capacités de Beria, ce qui explique sa mort prématurée".

La mort attribuée à Staline nécessite quelques lignes, car elle concerne l'un de ses collaborateurs, le juif Lev Zakharovich Mekhlis, un général de corps d'armée qui avait été secrétaire du dictateur, vice-ministre de la défense et commissaire politique de l'Armée rouge. Dans les années 1920 et 1930, Mekhlis, l'un des nombreux Juifs qui entouraient et soutenaient Staline, devint l'un de ses bourreaux préférés, ce qui lui valut d'être surnommé dans les cercles intimes "le requin" ou encore "le diable sinistre". En 1930, Staline le choisit pour remplacer Boukharine comme rédacteur en chef de la *Pravda*, d'où il justifie les procès de Moscou et la Grande Terreur déclenchée par son patron. En décembre 1937, il joue un rôle déterminant dans la purge de l'Armée rouge depuis son poste de commissaire politique. Dans un long article publié en 2005 par le CODOH (Committee for Open Debate on the Holocaust), Daniel W. Michaels révèle qu'en 1938, Mekhlis fut néanmoins contraint de se justifier lorsqu'une lettre arriva aux bureaux du NKVD, timbrée à New York et signée par "votre frère Salomon", informant d'amis d'affaires et de parents de Mekhlis à New York. Le "requin" s'est immédiatement adressé à Staline et a soutenu que la lettre avait été envoyée par des provocateurs cherchant à le discréditer. Il semble qu'il ait convaincu le dictateur, car il n'en a plus jamais entendu parler. Pendant la guerre, Mekhlis a édité le journal des forces armées *Krasnaya zvezda* et a été responsable d'autres publications militaires à partir desquelles la propagande et la haine étaient orchestrées, telles que les incitations d'Ilya Ehrenburg au meurtre de masse et au viol des femmes allemandes. Pendant la guerre, il était étroitement lié à Beria et coopérait avec lui en tant que chef de l'administration politique de l'armée. Des témoignages montrent que les troupes le craignaient et le haïssaient en raison des punitions et des exécutions sévères qu'il ordonnait : "Il était froid et impitoyable du fond du cœur", déclare l'écrivain Konstantin Simonov. À la fin de la guerre, il annonce lui-même aux quatre vents dans la *Pravda* que le généralissime l'a nommé ministre du contrôle de l'État, un poste de grande confiance qu'il occupe jusqu'en décembre 1949, inspectant la corruption et les irrégularités dans l'économie soviétique.

Selon Avtorkhanov, Staline soupçonne Mekhlis d'être un sioniste et le lie au complot des médecins juifs. En attendant le verdict du tribunal sur les "médecins criminels", il a envoyé Mekhlis à Saratov pour "une mission importante". L'auteur écrit qu'"il était plus facile de l'arrêter discrètement et sans que personne ne le sache". Emmené à l'hôpital pénitentiaire de Lefortovo à Moscou, affirme Avtorkhanov, il fit toutes les révélations dont Staline avait besoin et mourut le 13 février 1953. Il est enterré avec tous les honneurs sur la Place Rouge en présence de nombreux membres du Politburo, de maréchaux et de ministres, mais Staline n'assiste pas aux funérailles. Une autre des sources citées ci-dessus, Thaddeus Wittlin, reconnaît que Lev Mekhlis a été liquidé par Staline, mais l'attribue simplement à l'antisémitisme : "Si Mekhlis a été victime du Grand Chef, écrit Wittlin, cela signifie que l'antisémitisme de Staline s'est accru avec l'âge au point qu'il ne pouvait plus supporter la présence d'un Juif". Cet auteur ajoute que Beria "a compris que l'exécution de Mekhlis était un nouvel avertissement personnel pour lui, car le général Mekhlis, chef de l'administration politique de l'armée, avait été l'un de ses proches collaborateurs".

Staline est assassiné. Le coup d'État de Beria

Contre ceux qui ont nourri la thèse de la paranoïa de Staline, Avtorkhanov insiste sur le fait que "Staline n'a tué personne par instinct ou par passion homicide. Il n'était ni sadique ni paranoïaque". Cet auteur considère que ces erreurs d'appréciation sont dues à une "prémisse incorrecte de type anthropologique". Voyons un extrait de *Staline assassiné* où ce soviétologue rejette l'idée d'une quelconque maladie mentale de Staline :

> "En réalité, tous les actes de Staline, toutes ses initiatives, tous ses crimes sont logiques, liés à des objectifs précis et scrupuleusement fidèles à un certain nombre de principes. On ne trouve pas dans son monde intérieur les zigzags d'un malade mental, dont l'esprit s'assombrit puis se clarifie, qui passe de l'enthousiasme à la mélancolie, qui est capable de commettre

un crime aujourd'hui et de le regretter demain, comme ce fut le cas du tsar Ivan le Terrible, qui était véritablement malade. Staline était un homme politique qui utilisait souvent des méthodes criminelles pour atteindre ses objectifs. On peut même dire qu'il représentait un hybride unique en son genre et dans l'histoire, dans lequel la science politique était organiquement unie à l'art du crime, dans lequel il surpassait tous les autres hommes politiques. Staline n'a jamais varié d'un iota dans ses actions, et ses crimes étaient régis par les principes les plus rigoureux."

Le biographe de Beria reconnaît que, malgré ses soixante-treize ans, Staline "était dans un état de clarté mentale vraiment exceptionnel". Quelques jours avant sa mort, le 17 février 1953, il reçoit au Kremlin Krishna Menon, ambassadeur de l'Inde en URSS. Selon Menon, malgré son âge, Staline semble en excellente santé. L'ambassadeur publie en 1963 *The Flying Troika*, un ouvrage contenant des extraits de son journal, dans lequel il note que pendant l'entretien, Staline s'est amusé à dessiner une meute de loups sur son bloc-notes et a exprimé une idée en commentaire de ses dessins qui n'avait rien à voir avec l'entretien diplomatique. Staline déclara à haute voix que les paysans avaient agi avec sagesse en exterminant les loups enragés. En 1963, Krishna Menon avait compris que Staline pensait sans doute aux "loups enragés" de son Politburo. Faisant clairement allusion à ces dessins de Staline, Stuart Kahan, neveu de Lazar Kaganóvich, a publié au début des années 1980 un ouvrage non structuré intitulé *The Wolf of the Kremlin*, une biographie de Kaganóvich traduite en anglais à laquelle nous n'accordons que peu de crédibilité. Kahan y affirme que son oncle a participé au complot visant à empoisonner Staline, organisé par certains membres du Politburo, dont Vorochilov, Molotov et Boulganine.

La lutte au sein du Politburo s'était manifestée lors du 19e congrès du PCUS en octobre 1952, peu avant le début du procès de Prague contre les sionistes de Beria et l'arrestation de la plupart des médecins juifs du Kremlin. Ce congrès se tient après une longue période pendant laquelle, en violation des dispositions statutaires, le PCUS ne s'est pas réuni. Treize ans se sont écoulés depuis le 18e congrès de mars 1939. Staline oppose au "Rapport du Comité central", rédigé par Malenkov et approuvé par la majorité du Politburo, la publication, le 2 octobre, de millions d'exemplaires de son ouvrage *Problèmes économiques du socialisme en URSS*. La thèse est que les États-Unis ont cherché à mettre l'Allemagne et le Japon hors d'état de nuire afin de s'emparer des marchés étrangers, des sources de matières premières et de la domination mondiale. Dans son ouvrage *Malenkov*, Carlavilla présente un résumé du pamphlet de Staline, ainsi que le rapport complet de Malenkov au Comité central et les discours du maréchal Boulganine, du camarade Beria, de Vorochilov et le discours complet de Staline. Bien que l'étude de ces textes offre des données intéressantes, nous ne nous y attarderons pas, puisqu'il est nécessaire de traiter maintenant de la manière dont l'assassinat de Staline s'est produit.

Au sujet du Congrès, nous dirons donc seulement que lors de l'interrogatoire des membres du Comité juif antifasciste, les noms de Molotov, Vorochilov et Mikoyan avaient été dénoncés, de sorte que Staline avait complètement perdu confiance en eux : il les considérait comme des membres du complot sioniste contre lui et les soupçonnait d'avoir été des espions anglo-américains. Deux des fils d'Anastas Mikoyan, tous deux généraux, sont en prison. Néanmoins, Molotov prononce le discours d'ouverture du Congrès et Vorochilov celui de clôture. Si l'éloge du généralissime figure dans tous les discours, la faiblesse et la solitude de Staline ne passent pas inaperçues au cours des séances. Beria, qui s'est habilement allié à Malenkov, parvient à se réhabiliter devant les délégués et montre dans son discours qu'il a un projet politique. Outre l'habituel panégyrique du dictateur, il précise que le Parti et ses priorités sont au-dessus de Staline.

Le Congrès donne naissance à un nouveau Comité central qui, comme à l'accoutumée, se consacre aux problèmes d'organisation, tels que l'élection du secrétaire général et des membres du Politburo. C'est au sein de cet organe que Staline mène la bataille pour conserver le contrôle du parti. Staline propose au nouveau Comité sa démission du poste de secrétaire général, au motif qu'il est trop âgé et trop fatigué pour cumuler cette fonction avec celle de président du Conseil des ministres. Les sources dont nous disposons ne s'accordent pas sur l'acceptation ou non de cette démission : Robert Conquest affirme qu'elle a été rejetée, les membres du Comité central sachant qu'elle n'était pas sincère. Adburahman Avtorkhanov, quant à lui, affirme qu'elle a été acceptée. Selon lui, Staline pensait que sa proposition ne serait pas approuvée et l'avait faite pour savoir qui étaient ses amis. L'acceptation a été, écrit Avtorkhanov, "une défaite historique pour Staline".

Le Comité central, élu au Congrès par un vote secret des délégués, décide de remplacer le Politburo par un nouvel organe, le "Présidium", composé de vingt-cinq membres. Le nouvel organe comprend les dix membres de l'ancien Politburo, y compris les noms que Staline avait récusés, plus quinze nouveaux membres, auxquels s'ajoutent onze membres suppléants. Staline réagit par une ruse de dernière minute et se rend au Présidium du Comité central pour proposer l'élection au sein du Présidium d'un organe plus restreint qui permettrait de régler plus rapidement les affaires courantes. C'est ainsi que fut créé le "Bureau du Présidium" du Comité central du PCUS, composé de neuf membres. Staline cherche ainsi à écarter Molotov, Vorochilov, Kaganóvich et Mikoyan. Dans un premier temps, il parvient à écarter Molotov et Mikoyan du nouveau "Bureau" qui, outre Staline, comprend Malenkov, Beria, Khrouchtchev, Boulganine, Vorochilov, Kaganovitch et deux nouveaux membres : Mikhaïl Pervoukhine et Maksim Sabourov. Khrouchtchev expliquera plus tard que, dans la pratique, le groupe était réduit à cinq personnes : Staline, Malenkov, Beria, Boulganine et lui-même, de sorte que Vorochilov et Kaganovitch étaient également exclus du noyau. L'appareil politico-policier reste cependant entre les mains de Malenkov, qui contrôle le parti, et de Beria, ministre de l'Intérieur. Ce dernier ne cesse donc de manœuvrer pour s'assurer la collaboration du premier. Staline avait contrôlé le parti par l'intermédiaire de la police, mais Beria comprenait que pour succéder à Staline, il devait obtenir l'approbation du parti. Le fait que Staline tente de purger l'appareil politico-policier facilite la conspiration de Beria, qui influence de plus en plus Malenkov.

Fin 1952, alors que l'affaire des "médecins criminels" bat son plein, les priorités de Beria se concentrent sur le démantèlement du "cabinet secret" de Staline. Tout porte à croire que l'arrestation de Vinogradov, médecin personnel du dictateur, fait partie de la stratégie de Beria pour l'isoler. Alors que les médecins juifs avaient été arrêtés au cours des mois d'octobre et de novembre, le 4 décembre, au lendemain de la pendaison des condamnés du procès de Prague, le professeur Vinogradov est apparu lors d'une allocution publique, montrant ainsi qu'il était toujours en fuite. Son arrestation a donc eu lieu au cours du mois de décembre et c'est Beria qui a choisi de l'inclure dans le complot des médecins du Kremlin. La figure de proue du cabinet secret est le général Poskrebyshev. Pour l'écarter, Beria, écrit Avtorkhanov, "organisa la disparition du bureau de Poskrebyshev de documents personnels secrets appartenant à Staline". La source d'Avtorkhanov est les *Mémoires de* Khrouchtchev. Ce soviétologue considère cependant qu'il est possible que Beria ait réussi à voler des papiers plus importants que les manuscrits économiques mentionnés par Khrouchtchev, qui cite dans ses *Mémoires* ces mots de Staline : "J'ai la preuve que Poskrebyshev avait égaré des documents secrets. Personne d'autre que lui n'aurait pu le faire. La perte de ces documents secrets s'est faite par son intermédiaire. C'est donc lui qui a remis les secrets qui lui avaient été confiés." Poskrebyshev, qui s'était adressé aux délégués du 19e Congrès et avait été élu membre du Comité central, a été confiné dans son village natal avec interdiction d'en sortir.

Un autre des hommes protégeant Staline est le général Vlasik, qui commande la garde personnelle du dictateur. Vlasik est un tchékiste que Beria a longtemps gardé près de Staline et dont la loyauté est déjà inébranlable ; Beria réussit néanmoins à obtenir de Staline qu'il ordonne son arrestation. Grâce à la fille de Staline, Svetlana, on sait que Vlasik et Poskrebyshev ont été arrêtés à la fin du mois de décembre 1952 :

"On peut dire qu'au cours de cette dernière période, même ceux qui, pendant des décennies, avaient bénéficié de l'intimité de mon père, sont soudain tombés en disgrâce. L'inamovible Vlasik fut emprisonné au cours de l'hiver 1952, et c'est à la même époque que son secrétaire personnel, Poskrebyshev, qui l'avait servi pendant près de vingt ans, fut démis de ses fonctions".

Le troisième obstacle est le général Kossynkine, un fidèle de Staline qui commandait la garde du Kremlin. On a déjà raconté que Kossynkine, relativement jeune, est mort de façon inattendue, alors qu'il n'était pas connu pour avoir des problèmes de santé. Sur l'arrestation du professeur Vinogradov, Avtorkhanov écrit le paragraphe suivant dans *Staline assassiné* :

"Il y a tout lieu de penser que c'est également dans le cadre du plan conçu par Beria que Vinogradov, médecin personnel de Staline, et Yegorov, chef de la direction médicale et hospitalière du Kremlin, ont été arrêtés. C'est sans doute aussi dans le cadre de ce plan que Yefim Smirnov, ministre de la Santé de l'URSS, autorisé à pénétrer dans la maison de Staline, a été relevé de ses fonctions. Un médecin que personne ne connaissait, un certain Tretyakov, fut immédiatement nommé pour le remplacer (il prit ses fonctions le 27 janvier 1953). Le nouveau ministre de la Santé avait des relations personnelles avec Beria".

Les exécutions des sionistes tchèques et les arrestations des médecins ont surtout retenu l'attention en Israël, où le Parti ouvrier unifié (Mapam) pro-soviétique et le Parti communiste ont perdu la sympathie de la population et du gouvernement. Moshe Sharett, le ministre des affaires étrangères qui allait bientôt devenir premier ministre, prononça devant la Knesset (Parlement) des paroles dures à l'encontre de Staline, le comparant à Hitler. En décembre 1952, Arieh Kubovy, ambassadeur d'Israël à Prague, est accusé d'espionnage et déclaré persona non grata. Kubovy représentait également son pays en Pologne, qui a également exigé son retrait. Début 1953, Budapest porte des accusations d'espionnage contre Yosef Walter, l'attaché culturel israélien, et l'expulse de Hongrie.

Toujours en janvier 1953, avant l'entrée en fonction d'Eisenhower, nouvellement élu, un événement important s'est produit : Churchill s'est rendu à New York et a séjourné chez Bernard Baruch, où ils ont tous deux rencontré le futur président américain. Sur la photo qui témoigne de la rencontre de cette troïka suprême de sionistes, l'incombustible Baruch apparaît assis au centre, au sommet du triangle, en position plus élevée que ses invités. Bien sûr, rien de ce qui a été discuté n'a transpiré ; mais le 14 janvier, quatre jours après le retour de Churchill à Londres, la délégation israélienne à l'ONU a annoncé qu'elle avait l'intention de soulever le cas des médecins et de "l'antisémitisme" en URSS lors de la prochaine Assemblée générale.

Le 6 février 1953, la presse annonce que 160 juifs influents ont été arrêtés en Hongrie. Parmi les personnes arrêtées figurent Imre Biro, père de la première épouse du président Matyas Rakosi, le président de la communauté juive Stöcker, le général Gabor Peter, chef de la police secrète hongroise, et son chef des services secrets, le colonel Caspo, le directeur de Radio Budapest, Imre Szirmay, le juge Garay et les professeurs Benedek et

Klimko, entre autres. Le 9 février, Gyula Deesi, ministre hongrois de la justice, un autre juif qui avait le grade de colonel dans la police hongroise, a été démis de ses fonctions pour ses mérites dans l'enquête sur l'affaire du cardinal Mindszenty. Selon les médias viennois, le limogeage du ministre de la Justice marque le début d'une purge antijuive dans les rangs du parti communiste.

Le même jour, le 9 février 1953, un petit explosif explose à la légation soviétique de Ramat Gan en Israël. L'épouse de l'ambassadeur et deux autres fonctionnaires sont blessés. Les terroristes ne sont pas retrouvés et trois jours plus tard, le 12 février, Moscou rejette les excuses de Ben Gourion, les qualifiant de camouflage pour cacher sa responsabilité dans l'attentat. En outre, la fermeture de l'ambassade de l'URSS en Israël est annoncée et les sionistes sont invités à fermer également leur ambassade en Union soviétique. Le 19 février, Ivan Maisky, une autre personnalité juive importante, a été arrêté, car il était l'homme de confiance de Molotov et le vice-ministre des affaires étrangères. On se souviendra que Maisky, en tant qu'ambassadeur à Londres, était devenu un ami proche de l'Espagnol Juan Negrin et de son épouse juive, qui s'étaient exilés dans la capitale britannique après avoir fui l'Espagne. Lors de son interrogatoire, Maisky avoue avoir été recruté comme espion britannique par Winston Churchill. De nouvelles arrestations ont lieu chaque jour en URSS, ce qui élargit l'ampleur du complot et permet de faire des progrès substantiels dans l'enquête sur la conspiration.

Il n'est donc pas surprenant que, dans ces circonstances, Staline, contre toute attente, soit déterminé à faire juger les médecins juifs et leurs complices le plus rapidement possible afin de s'en débarrasser une fois pour toutes. Tout au long du mois de février 1953, *la Pravda* mène une campagne continue qui enflamme l'atmosphère politique du pays. Des articles, des rapports et des commentaires consacrés aux "assassins", aux "espions", aux "criminels", aux "agents subversifs", aux "renégats" et à la "vigilance nécessaire" paraissent jour après jour. Les dernières livraisons ont eu lieu les 20, 22, 23, 26, 27 et 28 février. Le processus devait commencer à la mi-mars 1953. Certaines sources suggèrent que Staline avait planifié des déportations massives de Juifs soviétiques vers le Birobidzhan, mais cela n'a été prouvé par aucun document.

Dans l'après-midi et la soirée du dimanche 1er mars 1953, onze jours après que l'ambassadeur Krishna Menon eut rencontré Staline et l'eut jugé "en excellente santé", la vieille Matriona Petrovna, l'une des rares personnes en qui le dictateur avait encore confiance, découvrit le corps de son patron bien-aimé gisant près d'une table sur la moquette de l'un des salons privés de sa datcha de Kuntsevo. Petrovna appelle à l'aide et Staline est placé sur un canapé. On a d'abord pensé qu'il avait perdu connaissance à cause de l'ivresse, mais la vieille servante a rapidement conclu que Staline n'était pas ivre et qu'il s'agissait sans doute de quelque chose de plus grave. Il s'agissait d'une hémorragie cérébrale qui avait paralysé le côté droit de son corps et l'avait privé de la parole. En réalité, Staline a été victime d'un attentat organisé, voire exécuté, par Beria. Anton Kolendic, Thaddeus Wittlin, Adburahman Avtorkhanov, Peter Myers et Stuart Kahan, le neveu de Kaganovich, entre autres, affirment que Staline a été assassiné et que Beria est à l'origine de sa mort. La grande inconnue reste de savoir comment Staline a été tué, dans quelles circonstances l'assassinat a eu lieu, comment le coup d'État a été organisé.

Ce que l'on sait, c'est que Beria, Malenkov, Khrouchtchev et Boulganine ont été les derniers à être avec Staline. Il est avéré que le samedi 28 février, ce quatuor a dîné avec lui dans sa datcha près de Moscou. Le dictateur étant un homme qui, en règle générale, se couchait vers quatre ou cinq heures du matin et se levait peu avant midi, on peut supposer que la réunion s'est prolongée jusqu'aux premières heures de la matinée. Il semble que Malenkov ait demandé cette réunion sous prétexte de connaître les recommandations de Staline sur certaines questions devant être discutées lors de la réunion du Conseil des ministres du lundi 2 mars. Parmi ces questions devait figurer celle du procès des médecins juifs : une semaine plus tôt, Staline avait annoncé aux membres du Bureau du Présidium qu'il aurait lieu à la mi-mars et leur avait remis des copies de l'acte d'accusation final rédigé par Safonov, le procureur général, qui était une créature de Beria. Parmi les pièces du procès à venir figurent des documents montrant que les Américains ont réussi pendant la guerre à créer des centres d'espionnage non seulement au sein du personnel hospitalier du Kremlin, mais aussi au sein du Comité central (Lozovsky) et de la Sûreté de l'Etat (Abakumov). Selon diverses sources, après le départ de Malenkov, Khrouchtchev et Boulganine, Beria, sous prétexte qu'il avait des questions personnelles à régler avec Staline, est resté seul avec le dictateur. C'est ainsi qu'il fut la dernière personne à se trouver avec Staline avant d'être retrouvé le dimanche 1er mars sur le sol par Matriona Petrovna. Certains spécialistes ont souligné le fait que la mort de Staline a coïncidé avec la fête de Pourim.

Plus d'une demi-douzaine de versions de la mort de Staline ont été proposées par des personnalités internationales de premier plan. Nous rejetons celles d'Ehrenburg, de Ponomarenko et d'Harriman, l'ambassadeur américain, car elles sont indubitablement biaisées. Nous ne proposerons pas non plus la version donnée par Khrouchtchev dans ses *Mémoires*, selon laquelle le dîner aurait duré jusqu'à 5 heures du matin le dimanche 1er mars. En revanche, nous tenons à signaler l'hypothèse la plus audacieuse, celle proposée par Thaddeus Wittlin dans sa biographie de Beria. L'auteur polonais affirme que Staline et le quatuor auraient assisté à une séance de cinéma au Kremlin avant d'aller dîner à la datcha de Kuntsevo. Son récit tente d'imaginer comment les événements ont pu se produire, il recrée l'atmosphère et décrit des détails ou des nuances avec une certaine prétention littéraire. Voici le dernier paragraphe du chapitre 46 de *Commissar Beria*, intitulé "Dernière conversation" :

"C'était le début du mois de mars, et la neige dans le jardin sous les fenêtres était encore assez haute ; il y avait aussi de la neige sur les branches dénudées des arbres, qui se balançaient dans le vent. Dans la pièce, les bûches crépitaient dans la cheminée et leurs flammes émettaient des lueurs bleues et rouges. L'atmosphère est chaleureuse. Le Grand Camarade arpentait la vaste pièce d'un pas lent, lourd, mais sûr. Lavrenti se tenait, avec tout le respect qui lui était dû, près de la fenêtre. La vue sur le jardin sombre de l'autre côté ressemblait à un tableau peint sur un fond bleu. Staline se retourna un instant pour contempler le tableau. Tournant le dos à son subordonné, le dictateur lui montre son large cou et, juste au-dessus, le point faible mortel situé juste sous l'oreille droite et l'os qui se trouve derrière. Un coup rapide et précis avec le blackjack que Beria avait toujours dans sa poche pouvait avoir le même effet que celui qu'il avait si souvent obtenu avec ses victimes dans les caves de la Loubianka.

Le moment précis tant attendu est arrivé, un moment qui ne se reproduira peut-être jamais. Beria a-t-il profité de l'occasion ? Nul ne le sait.

L'hypothèse la plus répandue parmi les Russes est la version dite "des vieux bolcheviks", proposée par Avtorkhanov dans *Staline Assassiné*. Voici le récit de l'auteur sur ce qui s'est passé selon cette version :

"... Le soir, Malenkov, Khrouchtchev et Boulganine ont discuté avec Staline de certains points de l'ordre du jour ; ils ont bu, comme d'habitude, pas mal d'alcool et sont partis relativement tôt. Mais ils ne rentrent pas chez eux et prennent le chemin du Kremlin. Beria, quant à lui, choisit de rester avec Staline, comme à d'autres occasions, pour discuter avec lui de questions personnelles. C'est alors qu'entre en scène un personnage que nous ne connaissons pas encore. Selon une version, il s'agit d'un homme, l'aide de camp de Beria. Selon l'autre, il s'agit d'une femme qui travaillait à son service. Beria a fait savoir à Staline qu'il possédait sur Khrouchtchev des rapports d'une terrible gravité en rapport avec l'affaire des médecins criminels, et il a appelé son aide avec un dossier. Mais avant que Beria ne puisse le présenter à Staline, la femme avait aspergé le visage de Staline d'une substance légère, probablement de l'éther. Staline perd immédiatement connaissance et elle fait elle-même plusieurs piqûres et introduit un poison à action lente dans ses veines. Les jours suivants, Staline a continué à être "soigné" par cette même femme, qui jouait le rôle de médecin et répétait les injections à des doses telles que Staline pouvait rester en vie pendant un certain temps et sembler mourir d'une mort lente et naturelle".

Le premier à être prévenu est Malenkov, qui contacte à son tour Beria, Khrouchtchev et Boulganine. Tous les quatre se rendent à la datcha et, dès le matin du 2 mars, ils appellent Svetlana et son frère Vassili, qui trouvent leur père déjà inconscient et mourant à leur arrivée. On leur dit que la nuit précédente, Staline avait été trouvé dans sa bibliothèque, affalé près du canapé, et qu'on l'avait emmené dans sa chambre. C'est ainsi que Svetlana Aliluyeva décrit la scène dans ses lettres à un ami :

> "... Des médecins inconnus, appelés pour la première fois au chevet du patient, le secouaient fiévreusement, lui appliquaient des sangsues sur le cou et la nuque, faisaient des cardiogrammes et des radiographies des poumons, tandis qu'une infirmière continuait à le piquer et qu'un des médecins prenait des notes décrivant l'évolution de la maladie....... Ils discutaient tous, allaient et venaient, faisaient des efforts, imaginaient de nouvelles tentatives pour sauver une vie que personne ne pouvait sauver... Je me suis soudain rendu compte que je connaissais la jeune médecin, que je l'avais vue quelque part. Malheureusement, impossible de savoir où. Nous nous sommes fait un signe de tête en silence, mais sans nous parler".

Les accompagnateurs du dictateur étaient donc des médecins inexpérimentés, étrangers à la famille, qui ne savaient même pas comment faire fonctionner l'appareil de respiration artificielle dont le patient avait un besoin urgent. Un anesthésiste de l'équipe de réanimation expliquera plus tard que l'appareil n'a pas pu être mis en service car "il s'agit d'un matériel moderne américain fonctionnant sur un voltage différent". Ce témoin cité dans *Les derniers jours* ajoute : "Devant l'impossibilité d'utiliser l'appareil de respiration artificielle, nous avons alerté le professeur Lukomski, qui a ordonné des massages à la main". Quant aux sangsues sur le cou de Staline, il s'agit d'une méthode primitive traditionnellement utilisée dans les villages russes. En revanche, la mention du jeune médecin ou de l'infirmière, qui pourrait évidemment être la même personne que celle mentionnée dans la version des anciens bolcheviks, est tout à fait pertinente. Un autre aspect intéressant du texte de Svetlana est la constatation que sur le cou et l'arrière de la tête de Staline, il devait y avoir des traces évidentes d'une ecchymose ou d'un hématome sur lequel les sangsues ont été appliquées. Cela nous amène à penser que la vérité sur ce qui s'est passé pourrait être une synthèse des deux récits que nous avons proposés. En d'autres termes, Beria aurait pu frapper le dictateur d'un coup non mortel et, immédiatement après, la mystérieuse femme serait venue lui injecter une substance qui aurait assuré sa mort peu de temps après, de sorte que les amis et la famille auraient pu accepter qu'il était mort d'une mort naturelle à la suite d'une attaque cérébrale. Plusieurs témoins confirment que Staline a soudainement repris conscience pendant un instant. Khrouchtchev, puéril, dans le récit qu'il fait de ce moment dans ses mémoires, prétend qu'"il a commencé à serrer la main de chacun d'entre nous". Cette version absurde n'est crédible que du point de vue de la stupidité. En revanche, Svetlana propose l'évaluation suivante :

"Son agonie était terrible... Elle le consumait sous les regards de tous les présents.... À un moment donné, il a brusquement ouvert les yeux et enveloppé le regard des personnes qui l'entouraient. C'était un regard terrifiant, dont on ne pouvait dire s'il portait la marque de la folie ou de la colère. Ce regard nous a tous pénétrés pendant une fraction de minute. Et puis, soudain, il s'est produit un événement incompressible et terrible, que je n'ai pas encore pu expliquer, mais que je ne peux pas oublier. Soudain, il a levé son bras valide, le gauche, sans que l'on sache s'il voulait indiquer quelque chose ou s'il nous menaçait. Son geste n'était pas clair, mais il avait l'air menaçant et personne n'a compris à quoi il faisait allusion ou à qui il s'adressait".

Svetlana Aliluyeva connaissait bien Lavrenti Beria, qui avait tenté de gagner sa sympathie alors qu'elle était encore enfant. Une dernière citation d'elle décrivant l'attitude de Beria dans les derniers instants de la veillée servira à décrire les mesures qu'il a prises pour contrôler la situation dans les premiers instants du coup d'État, au cours desquels il a pu s'affirmer sans trop de difficultés :

"Un seul homme s'est comporté d'une manière proche de l'indécence, et c'est Beria..... En le regardant, on pouvait voir qu'il était intérieurement bouleversé..... Son visage ne cessait de se déformer sous l'effet des emportements qui l'agitaient. Or, ces passions se voyaient au premier coup d'œil : ambition, cruauté, ruse, désir démesuré de puissance.... On le voyait s'efforcer, à ce moment décisif, de ne pas paraître trop perfide, et aussi de ne pas se laisser gagner par plus habile que lui.... Il s'approcha du lit et regarda profondément le visage du malade. Mon père ouvrait parfois les yeux, mais c'était un regard dépourvu de conscience..... Beria l'observe alors avec insistance : on dirait qu'il absorbe l'éclat qui émane des yeux troubles.... Lorsque tout fut terminé, il fut le premier à se précipiter dans le couloir et on l'entendit, depuis la salle, crier, sans pouvoir dissimuler son triomphe : "Khrustalyov, ma voiture !

Khrustalyov est le garde du corps du dictateur, à qui Beria commence à donner des ordres comme s'il était déjà à son service. C'est la première démonstration que, dès la mort de Staline, le pouvoir passera entre ses mains. Il ordonne également de faire sortir Svetlana de la chambre à coucher. Il quitte immédiatement la datcha Blizhny et se précipite dans son bureau pour prendre le contrôle de la situation avant toute réaction de ses adversaires potentiels. Il téléphone à Tretyakov, le nouveau ministre de la Santé, et à l'Académie de médecine, et ordonne le transfert du corps, son autopsie et la rédaction d'un certificat médical signé par des professeurs et des spécialistes.

Après cette étape, le corps doit être transporté au Kremlin afin que l'opinion publique soit informée que le Grand Camarade a été victime d'une attaque alors qu'il travaillait seul dans son bureau. Beria contacte également les commandants de plusieurs régiments et ordonne aux divisions blindées de se tenir prêtes à renforcer la garnison de Moscou et à soutenir ses bataillons de la police secrète, stationnés dans la capitale et les villes voisines. En matière d'information, il cesse immédiatement de publier des textes dénonçant le complot des médecins juifs et interdit toute manifestation de deuil. Les cinémas et les théâtres restent ouverts et la musique funèbre est interdite à la radio jusqu'à l'annonce officielle du décès.

Le 4 mars 1953, Radio Moscou diffuse un communiqué commun du gouvernement et du comité central du PCUS, annonçant que deux jours auparavant, le camarade Staline a été victime d'une hémorragie cérébrale alors qu'il travaillait au Kremlin. Le père de la patrie a perdu connaissance et le côté droit de son corps est paralysé. En plus de perdre la parole, il respire mal. Le bulletin est signé par neuf médecins, dont les noms sont lus par le présentateur. Le 5, alors que le dictateur est mort depuis trois jours, Beria autorise la publication de son décès. Le 6 mars, au lendemain de la mort officielle, le Présidium du Comité central, proposé par Staline, est dissous et l'ancien Politburo, liquidé en octobre 1952, est rétabli. Beria, avec l'assentiment de Malenkov, Khrouchtchev et Boulganine, c'est-à-dire le quatuor qui avait dîné avec le dictateur le dernier soir, manœuvre pour évincer du secrétariat du Comité central les hommes choisis par Staline pour supprimer l'ancien Politburo.

Le risque d'un soulèvement de l'armée pour défendre la mémoire du Commandant suprême étant réel, les principaux officiers militaires sur lesquels Staline s'appuyait sont limogés. Parmi eux, le maréchal Alexandre Vassilievski, ministre de la Défense, le général Artemiev, commandant de la région militaire de Moscou, le lieutenant-général Sinilov, commandant de la place de Moscou. Tous les cadres du ministère de la Sécurité sont révoqués et arrêtés, y compris, bien sûr, le vice-ministre Ryumin, qui avait été chargé de l'enquête sur l'affaire "blouses blanches-médecins criminels". Le maréchal Beria réunit les ministères de la Sécurité et de l'Intérieur en un seul ministère et reprend le commandement. Ignatiev est ainsi démis de ses fonctions, mais curieusement il n'est pas purgé et parvient à rester en poste grâce, peut-être, à la protection de Malenkov. Les hommes de confiance de Staline dans les principaux centres urbains du pays sont purgés, voire éliminés. Andrianov, premier secrétaire du comité régional du parti de Leningrad et membre du présidium du comité central, disparaît. Deux autres membres du Présidium, Melnikov et Patolitchev, secrétaires des comités de Kiev et de Minsk, sont également démis de leurs fonctions.

Beria cherche à conserver la collaboration de Malenkov, à qui il cède le poste de président du Conseil des ministres de l'URSS. Il prend la deuxième place en tant que premier vice-président et conserve également le ministère de l'Intérieur. Boulganine est placé au ministère de la Défense, qui regroupe désormais les anciens ministères de la Guerre et de la Marine. Quant à Khrouchtchev, il assume les fonctions de premier secrétaire du comité central du PCUS sous la direction de Malenkov, secrétaire général du parti. Ainsi, à eux quatre, ils détiennent tous les leviers du pouvoir : Beria devient le grand stratège et Malenkov peut mobiliser le parti et l'Etat. Boulganine devait garder un œil sur l'armée. Plus tard, à travers des déclarations ultérieures de Malenkov et de Beria lui-même, il est apparu que Khrouchtchev n'était pas d'accord avec la nouvelle répartition des fonctions et a proposé que le maréchal Georgiev Joukov, très respecté par tous, entre au gouvernement en tant que ministre de la Défense nationale, car il jouissait d'une immense popularité et pouvait renforcer l'unité entre le peuple et l'armée. Beria s'y oppose, arguant que sa tâche consiste à poursuivre l'œuvre de Staline et non à la détruire en suscitant des "napoléons imaginaires". Molotov, Kaganovitch, Vorochilov et Mikoyan rejoignent également le Conseil des ministres en tant que membres du commandement collectif. Le coup d'État se poursuit.

Dès le 6 mars, le lendemain de la mort officielle du dictateur, Beria se présente à la datcha de Kuntsevo et ordonne au personnel d'emballer les effets personnels de Staline. Le même jour, des agents du NKVD et de la police secrète sont arrivés pour charger toutes sortes de biens du camarade Staline dans des camions, qui ont été acheminés vers des entrepôts près de Moscou. Beria annonce alors aux domestiques de la datcha que leurs services ne sont plus nécessaires. À l'exception des hommes que Beria avait fait entrer dans la maison pour des missions d'espionnage, les militaires et les gardes du corps de Staline sont arrêtés. Selon T. Wittlin, la villa fut finalement "complètement vidée, même dépouillée de ses tableaux et de ses rideaux, de ses ampoules et de ses fils électriques. Les portes et les fenêtres ont été scellées. Comme nous disposons du récit détaillé de cet épisode par Anton Kolendic dans *Les derniers jours*, nous ne pouvons résister à l'envie de le citer. Selon cet auteur, s'appuyant sur les déclarations de Malenkov, le corps du dictateur aurait quitté la datcha dans un cercueil provisoire en bois léger.

> "Lorsque le garde referma la grande porte de fer derrière le camion, un nouveau colonel du NKVD qui venait d'arriver avec Beria s'approcha du personnel regroupé dans la cour et ordonna à tous de se rassembler devant le garage, que deux domestiques étaient encore en train de nettoyer. Tous sont étonnés, mais habitués à l'obéissance aveugle et à l'exécution des ordres sans un mot, ils se rendent l'un après l'autre au garage. Quelqu'un avait même amené la vieille servante de Staline, Matriona Petrovna, qui, épuisée de chagrin, était blottie dans un coin entre deux énormes cuisiniers. Un homme aux cheveux gris, portant l'uniforme d'un général des forces du NKVD, qui était entré dans le garage accompagné de

quelques officiers, s'adressa au personnel d'une voix sèche et autoritaire.
Le général inconnu dit sévèrement et brièvement :
Premièrement, vous avez signé des engagements. Par conséquent, le
premier qui révélera le moindre secret sur la vie et la mort de notre chef,
le camarade Staline, sera sévèrement puni. Deuxièmement : faites vos
valises ! Soyez prêts à partir dans cinq minutes !
Entre-temps, une douzaine de camions sont arrivés. Tous les domestiques
sont entassés avec leurs affaires à bord des camions et escortés par des
soldats armés jusqu'en Sibérie. Même les soldats et les officiers de la
garde personnelle de Staline sont emmenés en Sibérie. La nuit même, ou
plutôt au petit matin, un peloton du NKVD a chargé dans des camions
tous les meubles, les effets personnels, tous les livres et toutes les photos,
le moindre bout de papier.... Tout, tout doit être rassemblé et emmené au
dépôt", tel était l'ordre de Beria. Lorsque tous les ordres de Beria ont été
exécutés, la villa de Staline a été fermée et scellée.
Lorsque tous les effets personnels sont apportés au dépôt du NKVD, un
groupe de prisonniers soigneusement choisis les examine
systématiquement sous le contrôle des officiers. Ils relèvent chaque
document, le moindre morceau de papier, lettres, photographies, notes,
procès-verbaux... tout est répertorié et classé, puis transmis à Beria.
Après la liquidation de Beria, lors d'une session du Politburo, Malenkov
exposa le problème de la récupération de tous les biens de Staline, non
seulement les documents, œuvres et lettres, mais aussi le mobilier, la
bibliothèque et les effets personnels, afin d'ouvrir un grand musée
consacré à Staline, comme il en existait déjà un pour Lénine. C'est à cette
occasion que Malenkov a raconté tous ces détails et a révélé que la plupart
des biens personnels de Staline, à l'exception des documents et des
papiers, étaient conservés dans le dépôt du ministère de l'Intérieur".

Le soir du même jour, le 6 mai, le cercueil contenant le corps
embaumé de Staline a été placé dans la salle des colonnes du bâtiment de la
Maison des syndicats, où il est resté exposé au public pendant trois jours et
trois nuits. La file d'attente des Moscovites désireux de rendre un dernier
hommage au Grand Camarade s'étend sur quatre kilomètres. Dans la nuit du
7 mars, la milice et les troupes du NKVD doivent disperser les
rassemblements. Tout le centre de Moscou, les deux rives de la Moskova,
avec au centre la Place Rouge et le Kremlin, sont bloqués. Les interventions
ont fait des morts et des blessés. Selon les sources officielles, les
affrontements et les désordres se sont produits parce que la foule voulait
s'emparer de la Place Rouge. Le communiqué officiel indique que "des
éléments contre-révolutionnaires et des espions impérialistes sont entrés en
scène, excitant les masses avec des slogans dirigés contre le gouvernement
soviétique et le camarade Staline, auxquels le peuple a répondu dignement.
Pour éviter les lynchages et les effusions de sang, les organes du NKVD ont
dû intervenir....". Selon les déclarations de correspondants étrangers, la
même nuit, en divers endroits de Moscou, il y a eu des manifestations de

masse, de véritables pogroms et des émeutes, tous dirigés contre les Juifs. Les cris des gens indiquaient que la fureur était motivée par la campagne de Staline contre les médecins juifs. L'historien soviétique Roy Medvedev, selon lequel deux millions de personnes sont venues à Moscou pour rendre hommage au dictateur, affirme que les affrontements ont été nombreux et graves et qu'ils ont fait des centaines, voire des milliers de morts.

Enfin, le lundi 9 mars, les funérailles collectives ont eu lieu. Le cercueil est porté hors de la salle des colonnes sur les épaules des membres du nouveau gouvernement. Beria et Malenkov sont au premier plan. Pour prévenir, soi-disant, toute possibilité de désordre, Beria mobilise ses forces spéciales : des chars, des voitures blindées et des troupes d'infanterie équipées de mitrailleuses et de lance-flammes couvrent les rues bondées par lesquelles le cortège funèbre doit passer. Une démonstration de force qui démontre sans équivoque leur puissance à ceux qui sont associés au coup d'État. De retour sur la place Rouge, près du mausolée de Lénine, des discours officiels sont prononcés par Malenkov, Beria et Molotov. Différents auteurs confirment que Vassili Staline, "Vassia", le fils du dictateur qui était général de l'armée de l'air, a rompu à plusieurs reprises le silence de la cérémonie. Sous l'influence de la vodka, ne voulant pas cacher son indignation, Vassili accusa publiquement Beria d'être l'assassin de son père et l'insulta de loin. On entend clairement des mots outrageants tels que "svolotch", "blad" et "suken-sin", c'est-à-dire "coquin", "fils de pute" et "pédé". Quelques jours plus tard, Beria convoque son collègue Boulganine, nouveau ministre de la Défense, à qui il exprime son opinion qu'il est intolérable qu'un alcoolique comme Vassily Staline reste général de l'armée de l'air. Boulganine, qui craint Beria, est d'accord. Il convoque Vassili au ministère et lui demande de lui remettre sa carte d'identité militaire et d'autres documents militaires. C'est ainsi que le fils du dictateur est renvoyé de l'armée de terre et de l'armée de l'air.

Bien que le rapport d'autopsie ait été rédigé de manière à satisfaire tout le monde, Beria, craignant que les médecins ne soient des témoins dangereux à l'avenir, a décidé de se "passer" d'eux. *Le commissaire Beria* révèle que le professeur Arseni Rusakov, l'un des médecins ayant signé l'autopsie, "est mort de façon soudaine et inattendue". Selon Wittlin, le ministre de la santé Tretiakov a été amené dans le bureau de Beria à la Loubianka. Voici son récit :

"Il y apprend qu'il est chargé d'une nouvelle mission : directeur d'un nouvel hôpital immense, de deux mille lits, qui vient d'être ouvert à Vorkuta, l'un des plus grands camps de travail forcé de l'extrême nord. Le soir même, le ministre de la Santé est conduit dans un train pénitentiaire où, dans un wagon à bestiaux, il rencontre, avec soixante autres détenus, le professeur Kouperine et deux des huit collègues qui ont signé avec lui l'acte de décès de Staline. Les quatre autres médecins étaient moins importants et Beria pouvait attendre, pour l'instant, avant de s'occuper d'eux".

Douze jours après la mort de Staline, Beria ordonne l'arrestation de Ryumin, l'homme qui, sur ordre de Staline, avait personnellement torturé les médecins juifs jusqu'à ce qu'ils avouent. Incarcéré à la prison de Lefortovo, il est interrogé par Beria à plusieurs reprises. Lors d'une de ces séances, écrit T. Wittlin, "Ryumin a été brutalement battu par Beria, qui a cassé les dents de l'ancien secrétaire de Staline avec ses deux poings". Lydia Timachuk, la femme qui avait écrit la lettre à Staline dénonçant le plan criminel des médecins du Kremlin, était liée à Ryumin. Dans la nuit du 3 avril, elle est emmenée au siège de la Loubianka, où Beria lui demande d'enlever l'Ordre de Lénine que Staline lui a décerné. Elle est ensuite enfermée dans une cellule d'isolement au sous-sol de la prison, en attendant d'être transférée dans un camp de travail forcé. Le 4 avril, *la Pravda* publie la nouvelle que Lydia Timachuk a été privée de l'Ordre de Lénine.

Le même jour, le 4 avril, un communiqué officiel du ministère de l'Intérieur est publié dans la *Pravda*. Beria y réhabilite tous les médecins juifs qui, selon le communiqué, ont été accusés sans fondement. Dans la note, Beria rappelle qu'à l'époque, le ministère de la sécurité d'État n'était pas sous son contrôle et qu'il avait utilisé dans ses enquêtes et ses interrogatoires des méthodes non autorisées et interdites par les lois de l'Union soviétique. En d'autres termes, le tortionnaire en chef de l'URSS, l'homme qui, pendant trente ans, a fait de la torture et du meurtre son modus operandi habituel, soutenait maintenant que les médecins avaient été torturés illégalement. Dans les jours qui suivent, la *Pravda* continue, dans ses nouvelles et ses éditoriaux, à dénoncer les ennemis de Beria. D'Ignatiev, on dit que c'est un homme totalement "ignorant des affaires politiques" qui a été dominé par Ryumin, son adjoint, "un criminel et un pervers".

Parmi les frères de sang libérés par Beria figure également Polina Semyonovna Zhemchúzhina (née Perl Karpovskaya), la fille d'un tailleur juif devenue l'épouse de Molotov. C'est un moyen commode de gagner la loyauté de l'ancien ministre des Affaires étrangères qui, bien qu'ayant voté en faveur de l'arrestation du Comité juif antifasciste, ne peut que regretter que l'implication de sa femme ait été découverte. Beria lui-même a écrit à ce sujet avant d'être exécuté : "J'ai ordonné que Polina Semyonovna ne soit plus interrogée et qu'elle soit envoyée secrètement dans le camp spécial des femmes. Je savais que le camarade Staline aimait parfois prolonger la vie des condamnés à mort". Quelques jours après la mort de Staline, Beria rendit personnellement visite à Molotov à son domicile et lui remit sa femme saine et sauve. Molotov", écrit Beria, "pleurait de joie comme un enfant. Il lui fallut un bon moment pour se convaincre de la réalité du retour de Polina Semyonovna.

Deux autres Juifs importants libérés par Beria sont Ivan Maisky et Nahum Eitingon. La disparition de Staline a sans aucun doute sauvé la vie de ces deux Juifs. Maisky, qui avait été arrêté quelques jours plus tôt pour espionnage, était l'homme auquel Beria pensait pour devenir son ministre des affaires étrangères dès qu'il eut consommé le coup d'État et pris le pouvoir pour de bon. Maisky, décrit par le fils de Beria comme "le petit Juif agile qui ressemble à une souris", était un collaborateur clé de Chaim Weizmann et de David Ben Gourion et avait joué un rôle clé pour amener Staline à accepter la partition de la Palestine. Lorsque Beria fut arrêté, Maisky retourna en prison, mais fut finalement gracié en 1955.

Quant à Nahum Isaakovich Eitingon, lieutenant général de la Sûreté de l'État, l'agent de Beria qui a participé à l'assassinat d'Andreu Nin et organisé celui de Trotski, il avait été arrêté en octobre 1951 avec d'autres agents juifs de haut rang, accusés de faire partie du "complot sioniste pour la prise du pouvoir". Le Venona Secrets note que le FBI a appris par une écoute téléphonique, le 26 février 1941, qu'une rencontre était organisée entre Robert Oppenheimer, Isaac Folkoff, un autre agent juif qui avait été l'un des fondateurs du Parti communiste californien, et un individu connu seulement sous le nom de "Tom", sous le nom de code de Nahum Eitingon. Selon les documents de Venona, deux des agents d'Eitingon ont servi, entre 1942 et 1945, de messagers au réseau qui a obtenu des secrets atomiques américains pour Beria. Outre Eitingon, sa sœur Sophia, médecin, accusée de servir de lien entre les médecins juifs du Kremlin et les conspirateurs, a également été arrêtée en 1951 et condamnée à dix ans de prison. Tous ont été libérés après le départ de Staline. Comme dans le cas de Maisky, Eitingon retourne en prison après l'exécution de Beria. Avant son procès en novembre 1957, il passe quatre ans à la prison de Butyrka. Accusé de conspiration contre le régime, le tribunal le condamne à douze ans de prison. Finalement, après la chute de Khrouchtchev en 1964, il est libéré.

L'Allemagne et la fin de Beria

La disparition de Beria étant liée aux événements de juin 1953 en RDA, nous avons laissé pour la fin un commentaire sur les événements dans les deux Allemagnes en relation avec Israël et la lutte pour le contrôle des partis communistes et du Cominform. Beaucoup de choses ont changé depuis les dernières années de la guerre, lorsque Henry Morgenthau, Harry Dexter White et d'autres agents du communisme international ont infiltré l'administration Roosevelt et prévu de transformer l'Allemagne en un pays d'agriculteurs afin de faciliter l'établissement d'un régime communiste. En raison de l'attitude irréconciliable de Staline, le plan du sioniste Morgenthau, qui était déjà à l'époque conseiller financier d'Israël, perdait des partisans et les relations avec l'URSS allaient de mal en pis.

Staline a démontré à maintes reprises, tout au long de ses années à la tête de l'Union soviétique, qu'il était opposé au gouvernement mondial. Il ne faut pas oublier qu'Hitler a été initialement financé pour déclencher une guerre qui devait permettre aux internationalistes de Trotsky, purgés lors des procès de Moscou, d'être réintégrés au Kremlin. La première divergence sérieuse de l'après-guerre fut le refus de Staline d'accepter la création d'un gouvernement mondial fondé sur le monopole de la violence nucléaire, dont la proposition présentée en 1946 dans le *Bulletin of Atomic Scientists* avait été rédigée par David Lilienthal et Bernard Baruch, agents des financiers juifs internationaux. Staline la rejette parce qu'elle implique une soumission à Washington, et la presse soviétique dénonce les États-Unis comme cherchant à "dominer le monde par l'atome". C'est le début de la guerre froide.

C'est dans ce contexte que s'est développée la méfiance et que s'est déclenchée la lutte que nous avons expliquée pour le contrôle des pays communistes d'Europe. C'est dans ce contexte qu'il faut comprendre la création de la République fédérale d'Allemagne, dont la capitale est Bonn, en novembre 1949, reconnue par les Alliés occidentaux grâce aux accords de Petersberg. Un mois plus tôt, la République démocratique allemande (RDA) avait été créée. Konrad Adenauer doit surmonter d'importantes divergences de vues et l'opposition de la majorité de la population. Un petit parti néo-nazi de Saxe est interdit, de même que le parti communiste. Le chancelier Adenauer a ensuite entamé des négociations avec les sionistes, que nous allons maintenant résumer, car elles sont intéressantes en raison de leur lien avec les événements que nous avons étudiés.

Nous nous référons à la question des réparations, qui est traitée en détail par Howard M. Sachar dans *Israel an Europe. An Appraisal in History*. Dès 1941, Nahum Goldmann avait lancé l'idée de réparations juives et, pendant la guerre, un comité dirigé par Siegfried Moses avait souligné que le premier bénéficiaire serait Israël, un État qui n'existait même pas. David Ben Gourion exigea en 1949 que la "Bundesrepuplik" ne puisse voir le jour tant que la question des réparations ne serait pas réglée et demanda aux Alliés d'agir en tant que médiateurs, mais ceux-ci ne jugèrent pas opportun de le faire. Finalement, en avril 1951, deux émissaires israéliens, David Horowitz et Maurice Fischer, concluent un accord secret avec le chancelier Adenauer à l'hôtel Crillon à Paris et des négociations directes commencent. Les sionistes créent même un "département des réparations" au sein du ministère des Affaires étrangères.[33] Nahum Goldmann, quant à lui, organise la "Conférence sur les revendications matérielles juives contre l'Allemagne".

---

[33] Après l'arrivée au pouvoir des nazis, selon Howard M. Sachar, Adenauer est démis de ses fonctions de maire de Cologne. Pour faire face à sa situation, il est soutenu par deux amis juifs américains, Daniel Heinemann et Otto Kraus, qui lui envoient régulièrement

En décembre 1951, Ben Gourion décide de soumettre à la Knesset la question des négociations directes avec la République fédérale d'Allemagne. Le 7 janvier 1952, le débat a lieu et le 9 janvier, le Parlement approuve la conclusion d'un accord avec Bonn. Le gouvernement sioniste et la Claims Conference s'accordent dans un premier temps pour demander une compensation anticipée de 1,5 milliard de dollars pour l'ensemble de la communauté juive, dont 1 milliard sera versé en réparations à Israël et le reste à la Claims Conference à titre de compensation pour les organisations sociales juives. Le lieu "neutre" choisi pour le début des négociations officielles était Vassenaar, une banlieue de La Haye où l'"Oudkasteel", un ancien château ducal devenu hôtel, servait de lieu de conférence.

Dans ce contexte, le 10 mars 1952, les dirigeants des États-Unis, de la Grande-Bretagne et de la France ont reçu une proposition de l'Union soviétique qui est entrée dans l'histoire sous le nom de note Staline, également connue sous le nom de note de mars. Le dictateur de l'URSS y proposait la réunification de l'Allemagne avec une approche qu'une grande partie de la classe politique, y compris la CDU, voyait d'un bon œil, car la proposition était jugée sincère. Les idées de base étaient les suivantes : les frontières seraient celles fixées à Potsdam ; un seul gouvernement allemand participerait aux négociations de paix ; les forces d'occupation devraient se retirer ; les partis et organisations politiques seraient libres d'agir ; l'Allemagne serait neutre et ne pourrait faire partie d'aucune alliance militaire ; l'Allemagne aurait sa propre armée nationale et aurait accès aux marchés mondiaux ; les membres des forces armées et du NSDAP non condamnés pour crimes de guerre pourraient participer à l'établissement d'une Allemagne pacifique et démocratique. Une discussion croisée, connue sous le nom de "bataille des notes", s'ensuivit et l'offre fut rejetée par les Alliés, ce qui indigna de nombreux Allemands des deux côtés de la frontière. La thèse d'un nouveau "coup de poignard dans le dos" refait surface dans certains milieux et dans une partie de la population. Pour comprendre ce refus, il faut savoir que dès 1951, des experts militaires allemands et des représentants occidentaux avaient entamé à Petersberg des discussions sur la contribution de la République fédérale d'Allemagne à la Communauté européenne de défense et sur sa future adhésion à l'OTAN, qui devait finalement avoir lieu en 1955.

Après cette digression nécessaire, nous pouvons revenir à La Haye où, le 21 mars 1952, sionistes et Allemands se rencontrent à la conférence de Wassenaar. La délégation israélienne est composée de Felix Shinnar, un avocat d'origine allemande qui dirige le département des réparations du ministère des Affaires étrangères, et de Giora Josephthal, trésorier de

---

des mandats en dollars depuis New York. Ces obligations privées, écrit cet auteur juif, ont sans doute pesé lourd sur la conscience du chancelier".

l'Agence juive. Moses Leavitt et Alex Easterman, tous deux cadres du Jewish Joint Distribution Committee, représentaient la Claims Conference. Du côté allemand, le professeur Franz Böhn, doyen de l'université Johann Wolfgang Goethe de Francfort, et le docteur Otto Küster, qui avait été un collègue et un ami de Shinnar à Stuttgart, représentaient l'Allemagne. En principe, les Allemands acceptent l'obligation d'accorder des réparations financières aux Juifs, mais cherchent à lier les montants et les conditions de paiement à la Conférence germano-alliée sur la dette, que 23 délégations alliées négocient avec la "Bundesrepublik" à Londres au même moment. Hermann Abs, président de la Banque centrale d'Allemagne de l'Ouest, et le chancelier Adenauer ont tenté de reporter tout engagement avec Israël et les Juifs jusqu'à ce que la question de la dette envers les pays alliés ait été résolue. Cependant, les sociaux-démocrates allemands, dont le chef de file est Kurt Schumacher, soutiennent Israël au Bundestag (Parlement) et en appellent à l'"obligation morale" à l'égard d'Israël. La commission des affaires étrangères, réunie en urgence, donne la priorité aux revendications des sionistes en mai 1952. Naturellement, toute la presse soutient sans faille la résolution visant à reléguer la Conférence de Londres sur la dette au second plan.

Fin mai 1952, Küster et Böhn, les deux négociateurs allemands à Wassenaar, démissionnent devant le chancelier Adenauer, qui doit imposer son autorité aux membres de la délégation allemande pour qu'ils acceptent de retourner aux Pays-Bas et de reprendre les négociations avec une nouvelle proposition économique présentée à l'avance au Premier ministre israélien David Ben Gourion. Le 9 juin 1952, les sionistes décident de retourner aux Pays-Bas et, le 28 juin, les négociations reprennent et se poursuivent jusqu'au 22 août. Le gouvernement de la République fédérale approuva finalement le projet d'accord le 3 septembre, tandis que le gouvernement israélien l'approuvait deux jours plus tard. Franz-Josef Strauss, président de la CSU (Union chrétienne-sociale), la branche bavaroise de l'Union chrétienne-démocrate d'Adenauer, présente une lettre signée par les dirigeants de plusieurs partis, demandant à Adenauer de reconsidérer l'ampleur des réparations promises à Israël ; mais il n'y a pas de retour en arrière possible.

Une fois de plus, sous les applaudissements unanimes de la presse allemande et internationale, l'Allemagne et les représentants d'Israël et du judaïsme mondial ont signé l'accord le 10 septembre à Luxembourg. Adenauer était arrivé sur le chemin de Paris, où il devait signer le traité permettant à la République fédérale d'Allemagne d'adhérer à la Communauté européenne du charbon et de l'acier. Dans le monde arabe, c'est l'indignation qui domine. Le gouvernement saoudien a annulé un contrat d'équipement de télécommunications avec Siemens en octobre. Le gouvernement syrien a menacé de mettre fin aux négociations avec trois entreprises allemandes en vue d'agrandir les installations des ports de Lattaquié et de Tarse si le traité de Luxembourg n'était pas annulé.

Adenauer avait signé le traité de Luxembourg à une époque où un tiers de la population allemande vivait dans des logements insalubres. Rappelons qu'un cinquième d'entre eux sont des réfugiés qui ont tout perdu après avoir été chassés de chez eux et brutalement transférés à l'Ouest. Il n'est donc pas surprenant que le Bundestag ait débattu pendant six mois des conséquences économiques et diplomatiques de l'accord signé par Adenauer. Le 4 mars 1953, coïncidant avec la mort de Staline, la lecture finale du traité a lieu au Bundestag. Le chancelier prononce des mots durs à l'encontre de l'URSS, qu'il accuse d'utiliser "la haine raciale et la persécution raciale comme armes politiques du régime communiste". Adenauer fait même allusion au récent procès de Prague et accuse le gouvernement pragois d'antisémitisme. Il conclut en exprimant l'espoir que l'acceptation du traité de Luxembourg soit "une contribution allemande au renforcement de l'esprit des relations humaines et de la tolérance dans le monde". Une deuxième lecture a lieu le 18 mars, une semaine avant la fin du mandat du gouvernement Adenauer, et le traité est adopté par 239 voix pour, 35 contre et 86 abstentions. Le texte a été transmis au Sénat (Bundersrat) le 20 mars, qui l'a ratifié. Le même jour, il est signé par le président de la République, Theodor Heuss.

Alors que les événements décrits ci-dessus se déroulaient en République fédérale, Staline, comme nous l'avons vu, menait une guerre implacable contre les Juifs d'Europe de l'Est et d'Union soviétique qui conspiraient en faveur du sionisme, synonyme pour lui d'impérialisme capitaliste. Naturellement, il y avait en RDA de nombreux communistes juifs qui plaçaient Israël au-dessus de toute autre considération et travaillaient comme agents secrets pour l'État juif et la cause sioniste. En RDA, le premier communiste juif à faire l'objet d'une enquête est Paul Merker, qui, au cours de l'été 1948, avait publié *Der Krieg in Pälästina* (*La guerre en Palestine*), exprimant sa solidarité avec les Juifs et l'État sioniste. En août 1950, dénoncé pour espionnage, il est exclu du Comité central et assigné à résidence. Merker, qui, contrairement à la ligne officielle de Moscou, défend les mêmes positions que les dirigeants sionistes israéliens, est accusé de vouloir "vendre" la RDA, de "renforcer l'Israël sioniste et capitaliste", de chercher à "transférer la fortune du peuple allemand". Les déclarations d'Artur London, l'un des condamnés du procès de Prague, confirment les accusations portées contre Paul Merker qui, fin novembre 1952, est finalement emprisonné et son procès est annoncé. Avec lui, d'autres membres du parti communiste, tous juifs, sont inculpés. Il s'agit notamment d'Alexander Abusch, d'Erika Glasser-Wallach, de Leo Bauer, de Bruno Goldhammer et de Fritz Sperling.

Le 20 décembre 1952, le dirigeant communiste stalinien Hermann Matern publie le rapport *Lehren aus dem Prozeß gegen das Verschwörerzentrum Slansky* (*Leçons du procès contre le centre de conspiration Slansky*), qui porte un coup décisif à Merker. Le document de

Hermann Matern dénonce les "activités criminelles des organisations sionistes". Il affirme que "l'impérialisme américain a organisé et mis en œuvre diverses activités d'espionnage dans les démocraties populaires avec l'État d'Israël et avec l'aide des organisations sionistes". Ce rapport note que Paul Merker fait partie de la branche allemande de cette conspiration internationale, dans laquelle le sionisme "n'a rien de commun avec les objectifs de l'humanité", puisqu'il est un outil de l'impérialisme américain et "sert exclusivement ses intérêts et ceux des capitalistes juifs". Dans le rapport Matern, les Juifs ne sont plus "victimes du fascisme" mais sont considérés comme responsables d'une puissante conspiration international anti-allemande.

À partir de ce moment, la peur commence à se répandre parmi de nombreux sionistes membres du parti communiste de la RDA ou actifs dans des organisations et institutions sociales. Au cours des deux premiers mois de 1953, des centaines de Juifs, supposés communistes, ont fait défection vers la Bundesrepuplik. Parmi les transfuges les plus connus figurent les personnes suivantes : Leo Zuckermann, un sioniste allié à Merker à Berlin-Est pour toutes les questions relatives aux réparations, qui s'enfuit avec sa famille à Berlin-Ouest en janvier 1953. Entre 1949 et 1950, Zuckermann avait été chef de cabinet de Wilhelm Pieck, chef d'État de la RDA. Julius Meyer, président de la communauté juive du Berlin communiste. Leo Löwenkopf, président de la communauté juive de Dresde. Albert Hirsh, responsable des affaires juives au Bureau de liaison des Eglises. Il avait été délégué de l'"American Joint Distribution Committee", l'agence juive à laquelle appartenaient les médecins du Kremlin. Telmuth Lohser, président de la communauté juive de Leipzig. Gunter Singer, président de la communauté juive d'Erfurt. On estime qu'entre janvier et février, environ un demi-millier de Juifs ont quitté la RDA pour la République fédérale, craignant d'être arrêtés et accusés d'espionnage.

Gerhardt Eisler, un autre agent juif dont le poste était menacé, mérite une mention spéciale. Ce célèbre espion, dont le nom apparaît à plusieurs reprises dans les documents Venona, était, selon Richard Nixon, chef de la propagande de la RDA lorsqu'il a été démis de ses fonctions au début de l'année 1953. Eisler, décrit par sa propre sœur Ruth Fischer comme "le type parfait de terroriste", était l'un des hommes de confiance de Beria aux États-Unis, où il a fini par être jugé en 1947 après avoir bénéficié de la protection d'Eleanor Roosevelt, sioniste récalcitrante comme on le sait. Le gouvernement demande une caution d'un million de dollars, mais le juge la fixe à 23 500 dollars, payés par le Parti communiste. En mai 1949, il s'évade sur le *Batory*, un navire polonais sur lequel il s'est embarqué clandestinement. Les États-Unis demandent son extradition vers la Grande-Bretagne et il est arrêté à Southampton, mais il est finalement libéré et arrive sain et sauf en Allemagne, où il est employé par l'université de Leipzig jusqu'à ce qu'il devienne chef du département de l'information du gouvernement de la RDA.

Telle était la situation dans les deux Allemagnes lorsque Beria s'est finalement débarrassé de Staline. Un mois après l'assassinat, les complications commencent en Union soviétique, car le Politburo subit la pression de l'armée, qui voue une haine profonde à Beria. Le maréchal Joukov, qui incarnait l'agitation générale et était le fer de lance des revendications, devint un dangereux ennemi pour Beria qui, dans une confession faite après son arrestation, écrivit qu'il avait dit à ses collègues du Politburo que Joukov, le héros russe de la Seconde Guerre mondiale, "représentait la menace d'un bonapartisme qui voulait faire taire le parti". Malgré tout, Beria continue de compter sur la collaboration indispensable de Malenkov ; mais lors d'une réunion du Présidium (Politburo), le 9 avril 1953, le groupe composé de Khrouchtchev, Boulganine et Joukov provoque la première confrontation sérieuse. Après un exposé de Beria sur la situation politique intérieure, ses propositions sont rejetées et une grave dissension s'ensuit. Même Malenkov, comme le déclarera plus tard Khrouchtchev en évoquant cette session historique, se range du côté des opposants à Beria, qui interprètent ce qui s'est passé comme une déclaration de guerre.

Grâce aux déclarations d'Adenauer, on sait qu'au cours des mois d'avril et de mai 1953, des représentants accrédités par le chancelier allemand et Beria, le nouvel homme fort de l'URSS, ont tenu des réunions secrètes répétées afin d'étudier les possibilités d'un rapprochement et d'une coopération plus étroite entre les deux Allemagnes. Dans *Les derniers jours*, Anton Kolendic fournit de précieuses informations sur ces rencontres et sur les décisions et actions de Beria qui ont précipité sa chute. Selon l'auteur, "pour former une Allemagne unie, Adenauer aurait vendu son âme au diable. Il a donc autorisé et encouragé les contacts entre son plus proche collaborateur, Hans Gobke, secrétaire d'État et coordinateur des services de renseignement, et le représentant de Beria". Pendant la guerre mondiale, Hans Gobke et Allen Dulles, directeur général de la CIA, avaient été des relais réguliers de Beria. Si les relations avec Dulles étaient logiques, puisqu'ils étaient alliés, les contacts avec Gobke, en principe fonctionnaire nazi, sont paradoxaux et moins intelligibles. Après la guerre, Gobke avait collaboré avec les services de renseignement américains et avait également rendu quelques services à Beria.

Au cours de ces entretiens secrets, la République fédérale d'Allemagne a proposé différents moyens de rapprocher les deux Allemagnes et a insisté sur la nécessité d'assouplir le régime policier et militaire en RDA. Il demande également la libération de nombreux prisonniers. Les Soviétiques, quant à eux, exigent l'annulation des projets d'intégration future de la RFA dans l'OTAN. En mai 1953, Beria retire de Berlin-Est et de toute la RDA un grand nombre d'officiers et de cadres du NKVD qui s'étaient davantage engagés en faveur de la politique de Staline.

Dans le même temps, il accorde davantage de pouvoirs aux autorités locales et à la police militaire allemande. Ce relâchement de la discipline d'occupation s'accompagne de la libération de nombreux prisonniers politiques de la prison de Bautzen. Toutes sortes de spéculations et d'interprétations ont immédiatement vu le jour quant à la portée et à l'objectif de ces mesures.

Entre les 16, 17 et 18 juin, une série d'émeutes et de manifestations ont lieu à Berlin-Est et dans plusieurs villes, dont l'interprétation varie fortement selon la source qui les commente. A Moscou, il est entendu que les mesures unilatérales prises par Beria en mai ont été le signal pour les groupes d'opposition de se préparer à l'insurrection et à la manifestation publique de leur antisoviétisme. Le texte du chancelier Adenauer lui-même considère que la cause la plus directe du soulèvement est la décision prise par le Conseil des ministres de la RDA le 28 mai 1953 d'augmenter la journée de travail de 10%, ce qui signifie imposer des quotas de production plus sévères sans augmentation de salaire. Si le mécontentement à l'égard de cette mesure a été l'élément déclencheur, on peut raisonnablement supposer que l'organisation a mis longtemps à se préparer au soulèvement, qui a commencé lorsque les travailleurs de l'avenue Staline à Berlin ont cessé le travail le matin du 16 juin et ont envoyé une délégation à la Présidence pour remettre un mémorandum. Rapidement, un millier de personnes se rassemblent devant le bâtiment et empêchent le vice-président Heinrich Rau et le ministre de la Construction Fritz Selbmann de s'adresser à eux. La foule les accueille par des cris de colère et une grêle de pierres, obligeant les ministres à se retirer du balcon.

Walter Ulbricht, qui avait été en 1946 l'artisan de l'unification des partis social-démocrate et communiste en Allemagne de l'Est, union qui donna naissance au SED (Sozialistische Einheitspartei Deutchlands), occupe le poste de secrétaire général du parti en 1953 et réclame l'intervention du commandement des troupes soviétiques. Au lieu de l'autoriser, Beria l'interdit et ordonne au ministre de la Sécurité d'État, le général Wilhelm Zeiser, un homme très loyal connu en Espagne sous le nom de général Gómez, de publier un communiqué radio annonçant que l'augmentation des heures de travail est annulée. Les unités soviétiques restent donc dans leurs casernes. Le 17, à l'aube, des colonnes de manifestants apparaissent dans les rues de la capitale et se rassemblent autour du quartier gouvernemental, où convergent quelque 40 000 personnes. Les soldats soviétiques restent cependant sans réaction malgré les provocations directes : lorsqu'ils apparaissent, ils sont accueillis par une grêle de briques et de pierres, les fenêtres de l'Office de la Propagande sur la Potsdamer Platz sont brisées à coups de pierres et le bâtiment est incendié. Berlin-Est est bientôt plongé dans le chaos de la révolte. En début d'après-midi, la situation prend une tournure alarmante lorsque des centaines de milliers de manifestants à Magdebourg, Brandebourg, Lepizig, Dresde, Chemnitz et dans d'autres villes de la RDA se joignent à la protestation contre l'occupation soviétique. Il n'est pas possible que tout cela ait pu être organisé sans que l'omnipotent Beria, ministre de la sécurité de l'État, n'en sache rien. Il semble évident que la rébellion avait été planifiée à grande échelle et que Beria savait à l'avance ce qui se préparait.

On ne sait pas ce qui s'est passé à Moscou dans la nuit du 16 au 17, mais tout indique que ce sont les commandants de l'Armée rouge qui ont décidé d'agir contre les ordres de Beria. Après avoir fermé hermétiquement les points de passage entre les deux secteurs de la capitale allemande, les chars et les troupes soviétiques se lancent à l'assaut de la foule. La répression, qui dura jusqu'au 18 juin, se solda par un bilan qui, une fois encore, varie selon les sources. Un document sur les événements du 17 juin à Berlin-Est a été retrouvé parmi les papiers des archives secrètes de Beria. Il s'agit d'un rapport que le chancelier Adenauer a présenté lors d'une réunion du gouvernement de la République fédérale. Il se réfère à des sources considérées comme fiables et donne ces chiffres : plus de 500 personnes sont mortes dans les affrontements. Quatre-vingt-douze manifestants ont été tués "pour l'exemple", selon le rapport. Plus de cinq mille personnes ont été arrêtées. D'autres sources abaissent sensiblement le bilan, qui reste incertain.

Lorsque Beria, surnommé la "loutre sanguinaire" dans les milieux militaires, apprend que les troupes d'occupation ont quitté leurs casernes pour marcher sur les manifestants berlinois malgré ses ordres, il se rend sans tarder chez Malenkov, dans le bureau duquel il entre sans attendre d'être annoncé. Il y téléphone au général en chef soviétique qui l'informe que ses unités "ont été contraintes de faire usage de leurs armes". Beria proteste avec indignation et demande à Malenkov d'intervenir immédiatement et de convoquer les officiers militaires responsables pour qu'ils s'expliquent. Malenkov, contrarié, explique que le maréchal Joukov, en tant que chef de l'état-major général de l'armée, avec l'approbation du ministre des forces armées de l'URSS, Boulganine, a annoncé qu'il devait donner l'ordre d'intervenir pour empêcher "les provocations impérialistes et l'insurrection antisoviétique en Allemagne de l'Est". Malenkov a déclaré qu'il devait soutenir ce point de vue, car les arguments étaient convaincants. Selon Malenkov, Joukov "déclara ouvertement que sans une intervention rapide et énergique, il ne garantissait pas l'évolution future des événements pour le sort de l'Allemagne de l'Est et d'autres démocraties populaires". Il était clair pour Beria que Joukov et Boulganine, qui contrôlait l'armée, étaient déterminés à l'affronter. Comme Khrouchtchev les soutenait, seul Malenkov pouvait réorienter la situation ainsi créée.

Parmi les documents saisis lors de la perquisition de l'appartement de Beria figurent trois cents rapports d'écoutes téléphoniques. Ils montrent que dès la séance du Présidium du 9 avril, où il a perdu le vote, Beria savait qu'une faction était en guerre contre lui. A. Kolendic reproduit dans *Les derniers jours* certains de ces textes, dans lesquels le chef du service, S. J.

Tikholiubov, précise qu'il a "supprimé le superflu". De l'ouvrage précité découle un fragment d'une conversation tenue le 6 juin 1953 entre Kliment Vorochilov, alors président du Présidium du Soviet suprême, et donc chef de l'Etat selon la Constitution, et Nikita Khrouchtchev :

"Khrouchtchev : Examinons maintenant un problème très important. Le comportement et les initiatives de Lavrenti Pavlovitch nous inquiètent sérieusement. Vous avez vu comment il s'est comporté hier à la réunion... et ce malgré la décision du Présidium....

Vorochilov : Cela suffit. Je ne peux que faire l'éloge du travail et de la personnalité de Lavrenti Pavlovich. Toutes ses actions ont été fructueuses et utiles pour le pays et le parti.

Khrouchtchev : Bien, bien, Kliment Yefremovich, mais vous ne voyez donc pas quels sont les objectifs de Beria ?

Vorochilov : Nikita Sergueïevitch, vous vous êtes sans doute réveillé du mauvais pied aujourd'hui pour être aussi furieux contre le monde entier...".

Khrouchtchev : Nous n'envisageons pas de tolérer plus longtemps son pouvoir arbitraire. Les preuves contre lui sont nombreuses. Même en ce qui concerne ses relations avec les impérialistes et l'espionnage international.

Vorochilov : Vraiment, Nikita Sergueïevitch, vous êtes un imbécile ("durak") pour dire des choses aussi stupides. Comprenez-vous bien où nous vivons et où nous sommes... ?"

Anton Kolendic commente qu'il est clair que Vorochilov, qui était depuis longtemps dans les plus hautes sphères du pouvoir, savait très bien que les conversations étaient écoutées, ce qui explique qu'il ait été si prudent dans ses jugements sur Beria, à la destitution duquel, quelques jours plus tard, il a pris une part très active.

Thaddeus Wittlin, s'appuyant sur des commentaires et des déclarations de fonctionnaires du ministère de la Sécurité d'État, affirme que Beria envisageait de prendre le pouvoir et de réaliser le coup d'État en juin 1953. Il explique que deux miliciens de la garde du Kremlin ont tiré sur la voiture du Premier ministre alors qu'il sortait par la porte Spassky, l'entrée principale du Kremlin. Malenkov est indemne, mais le chauffeur est touché par les balles. Les sentinelles ont affirmé que le chauffeur de la voiture n'a pas répondu lorsqu'on lui a demandé le slogan et qu'il ne s'est pas arrêté pour montrer les documents. Selon leurs instructions, les gardes étaient obligés de tirer dans de tels cas. Malgré l'arrestation immédiate des auteurs de la fusillade, membres de la police de sécurité de Beria, des soupçons ont commencé à circuler sur le fait qu'il s'agissait d'une tentative d'éliminer Malenkov, ce qui aurait permis à Beria de prendre immédiatement ses fonctions de Premier ministre. Wittlin note que les ennemis de Beria au sein du Présidium étaient la nuit chez eux à l'affût du moindre bruit dans la rue, car ils savaient que si, à cette heure, une voiture s'arrêtait devant leur porte, cela pouvait signifier la fin.

Différentes versions ont été diffusées sur la manière dont s'est déroulée l'arrestation de Beria. T. Wittlin en propose trois dans un chapitre de *Commissar Beria* intitulé "L'homme qui mourut trois fois". La première suggère que Beria a été arrêté alors qu'il se rendait au théâtre Bolchoï pour assister à une représentation des *Décembristes* et qu'il a été exécuté dans la nuit du 27 juin 1953. Voici un extrait de cette version : "La voiture noire de Beria roulait toujours entre deux chars qui la protégeaient comme s'il s'agissait de deux puissants cuirassés escortant un navire léger. Cependant, la voiture n'a pas été conduite en direction du Bolchoï, mais vers la périphérie de Moscou, où se trouvait la prison de Lefortovo, la prison la mieux gardée d'URSS. La nuit même, Beria a été exécuté dans une cellule de cette prison".

La seconde version est l'information fournie par l'agence Associated Press, publiée par les journaux de Berlin, Londres et New York le 18 février 1954. Selon cette information, les principaux dirigeants soviétiques et les diplomates de plusieurs républiques populaires ont assisté à une réception donnée par l'ambassadeur polonais en l'honneur de l'amitié entre la Pologne et l'URSS. Tard dans la soirée, Boulganine et Vorochilov, qui se trouvaient dans la voiture officielle de Beria, s'adressent à ce dernier pour lui proposer de quitter la fête. Ils sont suivis par d'autres dirigeants, dont les principaux généraux. Le cortège, mené par la limousine de Beria, dont il avait dit au chauffeur qu'il accompagnerait d'abord Boulganine puis Vorochilov, ne suit pas l'itinéraire prévu et le chauffeur arrête la voiture au centre de la cour intérieure de la Loubianka. Lorsque Beria vit que d'autres voitures les avaient suivis, il demanda au chauffeur de quel jeu il s'agissait. L'homme qui se retourna et rabattit le col de son manteau de cuir noir n'était pas son chauffeur habituel, qui était aussi son garde du corps, mais un chef de haut rang qu'il connaissait superficiellement. Vorochilov prend alors le bras de Beria et ils sortent. Les généraux sont déjà descendus de leur voiture et les attendent. Sur le seuil de la porte se trouve le directeur de la prison accompagné de deux fonctionnaires qui conduisent le groupe dans la salle d'audience où un collège de trois juges prononce habituellement des peines sommaires. À cette occasion, le maréchal Ivan S. Koniev présidait le tribunal, accompagné de sept autres membres. Les chefs d'accusation étaient les suivants : tentative de prise du pouvoir total, espionnage au service de l'étranger, tentative d'instauration du capitalisme en Russie. Selon cette version, après la lecture de la sentence, le peloton d'exécution est appelé. Un capitaine, un sergent et deux numéros de la garde emmenèrent Beria dans une cellule au sous-sol et là, il fut exécuté, à l'endroit même où des centaines de prisonniers avaient été anéantis sur ses ordres.

La troisième version est celle qui fait l'objet du consensus le plus fort et à laquelle nous consacrerons les dernières pages de ce chapitre. Le troisième scénario de l'arrestation de Beria est celui de la grande salle de conférence du Kremlin où, dans l'après-midi/soirée du 21 juin, s'est réuni le Présidium du PCUS. Auparavant, à la fin du mois de mai 1953, une réunion du présidium avait eu lieu au cours de laquelle la direction du parti ukrainien, attachée à Khrouchtchev, avait été remplacée par une direction fidèle à Beria. Après la réunion, Khrouchtchev, selon ses propres dires, est allé voir Malenkov et tous deux ont voyagé dans la même voiture jusqu'à leurs datchas, qui se trouvaient à proximité. Son récit se poursuit ainsi :

> "J'ai exprimé mon désir d'avoir une conversation sérieuse avec lui, mais je n'ai pas osé commencer parce que j'avais peur des micros de Beria. Nous nous sommes promenés dans son jardin et je lui ai dit :
> - Écoutez, camarade Malenkov, ne comprenez-vous pas où cela nous mène ? Nous courons à la catastrophe. Beria aiguise ses couteaux.
> Malenkov a répondu :
> - Oui, moi aussi je suis inquiet depuis longtemps, mais que pouvons-nous faire ?
> - Nous devons lui résister, empêcher ses manœuvres anti-parti. Nous devons nous défendre...
> - Quoi, vous attendez de moi que je m'oppose à lui seul ?
> - Vous n'êtes pas seul. Je suis là, Bulganin est aussi d'accord. Je suis sûr que les autres nous rejoindront.
> - D'accord, mais que pensez-vous qu'il faille faire ?
> - Tout d'abord, vous devez changer la façon dont vous présidez les sessions du Présidium. Lorsque Beria dit ou propose quelque chose, vous êtes immédiatement d'accord, sans discussion, sans demander l'avis des autres membres. Vous proclamez immédiatement que la proposition est acceptée et vous passez au point suivant. Ne soyez pas si soumis et ne vous précipitez pas. Désormais, quand Beria parle, taisez-vous et laissez les autres s'exprimer. Vous verrez qu'il n'aura pas la majorité. Cette majorité est contre lui, mais pour l'instant elle est impuissante parce que vous, en tant que secrétaire du parti et chef du gouvernement, vous le soutenez....."

Il est certain que le maintien de la collaboration avec Malenkov était depuis longtemps vital pour Beria, car il s'assurait ainsi l'approbation du parti. Par conséquent, une fois Malenkov à bord, il était plus facile de convaincre les autres, c'est-à-dire Vorochilov, Kaganovitch, Sabourov et les autres. Khrouchtchev écrit dans ses mémoires que lorsqu'il a rencontré Molotov pour lui expliquer la nécessité de s'opposer à Beria, ce dernier lui a dit : "Oui, je suis tout à fait d'accord avec vous. Mais je voudrais quand même vous demander une chose : quelle est la position de Malenkov ?". La réponse fut : "Je vous parle au nom de Malenkov et de Boulganine. Nous avons déjà échangé nos points de vue sur cette question."

Le talon d'Achille de Beria est cependant l'armée. Ses relations avec eux avaient été marquées par la guerre. En 1968, un magazine illustré de Prague a publié un compte rendu de la haine que l'armée avait accumulée à l'encontre du ministre de l'intérieur. L'auteur, un diplomate tchécoslovaque, cite Boulganine comme source. Selon cette information, en février 1953, peu avant l'assassinat de Staline, un groupe de maréchaux et de généraux dirigé par Joukov et Moskalenko avait rendu visite à Boulganine, leur ministre de la Défense, pour lui demander d'organiser une entrevue avec Staline. Ils voulaient lui révéler la vérité sur les nombreuses actions criminelles entreprises par le ministère de l'Intérieur et le NKVD contre l'armée soviétique. Devant Boulganine, les maréchaux attaquent ouvertement Beria, Abakomov et même Malenkov. Ils affirment que pendant la guerre et après la libération, cette troïka a tué ou envoyé en prison et à la mort de nombreux officiers et soldats honnêtes qui s'étaient distingués pendant les combats. Après la mort du dictateur, comme l'explique la version parue dans la Revue de Prague, Khrouchtchev et Boulganine ont convaincu les militaires qu'il serait suicidaire de s'attaquer en même temps à Malenkov, chef du gouvernement et du parti, et à Beria. Lorsqu'il leur fut annoncé que Malenkov avait été persuadé de se joindre à l'action, il fut décidé que Moskalenko établirait un plan d'opérations détaillé.

Bref, comme Beria contrôlait la police et que la garde du Présidium obéissait à ses ordres, son arrestation n'aurait pas été possible sans l'intervention de l'armée. Lisons ce que Khrouchtchev a écrit à ce sujet :

"... Nous avons donc décidé d'obtenir la participation de l'armée. Dans un premier temps, nous avons confié l'emprisonnement et la surveillance de Beria au camarade Moskalenko, commandant en chef de la défense aérienne, et à cinq autres généraux. Finalement, à la veille de la session, Malenkov a élargi le cercle au maréchal Joukov et à quelques autres. En tout, onze maréchaux et généraux. À l'époque, il était exigé que tout le personnel militaire entrant au Kremlin se soumette au contrôle des armes, de sorte que le camarade Boulganine a dû être chargé de veiller à ce que le personnel militaire avec ses armes soit autorisé à passer. Nous nous sommes arrangés pour que, pendant la réunion du Présidium, le groupe de Moskalenko attende notre appel dans une salle voisine. Au signal de Malenkov, ses hommes devaient entrer dans la salle de réunion, arrêter Beria et l'emmener en prison".

Le récit d'Anton Kolendic sur la destitution et l'arrestation de Beria dans Les derniers jours explique les grandes lignes de la préparation de l'arrestation. Parmi ses sources, il cite des déclarations de Moskalenko lui-même, dans lesquelles il révèle que la dernière réunion avant l'action a eu lieu dans la nuit du 20 au 21 juin 1953. Le ministre Boulganine, le maréchal Joukov et Moskalenko lui-même y ont assisté. Tous les détails ont été réglés et toutes les éventualités ont été examinées. Moskalenko explique qu'ils se sont mis d'accord sur tout, sauf sur un point : "Que faire de Beria ? Khrouchtchev et Moskalenko étaient favorables à sa liquidation immédiate, mais Boulganine et Joukov s'y opposaient catégoriquement. Le maréchal Joukov insiste pour qu'il soit traduit devant un tribunal populaire et va même jusqu'à affirmer qu'"'il est nécessaire de le maintenir en vie pour qu'il puisse témoigner des crimes de Malenkov et des autres".

Pour justifier la présence de onze maréchaux et généraux au Kremlin sans que Beria ne soupçonne et n'alerte la garde, Malenkov annonce par téléphone, le 21 juin au matin, par l'intermédiaire de son secrétariat, qu'en plus de la session ordinaire du Politburo, une équipe spéciale du Comité de défense nationale sera également présente pour examiner la situation en Allemagne de l'Est et ses implications internationales. Joukov, le sauveur de Moscou, Ivan Koniev, inspecteur en chef de l'armée, le maréchal Malinovsky, héros de Stalingrad, le général Moskalensko, vice-ministre de la défense, font partie du groupe de militaires qui sont conduits dans la salle 3, où ils attendent d'être introduits dans la salle où se réunissent les membres du Politburo. Avant de commencer, Beria s'empresse de dire à Malenkov : "Georgy Maksimilianovich, nous devons prendre des mesures urgentes contre ce qui se passe à Berlin". Ce à quoi Malenkov, sans quitter les papiers des yeux, répondit : "Lavrenti Pavlovitch, la séance va commencer... c'est à l'ordre du jour... vous pouvez donc..." Selon Khrouchtchev, l'auteur de la citation, Beria ne dit rien, mais on note qu'il fut plutôt surpris par la réaction inhabituelle de Malenkov, qui lui avait toujours montré une attitude servile.

L'attaque contre Beria a été lancée par Khrouchtchev qui, comme on l'a vu plus haut, l'a accusé d'être un agent de l'espionnage britannique et d'avoir trahi et vendu les intérêts de l'URSS par ses actions dans les événements de la RDA. Beria n'a jamais été un communiste, a conclu Khrouchtchev, mais un carriériste calculateur et égoïste qui a vu dans notre parti le moyen idéal de réaliser ses projets de mégalomane, de criminel et d'espion". Beria se lève et demande la parole, mais Boulganine se lève d'un bond, criant qu'il avait demandé la parole plus tôt, et lui lance une série d'accusations graves. Suivent Molotov, Kaganovitch, Vorochilov et d'autres. Lorsque Beria se lève à nouveau pour tenter de se défendre, Malenkov appuie sur la sonnerie réservée et les portes latérales s'ouvrent en grand. A ce moment-là, Joukov en tête, les maréchaux et les généraux font irruption dans la salle, armes à la main. Moskalenko pointe sa mitraillette dans le dos de Beria et Malenkov prononce ces mots : "En tant que président du Conseil des ministres de l'Union soviétique, je vous ordonne d'arrêter Lavrenti Beria et de le traduire devant les autorités judiciaires compétentes". C'est ainsi que les commandants militaires ont emmené Beria. Quelques jours après son arrestation, le 25 juin, Beria écrit une lettre à Malenkov, avec la permission de ses gardes, dans laquelle il se plaint du traitement qui lui est réservé : "Deux hommes m'ont tiré par le bras, tandis que d'autres m'ont poussé par derrière avec leurs mitraillettes et leurs pistolets. Ils m'ont jeté comme un sac dans un coin du secrétariat. Lorsque mes lunettes sont tombées, on ne m'a pas laissé les ramasser, bien que j'aie expliqué que je ne voyais rien. Ils m'ont traité comme une bête féroce...".

L'ouvrage de Kolendic, que nous avons utilisé comme source principale, propose une reconstitution de ce qui s'est passé après l'arrestation de Beria, sur la base de divers écrits, déclarations et informations. Selon la plupart des membres du Politburo, les commandants militaires ont pris le contrôle des points stratégiques de Moscou et des principales villes. Dans le même temps, les chefs des organes du ministère de l'Intérieur sont arrêtés. On peut dire que les plus proches collaborateurs et acolytes de Beria ont été immédiatement liquidés ou désactivés. L'attitude coopérative de Vsevolod Merkulov, qui a aidé Malenkov à organiser la purge dès les premiers instants de la destitution de Beria, a été essentielle. Tous les ministres de l'Intérieur et leurs adjoints dans toutes les républiques et provinces autonomes de l'Union soviétique sont arrêtés. Les forces armées du ministère de l'Intérieur et du NKVD, qui constituent une seconde armée, sont ainsi mises sous contrôle et dominées. Merkulov lui-même a déclaré qu'environ trois mille agents de la Sécurité avaient été éliminés.

Le plus grand nombre d'arrestations et de révocations concerne le service de contre-espionnage de Beria au sein de l'armée. La purge y est menée par une commission spéciale dirigée par le ministre Boulganine. Intime de Beria depuis les années Bakou et Tbilissi, Merkulov avait été l'un des organisateurs du réseau d'espionnage au sein du projet Manhattan, et Beria l'avait nommé ministre de la Sécurité d'Etat en remplacement d'Ignatiev. Soudain, quelques jours plus tard, il est arrêté. Selon un article paru dans la Pravda du 23 décembre 1953, Merkulov a finalement été fusillé en même temps que son patron. Ses aveux et ceux des autres accusés sont rassemblés en une centaine de pages.

Le 10 juillet 1953, la première annonce officielle de l'éviction de Beria est enfin faite. Un "communiqué du plénum du Comité central du PCUS" est publié en première page de la *Pravda*, informant que la décision d'exclure Beria a été prise et que la résolution du Présidium du Soviet suprême de soumettre à la Cour suprême de l'URSS l'examen de ses activités ennemies a été acceptée. Le camarade Malenkov aurait présenté un rapport "concernant des activités criminelles contre le Parti et l'Etat, des actes de sabotage contre la sécurité de l'Union soviétique menés dans l'intérêt du capital étranger". Beria aurait également cherché à "placer le ministère de l'Intérieur au-dessus du gouvernement et du parti communiste de l'Union soviétique". Lorsque Radio Moscou diffuse le communiqué de la *Pravda*, la stupéfaction est générale, tant en Union soviétique qu'à l'étranger, car nul n'ignore que Beria est l'homme le plus puissant de l'URSS.

Mais s'il existe différentes versions de l'arrestation de Beria, la date de sa mort a également fait l'objet de controverses. Le 16 décembre 1953, toutes les radios soviétiques publient un communiqué officiel, repris le lendemain par la *Pravda* et les *Izvestia*. Ce communiqué annonce que le procès du traître Beria, agent de l'impérialisme international, et de ses complices est terminé et qu'ils seront bientôt jugés. Il apparaît cependant que le procès oral de L.P. Beria, V.N. Merkulov, V.G. Dekanozov, B.J. Kobulov, S.A. Goglidze, P.Y. Mechik et L.E. Vlodzimirsky avait déjà eu lieu lorsque le communiqué a été publié, ayant commencé le 14 décembre et s'étant terminé le jour suivant, lorsqu'ils ont été condamnés et exécutés. Ces tchékistes condamnés à mort avec Beria se sont fait passer pour des Arméniens, des Géorgiens, etc., mais diverses sources suggèrent qu'ils étaient presque tous des crypto-juifs comme Beria lui-même. Merkulov, par exemple, l'un des membres les plus en vue de la "mafia Beria", prétend être azéri, car il est né en Azerbaïdjan ; mais dans *Complot contre l'Église*, Maurice Pinay, pseudonyme utilisé par des évêques opposés aux réformes du concile Vatican II, affirme qu'il était juif.

Il existe en revanche une déclaration officielle publiée le 24 décembre 1953 dans la *Pravda* et les *Izvestia*, les journaux gouvernementaux, selon laquelle Beria a été jugé pour trahison, condamné à mort et exécuté le 23 décembre. Cependant, différents récits affirment que Beria a été liquidé bien plus tôt. En 1962, par exemple, la *Grande encyclopédie universelle polonaise*, publiée par le gouvernement communiste polonais, donne la date de sa mort comme étant juillet 1953. Si ces informations étaient vraies, il faudrait penser que l'homme qui a comparu devant le tribunal présidé par le maréchal Koniev était un double qui répondait de manière adéquate aux questions qui lui étaient posées. Dans la procédure orale, par exemple, il y a une question de Koniev, le militaire qui, avec le Dr Timachuk, avait dénoncé dans une lettre à Staline les activités criminelles des médecins juifs du Kremlin. Concernant les agissements de Beria après la mort de Staline, le maréchal Koniev demande : "Qui lui a donné l'autorisation de proclamer, sans consultation du ministre de la Défense et sans l'accord du Conseil de défense, l'état d'alerte dans l'armée et de subordonner le commandement de l'état-major général au comité spécial composé de ses hommes et placé sous sa direction ?" La réponse fut : "Il a obéi à la raison d'Etat. Si je n'avais pas immédiatement proclamé l'état d'alerte et d'alarme de premier degré, qui sait ce qui se serait passé ? Le Politburo a eu la tête coupée, le gouvernement ne s'est réuni que le lendemain, tandis que le Comité central a dû se réunir difficilement trois jours plus tard...... Pour éviter l'anarchie, il fallait agir vite....".

En tout état de cause, étant donné qu'il existe également des aveux et d'autres textes manuscrits de Beria, il est au moins raisonnable de supposer qu'il n'a pas été exécuté sur place, comme le suggèrent d'autres sources, mais qu'il est resté en vie pendant un certain temps et qu'il a pu être interrogé. En outre, des témoins et des documents attestent qu'un procès s'est tenu en décembre et que Beria a été condamné à mort. Il semble donc raisonnable de considérer que la personne qui a comparu devant le tribunal lors du procès à huis clos pourrait être le véritable Beria.

En conclusion, il ne reste plus qu'à esquisser, forcément très brièvement, la démarche de Beria auprès de Mao à la demande de ses "amis internationaux" pour mettre fin à la guerre de Corée. Depuis mai 1953, Beria était en contact secret avec les Américains, qui voulaient convaincre les Chinois et les Nord-Coréens de cesser les hostilités. L'homme clé de Beria en Chine, son représentant spécial, est Pavel Iudin, le juif qui, dès 1947, avait été envoyé en Yougoslavie pour éditer et superviser le journal *Pour une paix durable, pour une démocratie populaire*, le bulletin du Cominform. Ce collaborateur de longue date, utilisé par Beria pour des missions très importantes, avait été nommé membre permanent de l'Académie des sciences et était considéré comme le philosophe officiel du parti. À Pékin, en plus de ses fonctions d'informateur, il est chargé d'éditer les œuvres complètes de Mao et est finalement nommé ambassadeur. En mai 1953, il travaille en étroite collaboration avec Kao Kang, l'agent de Beria dénoncé par Staline, qui, étonnamment, n'a pas été liquidé. Selon A. Kolendic, "sur l'insistance de Beria, Iudin demanda et obtint un entretien quotidien avec Kao Kang". Kolendic ajoute qu'Iudin a reçu les rapports de Kang et lui a transmis "les instructions de Beria sur la nécessité d'accepter toutes les conditions des Américains et de mettre fin à la guerre de Corée". Parmi les documents obtenus après l'arrestation de Beria figurent de nombreux textes sur les "relations avec le Comité central du Parti communiste chinois". Il s'agit de rapports rédigés par Beria lui-même ou envoyés par Kao Kang, membre du Politburo. Lors de la signature solennelle du traité de Panmunjon, le 27 juillet 1953, qui marque le cessez-le-feu et la fin des hostilités, Beria est déjà en état d'arrestation, voire exécuté.

En bref, comme Stolypine, Alexandre II, Nicolas II et sa famille, tous assassinés par des commissaires des conspirateurs juifs qui aspiraient au contrôle et à l'usurpation des richesses de la Russie, Staline a également été envoyé par un agent du Pouvoir caché. Il semble raisonnable de conclure que Lavrenti Pavlovich Beria, l'assassin de Staline, était le crypto-juif de prédilection de ceux qui avaient financé le communisme depuis ses origines. Il s'est fait connaître pendant la Seconde Guerre mondiale. Les informations secrètes que lui fournissent les agents juifs infiltrés dans le projet Manhattan et celles qu'il reçoit dans les années d'après-guerre consolident son pouvoir. Dès la fin de la guerre, Beria place ses hommes à la tête des services de sécurité en Pologne, en Tchécoslovaquie, en Hongrie, en Bulgarie, en Roumanie, en Yougoslavie... Staline se méfie de lui lorsqu'il s'aperçoit que nombre de ces Juifs délégués par Beria s'opposent subrepticement à sa politique de contrôle du Cominform. Une fois le dictateur destitué, Beria tente de consolider le coup d'État pour s'emparer du pouvoir en URSS.

Une fois qu'Adenauer a complètement cédé et accepté de remettre une compensation de plusieurs millions de dollars aux sionistes, une Allemagne unie capable de faire face aux obligations disproportionnées, presque impossibles, assumées par le chancelier allemand contre l'avis de son propre parti, est souhaitable. C'est seulement ainsi que l'on peut comprendre le comportement erratique de Beria lors des événements de juin 1953, visant à livrer la RDA et à faciliter la réunification, alors qu'un an plus tôt, les puissances occidentales et Adenauer lui-même avaient rejeté la proposition contenue dans la note de Staline.

AUTRES LIVRES

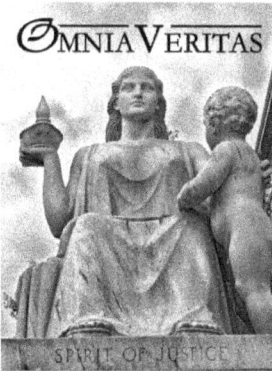

OMNIA VERITAS LTD PRÉSENTE :

LE VIOL DE LA JUSTICE
LES TRIBUNAUX AMÉRICAINS DÉVOILÉS

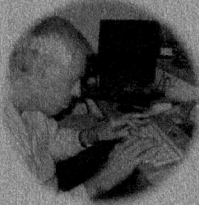

EUSTACE MULLINS

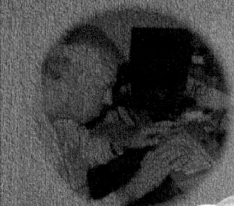

Les Américains devraient savoir ce qui se passe dans leurs tribunaux

EUSTACE MULLINS

LA MALÉDICTION DE CANAAN
Une démonologie de l'histoire

Le grand mouvement de l'histoire moderne a été de dissimuler la présence du mal sur la terre

Omnia Veritas Ltd présente :

EUSTACE MULLINS

MEURTRE PAR INJECTION
LE RÉSEAU SECRET DU CARTEL MÉDICAL DÉVOILÉ

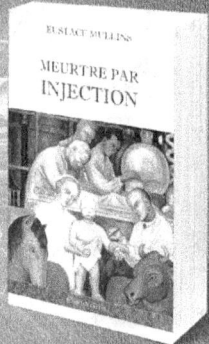

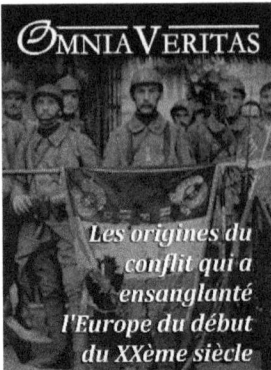